湛庐CHEERS

与最聪明的人共同进化

HERE COMES EVERYBODY

TOO BIG TO FAIL

大而不倒 经典版

The inside story of how Wall Street and Washington fought to save the financial system from crisis—and themselves

[美] 安德鲁·罗斯·索尔金 / 著
(Andrew Ross Sorkin)
巴曙松　陈剑 等 / 译

四川人民出版社

TOO BIG TO FAIL

各方赞誉

针对突如其来的金融危机，索尔金浓墨重彩的刻画以及令人惊异的叙述手法简直就是一项非凡的成就，这是一份难以超越的权威注解……还是一组生动的特写镜头。《大而不倒》这本书无懈可击。

《金融时报》

《大而不倒》以非比寻常的内部人视角和扣人心弦的细节，描述展示了一场活生生的戏剧……这是一份针对金融危机的深度研究报告。

《商业周刊》

索尔金绝妙的刻画与活泼的笔触让读者犹如亲临金融史上意义重大的电话会议的现场。这是一本轻松、有趣的书……索尔金巧妙地揭示了理性迷失背后的高度狂热和无尽贪婪。

《纽约时报》

详尽得令人感到震惊！

《时代周刊》

一丝不苟的研究，华丽透彻的讲述。更多详尽记录正在逐步铺开。无法想象这一切是如何衔接得如此美妙。

《经济学人》

他描述的场景是如此扣人心弦、引人入胜。

《纽约客》

索尔金这本书像它的作者一样出众……绝对是一部精心杰作。

《美国瞭望》

索尔金的文字或许是关于这场银行危机的权威历史记录。

《大西洋月刊》

凭借着独特的角度选取与不可思议的细节描述，索尔金成功地写出这部讲述危机的杰作。

路透社

它读起来就像一部惊悚片。

彭博新闻社

TOO BIG
TO FAIL

推荐序

江苏省政协主席、党组书记
中国银监会前副主席　蒋定之

经过全球的共同努力，2008 年金融危机中最为艰难的时期已渐渐远去，而与此相伴随的是，对于这场危机的反思才刚刚开始。其中，关于大而不倒的相关问题成为全球金融界关注的重要课题，直接引发了不少理论的深层思考与现实的改革举措。

金融连接着国民经济各部门，在经济体系中占有独特而重要的地位，小平同志一直强调："金融很重要，是现代经济的核心。金融搞好了，一着棋活，全盘皆活。"美国的此次金融危机，从另一个角度印证了小平同志这个判断的高瞻远瞩。中国金融业在亚洲金融危机和此次金融危机中迥异的表现，同样印证了小平同志对金融业巨大影响力的深刻洞察。在亚洲金融危机时期，因为历史积累的沉重包袱和体制机制的弊端，当时中国的银行业一直被视为是"技术上破产"，直接制约了当时应对危机的种种举措的落实。而在此次金融危机来袭时，在党中央国务院的正确领导下，中国银行业经历了大规模的重组改造，公司治理机制和内部管理水平显著提高，主要财务指标可以说处于改革开放以来最为健康的水平，这就为中国应对危机提供了良好的金融基础。正是因为有了较为健康的财务状况，中国的银行体系才能在危机中表现稳健，同时也能够有效贯彻落实党中央国务院关于应对危机扩大内需的一系列政策举措，为中国应对危机提供了有利的金融支持。

过去几年的金融实践表明，与国际经验相比，中国的金融业既不必盲目自卑，也不能盲目自大。事实证明，中国的银行业同样可以创造骄人的业绩，积累有价值的探索经验；但同时，在许多领域中国银行业依然有很大的改进空间。发达国家的金融业对于此次危机的反思有许多合理的成分，同样值得我们深入参考和借鉴，对大而不倒现象的思考就是其中一个重要组成部分。

从 2008 年美国次贷危机的演变过程来看，通过同业及其他行业的传导，大型金融机构的破产会产生巨大的外部效应。监管当局从稳定金融业、保护存款人和投资人广泛利益的角度出发，往往对大型金融机构破产所带来的蝴蝶效应持十分审慎的态度，因此会在一定程度上产生大而不倒的状况。这将带来两个后果，一方面，从大而不倒的内在逻辑看，一旦对一家金融机构实施了救助，那么救助规模更大的机构也就自然成为选择，于是政府在无形中鼓励了数量更多、层次更深的风险经营行为，因为金融机构不仅可以据此获得巨额收益，而且通过自身规模的扩大，可以博取更多获得救助的筹码；另一方面，政府的救助行为将给普通大众带来强烈的信号，这种隐性担保极可能刺激针对这些机构或相关金融产品的投资，危机再次出现时，政府所面临的救助压力也将更大，否则预期的覆灭往往会带来更为严重的损害。

因此，单从理论角度看，考虑到控制金融业的道德风险，大而不倒的救助策略应深刻反思。然而，现实往往比抽象的逻辑复杂得多，在道德风险与经济崩溃之间，政府往往优先选择前者。回顾历史，此次发端于美国的金融危机所表现出的大而不倒不乏渊源，比如，1984 年美联储和联邦存款保险公司联手救助大陆银行、1985 年英格兰银行挽救约翰曼特利银行家公司（JMB）、1994 年法国政府拨款救助里昂信贷银行、1998 年美联储拯救长期资本管理公司、日本政府曾长期实行拒绝金融机构破产方针，等等。

当然，随着时间的推移，政府救助也表现出不同的特点，甚至曾有控制这种趋势的尝试。美国前财政部长保尔森最初制定救市政策时有三个主要原则：流动性可救；政府不可直接购买而只能辅助交易；公司持有者不能从救助中获益。这就解释了保尔森为什么决定挽救贝尔斯登却放弃雷曼兄弟。当雷曼兄弟融资无望时，巴克莱银行曾试图进行收购，却被英国监管部门坚决制止。在此期间，美国政府并没有为促成交易而作出任何努力，一切均因雷曼资本金不足，首先就不符合流动性可救原则。但随后形势的发展大大超越了保尔森和美国的金融决策者所能预见和控制的范围，他最终不得不放弃这些原则，美国联邦政府也随即在危机中变身为大而不倒的忠实践行者：先后斥资 4 000 亿美元救助房利美和房地美、针对全美大型金融机构推出 7 000 亿美元救市计划、拨款 2 000 亿美元救助美国国际集团（AIG），甚至为三大汽车巨头提供 800 亿美元融资，等等。

如此看来，大而不倒似乎成了一种无法摆脱的魔咒，那么事实果真如此吗？安德鲁·罗斯·索尔金的这本书为我们提供了大量第一手的资料线索，可供我们在思考这个重大问题时作参考。

实际上，大量的国际金融监管实例表明，大而不倒是一个不囿于监管部门的多维问题，在某种程度上说，它是整体经济、金融健康度的一种综合反映，既受金融业自身监管水平的影响，更受到其他各经济部门的运行状况，以及一系列特定的决策约束条件的影响。2008 年美国金融危机中的一系列案例，给我们提供了一个很好的观察窗口。

2009 年 10 月，《大而不倒》在美国出版发行，引起广泛关注，很快就登上了亚马逊财经类畅销书榜首。投资家巴菲特曾专程为本书制作了一张巨幅海报送给作者，并多次在公开讲演中称赞“这是一本很棒的书”。他还在致股东的公开信中专门提到了本书，不少海内外的金融界人士，都通过阅读这本书促进自己对于大而不倒问题的反思。

通读全书可以发现，这本书之所以能够在有关金融危机的书籍中脱颖而出并引起广泛关注，是因为这本书中的内容既不同于那些哀鸿遍野、危言耸听的灰色论调，也不同于那些艰涩难懂、严肃刻板的专业分析，这本书侧重于对历史事件的生动还原。当然，可以看出本书中对不少重大金融问题的判断，也难免受到金融危机恐慌气氛的影响而显得有些极端。不过，瑕不掩瑜，这些并不影响本书成为一本值得一读，并且促使我们反思的关于金融危机的参考。

我们经历的 2008 年金融危机告诉全世界：金融动荡无域界，一场严重的危机可同时引起重大的金融经济损失；金融动荡无国界，在全球化的今天，主要国家在危机蔓延中无一幸免。《大而不倒》为人们展现了大量的第一手实例，有助于我们进一步展开对这个问题的思考。我想，本书中文版的出版也可以像英文版的出版一样，带给读者有益的启迪，同时我也希望中国的银行业以高度的使命感和责任感，在充分借鉴国际经验教训的基础上，逐步探索出一条有国际视野、适应中国国情的系统性风险监管和宏观审慎监管的监管之路，为中国金融业的健康发展、为中国经济的崛起作出应有的贡献。

巴曙松教授主持和组织了《大而不倒》的翻译，并邀请我为该书中文版作序，阅读之后，有了些初步的思考，姑且作为这本书的序言吧。

TOO BIG
TO FAIL

译者序

中国银行业协会首席经济学家
香港交易所首席中国经济学家　巴曙松

在美国经济刚刚在百年一遇的金融危机冲击下稍稍喘定之际，反思金融体系缺陷、完善金融监管、号称是大萧条以来力度最大的美国金融监管体系改革全面展开。在繁复的美国金融改革方案中，针对大而不倒问题的监管调整，可以说是最为引人注目的。

他山之石，可以攻玉。美国针对大而不倒问题所进行的一系列金融改革举措，不仅会深刻影响美国的金融市场格局和监管体系发展，同时也必然会影响到全球金融监管的走向。从中国金融市场的情况看，如何防范中国金融市场中的大而不倒问题，同样成了一个值得深入研究的重要课题。

因此，要想把握正在展开的针对大而不倒问题的一系列金融改革及其影响，我们首先需要深入了解大而不倒问题的起源，以及在金融危机时期这一问题是如何显著暴露并对全球金融市场形成显著冲击的。即使重点是要分析中国金融体系中可能存在的大而不倒问题，同样需要对美国的大而不倒问题形成演变的脉络做一个系统的梳理。

正是出于这个原因，我们组织翻译了这本《大而不倒》，希望它可以在一定程度上发挥这样的作用。同时，在对待金融问题的研究上，从个人偏好来说，我更愿意研究真实的历史和来自第一线的金融市场波动，乐于从记录真实历史的第一手资料中去分析问题、探究真相，因为这样得来的结论更贴近真实的市场。在大而不倒问题上，这本书通过生动的语言和大量第一手的素材，把金融危机在美国上演的情景做了还原，可以提供给读者一份切近危机真实状况的观察资料。

从美国金融市场的演变历程看，可以说，华尔街是座从来不缺少观众的舞台。那里日复一日、年复一年地不断上演着各种喜剧和悲剧，然而台前幕后却似乎笼罩着一层神秘的雾霭，让局外人产生距离感，看得热闹却不真切。当 2008 年这场席卷全球的金融危机从华尔街蔓延开来，迅速扩散到世界各个国家和地区时，人们的目光再次聚焦到了引发金融海啸的震源：华尔街。

在这次危机中，众多华尔街百年老店均遭重创，有的甚至毁于一旦，美联储和美国财政部等机构对局面也失去了应有的控制力，在金融海啸巨大的旋涡中无所适从。他们实际经历的困境的来龙去脉究竟是怎样的？当局者的内心又经受了怎样的煎熬？安德鲁·罗斯·索尔金先生通过本书为读者展现了美国金融市场从经历危机旋涡到挣扎自救的故事。

习惯于被仰视、被学习的华尔街，这一次成了席卷全球的金融危机的直接导火索。是什么让那么多以风险管理为职业的金融家放弃了基本的风险管理原则与底线？是什么动力在推动这些金融家越来越远离实体经济运行，而把金融交易推向赌博的方向？是什么原因使得美国的监管者在如此大规模的金融危机即将爆发时依然视而不见，危机爆发后无力回天？华尔街发展历史上那些构筑这个金融中心基石的责任感、使命感和对市场的敬畏感都到哪里去了？《大而不倒》一书可以说是从特定的视角记录了这场危机演进的过程，并对我们的这些疑惑提供了一些思考的素材。

索尔金先生是《纽约时报》首席记者及专栏作家，其写作风格颇有特色，对事实的描述和对节奏的把握颇有功底，文字流畅，但是翻译起来却有不小的难度。本书的翻译由我主持，并且由我和陈剑分工来担任全书的校订工作，陈剑博士作为主要的协调人，协助我做了大量的协调和统稿工作。除了我和陈剑博士以外，张阿斌、李明达、韦勇凤、唐红、惠博、杜婧、彭茜、覃川桃、孙兴亮等共同参与了初稿的翻译。初译工作从 2010 年 1 月底开始，到 3 月初完成初稿。为提高翻译质量，我们又花了两个多月的时间对译稿进行了多次交叉校对，几易其稿，希望能通过更为细致的工作来弥补自身水平的不足。当然，翻译中的不足和错误也在所难免，欢迎各位读者批评。

特别需要感谢的是，蒋定之先生专门为本书中文版作序，索尔金先生也专门为中文版的出版起草了序言，湛庐文化的编辑们为该书的出版付出了大量努力，在此一并致谢。

在一个信息总量不断增长、传播速度不断加快、传播网络不断扩张的时代，翻译工作似乎越来越变成一种费力不讨好的工作，但从个人体会看，之所以坚持每年选择一两本有代表性的、有借鉴意义的著作进行翻译，一方面是督促自己跟踪阅读，也促使自己能有更多机会与研究生一起讨论、学习和沟通，另外这也是一种基础性的工作，通过介绍一些有参考价值的著作给中文读者，也可以更好地开阔视野，增进对全球金融市场动向的了解和把握。我想，这种及时、动态的对全球金融市场的把握，是正处于改革和发展关键阶段的中国金融市场十分需要的，这也正是支持我们坚持做一些翻译的力量所在。

TOO BIG
TO FAIL

中文版序

安德鲁·罗斯·索尔金

《大而不倒》在中国出版，我感到非常荣幸。这本书揭秘了金融危机幕后的重重阴谋，也提供了很多在最动荡无序、最让人绞尽脑汁的特殊历史时期如何进行有效领导以渡过难关的案例。在这场震惊世界的金融危机中，全球经济岌岌可危。

随着中国逐渐发展成为在全球经济和政治中占据最重要地位的国家之一，我想《大而不倒》一书可以为中国提供一些重要的经验教训。我想最大的教训也许就是：我们其实都会犯错误。

《大而不倒》不仅讲述了2008年金融危机中金融机构发生的故事，更讲述了华尔街和华盛顿精英们的故事。这些精英们自认为拥有巨大的权力和无穷的手段，可以决定这场游戏的胜负，但他们看不到抑或不愿意接受这场游戏的真正结果：最糟糕的时刻正在到来。

这是一个关于冒险家们的故事：他们敢冒一切风险，并已承受着巨大的风险，但又固执地认为自己没有冒任何风险。

这也是一个关于华尔街文化的故事，现在这种文化已经渗透到了世界各国。华尔街上人们总说："还可以去做另一桩交易，还可以去打另一张牌。"但是，在这场危机中，他们已经无牌可出了，这场金融危机真的是一场"想象力的失败"。

这本书也提出了诸如西方资本主义制度和监管方式等重要问题，在中国这些问题早在几十年前就已经被提出了。自由市场模式确实存在一些缺陷：运作良好时，它所产生的市场经济效应颇为壮观；运作失灵时，它产生的效果依然壮观，但后果却是灾难性的。

当初我写《大而不倒》时，并未预料到此书出版后会有如此大的影响。这本书出版的第一个星期，亿万富翁、投资家、本书的角色之一沃伦·巴菲特给我发了一幅巨幅海报，上面用硕大的字体写着："安德鲁……你这本书将比这张海报还要大！（意即这本书比这个巨幅海报还要惹人注意）沃伦。"摩根士丹利时任首席执行官约翰·麦克（John J. Mack）在接受电视采访时称："读这本书时，我的心都提到了嗓子眼儿！我仿佛又回到了当时的场景。"全世界许多政治家、首席执行官们都读了这本书，"大而不倒"也成了一个热门词汇。

我希望本书能给中国读者提供一个观察金融危机的独特视角，深层次地探究金融危机的起因及发生、发展的路径，了解金融危机中各方力量为挽救金融系统各方所做的不懈努力，为避免再次发生危机提供一些有益的借鉴。

TOO BIG
TO FAIL

成书的背后

本书的写作源于 2008 年 9 月 15 日，星期一的凌晨。那个在美国经济历史上可能是最著名的周末，我和《纽约时报》的同事们一起，一直忙于报道当时的相关事件的详细情况。直到凌晨 2 点 30 分，当我走进家门时，刚刚写完的报纸头条仍然让我惊魂未定：**雷曼兄弟已正式申请破产保护，美林证券公司被出售给美国银行，美国国际集团摇摇欲坠。**

于是，我摇醒了妻子皮拉尔·奎恩（Pilar Queen），特别想和她聊聊最近发生的这些事情。我和她分享了这些新闻，并详细地述说了这些戏剧性事件。“你绝对不会相信这些，这就像是一场电影！”

皮拉尔看了我一眼说：“不，这像是一本书。”

那次谈话后的一整周，我甚至根本没去考虑写书的想法。为了给报纸撰写新闻，我忙得几乎透不过气来，就算是几千字的写作都会让我感到害怕。但皮拉尔一直坚持，她温柔而又坚定地鼓动我，并最终说服我承担这项任务，甚至在我自己都怀疑能否完成时，她仍一如既往地信任我。事实上，在接下来的 365 天里，她全程鼓励我完成这项任务，这让我觉得自己就像是在马拉松比赛中不停地全力冲刺。

为完成本书，我对直接卷入金融危机的200多人进行了超过500小时的采访。受访者包括华尔街的首席执行官、董事会成员、管理团队、现任及前任政府官员、外国政府官员、银行家、律师、会计及其他顾问。他们中的很多人给我提供了翔实的文档资料，其中包括会议记录、电子邮件、谈话录音、内部报告、文件草案、讲话稿、日程表、通话记录、工资单以及费用报告等，本书正是根据这些材料创作出许多生动细节的。此外，受访者还花了大量时间煞费苦心地为我提供了很多保密会议的情况。

撰写本书时，由于一些罪状调查仍在进行，许多民事诉讼还未结案，很多事情还没有定论，因此多数采访的前提是其内容不得作为消息来源。不过，虽然书中的每一细节都是以大量采访内容为基础创作的，但书中人物的对话或当时人物的感受不一定就是相关人物自己提供的。书中描写的内容有些是当事人自己提供的，有些则是当时在场的其他人或电话（通常是免提电话）另一端的人提供的，也有些是由那些会议刚结束就得到消息的灵通人士提供的，还有一些来源于会议记录或其他一些书面材料。

关于金融危机的书已经非常多了，本书的创作正是建立在我杰出的财经媒体同行们已经完成的大量记录基础之上的。我想本书是第一本最翔实地记录了金融危机这一最具悲剧色彩的当代历史事件的读本。很多人一直在热切地探究此次金融危机的真正成因，密切地关注着它的发展态势，他们是我创作本书的无穷动力。

伽利略曾说过："所有的真理一旦被发现，都很容易理解。关键是要发现它。"我希望我已有所发现，同时也希望本书能帮助大家理解在过去这些年里所发生的许多令人费解的金融事件。

最后，衷心感谢那些为本书出版贡献了心力的人们，因为他们，我才能交出这部令人满意的作品！

TOO BIG TO FAIL

本书的贡献者

美国

白宫

乔治·布什（George W. Bush）美国前总统
乔舒亚·博尔滕（Joshua B. Bolten）白宫办公厅主任

国会

希拉里·克林顿（Hillary Clinton）参议员（民主党—纽约州）
克里斯托弗·多德（Christopher J. Dodd）参议员（民主党—康涅狄格州），银行委员会主席
巴尼特（巴尼）·弗兰克（Barnett"Barney"Frank）众议员（民主党—马萨诸塞州），金融服务委员会主席
米奇·麦康奈尔（Mitch McConnell）参议员（共和党—肯塔基州），参议院共和党领袖
南希·佩洛西（Nancy Pelosi）（民主党—加利福尼亚州），众议院发言人

财政部

亨利（汉克）·保尔森（Henry M. "Hank" Paulson Jr.）财政部长
安东尼·瑞安（Anthony W. Ryan）金融市场助理部长
米歇尔·戴维斯（Michele A. Davis）公共事务助理部长，政策规划部主任
凯文·弗罗默（Kevin I. Fromer）立法事务助理部长
尼尔·卡斯卡里（Neel Kashkari）国际事务助理部长
戴维·麦科密克（David H. McCormick）国际事务副部长
罗伯特·斯蒂尔（Robert K. Steel）国内金融副部长
戴维·内森（David G. Nason）金融机构助理部长
杰里迈亚·诺顿（Jeremiah O. Norton）金融机构政策副助理部长
菲利普·斯瓦格（Phillip Swagel）经济政策助理部长
罗伯特·霍伊特（Robert F. Hoyt）总顾问
詹姆斯·威尔金森（James R. "Jim" Wilkinson）首席顾问
丹·杰斯特（Dan Jester）财政部长顾问
肯德里克·威尔逊（Kendrick R. Wilson III）财政部长顾问
马修·斯考金（Matthew Scogin）国内金融副部长的高级顾问
史蒂文·沙弗兰（Steven Shafran）保尔森的顾问

美国联邦储备银行（简称"美联储"）

本·伯南克（Ben S. Bernanke）主席
唐纳德·科恩（Donald Kohn）副主席
凯文·沃尔什（Kevin M. Warsh）董事
斯科特·阿尔瓦雷斯（Scott G. Alvarez）总顾问

纽约市

迈克尔·布隆伯格（Michael Bloomberg）市长

纽约联邦储备银行（简称"纽约联储"）

蒂莫西·盖特纳（Timothy F. Geithner）行长
克莉丝汀·卡明（Christine M. Cumming）第一副总裁
特伦斯·切基（Terrence J. Checki）执行副总裁
威廉·拉特里奇（William L. Rutledge）高级副总裁
威廉·达德利（William C. Dudley）市场集团执行副总裁
卡尔文·米歇尔（Calvin A. Mitchell III）公关部执行副总裁
托马斯·巴克斯特（Thomas C. Baxter）总顾问

纽约州保险部

埃瑞克·迪纳罗（Eric R. Dinallo）负责人

证券交易委员会（SEC）

查尔斯·克里斯托弗·考克斯（Charles Christopher Cox）主席
埃瑞克·西里（Erik R. Sirri）市场监管部主任
琳达·查特曼·汤姆森（Linda Chatman Thomson）执行部主任
迈克尔·马基亚罗利（Michael A. Macchiaroli）市场交易部副主任

联邦储蓄保险公司（FDIC）

希莉亚·贝尔（Shelia C. Bair）主席（女）

英国

英国政府

詹姆斯·戈登·布朗（James Gordon Brown）前首相
阿利斯泰尔·达林（Alistair M. Darling）前财政大臣

英国金融服务管理局（FSA）

卡勒姆·麦卡锡（Callum McCarthy）主席
赫克托·桑特（Hector Sants）首席执行官

金融机构

房利美

丹尼尔·穆德（Daniel H. Mudd）总裁，首席执行官

房地美

理查德·塞隆（Richard F. Syron）首席执行官

高盛集团

劳尔德·贝兰克梵（Lloyd C. Blankfein）董事长，首席执行官
加里·柯恩（Gary D. Cohn）联席总裁，联席首席运营官
乔恩·温克里德（Jon Winkelried）联席总裁，联席首席运营官
戴维·维尼尔（David A. Viniar）首席财务官
克里斯托弗·科尔（Christopher A. Cole）投资银行总裁
拜伦·特洛特（Byron Trott）投资银行副董事长
戴维·所罗门（David M. Solomon）常务董事，投资银行联席负责人
哈维·施瓦茨（Harvey M. Schwartz）环球证券销售部负责人
约翰·罗杰斯（John F.W. Rogers）董事会秘书

雷曼兄弟公司（文中简称"雷曼"）

小理查德·富尔德（Richard S. Fuld Jr.）首席执行官
赫伯特·麦克达德（Herbert H. "Bart" McDade）总裁，首席运营官
约瑟夫·格雷戈里（Joseph M. Gregory）总裁，首席运营官
伊恩·洛维特（Ian T. Lowit）首席财务官，联席行政总监
斯科特·福莱德汉姆（Scott J. Freidheim）首席行政总监
艾琳·卡伦（Erin M. Callan）首席财务官
托马斯·拉索（Thomas A. Russo）副董事长，首席法律顾问
史蒂文·贝肯菲尔德（Steven L. Berkenfeld）常务董事
杰拉尔德·多尼尼（Gerald A. Donini）股权业务全球主管
迈克尔·格尔本德（Michael Gelband）雷曼资本公司全球主管
安德鲁·高尔斯（Andrew Gowers）公司公关部主管
亚历克斯·柯克（Alex Kirk）股权投资全球负责人
休·麦克吉（Hugh E. "Skip" McGee）投行业务全球负责人
马克·沙菲尔（Mark Shafir）并购业务全球共同负责人
杰弗里·韦斯（Jeffrey Weiss）全球金融机构集团部负责人
布拉德利·怀特曼（Bradley Whiteman）金融机构、并购业务全球共同负责人
拉里·维森尼克（Larry Wieseneck）全球财务共同负责人
赵建镐（Kunho Cho）副总裁
保罗·图纳吉（Paolo Tonucci）财务主管
杰斯·博泰（Jasjit S. "Jesse" Bhattal）雷曼亚太区首席执行官

摩根士丹利

约翰·麦克（John J. Mack）董事长，首席执行官
瓦利德·查马哈（Walid A. Chammah）联席总裁
詹姆斯·戈尔曼（James P. Gorman）联席主席
科尔姆·凯莱赫（Colm Kelleher）执行副总裁，首席财务官，战略规划负责人
肯尼思·德雷哥特（Kenneth M. deRegt）首席风险官
加里·林奇（Gary G. Lynch）首席法律官
托马斯·尼德斯（Thomas R. Nides）首席行政总监，秘书
罗伯特·金德勒（Robert A. Kindler）投行业务副董事长
乔纳森·金德里德（Jonathan Kindred）摩根士丹利日本证券总裁
丹尼尔·辛科维特斯（Daniel J. Simkowitz）环球资本市场副总裁

鲁思·波拉特（Ruth Porat）金融机构集团负责人
保罗·陶布曼（Paul J. Taubman）投行业务负责人
罗伯特·斯卡利（Robert W. Scully）董事长办公室成员

美林公司
约翰·芬尼根（John Finegan）董事会成员
格雷戈里·弗莱明（Gregory J. Fleming）总裁，首席运营官
彼得·克劳斯（Peter S. Kraus）执行副总裁，管理委员会成员
托马斯·蒙塔格（Thomas K. Montag）执行副总监，全球销售交易负责人
斯坦利·奥尼尔（E. Stanley O' Neal）首席执行官，前董事长
约翰·塞恩（John A. Thain）首席执行官，董事长
彼得·凯利（Peter Kelly）律师

美国国际集团
罗伯特·维纶斯塔（Robert B. Willumstad）首席执行官，前董事长
史蒂文·本辛格（Steven J. Bensinger）首席财务官，执行副总裁
约瑟夫·卡萨诺（Joseph J. Cassano）美国国际集团金融产品子公司（伦敦）负责人，前首席运营官
戴维·赫尔佐格（David Herzog）财务总监
布莱恩·施赖贝尔（Brian T. Schreiber）高级副总裁，负责战略规划
马丁·苏利文（Martin J. Sullivan）前总裁，前首席执行官

花旗集团
维克拉姆·潘迪特（Vikram S. Pandit）首席执行官
史蒂文·沃尔克（Stephen R. Volk）副董事长
爱德华·凯利（Edward "Ned" Kelly）全球机构客户银行部主管

黑石集团（Blackstone Group）
彼得·彼得森（Peter G. Peterson）共同创办人
史蒂芬·施瓦茨曼（Stephen A. Schwarzman）董事长，首席执行官，共同创办人
约翰·斯图津斯基（John Studzinski）高级常务董事

伯克希尔-哈撒韦公司
沃伦·巴菲特（Warren E. Buffett）董事长，首席执行官
阿吉特·贾恩（Ajit Jain）总裁，负责再保险业务

贝莱德集团（BlackRock）
拉里·芬克（Larry Fink）首席执行官

佩雷拉-温伯格合伙公司（Perella Weinberg Partners）
约瑟夫·佩雷拉（Joseph R. Perella）董事长，首席执行官
加里·巴兰奇克（Gary Barancik）合伙人

艾维克合伙有限公司（Evercore Partners, 美国投资银行）
罗杰·阿尔特曼（Roger C. Altman）创始人，董事长

绿光资本
戴维·爱因霍恩（David M. Einhorn）董事长，共同创办人

JC· 弗劳尔斯公司
克里斯多夫·弗劳尔斯（J. Christopher Flowers）创办人，董事长

拉扎德公司（Lazard Freres）
加里·帕尔（Gary Parr）副董事长

中国投资有限责任公司
高西庆（Gao Xiqing）总经理

美国银行
肯尼斯·刘易斯（Kenneth D. Lewis）总裁，董事长，首席执行官
布赖恩·莫伊尼汉（Brian T. Moynihan）总裁，负责全球公司及投行业务

乔·普莱斯（Joe L. Price）首席财务官
格雷戈里·柯尔（Gregory L. Cur）企业策划部主任

摩根大通银行
杰米·戴蒙（Jamie Dimon）董事长，首席执行官
迈克尔·卡瓦纳（Michael J. Cavanagh）首席财务官
约翰·霍根（John Hogan）首席风险官
巴里·朱布罗（Barry L. Zubrow）首席风险官
马克·菲尔德曼（Mark Feldman）常务董事
詹姆斯·李（James B. Lee Jr.）副董事长
史蒂文·布莱克（Steven D. Black）投行业务共同负责人
道格拉斯·布朗斯坦（Douglas J. Braunstein）投行业务负责人
蒂莫西·梅因（Timothy Main）投行金融机构部负责人
威廉·温特斯（Willian T. Winters）投资银行联席负责人
斯蒂芬·卡特勒（Stephen M. Cutler）总顾问

美联银行（Wachovia）
罗伯特·斯蒂尔（Robert K. Steel）总裁，首席执行官
戴维·卡罗尔（David M. Carroll）资本管理部负责人
简·舍伯恩（Jane Sherburne）总顾问

富国银行（Wells Fargo）
理查德·科瓦切维奇（Richard Kovacevich）董事长，总裁，首席执行官

巴克莱银行
杰瑞·米塞尔（Jerry del Missier）巴克莱资本总裁
小罗伯特·戴蒙德（Robert E. Diamond Jr.）巴克莱公众有限公司总裁，巴克莱资本首席执行官
约翰·瓦利（John S. Varley）首席执行官
小阿奇博尔德·考克斯（Archibald CoxJr.）巴克莱美洲业务董事长
迈克尔·克莱恩（Michael Klein）独立顾问

三菱金融集团
畔柳信雄总裁，首席执行官

韩国发展银行
闵裕圣（Min Euoo Sung）首席执行官

律师事务所

佳利律师事务所（Cleary Gottlieb Steen & Hamilton）
艾伦·贝勒（Allen Beller）合伙人
维克托·鲁克（Victor I. Lewkow）合伙人

克维斯-斯温和莫尔律师事务所（Cravath, Swaine & Moore）
罗伯特·约菲（Robert D. Joffe）合伙人
法伊扎·赛义德（Faiza J. Saeed）合伙人

达维律师事务所（Davis, Polk and Wardwell）
马歇尔·许布纳（Marshall S. Huebner）合伙人

盛信律师事务所（Simpson Thacher & Bartlett）
理查德·比蒂（Richard I. Beattie）董事长
詹姆斯·甘布尔（James G. Gamble）合伙人

沙利文-克伦威尔律师事务所（Sullivan & Cromwell）
罗基·科恩（H. Rodgin Cohen）总裁
杰伊·克莱顿（Jay Clayton）合伙人
迈克尔·怀斯曼（Michael M. Wiseman）合伙人

沃切尔·利普顿·罗森·卡茨律师事务所（Wachtell, Lipton, Rosen & Katz）
爱德华·赫利希（Edward D. Herlihy）合伙人

威嘉律师事务所（Weil, Gotshal & Manges）
洛丽·法伊夫（Lori Fife）企业财务和重组业务合伙人
哈维·米勒（Harvey R. Miller）企业财务和重组业务合伙人
托马斯·罗伯茨（Thomas A. Roberts）公司合伙人

序

2008年9月13日，星期六早上7点，公园大道公寓，杰米·戴蒙（Jamie Dimon）去厨房倒了杯咖啡，希望喝了能让自己好受些。他感到脑袋昏昏沉沉的，就像喝多了酒那样难受。不过他头痛可不是因为醉酒，而是脑子里装了太多的事情。

戴蒙是美国第三大银行——摩根大通银行的首席执行官。昨晚他临时接到通知，与十几位华尔街首席执行官一起前往纽约联邦储备银行参加紧急会议，研究救助美国第四大投资银行雷曼兄弟公司的方案。如果雷曼倒闭，整个市场将遭受巨大冲击。

昨晚，女儿男友的父母第一次到家里做客，妻子朱迪特地举办了一场欢迎晚宴。戴蒙散会后急忙赶回家，可最终还是迟到了两个多小时。希望能博得一点同情的戴蒙尴尬地说：“我可从未这样迟到过。但不是我故弄玄虚，现在的情况真的很危急。”尽管想尽力避免说漏，他还是透露了一些会议内容。戴蒙一边为自己调制马提尼酒，一边对开始警觉起来的客人们说：“你们明天就会在报纸上看到相关消息了。”

正如戴蒙所说，今天一早各大报纸便开始连篇累牍地报道他在昨晚晚宴上提及的突发事件。戴蒙斜倚着橱柜打开了《华尔街日报》，头版新闻的大标题赫然映入眼帘："雷曼与时间赛跑：危机正在蔓延。"

戴蒙很清楚雷曼可能熬不过这个周末。本周早些时候，摩根大通打算拆借资金给雷曼，不过仔细看了它的账簿后，他就打消了这个念头。因为担心雷曼倒闭，戴蒙还决定要求雷曼提供额外的抵押品作担保。他明白，如果 24 小时之内得不到救助，雷曼就一定会破产。

戴蒙关注的其实不仅仅是雷曼，他敏锐地意识到，华尔街另一巨头——美林公司（Merrill Lynch）也遇到了麻烦，于是他向员工们提出要求，要确保摩根大通也拥有美林公司的足值抵押品。与此同时，尽管公众还没有察觉出这些危机状况，危险正在向全球保险巨擘——美国国际集团逼近。由于美国国际集团是摩根大通的客户，所以公司正抓紧时间筹集资金去救助它。戴蒙估计，若一周内筹不到足够资金，美国国际集团也将面临灭顶之灾。

在由少数几个大人物（包括政府要员在内）组成的核心危机化解小组中，戴蒙的位置尤为重要。因为他是做金融实务的，通过"交易流"之类的先进工具掌握着最新、最全面的金融活动信息，从而能够洞察金融系统中那些看似微小，却可能成为极大隐患的问题。而那些门外汉却无知地认为，当金融体系出现问题时，安全网（存款保险体系）能够发挥作用并力挽狂澜。

戴蒙开始思索可能出现的最坏情形。早上 7 点 30 分，他走进书房，打电话召集摩根大通 24 位高管举行电话会议。

"你们即将经历美国历史上最不可思议的一周。我们要做好最坏的打算，尽全力保护雷曼，因为这关乎我们的生死存亡。"戴蒙说。

高管们都专心地听着，但没人明白戴蒙到底想说什么。

和许多华尔街精英一样——这其中也包括雷曼首席执行官小理查

德·富尔德（Richard S. Fuld Jr.），他是雷曼任期最长的首席执行官，这次，大多数与会的摩根大通高管都认为政府会出手救助，以避免雷曼破产。戴蒙却迅速断了他们的念想。

“那是不可能的。我认为华盛顿不可能也不应该出手救助一家投资银行！我希望你们大家都明白，这是生死攸关的事，我可不是在开玩笑。”戴蒙一板一眼地说道。

戴蒙终于抛出了这个惊世骇俗的消息，这就是他苦苦思索而得出的最坏情形。“行动方案是：我们必须马上为雷曼申请破产做准备。”停顿了片刻后，他接着说：“还有美林……美国国际集团……摩根士丹利。”最后，停顿了更长时间以后，他又补充说：“可能高盛也会申请破产。”

听到这些，与会者全都倒吸了一口凉气！

在接下来的几天中，事态的发展印证了戴蒙在电话会议中的预言，金融体系已处在崩溃边缘，情况十分危急。政府决定出手救市，这在美国是史无前例的。仅仅18个月前，华尔街还在为自己进入盈利最丰厚的时代而庆祝，转眼之间，它就陷入了一场具有划时代意义的大灾难之中。数万亿美元的财富瞬间蒸发，金融市场行情糟糕透顶。这场大灾难摧毁了资本主义奉为圭臬的法则，金融奇才所创造出的低风险高收益的新时代结束了，美国式金融工程是全球最佳黄金准则的观点亦不攻自破。

随着事态的发展，混乱的市场弥漫着恐惧，“看不见的手”根本无法控制局势。许多华尔街人士都从未经历过这种情形：各种谣言甚嚣尘上，政策变幻莫测。基于对形势的胡乱猜测，许多人被迫作出了职业生涯中甚至一生中最为关键的决定。有些人作出了明智的选择；有些人跟着感觉走，运气还不错；还有一些人则后悔当初所做的决定。其实，要判断他们是否作出了正确选择，现在仍为时过早。

2007 年，经济一片繁荣，泡沫也同时达到了顶峰，金融服务部门成了创造财富的机器，这台机器把小泡沫吹成了大气球，创造出美国 40% 以上的利润。复杂的金融产品成了美国经济的强大驱动力，而这些金融产品（包括一系列新兴的证券化产品）相当复杂，甚至连很多首席执行官和董事自己都搞不明白。抵押贷款业在该体系中发挥着举足轻重的作用，它们所提供的贷款是华尔街精心设计复杂创新产品的原材料，然后这些贷款被不断地打包并向全球市场发售。

20 世纪 80 年代，华尔街曾有过一段建立在债务基础上的繁荣时期。危机前夕，基于创新机制所获得的利润，它又创造了一个全新的鼎盛时期。2007 年，华尔街金融界从业人士的总薪酬高达 530 亿美元。其中，高盛支付的薪水总额为 200 亿美元，人均 66.1 万美元，高盛发放的薪水在危机之初位于五大券商之首。高盛首席执行官劳尔德 · 贝兰克梵（Lloyd Blankfein）这一年的收入则高达 6 800 万美元。

金融巨头们深信，他们创造的不仅仅是利润，更是一种放之四海而皆准的新金融模式。2007 年夏天，花旗集团总设计师桑迪·韦尔（Sandy Weill）说："全世界都将朝着以自由企业和资本市场为特色的美国模式前进。对那些要向市场经济转型的国家来说，没有美国金融机构的存在是很遗憾的，因为它们将在这些国家的经济转型过程中发挥相当重要的作用。"

大券商大谈特谈即将创造出的金融价值与令人眩晕的数字，但这一切却是以高杠杆率为赌注的，华尔街一些公司的债务与资本之比已高达 32 ∶ 1。这是一场豪赌：如果成功了，这些复杂模型的正确性会得到验证并带来丰厚的回报；而一旦失败，后果将是灾难性的。

网络经济泡沫的破灭以及"9 · 11"事件后美国经济的衰退都曾让华尔街遭受重创，此次创新模式的兴起则在很大程度上归因于货币贬值。当时亚洲储蓄过剩，美国则在美国联邦储备银行（以下简称"美联储"）前主席艾伦·格林斯潘（Alan Greenspan）的主导下实施超低利率（2001 年美国经济持续衰退，此举旨在刺激经济增长），最终世界各地都开始出现流动性过剩。

次级抵押贷款市场是流动性过剩最典型的例子。在房地产泡沫的高峰期，银行非常热衷提供房贷。只要在合同上签上自己的名字，任何人都可以顺利地拿到住房贷款。无须提供任何证明，只要声称自己的薪水有六位数，想买房的人就可以轻松地从银行开出 50 万美元的住房抵押证明，一个月后就可以拿到贷款。房价自然也是不断暴涨，人人都在热火朝天的房地产市场中变成了投机者，不断地倒卖房产，并拿着银行的房屋抵押贷款去买豪车和游艇。

那时，华尔街认为新型金融产品的风险极低，由于抵押贷款被不断地证券化和切割打包，其中蕴含的风险即使没有被彻底消除，也已经被大大地分散了。银行不再把这些贷款持有至到期，而是把它们分割并打包出售给了投资者。不管你如何看待银行家在房地产繁荣时期的行为，有一点是毫无疑问的：这些机构是在自酿苦果。事实上，这个苦果还真不小，因为他们自己也购买了大量以抵押贷款为支持的资产。

正是这些金融机构之间极为密切的相互关联带来了巨大的风险。银行大量拥有这些新型金融产品的后果是，不知不觉中，每家银行的发展都高度依赖其他银行的状况。如果有一家银行倒闭，那么其他银行就会像多米诺骨牌一样接连倒下。

其实，不管在实务界还是学术界，都曾有人预言这些金融创新将会惨淡收场。在努里埃尔·鲁比尼（Nouriel Roubini）教授和罗伯特·席勒（Robert J. Schiller）教授成为灾难预言家之前，有人在 1994 年就作出了这样的预言，但没人愿意相信。

在接受了针对衍生品市场发展的研究任务后，总审计长查尔斯·鲍舍尔（Charles A. Bowsher）曾对国会委员会说："美国这些大交易商的突然破产或退出交易将会引发市场流动性问题，也会对其他机构，包括参加联邦保险系统的银行，甚至整个金融体系都构成威胁。那时就只能通过由纳税人埋单或以纳税人的钱做担保的救市方式来干预市场了。”

2007年，危机已初露端倪，但很多人仍然认为，除了对于一些抵押贷款公司，次级贷款几乎没有什么风险。2007年3月，美联储时任主席本·伯南克（Ben Bernanke）在国会联合经济委员会的听证会上说：“目前看来，次级贷款对整体经济及金融市场造成的冲击已得到控制。”

然而，2007年8月，市值20 000亿美元的次级贷款市场开始崩溃，溃败之势迅速在全球市场蔓延。贝尔斯登旗下两只主要做次级贷款衍生品交易的对冲基金崩盘，投资者损失了16亿美元。法国最大的上市银行法国巴黎银行暂停了取款业务，理由是无法计算出账簿上与次级贷款相关债券的价值。这实际上是指，在任何一个合理的价位上，它们都找不到买家。

从某种意义上说，华尔街是聪明反被聪明误。以抵押贷款为支持的证券非常复杂，几乎没人能搞明白如何在衰退市场中对其进行合理定价。截至本书写作时，专家们还在苦苦计算这些资产到底价值几许。没有价格，市场就会瘫痪；而没有资本，华尔街就无法运转。

美国五大投行中实力最弱而杠杆率最高的贝尔斯登第一个倒闭。但大家都清楚，如果出现投资者全面恐慌的局面，也就是说，当没有人觉得自己是安全的，也没有人知道华尔街下一个倒闭的会是谁时，即便是实力最强的银行也可能会挺不过去，最终以倒闭收场。

戴蒙在电话会议中给出了一张令人震惊的金融机构倒闭清单，从这张清单上我们可以感觉到一种极度的不确定性。正是这种极度不确定性，使得这场危机成为华尔街银行家及银行监管者毕生难忘的经历。2008年8月，他们曾经历了一次“局势得到控制”的危机，金融机构及投资者都步履艰难。事实上，那些能够保持平和、预测情况会很快好转的人通常盈利最丰。这次信贷危机与以往的金融危机都不一样，华尔街与华盛顿必须奋力迎战。

回过头看，这次危机之前所出现的泡沫和以往的泡沫一样，都是苏格兰作家查尔斯·麦凯（Charles Mackay）在他 1984 年的经典著作中所称的“大众错觉与群体狂热”。银行并没有成功地创造出一个无风险的投资新世界，而是给整个金融体系带来了新的风险。

本书并不关注艰深的理论，它记录的是从 2008 年 3 月 17 日开始的数月间真实的人和事。3 月 17 日这一天，摩根大通同意收购贝尔斯登，美国政府官员也最终决定实施该国经济史上规模最大、程度最深的一次政府干预。此次干预的范围覆盖了纽约、华盛顿甚至本土之外，人物是掌控着美国经济命脉的少数精英，地点则在这些精英的办公室、家里甚至他们的脑海中。

过去 10 年，我一直在为《纽约时报》报道华尔街，有幸通过这样的工作看到了美国经济发展所取得的非凡成就。但通过本书的写作，我才更真切地感受到了华尔街这些金融机构的商业模式所发生的巨变，同时也见证了它们恢弘的自我毁灭过程。

这个伟大的时代给我们留下了一道难题，或者更准确地说，是留下了一个谜，只有解开它，我们才能从错误中吸取教训。本书正是为揭开谜底而做的一次努力。

《大而不倒》记录的是华尔街金融机构的一幕幕失败场景。这场失败震撼了世界，也让资本主义推崇备至的理念遭到了质疑。本书详尽地刻画了一群极富奉献精神但又常常令我们感到困惑的华尔街人士：他们有时极富个人牺牲精神，有时又会不惜一切保全自己。他们奋力迎战，力图让自身以及整个世界免于一场更大的灾难。值得庆幸的是，为避免出现最坏的情形，书中人物最终都能舍弃或大或小的个人利益，团结一致，奋力与危机做斗争。没错，很多时候他们的确是这样做的。但正如你将在书中所看到的，每作出一项决定之前，他们之间总会发生激烈的争吵和残酷的权力斗争，而这正是华尔街和华盛顿的一种根深蒂固的文化。

最后，这其实是一个关于人类劣根性的故事。人们很容易犯下这样的错误：总以为自己足够强大，根本不会倒下。事实并非如此。

1

2008年3月17日早上5点，康涅狄格州格林尼治郡，天色昏沉。一辆黑色奔驰车已经发动引擎，在行车道上耐心地等待。车灯在苍茫夜色中显得格外明亮，散落在面积48 000平方米的草坪上的水洼在车灯的照耀下熠熠发亮。不一会儿，司机听到人行道上传来窸窣的脚步声，小理查德·富尔德从前门走出来，钻进了轿车后座。

奔驰车左转上了北街，开向曲折狭窄的梅里特公路，直奔曼哈顿。富尔德默默地看着车窗外一座座被浓雾笼罩的豪宅，这些豪宅的主人大都是华尔街的执行董事或对冲基金经理。他们于繁荣时期花费了数千万美元在这里买下房产并斥巨资进行豪华装修，不过他们与富尔德一样，当时都没预料到这个繁荣时期会终结得如此之快。

富尔德从车窗玻璃里瞥见自己憔悴的面容：疲惫让他的双眼周围现出深深的皱纹，睡眠不足还带来了大大的黑眼圈。他的飞机午夜时分才在威彻斯特郡机场降落，之后，他总共睡了不到4个小时，这真是地狱般的 72 小时！富尔德是华尔街第四大投资银行雷曼兄弟的首席执行官。如果不是因为这场突发危机，他和妻子凯西此时应该还在印度，用印度一种叫“塔利”的特色佳肴盛宴款待那些身家过亿的客户。由于时差反应，此刻富尔德感到疲惫至极。

两天前，他还舒舒服服地躺在私人飞机里闲适地打着小盹。飞机在新德里附近的一个军事机场降落时，妻子凯西把他叫醒，说美国财政部长亨利 · 保尔森（Henry Paulson）从 12 000 公里外的华盛顿特区打来了电话。保尔森告诉富尔德，星期一，贝尔斯登将被出售或宣告破产。一旦贝尔斯登破产，雷曼必将受到极大冲击。“你最好马上赶回来。”保尔森说。富尔德当然也希望能尽快赶回去，他问保尔森能否帮忙让他的私人飞机获得飞越俄罗斯领空的官方许可，以便节省至少 5 个小时的时间。保尔森听了心里暗暗发笑：“我自己都没办法获得那样的许可。”

最终，富尔德的私人飞机在伊斯坦布尔和奥斯陆停靠加油。26 小时后，他终于回到位于格林尼治郡的家。

此刻，富尔德正反复琢磨着周末发生的事情：华尔街五大投行中最小但最活跃的贝尔斯登被摩根大通的杰米 · 戴蒙，以每股两美元的超低价收购了。为说服戴蒙进行收购，美联储答应承担贝尔斯登最差资产中高达 300 亿美元的坏账损失。说实在的，当纽约的下属说出“两美元”时，富尔德还以为飞机上的电话掉线了，以至于后面的一些数字没有听到。

突然间，就像 1929 年大萧条时那样，街头巷尾都在谈论银行危机事件。富尔德星期四前往印度时，就听到传言称一些恐慌的投资者拒绝与贝尔斯登进行交易，但富尔德没想到贝尔斯登的崩盘会来得如此之快。这是一个建立在投资者信心基础上的产业：投资银行进行隔夜拆借，而从其他机构拆入资金的前提是第二天一早就得归还。贝尔斯登的破产使人们开始高度质疑这种商业模式。股票一贬值，那些赌股价下跌的做空者就可以赚到利润，因此做空者总在千方百计地琢磨市场走低的蛛丝马迹，那劲头真像凶悍的西哥特人千方百计地想摧毁古罗马的城墙以便进城劫掠一般。在返程飞机上，富尔德也考虑过收购贝尔斯登的问题：应该吗？可以吗？不，这样做可太不现实了！

富尔德认为，摩根大通收购贝尔斯登既拯救了单家机构，也拯救了整个银行业体系；华盛顿为这次交易牵线搭桥是明智之举，因为市场已无法再承受贝尔斯登倒闭的打击了。如果贝尔斯登倒闭，市场信心作为银行间融通大额资金的重要基础将遭受重创。他还认为，美联储主席本·伯南克为投资银行开放贴现窗口的决定也是相当明智的。因为这样一来，投资银行便可以与大型商业银行一样，以优惠利率从政府获得资金。如此看来，华尔街还是有机会翻盘的。

富尔德很清楚，除贝尔斯登外，雷曼在剩下的四大投资银行中实力最弱，现在就要轮到自己承受压力了。星期五，雷曼股价下跌了 14.6%，而当时贝尔斯登的股票仍在以每股 30 美元的价格进行交易。“这真的发生过吗？”仅仅 24 小时前，富尔德还在印度惊叹华尔街对全球金融市场有如此强大的影响力。但现在，这一切都已经不复存在了吗？

当汽车驶入纽约市区时，富尔德的大拇指不停地按动着黑莓手机的按键，好像它们就是一串解忧珠。尽管美国股市还要过四个半小时才开市，但他清楚这将是糟糕的一天：日本股票市场最主要的指数——日经指数已经下跌了 3.7%；欧洲已传出消息，荷兰银行业巨头荷兰国际集团将暂停与雷曼及其他券商进行交易。用“券商”这个词来形容这些机构其实并不确切，因为这些机构既代理客户进行证券交易，也开展自营业务，正是这些交易造就了真正的华尔街。

“是的，烂戏码才刚刚上演。”富尔德心中默念。

当汽车往南驶入通向曼哈顿城区的西侧高速公路时，富尔德给老朋友、雷曼总裁约瑟夫·格雷戈里（Joseph Gregory）打了个电话。此刻是清晨 5 点 30 分，格雷戈里正要登上他的私人直升机赶去上班，坐直升机上下班非常便利，从位于长岛劳埃德港口的家到办公室只需 20 分钟。直升机在西侧机场降落后，早就等候在那里的司机会开车把他送到雷曼位于时代广场的摩天办公大楼。

“你看到这个乱哄哄的局面了吗？”富尔德问格雷戈里，他指的是亚洲市场行情大跌。

富尔德千里迢迢从印度往回赶的同时，格雷戈里整个周末都耗在办公室里以研究危机应对方案，他也因此错过了儿子的曲棍球比赛。证券交易委员会和美联储向雷曼派驻了 6 名工作人员，协助他们审查公司情况。

格雷戈里理解富尔德此刻的焦虑，但他仍然认为，既然他们以前战胜过危机，那么这次也一定能熬得过去。

2007 年夏天，房价直线下跌，一向大肆放贷的银行突然开始紧缩信贷，富尔德却仍自豪地宣布：“我们账面上有很难剥离的东西吗？有。它会置我们于死地吗？当然不会！”当时，公司看起来是如此坚不可摧。三年来，雷曼赚得钵满盆盈，人们甚至开始把它与华尔街的“赚钱机器”高盛相提并论了。

当富尔德的奔驰轿车从冷冷清清的第五十大街疾驶而过时，环卫工人正费力地把调节人流的栅栏拖到第五大道上，以便防止第二天参加圣帕特里克日（爱尔兰国庆日）游行的人群过于拥挤。车开进了雷曼总部的后门，这座宏伟的钢筋玻璃结构大厦是富尔德的丰碑。格雷戈里常说，富尔德是这座大厦的奠基人，“9·11”恐怖袭击事件后，他带领雷曼走出了那段混乱岁月。恐怖袭击毁掉了雷曼与世贸中心大楼一街之隔的办公大楼，他们只好在喜来登酒店租用房间，作为临时办公场所。2001 年，富尔德从摩根士丹利手中买下了这幢摩天大楼，尽管液晶电视大屏幕后面的大楼建筑线条略显笨拙，但这笔交易非常划算。

富尔德走出31层的电梯，面对着空空如也的楼道。31层是公司高管的办公地点，人称“31俱乐部”，这里的气氛威严肃穆，令人生畏。

富尔德把外套和风衣挂在私人盥洗室旁边的衣柜里。和往常一样，他快速登陆彭博网站，同时打开电视收看CNBC[①]。时间刚过清晨6点30分，他的助手安杰拉·贾德（Angela Judd）或谢尔比·摩根（Shelby Morgan）通常会在7点之前赶到办公室。

期货市场的投资者主要赌股票开市时的表现。期货市场行情走势令富尔德大惊失色：雷曼股价下跌了21%。他迅速心算了一下：还没开市，他的个人账户就已经损失了8 950万美元。

CNBC正在播放乔·凯尔宁（Joe Kernen）对伯纳姆资产管理公司（Burnham Asset Management）的安东·舒茨（Anton Schutz）的采访，该采访主要是围绕着贝尔斯登收购案的后果以及对雷曼的影响展开的。

“我们一直认为雷曼会第一个倒闭，或者说会处于风暴的中心。根据今天的情况，您认为未来事态会如何发展？”凯尔宁问道。

“我认为投资银行会走向衰弱，理由是人们现在都害怕资产负债表上的资产项目是不实资产。为什么摩根大通可以用如此少的资金收购贝尔斯登，为什么美联储要为贝尔斯登负担300亿美元不良资产的损失？这其中恐怕有很多问题，我们都很想知道答案。”舒茨回答道。

富尔德紧绷着脸专注地看着采访，直到话题从雷曼绕开后，他才略微放松了一些。但话题很快又绕了回来。“如果您是雷曼的一员，看到今天所发生的一切，您会怎么办？我想雷曼的员工们此刻正如坐针毡吧。”凯尔宁问道。

① CNBC，即美国全国广播公司财经频道。——译者注

如坐针毡？这还不足以描述他们的窘境！

7点40分，保尔森打来电话。道琼斯新闻电讯报道说：上周晚些时候，东南亚最大的银行新加坡星展银行控股集团在内部发布要求，不允许交易员再进行与贝尔斯登或雷曼有关的交易。保尔森认为雷曼正在不断地丧失交易伙伴，这意味着一场灾难即将来临。

“我们会没事的，乱局最终会平定下来。”富尔德向保尔森保证。周末他已向保尔森汇报过公司盈利稳定的情况，这时他又把相关情况重复了一遍。这份报告将在星期二上午公布。

“有消息马上通知我。”保尔森说道。

1小时后，纽约的交易大厅全都喧闹起来。富尔德一动不动地坐在椅子上，目光紧紧盯着面前两台电脑屏幕上显示的彭博网站数据：一开盘，雷曼股价就下跌了35%。穆迪评级公司在投资银行高级长期负债项目中仍给了雷曼A1的评级，但同时把雷曼的前景从“积极”下调为“稳定”。

从印度回来的途中，富尔德、格雷戈里以及首席法律顾问托马斯·拉索（Thomas Russo）就公布公司盈利状况报告的时机进行了讨论：原计划周二公布，但富尔德想赶在周一开市前提前公布，他一向对公司盈利状况充满信心，认为没必要拖到周二。他在动身去亚洲前用公司内部邮箱给员工们发了一封对公司前景表示乐观的邮件。拉索却担心提前公布会被公众认为是绝望中的背水一战，有“此地无银三百两”之嫌，反而会引发更多担忧，因此力劝不要提前公布。

看到雷曼股票持续下跌，富尔德开始重新考虑公布盈利报告的时机，同时也开始重新审视自己过去所做的经营决策。多年前他就意识到，雷曼有一天可能会悄无声息地突然陷入困境。他也早就清醒地认识到，华尔街高杠杆率的做法蕴藏着巨大风险，但他不愿错过赚钱机会——建立在对前景看好基础上的豪赌带来的回报实在太丰厚了。他常对同事说：“这是在用劣质沥青铺路。天气恶劣时，路面上的坑洼会更深、更糟。”现在坑洼出现了，他不得不承认，情况比预想的更糟糕。但他内心深处依然相信雷曼能够挺住，他实在无法想象雷曼挺不住会是什么景况。

格雷戈里在富尔德办公桌前的椅子上坐下，两人微微点头以示问候。当 CNBC 在屏幕下方打出“谁是下一个”的滚动字幕时，两人都不禁向电视机屏幕前凑了凑。

当听到各大公司的高管们轮番宣扬着自己公司的辉煌业绩时，富尔德忍不住骂了句粗口。

仅 1 小时内，雷曼的股价就下跌了 48%。

“看空！看空！现在都在看空了！”富尔德怒吼道。

时年 65 岁的拉索教授坐在格雷戈里旁边，他原打算和家人去巴西度假。与格雷戈里一样，拉索也是富尔德为数不多的几个心腹之一。他告诉富尔德，人们都在交易大厅为华尔街一帮对冲基金经理联手搞垮贝尔斯登的事情交头接耳。这些对冲基金经理提走经纪账户上的资金，购买针对贝尔斯登的保险产品——信用违约互换（CDS），然后做空它的股票。拉索还绘声绘色地说，上周日早上，有人看到这些搞垮贝尔斯登的做空者在曼哈顿四季酒店共进早餐，高举着 350 美元一杯的米摩莎鸡尾酒，以庆祝获得成功。

这是真的吗？谁知道呢？

富尔德、格雷戈里和拉索三人聚在一起，积极筹划危机应对策略。他们一大早就召集精神已高度紧张的高管们开会。雷曼陷入危机的传言已遍布华尔街大街小巷，如何才能平息这些负面舆论呢？现在人们只要谈论贝尔斯登，最后都会扯到雷曼。纽约子午线股权合伙公司股权战略

专家迈克尔 · 麦卡蒂（Michael McCarty）在彭博电视上说："雷曼可能在周五之前就会重蹈贝尔斯登的覆辙。"

当天早上，美林公司资深首席投资策划师理查德·伯恩斯坦（Richard Bernstein）给他的客户发了一条预警短信："贝尔斯登倒闭后，将会有更多公司步其后尘。我们刚刚感觉到，信贷市场的泡沫原来如此巨大。"短信说得很婉转，没有直接点雷曼的名。

整个上午富尔德的电话就没断过，客户、交易伙伴、其他公司的首席执行官纷纷来电，大家都想知道到底发生了什么事。有些人打来电话是想要从富尔德这里得到安慰，有些人打来电话则是想要安慰富尔德。

"你还好吗？"摩根士丹利首席执行官约翰 · 麦克问道，他也是富尔德的老朋友了，"情况如何？"

"我很好，"富尔德告诉他，"但谣言四起，已经有两家银行不愿和我们做交易了，"德意志银行和汇丰银行已经停止与雷曼进行任何交易，"不过我们有充足的流动性，所以不会有问题。"

"好的，我会交代交易员整天都与你们进行交易的，"麦克说，"如果有什么需要，请尽管告诉我。"

富尔德开始向他的得力助手伸手求援了。他与雷曼伦敦分公司的负责人杰里米 · 艾萨克斯（Jeremy Isaacs）进行了电话沟通。放下电话后，艾萨克斯告诉他的团队："我们不会下午就破产的，不过对此我也不是百分之百地确信，因为现在确实有很多奇怪的事情在发生……"

尽管富尔德非常热衷于利用杠杆，但他也深知拥有足够流动性的重要性。他常说："你需要拥有足够的现金才能安然渡过危机。"他常常给别人讲述一个他在拉斯维加斯亲眼目睹的故事：一次，他在 21 点赌博游戏桌旁看到一个疯狂赌徒每次赌输后都把赌注翻番，寄希望于只要下次赌赢就可以捞回本钱，但最后这个赌棍一夜之间输掉了 4 500 万美元。富尔德当即把他的感悟记在一张餐巾纸上：不管你是谁，都必须拥有足够的现金。

现金总是多多益善！

1998 年，对冲基金长期资本管理公司（LTCM）倒闭事件又给富尔德上了一课。当时雷曼对长期资本管理公司的敞口巨大，情况十分危急，但幸好有额外的现金作为缓冲，同时也得益于富尔德采取的有效措施，雷曼最终安然渡过了危机。富尔德从中得到了另一个教训：必须及时辟谣！如果任由各种谣言传播，谣言最后就会成真。在那次危机中，他向《华盛顿邮报》发飙："所有谣言都是谎言。如果证券交易委员会查出谁在造谣，我一定要好好教训教训他们。"

这天早上，富尔德给《华尔街日报》的记者苏珊·克雷格（Susanne Craig）回了电话。苏珊为人精明、务实，多年来一直负责为雷曼写报道。富尔德很喜欢她，常向她透露一些公司内幕。苏珊认为富尔德接受采访是有效平息外界对雷曼种种负面传闻的良机，她还建议富尔德重点谈谈雷曼应对危机的种种预案。富尔德平常比较低调，不爱在媒体上抛头露面，但他基于在长期资本管理公司危机中的经验，愉快地接受了苏珊的建议。在那次危机中，他对待媒体的方式不甚积极友好，而雷曼则因此吃了些苦头。富尔德告诉苏珊："希望这次我能做得好些。"

中午，富尔德和其他雷曼高管一致决定接受《华尔街日报》《金融时报》《巴伦周刊》的采访。他们将尽可能多地向苏珊披露公司内部的运营情况，争取在这些报刊的头版大幅报道公司稳健运营的消息。下午 3 点开始，他们安排了许多员工轮流接受采访。采访的主题很鲜明：传闻并不真实，雷曼和高盛、摩根士丹利一样拥有充足的流动性。

为了准备采访，富尔德与格雷戈里、拉索及公司新任首席财务官艾琳·卡伦（Erin Callan）召开了一次电话会议。

富尔德告诉苏珊："我们知道自己需要大量流动性，也知道谣言一旦传出，就要快速应对，绝不能拖沓。”他还强调说，美联储开放了贴现窗口，雷曼的根基因此更加牢固：“有人打赌说美联储不能稳定市场，我认为这场赌局的胜算不大。”

格雷戈里也重申：“我们拥有流动性，尽管现在并不需要用到它，但拥有流动性本身就是强有力的积极、稳健的信号。”

这些话没有触及美联储向投资银行开放贴现窗口这一政策的隐性障碍。美联储决定为雷曼等投资银行提供低息贷款，但接受低息贷款实际上等于默认自己情况不妙，没有哪家机构敢冒这样的声誉风险。事实上，这是美联储为了增强投资者信心而采取的安慰性措施，并不是真的要拿出资金支持投资银行。具有讽刺意味的是，美联储出台这项务虚政策的始作俑者正是投资银行人士们自己。两个月前，一年一度的资本主义盛会——世界经济论坛在瑞士达沃斯举行。雷曼首席法律顾问拉索在向论坛递交的白皮书里提出了这个建议，纽约联储行长蒂莫西·盖特纳（Timothy F. Geithner）当时在台下听取了拉索的报告。

采访结束后，格雷戈里和卡伦回到办公室，挨个打电话给那些传言要缩减与雷曼交易的对冲基金公司，尽一切办法挽留它们。

这个闪电战术奏效了：交易结束前 1 小时，雷曼的股价发生了 U 形逆转。当天早些时候雷曼股价一度下跌了近 50%，但最后收盘时只下挫了 19%，收于每股 31.75 美元。这是四年半来的最低价，繁荣时期创造的利润一天之中就消失殆尽了。尽管如此，高管们还是为通过努力取得的些许成效感到高兴。明天盈利报告即将发布，好势头看来还能保持下去。首席财务官卡伦将是明天报告发布会的核心人物，她匆匆赶到格雷戈里的办公室，为发布会做悉心准备。

富尔德筋疲力尽地坐进回家的车，打算到家后好好睡一觉。此时，他多么希望花费 2 100 万美元购买的豪华公寓已装修完毕，可妻子凯西却固执地决定重新装修一下。这座位于公园大道 640 号的公寓拥有 16

个房间，全部位于一层。他慵懒地坐在奔驰车后座上，关掉黑莓手机，享受着这难得的轻松时刻。

没人想到迪克·富尔德[①]会在华尔街发展得这么好。

1964年，富尔德作为科罗拉多大学波尔得分校一年级的学生，似乎迷失了人生方向，迟迟决定不了就读的专业。于是，他参加了后备军官训练营（ROTC），这个训练营的受训者都是有志于成为军官的大学生。

一天早上，一名大学高年级学生担任指挥官，命令所有学员在学校正方形大操场上列队接受检阅。

“富尔德，你的鞋子不够亮。”指挥官厉声呵斥道。

富尔德刚想应答，指挥官已在富尔德左脚鞋子上故意踩了一脚。他命令富尔德回寝室把鞋擦干净，富尔德不声不响地照办了。当他回到操场后，指挥官又故意在他右脚鞋子上踩了一脚，再次命令他回寝室去擦鞋。

指挥官还开始折磨队列中一位身材矮小的学员，他用结实笨重的军靴使劲踢着年轻人的脚踝，年轻人疼倒在地，痛哭起来。可指挥官还不肯放过这个可怜的孩子，他屈起膝盖去撞男孩的脸，男孩的眼镜被撞到地上，镜片玻璃碎了一地。

富尔德并不认识那个男孩，但他实在看不下去了。

“嘿，混蛋，”他冲指挥官喊道，“你为什么不找个和你个头差不多的来欺负呢？”

指挥官逼近富尔德的脸，厉声问道：“你是在和我说话吗？”

富尔德毫不犹疑地应了声：“是！”

① 迪克是理查德的昵称。——译者注

他们很快撕打起来，其他人好不容易才把他们拉开，最终他俩都血淋淋地躺在地上。很快，学校里负责后备军官训练营的领导把18岁的富尔德叫了去：“你竟然和长官打架，这可不是军校学员应有的举动。”情况很明显：他就要被开除了。

富尔德争辩道：“长官，我希望你能听我解释一下当时到底发生了什么。”

“我很清楚。你和你的长官打架了，这就是问题所在。我不能再让你待在训练营里了。”

后来人生中有很多事情都让富尔德备感失望，这件事不过是其中微不足道的一件，但却成了他人生道路的转折点。

富尔德是在纽约州威彻斯特郡哈里森地区的一个富裕郊区长大的。他的家族拥有一家年收入高达10亿美元的纺织品公司——联合招商制造公司。这家公司是他的外祖父雅各布·舒瓦布（Jacob Schwab）在1912年和别人合伙创办的，公司最初名为科恩·豪尔·马克斯公司（Cohn-Hall-Marx Company）。

富尔德的父亲不想让儿子在家族企业里工作。1966年夏，作为雷曼的老主顾，富尔德的外祖父雅各布·舒瓦布很快给外孙谋到一份在雷曼丹佛交易所做暑期兼职的差事。

雷曼丹佛交易所的办公室只有三个人，富尔德干些杂活儿——他大部分时间都在抄写文件（那时还没有复印机），有时也跑跑腿。正是这份兼职工作开启了富尔德华尔街事业的大门。富尔德被交易大厅热火朝天的景象深深吸引：人们在交易大厅里声嘶力竭地高声报价，紧张、忘我地投入工作。“我属于这里。”富尔德终于找到了自己的人生方向。

富尔德之所以对这个行业感兴趣，并不是因为他的人生理想是玩转别人的钱，而是因为这个行业带给他一种发自内心的豁然开朗的感觉。

多年后他承认："我当初真是误打误撞进入投资银行业的。可我一接触到这一行，就立即发现我能理解它，它的一切都非常适合我。"

不过，富尔德不喜欢雷曼总部的刘易斯·格鲁克斯曼（Lewis L. Glucksman），因为他穿着邋遢、态度生硬、语言粗暴。格鲁克斯曼有时会从华尔街总部到丹佛交易所来。要不是实在太热爱这份工作，富尔德才不愿为这个暴君工作。

1969年2月，大学毕业半年后的富尔德以暑假实习生身份重进雷曼。这一次，他是在位于华尔街核心地段——威廉第一大街的雷曼总部上班。公司大楼建于1907年，颇具雄伟的意大利文艺复兴风格。他和父母住在一起，每天乘坐公交车上下班。他的工作内容是处理公司用于为日常运营融资的商业票据。

除了要向格鲁克斯曼汇报这一点外，富尔德对这份工作满意极了。格鲁克斯曼还是像过去那样，整天不停地训他。

不过富尔德也不是特别在意格鲁克斯曼的态度，因为他知道自己不会在雷曼干多长时间。他打算到科罗拉多大学攻读国际商务方向的MBA。暑期实习快结束时，他找格鲁克斯曼为自己写一封推荐信。

"见鬼，你要那玩意儿干嘛？"格鲁克斯曼吼道，"读研究生是为了找一份工作，我现在已经给你工作了啊。"但富尔德还是坚持要去念MBA。

"我们相处不来，"富尔德反唇相讥，"你总对我大声嚷嚷。"

"留下来吧。你不必为我工作。"格鲁克斯曼说。

富尔德最终选择留在雷曼，晚上到纽约大学继续攻读学位。他继续干着诸如扛着当时公司最新的技术装备——录像机到处拍摄之类的杂活儿。一天，他正在录制对格鲁克斯曼的采访节目，采访间隙，格鲁克斯曼问："录像机后面是谁？"富尔德赶忙把脑袋探了出来。

"你他妈的到底在干什么？"格鲁克斯曼说，"明天一早到我办公室来一趟。”

第二天，格鲁克斯曼在办公室对富尔德说，“做那些琐碎的破烂事儿？太可笑了，你为什么不为我工作呢？”

“难道说我‘升职’了？”富尔德问道。

两人很快成了朋友，富尔德从此平步青云。他当时的年薪是 6 000 美元，仅为 30 多年后担任首席执行官收入的万分之一。那年年底，他从父母家搬了出来，住在第六十五街东 401 号以每月 250 美元的价格租下的一居室。他开着一辆橘色的庞迪克 GTO 汽车上班，常有同事搭便车，后来成为财政部副部长的罗杰·阿特曼（Roger C. Altman）也是其中之一。

2006 年去世的格鲁克斯曼也是出色的交易员出身。从富尔德身上，格鲁克斯曼看到了自己年轻时的影子。他曾这样价评富尔德："迪克不会让情绪影响他的判断。他很清楚何时该买入，何时该卖出，他是天生的交易员。”

每天清晨，一迈进交易大厅，富尔德就感觉到心脏开始兴奋而有力地剧烈跳动，一种紧张、刺激感油然而生。他喜欢这里的一切：喧闹声，咒骂声，在这里只有拥有智慧、相信自己的人才能生存。

事实上，富尔德刚进雷曼时，雷曼正在经历一次重大转型，他便是这场变革的受益者。

雷曼创立于 1850 年，20 世纪时发展成为商业巨擘。美国内战爆发前几年，伊曼纽尔·雷曼（Emanuel Lehman）、亨利（Henry）和迈尔（Mayer）兄弟三人从德国南部的巴伐利亚移民到美国亚拉巴马州的蒙哥马利做棉花生意，当时棉花是美国的经济作物。20 年后，三兄弟在纽约曼哈顿开设了店铺，并协助了纽约棉花交易所的建立。雷曼很快由交易行发展成投资银行，为西尔斯、伍尔沃斯、美国无线电公司等公司的创立筹集了大量资金（这些公司当时的地位正如今天的苹果、谷歌、微软、英特尔公司等）。

富尔德进公司的第一年，雷曼颇具传奇色彩的高级合伙人、伊曼纽尔的孙子罗伯特·雷曼（Robert Lehman）去世了。罗伯特带领公司挺过了 1929 年的大萧条，并在大萧条后把公司打造成金融巨头。毕业于耶鲁大学的罗伯特颇具贵族气质，他曾长期执掌公司大权。20 世纪早期，很多大公司都是他的客户。到了 20 世纪 60 年代，雷曼银行咨询业务的规模仅次于高盛。不过，在他们这里咨询的客户最终得去高盛融资。罗伯特·雷曼和其他合伙人对这种状况很不满意，于是决定开办商业票据交易业务，并从当时华尔街著名的投资银行——A.G. 贝克尔资本管理公司挖了刘易斯·格鲁克斯曼来负责此项业务。

富尔德跻身于雷曼董事之列时，公司绝大部分利润都来源于格鲁克斯曼负责的交易业务。格鲁克斯曼管理的交易所嘈杂混乱，装着烟头的烟灰缸和盛着微温咖啡的杯子散落四处，交易终端和电话机附近都堆满了文件。电话筒在空中被传来递去，纸篓也被踢得东倒西歪。为了营造出拉斯维加斯赌场的气氛，格鲁克斯曼要求窗户不透光，所有交易员的注意力必须集中在拓新（Quotron）和德励（Telerate）机器上（这是当时华尔街的标准配置）。与拉斯维加斯赌场一样，空气中到处弥漫着浓浓的烟味。这与银行家们的绅士做派有天壤之别，但却渐渐成了雷曼的风格。

富尔德身高不到 1.73 米，头发乌黑，额头宽阔饱满，眼窝深陷，眼神阴郁，气势逼人，令人生畏，这在格鲁克斯曼精心培育的你死我活的残酷竞争氛围中绝对是种优势。富尔德酷爱健身和举重，尽管表面上看起来可能不会有人屑于和瘦小的他交锋，但实际上他相当有耐力。

富尔德在公司做交易员时人称“一根筋”，从来不和别人废话。他的眼睛总是紧盯着面前那台旧式电脑的绿屏幕，嘴里不断地咕哝着他的交易。

一天，他走到交易所主管艾伦 · 卡普兰（Allan S. Kaplan）的办公桌旁（艾伦· 卡普兰后来成了雷曼的副董事长），让他为一笔交易签字（根据规定，交易所主管当时必须为交易签字）。烟不离手的圆脸卡普兰正在打电话，故意不理富尔德。富尔德眉头紧锁，焦急地在旁边转来转去，他手里挥舞着交易合同，大声催促卡普兰签字。

卡普兰用手捂住话筒，愤怒地转向这位年轻的交易员：“你总是觉得自己最重要，”他真的发火了，“除了你的交易，其他什么都不重要。但除非我桌子上的文件都办完了，否则我不会给你那些该死的交易签字。”

“真的？”富尔德挑衅地问道。

“当然。”卡普兰说。

话音刚落，富尔德就弯下身子，胳膊用力往卡普兰桌面上一扫，无数文件瞬间在空中漫天飞舞。富尔德低声而有力地问：“现在你可以签字了吗？”此后，富尔德“大猩猩”的绰号就慢慢在公司内外传开了。富尔德自己倒没觉得这个绰号有什么不好。多年后，他成为公司的首席执行官后，还特意买了个大猩猩毛绒玩具放在自己的办公室里。2001年“9 · 11”恐怖袭击事件发生后，雷曼被迫撤离了位于与世贸中心仅一街之隔的曼哈顿下城总部，那个大猩猩毛绒玩具从此也就丢失了。

富尔德到雷曼几年后，有一天他在抵押贷款办公桌前看见一张新面孔。富尔德肤色黝黑，气质忧郁；那个人则皮肤白皙，热情亲切。新面孔亲热地向富尔德伸出手来：“嘿，我是约瑟夫 · 格雷戈里。”一段长达40年的友谊从此拉开序幕。

格雷戈里和富尔德性情迥异。富尔德常常咄咄逼人，相比较而言，格雷戈里更讨人喜欢些，不过这并不妨碍两人成为亲密朋友。格雷戈里对富尔德非常敬重。

有一天，富尔德把格雷戈里拉到一边，婉转地提醒他的穿着不太得体。富尔德说："格鲁克斯曼不会因领带上沾有汤水渍、衬衫下摆没整理好就被辞退，但你我都不是格鲁克斯曼。"听罢此言，格雷戈里立刻抽空到百货公司买了好多衣服。他后来对一个朋友说："我不想让迪克失望。"

与富尔德一样，格雷戈里也并非毕业于常春藤联盟的著名学府（他毕业于霍夫斯特拉大学），也纯属偶然地于20世纪60年代加入雷曼。他本打算做一名高中历史老师，但在雷曼做了一夏天的通讯员后，决定从此往金融业发展。

20世纪80年代，格雷戈里与公司其他三位升迁很快的高管一起从长岛北岸的亨廷顿赶到公司上班。每天清晨，在那段长长的路途中，他们会一起讨论当天在交易所实施的交易策略。他们总是一起到达公司，下班后也常常聚在一起打篮球或健身，因此公司里的人把他们戏称为"亨廷顿黑手党"。

格鲁克斯曼是一名出色的交易员，在他的指导下，富尔德和格雷戈里都进步很快，但格鲁克斯曼明显更偏爱富尔德。每天早上，富尔德和另一位新秀詹姆斯·勃沙特（James S. Boshart）都会凑在格鲁克斯曼旁边一起阅读《华尔街日报》，格鲁克斯曼会做一些精彩点评。他那些名言警句很有他独特的风格，如"别随意接交易"，意思是，如果你不知道最新股票报价，那连电话都不要去接。

人们渐渐地意识到，格鲁克斯曼之所以不修边幅，其实是在给自己着意打造一种另类的政治风格。他对公司里毕业于名校的投资银行家们所享有的特权和种种做派极为不满。华尔街银行家和交易员的斗争就像一场真正的战争，投资银行业务向来被尊崇为一门艺术，而做交易则被看作是一种简单运动，只需要技术，不需要脑子和创造力。尽管交易员的收入已逐步提高，但在华尔街的社会等级排序上，交易员的位置总要矮一级。好斗的格鲁克斯曼努力激起交易员的对抗心理，公司上下常能听到“该死的银行家”这种说法。

20 世纪 70 年代，雷曼洛杉矶分部一位成功的银行家彼得 · 卢斯克（Peter Lusk）斥资 36.8 万美元，用水晶吊灯、木质画墙和吧台来装饰办公室。格鲁克斯曼得知此事后，立即飞到西海岸，直奔卢克斯的办公室。他到达时，卢克斯的办公室还没有人。看到卢克斯的办公室如此奢华，格鲁克斯愤怒极了，他从秘书办公桌里翻出一张白纸，用大写字母潦草地写下“你被开除了！”然后把纸贴在门上。

格鲁克斯曼没有就此作罢，他又抓起一张白纸接着写道：“雷曼为装修这间办公室花的每一分钱你都要还回来！”，并把这张纸紧贴在前一张纸的下方。

1983 年，格鲁克斯曼发起了一场华尔街的著名战役，并取得了最终胜利。作为一名来自匈牙利的犹太裔二代美国移民，格鲁克斯曼逼走了曾任尼克松政府商务部部长、在金融界人脉关系最深广的彼得 · 彼得森（Peter Peterson）。最后，格鲁克斯曼让彼得森选择：要么轻松地离开雷曼，要么留在雷曼艰难度日。彼得森选择了前者，并与别人合伙创立了黑石集团。随着年龄增长，格鲁克斯曼更加圆滑世故。他从不谈论这次人事斗争，他说：“谈这种事有点像谈论我的前妻。”

格鲁克斯曼没能当多长时间的雷曼总裁。8 个月后，1984 年 4 月 10 日，雷曼董事会 17 名董事投票通过决议，以 3.6 亿美元的价格把雷曼卖给美国运通。富尔德称这是他一生中最黑暗的一天。这其实是彼得森的亲信所发动的报复行径，他们积极联系美国运通，促成了这笔交易。

雷曼差不多花了10年时间才又赢回斗争的胜利。

美国运通公司旗下负责零售经纪业务的希尔森公司与雷曼合并，全盘吸收雷曼的人马成立了希尔森雷曼公司，专门从事投资银行业务。新公司成立伊始，关系就没有理顺。美国运通公司最大的失误是，没有立即解雇雷曼方面一开始就明确反对并购的高管们。

并购发生时富尔德已是雷曼董事会成员，他是三位反对出售雷曼的董事之一。投反对票时他深情地说："我爱雷曼。"

格鲁克斯曼、富尔德、格雷戈里，还有格鲁克斯曼圈子里的其他人为雷曼的自治和独立艰苦地奋斗了十年。格雷戈里回忆这段往事时说："就像蹲了十年监狱。"

为了让大家认识到团结的重要性，格鲁克斯曼把富尔德和其他高级交易员召集到公司会议室。开始大家都不明白格鲁克斯曼为什么拿来一大捆2号铅笔。只见他给每人发了一支，然后下令把铅笔折成两截。大伙在嬉笑中都轻松地做到了。接着格鲁克斯曼把一大捆铅笔递给富尔德，让他把它们一下子全折断。虽然号称"大猩猩"，富尔德却没能做到。

玩了这个有趣的游戏后，格鲁克斯曼对大家说了句富有哲理的话："只要团结一致，你们就能办成大事。"

雷曼成了"金融超市"的一部分。在雷曼交易员和高管看来，"金融超市"是太过稀松平常的东西，这让他们感到很恼火。更糟糕的是，新公司的管理架构错综复杂，极不明晰。

1993年，富尔德和唐米尔森·希尔（J. Tomilson Hill）一起被任命为希尔森雷曼控股公司的联合总裁和联合首席运营官。他们向希尔森雷曼控股公司首席执行官报告，希尔森雷曼控股公司首席执行官则向美国运通首席执行官哈维·戈卢布（Harvey Golub）报告。富尔德的门生克里斯托弗·佩蒂特（T. Christopher Pettit）负责投资银行与交易业务部。没人知道到底谁真正负责，换言之，没人负责。

1994 年，不堪重负的美国运通终于决定把雷曼分离出去。当时雷曼资本严重不足，业务主要集中于交易债券。大批业务骨干离开了公司，其中包括后来成为黑石公司首席执行官的史蒂芬·施瓦茨曼（Stephen A. Schwarzman）。没人料到雷曼作为一个独立公司还能生存很久，大家都以为它很快就会被一家大银行收购。

当初，美国运通首席执行官哈维·戈卢布把富尔德从希尔森雷曼公司的一名高级交易员提升为联合总裁和首席执行官，现在富尔德不再为他工作了。雷曼危在旦夕，希尔森的业务单元被卖掉时，雷曼的净收入下降了近 1/3，它的投资银行业务也缩水了近 1/3。富尔德等人一直在为雷曼的命运苦苦奋战。

在这危急的特殊时期，内部斗争仍很激烈。1996 年，佩蒂特到处嚷嚷着要提高自己的地位，富尔德便把他开除了。三个月后，佩蒂特乘坐的摩托雪橇发生事故，佩蒂特不幸身亡。富尔德独自管理了公司数年，后来，他任命格雷戈里和布拉德利·杰克（Bradley Jack）为公司的联合首席运营官，但杰克很快便被格雷戈里排挤走了。格雷戈里深受富尔德信任，因为他确有天分，更为重要的是，他看起来不会对别人构成威胁。

富尔德把格雷戈里视为手下“最好的交易员”，他认为有了格雷戈里的帮助，一定能消除 20 世纪 80 年代差点毁了雷曼的种种负面舆论。接着，富尔德开始大量裁员。1996 年，雷曼员工减少了 20%，只剩下 7 500 人左右。同时，他采用了更为流畅的管理架构。富尔德拥有一种令人惊讶的标榜自我、招纳贤才、讨好客户的才能，他把自己重塑为公司的公众形象，格雷戈里则成了首席运营官、富尔德的“贤内助”。富尔德成了一位“该死的银行家”，他的目标只有一个：提升这个新上市公司的股价。公司员工拥有越来越多的公司股份，最终占到公司股份的 1/3。“我想让我的雇员像主人翁一样工作。”富尔德告诉他的管理人员。

为鼓励团队努力工作，富尔德实行了计分制。事实上，他也用计分制鼓励儿子里奇打曲棍球。里奇打球时，富尔德会为他录像并告诉他："如果你进球，得 1 分；如果你助攻，得 2 分。"他把教育儿子的经验运用到对雷曼的管理中，例如，他说："团队中任何一人受到攻击，团队所有成员都要拼命反击。"雷曼高管能拿到多少薪酬，取决于他们所在团队的整体表现。

如果你对富尔德忠心耿耿，他也会对你以诚相待。很多雷曼员工都听说过这样一个故事：有一次富尔德和洛斯公司首席执行官詹姆斯·蒂施（James Tisch）一家人一起度假。他们到犹他州布赖斯峡谷国家公园做徒步旅行，从峡谷顶下来差不多走了两公里路时，蒂施 10 岁的儿子本哮喘发作，当他意识到吸氧器被忘在峡谷顶上时，顿时惊恐万状。

富尔德和蒂施一起陪本折回峡谷顶。"本，你来带路。"富尔德一路想方设法帮助男孩树立信心。

半路上他们碰到一个徒步旅行者。那人看着喘着粗气的本说："天啊，我们今天可没喘成这样。"

富尔德立即冲那个人愤怒而粗暴地咒骂道："吃屎去吧，去死吧！"

富尔德此举大大鼓舞了本，他几乎是小跑着回到峡谷顶上的。

"9·11"恐怖袭击事件之后的那段混乱时期，富尔德充分发挥了领导才能。他反复宣扬团结友爱精神，敦促员工紧密团结在一起。世贸大厦被撞的第二天，富尔德到纽约证券交易所参加关于讨论何时重开纽交所的会议。当被问到雷曼是否能够投入交易时，富尔德饱含着热泪说："现在我们甚至都不知道谁还活着。"

最终雷曼确认在"9·11"恐怖袭击中只有一位员工不幸遇难，但位于世界金融中心 3 号楼的雷曼全球总部大楼严重损毁。富尔德在曼哈顿中城第七大道的喜来登酒店为 6 500 名员工租了临时办公室。几星期后，他亲自与摩根士丹利谈判，从其手中买下一栋新楼。

一个月后，雷曼换了办公地点并正常营业，就像什么灾难也没有发生过。不过搬家损失了一员“爱将”：富尔德的黑猩猩毛绒玩具从此不见了。格雷戈里后来说，富尔德和整个公司都已经不再需要它了。

虽然富尔德常常谈到改变，但他并没有彻底变革公司文化，而只是对其进行了一些微调。与格鲁克斯曼宣扬偏执好斗的世界观相比，富尔德所倡导的公司文化表面上看起来要柔和得多，但他同样尚武。“每天都是一场战斗，”富尔德向高管们吼道，“必须干掉你们的敌人。”但交易员和银行家不再针锋相对，雷曼也不再被内部矛盾弄得四分五裂。“我努力培训投资银行家，让他们了解自己所销售的产品。”富尔德担任首席执行官很长一段时间后，格鲁克斯曼说：“我们是第一家把投资银行家放到交易大厅的公司。我离开公司后，迪克比我做得还要好。”

富尔德认为雷曼过分依赖交易债券及其他债务工具的做法过于保守，看到高盛通过运用自有资金投资赚了大钱，富尔德也想拓展公司业务。于是，这个任务便落到了格雷戈里头上。格雷戈里并非天生就心细，也不是天生的风险管理者，但他在公司业务拓展过程中发挥了至关重要的作用，成功地将雷曼业务扩展到商业房地产、抵押贷款、杠杆贷款等领域。随着牛市的到来，雷曼的盈利和股价都飙升到了前所未有的高度。2007 年，格雷戈里的薪酬为年薪 500 万美元现金和 2 900 万美元股票。当年富尔德的年薪为 4 000 万美元。

富尔德自己不想出面的事，全由格雷戈里来做。公司员工违规挨训，训斥者总是格雷戈里，话筒那端的受训者总被他斥为“混蛋”。公司上上下下都知道格雷戈里是“达斯·维德”[①]式的人物。尽管富尔德没

① 电影《星球大战》里最重要的角色之一，他残酷无情，常因小事杀害俘虏和部属。——译者注

有意识到这一点，但格雷戈里的铁腕策略确已成为公司正常运转的有力保障。

2005 年，格雷戈里做了一个冷酷无情的决定，此后这一决定也在公司内部广为流传：他令人费解地让得意门生罗伯特 · 沙菲尔（Robert Shafir）坐了冷板凳。沙菲尔是雷曼股权业务的全球负责人，并曾帮助格雷戈里开创了这项业务。因此，格雷戈里的做法似乎毫无道理。格雷戈里告诉沙菲尔给他安排了新的工作，就把他从公司管理委员会踢了出去。生怕沙菲尔还不明白，格雷戈里故意把他的办公室安排在管理委员会会议室的正对面，时刻冷酷地提醒着他已遭到排挤。那段时间，沙菲尔的女儿恰巧被诊断出囊性纤维化病，于是沙菲尔请了几天假，并寄希望于等他回公司上班后格雷戈里还会重新给他安排工作。

几个月后，见沙菲尔还没主动辞职，格雷戈里就把他叫到办公室。一阵尴尬的沉默后，格雷戈里问："派你去亚洲怎么样？"

沙菲尔懵了："去亚洲？你在开玩笑吧。格雷戈里，你知道我孩子的情况，我是不可能去亚洲的。"

就这样，沙菲尔跳槽到瑞士信贷。雷曼内部人士称他为"乔杀"[①]。

格雷戈里在用人决策上也常剑走偏锋。2005 年，他把赫伯特·巴特·麦克达德（Herbert "Bart" McDade）从公司固定收益业务负责人改任为公司股权业务负责人。麦克达德是债务领域的专家，对股权业务却知之甚少。2007 年房地产泡沫破灭时，不断有人责问格雷戈里，为什么安排那么多没有相关背景知识的管理人员负责商业房地产业务。格雷戈里对此的解释是："人们需要多领域的知识和经验。现在这个局面是金融体系造成的而非他们造成的。"

---

① 原文为 Joeicide, 从 suicide 变形而来，意指被约瑟夫 · 格雷戈里所害。——译者注

在格雷戈里的人事任命中，艾琳·卡伦最受争议。卡伦金发碧眼，外貌出众，喜欢穿鞋跟细高的时髦皮鞋。2007年，格雷戈里任命41岁的卡伦升任公司的首席财务官，公司上下一片哗然。卡伦确实很聪明，但她根本不了解公司的财务运作，也没有一点财会背景。雷曼女银行家罗斯·史蒂芬森（Ros Stephenson）对这个任命极为不满。罗斯也极具影响力，她是公司里除富尔德外唯一可与英国私募基金科尔伯格-克莱维斯-罗伯特公司（Kohlberg Kravis Roberts）头号人物亨利·克拉维斯（Henry Kravis）通电话的人。她直接找到富尔德发泄不满，但富尔德一如既往地支持格雷戈里的决定。

卡伦非常渴望能向同事们证明，自己与富尔德一样是一名经验丰富的华尔街战士。和富尔德相比，卡伦登上金融行业顶层的道路更加不同寻常。卡伦的父亲是纽约市的一名警察，一共有三个女儿。1990年，从纽约大学法律学院毕业后，卡伦在盛信律师事务所（Simpson Thacher & Bartlett）的税务部门担任助理。盛信律师事务所专门为华尔街大公司服务，雷曼便是其重要客户。

在盛信干了5年后，卡伦冒昧地给在雷曼的熟人打电话咨询："像我这样的人到华尔街工作会不会显得很奇怪？"

不，当然不会。卡伦被雷曼聘用后不久，税法有所修订，证券产品按照负债来缴税，证券业随之繁荣起来。卡伦抓住这一有利时机，利用税法方面的专业知识熟练地为客户设计一些复杂的投资产品。因为自身的机智、自信、灵活，她很快就得到了升职。几年后，她负责公司的全球金融解决方案和全球金融分析团队。随着对冲基金公司日益成为华尔街的高端客户，2006年，公司交给卡伦一项重任：协调对冲基金公司与公司投资银行业务的关系。

在卡伦的帮助下，堡垒投资集团（Fortress Investment Group）成为美国第一家管理对冲基金和私募基金的上市公司，此举为她在雷曼赢得声誉。后来，卡伦又负责了另一家基金公司 Och-Ziff 资金管理集团的首次公开募股工作。她还为雷曼最重要的对冲基金客户，即肯尼斯·格里芬（Kenneth C.Griffin）执掌的城堡投资集团（Citadel Investment Group）精心筹划了总价 5 亿美元、期限为 5 年的债券发售工作，这也是对冲基金公司首次发行债券。

卡伦很快就引起了格雷戈里的注意。格雷戈里在管理上信奉多样化，他认为，世界在改变，雷曼和其他金融团体一样再也不能仅是男性白种人的舞台。提拔一位聪明的年轻女性无论对雷曼还是对他自己都有好处，况且不管卡伦在电视上多么引人注目都不会对他在公司的地位构成威胁。

3 月 17 日晚，艾琳·卡伦在时代华纳中心的公寓里辗转反侧。明天将是她职业生涯中最重要的一天，她将单枪匹马去扑灭即将吞噬雷曼的熊熊大火，同时也将证明嘲笑和批评她的家伙们是多么愚蠢可笑。

数小时后，卡伦将代表雷曼面对全美市场乃至全球市场，她将主持一次详述公司季度业绩的电话会议。全美各地的金融分析人士都会认真聆听，其中很多人已准备从雷曼任何一点脆弱迹象着手打倒雷曼。根据相关安排，卡伦报告完业绩数据后，会有很多人提问。就算一切进展顺利，也肯定有些棘手问题需要卡伦机智应答，而她的回答既可能拯救雷曼，也可能毁灭雷曼。

卡伦实在睡不着，她干脆从床上爬起来，走到门口拿起当天的《华尔街日报》。头条新闻是“雷曼发现自己正处于暴风雨的中心”，这让卡伦原本就紧绷的神经更加紧张。报道还说，雷曼高管们正力图平息雷曼已摇摇欲坠的传言，尽管她也被点出是高管之一，但她还是很喜欢这篇报道。

卡伦疲惫极了，却又很兴奋，肾上腺素在她苗条的身躯里流淌。她穿着一套由她的私人导购从波道夫 · 古德曼时尚精品店中仔细挑选出的黑色西装，端着咖啡杯快速走下楼梯。今天她还要参加 CNBC 玛丽亚·巴蒂罗姆（Maria Bartiromo）主持的《美市收盘报道节目》，她已为此特意做好了发型。

卡伦站在时代华纳中心的遮阳篷下等待司机，她希望这里只是她暂时的家。她早就希望改善一下居住环境，职位晋升后薪水也水涨船高，她已看好位于中央公园西 15 号一套面积 200 多平方米的 31 层公寓，眼下正在进行一系列购房谈判。这幢石灰岩构筑的大楼坐落于纽约市最好地段，由罗伯特 · 斯特恩（Robert A. M. Stern）设计。很多著名金融家，如高盛的劳尔德 · 贝兰克梵、花旗集团传奇人物桑迪 · 威尔（Sanford I. Weill）、对冲基金大师丹尼尔 · 洛布（Daniel Loeb），还有摇滚明星斯汀（Sting）等，纷纷在这里安家。卡伦的新公寓总价 648 万美元，她打算贷款 500 万美元。坐进汽车后座时，她觉得今天上午的赌注实在太大，她中意的新公寓也是赌注之一。

在雷曼的办公室里，富尔德稳定了一下自己的情绪，准备收看财政部长保尔森在 CNBC 的直播节目。他用遥控器把声音调大了点。美国全国广播公司和 CNBC 都在播放《今日秀》节目，主持人马特 · 劳尔（Matt Lauer）正在进行采访。

“我不想咬文嚼字，”劳尔说，“但我想和你探讨一下星期一总统会见你后的言论。总统说：‘财政部长保尔森告诉我最新消息。很明显，我们正处于一个充满挑战的时代。’”

白宫新闻发布室里，保尔森看上去明显睡眠不足，他全神贯注地听着从右耳边传来的问题。

劳尔继续说：“我想把这和艾伦 · 格林斯潘最近所写的一篇文章做

个比较。”屏幕上出现了格林斯潘的照片，旁边打出了他的文章内容："将来我们回过头来看现在发生在美国的金融危机，很可能会发现这是第二次世界大战之后最惨痛的事。”

“‘我们处于一个充满挑战的时代’，这样的说法是不是低估了今年的形势？”劳尔以他一贯礼貌但尖锐的方式发问道。

保尔森微微有些迟疑，但很快就回过神来侃侃而谈："自8月以来，我们的资本市场一直有点动荡。我们正努力寻找摆脱困境的方法。我对我们的市场很有信心，这个市场很有韧性。但解决问题需要时间，我们正在尽最大努力。”他希望这番话能让大家感到宽慰。

富尔德焦急地等待着劳尔询问救助贝尔斯登的相关情况，劳尔终于提到这件事："本周末，美联储采取了惊人措施来解决贝尔斯登问题。有人问：‘相比那些处于苦难中的美国人民，美联储是不是对华尔街所发生的事情反应更为强烈？’”

富尔德气愤地想，媒体总是惯用阶级斗争的术语来表述复杂的金融问题，劳尔的提问就是一例明证，非要把华尔街（甚至把高盛前首席执行官保尔森）与《今日秀》节目的观众——普通老百姓们对立起来。

保尔森停顿片刻，斟酌了一下措辞："我这样说吧，贝尔斯登的股东肯定感到对现在的状况很难受。我想他们不认为自己被救助了。”显然，保尔森想传递这样的信息：布什政府不会总去救助，这只是临时性应急措施。

接着，劳尔引用了《华尔街日报》头版的一句话："‘政府是不是开了救助陷入困境的金融机构的先河？’换句话说，这是不是未来的大势所趋呢，部长先生？将来那些遇到麻烦的金融机构是不是都会寻求政府的救助？”

这个问题真够尖锐。几天前的一个晚上，保尔森和华尔街首席执行官们在电话会议中讨论过“道德风险”问题。“道德风险”这个晦涩的经济术语是指风险承担者业务失败时因受到某种保护，逃避了本该承担的种种恶果，而这会促使他们日后经营业务时冒更大风险。

“嗯，我先前已经说过了，贝尔斯登的股东并不认为他们得到了政府的救助，”保尔森再次强调，“我们的目标很清晰，我们所做的一切均旨在最有利于美国人民的利益，力争把危机给资本市场造成的破坏性影响降到最低。”

卡伦在办公桌前坐下，她打开彭博网站等待高盛公布本季度业绩。市场把高盛业绩看作反映未来走向的晴雨表，高盛业绩良好对雷曼来说将是个利好消息。

屏幕上出现了高盛业绩数据。她很感到一阵愉悦：盈利 15 亿美元。虽然与 32 亿美元的盈利相比下降了很多，但谁的盈利与去年相比不下降呢？高盛的表现超出了预期。到目前为止，一切都还不错。

那天早上，雷曼发了一份总结第一季度经营业绩的新闻稿。卡伦认为这些数字一定能激发市场信心。公司公布的盈利为 4.89 亿美元，每股 81 美分，比前一季度下挫 57%，但比分析员预测的要高。

媒体对雷曼利润公告的反应较为积极。私人投资公司霍兰公司（Holland & Company）的迈克尔 · 霍兰（Michael Holland）对路透社说，“雷曼公布的数据让那些预言失败的人有点不知所措。”美国银行证券部分析师迈克尔 · 赫克特（Michael Hecht）称雷曼这个季度的业绩“非常非常稳”。

早上 10 点，开市半个小时后，卡伦走进 31 层董事会办公室。尽管雷曼的成绩已平息了市场的恐慌，但她还有许多工作要做。显然，很多听众会问这样的问题：雷曼与贝尔斯登有何不同？它的流动性有多强？它如何定价不动产投资组合？投资者真的可以信任雷曼评估资产的方式吗？雷曼会不会只是在玩“盯着让市场投资者相信”（mark-to-make-believe）[①]的把戏？

卡伦针对这些问题，准备好了答案。上周末，她就这些问题运用数据专门向证券交易所官员做了详尽阐释。证券交易所官员一向很难对付，但那次他们对她的回答还比较满意。卡伦知道，数据是冷冰冰的。要说什么内容，如何表达出这些内容，她都早已烂熟于心。

市场对盈利报告反应热烈。虽然信贷息差紧缩，但雷曼股价飙升，投资者认为雷曼现在没有倒闭危险了。卡伦接下来要做的事就是对盈利报告做些阐释。她喝了口水，4 天来她一直不停地说话，声音早就沙哑不堪。

“都准备好了吗？”雷曼投资关系部负责人爱德·格雷博（Ed Grieb）问她。

卡伦点了点头，镇定而从容地对着话筒说起来：“毫无疑问，在过去几天中，不管是我们这个行业还是整个市场都出现了前所未有的波动。”众多金融分析家仔细聆听她的讲话。短短 30 分钟，卡伦报告了雷曼各个业务单元的业绩，并对数字做了详细解读。她还特别强调了公司为降低杠杆率和提高流动性所作出的巨大努力。

这是一场精彩的演说。卡伦坦诚、自信的态度给分析师们留下了深刻印象，她对事实的把握以及敢于直面问题的勇气也深深让他们折服。

接下来就是提问环节了。第一个提问的是欧本海默基金公司（Oppenheimer）的分析师梅雷迪思·惠特尼（Meredith Whitney）。2007 年秋天，她曾准确预测了花旗集团将被迫减少分红，从此以一名苛刻银行评论家的形象一举成名。卡伦及在场的其他雷曼高管都紧张地屏住呼吸，等待惠特尼发难。令人意外的是，惠特尼竟然说：“干得漂亮，卡伦。我想我们大家对这次披露都很满意。”

---

① mark-to-make-believe 是作者改自 mark-to-market（盯市）。——译者注

卡伦知道自己已经圆满完成了任务，但她还是尽量绷得紧紧的，不让大家看出自己已经松了一口气。如果连惠特尼都买她的账，就说明一切进展顺利。

在发布盈利报告的同时，雷曼股价继续上涨，市场也买雷曼的账，股价最终收于 46.49 美元，上涨了 14.74 美元，涨幅为 46.4%。这是雷曼自 1994 年上市以来涨幅最大的一天。高盛分析师威廉 · 塔诺纳（William Tanona）把他对雷曼的评级从“中立”调高为“买入”。

发布报告后，雷曼一片欢腾，格雷戈里甚至冲过去拥抱卡伦。卡伦走到交易大厅，经过担保债务凭证销售和交易负责人彼得 · 霍尼克（Peter Hornick）的办公桌时，彼得主动伸手和她击掌相庆。

在这个短暂的光辉时刻，雷曼看起来一切顺利。

当然，也有些怀疑论者还在表示担忧。“我不相信这些数字，我认为他们处理账面负债项目的会计方法并不恰当，”欧洲太平洋资本公司（Euro Pacific Capital）总裁和首席全球战略官彼得 · 希夫（Peter Schiff）对《华盛顿邮报》的记者说，“人们终将发现，雷曼公布的那些利润数据是虚假的。”

纽约城的另一端，一个名叫戴维 · 爱因霍恩（David Einhorn）的年轻对冲基金经理也得出了同样的结论：雷曼岌岌可危！戴维刚刚连夜坐飞机从洛杉矶赶回办公室参加今早的电话会议，他属于被富尔德贬斥为对冲投资者之流的那类人。但他极具影响力，一句话就可以对市场产生重大影响。他打赌雷曼的情形比卡伦透露的更糟糕。的确，外界很快就会认同他的观点。

亨利·保尔森的宅邸位于华盛顿特区西北部，四周树木繁茂，环境宜人。此时，他正焦急地在客厅里踱步，手里还一直握着手机。这一天是复活节也是星期天，到这天为止，贝尔斯登已被收购整整一个星期了。

保尔森曾答应妻子温蒂抽空一起去石溪公园（Rock Creek Park）骑车兜风。石溪公园是一片将首都华盛顿一分为二的公共绿地，离保尔森家不远。

整个周末温蒂都在生保尔森的气，因为他总在不停地打电话。

“求你了，就一小时。”温蒂试图劝他到屋子外面去转转。保尔森终于同意了，这是一个多星期来他第一次试着暂时忘掉工作。

可电话又响了起来。

财政部长拿起电话听了一会儿，厌恶地说：“我听了想吐！”

电话是杰米·戴蒙从摩根大通总部8楼的办公室打来的。戴蒙的办公室位于曼哈顿中城，俯瞰着派克大街（Park Avenue），室内墙壁镶嵌着木板以做装饰。戴蒙刚刚告诉保尔森一条令人不快的消息：他已经决定修订与贝尔斯登每股 2 美元的交易价格。根据修订后的条款，贝尔斯登的股价将提高到每股 10 美元。

保尔森对这一消息其实并不感到意外。整整一个星期，保尔森每天都会不停地给戴蒙打电话，数次打断戴蒙在跑步机上的慢跑晨练。通过这些电话沟通，保尔森已预感到摩根大通会加价收购贝尔斯登。摩根大通收购贝尔斯登的交易宣布后，保尔森和戴蒙都很担心那些心怀不满的贝尔斯登股东会否决该项交易，抵制其低价出售。真要出现这样的情况，贝尔斯登又要重新面对乱局了。

不过戴蒙的决定还是让保尔森措手不及。保尔森曾预想，如果戴蒙真要提高收购价格，每股最多不过加几块钱，最高到 8 美元也就到顶，绝不会提高到两位数。

“那比我们之前说好的要高多了。”保尔森用他特有的粗哑嗓音对着电话低声说道，他感到一时难以接受这个消息。一周前，戴蒙表示准备以每股 4 美元的价格收购，保尔森当即要求他压低价格：“我觉得每股价格 2~3 美元比较合适。”事实上，如果政府不对其 290 亿美元的负债提供担保，贝尔斯登早就破产了。保尔森可不愿因为救助他那些华尔街的老朋友而被人诟病。

“我不明白它们怎么还会值那么多。”保尔森对戴蒙说。

到目前为止，除戴蒙外，没人知道低廉价格背后有美国财长的影响力，保尔森也不想让人知道。像大多数保守派一样，他仍然尊崇“看不见的手”这一被普遍认同的准则，根据新古典经济学的主张，政府干预最好还是列为最后手段。

作为一位前首席执行官，保尔森完全理解戴蒙的立场，他同时希望市场能很快重新恢复平静，毕竟市场恐慌已持续了一个星期。每股两美元的收购价公布后，贝尔斯登的股东及员工已经要揭竿而起了，他们威胁不仅会搅黄这笔交易，还会搅乱整个市场。与此同时，戴蒙也发现仓促中拟定的并购协议中存在一个明显失误：贝尔斯登的股东可以投票否决这笔交易。即便如此，摩根大通仍要为其全年的交易作担保，摩根大通实际上是被套住了。戴蒙将这一失误归咎于他的律师事务所——沃切尔·利普顿·罗森·卡茨律师事务所[①]。

戴蒙专门召开了一次会议，向贝尔斯登的员工解释该笔交易。戴蒙向保尔森详细描述了埃德·莫德沃（Ed Moldaver）在那次会上是如何公开嘲笑挖苦他的。埃德·莫德沃是一名在贝尔斯登工作多年的经纪人，在戴蒙看来他简直是混蛋。"这可不是什么奉子成婚，"莫德沃在数百名贝尔斯登员工面前皱着眉头说，"这更像是一次强奸。"

保尔森向戴蒙透露，他自己在华盛顿也感受到类似的抵触情绪。因为大部分政府人士都认为：华尔街人士大都贪婪而且薪酬过高。一提到救助这些人就如同提到加税一样令他们反感。保尔森坦言："其实我承受着来自各方面的压力。"

更糟糕的是，这一年要举行总统换届大选。星期一，也就是贝尔斯登并购交易公布一天后，民主党候选人、参议员希拉里·克林顿（Hillary Clinton）就对救助提出批评，她甚至把布什政府对贝尔斯登的救助与伊拉克问题联系起来。当时希拉里在民意测验中占据微弱优势。

众议院金融服务委员会主席巴尼·弗兰克（Barney Frank）也同样尖刻，他借这笔交易来控诉保尔森的顶头上司——布什总统。"这些年来，共和党推行放松管制政策，缺乏对迅速发展的新型金融工具的监管，这些都让他们把大部分经济体变成了人质，"弗兰克抱怨道，"而无论是否愿意，我们都必须支付赎金。"

---

① 该律师事务所为纽约知名律师事务所。——译者注

民主党和共和党都在攻击救助计划，这是极少数能让两党达成共识的事情之一。不过共和党对其痛恨不已的原因是多方面的。共和党保守派人士始终相信市场会自动解决一切问题，政府采取的任何干预措施必定让事情更加糟糕。他们引用希波克拉底[①]的《论流行病》说："首先，不要伤害！"但现在这种史无前例的毁灭性灾难却也是资本主义制度不得不付出的沉重代价。与此同时，共和党温和派被选民的种种抱怨所淹没，不堪其扰。这些选民不理解，那些毁了他们养老金计划的家伙们凭什么还能享用纳税人的血汗钱。

所有人都把政府的行为称作"救市"——这是保尔森痛恨听到的一个词，他认为自己在努力挽救美国经济。"救市"这个词应该从字面意思来理解，即从一条正在下沉的船里向外淘水以拯救这条船，而不是指施舍。保尔森不明白华盛顿为什么就没一个人能看出两者之间的差别。

然而，保尔森已感觉到，无论对时局的预测多么准确，只要实施救助，就一定会惹来麻烦。布什总统虽然在公开场合表示赞同贝尔斯登收购案，还表扬了保尔森，但私底下他并不高兴。总统明白救助很有必要，但同时他也明白这一行动必将被政治化。尽管很清楚答案是肯定的，他还是向保尔森发难："这会让我们全完蛋，不是吗？"

保尔森非常了解布什总统在这个问题上的立场。就在贝尔斯登交易前的那个星期三，保尔森整个下午都在总统椭圆形办公室，为总统将于星期五在希尔顿饭店向纽约经济俱乐部发表的演说稿提意见。布什在发言稿里声称，政府绝不会实施救助。

保尔森一边浏览着发言稿，一边说道："可别那么说。"

"为什么？"布什问道，"我们不会实施救助的。"

保尔森向他透露了坏消息："虽然听起来很糟糕，但恐怕你必须实

① 希波克拉底（Hippocrates），古希腊名医，被西方尊为"医学之父"。——译者注

施救助。”

总的说来，现在局势已发展成了保尔森所经历的最糟糕的一场梦魇。经济已经变成了一场带有政治色彩的足球赛事。事关他的声誉，而他却被华盛顿的游戏规则牢牢束缚着。

2006年春，亨利·保尔森两度拒绝出任美国财政部长一职。保尔森大学一毕业就在国防部工作，之后又为尼克松政府工作了多年，因而非常了解华盛顿的运作机制。所以，他完全了解担任美国财长所暗含的风险。“我会在这里倒下，也将再不能与这些人共事。我会声名狼藉地离开，看看人们都是如何评价斯诺和奥尼尔的吧。”约翰·斯诺（John Snow）和保罗·奥尼尔（Paul O'Neil）是保尔森的前任，他们初到华盛顿时均被看作各自领域的奇才，但最后都黯然离开。

苦苦思索数月后，保尔森决定拒绝出任财长。他已经拥有世界上最棒的工作：在华尔街最受尊崇的机构——高盛担任首席执行官。作为公司行政总裁，保尔森周游世界。他把大部分注意力投向中国，在中国，他已经近乎是非官方的美国资本主义大使，与包括美国国务卿康多莉扎·赖斯（Condoleezza Rice）在内的华盛顿任何一位官员相比，他与中国领导人建立的关系都更为深厚。

布什总统新任白宫办公厅主任乔舒亚·博尔滕（Joshua Bolten）竭力促使保尔森加入总统班子。博尔滕说服布什总统，使他确信保尔森与中国之间的紧密联系会成为巨大优势，因为随着经济快速发展，中国在地缘政治方面的重要性日益突出。从工作经历来说，博尔滕十分了解保尔森。博尔滕也曾为高盛效力，20世纪90年代曾为高盛在伦敦开拓业务。乔恩·科尔津（Jon Corzine）领导高盛期间，他还做过一阵行政总管。

但在劝说保尔森或保尔森家族接受财长一职问题上，博尔滕却没能取得任何进展。尽管2004年他是布什的“先锋队员”——这个称号专指为总统连任竞选筹集超过10万美元资金的人，但因不赞同总统的政治观点，妻子温蒂不支持他。保尔森的母亲玛丽安娜则被保尔森就任财长的想法吓哭了。保尔森的儿子是美国国家篮球协会的官员，女儿是《基督教科学箴言报》的记者，他们也强烈反对父亲更换工作。

还有一位持反对意见的关键人物是保尔森的导师和顾问、高盛集团前主席约翰·怀特黑德（John Whitehead）。里根执政时期，怀特黑德曾在国务院任职。他觉得保尔森接受财长一职的决定将是错误选择。他认为："这是一届失败的政府，在那儿任职意味着你必须经受很多磨难才能干成点事。"

4月份接受采访时，保尔森驳斥了他是美国财长候选人的言论。他对《华尔街日报》说："我爱我现在的工作。事实上，我觉得自己拥有一份商业领域最棒的工作。我打算在这里长期干下去。"

博尔滕却仍在为促成此事而努力。4月底，保尔森接受了与布什总统会面的邀请，但高盛首席职员、曾在里根和布什两届政府中为詹姆斯·贝克（James Baker）工作过的约翰·罗杰斯（John F.W. Rogers）向保尔森强烈建议：除非准备接受这项工作，否则不要与总统见面。"你不要去和总统探讨工作的事。"他对保尔森说。罗杰斯的意见不容置疑，于是保尔森尴尬地给白宫打电话，为不能履约表示歉意。

不过由于当时中国国家主席胡锦涛恰巧来访，保尔森和妻子后来还是出席了在白宫举行的午宴。

餐后夫妇俩一起散步，途经财政部大楼时，温蒂转向保尔森。"我希望你不要因为我的缘故拒绝这份工作，"她说，"你要是真想做的话，我没意见。"

"不，我不是因为你才拒绝这项职务的。"

不过无论保尔森表现得多不情愿，其他人仍然认为他现在的想法不会是最终决定。罗杰斯对保尔森的态度表示怀疑，他认为自己的上司内心想接受这份工作。5 月第一个星期天的下午，罗杰斯在位于乔治城的家中苦恼不已，他怀疑自己给保尔森出了馊主意。犹豫良久，他终于拨通了博尔滕的号码。“我知道保尔森拒绝了你的提议，”他对博尔滕说，“不过如果总统真的需要他，你应该再试一次。”

于是，博尔滕给保尔森又打了电话。这时保尔森认为自己之所以拒绝，实际上是出于对失败的恐惧。他在高盛一向以“直面困难”著称，现在是不是想在困难面前当逃兵呢？

保尔森是一名虔诚的基督教科学派信徒。与大多数信徒一样，他非常赞赏玛丽·贝克·艾迪（Mary Baker Eddy）的文章。玛丽试图重新恢复早期基督教对精神疗法的重视，并于 1879 年在波士顿创办了第一所基督教科学派教堂。“恐惧是疾病的根源，”她写道，“必须驱散恐惧，为上帝重建平衡。”

保尔森刚挂上博尔滕的电话，就接到共和党幕后操纵者詹姆斯·贝克的电话。此时保尔森对就任财长一事想法有所改变。贝克向保尔森透露：自己已向布什总统说明保尔森是目前财长一职的最佳人选。这番话让保尔森很受用，他向贝克表示，自己会再认真考虑这个提议。

莎莉集团（Sara Lee）首席执行官约翰·布莱恩（John Bryan）是保尔森的老朋友，也是高盛董事。保尔森在芝加哥做投资银行时，他就已是保尔森的客户。布莱恩告诉保尔森：“保尔森，生活不是一次彩排。你不会想在 80 岁闲坐时告诉孙子孙女们，曾有人请你做美国财长吧。你应该告诉他们你曾是美国财长！”

5 月 21 日，保尔森最终接受了财长一职。按照相关程序，白宫要在随后一周内对他进行背景核查，之后再向外界公布任命。保尔森面临尴尬局面：一方面他仍要参加高盛合伙人年会，另一方面他还不能让人知道他辞职了。颇具讽刺意味的是，年会客座演讲者正是伊利诺伊州新当选的参议员巴拉克·奥巴马（Barack Obama）。媒体仍在猜测保尔森是否会加入政府部门，保尔森的同事就更不知情了。整个年会期间，他一直躲在酒店房间里。

华尔街有两种银行家：一种是圆滑的推销能手，他们靠才智和魅力获得成功；另一种人靠的则是斗牛犬般坚持不懈的顽强意志。保尔森属于后者，白宫很快也认识到了这一点。在正式接受财长职位前，保尔森要求解决几个关键性的细节问题。在高盛 32 年的职业生涯教会了他如何达成最有利的交易。他要求获得书面保证，确保财政部在政府内阁中享有与国防部和国务院同等的地位。他明白，在华盛顿，最关键的是接近总统，他也无意做一个无关紧要的小职员：虽会被召集参与讨论总统的想法，但华尔街的行政总裁们可不会回他电话。他还设法让白宫同意把国家经济委员会一些会议的举办地点设在财政部大楼中，该委员会由保尔森在哈佛商学院的同学阿兰·哈伯德（Allan Hubbard）领导，副总统迪克·切尼（Dick Cheney）也亲自参会。

为避免将来受到要他采取有利于前雇主的种种建议的干扰，保尔森主动签署了一份内容广泛、总计 6 页的“道德”契约，规定其在整个任期内不得染指任何与高盛相关的事务。他的声明远远超出通常情况对政府官员提出的“一年期”要求。“为审慎起见，在我就任美国财长的整个任期内，凡与高盛集团相关的任何活动，我都不再参与，”他在一封类似契约的信中写道，“我相信，这些举措将确保我在履行美国财长职责过程中，在任何情况下都会避免发生利益冲突。”实际上，高盛的影响力已渗透到了华尔街的方方面面，这样的声明不可避免地会妨碍保尔森行使权力。此时，他根本没料想到日后会拼命努力摆脱自己给自己套上的枷锁。

此外，保尔森必须出售 323 万股、约合 4.85 亿美元的高盛股份。他还不得持有在高盛基金的投资，高盛基金持有中国工商银行的股份，回报颇丰。根据美国新的税收服务法则，转入政府部门工作的企业管理人员在出售股份时不必缴税，保尔森因此节省了1亿多美元的税金，这也许是他最划算的交易之一。不过金融危机爆发前数月，高盛股票上涨不少，他为此甚感懊恼。2007年10月，高盛股票涨到每股235.92美元，而他出手时仅为每股142美元。

2006年5月30日，保尔森被正式任命为美国财长。7天后，《华盛顿邮报》刊登了他的简介，开头这样写道："在本届政府任期仅剩两年半的时间里，亨利·保尔森，这位由布什总统提名的美国财长或许没有多少机会在经济事务上施展拳脚了。"

没有什么比这更能强烈地激起他那种像买错了东西一样总有点后悔的感觉，不过也正是这种情结激励着他去直面挑战。

以华尔街的常规标准看，保尔森是华尔街金融巨头中的异类。他从小在芝加哥郊外一个农场长大，曾是鹰级童子军，是一个性格直率的美国中西部人。他和妻子温蒂从不愿在卡内基山（Carnegie Hill）过富豪生活，一心逃避曼哈顿的社交生活，尽量晚上九点前就上床睡觉。他们很喜欢在中央公园观鸟，温蒂有时会替自然保护协会进行早间巡视。他们居住的两居室公寓面积约110平方米，毗邻中央公园。作为华尔街收入最高的高管之一，这样的公寓应该是很低调的住所了。保尔森戴着一块塑料运动手表，他想花钱的念头总会被温蒂及时制止。温蒂的父亲曾是一位海军陆战队军官，节俭一直是这位岳父奉行的根本准则。有一天，保尔森从波道夫·古德曼时尚精品店买了件山羊绒外套，想更换掉一件他已经穿了10年的旧外套。"你买件新外套做什么？"温蒂问他。第二天，保尔森又把新外套退了回去。

尽管为布什总统筹集了巨额资金，保尔森并没有共和党强硬派的做派。作为一个铁杆环境保护主义者，保尔森只拥有一辆丰田普锐斯汽车。2006 年，他将高盛在南美洲火地岛（Tierra del Fuego）上拥有的约 2 750 平方公里土地捐赠给了野生动物保护协会。这一举动给他带来许多负面报道，也使高盛股东心痛不已并对他严加痛斥。保尔森是国际野生生物保护协会主席，他的儿子恰巧也是该机构的一位顾问。虽然捐赠事件在当时没得到任何人的理解，但公司还是将这块生态易遭破坏的南美土地视做抵押贷款违约组合的一部分。

保尔森总能不负众望。他身材匀称，身高 1.85 米，体重 75 公斤，曾是常春藤联盟达特茅斯学院的阻截队员。凭借在运动场上的凶猛表现，他赢得了"锤子"和"铁锤亨利"的绰号。不过与寻欢作乐的队友们不同的是，他在兄弟会冰箱里放着橘子汁和姜汁啤酒，在啤酒派对上他只喝这两样东西。他初遇自己未来妻子温蒂时，她还在卫尔斯利女子学院读书。希拉里 · 罗德姆（Hillary Rodham）①是她的同学，从某种意义上说，希拉里是温蒂的竞争对手。温蒂是 1969 级班联会主席，希拉里则是学生团体主席。1968 年，保尔森以优等生身份从达特茅斯毕业，主修专业是英国文学。

1970 年，保尔森从哈佛商学院毕业来到华盛顿，那时他连一套正式西装都没有。凭借达特茅斯一位教授给他写的推荐信，保尔森找到给助理国防部长做助手的工作。他很快在工作中展现出了超强的能力，也正是这些能力使他日后成了高盛的一名高效推销员。仅仅过了两年，保尔森就被提拔为白宫国内政策顾问委员会副主任。该委员会主任是约翰 · 埃利希曼（John Ehrlichman），他后来被证实在"水门事件"中充当了同谋，提供伪证，妨碍司法公正。当时，保尔森为财政部及商务部做外联工作。"纵览保尔森从五角大楼一个低级职员晋升到白宫高级官员的历程，你一定会发现：他有非常强的形势预判能力，"保尔森的朋友、

① 希拉里 · 罗德姆即美国前总统克林顿的妻子。——译者注

高盛前行政主管肯尼斯·布罗迪（Kenneth Brody）回忆往昔这样说道，“保尔森丝毫没被卷入‘水门事件’。”

1973年，温蒂怀了第一个孩子，保尔森急需多赚点钱。他决定不再为尼克松政府工作，离开白宫并积极在金融界找工作——当然，如果这并不意味着他们一定要到纽约生活的话。他参加了芝加哥一些金融公司的面试，在众多接收单位中，他对两家总部设在曼哈顿的金融公司——所罗门兄弟和高盛最感兴趣，这两家公司均在芝加哥设有办事处。高盛合伙人、后来任美国财长的罗伯特·鲁宾（Robert Rubin）、高盛传奇人物格斯·莱维（Gus Levy）以及约翰·怀特黑德都力劝保尔森选择高盛，而且许诺他不必搬到纽约。因此保尔森最终选择了高盛，他当时年薪为3万美元。

1974年1月，保尔森把家搬回到他小时候生长的地方、芝加哥西北部一个人口不到4 000人的小镇——巴林顿山（Barrington Hill）。保尔森从经营珠宝批发生意的父亲手里买了90多亩农场。在父母家门前一条弯曲小路往北一点的地方，他用木头和玻璃建了一座简朴的房子。房屋坐落在一条一公里长的马路尽头，四周环绕着高高的橡树。

在高盛，保尔森被赋予的重任远超过一个初级投资银行家所应承担的职责。高盛高级合伙人吉姆·吉尔德（Jim Gelder）看着保尔森快速后移的发际线说：“你知道的，亨利，我们通常不会让像你这样年轻的小伙子担负如此重任。不过，你看起来要比你的实际年龄老多了。”通过西尔斯公司（Sears）和卡特彼勒公司（Caterpillar）等重要的中西部客户，保尔森迅速证明了自己的价值，他很快被曼哈顿总部视为一颗冉冉升起的新星。1982年，他成了公司合伙人，跻身公司精英团队，拥有获得更多红利的资格。成为负责投资银行业务的联合主管及芝加哥子公司管理委员会的委员后，保尔森每天把大量时间花在电话上，不停地通过语音邮件发出种种指令，他的这种习惯做法渐渐被公司上下所熟知。

然而 4 年之后，1994 年 9 月，高盛陷入一场风暴。全球范围一次始料不及的利率大幅上升重创公司，使公司当年上半年的利润暴跌 60% 以上。公司行政主管斯蒂芬 · 弗里德曼（Stephen Friedman）突然宣布辞职，36 名高盛合伙人跟着离开，带走了大量资金和业务关系。

为避免损失扩大，公司董事会任命说话向来柔声细语的固定收益部主任乔恩 · 科尔津担任董事长。董事们认为保尔森是理想的二号人物人选，因为他不仅能很好地辅佐科尔津，还能向外界传递出一个信息：保尔森所擅长的投资银行业务仍将是高盛核心业务。他们希望科尔津和保尔森会像弗里德曼和罗伯特 · 鲁宾以及之前的约翰 · 怀特黑德和约翰 · 温伯格（John Weinberg）一样成为配合默契的搭档。

整个计划中只存在一个问题：他们都不太看得上对方。

在弗里德曼位于贝克曼的公寓中举行的会议上，保尔森反对在科尔津手下工作，更反对搬到纽约——这么多年来他一直尽力避免迁到那里。科尔津公认在一对一面谈中极富说服力，会后他提议与保尔森一起散散步。

“亨利，再没什么能比与你密切合作更让我高兴的了，”科尔津真诚地说，“我们一定会成为真正的合作伙伴。”不到 1 小时他们就达成了协议。

保尔森一到纽约就迅速行动起来。几天工夫，他和妻子就看了好几套公寓。备选公寓很快缩减到两个，保尔森到两套公寓快速看了看，把自己的意见用手机告知妻子，就匆匆赶向飞机场。

1994 年秋，保尔森和科尔津二人分别作为总裁和首席运营官，整天在世界各地会见客户、看望雇员，他们不知疲倦地忘我工作，努力解决高盛的诸多问题。保尔森还有一项艰巨的任务：削减 25% 的支出。他们的辛勤付出终于有了回报：1995 年，高盛的情况开始好转，1996 年和 1997 年获利颇丰。通过这次危机，科尔津和高盛其他一些高管认识到，未来公司如想抵御种种冲击，就必须学会利用公开资本市场，应用之道就是进行首次公开募股。

但 1996 年科尔津向合伙人陈述高盛公开上市的理由时，却遭到了强烈反对。当时科尔津对公司并没有足够的控制力。合伙人担心此举会倾覆公司合伙人体制并可能摧毁公司传统文化。

1998 年 6 月，保尔森成为公司的联合行政主管。在他的大力支持下，科尔津最终赢得了胜利：高盛宣布于 9 月进行首次公开募股。但同年夏天爆发了俄罗斯卢布危机，长期资本管理公司濒临倒闭，高盛的交易损失了数亿美元。此外，根据纽约联储的要求，它还不得不拿出 3 亿美元对长期资本管理公司实施救助。手忙脚乱的高盛在最后时刻取消了首次公开募股的发售工作。

与保尔森关系密切的朋友都知道，他已厌倦科尔津，厌倦纽约，也厌倦了公司的内部斗争，他正考虑退出公司。然而 1998 年 12 月，情况却发生了戏剧性的变化：科尔津的重要支持者罗伊·扎克伯格（Roy Zuckerberg）从高盛的权力机构——执行委员会退休了，该委员会只剩下五名成员：科尔津、保尔森、约翰·塞恩、约翰·桑顿（John Thornton）和罗伯特·赫斯特（Robert Hurst）。由于科尔津背地里与梅隆银行进行并购谈判，高盛董事会越发对他感到失望。

一系列秘密会议在不同地点紧锣密鼓地召开，曾在罗马帝国和克林姆林宫里发生过的政变最终在高盛上演了。董事们说服保尔森留下来管理公司，同时，保尔森和执行委员会的其他三名成员一致要求科尔津辞职。科尔津在获悉这一决定后伤心不已，潸然泪下。

保尔森成了公司唯一的行政主管，塞恩和桑顿则分别担任公司的联合总裁和联合首席运营官，他们都是董事长的后备人选。1999 年 5 月，高盛股票开始上市交易，发售总额为 36.6 亿美元。

2006 年春，保尔森任首席执行官的时间已远远超过自己的预期，他也早已攀登上了事业的巅峰。仅半年时间，保尔森就拿到了 1 870 万美元的现金红利；2005 年，他是华尔街收入最高的首席执行官，总共获得了 3 830 万美元的报酬。在高盛，他没有遇到挑战者，他亲手挑选的接班人劳尔德 · 贝兰克梵则在耐心地等待时机。高盛已成为大规模并购交易的首选顾问，此外，它还是主要的商品及债券交易商。高盛在为对冲基金提供服务方面获利颇丰，同时自营私募股权业务也崭露头角。

高盛已成华尔街上竞相效仿的赚钱机器。

保尔森在高盛工作了 32 年。为适应新的政府生活，他不得不经历一段艰难的调整期。比如，财政部语音邮件系统的内存很小，他无法像在高盛时那样给员工留大段的语音邮件，因此只能打电话。有人建议他使用电子邮件，他却始终用不惯。有些电子邮件会通过保尔森的两名助理转达，保尔森让其中一人专门负责把邮件打印出来。他还很少让保安随行。有些首席执行官身边总有许多保安人员，但保尔森觉得这种做法不过是在向世人显示傲慢自大而已。

财政部很多工作人员都不知道如何去适应保尔森的独特个性，他们去请教罗伯特 · 斯蒂尔（Robert Steel）。斯蒂尔是财政部副部长，之前也在高盛工作过。大家问他如何才能更好地与他们古怪的新上司进行沟通，斯蒂尔提到了三点："其一，亨利很聪明，异乎寻常地聪明，他能做到过目不忘；其二，他工作非常努力，令人难以想象地努力，他将是你们所见过的最努力的上司，他也期望你们能够同样努力；其三，亨利没有一点情商，他的社交情商为零。这可不是人身攻击，他会在上卫生间时半开着门。"

上任伊始，保尔森邀请了部分员工到他位于华盛顿西北角、价值 430 万美元的住所去做客。非常凑巧的是，这栋房子过去曾属于乔恩·科尔津。大家聚集在客厅里，从客厅窗户向外看去，满眼都是郁郁葱葱的树木，他们仿佛置身于一片奇幻的森林之中。客厅四周的墙上贴着很多鸟类照片，大部分都是温蒂自己拍摄的。

保尔森正沉浸于热切地向大家介绍自己对公司的一些想法，温蒂想，这样一个炎炎夏日，丈夫竟然忘记给客人们拿些饮料喝，这可真够古怪的。于是，她打断了他们，询问客人们想喝点什么。

保尔森的话头被打断了。他有点心烦意乱地说："不，他们什么也不想喝。"接着又开始说正事。

不一会儿，温蒂拿来一罐冰水和几只玻璃杯。可老板已经发了话，没人敢喝了。

保尔森接手的是一个混乱的部门。他的前任约翰·斯诺已经被边缘化了，斯诺曾是 CSX 铁路公司的首席执行官。员工们士气低落，意志涣散，他们感到自己根本不受重用。保尔森认为他能改变这一切。不过出乎他意料的是，财政部真正的工作人员是如此之少，他原以为政府的低效率会使他不得不应对数千名冗员。虽然保尔森如今管理着 112 000 人，但这对财政领域来说还是远远不够。他觉得自己将不得不招募一些经验丰富的华尔街老手，他们才真正懂得什么叫努力工作。

保尔森离开高盛后一直非常注意与高盛保持距离。他很清楚，每当高盛高管到政府任职，高盛对华盛顿有特殊影响力的阴谋论调就会闹得沸沸扬扬。比如，罗伯特·鲁宾到克林顿政府担任财长，乔恩·科尔津竞选新泽西州的参议员（尽管科尔津是被赶出高盛的）时，都曾出现过这种情形。鲁宾现在就职于花旗，他在保尔森上任前也提醒他要处理好与高盛的关联关系。

保尔森到财政部工作的头几个星期里，经济形势已很糟糕，但没人预料到一场大风暴即将来临。保尔森仍集中精力致力于提升财政部的士气，他走访了一些部门，这些部门都多年未有内阁成员光顾了。他还下令重新装修财政部大楼的地下健身房。保尔森非常重视健身，只要温蒂能够让他放下电话，他就会骑上自行车在华盛顿转一会儿。

保尔森早就对市场情况感到非常担忧。2006 年 8 月 17 日，在戴维营向总统及其经济班子通报情况时，保尔森就警告称经济危机其实早该发生了。他说："当大量易燃物堆聚在一起时，情况非常危险，你不知道什么东西很快就会把它们点燃。我们一般每 6 年、8 年或 10 年就会来一次危机，现在早就超过这个周期了。"

保尔森明确指出，政府必须直面一个严酷的事实：次级抵押贷款市场一片混乱，并且已经开始向其他市场扩散了。贝尔斯登和其他一些机构都深深地被这项业务所拖累，保尔森需要绕开他任职时所签的相关契约，充分行使权力来拯救这些陷入困境的投资银行。传统的商业银行受美国存款保险公司和美联储的保护，可以有效地避免破产；根据相关过渡性计划安排，加入存款保险计划的银行申请破产时，美国存款保险公司和美联储等可以对其进行接管并将其拍卖。但是，对于高盛、摩根士丹利、美林、贝尔斯登和雷曼这样的投资银行，美国存款保险公司则不拥有此类权利。保尔森在一次会议上表示，除非美国存款保险公司也为这些机构提供保险，否则市场将不可避免地出现混乱。

2008 年 3 月 27 日，上午 8 点 30 分，贝尔斯登的廉价出售交易刚过去三天，保尔森与他的副手又聚在一起开会。他刚从几个街区外丽思卡尔顿酒店的运动俱乐部赶回来，他平时常去这个俱乐部健身。他的智囊团，罗伯特·斯蒂尔、詹姆斯·威尔金森（James Wilkinson）、戴维·内森（David Nason）、米歇尔·戴维斯（Michele Davis）、菲利普·斯瓦格（Phillip Swagel）、尼尔·卡斯卡里（Neel Kashkari）等人，全都挤进他那位于财政部大楼三层的办公室里。那里能够俯瞰白宫的玫瑰花园，还能欣赏到华盛顿纪念碑的美丽景色。

办公室的天花板很高，四周墙壁上贴着许多他妻子拍的照片，主角都是些鸟儿和爬行动物。保尔森在办公室一角坐了下来，一些下属坐在蓝色天鹅绒沙发上，另一些则在红木桌子旁站着，办公桌上的 4 台电脑屏幕还在不停地闪烁着彭博网站数据。

每天早上 8 点 30 分，保尔森都要与他的核心团队成员一起开会，只有逢双周的星期五才会停开一次，因为这一天保尔森要和美联储主席本·伯南克一起吃早饭。保尔森本想早上早一点儿开会，不过对于政府工作人员来说，8 点 30 分开会就已经够早的了。核心团队的成员大多年薪为 149 000 美元左右，如果为私人部门服务，他们应该可以赚得更多。

保尔森一边思索着贝尔斯登收购案，一边来回踱步，最终，他在戴维·内森面前停了下来。38 岁的内森是主管金融机构的助理部长，他于 2005 年加入财政部，是制定居民政策的智囊团成员。内森是共和党人，同时也是自由市场经济的坚定拥护者。在最近几个月的会议上，他一直提醒大家要警惕出现另一个或几个贝尔斯登。内森以及其他财政部官员已经意识到，华尔街的经济自营模式就是个炸药桶。在这种模式中，银行高度依赖其他投资者所提供的隔夜拆借。贝尔斯登已经让他们领教了一家银行一旦要崩溃，会来得有多快。投资者的信心是这个行业的命脉，有一点出现问题的苗头就会导致银行迅速倒闭。但不管情况多危急，内森都坚决反对政府实施救助。

内森认为财政部应该集中精力先解决两个重大问题：首先，要获得授权，引导投资银行经历一场有组织的破产，从而不至于引发整个市场的恐慌；其次，更为紧迫的是要敦促这些银行进行融资。半年来，美国和欧洲的投资银行，如花旗、美林、摩根士丹利等，通过向中国、新加坡和波斯湾地区的国家管理的投资基金（即“主权财富基金”）进行股权融资的方式，筹集了约 800 亿美元的资本。但这还远远不够，这些银行不得不竭尽全力继续融资。

贝尔斯登的事情似乎已经告一段落了。这天早上，保尔森把主要精力集中在了雷曼身上，他觉得雷曼会成为下一个大麻烦。投资者的注意力或许会被艾琳·卡伦主持的雷曼收益情况的电话会议所转移，但保尔森不会："他们或许也已经没有偿付能力了。"他冷静地告诉在座的人。他担心雷曼评估资产的方法有问题，评估结果太过乐观；他更担心雷曼无法筹集到资金，实际上，可能一分钱也筹不到。保尔森认为富尔德的决策非常愚蠢，因为富尔德本人便持有200多万份雷曼股票，他因不愿稀释公司的股权而坚决反对融资。

当年保尔森在高盛时，高盛上下普遍对雷曼持有这样一种看法：无论地位还是禀赋，雷曼都达不到高盛的层次。这个看法至今仍深深影响着保尔森。当年，保尔森曾不止一次地称雷曼是"一群暴徒"，不过保尔森也非常欣赏他们勇于进取的公司文化和雷曼银行家们敢作敢为的精神。此外，他们还很忠诚，几乎到了愚忠的地步。

富尔德还有一些特点让保尔森感到极为担忧。例如，富尔德从不惧怕风险，保尔森认为他简直到了不顾身家性命的地步。保尔森在一次内部会议上曾评价说："他就像是一只猫，有九条命。"1995年初墨西哥发生比索危机，保尔森在高盛的老同事、时任美国财长的罗伯特·鲁宾决定向墨西哥提供援助。保尔森认为，鲁宾此举无意中救了富尔德。雷曼当时在没有进行风险对冲的情况下豪赌了墨西哥比索的走势，而事实证明雷曼的预期是完全错误的。有人指责鲁宾之所以要组织国际援助，实际上是为了尽力拯救高盛，保尔森对当时的这些情况记忆犹新。

在保尔森看来，富尔德与肯·兰贡（Ken Langone）和戴维·科曼斯基（David Komansky）这样的金融家是一类人。这些人经常在曼哈顿的圣彼得饭店大吃大喝，与理查德·格拉索（Richard Grasso）称兄道弟。保尔森曾是纽约证券交易所人力资源和薪酬委员会委员，该委员会曾批准向该所主席格拉索发放1.9亿美元的薪酬。富尔德也是薪酬委员会的一员，兰贡则是委员会的主席。在格拉索的巨额薪酬引起一片哗然之后，保尔森决定想办法把他赶走。在他看来，格拉索不仅贪婪，还很不诚实。当时已声名鹊起的纽约总检察长艾略特·斯皮策（Eliot Spitzer）很快插手此事，对格拉索和兰贡两人都提起控诉。正是从这场斗争开始，保尔森极度憎恶格拉索及其亲信。保尔森非常明白，这伙人为了自己的利益会毫不犹豫地将自己置于死地。

不过，作为美国财长，保尔森必须是一位高明的外交官，他需要与华尔街所有首席执行官保持良好的关系。这些人会成为保尔森的巨大财富，是他在市场上的耳目。如果他需要，他希望能直接从这些首席执行官处获取有关“交易流”之类的最新信息，而不是从财政部工作人员那里获得过时的二手信息（尽管这些工作人员的主要职责就是把这些事情搞清楚）。

2006 年夏天，保尔森上任一个月就亲自给富尔德打了电话。当时富尔德正和一个朋友在太阳谷打高尔夫球，他在太阳谷有一套房子。富尔德正打算在第七洞发球时，手机响了起来。虽然高尔夫球场不允许使用手机，他还是接了电话，也没人对此提出异议。

“我知道这个电话会让你感到意外，”保尔森开口道，“你我多年来一直努力置对方于死地啊。”

富尔德大笑起来，能被保尔森看作一个势均力敌的对手，他感到很得意。

“我希望今后能经常给你打电话，”保尔森继续说道，“聊聊市场、交易、竞争，了解一下你关心的事。”

富尔德对保尔森的姿态感到满意，保尔森后来从他那里了解到很多事。那次通话后，他们保持了密切联系。保尔森非常重视富尔德提供的各种市场信息，当然，他也会与富尔德分享他对市场的看法，他的观点被富尔德看作是对市场的官方权威解读。保尔森当年担任高盛首席执行官时，曾不遗余力地辱骂、诋毁富尔德，可现在让保尔森感到意外的是，他发现富尔德不仅颇有个人魅力，而且极富实干精神。虽然保尔森还不能百分之百地信任富尔德，但他知道两人可以共事。

鉴于当前特殊的市场环境，两人已经好几次在电话中斗智斗勇了，接下来这个电话更是如此。

保尔森在早间会议接近尾声时，向下属们布置了一系列任务，其中之一是敦促尼尔 · 卡斯卡里和菲利普 · 斯瓦格尽快完成他们已着手撰写的危机应对白皮书草案，其主要内容是如果金融体系开始崩溃，政府应该如何进行救援。

散会时，保尔森把罗伯特·斯蒂尔留了下来，和他讨论起自己的想法。保尔森说："我打算倚重富尔德。"

一小时后，他的助理克里斯托 · 维斯特（Christal West）帮他接通了迪克 · 富尔德的电话。

"迪克，"保尔森用欢快的语调问道，"你好吗？"

富尔德早就在办公室里等这个电话了，他回答："还凑合。"

贝尔斯登交易案发生后的这一个星期里，两人已通过数次电话，但都没涉及实质性内容。今天早上的电话则有所不同。他们谈到市场上出现的波动及雷曼股票的表现。所有银行都在遭受损失，但雷曼的股价却遭受着最为严重的冲击，跌幅超过 40%。更令人担忧的是，空头们嗅到了机会，他们认定雷曼的股价还会进一步下跌，纷纷加大了赌注，这意味着空头头寸还会继续增多，尽管目前空头头寸已占到雷曼股份的 9% 以上。富尔德一直在试图说服保尔森，希望他能敦促证券交易委员会主席克里斯托弗 · 考克斯（Christopher Cox）出台政策，禁止空头再对他的公司发起攻势。

保尔森很同情富尔德的处境，但他希望雷曼能改变原有观点，考虑筹集资本。雷曼的一些主要投资方也一直提醒富尔德，进行融资是明智之举，特别是在目前的情况下，公司虽然有压力，但总体形势还算比较乐观。

“这是一次展示实力的良机。”保尔森希望能说服富尔德。

让保尔森稍感意外的是，富尔德称赞同他的意见并已着手此事了。一些雷曼债券持有者一直在向富尔德施压，要求他基于公司收益良好的相关报告进行新的融资。

“我们打算向沃伦·巴菲特寻求融资。”富尔德说，这是经过深思熟虑的决定。富尔德知道保尔森是这位传奇奥马哈投资者的朋友。虽然巴菲特对投资银行家公然表示蔑视，但多年来他一直通过高盛的芝加哥子公司来处理生意，保尔森和巴菲特也就渐渐成了朋友。

一项由巴菲特作出的投资，在金融界就相当于畅销杂志《好主妇》一样，会受到整个市场的热烈追捧。“你应该向他说明你的想法。”保尔森说。富尔德终于朝自己所希望的那个方向开始行动了，这让他松了一口气。

富尔德倒是同意了，不过他有个附加请求 ：“你能不能替我们先向巴菲特打个招呼？”

保尔森犹豫了，他认为作为财政部长牵扯进华尔街的一桩交易也许不是好主意，况且巴菲特又是高盛客户，这会让事情复杂化。

“让我考虑一下，迪克，我会给你答复的。”保尔森说。

3月28日，沃伦·巴菲特这位传奇的价值投资家坐在位于奥马哈市的伯克希尔-哈撒韦公司（Berkshire Hathaway）总部办公室中，一边在他父亲用过的简朴木质办公桌上伏案工作，一边等待富尔德的电话。一天前，雷曼的银行家休·麦克吉（Hugh McGee）通过伯克希尔-哈撒韦公司主席、拥有中美洲能源控股公司的戴维·索科尔（David L. Sokol）安排了这个电话。巴菲特几乎每天都会接到各种推销电话，他认为这次电话也不会例外。

巴菲特并不太了解富尔德，和他也只见过几次面，他们上次碰面还是在 2007 年华盛顿的一次财政部晚宴上，他当时坐在富尔德与美联储前主席保罗·沃克尔（Paul Volcker）中间。巴菲特身穿一套简朴的西装，戴着玳瑁镶边的眼镜。在甜点上桌之前，他到处走动，一不留神把一杯红酒全洒在了富尔德身上。晚宴的客人们，如通用电气的杰弗里·伊梅尔特（Jeffrey Immelt）、摩根大通的杰米·戴蒙、前财政部长罗伯特·鲁宾等都看了过来，虽然大家态度友好，可巴菲特这位世界排名第二的大富翁（仅排在比尔·盖茨之后）还是尴尬得羞红了脸。富尔德对这次意外的泼溅事故一笑了之，两人之后再也没有见过面。

长期担任巴菲特助理的德比尔·波萨涅克（Debbie Wasniak）告诉巴菲特，富尔德的电话已经打进来了，巴菲特放下他的樱桃味健怡可乐，拿起了听筒。

"沃伦，我是迪克。你好吗？我的首席财务官艾琳·卡伦和我在一起。"

"你好。"巴菲特用他那令人信赖而友善的语气问候道。

"我想你已经知道了，我们希望筹集一些资金。我们的股价被压低了，这是个大好时机，市场并不了解我们的真实情况。"富尔德准备开始推销了。他说雷曼正在寻找 30 亿～50 亿美元的投资。谈了一阵后，巴菲特很快提议：自己有兴趣投资红利为 9% 的雷曼优先股和 40 美元行权价的认股权证。而雷曼股票在周五时的收盘价为 37.87 美元。

奥马哈市的这位"先知"所给出的报价很苛刻，9% 的红利相当昂贵。举例来看，假如巴菲特进行一笔 40 亿美元的投资，那他一年就会获得 3.6 亿美元利息，不过这是利用巴菲特的声誉所要付出的代价。巴菲特说，雷曼答应这些条件后，他还要做些尽职调查，之后才会作出最终决定。他对富尔德说"我得看看数据，然后再回复你"，随后便挂了电话。

在奥马哈，巴菲特正在考虑是否再次把钱投向投资银行。1991 年，当所罗门兄弟处在崩溃边缘时，巴菲特出手援助了这家历史悠久的纽约投行，但很快他就意识到自己无法接受华尔街的文化。如果这一次他帮助雷曼，那么全世界的眼光都会盯着他，他非常清楚，到那时受损的将不仅仅是他的金钱，还有他的声誉。

虽然巴菲特做交易时经常运用衍生产品工具进行对冲，但他却相当鄙视交易员。在巴菲特看来，尽管颇为丰厚的薪水让交易员们变得很富有，但他们既没有多少才智也没有创造出多少价值。巴菲特清楚地记得，所罗门兄弟有一次发放了 9 亿美元的奖金，他对此深感不安。而更令他震惊的是，所罗门公司主席约翰·古弗兰（John Gutfreund）把公司管理得混乱不堪，却要求拿到 3 500 万美元后才走人。“他们拿了钱就跑，”有一次巴菲特曾这样说，“其实是雇员创造了公司的一切。投资银行家没赚什么钱，却觉得自己是社会的上层人士。他们恨交易员，因为交易员赚到了钱并因此有了影响力。”

巴菲特决定当晚待在办公室里仔细研究雷曼 2007 年年报。正当他一边看着年报，一边又打开一罐樱桃味健怡可乐时，电话铃响了，是保尔森打来的。

保尔森寒暄了几句，听起来这只是个普通的问候电话，但其实他很清楚自己此时正游走在监管者和交易撮合人这两种身份之间。他很快就把话题引到雷曼面临的问题上。他说：“如果你能出手，光是你的名字就会给市场带来极大信心。”他很小心地挑选着措辞，同时委婉地表示自己不会为雷曼提供担保。其实多年前巴菲特就听说过，作为高盛的最高执行官，保尔森拒绝与那些他认为投资或账目方面过于激进的公司进行交易。

多年的友谊使巴菲特很熟悉保尔森的行事准则，保尔森是值得信赖的人，如果他真的迫切地想做什么事，他就会直截了当地说出来。巴菲特知道保尔森现在还不是很迫切，于是两人表示将继续保持联系就互道晚安了。

巴菲特又开始研读雷曼年报。每当他对某个具体数字或项目有疑问时，他就会在报告的封页上记下相应的页码。还不到一个小时，报告的封页上就写满了他随手记下的页码。这是个非常危险的信号，因为巴菲特有一个简单的原则：即使每个问题都有答案，他也不能把钱投到一个让他产生这么多疑问的公司。年报读完了，他也做好了决定：不投资。

周六早上，富尔德给巴菲特打了电话。富尔德和卡伦以为巴菲特要求的 9% 红利和“高出 40”的认股权证，意思是认股权证的执行价格比当前股价高出 40%。然而，巴菲特认为他已经明确表示过，认股权证的执行价格必须是每股 40 美元，比现在的价格仅高两美元左右。一时间，他们一个接一个不停地讲，这场面如同是艾博特（Abbott）和科斯蒂洛（Costello）在表演“谁在一垒？”[①]很明显，他们在沟通上出了问题。巴菲特觉得，就这样算了吧。谈话就这么结束了。

富尔德在纽约的办公室里恼怒不已，他告诉卡伦，巴菲特的出价高得离谱，他们应该向其他投资者寻求融资。

周一上午，富尔德以 7.2% 的利率及 32% 的转股溢价从一家已持有雷曼股份的大型投资基金公司那里筹集到 40 亿美元的可转换优先股。对雷曼来说，与巴菲特的报价相比，这笔交易要划算些，不过这笔交易却无法像巴菲特的投资那样激发市场信心。

当天上午晚些时候，富尔德打电话告诉巴菲特，融资已取得成功。巴菲特表示祝贺，不过暗暗怀疑富尔德可能是利用了他的名声才促成融资的。

从周末开始，媒体就一直在大肆报道一条在巴菲特看来非常重要的关于雷曼的消息，但富尔德在电话里却只字未提，巴菲特也不好意思主

① 一段美国经典脱口秀段子：Who’s on first。——译者注

动去问。这个消息是"因被欺诈，雷曼遭受了3.55亿美元的损失"，雷曼被日本丸红银行（Marubeni Bank）的两名员工利用伪造的证件和资料诈骗了3.55亿美元。

巴菲特回想起他在所罗门兄弟公司的往事，当时该公司卷入了一场数额巨大的国债投标拍卖丑闻，但约翰·古弗兰和所罗门兄弟公司的法律团队却刻意向他隐瞒了这一消息，而正是那场丑闻最后差点把公司拖垮。

真不能再相信这种人了。

2008年4月2日，星期三晚上，蒂莫西·盖特纳刚刚走下全美航空公司从纽约飞抵华盛顿里根国家机场的航班，乘自动扶梯来到机场大厅，他的神色非常焦虑，可屋漏偏逢连夜雨，通常会在安检线外等候的司机这时也不知去向。

“该死的，司机哪儿去了？”盖特纳向紧随其后的总助理卡尔文·米歇尔（Calvin Mitchell）责问道。

虽然身居纽约联储主席的要职，年轻的盖特纳却一直表现得非常从容，不过这次他终于真真切切地感受到自己所面临的压力了。大约三周前，盖特纳通过一项“最后一分钟救援”式的交易计划把贝尔斯登从破产边缘拉了回来，明天上午他将首次向参议院银行委员会及全世界解释自己的所作所为，一切都马虎不得。

“电话没人接。”米歇尔一边抱怨，一边继续拨打手机联系司机。

通常，美联储会特地派一辆安全轿车去机场接盖特纳，他也已经习惯了这种在世界最大银行光环下的生活。盖特纳的日程安排精确到每一分钟，这也恰好符合他守时、挑剔和高度程序化的个性。他早就考虑到可能会发生司机耽搁晚点之类的情况，所以在听证会前一天晚上就飞了过来。

在飞机上，盖特纳已经仔细研究了一周以来反复修改的提案。一遍遍地回顾相关内容，目的是想彻底明确一点：在他看来，贝尔斯登公司的问题不仅仅是大多数人所认为的一个孤立的问题。尽管这个观点可能不受欢迎，但他仍然要强调这一事实：贝尔斯登几乎每天都依靠借款来维持高杠杆率的经营，因此与其他数百家机构存在着错综复杂的交易关系，而这预示着美国金融体系可能面临更大的问题。

盖特纳这样写道："最可怕的是系统性风险：如果贝尔斯登这种情况有增无减，那么很可能导致普遍的债务危机并对金融体系造成长期的严重破坏，最终将影响到整个经济。而且，这不是理论上的风险，也不是市场自身能解决的风险。"飞机降落前，盖特纳一直在努力推敲、提炼这些想法，并在座位前的小桌子上及时把它们写了下来。

那个周末，3 月 15 日，盖特纳向贝尔斯登提供了 290 亿美元的政府担保，并最终劝服摩根大通的总裁杰米·戴蒙承担贝尔斯登公司的债务。尽管戴蒙并不太情愿，但这一举措确实保护了贝尔斯登的债权人以及数以千计与该公司进行交易的投资者的利益，成功地避免了一次对全球金融体系的重创。至少盖特纳要向参议员们说明这一情况，实际上这一切都是他的功劳，并非媒体所报道的他的老板本·伯南克。

银行委员会的委员们却不一定这么看。他们没有公然地蔑视盖特纳，暗地里却对他的做法表示质疑。他们认为贝尔斯登这桩交易虽然很重要，但相关政策手段却不一定受欢迎。盖特纳显然已经成为众矢之的，这也是意料之中的事，因为这次政府干预的规模实在太大了。尽管盖特纳已饱受舆论批评，政客们还是不停地到处强调"道德风险"，生怕大家以为他们不知道这个词。

然而，不光是由那群不了解情况的人所组成的合唱团对这次交易表示谴责，就连盖特纳的朋友和同事对此也颇有微词。比如，美联储前主席保罗·沃克尔就非常不合时宜地将救助贝尔斯登与 20 世纪 70 年代联邦政府拒绝救助陷入财政困境的纽约政府这两件事作对比。大家普遍持有这样的观点：历史上，美联储从未将如此巨额的贷款发放给私人机构。政府为什么非要干预这桩交易？毕竟，他们不是无辜的蓝领工人，而是有着高收入却无视风险的银行家。难道盖特纳乃至广大的美国民众都是白痴吗？

当然，盖特纳也有自己的支持者，这些人已经非常清楚金融业所处的危急状况。比如，他的同行，达拉斯联储主席理查德·费舍尔（Richard Fisher）就曾给盖特纳发过一封电子邮件，里面用拉丁文写道："不要让那些畜生打倒你！"

尽管非常想向参议院表示自己也对危机感到十分震惊，但盖特纳最终还是打消了这个念头。纽约联储是一座石头城堡式的建筑，看起来坚不可摧，盖特纳就在这座建筑的顶层办公，多年来他一直提醒大家要警惕信用衍生工具的爆炸式增长。投资者为了保护自己免受交易对手违约而造成损失，会去购买各种保险，而实际上这些衍生工具和保险最终会使投资者变得更加脆弱，因为一旦出现冲击，便会产生多米诺骨牌效应。他一再坚持认为，华尔街的繁荣不会持续，应该采取必要的预防措施以应对未来可能发生的情况。盖特纳曾在演讲中一次又一次地强调这些观点，但是真的有人听进去了吗？事实上，金融界以外的人们并没有特别关注这位纽约联储主席的言论，他们知道的全部只是格林斯潘、格林斯潘、格林斯潘以及后来的伯南克、伯南克、伯南克。

想到这些，盖特纳就感到非常沮丧，现在更让他恼火的是司机居然没来，而自己正傻乎乎地站在机场。"坐出租车吧？"米歇尔提议道。

盖特纳可以说是美国央行除了伯南克以外最有权势的人物，此时却得站在20个人后面排队等出租车。

他摸了摸自己的口袋，一脸窘迫地望着米歇尔说："你带现金了吗？"

几个月前，只要盖特纳稍微改变一下主意，他的人生就会完全不同，很可能他现在就是花旗集团的首席执行官，而非银行的监管者了。

2007年11月6日，美国经济开始遭受第一波信用危机的冲击。当天下午3点30分，花旗帝国的缔造者和大股东桑迪·威尔通过预约与盖特纳通了电话。11月4日，也就是两天前，在宣布了花旗创纪录的亏损之后，首席执行官查尔斯·普林斯（Charles O. Prince）被迫辞职。威尔深谙世事并善于笼络人心，他曾因慧眼识珠并悉心培养出杰米·戴蒙这位青年才俊而声名鹊起，如今威尔想跟盖特纳谈谈并邀请他加盟花旗。他问盖特纳："你觉得由你来管理花旗怎么样？"

盖特纳已在纽约联储任职4年，加盟花旗的邀请起初听起来让人有点诧异，但他马上就敏锐地觉察到了其中的利益冲突。他不假思索地立即答复道："我不是合适的人选。"

尽管如此，在随后的一周里，威尔的邀请还是让盖特纳对未来思考了许多：工作、收入和责任。他也和妻子卡罗尔讨论过这件事情，甚至在拉契蒙特牵着爱犬奥多比散步时也想着这件事情。拉契蒙特是一个距纽约市区一个小时车程的富人居住区，盖特纳一家的生活看起来非常滋润，他的年薪是398 200美元，对于监管部门的公务员来说已经相当可观。但如果与住在枫树山的邻居相比，他们的收入则明显只能算是中等水平了。除了每月在Gjoko美容美体馆（Gjoko Spa & Salon）花80美元理发外，盖特纳再没什么奢侈的消费，但是上高二的女儿爱丽丝即将步入大学，小儿子本杰明也已经上初二了，尽管不至于捉襟见肘，但孩子们的教育费用毫无疑问将是一笔大的花销。

最后，盖特纳给他的老朋友罗伯特·鲁宾打电话以确定自己没有做错决定。鲁宾是花旗集团执行委员会主席和美国前财政部长，同时也一直是盖特纳的良师益友，他委婉地向盖特纳表示，自己正在推荐维克拉姆·潘迪特（Vikram S. Pandit）管理花旗，并鼓励盖特纳继续留任现在的职位。但不管怎么说，执掌花旗这种重量级的邀请至少说明，盖特纳最近在金融界取得了卓越的成就，同时这也表明他赢得了信任，得到了认可。

其实，在纽约联储工作的大部分时间里，盖特纳都能觉察出华尔街对他心存不恭。部分原因是他的做派与传统的央行官员不太一样，那些金融界的人不是很买他的账。在美联储 95 年的历史中，曾有 8 人担任过纽约联储主席，他们无一例外地在华尔街做过银行家、律师或经济学家，而盖特纳之前却一直是财政部官员，是前财政部长劳伦斯·萨默斯（Lawrence Summers）和鲁宾的忠实追随者。此外，盖特纳的威信还因其他一些因素而大打折扣：尽管已经 46 岁了，他看上去仍然很年轻，并且钟爱滑雪，讲话还时不时地带些脏字。

一些华盛顿的官员、记者，甚至一些银行家被盖特纳的风格吸引住了，他那冷酷的表情和自嘲式的智慧帮助他在公众面前树立了一种决策专家的形象。尽管在开会时他常表现得心不在焉，但当其他人发表完意见后，他会对整个讨论做入木三分的分析并加上流畅连贯的点评。

然而，在不喜欢他的那些人看来，盖特纳的这些表现无非是在耍把戏，以彰显自己控制局面的能力。纽约联储每个月都要为华尔街的巨头们举办一次午餐会，而这些巨头正是纽约联储平时监管的对象。此时，盖特纳通常会懒散地坐在座位上呷着健怡可乐，一言不发，脚不停地抖来抖去。他就像自己的偶像格林斯潘一样让人捉摸不透，但他缺乏一种能让华尔街大亨们信服的庄重感。

“他看起来也就 12 岁！”

2003 年 1 月，当彼得 · 彼得森第一次见到盖特纳时，他吃惊地喊出这句话。彼得森是雷曼的前首席执行官和私募股权投资公司黑石集团的创始人之一，当时彼得森作为顾问委员会的负责人，正在为纽约联储主席威廉·麦克多诺（William McDonough）寻找合适的接班人。麦克多诺已经在纽约联储主席的位置上干了 10 年，即将退休。麦克多诺原来是芝加哥第一国家银行一位极富魅力的行长，1998 年 9 月发生的一件事让他名声大噪。当时他召集了 14 家投资银行和商业银行的首席执行官，共筹得 36.5 亿美元的私人援助资金以挽救一家岌岌可危的对冲基金——长期资本管理公司。

彼得森在寻找接班人的过程中遇到了麻烦，他挑选的最佳候选人都对此不感兴趣。于是他顺着候选人名单往下看，当蒂莫西 · 盖特纳这个不太熟悉的名字映入眼帘时，他决定安排一次会面。但见过盖特纳后，彼得森犹豫不决，因为他看起来年轻、瘦弱，讲话轻声细语，近乎含糊不清。

举荐盖特纳的劳伦斯 · 萨默斯试图打消彼得森的顾虑。他告诉彼得森，盖特纳看上去瘦弱，实际上很强硬，盖特纳是在和他共事过的同事中，唯一一个敢直接走进办公室对他说“劳伦斯，在这件事上，你简直是脑子进水了”的家伙。

盖特纳的成长环境需要他不断地适应陌生人和新的情况，因此养成了讲话直截了当的习惯。盖特纳小时候过着行军打仗般的日子，跟随父亲彼得 · 盖特纳从一个国家移居到另一个国家。彼得 · 盖特纳是一位国际发展问题方面的专家，做过很多不同的工作，起初是美国政府的国际发展事务官员，随后又在福特基金会任职。那段时间，蒂莫西还在上高中，却分别在罗德西亚（现津巴布韦）、印度和泰国等地待过。蒂莫西的家族中有许多人从事政府工作，比如，他的外公查尔斯·穆尔（Charles

Moore）曾是美国总统艾森豪威尔的演讲稿撰写人并兼任总统顾问，他的舅舅乔纳森·穆尔（Jonathan Moore）则在美国国务院工作过。

追随父亲、外公和舅舅的脚步，蒂莫西考入达特茅斯学院，主修政府和亚洲事务研究专业。20 世纪 80 年代初，达特茅斯的校园成了文化战争的主战场，右翼势力创办的校报《达特茅斯评论》点燃了这场战争。那份校报造就了著名的保守派作家如迪内什·迪索萨（Dinesh D'Souza）和劳拉·英格拉姆（Laura Ingraham）。报上刊登了许多煽动性的文章，其中一篇刊载了学院的同性恋社团成员名单，还有一个专栏竟然用所谓的“黑人英语”撰文反对平权运动。因为这些事，达特茅斯学院的自由主义派学生对这份校报进行了抗议示威，蒂莫西则从中调解，劝服抗议者将愤怒转化为有效的行动，随之创立了一份针锋相对的出版物。

大学毕业后，蒂莫西·盖特纳进入约翰·霍普金斯大学高等国际研究学院深造，并于 1985 年取得硕士学位。同年，他和恋人、达特茅斯学院的同学卡罗尔·索南菲尔德结婚。婚礼在他父母位于科德角（Cape Cod）的度假别墅里举行，伴郎则是他的父亲。

在约翰·霍普金斯大学校长的推荐下，盖特纳进入亨利·基辛格（Henry Kissinger）的咨询公司工作，为基辛格撰写的一本书做前期调研，并给这位前国务卿留下了很好的印象。在工作中，盖特纳很快就学会了如何在有权势的人手下有效地工作而不仅仅是变成一个马屁精，他凭直觉就知道应该如何让这些大人物感受到自己对他们的尊崇。在基辛格的支持下，他随后进入了美国财政部，成为一名驻东京使馆的助理财务专员。盖特纳球技好，打球又卖力，是使馆网球场上的常胜将军。在那里，他可以很好地和东京主要刊物的记者、外交官以及同行进行非正式的交流讨论。

在日本期间，盖特纳亲眼目睹了泡沫经济由严重的通胀转变为过度紧缩的全过程。由于工作关系，时任财政部副部长的劳伦斯·萨默斯注意到了盖特纳，随后开始提拔他并逐步委以重任。1997年亚洲金融危机和1998年俄罗斯卢布危机期间，一家被《时代周刊》称为“拯救世界委员会”的机构帮助发展中国家筹集了超过1 000亿美元的救助资金，而盖特纳恰好是该机构的幕后工作人员。当一揽子救助计划被提出后，他自然而然地被招至萨默斯麾下。盖特纳是幸运的，因为是亚洲发生了危机，而他碰巧又是亚洲事务方面的专家。而且，新的工作让他早在达特茅斯学院时就展现出的外交才能变得日臻成熟，因为他经常需要在萨默斯和鲁宾之间调解斡旋，萨默斯喜欢强势干预，而鲁宾则较为谨慎。

1997年秋，韩国经济处于崩溃的边缘，盖特纳积极推动美国采取救援措施。感恩节那天，盖特纳在自己家中与萨默斯通电话，他沉着冷静地列出了一系列理由，以说明美国应该帮助韩国稳定局势。后来，克林顿政府在经过内部多方讨论后，开始着手制订救助韩国的一揽子计划，除了国际货币基金组织和其他国际机构将提供高达350亿美元的救助资金之外，美国将另外向韩国政府提供数十亿美元的贷款。这项计划实际上与盖特纳最初的建议十分相似。第二年，盖特纳就被提拔为财政部主管国际事务的副部长。

盖特纳与萨默斯关系密切，甚至在实际工作中也会经常故意开他的玩笑。为了戏弄萨默斯，盖特纳多次趁他外出演讲时窜改有关新闻报道，当萨默斯回到财政部时，盖特纳就会一本正经地把窜改后的报道拿给他看。看着萨默斯大发脾气，打电话威胁记者并要求纠正不实报道时，盖特纳才告诉他这只是个玩笑。他们的密切关系还不止于此。多年来，他们和财政部的同事都喜欢一同前往佛罗里达州由尼克·波利泰里尼（Nick Bollettieri）开办的网球学校打网球，大名鼎鼎的尼克·波利泰里

尼曾培养过安德烈 · 阿加西（Andre Agassi）和鲍里斯 · 贝克尔（Boris Becker）这样的网坛巨匠。拥有六块腹肌的盖特纳，在球场上的能力与他的决策才能一样出众。一位前财政部官员李 · 萨奇斯（Lee Sachs）这样评价他："盖特纳一直对触地球有很好的控制力。"

克林顿卸任后，盖特纳加入了国际货币基金组织，随后又被聘用到纽约联储工作。尽管曾供职于民主党政府，盖特纳还是被共和党出身的彼得森委以重用。

纽约联储主席一职是美国中央银行系统第二重要的职位，担负着重大职责，因为纽约联储不仅负有管理财政部大部分国债的责任，而且是政府在全国金融中心的耳目。在美联储 12 家地区储备银行中，只有纽约联储的主席是利率委员会的终身成员。另外，由于纽约的生活成本相对较高，纽约联储主席的年薪是美联储主席的两倍。

尽管盖特纳的个性并不适应这种环境，但他还是逐渐适应了在纽约联储的工作，并且因善于深思熟虑、促成共识而声名远播。他还非常勤勉地通过自学弥补所缺的知识，比如他自学了衍生品市场的知识，并开始质疑风险分散的相关理论。在他看来，分散风险的做法实际上会使一些原本孤立的问题复杂化，从而带来更大的风险——尽管他原来在美联储的老板艾伦 · 格林斯潘并不这么认为。

盖特纳在 2006 年的一次演讲中提道："这些变化看似让金融体系更能承受一系列大范围的冲击，但实际上它们没有消除风险，没有终止市场狂热或恐慌的趋势，没有消除某家大型金融中介机构倒闭的可能，更没有使更大范围的金融系统免受其害。"

因此，盖特纳很清楚华尔街的繁荣最终将走向衰落，而且根据他在日本的经验，不大可能会有什么好的结局。当然，他没有办法准确预测华尔街将在何时以何种方式终结。不论怎么研究和准备，他也不可能应付得了 2008 年 3 月初发生的一系列事情。

马修·斯考金（Matthew Scogin）把头探进罗伯特·斯蒂尔位于拐角处的办公室，问道："准备好了吗？我们就要开始新闻发布会的提问演练了。"

斯蒂尔看了看他的高级顾问，叹了口气说："好吧，就这样吧。"

保尔森和盖特纳、伯南克以及证券交易委员会主席考克斯均被安排于4月3日上午在银行委员会听证会上作证，贝尔斯登的艾伦·施瓦茨（Alan Schwartz）和摩根大通的杰米·戴蒙则紧随其后。但保尔森突然需要立即飞往中国进行一次官方访问，所以副手斯蒂尔将代他出席听证会。

和盖特纳一样，斯蒂尔的名气也仅限于金融界，因此他觉得在参议院银行委员会上作证可以被看作是一次展现自己的机会。他的手下一直在一遍遍地进行"模拟提问"，想通过这种老套的华盛顿方式帮他做好听证会准备。在提问演练中，斯蒂尔的手下扮演一些刁钻的国会议员，向他提出那些政客可能问的各种问题，这种训练也是为了确保斯蒂尔在受到言辞攻击时能够尽可能地保持头脑清醒，并能清晰表达。

尽管斯蒂尔在国会议员面前展现的形象是一位经验丰富而又自信的演讲者，但这次所面临的挑战要比以往大得多。他知道除了会被问及"贝尔斯登救援"之类的棘手问题外，等待他的还有一个难答的问题：为什么房利美和房地美这两家所谓由政府支持的企业买进了如此多的抵押贷款。尽管几十年来"两房"（指房利美和房地美，下同）一直是政界和学界讨论的敏感话题，它们被指责催生了房地产泡沫，但从未像现在这样饱受如此猛烈的抨击。

鉴于贝尔斯登的倒闭，参议员们可能会将这几个问题联系起来考虑。其中，信贷紧缩的首要原因就是贝尔斯登旗下的两只对冲基金购买了太多以次级抵押贷款为支持的证券。现在，正是这些次级抵押贷款打击了房地产市场的信心，而房利美和房地美主导着房地产市场，并认购了超过40%的次级抵押贷款，这些抵押贷款因为市场的信心下挫而迅速贬值。这反过来又影响了银行贷款的发放。对此，保尔森曾这样评价房利美和房地美："它们的证券产品像水一样在所有金融机构之间流动。"

保尔森甚至在财政部例会上讲话都会结结巴巴，相比之下，机智帅气的斯蒂尔更适合做发言人，因此他经常会抢老板保尔森的风头。斯蒂尔与保尔森初识于1976年，那时斯蒂尔刚从杜克大学毕业来到高盛位于芝加哥的办事处工作。和保尔森一样，斯蒂尔没什么家庭背景，他从小在杜克大学校园旁边长大，父亲起初是自动点唱机的维修工，后来卖人寿保险，母亲则在杜克大学精神病学实验室做兼职。在高盛时，斯蒂尔就已经成长为了一位颇具雄心的银行家，同时也是颗冉冉升起的新星，1986年他前往伦敦开拓股权资本市场并帮助公司在欧洲立足。

斯蒂尔在高盛上市时就已经是公司合伙人，现在身价已超过1亿美元。早在4年前他就决定退休了，因为他尽管担任过无数高级职务，却始终没有机会接近最高宝座。虽然内心深处仍希望能成功地杀回私营部门，但和许多高盛前辈一样，他也想在公共服务方面多投入一点时间。他曾在哈佛大学约翰·肯尼迪政府学院担任高级研究员，这让他在公共服务领域赢得了良好的声誉。2006年10月10日，斯蒂尔接受保尔森的邀请前往财政部担任主管国内金融事务的副部长。

现在，斯蒂尔和斯考金一起走进会议室，准备进行最后一轮的模拟提问，他知道这时候自己必须真正进入游戏角色了。财政部的同事戴维·内森、首席顾问詹姆斯·威尔金森以及公共事务助理部长兼政策规划部主任米歇尔·戴维斯早已在会议桌边就座了。

他们都很清楚最有可能提到的话题是：贝尔斯登的收购价最初定为每股两美元，政府在这场谈判中扮演了什么角色？其实，连财政部的工作人员都对此事一无所知。最清楚此事的只有那些当事人，比如摩根大通的杰米·戴蒙和贝尔斯登的艾伦·施瓦茨，这两位将在听证会那天详述当时发生的事情。

斯蒂尔知道低价收购是由保尔森推动的，目的是向外界发出强烈信号，表明贝尔斯登的股东不会从政府救助中渔利，但财政部工作人员从未公开证实此事。实际上，为了保尔森和其他所有人的利益，财政部最好不要承认那天发生的事情——3 月 16 日，星期天下午，保尔森给戴蒙打电话："我觉得这次收购应该以很低的价格成交。"

斯蒂尔知道应该在听证会上回避这件事。在模拟研讨会和其他会议上，戴维斯及其他一些人也都强调，斯蒂尔必须避免卷入关于收购价应该定为两美元还是 10 美元的争论中。斯蒂尔需要把握的关键点是保尔森此举完全是顾全大局，股东本来就不该从纳税人投入的资金中获利。另外，他们还鼓励斯蒂尔坚决阐明财政部其实并没有明确同意贝尔斯登的交易，无论如何，斯蒂尔都应该把矛头转向联邦储备委员会，因为它才是唯一有权批准此次交易的政府机构。

在模拟提问开始前，内森简要地向斯蒂尔汇报了主要进展。内森介绍了他最近与理查德·谢尔比（Richard Shelby）属下谈话的情况。理查德·谢尔比是参议院金融委员会资深的共和党议员，内森提醒道："谢尔比将很难对付。"

与真实情况相比，内森的提醒算得上轻描淡写。实际上，谢尔比对保尔森的做法极为不满，不仅是因为救助贝尔斯登这件事，他对保尔森最近所做的另一件事也反应强烈。在救助贝尔斯登后没几天，保尔森又在布什总统的经济刺激计划中增加了一项条款，提高准许房利美和房地美购买抵押贷款的上限。谢尔比曾为此好几天都不回财长的电话，以至于最后保尔森对谢尔比的属下厉声质问道："难道他不知道我是财政部长吗？"

此外，他们知道还要小心对付来自肯塔基州的共和党参议员吉姆·邦宁（Jim Bunning），他是出了名的不折不扣的“市场万能主义者”。模拟提问会上展示了一张邦宁的照片，斯蒂尔对着照片开玩笑说：“您质疑我们所做的一切？好吧，所有这些都是胡扯，我们是社会主义者。这下您满意了吧，参议员先生！”

模拟提问会的准备工作一直进行到斯蒂尔赶往听证会的前几分钟。现在的主要目标是避免最后一刻发生意外情况，一定要确保斯蒂尔和财政部毫发无损。财政部的工作人员认真地查阅了当天上午的报纸，以确信没有针对贝尔斯登的新评论，因为参议员极可能引用来自专栏作家的尖锐观点。幸运的是，报纸上没有关于这方面的新信息。

准备妥当后，斯蒂尔和他的助手们乘坐财政部的专车驶向国会。此时参议院办公大楼的听证室已经开始热闹起来，摄像人员正忙着安装设备，摄影师则忙着调试灯光。斯蒂尔就座后马上注意到，尽管贝尔斯登的艾伦·施瓦茨下午才需要作证，但他已经早早地来到了听证室，两人还打了声招呼。紧挨着斯蒂尔两边的分别是盖特纳和考克斯，考克斯的右边则是伯南克。从解决当前金融问题的角度看，坐成一排的这几位乃是全世界最重要的人物。

听证会上，委员会主席、来自康涅狄格州的民主党参议员克里斯托弗·多德（Christopher Dodd）发问道：“这次行动究竟属于为防止金融市场系统性崩溃而采取的合理救助，还是像某些人所说的那样，放着为房贷苦苦挣扎的民众不管，而用纳税人的 300 亿美元来救助一家华尔街公司？”

此问一发，现场气氛突然躁动起来，委员会的委员们严厉批评监管者对金融公司疏于监管。更重要的是，他们质疑政府为接管贝尔斯登的交易提供资助是否会开创先例，使其他公司今后铤而走险进行豪赌，因为这些公司都知道反正赌输了会由纳税人来埋单。

对此，伯南克急忙解释政府的立场："我们的出发点是保护美国金融体系和整个经济体的安全。我相信，如果美国民众能明白我们是在努力保护经济体而非华尔街银行家，他们就会更好地理解我们所采取的行动。"

接着是一个斯蒂尔早有准备的问题：每股两美元的收购价格是不是由财政部决定的？

斯蒂尔回答道："先生，正如您所说的，在刚刚过去的96个小时中，财政部长和财政部的其他许多成员都积极地参与到了这件事当中，并且前前后后进行了许多讨论。"

"与此同时，任何这种类型的并购都有多种条款和条件。我认为财政部对此事有两点看法，其一，正如伯南克主席所提出的：为维护稳定而联合采取措施将使整个市场产生有利的结果；其二，因为其中牵涉到联邦基金和政府资金，所以我们也考虑到了这个问题，关于这点，保尔森部长有自己的看法。"

"考虑到政府参与其中，他认为价格不应该太高，而应该尽量定得低一些，这就是我们的观点。关于具体的操作细节，交易谈判实际上是在纽约联储和其他两个公司之间完成的。"

大多数时候，在面对银行委员会的质问时，美联储、财政部和美国证券交易委员会基本都是各执己见而很少合作。这次它们却都把对贝尔斯登的救助定义为在极端情况下采取的措施，而并非所谓新政策的开端。在一家规模庞大的银行的倒闭会对整个金融体系造成破坏的情况下，政府出手救助也是一种合情合理的反应。

盖特纳向委员会表示，这些情况与美国1907年经济危机以及大萧条时期没什么不同，他还接着解释了华尔街的恐慌与国家经济健康的关系："如果没有强有力的政策措施，后果将是家庭的工作收入减少，房贷、教育以及日常生活成本上升，退休储蓄资产贬值，失业率上升。"

正如斯蒂尔所解释的，他们的所作所为即使不是为了全世界，也是为了整个国家，因此应该感谢他们付出的努力。最后，盖特纳自信地告诉国会议员们，堤坝的漏洞已经被堵上了。

杰米·戴蒙正在努力寻找一种恰当的比喻。他坐在参议员查尔斯·舒默（Charles Schumer）办公室楼下的会议室里，一边看着有线电视关于上午听证会的转播，一边与公关部主任、他信赖的密友约瑟夫·伊万格里斯蒂（Joseph Evangelisti）商量怎样才能很好地解释低价收购贝尔斯登的交易，同时听起来又不像是从纳税人手里得到了好处。

两人一起推敲着各种方案，伊万格里斯蒂建议道："必须让普通大众清楚我们所冒的巨大风险，要用简单易懂的语言向他们解释。"

与斯蒂尔不同，戴蒙从没在自己位于公园大道的办公室里进行过应对棘手问题的预演准备，他只是在参议院会议室里利用最后几分钟做了一些简单准备。一位参议院的工作人员把他领进会议室，所以他不必在长廊里等候。

针对收购贝尔斯登一事，戴蒙简单明了地说道："买一幢别墅与买一幢正在着火的别墅是两回事。"他认为这一句话就足够了，每个人都能理解其中的意思。

戴蒙想要传达的信息很明确：美联储和财政部官员应该对交易行为进行监管，但他并没有做什么出格的事，为公司股东的利益着想天经地义，自己并没有义务去保护纳税人的利益。如果还有什么需要补充的话，他倒是有点担心收购所带来的问题要远大于所获得的价值。

尽管戴蒙在公开亮相时表现得非常谦卑，但他很清楚这笔交易对自己来说实在是成功之举。在财经媒体眼里，收购贝尔斯登是漂亮的大手笔。媒体总是关注着戴蒙，并且喜欢把他描绘成一个被美化了的吝啬鬼，一个为了压缩成本而退订办公室报纸的执行官，一个并非只会空想的金融家。如今，随着摩根大通跃升为行业翘楚，人们开始视戴蒙为约翰·皮尔庞特·摩根（John Pierpont Morgan）转世，摩根，这位19世纪的金融家曾帮忙缓解了1907年的经济危机。

《纽约时报》这样报道："戴蒙突然成了人们热议的话题，称他为当今世界最具影响力的银行家也毫不为过。"《华尔街日报》评价他"迅速变身为华尔街最后一位可以依靠的银行家"；《巴伦周刊》的评价则更是简练："杰米·戴蒙万岁！"

戴蒙近来不断听到来自四面八方的溢美之词，想到过一会儿就要在听证会上发言，他更是有点飘飘然了。大多数首席执行官都害怕受到国会的质询，比如之前贝尔斯登的艾伦·施瓦茨就花了好几天时间与华盛顿高级律师罗伯特·班尼特（Robert S. Bennett）反复讨论他的证词，而在戴蒙看来，自己首次在国会上作证是一种莫大的荣誉。

在举行听证会的前一天晚上，戴蒙打电话给自己的父母，让他们到时注意收看电视。

由于出身银行世家，杰米·戴蒙的成功也在情理之中。他的爷爷从土耳其士麦那（Smyrna）移民到纽约，把家族姓氏帕帕迪麦秋（Papademetriou）改为戴蒙，并找到一份股票经纪人的工作，不过这个工作在当时很难称得上有什么吸引力。杰米的父亲西奥多也是一个股票经纪人，而且做得非常成功。12岁的西奥多在玩转瓶游戏时遇到了西弥斯，后来与她结为伉俪。西奥多的事业很成功，使得他有能力把家从皇后区搬到了公园大道的一个公寓里，在那里他抚养了杰米、彼得和特德三个孩子。杰米9岁时的一天，父亲问孩子们长大后想干什么，大儿子彼得说想当医生，杰米的双胞胎哥哥特德说不知道，但杰米却自信地说："我想成为富人。"

杰米·戴蒙从曼哈顿上东区的布朗宁男校毕业后，进入塔夫茨大学研读心理学和经济学，随后他又在哈佛商学院学习，在那里他因聪慧而傲慢颇具名气。有一次，哈佛第一学年的秋季学期刚开始几周，一位教授正在企业运营课上讨论一家酸莓企业供应链管理的案例，戴蒙突然站起来打断他："我觉得您说错了！"接着，教授惊讶地看着戴蒙走到教室前面，在黑板上写下了供应问题的解决方案，随后教授羞愧地承认道："戴蒙说的对。"

在高盛的暑期工作结束后，戴蒙从桑迪·威尔那里得到了一些关于事业发展的建议。桑迪·威尔是个交易商，身型肥胖，嘴里总是叼着一根雪茄。戴蒙家族与威尔家族的关系从 20 世纪 70 年代中期开始变得密切起来，因为当时威尔的经纪公司收购了希尔森汉米尔公司（Shearson Hammill），而戴蒙的父亲正好是希尔森汉米尔公司的首席经纪人。早在塔夫茨大学上学时，戴蒙就写了一篇关于海登斯通公司（Hayden Stone）收购希尔森公司的论文。他母亲把这篇论文拿给威尔看，威尔对戴蒙的分析感到非常满意。

威尔问戴蒙："我可以把这篇文章给在座的人看吗？"

戴蒙答道："当然可以，另外，我可以凭这个得到一份暑期工作吗？"威尔欣然应允了。

从哈佛商学院毕业后，戴蒙同时得到了高盛、摩根士丹利和雷曼的工作机会。威尔把戴蒙邀请到他位于曼哈顿上东区的公寓，希望戴蒙能加入自己的公司，并让他在美国运通公司做自己的助理。威尔那时刚把希尔森公司以将近 10 亿美元的价格卖掉了，然后做了美国运通公司的高管。威尔告诉当时只有 25 岁的戴蒙："我不会给你很高的薪水，但你可以跟我学到很多东西，并且这个过程会很有乐趣。"于是，戴蒙就这样跟随了威尔。

结果威尔和戴蒙在公司的任期都很短暂，尽管威尔曾宣称"犹太人要接管美国运通公司”，但最终却发现自己仍受制于祖先是英国新教徒的美国人，根本没法独立决断，同事和董事会也对他日渐疏远。所以，威尔于1985年辞去了公司总裁一职，而戴蒙的才能却得到了首席执行官詹姆斯·罗宾逊（James Robinson）的赏识，公司希望他能留任。当时，戴蒙的妻子刚刚生下了第一个孩子，处于这样一个人生阶段，可能很多人都会选择就此安定下来，但他还是决定追随威尔——尽管威尔着手开办的公司尚未安定，而且只有一间小小的办公室。几个月的时间很快就过去了，戴蒙眼睁睁地看着威尔总是把马提尼酒当饭吃，直到醉倒在办公室沙发上。他开始怀疑自己是否押错了赌注，因为威尔看起来一事无成，戴蒙甚至怀疑自己的导师是不是已经大势已去了。

但局面很快就有了转机。威尔收购美洲银行失败后，商业信贷公司的两名经理竭力劝说威尔和戴蒙从母公司购买他们这家公司。这家公司总部设在巴尔的摩，专门从事次级债业务。威尔为这笔交易投资了600万美元（戴蒙则投资了42.5万美元），随后商业信贷公司脱离了原来的母公司，转由威尔掌控。戴蒙将自己定位为企业运营的执行者，醉心于削减成本，谁也没想到，这家至精至简的商业信贷公司日后将成为一个新金融帝国的重要基石。为了建立这个金融帝国，威尔和戴蒙前后进行了100多次并购。1988年，两人用16.5亿美元收购了美邦证券公司的母公司普美利加金融服务公司（Primerica），成功杀回了华尔街。1993年，两人又花了12亿美元从美国运通公司手中购回希尔森公司。

戴蒙和威尔作为黄金拍档从此声名鹊起：威尔是战略家和交易商，比他小20多岁的戴蒙则是数理高手和经营奇才。他们已经超越了师徒关系，更像是一对结婚已久但又经常拌嘴的夫妇。在曼哈顿中心普美利加公司的办公室里，总裁和首席财务官经常激烈地争论，争吵声甚至会传到走廊里。开会时，只要觉得桑迪说了些蠢话，戴蒙就会对他翻白眼。

“你真是个该死的白痴！”威尔经常会朝戴蒙大喊大叫。

“不，你才是个该死的白痴！”戴蒙往往毫不示弱。

1996 年，在和旅行者集团完成了一笔 40 亿美元的交易后，公司需要有人来负责新组建的资产管理公司的日常运营。威尔暗中逼迫戴蒙提拔女儿杰西卡出任管理者，她当时 37 岁，正负责美邦证券公司的共同基金业务。戴蒙和杰西卡早在少年时代就认识了，但戴蒙并不认为她是一流的经理，因此戴蒙对委托她担任如此重要的职位持有异议。一名高级执行官赶紧把戴蒙拉到一边提醒他：“提拔她，不然会毁掉你自己。”然而戴蒙并未听从这个建议，他明确告诉威尔和其他人，那个职位最好让更有经验的执行官来担任，杰西卡不适合。

第二年，杰西卡宣布离开公司，但她并不怪戴蒙，相反，她强调离职产生的积极影响。她对父亲威尔说：“现在，我们又可以成为纯粹的父女了。”但威尔却一直对此耿耿于怀。随着公司日益壮大，他和戴蒙之间剑拔弩张的次数越来越多，他们再也无法回到过去那种亲密关系了。1997 年，旅行者集团并购了所罗门兄弟公司，威尔让德里克·莫恩（Deryck Maughan）这个曾帮助所罗门兄弟公司走出国债丑闻的英国人与戴蒙一同掌管所罗门美邦公司。新的权力分配尽管合乎逻辑，却让戴蒙极为不满。

大萧条时代后期，《格拉斯 - 斯蒂格尔法案》于 1933 年获得通过，该法案规定商业银行和投资银行不得涉足对方业务。而旅行者集团和花旗公司 830 亿美元的并购交易却改写了该法案所制定的美国金融体系的规则。因此，得克萨斯州的共和党参议员菲尔·格兰姆（Phil Gramm）和艾奥瓦州的共和党众议院议员吉姆·里奇（Jim Leach）提出了一个新议案，该议案随后废止了《格拉斯 - 斯蒂格尔法案》。没想到，恰恰是这次并购给戴蒙带来了更大的伤害：他不知疲倦地促成交易，但当他准备在并购后公司由 18 位董事组成的董事会中占据一席之地时，却惊讶地发现根本没有自己的份。虽然被任命为公司总裁，但归戴蒙直接管理的下属却只有首席财务官海蒂·米勒（Heidi Miller）。

那年夏天，由于俄罗斯政府债券违约，长期资本管理公司濒临崩溃，混乱的局面导致花旗集团第三季度的业绩报告令人大失所望。就在报告发布后几天，局势的动荡终于达到了巅峰状态。那个周末，公司安排在西弗吉尼亚的度假胜地绿蔷薇酒店举行一次为期 4 天的执行官会议，会议的高潮部分有一场需要正装出席的晚宴和舞会，午夜时分许多夫妇都在舞池里开始交换舞伴。戴蒙在美邦经济公司的铁杆同盟史蒂文·布莱克（Steve Black）来到莫恩身边，并邀请其夫人跳舞，在公司内部派系纷争不断的情况下，这一举动其实是抛出一根意欲缓和矛盾的橄榄枝，但莫恩并不领情，把布莱克的妻子孤零零地留在舞池里，狂怒的布莱克立马跺着脚冲到莫恩面前。

布莱克大吼道："你一再对我无礼我也就忍了，但你不能这样对我太太！"布莱克狠狠地威胁莫恩差点动手要揍他。

戴蒙试图从中调解，他追上准备离开舞池的莫恩："我想问你一个简单的问题。如此怠慢布莱克的妻子，你到底是无心还是故意？"

莫恩什么也没说，转身就要走。戴蒙也被激怒了，他一把揪住莫恩，生生把他拽了回来，其间还弄掉了莫恩夹克上的一颗纽扣。

戴蒙对他吼道："我跟你讲话，你居然敢背对着我！"

威尔听说这件事后，觉得戴蒙做得不对。一星期后，他和一起担任首席执行官的约翰·里德（John Reed）把戴蒙叫到公司位于纽约阿蒙克（Armonk）的办公地点，要求戴蒙辞职。

对戴蒙来说，这既是坏事也是好事。和威尔离开美国运通公司后所做的一样，戴蒙花了很长时间找工作。其间，他拒绝了许多公司的邀请，据说其中包括网络零售商亚马逊。戴蒙对银行以外的领域知之甚少，所以他一直在等待属于自己领域的机会，最终他接受了美国第一银行的高级职位，这是一家总部位于芝加哥的二流综合性银行。这正是戴蒙一直在寻找的合适跳板，他开始着手提高企业运行效率，调整公司的资产负债状况，并把公司发展壮大，直到他有实力促成 2004 年与摩根大通的交易，这笔交易把他推向了首席执行官威廉·哈里森（William Harrison）接班人的位置。

摩根大通曾经是华尔街金融机构的领头羊，现在则被竞争对手所超越，实力下降到了中流水平。戴蒙和他的团队一起加入了摩根大通，该团队拥有优秀的并购专家和成本控制专家，随后，银行经理的薪水遭到大幅缩减、健身房被责令关闭、卫生间的电话线被拆除，连日常的新鲜花卉盆景也被搬走。一看到戴蒙从胸前口袋里拿出每日待办事项的便签，主管们就明显开始紧张起来，因为便签的一面记着戴蒙当天要办的大小事项，另一面则是被他称作“欠我东西的人”的名单。

截至 2008 年，摩根大通发展顺利，万众瞩目。而此时曾富有竞争力的花旗集团的表现却不尽如人意。与花旗不同，摩根大通充分利用规模优势，通过裁汰冗员和交叉销售按揭贷款给支票用户而大发其财。戴蒙极具洞察力，他几乎理解银行各个方面的纷繁难懂之处（而他的首席执行官同行们却无法做到这一点），这有助于降低银行风险，公司各部分也明显挤压出大量利润。最重要的是,随着信用危机的蔓延,与竞争者相比，戴蒙擅长经营的优点表现得淋漓尽致。他管理的摩根大通很少使用杠杆工具来增加收益，也不在类似于资产负债表表外项目等地方玩花招。次级抵押贷款危机爆发后，其他银行开始步履蹒跚，摩根大通却依然稳健、强大。事实上，就在贝尔斯登陷入危机的前一个月，戴蒙曾在一个投资者会议上夸耀公司的资产负债表“坚若磐石”。他说：“坚不可摧的资产负债表表明流动性非常充足，这很有利于我们应对将来的危机。”

戴蒙还补充说：“我不知道会不会有机会出现。依我的经验，像现在这样的情况确实会创造出一些机会，但不一定会马上出现。”

一个机会比他预期的更快地出现了。

3月13日，星期四，戴蒙和妻子及三个女儿正在东48号大街的希腊餐厅阿维拉（Avra）共进晚餐，庆祝戴蒙52岁的生日。六点左右，晚饭才刚开始，戴蒙用来联系家人和应付公司突发事件的手机突然响了，戴蒙颇为不满地接了电话。

“杰米，我们正面临一个严重的问题。”电话是拉扎德公司的银行家加里·帕尔（Gary Parr）代表贝尔斯登给戴蒙打来的。他问道：“你可以跟艾伦谈谈吗？”

戴蒙吃了一惊，他离开座位，走向路边的人行道。几个星期前就有关于贝尔斯登的传闻了，但这个电话却意味着事态远比他预想的要严重得多。没几分钟，贝尔斯登的首席执行官艾伦·施瓦茨就打来电话告诉他，他的公司急缺现金，需要帮助。

“需要多少钱？”戴蒙问道，他很震惊但竭力保持冷静。

“可能要300亿美元左右。”

夜空下的戴蒙一阵眩晕，他倒吸了一口凉气。太多了，实在是太多了。但最后他还是答应会尽力帮施瓦茨走出困境。他马上打电话向盖特纳表示，摩根大通一下子拿不出那么多现金，但他愿意参与救助贝尔斯登。

第二天，3月14日，星期五，美联储把摩根大通的贷款注入了贝尔斯登，以解决贝尔斯登所面临的流动性危机，并为贝尔斯登制定长远计划，提供了28天的喘息时间。然而，美联储和财政部都不想让这个悬而未决的局面拖这么长时间，于是周末就开始催促戴蒙对贝尔斯登进行收购。摩根大通派出了300人的团队进驻贝尔斯登的办公大楼，这些人将把搜集到的材料反馈给戴蒙和他的执行官。

截至周日上午，戴蒙已经分析了足够多的关于贝尔斯登的资料。他告诉盖特纳，摩根大通准备撤离，放弃收购，因为贝尔斯登资产负债表上的问题非常严重。但盖特纳不愿接受戴蒙退出的决定，他提出了增加这笔交易吸引力的条款。

他们最终达成协议，美联储同意为贝尔斯登持有的问题债券资产提供300亿美元担保，但摩根大通将负担最先发生的10亿美元损失。

毫无疑问，这些谈判的内容受到参议院银行委员会的密切关注。他们的疑问在于，摩根大通是否有意地利用自己的杠杆同政府过分地进行讨价还价，从而损害了纳税人的利益？

戴蒙满头银发，西服的袖口里露出干净的白色衬衫，看上去非常庄严，他不卑不亢地描述着促成与贝尔斯登交易的一系列事件。他平静地陈述道："这并不是为妥协而故作姿态，而是纯粹的事实。"在戴蒙的讲话中，事实真相非常清楚，那就是他和盖特纳都是好人，他们在极为不利的情况下成功地力挽狂澜。他对委员会的成员们说道："我可以自信地说，如果今天在诸位面前所谈的这次政府和私人部门的非凡联合行动没能阻止贝尔斯登的倒闭，我们恐怕都将面临更多艰难的挑战。"

最终，那天的听证会没有出现硝烟与战火，没有留下经典的对白，也没有出现任何历史性的时刻。但是它向美国公众介绍了随后6个月里为大家所熟知的一系列人物，也让美国公众有幸感受了高端金融圈子里那些巨头们的生活，尽管这个高端金融圈当时正面临着风雨飘摇的局面。参议员们想要给贝尔斯登一事下定论太难了。这桩交易的发生到底有没有必要？它是真的解决了问题，还是仅仅将更大的风险延缓到以后？

在所有银行委员会的成员中，有强烈自由市场偏好的邦宁是最反对这笔交易的，或许他也是最有先见之明的一位。他说："贝尔斯登的失败让我感到非常不安，可我并不赞成美联储插手救援……据我所知那是社会主义国家的做法。"

邦宁还不安地问道："接下来怎么办呢？如果美林、雷曼或是其他这类公司也面临倒闭呢？难道政府接着出手救援？"

2008年4月11日，周五，傍晚时分的华盛顿格外潮湿和沉闷，三米高的亚历山大·汉密尔顿青铜雕像在财政部大楼的南门外若隐若现。这时，迪克·富尔德正大步迈过汉密尔顿身后的台阶，走进财政部大楼。富尔德应汉克·保尔森[①]的邀请前来参加G7峰会的闭幕晚宴。这次私人宴会奏响了国际货币基金组织和世界银行春季年会的开幕序曲。受邀者几乎都是当今世界最具影响力的经济决策者和经济学家。欧洲央行行长让-克洛德-特里谢（Jean-Claude-Trichet）等世界主要经济体的财长和央行行长以及华尔街10位首席执行官均位列其中。

此时，富尔德一改先前悲观绝望的心境，他开始乐观起来，因为两周前雷曼宣布的40亿美元的融资计划至少已暂时稳住了接连下挫的股价。另外，高盛首席执行官劳尔德·贝兰克梵在公司年会上的讲话也极

① 汉克是昵称，即前文所说的亨利·保尔森。——译者注

大地鼓舞了整个市场的信心，他认为信用危机最糟糕的时刻已经过去了，并断言："危机已经到了尽头，而不是刚刚开始。"

然而，这些并不意味着笼罩在华尔街上空的阴霾真的已消散殆尽。就在当天上午，富尔德还与蒂莫西·盖特纳一起参加了一场争论颇为激烈的会议。这次会议在位于纽约市中心曼哈顿的纽约联储召开。富尔德在会上恳求盖特纳采取措施处置做空者，他认为正是这些家伙害得自己喘不过气来，而证券交易委员会的市场监管部主任埃里克·西里（Erik Sirri）却在会上反复逼问富尔德，向他索要非法交易的证据。埃里克甚至故意恳求道："告诉我点什么吧，哪怕一个名字或者其他什么的都可以。"富尔德虽然非常恼怒，但也只得无奈地表示自己并没有掌握什么具体证据。在富尔德眼里，这位前哈佛商学院的教授无非是个自由市场的狂热信徒，没有任何实际经验，因此不屑和他多争辩。

进入财政部大楼后，富尔德在工作人员的引导下穿过由黑白棋盘格大理石铺就的走廊。此时他试着忘却所有烦恼，准备度过一个愉快的夜晚。

晚宴设在财政部富丽堂皇的现金室，该室于1869年开始使用，因长期作为公众将国债兑换成现金的场所而被公众称为"现金室"，直到20世纪70年代中期"现金室"才改作他用。最初财政部设立"现金室"的目的是为了支撑民众对南北战争时期发行的"绿币"的信心，然而近一个半世纪过去了，今天公众的信心却愈显不足了。

一周以来，富尔德一直在热切期盼今晚的到来，因为他迫切希望能与保尔森进行面谈。过去几周，他曾与保尔森通过几次电话，但现在形势危急，富尔德觉得自己非常有必要与保尔森面谈一次。这样一来可以借机向财长展示自己是多么努力地挽救危局，二来可以试探雷曼在华盛顿官员心中的地位。

金融界人士缓缓地鱼贯而入，富尔德很快在角落里发现了一位旧友——摩根士丹利的首席执行官约翰·麦克，他是这间屋子里为数不多的了解富尔德困难处境的人之一。在华尔街所有首席执行官当中，富尔德觉得自己与麦克最为亲近，因为他们都长期担任华尔街大投行的掌门人，并且时常携夫人一起共进晚餐。

虽然富尔德对这间屋子里的某些人并不熟悉，但他还是会停下来与他们一一握手，因为他知道，在不久的将来，其中一些人很有可能会在自己的生命中扮演重要角色。鲍勃·戴蒙德（Bob Diamond）就是其中一位，他是美国银行家、巴克莱资本的首席执行官。巴克莱资本是英国金融巨头巴克莱银行旗下的投资银行部门。富尔德曾与戴蒙德交谈多次，但以往只是为自己热衷的慈善事业募捐而已。当富尔德跟他打招呼时，戴蒙德虽彬彬有礼但明显比较冷淡。也许是因为富尔德曾请他喝咖啡一事，当时富尔德没有意识到戴蒙德遵循的礼节标准是伦敦式而非纽约式，因此惹戴蒙德不太高兴。虽然这是个微小疏忽，但戴蒙德却一直记在心头。随后，富尔德还向戴蒙德的监管者、英国财政大臣阿利斯泰尔·达林（Alistair Darling）和英国央行行长默文·金（Mervyn King）表达了敬意。金融界精英层其实是个很小的圈子。不过在这个特殊的时刻，人们都没意识到这个圈子是多么地小。

富尔德在人群中穿行，目光时刻追随着保尔森的身影，希望能在晚宴开始前跟他说上两句。然而保尔森却主动找了过来。他穿着一套尺寸明显偏大的深蓝色西装，热情地拉住富尔德的手说："你们确实很努力。融资也是正确之举。"

富尔德回答道："谢谢您的肯定，我们的确一直在努力。"

保尔森对他们进行的另一项工作也表示了肯定，那就是此前雷曼副董事长托马斯·拉索和雷曼全球策略部负责人里克·里德（Rick Rieder）联合保尔森的副手罗伯特·斯蒂尔以及参议员贾德·格雷格（Judd Gregg）举行了一次"颇有见地"的会谈。其间，拉索提议政府组建一个为金融系统增加额外流动性的专门机构，从而为华尔街众多公司的“有毒资产”提供后盾。但该提议最终遭到否决，因为这看上去又像是一次政府救援行动，而华盛顿完全没有做好相关准备。

保尔森对富尔德说“很多事情都让我非常担心”，他这话针对的是国际货币基金组织发布的一份最新报告，该报告宣称未来两年内抵押贷款和房地产相关资产的减值总额预计将高达 9 450 亿美元。另外，保尔森对当前极高的杠杆率（负债权益比率）也非常担忧，他认为这只会使整个金融体系承受更大的风险。但投行仍在利用高杠杆来放大盈利水平。

华尔街投行的杠杆率的确令人担忧。比如，雷曼的杠杆率高达 30.7 ∶ 1，美林稍低一些，但也达到了 26.9 ∶ 1。保尔森知道，美林与雷曼一样深陷有毒资产的泥潭，他曾提醒美林新上任的首席执行官约翰·塞恩（保尔森担任高盛首席执行官时，塞恩还是二把手），美林的资产负债表正面临着严峻挑战。但此时此刻，高杠杆率和美林的困境并不是富尔德最关心的问题，最让他烦心的仍是那些做空者，所以他再次恳求保尔森对做空者采取行动。一旦把他们制服了，雷曼和其他公司就有机会站稳脚跟，改善资产负债表。否则，如果任由他们恣意妄为，整个局势将会变得更加糟糕。

曾经当过首席执行官的保尔森能够理解富尔德的心情，做空者只关心自己的收益，而全然不顾他们的做法对金融体系的影响。于是他对富尔德说：“我非常同情你的处境，一旦发现违反规定的做空行为，我们会及时制止。”

但同时保尔森也担心富尔德是借做空者来回避雷曼真正的问题，所以他接着提醒富尔德，雷曼潜在的买家可能会很少。“你要清楚，尽管融资的做法不错，但是能解决的问题有限，事情并没有就此结束。”

保尔森继续补充说：“迪克，现在并没有多少人表示‘我非常需要一家投行的特许经营权'，所以你必须考虑雷曼下一步该怎么办。"

这是一个比较明显的暗示，意思是让富尔德考虑出售整个雷曼。虽然这次面谈让富尔德感到有些不安，但因为此前他们已谈论过类似的话题，所以他还是能够平静地接受这些建议的。

来宾落座后，随着各位演讲嘉宾发言的进行，大家发现经济形势的危局已十分清晰。这次信用危机不仅仅是美国的问题，它已经扩散到了全球。意大利央行行长、高盛前合伙人马里奥·德拉吉（Mario Draghi）坦率地表达了他对全球货币市场基金的担忧。特里谢则表示，希望大家能够在相关资金比率（一家机构须持有和借出资金的比例）、杠杆率和流动性标准上达成一致，他认为这些指标能够更有效地衡量金融机构抵御挤兑风险的能力。

当天晚上 9 点 52 分，当富尔德走出财政部大楼并坐上车后，他用黑莓手机给拉索发了封邮件：

保尔森的晚宴刚刚结束。

有这么几点需要跟你提一下：

1. 我们拥有巨大的品牌价值。
2. 保尔森肯定了我们融资的做法。
3. 十分赞赏你和里克·里德的看法（他原话如此）。
4. 准备处理一些行为不轨的对冲基金，并严格监管其他的对冲基金。
5. 他们希望所有 G7 成员国都能接受并制定如下条款：

   逐日盯市标准；

   资金比率标准；

   杠杆标准与流动性标准。
6. 保尔森对美林表示担忧。

总而言之，参加这次晚宴非常值得。

迪克

晚宴之后的星期二，也就是4月15日，尼尔·卡斯卡里和菲利普·斯瓦格于下午2点50分左右快步经过警卫室，匆忙地走下财政部大楼的台阶。他们如此紧张是因为保尔森和罗伯特·斯蒂尔正坐在保尔森黑色的雪佛兰萨博班小轿车里等他们，他们4位要在3点赶到美联储，现在还剩10分钟，显然已经要迟到了。

卡斯卡里和斯瓦格两人凑在一起显得有点古怪。秃顶的卡斯卡里皮肤呈浅黑色，也许是转行不久的缘故，他仍旧是一副投行人士的扮相。再看斯瓦格，白皙的皮肤，棕黑的头发，还带着副眼镜，看起来更像个不靠谱的政府官员。斯瓦格之前是个学者，保养得很好，虽然他实际上比34岁的卡斯卡里大8岁，但看起来却更为年轻。

保尔森让这两位年轻顾问与本·伯南克会面，是为了让他们陈述一下他们所起草的一份秘密备忘录。对于美国日益动荡的金融体系来说，这份备忘录可谓意义深远。

按照保尔森的要求，他们起草了一份金融市场崩溃的应急计划以防止大萧条再次发生，其中概述了财政部可能采取的行动以及必要的授权。他们给这份建议书起了个颇具煽动性的名字：“击碎玻璃：银行资本重组计划。”这份计划就像是封闭在玻璃后面的防火警报，只有在紧急情况下才会把玻璃击碎，取出里面的灭火设施。随着时间的推移，这份计划书的内容越来越像是真的，而不仅仅只是一种演习了。

卡斯卡里天生不易激动，当黑色萨博班小轿车驶入伯南克官邸时，他仍旧十分镇静。在做了很短一段时间的卫星工程师后，卡斯卡里去了旧金山的高盛，成为一名投资银行家，并在那里如鱼得水。

他喜欢见客户，并在工作中充分展现了他的推销能力。和保尔森一样，他也是个争强好胜、雷厉风行的家伙。同样，有时他也会像保尔森一样因先斩后奏的行事方式而惹上麻烦，但从来没有人怀疑过他非凡的智慧。

卡斯卡里一直向往政府部门的工作。虽然他之前只见过保尔森一面，但是当保尔森被提名为财政部长时，他立刻发了封语音邮件表示祝贺。令他惊喜不已的是，保尔森第二天就给了他回复："谢谢，我希望你能和我一起加入财政部。"

卡斯卡里马上订了张飞往华盛顿的机票。在飞机上，他一丝不苟地排练着与保尔森的对话。后来，他们在旧行政办公大楼碰了面，因为保尔森还在等待参议院的正式任命，所以只能临时待在这里。卡斯卡里精心准备的长篇大论刚刚开了个头，就发现保尔森脸上露出了不耐烦的表情，他立马知趣地闭了嘴。

保尔森对他说："你看，我在这里做的事情是这样的，组建一个小型团队负责政策方面的工作，实际上，这个团队需要随时解决方方面面的问题以保证政策顺利实施。你觉得这个想法怎么样？"

卡斯卡里非常惊讶，他马上意识到："保尔森居然主动向我提供工作！"

他们一拍即合。保尔森突然想到一个重要的细节问题，他问道："噢，对了，还有一个问题，你是共和党的吗？"所幸卡斯卡里刚好是共和党。保尔森让他马上去几个街区之外的白宫人事部门报到，还亲自送他出门并给他指路。卡斯卡里很快就融入了这个小组，现在他正摩拳擦掌，准备做他职业生涯以来最大的一笔大买卖——向全球经济领域最具影响力的一个人进行推销。

自2006年2月10日上任以来，美联储主席本·伯南克一直被四个字所折磨——“后无来者”。艾伦·格林斯潘卸任时，声誉卓著的《华盛顿邮报》专业记者鲍勃·伍德沃德（Bob Woodward）曾给予其“艺术大师”的称号，这或许也算是实至名归吧。格林斯潘之于货币政策有如沃伦·巴菲特之于投资，他执掌美联储期间，美国经历了前所未有的繁荣，从里根任期开始，一个蔚为壮观的大牛市持续了20多年。虽然并非经济圈外的每个人都时时关注着格林斯潘的一举一动，可他在解释货币政策时的模糊措辞的确是个传奇，这也给才智非凡的格林斯潘蒙上了一层神秘色彩。

与此相反，伯南克此前的大部分时间都在大学里当教授。他的研究领域是大萧条，美联储在20世纪二三十年代的那次大萧条中犯了大错。可是当他被任命接替80岁的格林斯潘时，他的研究领域看起来就比较古怪了。虽然找出大萧条的起因堪称宏观经济学领域的圣杯，但在民众看来，这对于担任如此关键的政府职位并没有什么实际意义。因为从过去的历史来看，那种程度的经济危机似乎不太可能再度发生了。

然而到了2007年夏天，美国的第二个“镀金年代”惊人般地画上了休止符，格林斯潘的声望也随之跌入深渊。此时，格林斯潘的信条“市场将会自我修复”突然显得如此苍白和浅薄，事后诸葛亮们更是指责他那些隐晦的言辞完全是东拉西扯、误导大家的废话。

虽然伯南克和格林斯潘一样信奉自由市场，但是作为一名研究大萧条的学者，他与格林斯潘有所不同。伯南克在大萧条的研究中进一步发展了经济学家米尔顿·弗里德曼和安娜·施瓦茨（Anna J. Schwartz）的观点。在《美国货币史1867—1960》（*A Monetary History of the United States*）一书中，米尔顿·弗里德曼和安娜·施瓦茨认为，大萧条的发生是因为美联储当时没有立刻向整个经济体系注入足量的廉价货币来刺激经济，并且后续的努力又太少太迟。当时，赫伯特·胡佛（Herbert

Hoover）政府时期的美联储所采取的措施恰恰背道而驰：收紧货币供给，彻底扼杀了经济。

由于伯南克根深蒂固的学术观点，许多观察者都对其担任联储主席一职的前景感到乐观，相信他将是一位独立的联储主席，会坚持做他认为对的事而不是被政客所左右。这次信贷危机可谓是伯南克所面临的第一次重大现实考验。他对 80 年前那次经济政策失误的理解能在多大程度上帮助他化解当前的危机呢？毕竟，他面对的不是历史，而是活生生的现实。

伯南克出生于 1953 年，在南卡罗来纳州的小镇狄龙（Dillon）长大。狄龙有许多烟草仓库，空气里始终弥漫着一股恶臭。1965 年，11 岁的伯南克到华盛顿参加全国拼写锦标赛，在第二轮的时候因为拼错了“Edelweiss”（雪绒花）而被淘汰出局。那天以后，伯南克也许会想，要是电影《音乐之声》在偏远的狄龙上演过该有多好（《音乐之声》里的一首著名歌曲就叫《雪绒花》）。

伯南克家族是恪守教规的犹太人，他们所在的小镇信奉保守的福音派基督教，该小镇是从种族隔离时期才开始兴旺起来的。20 世纪 40 年代初，本·伯南克的祖父乔纳斯·伯南克（Jonas Bernanke）从奥地利移民到狄龙，在当地开了家药店。本的父亲一直帮忙打理那家药店，母亲则是一位教师。年少的本每周在州际 95 号公路边一家称作南部边境的旅游点餐厅做 6 天的服务生。

本·伯南克上中学时，学校不开微积分这门课，他就自学了微积分。三年级时，他的 SATS 成绩几乎是满分（1590 分）①。第二年，伯南克被哈佛大学录取并获得国家奖学金，后来以最优异的成绩毕业并获得经

① SATS 相当于中国的高考，满分 1600。——译者注

济学学士学位。紧接着他又进入麻省理工学院攻读经济学专业研究生，在那里，他写了一篇极为深奥的有关经济周期的学位论文，并将这篇论文献给了父母和妻子。伯南克的妻子安娜·弗里德曼（Anna Friedmann）于 1978 年从卫尔斯利女子学院毕业，就在毕业的那个周末，她嫁给了伯南克。

伯南克毕业后，这对新人搬到了加州，伯南克在斯坦福商学院任教，他的妻子则在斯坦福大学教授研究生的西班牙语课程。6 年后，伯南克被授予普林斯顿经济学系的终身教职。当时，这位 31 岁的新星因为计量经济学（运用统计技术和计算机模型分析经济问题的学科）的研究而受众人钦佩。

随着伯南克学术声望的提高，他的政治能力也开始逐步展现。担任普林斯顿经济学系主任期间，伯南克表现出了有效解决纠纷与自我平衡的能力。此外，他还发起了一些新项目，为学校招募了一批包括保罗·克鲁格曼（Paul Krugman，他和伯南克的学术观点恰好相反）在内的颇具前途的经济学家。6 年后，伯南克便被任命接替格林斯潘。

2007 年 8 月初以前，伯南克一直很享受在美联储的工作，生活得非常闲适。他和妻子安娜还打算当月一起外出度假，先驾车去北卡罗来纳州的夏洛特，然后再去南卡罗来纳州的默特尔海滩，花些时间与家人朋友们待在一起。南行之前，伯南克必须完成一项既定的公事：参加美联储公开市场委员会定于 8 月 7 日的会议。公开市场委员会在政策制定方面的权力非常大，在它所负责的众多事务中，有一项是决定利率。当天，伯南克和同事们开始意识到关于“经济下行风险”的问题，不过，他们最终还是决定保持 5.25% 的美联储基准利率不变，这已经是美联储连续第九次表明将坚持一贯的立场，不会通过降息来提升经济活力。联储还在随后的声明中表示：“如果通货膨胀率不能达到预期的适度水平，委员会的政策仍将优先考虑通胀风险。”

华尔街可不想听到这些，由于担心经济崩溃，投资者们正大吵大嚷着要求降息。4 天前，在 CNBC 下午时段的一档节目中，金融评论员吉姆 · 克拉默大发雷霆，指责美联储没有采取任何积极措施，他还激动地喊道："他们真是一帮傻瓜！什么都不知道！"

随着房地产市场的泡沫被逐渐挤出，信用市场的情况开始变得日益严峻。这一点联储的决策者很清楚，只不过没有将其公之于众。低息信贷可谓是经济发展的火箭燃料，廉价的资金成本会刺激消费者大量借贷——购置第二套房产、购买新车、翻新房屋或者度假旅行。另外，低息信贷还掀起了前所未有的交易狂潮：私募股权基金借入大量资金，导致杠杆收购规模变得越来越庞大，风险也与日俱增。捐赠基金和养老基金等都属于传统意义上比较保守的机构投资者，但迫于投资回报的压力，它们也不得不投资于对冲基金和私募股权基金。美联储之所以不对降息要求作出回应，是因为降息无异于火上浇油。

就在两天后，情况突然发生了变化。8 月 9 日早上，金融界开始出现极度危险的信号，法国最大的银行巴黎银行宣布旗下资产规模大约为 20 亿美元的 3 家货币市场基金暂停向投资者提供赎回。到底出了什么问题呢？实际上，部分资产市场的流动性已经枯竭，其中美国住房抵押贷款支持证券市场的情况尤为严重，而这导致该类资产的实际价值难以确定。巴黎银行在声明中表示："美国资产证券化市场中部分领域的流动性已经彻底丧失，无论相关资产的质量和信用程度如何，目前该类资产无法进行合理定价。"

这是一个令人胆寒的信号，对于抵押贷款的相关资产，交易者很快就避之唯恐不及，无论什么价格都不愿购买。欧洲央行迅速对此作出反应，向欧洲货币市场投放了 950 亿欧元，即 1 300 亿美元的资金。这个数额比"9 · 11"之后所投放的还要大。同时，全美最大的抵押贷款机构——美国国家金融服务公司发出警告：目前"前所未有的崩溃"市场已威胁到公司的财务状况。

银行间拆借利率应声大涨，远远超过央行规定的官方利率。对于伯南克来说，这一切再明显不过了：这是一场金融恐慌。银行和投资者生怕沾上这些有毒资产，转而大量持有货币，并几乎不进行任何形式的放贷。由于很难弄清各家银行次级贷款的风险敞口，因此在证明清白之前，所有银行都被认为是有问题的。20 世纪 30 年代初的各种特征都已经被重现——流动性瞬间蒸发，全球金融体系的信心被迅速销蚀。这不禁让人想起 19 世纪英国最著名的经济学家沃尔特 · 白芝浩（Walter Bagehot）的名言："每一位银行家都清楚，当他不得不证明自己是可信的时候，不管他说得有多好听，实际上他已经没有信用可言了。"

伯南克通知妻子，他们的旅行计划不得不取消了。随后，他便把以前通常是电话联系的顾问们都召集到了办公室。美联储的官员们开始举行电话会议，试着搞清楚市场到底发生了什么以及哪些机构可能需要帮助。此后，伯南克每天早晨 7 点以前就到达办公室。

仅仅两天之后，市场再次发生震荡，形势开始急转直下，美联储每天都忙于应付不断变化的市场环境。第二天，伯南克召开电话会议与美联储的决策者商讨降低再贴现率（再贴现率是商业银行向央行直接借贷时的利率，通常是一个货币政策松紧的信号）。最后，美联储决定发布声明：放宽银行抵押品的种类限制，便于银行获得资金。他们希望通过这种形式来提供流动性，以帮助市场功能尽量恢复正常。虽然这项举措的力度要小于欧洲央行，可这也提醒了银行可以通过"再贴现窗口"这个途径获取资金。在这之后不到一周的时间里，面对持续恶化的市场状况，伯南克改变了此前的决定，采取进一步行动，将再贴现率降低 0.5% 至 4.75%，这一举动暗示着美联储可能将调低基准利率，这是联储刺激经济最有力的工具。但是，尽管美联储出台了这些措施来帮助恢复市场信心，整个市场仍然神经紧绷、波动剧烈。

至此，伯南克也认识到，自己之前对形势的严峻性估计不足。6月5日，他甚至在一次演讲中宣称："目前看来，次贷市场的问题不会扩散至其他经济领域，也不会危及金融体系。"对于房地产市场，他一度认为发生问题的仅限于那些向低信用借款者发放的次级贷款，尽管次贷市场已迅速增长至2万亿美元的规模，但相对于整个美国14万亿美元的房屋抵押贷款市场，这些还只是一小部分，因此问题不大。

但伯南克忽略了其他重要因素：由于复杂金融衍生产品的使用日益增长，房地产市场与金融体系的关系已非常复杂。大量的房屋抵押贷款被证券化，在成为具有一定现金流的证券后，经过重新分类组合和再次分拆，它们很快就变成了颇具吸引力的投资产品，并被冠以担保债务凭证（Collateralized Debt Obligation，CDO）的名号。

摩根大通和雷曼这类公司的业务模式已经和传统银行大不相同，再也不只是简单地发放贷款，然后将其计入资产负债表。以现在的模式，作为业务开端的贷款只是资产证券化链条的第一环，随后贷款的风险就可以通过证券化的其他环节分散传递到无数的市场参与者那里。一般认为，证券化可以降低风险并增加流动性，但实际上证券化使得众多机构和投资者的联系更加紧密，这种结果有利有弊。比如，挪威一家地方政府养老基金的投资组合可以包括加州的次级抵押贷款，但这家养老金却可能对此一无所知。更为糟糕的是，许多金融机构为放大收益而大举借债以投资这类证券。而这种做法只会在这些证券开始贬值时，令他们的损失雪上加霜。

全球的监管者都很难搞清楚这到底是怎么回事。后来，格林斯潘承认他也不大理解正在发生的一切。他在卸任两年后的一次讲话中表示："虽然我有相当深厚的数学背景，但是一些用于构造担保债务凭证的复杂衍生工具还是让我感到非常困惑。我不明白他们在实务中如何计算不同层级担保债务凭证的收益。要知道，我有两百个博士做顾问，如果连我都弄不明白，那么很难想象世界上的其他人是怎么弄明白这些产品的。”

不只是格林斯潘，那些销售这些产品的公司的首席执行官们也没弄明白。

美联储主席办公室的门敞开着，伯南克热情地欢迎到访的财政部小组。与斯瓦格一样，伯南克看起来更像是个学者，但对一名经济学家而言，他客套的寒暄做得很漂亮。他把保尔森一行领进办公室，并在一张小咖啡桌前落座。除了必备的彭博终端外，一顶华盛顿国民队的棒球帽也显眼地摆在伯南克的办公桌上。谈了几分钟之后，斯瓦格从文件夹里取出那份题为“击碎玻璃”的 10 页报告书，战战兢兢地把它递给伯南克。卡斯卡里扫了一眼他的同事以确定自己可以开口说话。

“我认为我们都很清楚政策问题的症结所在，在目前的法律框架内我们可以做的事非常有限，此时急需解决的问题是如何才能获得足够的授权来防止市场的崩溃，”伯南克点头对此表示同意，于是卡斯卡里继续说道，“如您所知，在过去几个月里，财政部和美联储的相关人员一直在研究一些可行方案，我们现在已经形成了一个基本框架。这意味着一旦面临严重的混乱，在紧急情况下我们可以立即把方案提交给国会并对他们说‘这是我们的应对计划’。”

伯南克全神贯注地研读报告，卡斯卡里则注视着伯南克，期待着他的评价。突然，伯南克将注意力集中到这份计划的关键点上：“美联储通过拍卖机制向金融机构购买 5 000 亿美元的资产，如何给这些繁杂的证券定价是一个关键的问题。另外，美联储还将通过发行新的国债来补贴购买者，并雇用私人部门的资产管理者以实现这些纳税人资金的保值增值，最终解决那些问题资产可能需要 10 年时间。那么，5 000 亿美元这个数字是怎么得出来的？”

卡斯卡里回答说：“这么说吧，我们大致估计了一下，有毒资产的规模大概是1万亿美元，为了有效拯救市场，我们并不需要把它们全都买下来，我们认为购买一半应该就可以了，但实际上可能会超过6 000亿美元。”

伯南克继续研究他们的报告，卡斯卡里和斯瓦格静候着，体验着这特殊时刻：他们在向美联储的掌门人解释这份可能被载入史册的针对银行系统的救援计划。近50年里，政府从未进行过如此大规模的干预，与之相比，20世纪80年代的储蓄贷款救援计划亦显得微不足道。

假如“击碎玻璃”计划能在国会通过（这是他们下一步需要解决的事情），他们还相应地准备了财政部委托纽约联储对华尔街有毒资产进行拍卖的详细方案。财政部将从私人部门招募合格的投资人来管理政府购买的这些资产。纽约联储将就标的约为500亿美元的房屋抵押贷款相关资产进行第一周的拍卖，而总的拍卖期限为10周。如果一切顺利的话，拍卖将使政府获得最为合适的价格。而10位入选的资产管理人将分别负责管理500亿美元的资产，最高期限为10年。

卡斯卡里知道这个提议非常复杂，但他认为这值得冒险一试。因为随着事态的发展，“软着陆”的可能性已经比较渺茫，所以很有必要采取极端措施。他解释说：“这个提议需要相关法案授权财政部购买那些证券并进行相关融资，而且需要提高财政部发债的上限，因为在当前的限定下，我们只有4 000亿美元的融资空间。因为这次我们对私人部门的干预力度很大，所以这项计划不能再占用过多的政府经费，比如财政部就没有因此雇用大量人员。我们也要注意相关限制条件，即只有上市公司才有资格接受援助，对冲基金和国外银行则不在其列。”

随后，卡斯卡里总结了他与财政部同事们共同归纳的这项提议的利弊方面。主要的有利之处是如果政府出手救援，银行将继续放贷，不会因为政府的不作为而在第一时间引发危机。主要的问题则是，如果这项计划的实施卓有成效，那么很有可能导致“道德风险”。换句话说，这场危机是由那些不计后果豪赌的人所引起的，而正是因为政府的救援，他们无需付出任何财务上的代价。

这两位财政部官员还提出了 4 项替代方案：

一是政府向银行提供担保，防止其有毒资产减值；

二是美联储向银行提供无追索权的贷款（如摩根大通收购贝尔斯登时美联储所采取的措施）；

三是美联储房地产主管部门个别地提供贷款再融资；

四是财政部直接投资于银行。

伯南克一边听着一边摸着胡子，时不时露出微笑以示赞同。会议结束时，除了这项计划获得通过外，并未形成其他任何正式决议。尽管这项计划实际上仅作为应急计划，但卡斯卡里仍感到非常满意，因为与亨利·保尔森比起来，伯南克算是很快接受了他的提议。他当初向保尔森提及干预金融市场的话题时，保尔森根本没理他的茬儿。

保尔森在财政部的核心成员都知道这件事。三月份的一天深夜，卡斯卡里冒冒失失地闯进保尔森的办公室，当时保尔森正在与首席顾问詹姆斯·威尔金森聊天，看起来心情非常好。

卡斯卡里很不礼貌地打断了他们的谈话：“汉克，我想和你谈谈紧急援助的事情。”

保尔森立马变得恼怒起来：“你说什么？你给我出去！”

“你看，我们一直在谈论如何才能获得政治意愿方面的支持，以便在真正采取行动时能得到相应的权力。是这样吧？那么，这就需要有记录来显示我们的确为此做过努力。否则，下届总统上任时就会说‘当时应当采取相应的措施，但是前任政府没有意愿或者根本没有能力来采取行动’，等等诸如此类的话。你知道这意味着什么吗？下届总统将会把人质带回家的。奥巴马！奥巴马将会把人质带回家！”

卡斯卡里是指奥巴马会像20世纪70年代末罗纳德·里根处理伊朗人质危机一样处理这次危机。听到这，保尔森冷笑着打断了卡斯卡里，并用手指指着他说："好吧，奥巴马会把人质带回家。你说完了吗？说完了就给我滚出去！"

4月的一天，傍晚时分的伦敦上空飘着几片灰云，天色渐渐暗了下来。这时，巴克莱资本的首席执行官鲍勃·戴蒙德的电话突然响了起来。他此时正在办公室里惬意地琢磨着推杆技术，一堆高尔夫球散落在球洞周围，球洞则是在办公室地毯上裁出来的。戴蒙德的办公室位于金融机构聚集的金丝雀码头（Canary Wharf），这个伦敦东部极为繁华的金融区被称作伦敦金融城。虽然戴蒙德是土生土长的新英格兰人，但他却是波士顿红袜队的铁杆球迷，办公室的墙上挂满了红袜队的各种纪念品。如果看到这些琳琅满目的纪念品，恐怕连纽约人也会感到自惭形秽（纽约有很多红袜队的球迷）。

戴蒙德一向不喜欢在宝贵的休息时间被打扰，但这回他却欣然地放下推杆接了电话：因为电话是他的老朋友罗伯特·斯蒂尔打来的，前些天他们还在华盛顿财政部大楼的晚宴上见过面。

2005年，戴蒙德和斯蒂尔同时加入巴克莱董事会，后来逐渐成了亲密朋友。他们来自美国的不同地区，擅长的工作领域也不同。斯蒂尔来自北卡罗来纳州的达勒姆（Durham），之前在高盛的股票交易部工作；戴蒙德则来自马萨诸塞州的斯普林菲尔德（Springfield），以前曾在摩根士丹利和瑞士信贷担任债券交易的主管。但他们也有共同点：两人都来自中产阶级家庭，都是从大学一步步努力才走到今天的。

最近一段时间，两人职业生涯轨迹尤为相像：作为英女王伊丽莎白辖下的"美国佬"，斯蒂尔和戴蒙德在伦敦都大有作为。在加入高盛欧洲的股票交易部后，斯蒂尔立下了丰功伟绩，他之前的老板保尔森一直对此印象深刻。戴蒙德则把一家仅有3 000人的小投行发展成在伦敦拥有

15 000 名雇员的强大集团，现在巴克莱资本所创造的利润占整家银行利润的 25%。

斯蒂尔辞掉巴克莱董事一职后，追随保尔森去了美国财政部，但他和戴蒙德依旧保持着很好的朋友关系，不管什么事，只要一方打电话，另一方准会立即接听。

斯蒂尔跟戴蒙德打完招呼后，略显生硬地说道："是这样的，我们正在广泛征求意见，以制定应对各种危机情况的有效措施，我想向你请教一下。"

斯蒂尔这种一反常态的客气语气让戴蒙德有些吃惊，他问："斯蒂尔，是政府的事吗？"

斯蒂尔回答说："不，不是的。我找你并不代表任何一方。现在市场稍微缓和些了，但是我想搞清楚，形势会不会变糟。因为如果形势很不利，将会有大麻烦。"

"那好，你问吧。"

斯蒂尔做了个深呼吸，然后缓缓问道："在什么价位你才会对雷曼感兴趣？如果打算收购，你需要我们做些什么？"

戴蒙德一时语塞，他意识到，美国财政部很明显是在为雷曼打造一个战略解决方案，这样当雷曼身陷类似贝尔斯登的处境时才能为其找到出路。经过长时间的接触，戴蒙德清楚斯蒂尔不是一个无聊又爱管闲事的人，更不会无事生非。

戴蒙德谨慎地回答道："这太突然了，我得仔细考虑一下，因为现在我也不知道应该怎么回答。"

斯蒂尔说："好的，但请务必好好考虑一下。"

"凡事无绝对，一切皆有可能。"戴蒙德回答道，然后两人都大笑了起来。以前每当记者追问戴蒙德某项并购有无可能时，他总喜欢抛出这句话，不过斯蒂尔倒是头一次听他这么说。

斯蒂尔深知巴克莱资本一直希望能够扩大在美国的市场份额，戴蒙德甚至曾把这份雄心壮志标在他那身在萨维尔街定做的昂贵西装的袖子上。虽然他白手起家创建了一家如今已成为伦敦代表性事物之一的大型投资银行，但他一直渴望成为华尔街主要投行的领袖之一。正是因为对这个目标的不懈追求，戴蒙德才会在1992年突然从摩根士丹利跳槽到瑞士信贷第一波士顿公司（一家全球性的投资银行和金融服务公司），并带走了众多回购协议交易员，这曾令约翰·麦克大为光火。4年后，戴蒙德又来到了巴克莱（BZW）[①]，他带来的旧部又成为巴克莱资本得以发展壮大的重要人力资源。

如果戴蒙德、他的老板以及位于伦敦的董事会都希望巴克莱一夜之间成为纽约一家大投资银行的话，那么雷曼是个不错的并购对象。但他也知道，因为迪克·富尔德掌管着雷曼，这必将是一次昂贵的并购。尽管如此，总的来说这仍是个难得的机会。

与此同时，巴克莱正在考虑另一项并购交易：戴蒙德已经和瑞银集团商洽，打算购买其投资银行部的特许经营权。他已决定在一周内亲自飞往苏黎世进行深入谈判。戴蒙德把这个消息透露给斯蒂尔并提醒他，自己和瑞银集团的谈判刚刚开始，因此不要往外泄露消息，说不定这笔交易最终将不了了之。

不管怎么说，雷曼毕竟是一家重量级的投行，戴蒙德向董事会推销这样一笔大规模的并购并不容易。几个月前巴克莱斥巨资参与荷兰银行的竞标战败北之后，董事们至今倍受打击，所以他们对这次并购也犹豫不决。但雷曼是美国第四大投资银行，如果低价出售，戴蒙德必须得好好考虑一下，毕竟机会难得。

“是啊，”戴蒙德对斯蒂尔说，“这绝对需要好好考虑。”

---

① 巴克莱（BZW）指BZW投资管理公司，为巴克莱集团旗下的一家投资管理公司。——译者注

TOO
BIG
TO
FAIL

5

任职于 CNBC 的吉姆 · 克拉默（Jim Cramer）可谓是市场评论方面的权威人物，素以言辞大胆而著称。令人意外的是，他平常说话语气相当温和。一天早上，克拉默来到位于第七大街 15 号路的雷曼总部，他彬彬有礼地告诉保安人员，迪克·富尔德邀请他共进早餐。在迎宾的引领下，克拉默穿过旋转门，经过探测炸弹的猎犬检查，接着来到接待处履行其他一些常规的安检程序，他看起来和往常一样轻松和随意。最后，在 23 层的接待处，克拉默受到了隆重的欢迎，就像是一位即将和雷曼谈成数十亿美元生意的重要客户一样。在场迎接他的除了富尔德还有雷曼的首席财务官艾琳 · 卡伦以及全球股权部的精英杰拉尔德 · 多尼尼（Gerald Donini），多尼尼曾和克拉默一同参加过在新泽西的首脑峰会。

富尔德正在积极筹划如何对付那些做空者，这次以个人名义邀请克拉默是因为他意识到必须成立一个联盟来共同对抗卖空活动，只是到目前为止，还没有人愿意被卷入这场纷争。考克斯不行，盖特纳不行，保尔森也不行，尽管他们最近都在财政部发表过相关言论，但力度不够。克拉默却是合适人选，因为他拥有数目庞大的电视观众，与对冲基金的关系也很密切，他在某种程度上可以影响舆论，从而抬高雷曼的股价。

富尔德在10年前就认识克拉默了，1998年长期资本管理公司倒闭后，人们开始传言雷曼在里面投放了巨额资金，并即将成为下一家破产的公司。当时在CNBC才刚亮相一年的克拉默却大肆赞扬富尔德，他在电视上呼吁，雷曼唯一需要做的事就是通过回购自己的股票来阻止股价下跌的趋势，以打击空头。第二天早晨，富尔德第一次与素未谋面的克拉默通话："按照您的建议，我已出价31美元回购了100万股雷曼股票。"之后雷曼的股价很快就转而企稳了。

如果华尔街确实呈现出某些莎士比亚悲剧般色彩的话，那么克拉默扮演的则一定是喜剧角色。

克拉默口齿伶俐，在电视节目中语速飞快，近乎狂暴，他的脑袋仿佛随时会因为思想的碰撞而头破血流。虽然他的滑稽动作有点像嘉年华的小丑，但华尔街没谁敢把他当作白痴。他自己管理着一家对冲基金公司，并且创立了一个颇具影响力的投资网站TheStreet.com，对市场运作有着深刻的理解。

尽管性格迥异，富尔德和克拉默却惺惺相惜，认为彼此都是华尔街叱咤风云的人物。明星克拉默是典型的哈佛人，曾在高盛工作过，与艾略特·斯皮策这个让华尔街头疼不已的家伙是最好的朋友。而富尔德，他一向鄙视常青藤盟校，总喜欢和高盛唱反调，很难称得上是一个好的交流对象。尽管如此，他却非常欣赏克拉默，因为这位诚实的经纪人敢于说出自己的想法，哪怕这想法有多么不受欢迎。

点完菜后，富尔德向专注倾听的克拉默阐释了自己的主要观点。他说，雷曼正在想方设法降低公司的杠杆率，以恢复投资人的信心，虽然他们在第一季度筹集了40亿美元的资金，可“卖空投机策略”阻碍了股价的适度反弹，导致公司价值被低估。

克拉默使劲地点了点头：“没错，那些做空者把赌注全压在了你们身上。”

富尔德很高兴自己能有一个默契的听众，他清楚地感受到这些做空者给他带来的尴尬处境。而这个问题又与克拉默关系密切，这涉及当初证券交易委员会令人费解地取消提价交易规则的政策。1938年证券交易委员会颁布了提价交易规则，目的是禁止投资者持续卖空下跌的股票。换句话说，就是股票价格必须先上升才可以被卖空，这意味着市场需要有活跃的买家。从理论上来说，该规则可以防止股票价格随着做空者的疯狂抛售而持续下跌。2007年，证券交易委员会废除了此项规定，此举遭到包括克拉默在内的反对者的激烈批评，他们认为该决定完全是受到那些自由市场理论家的蛊惑，那些人早就渴望废除这项最重要的交易缓冲机制。那以后，克拉默不断告诫人们，这条规则被废止后，对冲基金可以肆意妄为地打压股价，从而损害好公司的利益。

但在危机爆发之前，几乎没人理会他的告诫。因为那些对冲基金的客户希望废除此条例，所以投行也加入了支持者的阵营，直到自己也成为被卖空的对象才转而开始寻找庇护。

“你可以成为我的一个重要盟友，一起支持提价交易规则。”克拉默说。

面对克拉默的热情，富尔德反倒开始考虑让这位有线电视新闻明星借用公司的名义是否合适，对此他还要仔细权衡利弊。克拉默认为废除提价规则伤害了雷曼的观点可能是正确的，但富尔德也清楚公司自己的套利部门也在为对冲基金客户进行卖空交易，并且为公司挣了不少钱，他当然不想得罪他们。一时间，富尔德突然觉得自己想通了：不管提价交易规则有多大的保护力度，投资者总可以通过期权或者其他衍生品来避开这种限制。

多尼尼不认为提价交易规则是雷曼所面临的最大问题，于是打断了富尔德道："你打算怎么做呢，吉姆？"

"做空者正在摧毁一个个金融巨头，他们已经毁掉了贝尔斯登，现在又想毁掉雷曼，"这时候克拉默可能是有意迎合富尔德，"我要阻止这一切。"

多尼尼并不同意他的看法："如果你真这么打算，并相信卖空交易是罪魁祸首，那么我想说的是，实施提价交易规则并不是解决这个问题的办法。"他向克拉默解释说，市场真正的问题其实在于"裸卖空"。一般来讲，投资者做空需要先从经纪人手中借入相应的股票并卖出，当股票价格下跌后，投资者便可以低价买入，把股票归还给经纪人，从中赚取的差价就是自己的利润。但在"裸卖空"这种违规操作中，投资者根本不需要借入股票，这无形中就默许了做空者操纵市场。

多尼尼很明显地否定了克拉默的提议，这让克拉默觉得有些可笑，他来参加这次早餐会是向雷曼提供帮助的，可自己的提议却遭到拒绝，于是他试图把话题重新转到雷曼所面临的麻烦上来，他以嘲讽的口吻提议道："好吧，你最好能给我一把万能钥匙，那样我就可以提出一个皆大欢喜的方案。"

房间里随即弥漫着紧张的气氛，为了打破僵局，卡伦开口说话了："我们刚从佩洛通（Peloton）那里购买了这种投资组合，而且马上就要升值了。"说出这条她认为多少还算好点的消息时，她还感到挺高兴。

但克拉默却微微皱了一下眉头，因为他很了解佩洛通。这家对冲基金是由高盛前任总裁罗恩·贝勒（Ron Beller）创立的，总部设在伦敦，他的妻子则是时任首相戈登·布朗（Gordon Brown）的政策顾问。它曾经是全世界收益最好的对冲基金之一，但现在却沦落到降价出售资产的地步。"天哪，"克拉默用尽可能婉转的语气说道，"我不觉得这有什么好的，因为他们的杠杆率高达30倍，这是我所听到的最糟糕的事情。”

“不会的，”富尔德有些激动，“我们是以非常低的价格购买的。”

克拉默还是对此不以为然：“有些事情我还是很清楚的，如果是高盛，一定会实实在在地设法降低杠杆率，而你们虽然嘴上说‘我打算降低杠杆率’，但实际上却是在增加杠杆率。”

富尔德很不喜欢克拉默这种口气，他马上回应道：“我们正在采取行动，比如购买一些我们认为颇具价值的重要资产，同时也出售一些不那么有价值的资产。”

卡伦继续向克拉默解释，雷曼正在迅速降低资产负债表的杠杆率：“我们深信资产负债表上的资产价值是被低估了。”然后，她又用十分钟向克拉默介绍了雷曼在加利福尼亚州和佛罗里达州所拥有的住宅楼盘资产，这两个市场受到的冲击最为强烈，但她预计它们很快就能迎来反弹了。

这些讨论让富尔德意识到要与克拉默达成一致看法是不大可能了，于是他改变了话题，开始向克拉默打探消息：“你那边听到什么动静了吗，谁会在我们之后受到冲击？”

虽然没有明说，但富尔德认为目前正在进行做空交易并散播谣言的是全国最具影响力的两位金融大鳄，一位是康涅狄格州格林尼治镇SAC资本顾问公司的史蒂文·科恩（Steven A. Cohen），另一位则是芝加哥城堡投资集团的肯尼斯·格里芬。

富尔德极为坚决地表示：“卖空者都是扯谎的家伙，我认为你应该曝光那些骗子。”

克拉默虽然同意他的看法，但也明确表示他并不准备冒这个风险来支持雷曼的股价，除非他能得到更多的信息。“我保证人们会怀疑这种说法，”他补充说，“他们会问，为什么不向政府求助？如果认为现在的情况很糟糕，存在大量的卖空交易，而且人们都在撒谎，那为什么不去告诉证券交易委员会？”

富尔德的情绪变得越来越激动，只是不断地重复一句话，“你为什么不把那些散播我们负面消息的人公布出来呢！”

克拉默激动得脸色通红：“问题不在这儿！从我的立场来看，你现在是买了越来越多的垃圾而不是卖出垃圾，而且目前你非常需要现金。”

富尔德不喜欢自己的权威受到别人的挑战。

“我完全不同意你的说法！你应该很清楚，我们不需要现金，我们手里有一大把，另外，我们的资产负债表也前所未有地好！”

但克拉默仍对此表示质疑：“如果事实真如你所讲的那样，你为什么不想办法用现金来推高股票价格呢，为什么不买一些自己的债券呢？”

富尔德冷笑了一下，打算结束这次会面。

他对克拉默说：“作为纽约联储的董事，我有必要向你撒谎吗？他们什么都一清二楚。”

现在已经是5月中旬了，戴维·爱因霍恩正在准备一份演讲稿。爱因霍恩是一家对冲基金的经理，掌管着600亿美元的资产，他正准备在艾拉·索恩（Ira W. Sohn）投资研究会议上发言。每年都会有大约1 000人花费3 250美元参加这次会议，希望通过听取一些著名投资人推销或讨论股票而学到一些新的投资理念，另外，该会议的入场费将被注入一家癌症慈善机构“儿童未来基金”。

虽然爱因霍恩已经39岁了，但他看起来至少要比实际年龄年轻10岁。他的办公室位于纽约中央车站的一座大厦内，此时他正在推敲演讲的内容。他的绿光资本公司安静得像一个休闲疗养胜地，没有人在电话里大声谈论交易订单，也没有人与同事嬉笑打闹。

绿光资本因其耐心、理智的投资方式而出名。爱因霍恩说过：“我们习惯一开始就问为什么市场总是错估抵押品的价值，事实上，我们拥有一套成熟的理论来分析抵押品到底是被低估还是高估。要想投资成功，就必须深刻理解所面临的机会，同时还要相信自己比交易对手占据更多的分析优势。”与大部分基金不同，绿光资本从不通过杠杆或者借贷的方式来增加赌注。

爱因霍恩的分析师整天都待在会议室里研究年度报表，这个会议室有一个奇怪的名字叫“非经常性项目工作室”。非经常性项目在会计术语中是指那些不会重复发生的收益和损失，公司有时会利用该项目提升报表质量。对于爱因霍恩来说，它是一面筛子，能用于识别存在卖空交易机会的公司。最近的研究表明，在众多公司中，雷曼是很好的卖空交易对象，他想这可能会是个不错的演讲主题。最近，雷曼的资产质量已经成为华尔街最热门的话题，但爱因霍恩从去年夏天开始就暗中关注这家公司了。

2007 年 8 月 9 日，星期四，也就是贝尔斯登破产前的 7 个月，在纽约拉伊市（Rye）的寓所里，爱因霍恩很早就起床了，他利用天亮前数小时阅读报纸和发送邮件。那个夏天，次级债务对市场的冲击正在通过信用市场不断向外蔓延，贝尔斯登旗下的两家对冲基金已经因持有大量抵押担保证券而倒闭了。

当天的新闻标题让他感到很奇怪：法国银行巨头巴黎银行宣布旗下的三大货币市场基金暂停向投资者提供赎回。

与伯南克一样，为了更好地了解市场情况，他取消了周末的安排。他对他的团队说：“这些货币市场账户的持有人基本是法国的普通工人，他们的主要目的并不是挣钱，而是能随时获得可支配资金，这就是货币市场账户的本质特征，所以千万不能冻结货币市场。”

爱因霍恩把手下 7 位分析师召集在一起并派给他们一个特殊的项目：“我们打算进行一些巧妙而灵活的研究。”和以前花大量精力做公司调查、研发新投资策略有所不同，他们将在周末对存在次贷问题的金融公司进行地毯式的调查。虽然他知道问题就出在这里，但爱因霍恩目前迫切想知道的是它们什么时候才会结束。由于房地产价值正在不断缩水，所有投资这方面的银行都可能面临危险，而且这些银行的不良资产很可能已经被快速打包成证券化产品的一部分而卖给其他毫不知情公司。该调查项目的代号为“信用篮子”。

周日晚上，爱因霍恩的团队找出了 25 家可以进行卖空交易的公司，其中就包括雷曼。其实他早在一周前就已经对它进行卖空了，尽管当时的头寸还很小。当时凭直觉判断，他认为雷曼每股 64.8 美元的价格实在是被严重高估了。

在接下来的几周里，绿光资本对一些空头头寸进行了平仓，并将相应的公司从“信用篮子”中删除，准备把资金集中在少数几家公司上面，这其中仍然包括雷曼。

当这些银行开始在九月份做季度报告时，爱因霍恩便一直对此进行密切关注，尤其是雷曼在 9 月 18 日电话会议上发布的第三季度收益报告。

此时和华尔街的其他人一样，电话会议上的雷曼高管、首席财务官克里斯托弗 · 米拉（Chris O’Meara）看起来有些过度乐观。当有分析师询问下季度的规划时，他回答道：“还早呢，我们目前还没有对下季度作出规划，但是正如之前我所说的，最糟糕的信用调整阶段已经过去了。”

除了高管的自大，爱因霍恩还发现了一个更为重要的问题，他认为虽然雷曼不愿意提供相关信息，但它的确进行了一些可疑的账目操作，这些操作可以把债务价值的下降部分记成收益，因为从理论上来说，雷曼可以通过低价回购自己的债务而赚取差价。华尔街的其他公司也会采用这种操作，但雷曼似乎更加狡猾，因为它根本不愿记录盈利的确切数据。

“这个账目太荒唐了，”爱因霍恩对他的员工说，“这意味着破产前一天是公司历史上盈利最高的时刻，因为你可以说所有的债务都分文不值，从而都变成了公司的收益。而最令我感到愤怒的是，高管的奖金可都是根据这些收益来支付的！”

6个月后，即2008年的3月18日，爱因霍恩全神贯注地倾听雷曼有关收益报告的电话会议，令他十分不解的是，艾琳·卡伦居然提供了一份颇有把握的前景预测。他惊讶地发现，卡伦的出现实际上是为了极力维护已身陷囹圄的雷曼。因为卡伦原来只是个没有金融从业经历的税务律师，而且才刚刚担任了6个月的首席财务官，她怎么可能理解这些复杂的估值方法呢？她凭什么如此确信公司资产的估价是正确、适当的呢？

早在2007年12月，爱因霍恩就可以与卡伦以及她的同事直接联系了（为了更好地掌握数据，许多公司都会向大投资者提供高层人员的沟通服务）。从那以后，爱因霍恩就一直怀疑卡伦根本无法理解这些数据，或者公司故意夸大了数字。他又向雷曼预约了一个电话，想更好地了解和掌握公司的数据。

通话内容却使爱因霍恩忧心忡忡。他曾反复询问公司重新登记或评估资产的频率，尤其是针对房地产这类不动产。就概念而言，盯市制度很容易理解，但每日执行却会是一个沉重的负担。过去，绝大多数银行都不会投资房地产或抵押品这类不动产，即便有也是打算一直持有。大部分银行都是简单地以最初支付的价格来给不动产估值，而不是冒险评估他们每天的价值是多少。以后在出售的时候，如果价格高于最初支付的价格，就盈利，否则就亏损。但在2007年新的会计准则颁布后，原来那些简单的估价方法便不再适用了。现在，如果一家银行拥有不动产，例如其总部所在的地产，那么它们的会计处理方法便与股票一样。如果这些资产的市场价格上升，那么就应该在资产负债表里记录新的价值，将其价值调高。同样，如果价格下降，就将其价值调低。当然，谁也不想让资产的账面价值缩水。这引发了一个有趣的可行性问题，因为实际的收益和损失只有在资产被出售时才是真实的，所以盯市制度的实际影响是，若一家公司持有大量账面价值缩水的资产，那么它的整体价值也将大打折扣。

爱因霍恩现在想知道的是，雷曼是否每天、每周或者每个季度都会对资产进行重新估价。

这对爱因霍恩来说是个非常关键的问题，他想知道，当几乎所有的资产价格都在持续下跌时，公司究竟对资产负债表上资产价值的缩水有多高的警惕性。对此，米拉表示公司每天都会对资产进行重新标价，但具体业务负责人却说公司仅每季度对资产重新标价一次。听完整场讨论，卡伦也一定发现了回答的前后矛盾，但她压根不想解释这个问题。爱因霍恩没有对这两个不同的回答作出任何评论，不过决定以此作为对付雷曼的一个根据。

直到 4 月下旬，爱因霍恩才开始公开宣布在雷曼所发现的问题。他在对投资者的演讲中暗示：“从资产负债表和公司业务的多重角度来看，雷曼和贝尔斯登没有本质区别。”

虽然这些言论没有在市场上引起多大的重视，但却把雷曼吓得够呛，卡伦因此给爱因霍恩打了个长达一个多小时的电话，她试图给出令他满意的答复，并努力挽回他对公司的看法。尽管她表现得非常亲切和友好，但爱因霍恩觉得她是在狡辩。

现在，爱因霍恩开始准备 2008 年 5 月下旬即将到来的重要演讲，正是与卡伦的那次谈话让他觉得有必要将雷曼作为自己演讲的重点。于是，他最后决定给卡伦发封邮件，通知她自己打算在艾拉·索恩投资研究会议上引用之前的谈话内容。

卡伦立即回复了邮件，并省略了那些客套话：“我现在唯一的感觉就是被你算计了，这样你就可以随便从中挑出满意的内容来支撑自己的理论了。”

爱因霍恩早就习惯了反目成仇的局面——任何卖空股票的人都不可能指望在金融界受欢迎。他立即回复了一封邮件，态度十分强硬："我可不认为我不诚实，因为你没有任何理由将我们的谈话内容保密。”

5月21日，爱因霍恩站在时代华纳中心费德里克·罗斯大厅（Federick P. Rose Hall）的一角等待发言。

会议的组织者对时间表进行了缜密的安排，爱因霍恩的演讲将从下午4点05分开始，恰好在股市收盘之后。因为在场的投资者颇具实力，考虑到他在业内的地位和即将发表的演说内容，爱因霍恩的演讲能够轻而易举地影响市场，尤其是雷曼的股票。

关于投资方面的重要消息总是层出不穷，而其中爱因霍恩的这次讲话却一定是最为重要的。对冲基金行业通常是非常低调的，但今天一号人物基本都出现了，听众席里坐满了像卡尔·伊坎（Carl Icahn）、比尔·米勒（Bill Miller）和比尔·阿克曼（Bill Ackman）这样的业内大鳄。初步估计，当天台下的听众管理着超过5 000亿美元的资金。

爱因霍恩站在台上的一角准备出场，作为习惯性的热身动作，他朝台上望了望。成功的价值投资者理查德·泽纳（Richard S. Pzena）显然就要结束他的演讲了，演讲中他提出了一个自己主要的投资理念。

“购买花旗银行的股票。”泽纳极力推荐道。花旗当天下午的收盘价是21.06美元，这个建议很令人吃惊。“这是个绝佳的机会，虽然目前市场压力很大，但我们计算之后，发现它还有很大的上涨空间！”很显然，如果投资者听取他的建议，必将损失一大笔钱。但听众还是向他报以了礼节性的掌声，这是在大型活动中给予演讲者的适当尊重。

除了讨论雷曼，爱因霍恩还准备借此推销自己的新书《一路骗到底》，这本书源于2002年他在这个会议上所做的一次演讲，为此还惹上了联邦政府的麻烦。在这本书里，他披露了联合资本公司在会计方法上存在的一些问题。联合资本是一家位于华盛顿的私人公司，主要为中小型企业提供融资服务。他抛出批评言论那天，该公司的股票跌了将近11%。这让33岁的爱因霍恩一下子就成了投资英雄，而对于他所针对的那些人来说，他却是个恶魔。

那是爱因霍恩第一次公开演讲，他本以为监管机构会因他的演讲而去调查联合资本公司涉嫌欺诈的操作。结果恰恰相反，证券交易委员会竟开始对他进行调查，怀疑他利用公开评论操纵市场。联合资本公司也对他作出了相应的回击，公司的一位秘密调查员通过假冒身份获得了爱因霍恩的通话记录，这是一种不道德甚至可能是非法的手段。

从那以后，爱因霍恩和联合资本的斗争持续了6年。今天，他和往常一样平静地等待发言，准备迎接一个更加强大的对手。

终于轮到爱因霍恩了，他登上讲坛并放下自己的记事簿。当他观察台下的听众时，前几排闪烁着许多黑莓手机发出的荧光。投资者们一边记录，一边迅速将所记信息发送到他们的办公室。

当日股市已经收盘了，但对股票交易而言，一条有价值的信息在任何时候都是非常珍贵的，这就是挣钱的一种途径。

爱因霍恩开始了他的演讲，他的声音带着轻微的美国中西部特有的鼻音。在详细叙述完有关联合资本公司的故事后，他便把矛头指向了雷曼。

“六年前我针对联合资本公司提出了一个重要问题，即它违背了公允价值这一会计法则，因为在上次衰退中，联合资本公司不愿意公布其投资失败所导致的资产减值，”他告诉听众，“在目前的信用危机中，这个问题将会以更大的规模重现。”

他指的是雷曼在上个季度没有承认自己的损失，而这个季度的损失一定会更大。

结束了这颇具煽动性的话题，爱因霍恩又曝光了一个内幕情况：“最近，我们请一家金融机构的首席执行官到办公室座谈。他给我讲了一个在业界再平常不过的现象。他公司账册上记录的仍是抵押债券的成本价，这些债券的评级一直是 A，所以他们认为不会存在什么永久性的损失，而且这些债券缺乏流动性，根本不存在市场估值。”

“我立刻反驳道：‘这简直就是彻头彻尾的谎言！’之后我解释说实际上这些债券的估价市场一直存在，它们此刻的估值大概仅剩票面价值的 60%~70%，至于是否存在永久性的损失，只有用时间来证明了。”

“让我诧异的是，他居然承认我是对的。也许他知道如果不这么说，我会马上让他们把这些债券减值的情况登记在册。”

谈到这里，爱因霍恩继续回到雷曼的话题，他明确表示，雷曼正在努力抬高其房地产资产的价格，因为他们害怕股票大幅下跌，所以不愿意对外披露实际亏损程度。

爱因霍恩详细地向观众描述了自己在雷曼业绩报告会议上所听到的卡伦的发言，这次电话会议就发生在贝尔斯登减价出售的前一天。

“在那次会议上，雷曼的首席财务官艾琳·卡伦使用了‘伟大’这个词 14 次、‘挑战’6 次、‘强大’24 次、‘顽强’1 次、‘难以置信’8 次。”

“对我来说，我只会用‘难以置信’来形容雷曼这次报告会。”

在大肆渲染一番之后，爱因霍恩解释了给卡伦打电话的具体原因。他在身后的投影屏上打出一些相关数据，接着解释道，自己之所以对卡伦的报告产生怀疑，是因为在第一季度，雷曼实际上持有约 65 亿美元的担保债务凭证及其他此类有毒资产，其中属于投资等级以下的担保债务凭证就占到 16 亿美元，而雷曼只进行了 2 亿美元的资产减记。

“卡伦女士表示她理解我的疑问，并承诺一定会给我答复，”爱因霍恩继续说，“但在随后的邮件中，她却拒绝解释那些本该登记的损失，只是说雷曼会根据当前的价格走势来判断第二季度的损失，可他们为什么不先登记第一季度的损失呢？”

爱因霍恩继续进行阐述，雷曼在电话会议上提到的数据和几周后向证券交易委员会递交的数据居然相差 11 亿美元。他对如此巨大的差异感到非常困惑，也不明白雷曼将如何解释这些所谓的三级资产，它们没有市场估值，它们的价值都是用雷曼的内部模型估算出来的。

“我向雷曼提出了一个很尖锐的问题：‘你们是否会在公开披露和递交 10-Q 季度报告之间的某个时刻把三级资产的账面价值调高了十多亿美元？’他们回答说：‘绝对不会，那是不可能的！’然而，除了狡辩，他们根本无法提供一个合情合理的解释。”

演讲接近尾声时，爱因霍恩清了清嗓子，并对大家说了一句话以示提醒。

“我希望考克斯先生、伯南克先生以及保尔森先生都能够重视雷曼目前所造成的金融系统性风险，同时，应该尽快引导雷曼进行资产重组，让他们正视自己的亏损，但愿这些不需要用到联邦纳税人的钱。”

“雷曼已经抱怨卖空交易好几个星期了。根据实际研究结果以及经验判断，我们认为，管理层这么做是为了转移投资者对这一严重问题的注意力。”

爱因霍恩走下讲台才几分钟，他演讲的内容就已经在金融界四处传播了。第二天一开盘，雷曼的股价就下跌了 5%，这让他们受到了沉重打击。

当爱因霍恩前往百老汇参加一个图书会时，随便翻了一下他刚参加那次会议的安排表，发现上面赫然写着“雷曼是这场会议的赞助人之一，捐助了 25 000 美元让他在全世界面前公开打击公司的声誉”，只得苦笑了一下。

迪克·富尔德激动地嚷道："这是谁说出去的？"他怒不可遏，暴跳如雷。

6月4日，星期三，雷曼召集高层经理人召开执行委员会会议。大家坐在那里忐忑不安，整个会议室鸦雀无声。

富尔德手里拿着一份当天的《华尔街日报》，指着C1版面气急败坏地说："这是我职业生涯里面临的最严重背叛。"这份报纸的新闻大标题上赫然写着"雷曼正在寻求海外资金"，还附着一则该死的小标题："由于股票大跌，为寻求新的资金来源，雷曼可能向韩国求助"。

一切都前功尽弃了。上个月，富尔德为抗击谣言、彰显公司实力所做的种种掩饰，现在都被这条早间新闻给彻底毁了。他意识到自己一直以来的努力即将付诸东流。

在过去的几个月里，富尔德虽然偶尔对记者苏珊·克雷格提起过那份会议记录，但是关于这个计划，他肯定没有透露过半点风声。但克雷格的文章简明犀利，正中要害，显然她知道雷曼正在和韩国的国有政策性银行——韩国发展银行洽谈，也清楚雷曼在首尔的首席执行官赵建镐（Kunho Cho）正在负责一笔很大的国际交易。可以肯定那天早上参加会议的人中有人泄露了消息，不然她不可能知道这么多内幕。

与此同时，戴维·爱因霍恩反对雷曼的活动也进行得如火如荼。在他 5 月份的演讲结束之后，雷曼的股价已经下跌了 22.6%。谁都清楚，这是公司面临的又一场公关灾难。虽然富尔德知道银行家们偶尔会对一些客户泄露机密，但这次不一样，他为之奋斗一生的公司正面临着生死存亡的考验，属下的背叛让他怒火中烧。

就在一天前，因为有传言称雷曼出现了严重的流动性问题，正打算通过美联储的贴现窗口融资，雷曼的股价受到严重打击，下跌了 15%。然而该传言并非事实。

前两周，富尔德每天都忙于回应不同的传言，因为爱因霍恩的评论使人们深信雷曼已经出现了严重问题。在富尔德看来，这正是爱因霍恩想要达到的目的。富尔德的首席行政总监斯科特·福莱德汉姆（Scott Freidheim）和这个城市一半以上的公关部门都联系密切，他正全力准备反击爱因霍恩和市场上的卖空行为。福莱德汉姆问乔尔·弗兰克（Joele Frank）和史蒂文·富兰克尔（Steven Frankel）这两位危机应对专家：“他的市场号召力居然直逼我们公司，这家伙是怎么做到的？”另外，他还向公关部的经理史蒂文·利平（Steven Lipin）表示：“我们面临的问题是，无法阻止所有散播谣言的人。”在此期间，在福莱德汉姆的领导下，雷曼确定了一个应对媒体的清晰框架，他们再也不敢摇摆不定了，因为根本没人输得起。

尽管是一则真实的内幕消息，但富尔德认为克雷格的新闻报道已经越界了。他非常气愤，觉得克雷格和爱因霍恩一样，是在故意破坏他们公司的形象。这篇文章使雷曼看起来像是一个由高中生组成的小团伙、一个流言制造工厂。更让富尔德不能接受的是，自己还一直把克雷格当作是一位值得信任的记者。就在上周，克雷格甚至提出要出席管理部门会议的请求，当时富尔德觉得这个想法很可笑，但还是礼貌地回道："我很乐意帮你，但这恐怕不行。"

当天下午，克雷格给富尔德打电话想继续做些报道，却被他毫不留情地痛骂了一顿。"你不要摆出一副非要负责任的姿态，你和其他记者没什么两样！会议上不会有你的位置！"富尔德喊道，然后用力挂断了电话。随后他甚至颁布了一条即时生效的新规定：公司的任何人，即便是公关部的人员，都不许再和《华尔街日报》的人打交道。

富尔德下达这项命令的时候，雷曼的公关部主管安德鲁·高尔斯（Andrew Gowers）就站在他的身边。他对福莱德汉姆抱怨说："我不明白，为了遵守这个规则而把国内最大的金融报纸打入冷宫，那我们的公关工作还怎么进行呢？"

"我也不知道，"福莱德汉姆耸了耸肩回答说，"那是迪克和报纸之间的事。"

斯科特·福莱德汉姆知道是谁泄露了消息，或者说他已经有了怀疑的对象。

42岁的福莱德汉姆是富尔德核心集团中最年轻的成员。他是奇基塔公司（Chiquita）前任首席执行官的儿子，也是富尔德最理想的侦查人员：绝对忠诚可靠，并且具备杀手般敏锐的直觉。作为公司的高级管理人员，与其说他是一位银行家，还不如说他是一位收入不菲的战略家。对富尔德的敌人来说，他是董事长的心腹、当权人的捍卫者，保护富尔德免受丑陋现实的影响的人。福莱德汉姆曾是约瑟夫·格雷戈里麾下的行政官，他在格林尼治郡拥有一所大房子和一支运转不息的车队，最近又从一个朋友、基金巨头埃迪·兰珀特（Eddie Lampert）手中买了一辆配有因特网的黑色通用版皮卡车，每天开着他的"移动办公室"环游曼哈顿岛。

和富尔德开会讨论完报纸事件之后，福莱德汉姆决定为老板找出泄密者。其实在前一天晚上，在与克雷格及雷曼的代言人凯莉·科恩（Kerrie Cohen）在电话里闲谈一通之后，福莱德汉姆就感觉有些地方不大对劲，但暂时还没有摸清头绪。

第二天一大早，平时很少登门拜访的艾琳 · 卡伦来到了福莱德汉姆的办公室，单刀直入地询问事情的进展：“你认为这有助于抬高公司的股价吗？”

这一问，福莱德汉姆立刻就明白了，原来是卡伦泄露的消息。近几年，雷曼内部管理层的人员调动越来越频繁，但福莱德汉姆一直认为卡伦不适合担任首席财务官的职务，而且他越来越讨厌她那副洋洋自得的样子，她在接受媒体采访时就像表演真人秀一样。虽然卡伦改善了雷曼3月份的收益状况，但考虑到她现在的背叛行为，福莱德汉姆完全可以质疑当初格雷戈里让她任职的决定了。爱因霍恩演讲的前一天，卡伦没经任何请示便与他进行了会面，这让他感到难以置信，更是为此恼怒了一个星期。早在4月份的时候，福莱德汉姆就因克雷格在另外一则新闻报道中把卡伦称作“直率敢言的雷曼爆料人”而勃然大怒，因为这让雷曼的人看起来就像是一群靠不住的骗子。另外，卡伦行事毫无原则可言，她的桌子上摆着一架私人飞机模型，还有为接受采访而准备的购物明细单。最让人看不惯的是，她竟然把《康泰纳仕投资组合》（*Conde Nast Portfolio*）杂志刊登的一张她的照片挂在办公室墙上。这份矫情的杂志封其为“华尔街最具影响力的女性”，拍摄的是她走下豪华轿车的场景。最后还是格雷戈里让她把照片摘了下来。

福莱德汉姆立即准备开战，他叫来保安人员，下令对电话记录进行调查，很快就发现了所需要的证据。前天，卡伦的确和克雷格通过电话。虽然还不能确定她是否向克雷格泄露了韩国筹资计划，但这些足够让福莱德汉姆向富尔德告发卡伦了。

福莱德汉姆走进富尔德办公室的时候，格雷戈里也在那里，于是他把调查的发现向他俩汇报，最后还表示要亲自调查卡伦，并补充说："我们不会排除解雇她的可能性。"

卡伦的上司格雷戈里对此提出了异议。他认为目前不应该解雇包括卡伦在内的任何人，甚至不应该去打扰她。他坚称"她的工作做得很好"。富尔德也点头表示认同，他不想承受失去首席财务官的打击，至少不是在现在这样的时候，即便卡伦真的把内部消息泄露给了记者。

在富尔德心目中，韩国之旅是他们扭转局势的背水一战。因为没有接过一单生意，雷曼在首尔的银行业务实际上形同虚设，甚至从未引起过富尔德的注意。办公室的每个人都反复提醒过他，首尔业务的人事安排存在很大问题，其实所有争议都围绕两个人展开：赵建镐，一位拥有良好社会关系的银行家，举止文雅，但到目前为止还没有敲定过一桩生意；另一位是闵裕圣（Min Euoo Sung），以前负责雷曼在韩国的银行业务，后来离开公司并成功当选了声名显赫的韩国发展银行首席执行官。富尔德一直很欣赏闵裕圣，多年以前，当他还在友利金融集团（Woori Financial Group）任职的时候，就曾帮助雷曼以低廉的价格收购了总值 84 亿美元的不良贷款组合。但是，雷曼的部分同事和许多韩国发展银行员工却对闵裕圣担任首席执行官感到非常不可思议。他们觉得他根本不够资格，但也只能接受这个现实。

然而，闵裕圣的实力其实是被低估了，他一直拥有远大的抱负。在与新同事共同进餐的时候，他高歌了一曲《乞力马扎罗之豹》，歌声流露出他成为金融巨头的渴望。雷曼的现状为他实现目标提供了难得的机会。正式开始工作之前，闵裕圣找来朋友赵建镐共同商量对策。赵建镐带来了温文尔雅的杰斯 · 博泰（Jesse Bhattal），他是雷曼亚太区总裁，工作地点设在东京。经过一番讨论后，他们下定决心做这笔交易。

除了改变现状，富尔德已经没有任何选择。6月9日，还有不到一个星期，公司就要宣布第一季度的惊人亏损了，28亿美元！这会是继美国运通公司剥离之后最可怕的消息。最近三天，股票已经下跌了18%，一旦消息公布，后果将不堪设想。富尔德正想尽一切办法来筹集资金。他还一直催老朋友、美国国际集团前任主席汉克·格林伯格（Hank Greenberg）给公司注资，同时也在争取通用电气的投资，但事实上他对这些都不敢抱太大希望。

但这一次，富尔德坚信可以和韩国达成一个具有建设性的共识，因为在考察团飞往亚洲前的星期一，雷曼的首席策略官戴维·戈德法布（David Goldfarb）点燃了老板的希望。

“韩国的情况看起来比较乐观，”戈德法布在邮件中写道，他同时也给格雷戈里发送了一封相同的邮件，“他们的确打算重组金融业并开放金融服务，并希望通过重大重组来打开局面，所以可能会对我们感兴趣。不过我个人更倾向于汉克·格林伯格或者通用电气的解决方案，如果那两条路都行不通，我们至少可以把这个作为战略基础。”

“鉴于赵建镐和闵裕圣之间的关系，这个办法可行性比较高。如果真能筹集到50亿美元，我就马上大摇大摆地进入市场，花20亿回购大量股票（狠狠地打击一下爱因霍恩）。但对杰斯和赵建镐来说，还有很多前期工作需要完成。可以看出韩国方面对这件事十分认真，渴望大刀阔斧地干一场。当然对他们来说，这可能是一个将使他们在快速发展的亚洲经济体中脱颖而出的不错时机。但同时我们也知道，以前类似的事情经常是没有下文的。所以这件事颇具挑战性。”

6月1日，雷曼的一小队银行家抵达了新泽西泰特波罗（Teterboro）机场，准备乘坐公司的公务机飞往韩国。这一行人员包括：海外高级人才、雷曼首席法律顾问汤姆·拉索，他没有什么谈生意的经验，但作为富尔德的亲信，可以充当可靠的耳目；雷曼全球并购业务负责人，杰出的银行家马克·沙菲尔（Mark Shafir，他还是罗伯特·沙菲尔的兄弟，格雷戈里曾非常粗暴地强迫罗伯特辞职）；才能卓越的并购专家布拉德·怀特曼（Brad Whitman），他在职业生涯的大部分时间里都致力于将美国众多的传媒公司合并成为少数几个强大的巨头。此外，还有公司全球财务负责人拉里·维森尼克（Larry Wieseneck）和美国沙利文-克伦威尔律师事务所的律师杰伊·克莱顿（Jay Clayton）。他们都将在韩国与赵建镐和杰斯·博泰会面。

算上在安克雷奇（Anchorage）加油的时间，整个行程花费了 19 个小时，雷曼的代表们个个筋疲力尽，一下飞机便打车来到位于首尔郊区的新罗酒店休息。这家酒店很别致，大厅看起来就像是宇宙飞船，里面还有一间酒吧。

在首尔的第一次会面中，只有几位韩国发展银行和韩亚金融集团（Hana Financial）的低级别雇员参加，但也谈到了投资的话题。不过，沙菲尔和怀特曼基本断定谈不成任何交易，因为韩国公司既没有带律师，也没有聘请美国顾问。此外，这时的闵裕圣还未正式担任韩国发展银行的首席行政官，甚至连参会资格都没有。

第一次会议结束后，维森尼克大喊"全是废话"，整个会议除了做介绍之外毫无意义。这些雷曼代表团的人在谈话的过程中甚至都搞不清楚到底在和谁讲话。比如，当时拉索正兴高采烈地和一个人进行探讨，结果发现他只是一个外部会计。在酒吧的第一个晚上，沙菲尔就向美国同事抱怨说："靠赵建镐解决问题真是所托非人，那些被派来的家伙，即使和他们谈上一年也谈不出个结果。"

雷曼打算把股价定在 40 美元一股，但当天收盘时股价便已跌至 30 美元。没有哪个傻瓜会愿意支付 33% 的贴水，即便是迫切希望达成这笔交易的韩国人。希望变得越来越渺茫了。

会议没有安排会餐，银行家们一直饿着肚子开会。等到了宾馆，他们却发现这里的饮食实在太差了，金枪鱼是菜单上唯一的美食，这些日子他们几乎每天都点这道菜。

但无论是恶劣的住宿环境，还是韩国人古怪的言行，这些都没有打消拉索的积极性：不达目的誓不罢休。“他们一定会接下这宗买卖的，并且会多付 100 亿美元，他们会通过调整资产负债表来获得足额贷款。”他对同事们说，赵建镐和杰斯 · 博泰也表示赞同拉索的观点。沙菲尔却提出不同意见：“他们绝不会这么做的！”

在给纽约的富尔德打电话时，他们都围坐在宾馆卧室的电话旁，主要是由拉索进行汇报。他满心欢喜地表示：“迪克，我感觉希望很大，我们有七成的把握和那些家伙达成交易。”

富尔德听到这个消息非常激动，但这种情绪很快就消失了。6 月 5 日那天，这队人马空手而归，甚至连一笔小订单都没有谈成。很显然，雷曼股票不断下挫，致使韩国人不敢与其合作，不过也有可能是因为其资金不足。这让执着的拉索也丧失了信心，他对富尔德说：“我们不可能再和那些家伙谈什么生意了。”

听到这些后，富尔德沉默了片刻，随即又陷入了深深的沮丧。他在大厅里冲着公司常务董事史蒂文 · 贝肯菲尔德（Steven L. Berkenfeld）大声问道：“你是不是说过，你根本不信任韩国人？”

“我应该没这么说过吧。”贝肯菲尔德回答说。

“是你说的，”富尔德说，“看来你是对的。”

虽然事已至此，但与韩国方面的谈判不可能就这样悄无声息地结束了。几天后，闵裕圣给富尔德打电话，表示他还想再争取一下。富尔德指出，除非对方能派出真正的谈判者，否则一切免谈。随后富尔德给约瑟夫 · 佩雷拉（Joseph Perella）打电话，因为他在并购方面成绩斐然，因而创立了佩雷拉 - 温伯格合伙公司（Perella Weingerg Partners）。

“听着，我有些事情想让你去处理，”富尔德对佩雷拉说，“一会儿你会接到闵裕圣的电话。你认识他么？就是原来在我手下做事的那个韩国人。”

富尔德详细阐述了进行这笔交易所需要的准备工作：“目前的收盘价是 25 美元，账面价值为 32 美元。我们需要一定的溢价，所以准备把报价定在 35 到 40 美元之间。”

佩雷拉对这个定价不太赞同，随后便把这个任务交给了他的同事加里·巴兰奇克（Gary Barancik）。他认为韩国发展银行是一家国有机构，通常自视为地区霸主，但它从未涉足高风险的国际交易。他对巴兰奇克说：“这就好比让长岛的公共能源机构购买俄罗斯的油气资源。”

虽然如此，他们还是承诺会全力以赴。

为了管理雷曼的投资银行业务，麦克吉每周都得从休斯敦来纽约一趟。每周日晚上 7 点 30 分，他都会乘坐奈特捷公司（NetJets）的私人长途客机飞往纽约，费用则由公司报销。他大概是午夜抵达纽约，然后乘车前往上西区的临时寓所。周四晚上，他再乘坐大陆航空的头等舱飞回休斯敦。

麦克吉是一位古板、守旧、精力充沛又极具野心的银行家。他曾以优异的成绩毕业于普林斯顿大学并获得法学学位，已经在雷曼工作了二十余载。他原来只是个不入流的银行家，在升任投资银行部负责人并加入富尔德闻名遐迩的执行委员会后，他才开始拥有一定的地位。

一段时间以来，麦克吉和他的团队对公司的管理方式存有很深的疑虑。他的部门为客户提供公司并购和股票发行方面的咨询服务，2007 年该部门赚了 39 亿美元，堪称最辉煌的一年。但同时公司在“房子”问题上却让人担忧，顾名思义，即公司在房地产资产方面的投资状况不佳，连累了作为分红主要来源的公司股票大幅下跌。更糟糕的是，各种有关雷曼运营状况的谣言和头条报道接连不断，人们自然不敢聘用他的团队。这些正逐步影响到他们签约新客户的能力，一些客户甚至要求在合同书中指明一位“负责人”，以保证雷曼被卖掉或破产的时候，这位受托的银行家可以继续为他们服务。

一个月前，富尔德让麦克吉在31层管理部门的监督下负责为公司筹集资本。不过在麦克吉眼里，该部门做事并不专业。借此机会，麦克吉向富尔德表达了自己的不满：“投资银行部门就是靠这个吃饭的，这安排太离谱了，如果你不信任投资银行部门，我干脆辞职算了。”富尔德妥协了，把麦克吉的“得力干将”沙菲尔和怀特曼也列入了韩国一行的名单。

那次谈话之后，公司的状况越来越糟糕。所有人都清楚，下季度的损失一旦公布，公司处境将进一步恶化。高层的不满情绪日益加剧，现在针对的已不仅仅是艾琳·卡伦一个人，这些银行家认为卡伦的问题仅仅是个开始。

现在他们终于找出了给雷曼制造麻烦的罪魁祸首。这个人就是富尔德最亲近的助理约瑟夫·格雷戈里，他进行了房地产方面的风险投资并不停地调整岗位负责人，以至于这些人还没做好准备就已经上任。麦克吉和格雷戈里一直相处得不好，讨论问题时往往各执己见。最近几个月，格雷戈里一直在想办法排挤麦克吉，他故意冷落他并将其派往休斯敦负责新产品的销售。

在公布收益报告前的那个周日，也就是6月8日，所有人都在31层核查数据。身穿高尔夫T恤和卡其裤的麦克吉溜进富尔德的办公室，向他汇报了投资银行业务的收益和计划。在汇报结束并准备离开的时候，麦克吉说：

“等我们处理完这些事情，有必要好好谈谈。”

富尔德问：“谈什么？”

“高级管理人员的更换问题。”麦克吉直言不讳地回答。

“你说什么？”富尔德的注意力从那堆数据上转移了过来。

“好吧，不如我们现在就来谈谈这个话题吧。”麦克吉说完便起身把门关上，格雷戈里的办公室离这里只有几步之遥。

再次坐下的时候，他清楚地向富尔德表达了自己的意思：“你应该让乔离开。”

富尔德惊呆了。“让格雷戈里离职？”他提高了音调问道，“他和我合作了25年，这可不公平，如果真这么做了，那么照镜子的时候我都会觉得羞愧。”

“不管是否公平，你都要对格雷戈里作出处理，”麦克吉回答道，“你的首席运营官根本没有尽职尽责。他很自负，时常玩忽职守，总是作出一些惊人之举，却根本不管背后的风险。”

富尔德提醒麦克吉，他只是执行委员会的一员，如此重大的决定应该与其他所有成员共同作出。富尔德说：“整个执行委员会就是一个风险委员会。”

意识到他并没有理解自己的意思，麦克吉认真地说：“你是一个了不起的领导，但将来大家评价你的时候，会指出你的致命弱点，那就是盲目宠信那些无能而只会趋炎附势的人。”

对于麦克吉最后说的那句话，富尔德基本没听，因为他一直在为格雷戈里考虑。“我不会那么做的。”他最后说道，然后就结束了这次谈话。

麦克吉离开了办公室，这下他终于明白了，格雷戈里的职位要比他稳固得多。

麦克吉离开以后，富尔德坐在办公室里，呆若木鸡。他无法想象没有格雷戈里的公司会变成什么样子。但现在不管做什么都已经于事无补了，他隐约感到自己一手创建的帝国正在土崩瓦解。

在雷曼旗下的纽伯格－伯曼资产管理公司（Neuberger Berman），执行官正在公开策动反叛，想方设法从总部的混乱中脱身。该公司在2003年被雷曼收购，从没制造过什么麻烦，赶上好年景还能为公司创造盈利。但当雷曼的股票大幅下跌的时候，公司的员工开始惶恐不安。他们早已习惯从管理富人资产的业务中获得稳定收入，但现在他们的利益却受到了威胁，因为他们绝大部分的奖金都是通过股票支付的。

一周之前的6月3日，管理着纽伯格公司价值150亿美元基金的朱迪思·韦尔（Judith Vale）给雷曼执行委员会的每位成员（除了富尔德）发送了一封邮件，建议雷曼高级管理人员放弃奖金，从而为将来纽伯格的独立做准备。

> 纽伯格公司员工的士气降低到了冰点，这主要是因为雷曼股票占据了我们报酬的绝大部分，而我们对此已经无能为力了。
>
> 正如大多数人所认为的那样，雷曼的主要问题在于内部结构，而不是外部经济周期这么简单。相比被雷曼收购之前，纽伯格公司（位于纽约第三大街605号）的经营在很大程度上是未曾改变的。这是一种依靠人力资源的业务，其有效的运转依赖于核心工作人员的努力。不能因为其他部门犯了管理上的错误而降低核心员工的红利。

雷曼投资管理部经理乔治·沃克（George H.Walker Ⅳ）是时任总统布什的表兄，他试图缓和韦尔的指责。

沃克给每位收到韦尔信函的人发了封邮件：

> 对不起，同事们。
>
> 她提出的薪水问题……是特例，仅牵扯到纽伯格公司的极少数员工，不值得浪费执行委员会的时间。为此我深感不安，在此向大家表示抱歉。

这封邮件被转发给了富尔德，他回复说：

> 不用担心，他们只是一些仅关心自身利益的人。
>
> 可是，这家公司还有忠诚的人吗？

虽然约瑟夫·格雷戈里的头衔还是首席运营官，但在许多雷曼高管看来，他早已有名无实。几乎没人会像他那样炫耀财富。购买直升机只是序幕，他和妻子尼基花 1 900 万美元购买了布里奇（Bridgehampton）的一栋豪宅，虽然购买时就已经装修好了，但他们仍然请设计师全部重新装修了一遍。他自己开着宾利，还鼓励妻子乘私人飞机前往洛杉矶购物。尽管这种奢侈的生活方式每年的花费估计超过 1 500 万美元，他仍然把大部分身家财产投在了雷曼的股票上。2008 年 1 月，为了获取现金，他通过保证金账户抵押了 75.1 万股雷曼股票，根据当时的市场行情，他大约获得 4 000 万美元的贷款。

但令雷曼内部人员反感的并不是格雷戈里的消费习惯。他的确很有钱，而且喜欢挥霍的显然也不止他一个。让人不满的是他对工作的不负责任，就算在全盛时期，格雷戈里也从未凭能力揽来过一桩大生意。他的工作就是做富尔德坚定的心腹，只要做好了这一点，他便可以肆无忌惮。他喜欢充当公司内部的哲学家，倡导工作场所的多样化，他极度热爱马尔科姆·格拉德威尔（Malcolm Gladwell）的畅销书《决断 2 秒间》（*Blink*）。他把这本书送给了许多人，甚至还请作者为员工做演讲，让他们在决策面临困难时相信直觉。在这个以数据分析为基础的行业，格雷戈里的做法简直是乱来。

格雷戈里还一直倡导使用迈尔斯 - 布里格斯类型指标（Myers-Briggs Type Indicator）进行心理测试，该方法根据荣格的心理学原理把人分为 16 大类。一个典型的提问是，“你喜欢思考外部世界还是自己的内心世界？”格雷戈里根据测试结果来安排人事。他认为一直以来员工的专业素养被过于看重，而事实上头脑比经验更为重要，一个人只要聪明或有天赋，就完全可以胜任所有职位。因此他经常随意调整员工岗位，不把员工的职业发展当回事。

到目前为止，格雷戈里所做的最大的调整就是任命艾琳·卡伦担任首席财务官。他和卡伦在办公室里几乎形影不离，虽然未被证实，但许多人认为他们之间存在暧昧关系。因为卡伦刚和丈夫、雷曼前任副总裁迈克尔·汤普森（Michael Thompson）离婚，就被格雷戈里提拔为首席财务官。

格雷戈里喜欢指导卡伦这类年轻的高级经理，同时也很清楚自己在富尔德权利层次中的角色：一旦要与员工进行困难的谈话，格雷戈里就会认为处理好这些是他的责任。在这一点上，富尔德则截然相反，尽管他表面看起来像硬汉，内心却有脆弱的一面。富尔德感情丰富，面对困难抉择时常常优柔寡断，尤其是涉及人事安排的时候。相反，格雷戈里更加善于社交，作为领导，他经常激励下属，并为公司设立崇高的目标。他对慈善事业非常慷慨，尤其是与乳腺癌相关的项目，因为尼基曾经患过这个病。同时，他曾花一整年的时间为雷曼和历史悠久的亚特兰大斯贝曼学院建立了一个合作项目，这在华尔街是很罕见的。

但是，一旦到了考量员工忠诚度的时候，格雷戈里就会变得冷酷无情，容易作出过激的决定。2006 年夏天，富尔德在爱达荷州太阳谷的度假屋里为雷曼的高级执行官主持退休仪式。全球股本投资业务负责人亚历克斯·柯克（Alex Kirk）曾批评过格雷戈里是个不忠的麻烦制造者，柯克本应该在此次仪式上发言，但由于生病而不能到场，后来病情有所好转，他便通过视频广播参与这次仪式。当看到视频里的柯克精神十足时，格雷戈里气极了，他认为柯克根本没有生病，不出席这个仪式是对富尔德的侮辱。“我要解雇他。”他大声喊道。这时，柯克在雷曼的盟友不得不向公司股权业务负责人巴特·麦克达德求助。在巴特的劝说下，格雷戈里才最终冷静了下来。

马克·沃尔什（Mark Walsh）是雷曼负责不动产操作的交易员，是个不善交际的工作狂。但在富尔德和格雷戈里的下属中，数他成就最大。沃尔什是爱尔兰裔美国人，出生于纽约扬克斯，自 20 世纪 90 年代从信托公司购买商业抵押品开始，他就小有名气，当时这家公司是由联邦政府为解决储蓄危机而建立的。作为一名训练有素的律师，沃尔什似乎对风险产生了免疫力，这一点给富尔德和格雷戈里留下了深刻印象。他们大胆启用沃尔什并赋予他极大的自由，这使得他的交易速度远远快于其他竞争者。仅用了四周，他就帮开发商阿拜·罗森（Aby Rosen）完成了购买西格拉姆大厦的交易，该交易价值 3.75 亿美元。之后，沃尔什就经常向朋友吹嘘自己是如何迅速做成交易的。

每次成功都会激发对更高成就的追求，进而带来更大的生意，比如雷曼和地产公司加州阳光的合作就是这种情况。当时的地产投机者主要在洛杉矶城外购买地产，而加州阳光公司获准在那里进行住宅开发，然后把特许权转让给开发商。雷曼在这种看起来稳操胜算的交易上投入了 20 亿美元。沃尔什在操作资产和负债时几乎不受任何限制。通过该项特权，他将雷曼扯进一个押了全注却没有对冲保护的赌局。这个赌局就是 REIT（房地产投资信托），在没问题的时候可以大赚一笔，可一旦局势不对，就将造成无法挽回的损失。

10 月份，沃尔什达成了一笔震惊整个市场的大交易，雷曼和美国银行以 171 亿美元债务融资加上 46 亿美元过桥股权融资的价格收购了阿奇斯登 - 史密斯信托公司（Archstone-Smith Trust），一家全国性的公寓楼物业及高端房产投资运营商。虽然该公司资产质量很好，但由于对租金上涨前景的过高估计，收购价格定得太高。这项交易很快就开始出现问题，尤其是在信贷市场收紧的时候。但如果给富尔德一个终止交易的机会，他仍会选择拒绝。因为一直以来，一旦作出承诺，公司就会遵守信用。格雷戈里还为此做了一次巡回演讲。他对雷曼的同事们说："这些危机都是暂时的，我们一定能渡过难关。"

本质上来说，格雷戈里和富尔德骨子里仍是固定收益产品出身的交易员，他们根本没有意识到从20世纪80年代起世界变化得如此之快。一开始他们都从事商业票据业务，这可能是公司业务中最常规、风险最小的一部分。而现在的固定收益产品交易已经与他们那个年代大不相同了：银行正在创造越来越复杂的产品，大部分已经脱离了标的资产，带来了更高的风险，这一事实通常会被忽略而且也很少有人有兴趣去了解。尽管雷曼曾雇用过一个口碑不错、之前在高盛集团工作过的经济学博士梅德林·安唐斯科（Madelyn Antoncic）担任风险管理总监，但实际上她并没有参与任何相关工作。在执行委员会讨论与风险有关的事情时，她通常被要求回避，而到2007年年底，执行委员会干脆将她除名了。

为了给别人留下深刻印象，格雷戈里总爱在业务主管面前发表对市场的意见，但这么做的后果却往往是沦为别人的笑柄。以至于后来有些业务主管考虑将他的建议作为反向指标，比如，如果格雷戈里说油价会大幅反弹，他们就会卖空石油。

最近几年，的确有越来越多的高管开始讨厌格雷戈里，并认为他对公司的发展缺乏预见性。很多人都意识到公司可能正在进行一场大赌博，但高层却对此无动于衷。相反，若有谁胆敢批评公司的发展方向，他就会被当作叛徒扫地出门。一个现实的例子就是与格雷戈里相识20余年、曾在雷曼担任两年固定收益部门负责人的迈克尔·格尔本德（Michael Gelband）。2006年年末，在一次有关奖金问题的讨论中，格尔本德提醒富尔德，辉煌的时期即将过去，但公司还没有对这一情况做好准备。

他还对此提出警告：“我们必须作出调整。”富尔德听完没说什么，并且看起来很不高兴。

与此同时，负责固定收益产品交易的业务员越来越多地谈论美国经济即将出现问题。2007 年 2 月，不良债务交易业务负责人拉里·麦卡锡（Larry McCarthy）向他的团队发表讲话，描述了一幅可怕的场景：“市场马上就会出现多米诺骨牌效应，商业银行即将受到冲击，危机感会让其开始实施去杠杆化操作，而这会引起消费者借款困难，推高息差。”

麦卡锡继续说：“现在许多人都相信全球化已经打破了过去的自然商业周期，其实他们都错了，全球化没有改变任何东西。在目前的情况下，雷曼资产负债表所孕育的风险将置我们于非常危险的境地，我们根本难以承受这样的考验。”

紧接着，格雷戈里就邀请格尔本德共进午餐，并表示“只是聊聊天”。事实上，这两人从未有过共同语言，因此格尔本德认为其中必有玄机。他们在第 32 层的经理餐厅见了面，聊了一会儿之后，气氛便发生了变化。

“你知道的，”格雷戈里语气坚定地说，“在这个问题上，我们处理事情的方式有点不同，你必须积极一点。”

“积极？”格尔本德问道。

“面对风险，你总是犹豫不决，这让我们失去了很多生意。”

但在格尔本德看来，雷曼实际上是进行了许多无意义的交易，公司的杠杆率太高，风险很大，而且这些业务并不是雷曼的专长。有时候，公司甚至似乎没有任何明确的经营策略。比如，为何斥资近 1 亿美元收购毫无价值的澳大利亚经纪公司格兰杰证券（Grange Securities）？另外，除了沃森是雷曼的长期客户，同时也是麦克吉的老朋友之外，有什么理由可以充分解释对老鹰能源公司（Eagle Energy，查尔斯·沃森创立的天然气电力公司）的收购？对各种融资收购乐此不疲的同时，公司向私人股份公司发放的贷款也在不断增加。其中有些原来可以通过证券化卖掉，但如今这种渠道已经被堵住了。

但这一切似乎都没能影响格雷戈里，真正令他不安的只是那些雷曼没能插手的交易，比如另两家地产公司针对斯图维桑特镇 - 彼得库伯尔村（Stuyvesant Town & Peter Cooper Village）作价 54 亿美元的收购。这是一个位于曼哈顿东部毫无规划的综合公寓项目，拥有约超过 1.12 万套公寓。雷曼联合由斯蒂芬 · 罗斯（Stephen Ross）创办、曾是时代华纳中心开发商的瑞雷提德公司（Related）加入竞标，但最终他们输给了铁狮门房地产公司（Tishman Speyer）和拉里 · 芬克（Larry Fink）的贝莱德房地产公司（BlackRock Realty Advisors）。更具讽刺意味的是，雷曼曾把铁狮门公司当作最亲密的客户，还曾于 2005 年帮它以 17 亿美元的价格收购大都会保险公司大厦（MetLife Building）。

房地产部门按规定报告了固定收入业务的情况，格雷戈里认为格尔本德应该为斯图维桑特镇的收购失败负主要责任。“我们有必要作出一些调整。”他这样说，暗示格尔本德应该裁减他的员工。

第二天格尔本德去找格雷戈里，当时格雷戈里正在开会。格尔本德闯了进去，说：“乔，你说你想做一些调整？那好，该调整的是我。”

“你在说些什么啊？”格雷戈里问道。

“就是我啊，我成全你，我现在就离开公司。”

雷曼第二季度的收益报告是在 6 月 9 日星期一早晨 6 点 30 分公布的，亏损高达 28 亿，每股 5.12 美元，迪克 · 富尔德的反应是“我非常失望”。讨论收益报告的电话会议安排在上午 10 点，正是 CNBC 播放狩猎节目的时间。

“迪克·富尔德就是雷曼，雷曼就是迪克·富尔德，”桑德斯·莫里斯·哈里斯集团（Sanders Morris Harris Group）的乔治·鲍尔（George Ball）说，

“你们公司的管理层代表的是公司形象……但它现在已经被毁得体无完肤了。”

富尔德正在他的办公室里和格雷戈里一起收看有关雷曼的采访节目，这时绿光资本的戴维·爱因霍恩出现在屏幕中。

“今天早上您是否说过‘这些我都告诉过你’？”CNBC的记者问爱因霍恩。

“不错，我提到的许多事情最后似乎都被今天的新闻所证实了。”他回答说。在这种场合下，爱因霍恩显然是在尽可能地让自己听起来很谦逊。

爱因霍恩透露了他对加州阳光和阿奇斯登这两家公司资产账面价值减值程度的担心，并讨论了雷曼推迟公布报告的原因。然后他严肃地告诫大家：“现在到了消除偏见和避免人身攻击的时候了，注意力应该转向认真分析公司下一步的态势。”

下午，一位非常顽固的CNBC记者查理·嘉斯普林诺（Charlie Gasparino）开始逼问雷曼发言人凯莉·科恩，想从她口中确认自己得到的有关格雷戈里和卡伦即将被解雇的内幕消息。在私下的交谈中，科恩对此不屑一顾，认为这是毫无意义的谣言。

但是嘉斯普林诺仍不肯罢休，他继续向她施压，想让她向上司福莱德汉姆求证此事：“我已经得到乔和艾琳即将离开公司的消息，除非你们公开澄清，否则我就准备这么报道。”

当嘉斯普林诺使出新闻界套取信息的惯用伎俩，扬言要报道将扰动市场的敏感信息时，大部分执行官都会妥协，尽管心里可能恨得咬牙切齿。尽管福莱德汉姆认为短时间内不会发生任何人事变动，但在正式对外否认该消息之前，他还是走进富尔德的办公室想最终确认一下。

“这将牵涉到我的个人名誉，”福莱德汉姆对富尔德说，向他暗示自己一不小心就会名誉扫地，“我必须弄清楚你是否打算辞退乔和艾琳。”

“不，”富尔德回答说，“我根本没考虑过这件事。”

“好，那我再去问问乔，”福莱德汉姆说，“因为我还需要确认他也没考虑过这事。除非能确定这不会发生，否则我不会以自己的名誉对外作出回应。”

当福莱德汉姆询问格雷戈里的时候，他急忙回答：“绝对不可能，你可以告诉嘉斯普林诺，你已经和我谈过了，答案是不可能。”

瞒住嘉斯普林诺很简单，但要控制公司内部的紧张情绪则非常困难，那些银行家和经纪人情绪都很激动，在不安与紧张中还夹杂着一丝愤怒。

那天傍晚，麦克吉把拜诺·德安格林（Benoît D’Angelin）发给他的邮件转发给了富尔德。拜诺·德安格林曾是麦克吉的老搭档，一起管理过雷曼在伦敦的投行业务，他离开公司后便设立了一家对冲基金。很明显，麦克吉正试图向富尔德传达某种暗示。

> 前几天，很多很多的银行家给我打来电话，我的情绪变得非常糟糕……这是我第一次真正感到担忧，我们六七年来付出的全部心血可能就要付诸东流了。依我之见，必须立刻做两件事：
>
> 1. 一些高级管理人员必须谦逊一点，不要盲目自大，要发自内心地承认已经犯下的错误。不能再说：“我们很棒，只是市场不认可我们”。
>
> 2. 高层人事必须立即作出一些调整。让人永远无法理解的是，居然至今还没人对目前糟糕的局面负责，大家甚至都若无其事。

富尔德脸色阴沉地读完了这封邮件，并回信给麦克吉，保证他将安排与这些高级投资银行家共进午餐，给他们一个畅所欲言的机会。

富尔德还没有意识到，一场“宫廷政变”即将发生。一周之前，在东街 62 号、位于麦迪逊正右方的林克斯俱乐部（Links Club），15 名经纪人进行了会餐。这次会餐的目的在于商议如何让富尔德迫于压力解雇格雷戈里。他们一致决定，如果富尔德不同意这么做，他们将以集体请辞相要挟。

与杰拉尔德·多尼尼一样，金融服务部门负责人杰夫·韦斯（Jeff Weiss）也没有出席会餐，但他们都通过电话参与了主要讨论。韦斯建议应该避免正面冲突。“迪克还没做好充分准备，”他说，“你们不能逼他，要慢慢来。现在一切正朝着正确的方向发展，也许几天之后他就能顺利地解决这个问题了。”

在第二天召开的执行委员会会议上，富尔德看起来非常疲惫，就像一个打了很长回合的拳击手。虽然还没从比赛中出局，但他必须开始尝试其他方法。为了使公司上下团结一致，他必须作出更多调整。

他承认：“公司中存在一些不安因素，我们没有团结起来，并且犯了一些错误。”然后，他建议大家坐下来共同商讨，并表示愿意针对“怎么做才能重拾信心”的问题听取每个人的意见。

所有高层都参加了这次会议，比如约瑟夫·格雷戈里、汤姆·拉索、休·麦克吉、巴特·麦克达德和史蒂文·贝肯菲尔德以及其他一些通过电话参与的高管。唯一没参加的是艾琳·卡伦，因为她一直在给投资者打电话。

富尔德要求麦克吉先发言。“我们的士气从没这么低落过，”麦克吉向委员会表示，“我们必须公开承认错误，如果继续装作没有做错任何事情，我们的处境只会更加糟糕。”

麦克吉停顿了一下，接着又平静地加了一句：“我们的高级管理层需要进行调整。”

“你是什么意思？”富尔德打断了麦克吉的发言。

“我们必须作出一个交代，这是外界的呼声，也是我们团队的需要。”

麦克吉没有对格雷戈里指名道姓，但在场的每个人都明白他说的是谁。事实上，在上个月的执行委员会上，格雷戈里还真提出过辞职请求。“如果需要有人为此作出牺牲，我愿意身先士卒。”他坚决地说道。不过，当时所有人都把这番话看作是装腔作势，因为认为这几乎不可能发生，所以格雷戈里才敢轻易提出辞呈。

富尔德一直坐着倾听。每个主管都轮流发表意见，提出了各种各样的建议，但没有人赞成麦克吉调整管理层的提议。

拉索一直看着麦克吉，他想说明团队的重要性，后来格雷戈里的发言表达了他的观点。“我们应该杜绝类似周一早晨那样的胡乱指挥，”他坚决地说，“关于这件事情，我们应该团结一致。这些年来，我们一起做过许多决定，虽然大家可能性格各异，但只要我们一起努力，一定能渡过这次难关。”

其他人发言时，麦克吉把黑莓手机藏在桌子底下，悄悄地给同事杰弗里·韦斯发了几个字：“我完蛋了。”

回到办公室，麦克吉给在休斯敦的妻子苏茜打电话，直截了当地告诉她：“我可能本周末就要离开这里了。”

那天下午，雷曼办公楼的第31层变成了一个闲谈的场所，人们分成许多不同的圈子，试着猜测下一步将要发生的事情。虽然错过了高层会议，但艾琳·卡伦一定也听说了那里发生的事情。她深信正处在被解雇边缘的是自己，而不是格雷戈里，如果最终需要被迫辞去首席财务官一职，她希望公司还能给她提供其他岗位。所以她给富尔德发了一封邮件，里面只有两句毫无目的的话：“请您相信，我非常热爱目前的管理工作。对于公司的业绩表现和受损的公众形象，考虑到我无法摆脱干系，让别人接替我的职位或许有利于改善目前的状况。”

富尔德没有对此作出答复。

6月11日，星期三，在雷曼办公大楼第32层带有原木装饰的私人餐厅里，富尔德正在和投资银行家们共进午餐，与此同时雷曼的股价又跌了21%。富尔德知道，这次午餐准是麦克吉的杰作，真正的考验已经到来了。

他猜对了，局面成了一对五：麦克吉、罗斯·史蒂文森（Ros Stephenson）、马克·沙菲尔、杰弗里·韦斯和保罗·柏加（Paul Parker）。他们希望借这个机会向老板解释为什么需要对管理层进行调整：房地产方面的投资正在拖垮公司，优秀的员工正逐渐离开，而像艾琳·卡伦这样的新人却被提升到超越自身能力的位置。约瑟夫·格雷戈里的心情很糟但却仍然没有真正意识到目前公司面临的风险，如果要追根溯源，一切皆因他而起。

“答案很明显，某些人必须付出代价。”马克·沙菲尔说道。

“乔和我共事30年了，”富尔德反驳道，“他很擅长本职工作，在事业上也取得过辉煌成就，并且一直为公司呕心沥血。就因为这个季度业绩糟糕，你们就要求我牺牲他？”

“这不仅仅是本季度业绩糟糕的问题，”麦克吉回答说，“这是一种压抑已久的宣泄。”

富尔德沉默了一会儿，低头盯着食物，却一口也吃不下：“你是想告诉我，想让我……”

“不是，不是！”在场的银行家异口同声地说。他们当然不是想让富尔德离开，他的离开必将会使公司彻底崩溃。但目前的局势刻不容缓，富尔德必须跳出自己的世界来考虑问题，只有彻底摆脱束缚才能作出最有利于公司的决定。

这个批评富尔德倒愿意接受。“我懂了，这就是我得到的反馈意见，”他说，“我知道该怎么做了，我会作出正确决定的。”不过，他还是没有明确表示将解雇格雷戈里。

“散会前你们还有什么要说的吗？”他问在场的银行家。

“格雷戈里那家伙对很多事情都不明白。”韦斯直言不讳地说。

“我知道了。”富尔德答道。

这些银行家起身离开会场走向电梯时，没人知道富尔德准备怎么办。看起来他不大可能解雇格雷戈里，没有迹象表明他已下定决心作出重大调整。不过，麦克吉和银行家们都因富尔德愿意给他们畅所欲言的机会而感到欣慰。

当楼上的午餐还在进行时，格雷戈里下楼回到了办公室。他获悉了有关消息，并感觉到人们对他的敌意正在不断加深。富尔德曾在公司里多次发表关于士气的评论，暗示他做好受罚的思想准备。对那些无理的评论和办公室的谣言他都很清楚。的确，如果说格雷戈里只关注一件事情，即他所提倡的“文化”，那么他正眼睁睁地看着它崩坍瓦解。

他明白其实从几个月前开始自己的势力就已经在慢慢地削弱了。富尔德逐渐开始重用公司产权部门负责人、最受欢迎的职员巴特·麦克达德，他诚实、聪明、遵守纪律，有数不清的优点。事实上，在贝尔斯登公司倒闭后不久，麦克达德就成了富尔德名副其实的“核心成员”。

麦克达德曾在固定收益部门待过很长时间，并把该部门经营得很好。2005年他被调往效益较差的产权部门，公司里好多人都认为这是格雷戈里对付潜在竞争者的典型处理方式。但不可否认，像麦克达德那样的天才在任何危急场合都能游刃有余。

虽然麦克达德很低调，没在执行委员会上发表任何看法，但他私下里曾当面指责格雷戈里在雷曼扮演的角色，用不太客气的语气对他说："请为公司做正确的事情。"尽管他所说的缺乏说服力，并没有像麦克吉那样让富尔德清楚地了解到格雷戈里已经失去了威信，但一直以来，几乎所有员工都很清楚他的意思。

富尔德刚回到办公室几分钟，格雷戈里就进来了。

"我认为我应该辞职。"他略带犹豫地说。

"你这是怎么了？"富尔德说道，并挥手示意他回去，"回你办公室去，我有 51% 的选票，你是不会被辞退的。"

5 分钟后，富尔德过来找格雷戈里，他正和拉索交谈，讨论着刚才提到的事情。

格雷戈里表示，他认为市场希望公司能采取一些措施，他坚称"他们呼唤新的领导者"。他转过来对富尔德说："所以公司必须作出调整，而这个人不能是你，我会主动请辞的。"

"这不是你的责任，"富尔德告诉他，"这是一种通病，每个公司都会有，并不是你的错。"

一直一言不发的拉索此时忍不住插话道："迪克，我认为乔是对的，对公司而言，这是最好的选择。"

于是，富尔德终于违心地作出大家期待已久的决定，解雇格雷戈里。他强忍着眼泪，低声重复道："我不想这样，我不想这样，我不想这样的。"

格雷戈里来到艾琳·卡伦的办公室，很委婉地把这个消息告诉了她："出于对公司的忠诚，我准备离开公司，作为上司，我想向你提出最后一个要求，我们一起辞职。"

虽然已经向富尔德发邮件请辞，但卡伦仍然感到很难受，她无法相信事情真的已经发展到了这个地步。

几分钟后她就去找富尔德：“我失去了投资者的信任，我认为我该辞职了。”她说这话的时候声音在颤抖。

富尔德再次感到不知所措，眼里噙满泪水。但他已经身不由己了，只能继续忍痛接受。他把自己关在办公室里，试着冷静下来，好准备任命新人。随后，他打电话给杰弗里·韦斯。

“我正在听从你们的建议。”他告诉韦斯。

“哦，好的。”韦斯答道，但并不很清楚富尔德的用意。

“我正在听从你们的建议。”富尔德又重复了一遍，似乎在暗示他很重视韦斯在午餐时提的建议。

“你是想知道我对巴特·麦克达德的看法吗？”韦斯问，他基本同意用麦克达德取代格雷戈里。

“不，”富尔德说，“没必要。”

麦克吉接到电话的那个晚上，他正和一个大学同学在第十五街的牛排餐厅马洛尼·波尔切利（Maloney & Porcelli）吃饭。电话是富尔德打来的，麦克吉走到餐馆外的绿色遮阳篷底下接电话。

“我只是想让你知道你已经在我的考虑范围之内了，”富尔德说，“我已经作出决定了。”

“你说什么？”麦克吉问。富尔德没有回答。

“或许我是一个得克萨斯大傻子，”麦克吉接着说，“你能说得再明确点吗？”

富尔德说：“我已经作出决定了。”然后他通知麦克吉准时出席次日早晨8点的特别执行委员会会议。

麦克吉这才恍然大悟。

周四早晨6点，凯莉·科恩收到来自查理·嘉斯普林诺的电子语音邮件。

“嘿，凯莉，你最好现在就给我回个电话，因为有些问题……你们这些家伙曾明确否认我所听到的传闻，但据我所知，这些事情的确发生了。所以你最好现在就回电话！对，就是现在！还是别让我报道此事，否则你和雷曼都将面临严重的信用危机，所以马上给我回电话。”20分钟后，他还在说：“最好在这条语音播放结束前就给我来电话，我不是在开玩笑！”

早晨5点30分，科恩就被叫来和斯科特·福莱德汉姆一同起草新闻稿，宣布格雷戈里的辞职和卡伦的请退决定，卡伦已经和富尔德谈好，将以另一职位继续待在公司。虽然新闻稿说得不是很详细，不过可以看出，格雷戈里也将继续留在公司。作为一位特别的高级顾问，富尔德允许将他的名字保留在工资名单上，并且继续享有获得退休金和延期补偿的资格。虽然格雷戈里的职业生涯结束了，但似乎他的老朋友并没有彻底把他逼入绝境。在新闻声明中，富尔德提到格雷戈里：“乔和我搭档30年了。对于我们今天所处的位置以及公司已经取得的成就，他功不可没。作出这个决定对在座的每一位来说都是无比艰难的。”

福莱德汉姆也帮富尔德发了一份面向员工的通知：“我们的信用在逐渐瓦解，当前的市场环境迫使我们采取相应措施，以重拾大家的信心。”

由于这次重大的人事调整，那天早晨的报纸没有刊登任何其他关于雷曼的新消息。

当富尔德回到办公室时，福莱德汉姆递给他一份新闻稿让他过目，随后他们就召开了执行委员会议，富尔德看起来心急如焚。

“这是我所做过的最艰难的事情，”他说，因为他一直把格雷戈里当作自己的朋友和商业伙伴，“乔是为了集体利益而牺牲自己的。”

“我经常说如果有一个人需要作出牺牲，那个人应该是我，”格雷戈里说，“不要再浪费这次机会了。”

富尔德的眼泪看起来要再次夺眶而出了，格雷戈里握住他的手，平静地说：“没关系的。”

“你还想说点什么吗？”富尔德问卡伦。

“不，不。”她回答道，只顾擦掉脸上的泪水。

宣布任命巴特·麦克达德接替格雷戈里之后，富尔德大声说：“他是我们当中最优秀的管理者。”

但雷曼显然没有时间来庆祝麦克达德的任命。会议结束时，富尔德给了格雷戈里最后一个诚挚的拥抱，然后目送他慢慢地走出了会议室。

6月11日下午，年届45岁、外表年轻却又不失稳重的美林总裁格雷戈里·弗莱明（Greg Fleming）正在公司总部与客户进行会谈。这时，他的秘书走了进来并悄悄递给他一张标着“紧急”的纸条，投资业巨头贝莱德集团的首席执行官拉里·芬克正等着他接电话。

虽然弗莱明不清楚到底什么事情那么重要，值得他中断与客户的商谈，但鉴于当前市场的动荡形势，他还是决定马上接听芬克的电话。那天上午，有关黑石将收购雷曼的流言已经被传得沸沸扬扬，事情的起因是当天早些时候，芬克在CNBC上宣称：“雷曼和贝尔斯登的情况不同，它目前的资产结构足以避免流动性危机。”但其实他的表态只不过是为了鼓励投机者的信心。

弗莱明和芬克一直关系密切。“9·11”恐怖袭击后，当美林员工从市区总部撤离时，55岁的芬克把办公室借给了弗莱明和他的银行团队。现在，他们的公司又进一步加强了合作关系。2006年，美林计划将价值 5 390 亿美元的资产管理部门出售给黑石，以掌握其约 50% 的股权，弗莱明协助经纪商完成了这笔交易。黑石一直以投资银行的身份闻名，这笔交易让它控制的资产规模跃升至 1 万亿美元，同时也让曾在 20 世纪 80 年代创立了债务抵押证券市场的芬克在华尔街的影响力得到了进一步提升。

"这究竟是怎么回事？"弗莱明一拿起电话，芬克就冲着电话咆哮，他气得快接不上气了，"你说，这到底怎么了！他怎么能这么做？他怎么能这样对我？"

"拉里，拉里，你先别激动，"弗莱明试着让他冷静下来，"你先告诉我，你指的是哪件事情？"

"塞恩！"芬克大声吼道，他指的是美林公司的首席执行官约翰·塞恩，"你没看 CNBC 的报道吗？他正在把黑石逼上绝境！他到底在想什么！"

"拉里，我并没听说这件事啊，"弗莱明困惑地说，"这是什么时候的事？"

"今天！就在刚刚结束的一次演讲里，他向全世界宣布准备出售黑石的股份。这个该死的白痴，怎么能这么做呢！"芬克仍然情绪激愤地大声嚷道。

"我不知道约翰做了这个演讲，但是……"

"弗莱明，你知道的，约翰也应该很清楚，我们可是一根绳上的蚂蚱！他想这么做必须先经过我的许可，但他根本没有提前跟我打招呼——只字未提！他妈的，他有什么权利出售黑石的股份！"

"拉里，我知道我们之间有协议。你先缓一口气，我慢慢跟你解释。"弗莱明极力安抚着芬克的情绪。

"你想想，"芬克打断弗莱明接着说，"哪个卖家会向全世界嚷嚷自己将要卖东西？你想想这种行为是多么愚蠢！"

“据我所知，美林内部没有一个人想要改变我们两家公司的关系，”弗莱明说，“黑石一直是我们重要的战略资产，让我去找约翰，看看发生了什么事，然后我们三个再坐下来好好谈谈。”他承诺道，然后结束了这次交谈。

弗莱明只在前一天《华尔街日报》主持的一次讨论会上注意到塞恩的演讲，当时，他并没有明确提及黑石。相反，塞恩在发言中对行业状态的客观评估给弗莱明留下了深刻印象。“大家都在做实资产负债表，金融系统中充斥着太多的杠杆和信贷，而这种现象持续了太长时间，”塞恩的口吻就像是行业里的权威人士，“我们都可以从报纸的新闻上了解到这些情况。”

弗莱明给塞恩的办公室打电话，却被告知他不在办公室。其实，弗莱明很清楚黑石的资产负债表将会继续恶化——因为它持有了太多公司无法摆脱的次级贷款，另外似乎还需要筹集更多的资金。但是弗莱明并不希望塞恩真的想卖黑石，因为许多人都把它看作美林最稳固的资产，宣布出售计划只会给美林带来更多的压力。

和雷曼一样，美林不得不与它自身的信任危机作斗争。在过去几个月中，塞恩反复告诉投资者，公司对资产的估值非常谨慎，并且不需要筹集额外的资金，但投资者的怀疑态度还是让美林当年的股价下跌了32%。

塞恩曾在保尔森麾下任高盛的二把手，7个月前，当美林爆出有史以来最大的亏损时，他被聘请担任了首席执行官，接替前任斯坦·奥尼尔[①]，以帮助美林恢复经营和管理秩序。当时，拉里·芬克认为自己才是这项工作的最佳人选，结果在浏览纽约邮报的网站时，他惊讶地发现自己竟然输给了塞恩。因此，他当周复出的计划被拖延了几天，这也许

---

① 斯坦是斯坦利的昵称。——译者注

可以部分地解释塞恩给他带来的挫败感。

塞恩是一位以极度固执著称的执行官，经常被称作“机械公敌”，他被美林董事会相中是因为他刚刚获得了“起死回生的艺术家”的美誉。当初，为了对纽约证券交易所进行全面整顿，塞恩毅然离开了自己得到快速晋升的高盛。在此之前，纽约证券交易所首席执行官理查德·格拉索的一揽子巨额薪酬引起了公众的愤怒。具有讽刺意味的是，当初正是芬克领导的交易所聘选委员会选择了格拉索。履任纽约证券交易所后，塞恩推进了一场根本性的改革（或许不足为奇，他把格拉索的薪酬削减了 1 600 万美元），使世界上规模最大的证券交易所摆脱了原来保守、不合时宜的经营思路。他大力削减开支：关闭了木板午餐俱乐部，解雇了交易所的专职理发师，并使交易所蜕变成一家以盈利为导向的上市公司。通过不懈努力，塞恩最终把势力强大、顽固不化的场内交易员和特种经纪人带入了电子交易时代，期间他们的反抗最终只是白费力气。

塞恩在伊利诺伊州密歇根湖西边的小镇安蒂奥克（Antioch）长大，一直被看作是擅长解决问题的天才。当他在麻省理工学院念大三时，曾去宝洁公司实习，在此期间，对于他监督的生产流水线，他提出了一个简单却又非常重要的改进建议。当时工人们正在生产象牙牌香皂，不管什么时候，一旦生产线因为出现技术故障而停滞，他们就会一直等到其完全恢复才继续工作。这位还在念大学的男孩劝工人们不用停下来。他们可以继续做香皂并先把盒子放在一边，等生产线恢复后再进行包装作业，这样他们以产量计算的奖金就不会受到影响了。最终，工人们被塞恩说服了，尤其是在他亲自帮忙堆放盒子之后。

尽管塞恩的确有自身的弱点，但把他的公众形象完全刻画成一位冷酷无情的技术专家似乎也不大公平。由于他的工科背景，塞恩给人以纯理性思考者的印象，以至于有时看起来简直像是个白痴。“当你和他交谈时，他会极其详尽地解释一件事情，以至于后来我根本不知道他在说什么。”塞恩以前的高中同学史蒂文·巴斯克斯（Steve Vazquez）描述道。1999年，在高盛的一次会议上，塞恩冲着满屋子的银行家和律师说："时不时地奉承我不会让你们感觉不快吗？”他认为自己只是在开玩笑，但其他人可不这么认为。

弗莱明最终发现，塞恩惹怒芬克一事其实是他不善言语表达的又一例明证。塞恩曾与德意志银行的投资者进行过一次由分析师迈克尔·梅奥主持的电话会议。其间，迈克尔问塞恩："我记得你以前说过对黑石和彭博的投资感到很满意，现在你还这么认为吗？在什么情况下你才会认为这些投资没有任何意义？”

塞恩非常理性地把这个提问当作一种假设。他表示美林当然有必要关注它的全部资产，并弄清楚哪些可以转化成现金，在目前的形势下，任何一家投资银行都需要这么做。“去年年末，当我们四处筹集资金时，我们找到几种不同的选择，比如出售普通股、出售可转换债券，”塞恩回答说，“但同时也包括动用资产负债表上的有价资产，比如彭博和黑石。”

“如果我们打算筹集更多资金，我们会继续评估可选方案，并以资本效率为标准来作出最优选择。”

塞恩的回答对他自己来说可能很有道理，但因为听到他重复说“我们有充裕的资金来维持公司的运营”，投资者把这看作是一种不够微妙的暗示，于是就形成了公司运营已经出现问题的结论。电话会议结束后三天内，美林就被描述为“继雷曼之后最为脆弱的经纪公司”。

曾有那么一天，约翰·塞恩终于得到了他整个职业生涯都梦寐以求的工作：高盛集团的首席执行官。不幸的是，那天是2001年9月11日。当恐怖袭击发生时，公司真正的首席执行官——汉克·保尔森正在前往香港的飞机上，公司的联合总裁塞恩就成了百老汇大街 85 号高盛总部的最高执行官，必须立即承担起控制局面的责任。（另一位联合总裁约翰 · 桑顿正在华盛顿的布鲁金斯研究所开会。）

塞恩一直确信他命中注定将有一天会执掌高盛。1998 年圣诞假期期间，他参与了甚至也可以说策划了迫使乔恩·科尔津退位、由汉克·保尔森取而代之掌控高盛的“宫廷政变”。在罗伯特 · 赫斯特第五大街的公寓里，塞恩和桑顿一致同意支持保尔森。但同时他们认为作为一项交换条件，他们也从保尔森那获得了一项非正式的承诺：保尔森表示他只计划担任两年首席执行官，以作为返回芝加哥前的过渡，这样的话，这个位置就将留给塞恩和桑顿。他们作出这份约定的时候，科尔津正在科罗拉多州的特鲁莱德（Telluride）滑雪。

塞恩一直是科尔津的助手和朋友，所以这是个令人痛心的决定。但塞恩由衷地认为保尔森是个比科尔津优秀的领导者，并可以帮助自己拓展事业。作为执行委员会中与科尔津关系最为亲密的人，塞恩是把这个消息告诉给科尔津的不二人选，他不得不亲眼目睹他的老板强忍泪水的一幕。1999 年 1 月 11 日上午，许多高盛的合作者刚刚结束假期回来，就收到了一封来自保尔森和科尔津的邮件，邮件内容简明扼要：“乔恩已经决定辞去首席执行官的职务。”

但是两年过后，保尔森根本没有退位的意思，因为他意识到还有太多的工作需要他去完成，并且他不确定他的继任者能否胜任这些工作。和其他高盛高级合伙人一样，塞恩已经腰缠万贯了。高盛首次公开募股让他瞬间便挣了数亿美元。但是每一次当他意识到老板在短时间内不会退位时，他执掌高盛的梦想就愈发变得清晰。因此，虽然塞恩和保尔森相处融洽，但其实彼此之间存在着潜在的紧张关系。塞恩为保尔森没有遵守自己所认为的协议而感到恼怒，与此同时，保尔森也在质疑这位自己一直很尊重的天才金融家是否具备一位首席执行官所需要的正确判断力。此外，他还为塞恩与高盛风格不同的露富方式感到不安。虽然塞恩在许多方面都很低调。比如，他从来不在媒体的社会版中出现。但是，他公然在拉伊市购买了占地10英亩的物业，并拥有5辆宝马。塞恩的休假习惯也让保尔森感到不满：虽然平时工作勤奋，但塞恩的假期包括在圣诞节期间去维尔度假两周、复活节度假一周，另加暑假的两周。对于保尔森这种没有休息日的人来说，塞恩的行为是非常令人难以接受的。2003年，塞恩和桑顿都已经很清楚，保尔森不会离开高盛。于是，对自己一直没能得到晋升而越来越感到不满的桑顿决定离开高盛，他离开后不久，请塞恩出去吃了顿饭。

“别再迷信汉克以前说的话了，”桑顿说，“我要是你，我就会离开这里。”

仅仅几个月以后，保尔森就提拔了一名叫作劳尔德·贝兰克梵的前商品期货交易员和塞恩一起担任联合总裁。贝兰克梵一直在公司里积累自己的权力基础，不仅是出于派系争斗的考虑，更是基于净利润的考虑，因为他所负责的业务创造了高盛80%的利润。对于塞恩来说，贝兰克梵的晋升是一个需要开始另寻出路的明确信号。

当塞恩大步迈进办公室告知他将离开高盛，转而担任纽约证券交易所的首席执行官时，保尔森沉默不语。随后，塞恩在交易所首席执行官的位置上取得了当之无愧的巨大成功。

4年以后的2007年，随着信贷危机在秋天进一步加剧，几家大银行都开始蒙受巨大的亏损并纷纷解聘它们的首席执行官，塞恩自然成为各家公司升级首席执行官的热门候选人之一。（确实如此，美林证券和花旗集团都考虑聘请他担任首席执行官，同时被考虑的还有盖特纳。）他反复权衡，同时也和妻子卡门一起商量，如果美林提出邀请，自己是否应该接受这份工作。他已经对美林的财务报表进行了审慎的调查并对其状况表示满意，尽管资产负债表上有大约900亿美元的资金投资于不稳定的贷款和衍生品，但整体风险还是可控的。更重要的是，他把这看作是掌控一家主要经纪公司的绝好机会——而他在高盛永远也得不到这个职位。除了人际交往和名誉方面的考虑，塞恩把美林看成是在自己的领域里打败高盛的平台。他估计至少将要为此付出 5 年时间，他向美林的董事会表示，需要两年时间来修复资产负债表，以及用另外三年时间把公司整体提升一个层次。他最终接受了这个职位，每年将获得 75 万美元年薪和 1 500 万美元协议奖金。如果他能使美林的股价超过 100 美元，董事会还将另外向他提供价值 7 200 万美元的股票期权。当新闻报道塞恩将执掌美林时，其股票价格应声上涨了 1.6%，至 57.86 美元，但这与获得期权奖励还有相当的距离。

塞恩一上任便迅速采取行动，以便巩固美林的资本基础，希望能防患于未然。他以德崇证券（Drexel Burnham Lambert）的倒闭作为参考依据。迈克尔 · 米尔肯（Michael Milken）所拥有的这家公司于 1990 年申请了破产保护。“德崇证券倒闭的真正原因是流动性问题。”在一次美林周三早晨的风险委员会会议上，塞恩作出上述表示，并接着解释了这家公司手上没有足够现金的原因，最后他再次强调：“流动性是最重要的问题。”在 12 月和 1 月，美林从主权财富基金新加坡淡马锡控股公司、科威特投资局以及其他投资者手中共募集了 128 亿美元的资金。

与此同时，塞恩正在逐步瓦解奥尼尔创建的帝国。当他第一次来到美林总部时，发现保安人员为他准备了一部专用电梯。塞恩特意走向其他电梯，他一进入，里面的员工就纷纷走了出去。“怎么回事？为什么你们都下了电梯？”他问道。“我们不能和您乘坐同一部电梯。”员工们回答。“这太荒唐了，你们都给我回来。”他一边说，一边命令保安人员开放那部专门为他准备的电梯。他还通过出售公司的 G-4 飞机和一架直升机来削减开支。所有的削减目标都不可小觑：绢花取代了鲜切花，而那些鲜切花每年要花费公司约 20 万美元。

与此同时，与削减开支相反，他并没有缩减员工工资。塞恩开始花重金聘请人才。4月下旬，经过美林董事会的同意，塞恩从高盛挖来了他以前的老朋友托马斯·蒙塔格（Thomas K. Montag），让其担任美林的交易和销售主管。为了对他形成足够的吸引力，即使蒙塔格8月份才会开始工作，美林还是同意向其支付3 940万美元的签约奖金。5月份，塞恩又聘请了高盛的另一名员工彼得·克劳斯（Peter Kraus），并向其许诺了金额高达2 500万美元的金色降落伞条款。

塞恩和妻子都认为办公室急需重新装修，因为奥尼尔留下来的白色福米加家具与美林的其他装饰风格极不匹配。同样不妥的是，隔壁的会议室居然早已变成了奥尼尔的私人健身房，里面还有健身脚踏车和哑铃。塞恩聘请了著名的室内装修设计师迈克尔·史密斯（Michael S. Smith）（他的客户包括史蒂文·斯皮尔伯格 [Steven Spielberg] 和达斯汀·霍夫曼 [Dustin Hoffman]）来装修他的办公室、隔壁会议室以及会客区，其中包括重新粉刷、木工和电工操作。塞恩并不在意装修的细节，而只是关注一件事，那就是史密斯已经兴冲冲地把他最喜欢的办公桌从原来在纽约证券交易所的办公室带了回来。但所有这些都是有代价的，装修结束时，史密斯向公司要了80万美元并递交了一份详细的商品清单，包括一条8.7万美元的地毯、一套6.8万美元的书橱和一个35 115美元的马桶。结算部的业务人员在开出这些支票时，被如此的挥霍无度震惊了，于是就保留了这些收据的副本，以便日后有机会用来指证塞恩。

塞恩使尽浑身解数来鼓舞士气，但似乎正在走向另一个极端。在美林的交易大厅，对蒙塔格奖金的暗喻数字“39.4”成了一种强调语句的流行方式，员工们不再需要使用其他语气助词。在美林的高级管理层对塞恩预先筹集资金的努力大加赞赏的同时，普通员工却对此感到忿忿不平，他们认为作为一位管理者，塞恩并不够合格，他时而过于事无巨细，时而截然相反，反差太大了。有一次，他未经公司高级管理层同意便聘用了一位新的综合事务负责人李梅（May Lee）。第一天上班，李梅在执行委员会会议上和其他高层一起就座，公司的经纪业务主管罗伯特·麦凯恩（Robert McCann）刚走进会议室就发现了她，然后一脸疑惑地看着塞恩，希望得到他的解释。“噢，我本来应该提前告诉你的，”塞恩语气平淡地说，“这位是我新的综合事务负责人。”

在媒体面前，塞恩总是把自己塑造成美林最伟大的救世主，这种浮夸做作的形象也激怒了许多执行委员会的成员。他还聘请老布什执政时期的国务院发言人玛格丽特·图特维勒（Margaret Tutwiler）来负责公司的公关事务。公司内部的一些人认为，塞恩很可能寄希望于目前暂时领先的共和党竞选人约翰·麦凯恩能够胜出，以便自己谋取财政部长的宝座。

6 月 11 日，拉里·芬克打电话给弗莱明，表达他对塞恩有关出售黑石股份表态的愤怒。这个电话清楚地表明，美林于 12 月份从主权财富基金新加坡淡马锡和科威特投资局所筹集的资金仍然不足。而且事后证明，美林为这些交易所付出的成本比当时所评估的高得多。根据投资协议，如果美林以较低的价格发行新股，这些投资者将获得额外的补贴，以补偿他们因所持美林股份被稀释所造成的任何损失。而与此同时，美林的股价正在急剧下跌。当前的情况是，如果要增加 10 亿美元的新资本，美林实际上很可能不得不筹集将近三倍于此的资金，以补偿 2007 年的投资者的损失。尽管塞恩不知道最终的确切数字，但他已经可以预见第二季度的表现将比第一季度更糟糕。

到目前为止，美林的问题对于华尔街的其他人来说已经变得越来越明显，给人的感觉是塞恩并没有牢牢地把握住公司的局势。在一次电话会议上，银行分析师梅奥说了一段后来让塞恩和芬克陷入纠纷的话：

"你现在给人的感觉就好像是'边走边看'，一边发生损失，一边筹集更多的资金。即使你可能并不认同，但这是目前整个行业给人的感觉。如果大家的运作方式都一样，你凭什么说只有你的公司能遥遥领先呢？"

"我并不认同你对问题的描述方式，"塞恩回答说，"去年年末，我们筹集了 128 亿美元的新资金，而我们的亏损是 86 亿美元。另外，我们还从别处筹集了 50% 的资金，因此我们筹集的资金远大于亏损的数额。今年第一季末的情况也一样，我们亏损 20 亿美元的同时，筹集了 27 亿美元，所以我们一直都在增加资金。"

但这是远远不够的。

就在美林董事会任命他担任首席执行官几个星期后，塞恩迎来了一项非常微妙的任务：给他的前任——斯坦·奥尼尔打电话（他刚刚结束了一项价值 1.615 亿美元的出口包装谈判），询问是否可以单独约见他。为了避开媒体的耳目，他们决定在奥尼尔私人律师位于市中心的办公室共进早餐。

寒暄几句之后，奥尼尔目不转睛地盯着塞恩并问道："言归正传，你要和我谈什么？"

塞恩很清楚，如果在这个世界上有一个人可以解释美林的问题所在，即说明为什么在次级债务和其他风险资产上投资了 272 亿美元，换句话说，这也是华尔街的问题所在，那么这个人就是奥尼尔。

"好的，正如你所知道的，我刚刚上任，而在这之前你做了 5 年的首席执行官，"塞恩小心翼翼地说，"我非常希望聆听你对这里所发生事情的任何见解，比如事件中的人物，以及其他方面的东西。这对我和美林都将产生非常大的帮助。"

奥尼尔沉默地摆弄着他面前的水果盘，过了一会儿抬头望着塞恩说："非常抱歉，我认为我并不是回答这个问题的合适人选。"

与美林的大部分高级执行官相比，奥尼尔属于完全不同的类型，最明显的一点，他是一名非裔美国人。美林公司一直由爱尔兰白人天主教徒所主导，他的继任是一项重大变革。不管以什么标准衡量，奥尼尔的经历都算是一个传奇的成功故事，他的祖父是一名黑人奴隶，奥尼尔的大部分童年时光是在亚拉巴马州西部的一座农场里一个没有室内管道设施的木屋中度过的。斯坦 12 岁时，他的父亲把全家搬到了亚特兰大的一个公共住宅区，并很快在附近的通用汽车装配工厂找到一份工作，通用汽车公司成为斯坦 · 奥尼尔走出贫困的转折点。高中毕业后，他凭借工作研究奖学金进入通用汽车学院（即现在的凯特林大学），代价是他每在学校学习六周，就需要在密歇根州弗林特的装配线上工作六周。后来，奥尼尔还在通用汽车公司的资助下进入哈佛商学院学习，并于 1978 年毕业。1986 年，当奥尼尔在通用汽车公司的纽约财务部门工作了 8 年后，在通用汽车公司前任财务主管的劝说下，他加入了美林证券，并在这家经纪公司里负责垃圾债券的交易。通过辛勤的工作和业务指导老师强有力的支持，奥尼尔很快就在美林的团队中崭露头角，最终全面负责垃圾债券业务，并在华尔街的联合排名中位居榜首。1997 年，奥尼尔被任命为机构客户业务的联合主管，转年升任首席财务官，并在 2002 年成为首席执行官。

奥尼尔所执掌的美林公司是由查尔斯 · 美瑞尔（Charles Merrill）在 1914 年创建的，这个强壮的佛罗里达人被他的朋友们称作“好运查理”，他的目标是“让华尔街主宰纽约”。美林在全国近 100 个城市设立了经纪分行，通过电传打字机与总部进行联系。他通过各种促销措施来推动股票市场的民主化和公开化，比如在由美国通用磨坊公司的 Wheaties 品牌赞助的比赛中分发股票。在第二次世界大战后的几十年间兴起的投资行业中，美林和它的公牛商标超越了共同基金巨头富达集团（Fidelity）和其他任何一家银行，成了最耀眼的一颗明星。1983 年到 1999 年，持有股票的美国人在全国人口中所占的比例（无论是直接持有还是间接持有，比如通过共同基金和退休投资计划持有）翻了一倍多，已接近一半。美林公司是“美国的牛市”（1971 年被首次使用的广告语），并且整个美国都看好美林公司的前景。

然而，到 2000 年，昔日“凶猛的野兽”却已经变成“迟钝的牧群”——美林变得过于庞大和自满。20 世纪 90 年代，为了加快全球扩张的步伐，美林进行了一系列狂热的收购，员工人数也迅速膨胀至 7.2 万人（与它最接近的竞争对手摩根士丹利的员工人数为 6.27 万）。与此同时，诸如电子交易集团（E-Trade）和美国交易（Ameritrade）等网络交易公司的兴起以及其极具竞争力的交易折扣，使得美林传统的实力基础零售经纪业务的地位被逐步削弱。另外，由于美林的许多投资银行业务都是建立在数量而非盈利的基础上的，因此前几年网络公司进入股票市场的趋势也给美林造成了巨大冲击，暴露出了它高成本、低收益的脆弱盈利模式。

正是奥尼尔将美林的规模收缩回可控的水平。尽管同事们都劝他慢慢来，尤其是在“9 · 11”事件（在此次事件中美林有 3 名员工罹难）带来的创伤还未淡去时，奥尼尔还是一意孤行，而并不怎么考虑缩减规模将给公司士气和文化带来的影响。令人惊讶的是，不到一年，美林的员工总数就被裁减了 25%，大约有 1 500 名员工失去了工作。

“我认为这是个伟大的公司，但伟大并不代表仁慈，”奥尼尔当时对此作出说明，“我并不想改变公司文化里的一些东西……但我不喜欢让企业沉浸在母爱和父爱的氛围里，就像美林妈妈（Mother Merrill）这个名字所暗示的一样。”

随着他的晋升，管理层频繁变动的问题也同样令人吃惊。在 2002 年 12 月奥尼尔正式成为首席执行官之前，公司的 19 名执行委员会成员中，就有将近一半离职。显然，奥尼尔将会封杀任何他有理由不信任的人。奥尼尔对他的助手说：“冷酷，并不总是坏事情。”

奥尼尔因喜欢奋力打击胆敢反对自己的同事而闻名。有一次，美林证券的首席律师彼得·凯利（Peter Kelly）就他的一项投资提出质疑，奥尼尔竟然直接叫保安把凯利从自己的办公室拖了出去。一些雇员开始把奥尼尔的高层管理团队比喻成“塔利班组织”，奥尼尔则被称作“毛拉·奥马尔（Mullah Omar）”。

大力削减开支的同时，奥尼尔还计划改变策略，希望通过高风险、高收益的经营思路重振美林。奥尼尔这项策略的参照物是高盛，高盛早就不仅仅是代表客户进行交易，而是动用自己的账户积极大胆地进行高风险交易。他积极地跟踪高盛的季度数字，并经常向助手询问该公司的绩效表现。巧合的是，奥尼尔和劳尔德·贝兰克梵住在同一栋大楼里，他几乎每天都能见到自己所追踪的人。贝兰克梵和妻子把奥尼尔戏称为“多普勒·斯坦”（Doppler Stan）。因为每次当他们在走廊里遇见奥尼尔时，他都不会停下来，而是绕道走开，他们觉得奥尼尔这么做可能是为了避免当面交谈的尴尬。

开始的几年中，通过推动经营思路的转型，奥尼尔的确给美林带来了丰厚的利润。2006 年，美林通过使用自有及客户资金一共赚得 75 亿美元，而 2002 年这一数字仅为 26 亿。几乎是在一夜之间，美林就成了蓬勃发展的私募股本投资的主要玩家。

此外，奥尼尔还加强了公司对杠杆的利用，尤其是在住房抵押贷款证券化方面。他观察雷曼这类公司是如何通过抵押贷款的投资大发横财的，并希望美林也能参与其中。2003 年，他从瑞士信贷银行高薪挖走了抵押贷款证券化的明星人物——34 岁的克里斯多夫·里希亚迪（Christopher Ricciardi）。美林还经常通过抵押贷款证券等债务工具来发行担保债务凭证。仅仅在两年内，美林就成了华尔街最大的担保债务凭证发行商。

和其他银行一样，构造和出售担保债务凭证给美林带来了丰厚的手续费收入。但这还远远不够，美林希望自己能成为一家全线生产商：业务囊括发放抵押贷款，把贷款打包成证券，然后再拆分、生成担保债务凭证等。为此，美林一共收购了超过 30 家抵押贷款服务商和商业房地产公司。2006 年 12 月，美林甚至以 13 亿美元的价格收购了全美最大的次级抵押贷款公司——第一富兰克林金融公司（First Franklin）。

但是正当美林准备在抵押贷款业务领域大展拳脚时，房地产市场首次发出危机的信号。2005 年末，当房地产价格达到峰值时，全国最大的保险机构之一、向来通过出售信用违约互换（credit default swaps）为担保债务凭证提供担保的美国国际集团突然宣布停止向任何级别的次级贷款证券提供担保。与此同时，2006 年 2 月，把美林打造成超级担保债务凭证集团的里希亚迪离开了美林，转而经营一家小型的投资公司科恩兄弟（Cohen Brothers）合伙人投资公司。他离开后，美林的执行官陶 · 金姆（Dow Kim）把担保债务凭证业务的后台支持人员都召集了起来，并向大家呼吁，无论“付出任何代价”，都要保持美林顶尖担保债务凭证发行商的地位。后来，金姆做成了一笔被他称作科斯塔 · 贝拉（Costa Bella）的交易——发行一款价值 5 000 亿美元的担保债务凭证，美林仅从中赚取了 500 万美元手续费。

但是，曾帮助美林聘请里希亚迪的另一位执行官杰弗里 · 克朗索（Jeffrey Kronthal）却越来越清醒地认识到一场暴风雨即将来临，它威胁的不仅仅是像科斯塔 · 贝拉这类夸张的项目，更是整个担保债务凭证市场，因此他开始向高层提出警告，他认为公司至多只可以保留 30 亿美元的基于各级别次级贷款的担保债务凭证。克朗索的谨慎有悖于奥尼尔成为华尔街抵押贷款之王的野心，显然他待不了多久了。2006 年 7 月，作为最能干的风险管理者之一的克朗索离开了美林，取而代之的是原先在美林伦敦办事处工作的执行官，39 岁的奥斯曼 · 塞莫西（Osman Semerci）。塞莫西以前连交易员都不是，而只是一个衍生产品的推销员，更重要的是，他根本没有在美国抵押贷款市场工作的经验。

尽管一直存在着管理上的危机，但美林仍持续扩大抵押贷款证券化和担保债务凭证业务的规模。直到 2006 年末，次级债务抵押市场终于非常明显地开始瓦解——价格暴跌、违约率不断上扬。即使在已经意识到一个明显的危险信号，自身无法从美国国际集团获得保险赔偿以对冲风险的情况下，美林还是构造了价值近440亿美元的担保债务凭证，相当于前一年发行总量的三倍。

然而，即使对此表示担忧，美林的高级管理层也不会把这种情绪表现出来，因为有强大的内在动力促使他们坚持到底。尽管有一部分没被卖掉（会计规则允许银行在一定条件下把证券视为已售），构造和交易担保债务凭证产生的7亿美元巨额收益将为他们带来丰厚的奖金。2006年，金姆获得了3 700万美元的奖金；塞莫西获得了超过2 000万美元；奥尼尔则获得了4 600万美元。

2007年，美林仍然保持了高速发展的势头，仅在前七个月就承销了300多亿美元的担保债务凭证。尽管美林风险投资的收益出奇地好，奥尼尔还是忽略了一个关键性因素——他没有对即将发生的衰退作出任何防御措施，现在才开始关注风险管理显然为时已晚。其实美林一直都有负责市场风险和信用风险的部门，只不过这两个部门都不直接向奥尼尔汇报工作。这两个部门分别由首席财务官杰弗里·N·爱德华兹（Jeffrey N.Edwards）和行政管理总监、埃克森石油公司（Exxon）前任主管、奥尼尔的亲信阿赫马斯·法卡哈尼（Ahmass Fakahany）负责。

不久，一直隐藏在业务中的隐患开始显现出来。5月份，负责管理担保债务部门的金姆宣布将离开公司，转而创立一只对冲基金。于是公司内部的一些同事开始怀疑之前的运营策略能否维持下去，塞莫西和达尔·拉坦奇奥（Dale Lattanzio）却对此观点进行了反驳。在7月21日的董事会上，他们坚持认为公司担保债务凭证的风险几乎全部都被对冲掉了，即便出现最坏的情况，公司的损失也将仅为7 700万美元，奥尼尔立即站了起来，赞扬这两位主管为此所做的工作。

但并不是每个人都认同这个乐观的估计。“他妈的，他们到底在耍谁啊？你们是在用这些荒谬的数字来耍我吗？”美林性情直爽的律师彼得·凯利在会后直接问爱德华兹，“真不敢相信，董事会的成员怎么没有吓得尿裤子？”

随着市场条件的恶化，他们所采用的估价方法被证明是根本毫无依据的。7 月份那次董事会结束两周后，弗莱明和法卡哈尼给美林的高层主管写了一封信，大致向他们描述了公司正在不断恶化的情况。

与此同时，奥尼尔开始变得沉默抑郁，并沉迷于高尔夫。周末，他经常自己一个人到一些有名的俱乐部打高尔夫，比如南安普敦的辛尼科克山俱乐部（Shinnecock Hills），一玩就是 13 个回合。

8 月和 9 月，美林担保债务凭证资产组合的价值持续缩水。10 月初，公司预期该季度的损失约为 50 亿美元。仅仅两周后，这个数字就暴增至 79 亿美元了。无奈之下，奥尼尔向美联银行（Wachovia）发出了一份合并的提议。10 月 21 日，星期日，奥尼尔和美林的董事会成员共进晚餐，当他们讨论巩固公司资产负债表的各种可选方案时，奥尼尔提到了与美联银行接洽的事情。他多少有点预见性地告诉他们，市场正岌岌可危：“如果这种情况持续较长一段时间，我们和其他所有寄希望于通过隔夜短期拆借或定期回购协议来筹集资金的公司都将会有麻烦。”但董事会并没有在意他提到的最后一点，而是对奥尼尔未经授权就与美联银行进行合并商谈的行为感到恼羞成怒。“我只知道我的职责就是想办法。”奥尼尔申辩道。两天后，董事会在他缺席的情况下召开，并一致同意迫使他辞职。几乎没有人同情奥尼尔，一位美林的前雇员在接受《纽约客》杂志采访时表示：“即使是擦窗户，我也不会雇斯坦，他对美林所做的一切简直就是犯罪。”

6月下旬的一天早晨，纽约市长迈克尔·布隆伯格（Michael Bloomberg）坐在他黑色萨博班小汽车的后排座位，离开位于 79 号街的公寓（一栋由褐色砂石装饰的建筑），前往市中心赴早宴。

和往常一样，戴着美国国旗襟针的布隆伯格漫步走进坐落于第十五大街停车场对面的纽约简餐厅（New York Luncheonette），他的保镖则在外面等候。一找到座位，布隆伯格便向约翰·塞恩致以问候。纽约简餐厅是布隆伯格所钟爱的餐馆之一，最近他还曾带当选希望较小的总统候选人巴拉克·奥巴马来此进餐。

虽然布隆伯格对塞恩个人不是很了解，但他曾和美林有长期的合作关系，并且在合作中收获颇丰，因为从以他命名的金融数据公司成立起，美林就一直支持它的发展。布隆伯格曾是债券交易集团所罗门兄弟公司的合伙人，负责公司的信息系统部门，并在 1981 年创立了自己的终端商务公司，生产为交易者提供实时金融数据的设备，而美林则是第一家购买他公司设备的客户。1985 年，美林以 3 000 万美元的价格收购了彭博公司 30% 的股份，后来又减持了其中的 1/3。

当迈克尔·布隆伯格当选纽约市长时，他将自己持有的 68% 的公司股份托管给一家保密委托机构，而不再过问公司的任何事情。事实上，即便是与自身密切相关的事情他也不再过问，甚至在公司发生重大问题的时候同样如此，正如约翰·塞恩即将提及的事情。考虑到拉里·芬克将濒临崩溃，塞恩觉得他应该保留公司所持有的黑石的股份，但他目前急需资金，因此希望布隆伯格愿意回购美林所持有的 20% 的彭博公司股份。如果市长拒绝这项交易，那么美林是否有权利在公开市场上抛售它所持有的彭博股份将变得非常不确定，因为当初的交易合同签订于 1986 年，双方都知道合同的内容非常隐晦。

在餐厅隐蔽的角落里，这两人正一边品着咖啡，一边亲切地交谈，他们以前都是债券交易员，同时又都是滑雪爱好者，所以一见如故，交谈起来也非常默契。

“我们可能会用一整个夏天的时间来做这件事情。”塞恩以略微含糊的口吻表示，并尽量不表现出任何不安情绪。谈了不到半个小时，他们就一致同意推动这笔交易。塞恩和市长道别后便立即返回办公室，告诉弗莱明他们可以立即开始研究这笔交易了。

由杰米·戴蒙主持的10点钟开始的会议已经持续了很久。“告诉鲍勃我立刻就过来。”戴蒙吩咐助手凯茜。

罗伯特·维纶斯塔和戴蒙都曾是桑迪·威尔金融帝国的创始成员。由于他们都曾为花旗集团的创建立下过汗马功劳，因此在不同时期，两人都曾被认为是威尔指定的该金融巨头的继承人。出乎人们意料的是，最后他们都没能获得领导花旗的机会。在戴蒙被迫辞职后的十年里，他俩的关系一直非常好。

维纶斯塔个子很高、头发花白，可以算作是曼哈顿银行家的典型了。在这个6月初的早晨，他静静地坐在JP摩根位于联合碳化公司的老办公楼8层的休息室里，等着会见戴蒙。一个玻璃柜中展示着两把木制把手的手枪复制品，这两把手枪有着共同的历史：1804年，亚伦·伯尔（Aaron Burr）和亚历山大·汉密尔顿（Alexander Hamilton）曾在决斗中使用过这两把手枪，结果汉密尔顿被杀，他当时是美国第一任财政部长。

同戴蒙一样，维纶斯塔也败给了威尔，于 2005 年 7 月离开花旗集团。之后，他与同样出身于花旗集团的玛吉 · 马格纳（Marge Magner）合伙创建了私募股权基金布雷塞全球银行投资合伙公司（Brysam Global Partners），专门投资拉丁美洲和俄罗斯的消费信贷业务。维纶斯塔的办公室和 JP 摩根总部只隔着一条派克大街，在戴蒙的领导下，JP 摩根已经成为维纶斯塔基金的最大投资者，同时，通过他和马格纳的苦心经营，布雷塞已成为一家盈利的公司。此外，维纶斯塔还有另一个更为重要的身份：保险业巨头美国国际集团的董事会主席，这正是他今天拜访戴蒙的原因。

维纶斯塔是一个说话温和的人，在被领进办公室后，他对戴蒙说："我正在考虑一些问题，需要听听你的建议。"他透露，美国国际集团董事会刚刚询问他是否有兴趣担任首席执行官，因为现任首席执行官马丁·苏利文（Martin Sullivan）可能在本周内就会被解雇。作为公司总裁，其实维纶斯塔有责任安排时间亲自前往美国国际集团的总部去提醒苏利文，他的职位已经摇摇欲坠了。

"我喜欢我正在做的事情，"维纶斯塔说得郑重其事，"没有人监督我，我可以随心所欲地做事情。"

"我可会监督你！"戴蒙笑着反驳道，他是维纶斯塔最大的财政支持者之一。

维纶斯塔解释说，从信用危机席卷美国国际集团至今的几个月里，他一直在考虑是否接受公司的最高职位。同时，情况已经变得越来越明朗了，他极可能获得掌控公司的机会。但可以预见的前景也让他非常矛盾：虽然他一直想成为首席执行官，但毕竟已经 62 岁了，如果就此退休，就可以花时间好好追求自己的业余爱好了，比如汽车比赛。

维纶斯塔是挪威移民的第三代，出生在一个工人家庭，在布鲁克林的瑞奇湾区（Bay Ridge）长大，后来又去了长岛。20 世纪 80 年代中期，他在汉华银行（Chemical Bank）工作，并且行政级别不断得到晋升，而且，由于深得前任老板罗伯特·利普（Robert Lipp）的赏识，他受命飞往巴尔的摩，以了解商业信贷公司究竟准备开展什么业务，这家次级抵押贷款放贷机构由威尔与其得力助手戴蒙所共同经营。相比汉华银行和维伦斯塔在纽约银行业看到的其他公司所表现出的呆板的官僚作风，威尔 - 戴蒙团队的源动力和创业精神显得尤为不同。

虽然事后不由自主地感到了一丝懊悔，但维纶斯塔当时还是欣然接受了威尔和戴蒙向他提供的工作邀请。上班的第一天，当他在波卡拉顿（Boca Raton）举行的会议上遇见 75 位商业信贷公司分支机构的管理者时，没见过大世面的维纶斯塔忽然意识到，自己好像从来没有见过那么多衣冠楚楚的中年男人。后来，维纶斯塔渐渐适应了类似的刺激，包括高尔夫和酒水。最终，他在公司里舒适地成长。1998 年，他参与策划了一些冲击了众多金融机构的闪电收购：普美利加金融服务公司、希尔森公司、旅行者公司和所有兼并金融公司中最大的——花旗公司。很快他们三位就在人才济济的金融业中脱颖而出。后来，戴蒙和威尔之间发生了一次激烈的争吵，随即戴蒙离开了花旗，4 年后，维纶斯塔担任了戴蒙原来的总裁职位，表明他将很快得到进一步升迁。

针对美国国际集团目前所处的境况，维纶斯塔和戴蒙足足讨论了半个小时。作为公司的总裁，维纶斯塔比任何人都清楚公司所面临问题的严重程度，解决这些问题将是一项超乎想象的巨大挑战。公司的危险境况使他进一步肯定了自己原来的决定。“对于这份临时性的工作，我应该临危受命。”他一脸坚毅地说。

戴蒙摇了摇他的脑袋：“简直是一派胡言，其他都是虚的，问题的本质在于其实你骨子里不想做这份工作。”

“我知道，”维纶斯塔连声承认，“我知道。”

“你把问题搞混了，”戴蒙强调，“首先，临时首席执行官是一项非常复杂而又困难的工作，它实际上要求履行和正式首席执行官一样的职责。如果我是董事会，我绝不会允许你这样做，而如果我是你，我也绝不会作出这种决定，因为这无异于自断后路！”

“扎布也认为董事会这次是豁出去了，”维纶斯塔说，他指的是美国国际集团前任总裁弗兰克·扎布（Frank Zarb），“他不希望在3年内换了3位首席执行官后，将来还有第4位。”

“你应该明白，如果做得好，你至少还需要任职两年，”戴蒙开始从相反的角度描述可能的情况，他身体前倾，并深呼一口气以强调他的观点，“问题是，你是否真的愿意重新掌权？如果你愿意，别忘了这份职责有多么艰巨。”

维纶斯塔点了点头以示同意，然后又提到另一件令他担心的事情：“我既不喜欢以首席执行官的身份公开露面，也不希望看起来好像是我挤走了马丁而自己接任。”戴蒙听后却向他保证，这个问题绝对无足轻重。

董事会希望维纶斯塔愿意接任这项工作。妻子卡洛也认为他应该这么做，她一直认为他在花旗的首席执行官位置是被强行夺走的。而且，戴蒙现在也开始转向支持他的决定了。

次日，维纶斯塔驾驶一辆黑色城镇牌汽车来到松树街70号的美国国际集团办公楼，在马丁·苏利文的办公室坐下后，他非常明确地转达了他所得到的信息：“听着，马丁，董事会将于周日召开会议，重点讨论你的去留问题。”

苏利文只是轻轻叹了口气并抱怨道：“董事会根本没有充分意识到目前的市场状况有多艰难，我也是身不由己。在我接任后，不得不和监管者一起收拾残局，但我一直相信自己能带领大家走出困境。”

“我明白，马丁，”维纶斯塔表示认同，“但你也必须看看最近几个月发生的事情。董事们的感觉是必须有人为此承担责任。董事会会议可能有三种结果：一种是董事会完全支持你；第二种是董事会认为你应该马上离任；还有一种是董事会将对你说：‘你必须在接下去一段时间里做到下列事情，否则将会被解雇’。”

苏利文低头看了看地板并问道：“你认为哪种结果最有可能发生？”

“现在要求改变的呼声不断高涨，但谁知道最后会怎么样呢？”维纶斯塔耸了耸肩说：“你把 12 个人扔进一间会议室里，任何事情都可能发生。”

7 月 15 日，星期日，美国国际集团的董事会会议在理查德·比蒂（Richard Beattie）的办公室召开，比蒂是董事会外部法律事务所——盛信律师事务所的总裁。参会人员中本来包括苏利文，但他没有出席。经过简短的讨论，董事会决定立即解雇苏利文，任命维纶斯塔接替首席执行官的位置。

维纶斯塔刚刚被任命管理的这家公司曾是美国商业史上最为传奇的成功范例之一。美国国际集团起源于 1919 年在上海一间小办公室成立的美亚保险公司（American Asiatic Underwriters）。将近半个世纪后，它的业务已经遍及亚洲、欧洲、中东和美洲，但是由于它仅拥有 3 亿美元的市值以及价值 10 亿美元的保险合同，这家私人公司还算不上强大。

然而，截至 2008 年，“谦逊”这个词就很少与美国国际集团联系到一起了。仅仅经过几十年的发展，美国国际集团已经成了世界上最大的金融公司之一。即使以年初暴跌之后的股票价格计算，其市值也接近 800 亿美元，账面资产则超过 1 万亿。这种惊人的扩张主要源自一个人的精明和驾驭能力，这个人就是莫里斯·格林伯格（Maurice R.

Greenberg)。受底特律老虎队(Detroit Tigers)明星球员汉克 · 格林伯格(Hank Greenberg)的启发，莫里斯·格林伯格被朋友们称为“汉克”，在公司内部则被简称为“MRG”。

就如狄更斯笔下的英雄，格林伯格出身贫寒，他的父亲雅各布 · 格林伯格(Jacob Greenberg)是一名出租车司机，并在曼哈顿下东区拥有一家糖果店，当他在大危机期间去世时，汉克只有 7 岁。在母亲改嫁给一位奶农之后，汉克全家搬到了纽约州北部，在那里汉克基本上每天早晨都要在黎明前就起床帮忙挤奶。17 岁那年，为了参军，他篡改了自己的出生日期，两年后，格林伯格已经是诺曼底登陆行动中奥马哈海滩登陆部队的一员了。他还曾参与解放戴考集中营的军事行动，退伍后回到美国一所法学院就读，后来则又回到部队，参加了朝鲜战争并被授予青铜勋章。

从朝鲜回到纽约后，格林伯格以自己的方式得到一份周薪 75 美元的工作，在大陆灾害保险公司(Continental Casualty)做承保实习生。很快，他就升任公司的助理副总裁，负责意外和健康保险。1960 年，美国国际集团前身的创始人科尼利厄斯 · 范德 · 斯塔尔(Cornelius Vander Starr)邀请格林伯格加盟了他的公司。

斯塔尔曾经是加利福尼亚州布雷格堡的一位冷饮柜操作员。他是 20 世纪初期典型的那种不安分的美国人，这些人通常自诩为投机分子、发明家或企业家。在房地产业初试身手之后，他进入了保险业。27 岁那年，他乘船来上海兜售保险单。在那里，他发现市场完全被英国保险公司所占领，但他们只面向欧洲的公司和侨民开展业务。于是，斯塔尔创建了自己的公司，向本地的中国人出售保险产品。1948 年，在共产党事实上执掌政权后，他离开中国，并将业务扩展到亚洲其他地区。在部队中一位朋友，战后驻日本占领军的司令官道格拉斯 · 麦克阿瑟(Douglas MacArthur)的帮助下，斯塔尔得以接手一笔大生意，即为美国军方提供若干年的保险服务。在日本将本国保险市场向国外保险公司开放之前，美国国际集团的日本公司就已经经营着总公司规模最大的海外财产保险业务了。

1968 年，斯塔尔已经 76 岁高龄，并且疾病缠身，氧气瓶和成瓶的药片一直伴其左右，他任命格林伯格为总裁，负责打开美国市场，同时却任命戈登·特维迪（Gordon B. Tweedy）为公司董事长。尽管如此，格林伯格很快便弄清楚了他们当中谁将是继任领导人。任命后不久的一次会议上，他和特维迪针锋相对地争论一个问题，当特维迪站起来开始大声陈述他的观点时，格林伯格向他怒斥道："坐下，戈登，你给我闭嘴，现在一切由我说了算。"斯塔尔于那年 12 月去世，但他的铜像至今仍矗立在美国国际集团总部，作为一项装饰供游览者参观。次年，美国国际集团首次公开上市，格林伯格成为首席执行官（之后不久特维迪便离开了美国国际集团）。

在格林伯格的带领下，美国国际集团迅速成长，业务扩展到 130 个国家，同时还开拓了飞机租赁和生命保险业务，通过不断的扩张和兼并，公司的盈利也持续增长。格林伯格自己则成了集权式首席执行官的绝佳典型。他使股东崇拜，员工害怕，但对公司以外的人来说，却只是一个无足轻重的人。尽管他身材瘦小，但面相威严。生活方面，他对自己非常严格，每天中午只吃鱼和蒸蔬菜，定期通过跑步机或乒乓球来锻炼身体。除了对他的妻子科琳和一只名为"雪球"的玛尔济斯犬，他对其他人都非常冷漠。在美国国际集团内部，他以脾气火爆闻名，他那永不枯竭的动力驱使他了解属于他的公司内部发生的每件事情。曾有传言，他雇用了曾在中央情报局（CIA）工作过的特工，除此之外，几乎公司总部的每个角落都有他安排的保安人员。

对于外界来说，美国国际集团上演的最大一幕戏剧是格林伯格企图建立一个保险王朝，事实却恰恰相反，他制造了该保险皇室内部的血海深仇。

他的儿子杰弗里·格林伯格（Jeffrey Greenberg）在布朗大学和乔治城大学法学院受过良好教育，毕业后接替了汉克的位置。但在与父亲爆发多次冲突之后，杰弗里于1995年离开了美国国际集团这个他曾工作17年的地方。在这之前两周，他的弟弟伊万（Even）被提拔为行政副总裁，这是他16个月之内的第三次升迁，父亲的目的是确保他能成为杰弗里的竞争对手。虽然他以前是个嬉皮士，很早就表露出对随父从商不感兴趣，但因为哥哥的离开，伊万自然成了唯一确定的继承人。然而，伊万很快就和公司不愿放权的元老产生了冲突，最终与哥哥一样离开了公司。后来，杰弗里逐步成长为世界上最大的保险经纪人马什－麦克伦南保险公司（Marsh & McLennan）的首席执行官，而伊万则成为世界最大的再保险公司之一安达公司（Ace Ltd）的首席执行官。

但是，最终导致汉克·格林伯格走向没落的不是家族成员之间的冲突，而是和监管者之间的矛盾。虽然不如以前那样任性和好战，但格林伯格选择了错误的时间来反抗联邦政府的权威。安然公司（Enron）倒闭后，新世纪初期的头版新闻充斥着各种公司丑闻，监管者和检察官开始底气十足地严厉惩罚不配合调查的公司。2003年，美国国际集团同意支付1 000万美元来了结证券交易委员会关于通过欺诈性保单帮助一家印第安纳州的手机经销商隐瞒1 190万美元损失的指控。当时证券交易委员会指出，与其欺骗行为相比，这笔罚金并不算太高，因为美国国际集团曾试图隐瞒一些关键材料，这些材料与最初向调查人员提供的解释是矛盾的。

次年，在与联邦调查人员进行了长期周旋之后，美国国际集团同意支付1.26亿美元罚金以平息所面临的刑事和民事指控。美国国际集团协助匹兹堡金融服务集团（PNC Financial Services）将7.62亿美元的债务和不良贷款从公司的资产负债表上转移出去。作为解决方案的一部分内容，美国国际集团的一家子公司接受了一份延期起诉协议。这意味着如果该公司遵守和解协议的条款，司法部会在 13 个月后撤销其刑事指控。（当初对大型会计公司安达信的控诉导致了它的倒闭，之后，政府开始采取延期指控协议的方法来处理此类案件，这是缓刑的一种。该方法在涉及麻醉毒品的案例中经常被用到。）

这家接受 13 个月延期起诉协议的子公司是美国国际集团金融产品公司，或简称为 FP，这家公司的财务欺诈行为使其自身的业务一切从零开始，甚至几乎把美国国际集团摧毁。

FP成立于 1987 年，是格林伯格和霍华德 · 邵信（Howard Sosin）进行合作的结果。霍华德 · 邵信是来自贝尔实验室的金融学者，被大家称为“衍生品奇爱博士”。简单地说，衍生品就是一些建立在相关基础资产（比如住房抵押贷款、天气状况等）之上的金融工具，它们可以创造大量的财富。不过就像电影《奇爱博士》结尾的炸弹，衍生品也可以把公司摧毁，事实也恰恰如此，沃伦 · 巴菲特曾称之为大规模杀伤性武器。

邵信原来在迈克尔 · 米尔肯的德崇证券工作，这是一家注定要失败的垃圾债券运营商。后来，这家以比佛利山为根据地的强大集团卷入了一场世纪丑闻，并于 1990 年申请破产倒闭。在德崇证券倒闭之前，邵信离开了这家公司。出于寻找资产殷实、信用级别较高合作者的考虑，1987 年邵信带着由 13 位原德崇证券员工组成的团队逃往美国国际集团，其中包括 30 多岁的约瑟夫 · 卡萨诺（Joseph J. Cassano）。

邵信一直在曼哈顿第三大街一间没有窗户的小房间里工作，他的公司规模小，杠杆率高，其运营非常像一只对冲基金。公司成立初期异常窘困：运到办公室的租用家具搞错了，员工们只好将就着坐在儿童椅上，在极小的桌子上办公。尽管如此，很快他们就创造了与原先在德崇证券同样庞大数额的利润。参照一些对冲基金的操作实践，利润中的38% 归邵信的公司，其余归母公司所有。

业务成功的关键因素是美国国际集团拥有标准普尔评级公司评定的 AAA 信用等级，这使基金的资本运行成本低于其他任何一家公司，而且可以让公司以较低的成本承担更多的风险。格林伯格早就认识到 AAA 评级意义重大并小心翼翼地捍卫它。“你们这帮 FP 的家伙绝对不能碰我的 AAA 信用等级，否则一定让你们好看。”他警告他们。

邵信为公司受到短期管理的束缚而感到恼火。1994 年，和格林伯格吵翻后，邵信与其他创始人一起离开了公司。

然而，在邵信离开很久以前，格林伯格就着迷于 FP 这台盈利机器所带来的利润，并建立了一个“影子小组”来学习邵信的商业模式，以防他会离开。格林伯格请普华永道会计师事务所建立了一个隐蔽的计算机系统来追踪邵信的交易活动，这样他们以后就可以进行反向设计了。经过格林伯格的苦心相劝，卡萨诺终于同意留下来，并被提拔成为首席运营官。

卡萨诺出生在布鲁克林，父亲是一位警官，相较于邵信所具备的那些天资——“数量化投资”、数量分析、博士学位以及创造性地设计了复杂的交易程序，卡萨诺值得称道的是其组织技巧，而非金融方面的才干。

1997 年末，所谓的亚洲流感大规模爆发，泰国的货币危机引发了一系列金融连锁反应，卡萨诺开始寻找一些比较安全的投资。在调研期间，他会见了一些来自 JP 摩根的银行家。他们正在设计一类新的信用衍生产品以向信托产品提供担保，该产品被称为广基指数信托担保产品。这个名字略显笨拙，但它巧妙的首字母缩略词 BISTRO 则为人们所熟知。亚洲金融危机中，一些银行和其他世界经济体都受到了一定的冲击，JP 摩根正在寻找一种降低坏账风险的方法。

通过 BISTROs，一家银行可以将几百笔公司贷款置于该账户上，先计算这些贷款的违约率,然后通过特殊目的公司将这些贷款进行打包，最后拆细出售给投资者。虽然蕴含着某种不祥的预兆，但这的确是一种天衣无缝的策略。这些类似于债券的投资被形容成一种保险。通过这些操作，JP 摩根得以控制贷款的风险，同时投资者也可以因承担风险而获得收益。

最后，卡萨诺决定从 JP 摩根购买 BISTROs，但深谋远虑的他另外安排了自己的智囊团来仔细研究这个产品。根据基于公司债券多年历史数据建立的计算机模型所进行的计算，他们认为这种新的交易策略信用违约互换,看上去十分安全。一系列违约事项同时发生的概率是很小的，不足以引发一次大萧条。所以，只要不出现上述震级的灾难，掉期交易者一年就可以获得数百万美元的盈利，就好像是天上掉下的馅饼。

2001 年进入公司高层的卡萨诺全力推动美国国际集团大规模发行信贷违约掉期产品。2005 年初，美国国际集团已经成为该领域的一个大玩家，以至于卡萨诺自己都一直不明白这一切怎么发生得如此之快。"我们怎么做了这么多的交易？" 在与位于康涅狄格州威尔顿（Wilton）的子公司进行的一次电话会议上，他这样问他的高级销售主管艾伦 · 弗罗斯特（Alan Frost）。

"交易者知道我们随时可以停止这些交易，" 弗罗斯特答道，"所以他们的抢购反而导致我们不断发行新产品。"

虽然泡沫正在不断膨胀，但卡萨诺和其他美国国际集团员工却并没有对此表现出太多的担忧。2007 年 8 月，当信贷市场开始失灵时，卡萨诺告诉投资者："不是我信口雌黄，从理性的角度考虑，虽然我们处境艰难，但到目前为止，我们还没有在任何交易中发现哪怕是 1 美元的损失！" 他的老板马丁 · 苏利文对此表示认同，"这就是我晚上不会失眠的原因。"

如果你被金融工程的错综复杂所吸引，那么你会发现担保债务凭证的金字塔式结构非常漂亮。银行可以根据信用等级和收益率来打包分散的贷款，进而创造出相应的担保债务凭证产品。美国国际集团和其他公司所犯的错误是，他们被担保债务凭证巧妙的结构设计所吸引，并相信高信用等级的产品毫无疑问是安全的，公司不需要预留多少资金来对它们进行担保，因为担保债务凭证产品基本不可能带来损失。

由于沉浸在高额收益的喜悦之中，美国国际集团的高层一直坚信公司是无懈可击、固若金汤的。他们觉得自己在 2005 年底就已经成功地避开了危机，因为从那时起，他们就不再为与次级抵押担保证券相挂钩的担保债务凭证产品进行承保了，这个决定使得他们避免了接下来两年发行的有毒担保债务凭证所带来的侵害。但归根结底，公司内部自信的最大源泉是美国国际集团自身独特的性质，美国国际集团并不是一家受短期金融市场波动影响的投资银行，此外，它几乎没有外债，而且持有约 400 亿美元的可支配现金、拥有超过 1 万亿美元的总资产。因此，简而言之。美国国际集团的庞大规模使得它大而不倒。

2007 年 12 月，苏利文在曼哈顿大都会俱乐部与投资者进行交流时，极为自豪地夸耀说，美国国际集团已跻身全球前五大公司之列。另外，他还强调他的公司“不依赖资产支持商业票据或者资产证券化市场的表现，更重要的是，公司有能力让已经贬值的投资复苏，这才是关键所在”。

他承认美国国际集团为一些金融产品提供的担保存在很大风险，虽然目前这些信用衍生工具被视为拥有最优等级，但它们未来的前景仍存在很大的不确定性。之后他又话锋一转：“但是由于这项业务的操作非常谨慎，承保这些产品所规定的起赔点非常高，数倍于预期损失的金额，因此我们相信这项业务发生经济损失的概率几乎为零。”

然而从那以后，外界与美国国际集团自身对公司风险状况的看法产生了越来越大的分歧。购买了美国国际集团担保的最优等级产品的客户也许还能收回投资，但同时他们也发现这些资产的账面价值正在不断缩水。市场对担保债务凭证的信心则已经彻底崩塌了，信用评级机构立即降低了几百亿美元市值担保债务凭证的信用等级，甚至包括 AAA 等级的产品。

2007 年，美国国际集团最大的客户之一高盛集团要求前者按掉期合同的规定支付数亿美元的担保品，基于信息披露的考虑，美国国际集团在 11 月一并公布了所面临的此类担保纠纷。12 月的一次会议上，已经在瑞士信贷工作多年的保险行业分析师查尔斯 · 盖茨（Charles Gates）向卡萨诺提出尖锐的质疑：“你对那些最优等级信用违约掉期和相关担保品的评估结论和你的交易对手存在着天壤之别，这应该怎么解释？”

“这只能说明市场有些失灵了，”卡萨诺以他的布鲁克林口音回应道，“否则你怎么认为呢，查尔斯？严肃地说，事实如此，市场机制失灵了。我并不是轻视市场机制的作用，实际上每个人都意识到了这一点。在此类交易中，我们和其他交易对手在抵押担保方面产生了一些纠纷，其中也包括查尔斯所提到的问题，它涉及我和詹姆斯（James Bridgwater）[①]谈论的某些关于市场不透明和无法合理定价的问题。”

与高盛之间的纠纷极大地刺激了卡萨诺，而另一个交易对手美林公司也希望美国国际集团能提供更多的担保品，只是不像高盛那般激进。这些情况导致的结果却是，卡萨诺似乎对他能让这些公司无功而返感到沾沾自喜。2007 年 12 月 5 日，他甚至宣称：“经常会遇到有客户要求赎回担保品，我们就对他们说：‘赎回可以，但我们不同意你们所提出的金额’。于是，他们说了一声‘噢’就离开了。”

---

① 美国国际集团金融产品公司交易模型的设计者。——译者注

在那年秋天的董事会会议上，当再次被问及高盛抵押品问题的时候，卡萨诺勃然大怒，大声责骂道："每个人都认为就高盛聪明，高盛说这是正确的估值方法，你们不分青红皂白就都相信了，只是因为这是高盛说的。告诉你们，我弟弟就在高盛工作，而实际上他就是一个白痴！"

2005年，在格林伯格因另一桩重大会计丑闻而被迫卸任之后，维纶斯塔就一直忙于应对美国国际集团内部积聚已久的金融产品公司所造成的问题，即便此时他还没有成为首席执行官。纽约总检察长艾略特·斯皮策甚至威胁要对格林伯格进行犯罪指控，因为刚刚结束的调查表明，美国国际集团和德国科隆再保险公司（沃伦·巴菲特所有的一家保险公司）旗下一家子公司之间的交易使美国国际集团的现金储备虚增了5亿美元。

2008年1月下旬，在布雷塞全球银行投资合伙公司拐角位置的办公室里，维纶斯塔注意到，提交给董事会成员的月度报告里存在一些令人震惊的内容：金融产品公司向次级抵押产品提供的担保总额已经超过5 000亿美元，其中绝大部分是面向欧洲银行的业务。从金融产品公司的角度看，这部分业务运用了极为巧妙的金融工程设计。根据监管规定，银行贷款额度受到总资本水平的限制。而美国国际集团所提供保险业务的迷人之处在于，至少在短期内，通过相关保险业务的操作，银行可以在不筹集新资金的情况下提高他们的经营杠杆率。

维纶斯塔做了一下初步的核算，结果令他感到震惊：随着抵押贷款违约数量的迅猛增长，美国国际集团因此赔付的金额可能很快就会成为一个天文数字。

他立即联系了美国国际集团的外部审计机构普华永道，通知其负责人第二天在他的办公室召开秘密会议，以仔细评估这家陷入困境的子公司所面临的问题。尽管当时苏利文还是首席执行官，但没人向他透露有关这次会面的消息。

2 月上旬，审计人员要求美国国际集团在当前市场低迷的背景下，对公司每一笔信用违约掉期进行重新估价。几天后，美国国际集团极为尴尬地披露，公司的会计核算方法存在“重大缺陷”——这往往是针对重大问题所采用的委婉表述。与此同时，蒙受耻辱的美国国际集团不得不修订 11、12 月损失估计值，这一调整使得披露的亏损金额由 10 亿美元猛增至 50 亿美元。

维纶斯塔还在自己位于科罗拉多州维尔的滑雪屋度假时，就给马丁 · 苏利文打电话，命令其解雇乔 · 卡萨诺。

“你必须对他采取一些措施。”维纶斯塔说。

苏利文吓了一跳，随即又反应过来，即便公司必须对其盈利情况重新编写报表，事实上也没有什么好担心的，那些只是账面上的损失。“是这样的，你应该了解，实际上我们一分钱也不会损失。”他冷静地回答道。

现在轮到维纶斯塔进行反击了，他说：“那不是问题所在，你知道，我们即将披露数十亿美元的损失，这才是真正意义上的重大缺陷！你也知道，审计人员说卡萨诺不够坦率，也不够合作。”

苏利文很清楚目前针对卡萨诺的争议，但是真的有必要因此解雇他吗？

“现在已经有至少两位知名的首席执行官被解雇了。”维纶斯塔提醒他。花旗集团的查尔斯 · 普林斯和美林公司的斯坦 · 奥尼尔都是在公司发现大规模资产减记后于 2007 年秋天被取代的。他补充说：“你必须采取一些公开措施，以向其他机构传递相应的信息。”

最终，苏利文屈服了，不过还是希望能给卡萨诺最后一次机会，他建议说：“我们可以考虑留下他当顾问。”

“为什么？”维纶斯塔追问道,这个建议让他感到困惑而又烦躁不安。

苏利文解释说，金融产品公司的业务比较复杂，如果没有别人来帮忙，他根本管理不过来，最起码刚开始会是这样。

维纶斯塔已经变得相当恼怒："这简直是倒行逆施！你最好再仔细想想，公司内部的情况和外界的看法都需要综合考虑。这个家伙根本没有足够的能力来经营公司，但你却坚持要把他留在身边？"

随后，苏利文开始激发维纶斯塔的竞争意识。他的思路是，先不考虑他的商业计划其实存在诸多问题，如果公司留下卡萨诺，他就不会跳槽到竞争对手那里，这样做至少对公司是有利的。所以苏利文回答说："如果把他放在顾问的位置上，他就会受到竞业禁止规定的束缚，不会跳槽到其他公司，也不会挖走我们的员工。"

从这个角度考虑，维纶斯塔转而认同苏利文的看法了。他是一个实用主义者，况且顾问也很容易被摆脱掉。

"好吧，"他表示同意，"但我要提醒的一点是，你留他做顾问，首先应该明确如何控制他的权限。尽量让他少干涉公司的业务，否则留任就是个疯狂的举动。"

卡萨诺最终接受了月薪 100 万美元的顾问职务，但是苏利文和其他高层仍十分担心员工的流失问题。卡萨诺的权利被架空，金融产品公司又披露了 50 亿美元的损失，人们纷纷猜测公司的顶尖设计团队很快就会离职。接替卡萨诺职位的威廉·杜利（William Dooley）向苏利文提出了一个请求："我们有必要抓紧制订保留人才的计划，否则将会失去整个团队。"

苏利文很欣赏他对这个问题的认识。因为美国国际集团一直是按照利润的一定比例来计算员工薪酬的，而公司又刚刚蒙受了最高纪录的亏损，因此他向薪酬委员会汇报："这些员工未来得到的薪酬极可能是零，这不单纯是一个业绩糟糕的季度，这些损失恐怕下季度乃至转年也无法弥补。"就如苏利文所汇报的一样，对大部分金融产品公司的员工来说，在其他地方重新开始要比待在原地有意义得多。（具有讽刺意味的是，与华尔街大部分依据账面业绩而不是整个公司的利润来计算薪酬的公司相比，金融产品公司的薪酬政策在某种程度上更好地考虑了股东和员工利益的平衡。）

3月上旬，在多次要求苏利文重新制定员工留任计划之后，美国国际集团董事会最终通过了一项薪酬支付计划，分别于2009年、2010年支付了1.65亿美元和2.35亿美元。当时，任何美国国际集团以外的人都不会在意这个决定，更别提能想到这个决定可能会演变成一场政治噩梦，招致铺天盖地的谴责甚至是死亡威胁，最终致使愤怒的国会要求收回这些奖金。

5月，美国国际集团披露了第一季度惨淡的业绩，即91亿美元信贷衍生品的资产减记以及78亿美元的亏损，这是公司有史以来最大的一笔损失。标准普尔立马将美国国际集团的评级降低了一个等级至AA级。4天后，即5月12日，据《华尔街日报》的消息，作为美国国际集团盈利最多的子公司之一，经营飞机租赁业务的国际租赁金融公司（International Lease Finance Corp.）正通过出售或者拆分的方式与其母公司进行分离。

与此同时，考虑到糟糕的季度业绩以及筹集75亿美元资金的努力，已经83岁高龄的汉克·格林伯格正力劝美国国际集团推迟召开年会。“当我看到一家伟大的公司陷入衰退的时候，我和其他上百万投资者一样深感忧虑，”格林伯格在一封公开信中写道，“公司正深陷泥潭。”

私下里，美国国际集团的其他股东也开始寻求变革。2008年5月14日，就在年会召开的前两天，布雷塞全球银行投资合伙公司往维纶斯塔的办公室发了一份传真。这是一封来自美国国际集团前董事伊莱·布罗德（Eli Broad）的信件，他曾在1998年以180亿美元股票的价格把企业年金业务巨头太阳美洲保险公司（SunAmerica）卖给了美国国际集团，并和格林伯格保持着密切的业务关系。布罗德在信件中提到了两位极具影响力的基金管理者——美盛资产管理公司（Legg Mason Capital Management）的比尔·米勒和戴维斯精选顾问公司（Davis Selected

Advisers）的雪拜 · 戴维斯（Shelby Davis）。这两家公司一共控制着美国国际集团大约4%的股份，因此他们希望能举行一次会议，以讨论“改善公司高级管理层和挽回公司信誉的可能措施”。

第二天晚上，维纶斯塔和另一位美国国际集团董事莫里斯 · 奥菲特（Morris Offit）前往布罗德位于第五大街的雪莉荷兰酒店会见3位投资人。随行的还有谢尔比 · 戴维斯（Shelby Davis）的儿子、公司的投资组合经理克里斯 · 戴维斯（Chris Davis）。从酒店奢华的卧室就可以看到中央公园的迷人景色以及整座城市的轮廓，在这里，布罗德很快就开始对苏利文和公司的业绩发出一连串的抱怨。

在大致听明白他想要表达的意思后，维纶斯塔打断了布罗德的发言：“听着，在你继续谈论这个话题之前，我必须提前声明，我们正在筹集资金，因此不能向你透露任何还未公开的信息。我们非常乐意倾听，也会尽力回答你们提出的任何问题。”他说完后，会谈的气氛开始变得非常尴尬，所有在场的人员都感到不舒服，因为针对他们关心的问题，维纶斯塔和奥菲特只谈到一些董事会都已经知道的事情，除此之外几乎只字未提。“你们根本不会提供任何我们所不知道的信息。”布罗德最终无奈地说。

召开年会的那天上午，虽然承受着来自股东的辞职压力，苏利文却仍然保持着良好的精神状态。苏利文在美国国际集团大楼的第8层工作，年会开始前，他和股东们一一握手问候。此外，他还亲切地和一位投资者谈论上周日曼彻斯特联队以2 ∶ 0战胜维根队的比赛，这场胜利使该队的积分胜过切尔西队，在本赛季的最后一天取得联盟冠军。这次胜利让苏利文和这些美国国际集团股东稍感欣慰：为了能让商标持续4个赛季印在队员的运动衣上，该公司已经向曼联支付了1亿美元。除此之外，几乎没有任何事情可以抚慰怨愤的股东了。第二天，《华尔街日报》的新闻标题犀利地写道：“美国国际集团除了让人同情，别无其他。”

尽管维纶斯塔和奥菲特保证将努力增加公司的流动性，但试图筹集新资金的决定导致了进一步的混乱。JP 摩根和花旗率先敦促美国国际集团进行额外的资产减记并将此公布于众。此时，高盛和其他公司针对持有的信用违约掉期，要求美国国际集团额外追加 100 亿美元的担保，这让美国国际集团进一步受到重创。JP 摩根的银行家已经知悉华尔街上的传言，并且非常清楚美国国际集团的估值方法与其他人不同。对于这些银行家来说，美国国际集团的财务主管基本都是外行，没有一位值得他们称赞——苏利文不行，公司首席财务官史蒂文·本辛格（Steven J. Bensinger）也不行。

这种轻蔑是相互的，JP 摩根团队的骄傲自大也让美国国际集团的高层感到失望。JP 摩根和花旗受美国国际集团委托执行一项规模巨大的资本筹集计划，并因此得到不菲的收入，两家银行都获得了超过 8 000 万美元的顾问费。他们一味提醒美国国际集团如何对资产进行重新定价，这种高压手段不仅收效甚微，反倒让美国国际集团更加坚持自己的立场。

JP 摩根坚持要求美国国际集团公开资产状况。周日下午，讨论资金筹集计划的电话会议结束之后，苏利文亲自发表讲话，声音听起来不像平常那么愉悦："就目前的情况来看，现在我们准备暂且停止争论。我认为要么你和我们站在一条战线上，要么由我们自己来操作。"

JP 摩根的银行家挂断了电话并讨论他们的应对策略。作为代表，史蒂文·布莱克（Steven Black）从南卡罗来纳给苏利文打电话："好吧，你想让我们暂且停止争论可以，但是我们也不准备参与资金筹集计划了。如果有人问为什么中途退场，我们会说那是因为对于一些资产潜在损失的评估，我们和美国国际集团之间存在严重分歧。"

在威胁面前，美国国际集团除了妥协别无选择，筹集资金才是至关重要的，而且美国国际集团也不希望和这家主要银行的争论变得公开化。因此，更加令美国国际集团的高层主管暴跳如雷的是他们和 JP 摩根关于估值方法的争论竟然被公布于众，并且 JP 摩根还不愿意署上自己的名字，文中只把它称作“另一所全国性金融服务公司”。

在盛信律师事务所的一个大会议桌上，美国国际集团的董事刚刚投票推选维纶斯塔担任公司首席执行官，他便急着向董事会陈述自己的观点。

他强调现在最需要做的一件事情就是与格林伯格达成和解，他是美国国际集团最大的股东，控制着全公司 12% 的股份，公司和他之间的任何纷争都将导致代价高昂的干扰。“无论如何，他都永远和公司联系在一起，”维纶斯塔补充道。

在董事会会议结束之后，维纶斯塔回到他位于曼哈顿上东区的公寓。他忐忑不安地拨通了格林伯格的电话，格林伯格是喜欢摆架子的人，让他接听电话总是需要久等一会。

“汉克？你好，我是罗伯特·维纶斯塔，我想告诉你一件事情，就是董事会刚刚进行了讨论，并决定解雇马丁……”

“他总算走了。”格林伯格低声咕哝。

“……另外，明天将会发布一条消息，我是新任首席执行官。”

经过片刻难熬的沉寂之后，格林伯格终于说，“嗯，祝贺你，鲍勃，”声音微乎其微，“你能及时通知我，这很好。”

“汉克，我知道你和公司之间还存在许多矛盾。但我希望能有一个全新的开始，并且愿意尽力寻找能够解决这些矛盾的方法。”

“我洗耳恭听，”格林伯格回答道，“我非常愿意帮助公司解决问题。”

这两个人相约于当周找时间共进晚餐。放下电话的时候，维纶斯塔更加确信与格林伯格进行商谈是非常必要的一步，这甚至可能刺激公司股价。但格林伯格是一个难缠的谈判高手，任何交易都需要付出足够的时间和耐心。

问题是，维纶斯塔根本不清楚他究竟还有多少时间。

2008年6月27日，星期五，在经历9小时航程抵达俄罗斯圣彼得堡后，筋疲力尽的劳尔德·贝兰克梵在他入住酒店外的广场上散步。他刚刚乘坐的是公司专用的湾流飞机，与他同行的还有妻子劳拉以及高盛总裁、首席运营官加里·柯恩（Gary D. Cohn）。作为一个历史爱好者，贝兰克梵利用在飞机上的时间读完了戴维·弗罗姆金（David Fromkin）的著作《终结和平的和平：奥斯曼帝国的衰落和现代中东的诞生》（*A Peace to End All Peace: The Fall of the Ottoman Empire and the Creation of the Modern Middle East During the Flight*）。

高盛董事会的其他几位成员还要好几个小时才能到达这里，因此贝兰克梵还有一些可以自己支配的时间。那天下午风和日丽，他决定外出饱览周围的风光。圣伊萨克大教堂横跨整个广场，教堂的金色圆顶在阴沉天空的映衬下显得格外耀眼。当天晚上，高盛的董事会成员将有机会携伴侣前往冬宫博物馆享受一次私人游览，冬宫博物馆位于涅瓦河畔，由 6 座沙皇时期的宫殿组成。

即使周围的整个金融世界都处在一片混乱之中，但在董事会会议召开前夜，贝兰克梵仍对高盛的现状持乐观态度。在有史以来（至少到目前看来是）最严峻的市场环境下，高盛再次证明了自己是华尔街最棒的。

还有什么地方比俄罗斯更适合做这次会议的召开地呢？中国是制造业大国，俄罗斯是商品大国，而此时商品才是王道。至关重要的是，石油价格刚刚涨到 140 美元每桶，而俄罗斯每天都生产着数百万桶。这使人们暂时忘掉了美国出现的那些麻烦。

汉克 · 保尔森在位时，高盛董事会每年都会组织一次为期 4 天的国外工作旅行。两年前贝兰克梵接过公司的执政大权，他一直坚持要在新兴经济体,即金砖四国（巴西、俄罗斯、印度和中国）之一召开这些会议。这看起来非常合乎情理，“金砖四国”这个称谓源于高盛的一位经济学家，世界的财富与力量正在向这 4 个国家转移。贝兰克梵果然说到做到。

圣彼得堡只是旅行的第一站，在这里他们会得到公司财务状况的最新信息并召开一次战略审核会议，之后两天他们会在莫斯科度过。高盛首席职员约翰 · 罗杰斯此前已经动用关系安排高盛董事会与强硬的俄罗斯时任总理弗拉基米尔 · 普京（Vladimir Putin）会面。反资本主义的意识形态清楚地表明普京绝不会在美国面前做一个胆小鬼。

在漫步返回阿斯托利亚酒店途中，贝兰克梵路过了那座高大的尼古拉斯一世（Nicholas I）雕像，此时他想起那些忧心的事：如果石油价格滑落到每桶 70 美元该怎么办，接着会发生什么，而高盛将会怎样？虽然已取得了不少成就，贝兰克梵却承认自己“多疑且有些偏执”，就如他平时对自己所描述的那样。

现在，贝兰克梵身处俄罗斯，此情此景唤起了一些焦虑不安的回忆。

1998年，就是这儿发生的事情让高盛遭遇了巨大的麻烦，当时俄罗斯政府突然违约拖欠其国家债务，该举动震惊了世界，也让整个世界市场陷入了混乱和恐慌。他们称其为“传染”：之后不久，长期资本管理公司便遭到冲击。

一系列事件的发生使华尔街银行蒙受了巨额交易损失，高盛也未能幸免于难，不得不推迟它的公开上市计划。

随着市场逐步走出困境，高盛幸运地躲过了雷曼、美林、花旗以及摩根士丹利所遭受的那些冲击。贝兰克梵拥有一支精良的团队，不过他也很清楚，自己的成功主要归因于好运气，他说：“我们的情况的确会好一些，不过我认为只是好一点点。”

当然，高盛也涉足了高度杠杆化的有毒资产交易。同时，与那些竞争对手一样，高盛也面临着市场紧缩所引起的资金短缺问题。至于公司的债权，高盛避开了那些最为有害的资产，即那些完全以次级抵押贷款为基础构造的证券。

在高盛的反向投资操作中，两位抵押贷款交易员迈克尔·斯温森（Michael Swenson）和乔希·伯恩鲍姆（Josh Birnbaum）以及首席财务官戴维·维尼尔（David A. Viniar）发挥了重要作用。他们做空ABX指数，该指数是与次级债券挂钩的一篮子金融衍生工具。若他们之前没有这样做，那么无论是高盛还是贝兰克梵，结局将与现在大相径庭。

在返回酒店的路上，贝兰克梵很难对排在路边的一辆辆梅赛德斯视而不见，这还远不是所能看见的最为奢侈的消费。他们用来如此挥霍的收益不仅来自天然气和石油，还来自铁、镍和其他大量日益增值的贵重商品，那些被称为俄罗斯寡头的人们购买了超大型的游艇、毕加索画作及英国足球队。10年前，俄罗斯还无力支付对外债务，如今却成长为了一个增长迅速、价值1.3万亿美元的经济体。

高盛与俄罗斯之间的复杂历史还要回溯到那次令人震惊的违约事件

之前。总统富兰克林·罗斯福（Franklin D. Roosevelt）曾想让高盛富有传奇色彩的领导人西德尼·温伯格（Sidney Weinberg）出任美国驻苏联大使。“我不会讲俄语，”温伯格就这样回绝了总统的邀请，“在那儿让我和哪个该死的说话？”

苏联解体后，高盛是第一批想要抢占该国市场的西方银行之一。柏林墙倒下 3 年后，鲍里斯·叶利钦（Boris Yeltsin）的新政府指定高盛为该国的银行业顾问。

事实证明，在这里所能够获得的利益具有很大的不确定性。1994 年，高盛曾从俄罗斯抽身而退，但最终还是回到了这里。截至 1998 年，高盛帮俄罗斯政府销售了 12.5 亿美元的国债，当两个月后的违约事件发生时，这些债券变得分文不值，公司因此再次抽身离去。现在，高盛回到这里进行第三次尝试，贝兰克梵也下定决心，一定要把握这次机会，让公司业务步入正轨。

第二天早上 8 点，高盛董事会会议在阿斯托利亚酒店一楼的会议室召开。阿斯托利亚酒店自 1912 年开始运营，酒店以约翰·雅各布·阿斯特四世（John Jacob Astor IV）的名字命名。有传言说阿道夫·希特勒曾计划在攻占这座城市后就在阿斯托利亚酒店举办庆功宴，当时他对取胜深信不疑，甚至提前印好了宴会请柬。

身穿运动上衣和卡其裤的贝兰克梵先就公司业绩向董事会做了一次回顾，这已经成了董事会会议的一种惯例。

但会议接下来的部分或许才是最重要的一环，演讲者是高盛的元老级人物蒂姆·奥尼尔（Tim O’Neill）。虽然公司以外很少有人知道他，但作为公司内部的高级战略官，他是个关键人物。他的前任有彼得·克劳斯和埃里克·明迪奇（Eric Mindich），这两人都被认为是高盛的超级明星。毫无疑问奥尼尔对贝兰克梵有着重要影响。

董事会成员在三周前就收到了一份会议内容提要，因此他们都明白为什么这个环节如此重要。在此，奥尼尔将会对公司的存续计划进行一次全面概述。对公司来说，他是一名得力的“消防队长”，虽然目前还没有出现什么大麻烦，不过识别目前所有的紧急情况是他的职责。

他们面对的问题与传统的商业银行不同，高盛并没有属于自己的存款，而从定义来看存款是更为稳定的资金来源。与所有经纪人一样，高盛在一定程度上（至少是一定程度上）需要依赖短期回购市场来获得资金。回购协议使得一些公司能够抵押所持有的金融证券。为了避免依赖于隔夜拆借市场，高盛倾向于持有更长期限的债务协议，而像雷曼那类依赖隔夜拆借市场的银行则更容易受到市场波动的影响。

这样的安排就像是一把双刃剑。它允许通过押注自由资金而获得巨额的杠杆资金，比如，1 美元能带来 30 美元的债务资金，这种做法在金融领域非常普遍。而摩根大通这类银行控股公司则需要接受美联储的监管，在投资那些以债务为基础发行的债券时会面临较多限制。这一安排的缺陷在于，如果市场对公司的信心逐渐减弱，资金就会迅速地蒸发。

在奥尼尔介绍案例的时候，坐在一旁的贝兰克梵频频点头对他所做的分析表示赞同。奥尼尔解释说，贝尔斯登发生的一切并不是个别事件。早在这场危机爆发之前，独立经纪商就已经被认为是过时的事物了。贝兰克梵自己就曾亲眼见证了所罗门美邦被花旗集团收购，以及添惠公司（Dean Witter）被摩根士丹利兼并。现在贝尔斯登已经不复存在了，而雷曼也似乎正朝着这个方向发展，贝兰克梵有充分的理由感到担忧。

升任高盛总裁的经历让贝兰克梵对事情变化的速度有更为深刻的体会。10 年前他还是个又矮又胖、胡子拉碴、穿着直筒袜参加公司高尔夫短途旅行的人。如今，他已经是这家华尔街最出色、盈利最多公司的总裁了。

从某种意义上说，他的事业遵循典型的高盛式轨迹，与公司创始人及长期领导者西德尼·温伯格一样，贝兰克梵也出生于一个犹太工人家庭。他在纽约布朗克斯区出生，成长于林登屋，这是位于纽约东区的一个公共住房项目①，是布鲁克林区最贫穷的街区之一。在此类项目提供的公共住房中，你可以听到隔壁邻居的谈话，还能闻到他们为晚饭所准备菜肴的味道。贝兰克梵的父亲是专门负责为信件分类的邮局职工，母亲则是一位普通的接待员。

贝兰克梵从少年时代起就已经开始在纽约扬基队的比赛中贩卖苏打汽水了。1971 年，他从托马斯·杰斐逊中学毕业，并以学生代表的身份在毕业典礼上致告别辞。16 岁时，凭借奖学金和经济资助，他进入哈佛大学学习，成为家族中第一位念大学的人。他百折不挠的精神也能从其他事情上反映出来。比如，当时他正与一个来自堪萨斯城的卫尔斯利女子学院的女生交往，为了能离她近一些，他便在贺曼公司（Hallmark）找了一份暑期工作，虽然后来这段关系并没有持续下来。

本科毕业后他进入哈佛法学院攻读博士学位并于 1978 年顺利毕业，随后加入了多诺万律师事务所（Donovan，Leisure，Newton & Irvine）。接下来的几年时间里，他几乎就是在往返于纽约与洛杉矶的飞机上度过的。他难得会在周末抽点时间放松一下，比如和同事一起开车去拉斯维加斯玩 21 点。有一次，他们给上司留了一张便条，上面写着："如果星期一早上我们没有出现，那就说明我们赢了。"

至此，贝兰克梵其实已经踏上了成为公司合伙人的征途，不过 1981 年，在经历了一次"前半生的危机"（这是他自己的说法）后，他确定自己不打算成为一名公司税务律师，因此辞去工作，转而应聘高盛、

① 公共住房项目，特别指供低收入者使用的住宅。——译者注

摩根士丹利和添惠公司的工作。一开始这三家公司都拒绝了他，但几个月之后，他还是成功地进入了高盛。

事情是这样的，当时一家猎头公司找到贝兰克梵，请他到 J. Aron 公司工作，这家不知名的商品交易公司正在寻找一名能够解决复杂问题并能向客户详细解释公司业务的法学院毕业生。当他告诉未婚妻劳拉（她也是一名公司律师，在纽约的菲利普斯法律事务所工作）自己找了一份卖金币和金条的销售员工作时，她伤心得哭了起来。

几个月后，即 1981 年 10 月下旬，高盛收购了 J. Aron，于是贝兰克梵便歪打正着地成了高盛的雇员。

经历了 20 世纪 70 年代的石油冲击和严重的通货膨胀之后，高盛下定决心要进军商品交易领域。通过一家重要的伦敦公司，J. Aron 给高盛带来了巨大的黄金和金属交易业务，并让高盛的身影开始出现在国际舞台上。与高盛纪律严明、含蓄内敛的气质不同，J. Aron 是野性而喧闹的。当高盛最终将 J. Aron 的交易部门搬进百老汇大街 85 号时，追求完美且颇具绅士风度的高管被 J. Aron 交易员的仪态和行为震惊了，他们看到这些交易员随意地将领带松松垮垮地挂在脖子上，还卷着衬衣袖口，无论是报价还是骂人，无一例外都是大吵大嚷，生气的时候，还会用拳头猛敲桌子甚至扔掉手里的电话。这可不是高盛的作风，在高盛为其企业文化和精密的等级制度而满怀自豪时，J. Aron 却完全不拘泥于这些形式。加入高盛后，贝兰克梵曾问过自己的具体头衔，得到的回答却是：“如果愿意的话，你可以称自己为‘伯爵夫人’。”

高盛的马克·温克尔曼（Mark Winkelman）被派去驯服这群不守规矩的人。荷兰人温克尔曼是高盛最早拥有的几名海外合伙人之一，一向以卓越的分析能力著称。随着电脑变得越来越小巧但功能却变得越来越强大，他意识到科技将会对交易活动产生重要影响，他也是华尔街最早意识到这一点的管理人员之一。有一次，温克尔曼看到一名身材矮小的销售员拼命从一名交易员手中抢过电话，而这名交易员正准备冲着让他遭受损失的客户大喊大叫，这是他第一次注意到贝兰克梵。

在 J. Aron 第二年的一次裁员风波中，即高盛的第一次大范围裁员行动中，温克尔曼保护了他的门徒贝兰克梵，使其免受波及。在其他方面，贝兰克梵也算是相当幸运的。高盛已经决定大举进军债券、商品和货币交易市场，因此承担了更大的风险。高盛在商业票据领域已经算是一个先锋了，在市政融资方面也是领军者，不过与所罗门公司及其他机构相比，高盛在固定收益领域却是个失败者。温克尔曼和乔恩·科尔津对该业务进行了全面整治与完善，并从所罗门公司挖来了一些人才。

贝兰克梵长期锻炼而成的外交手腕及其夺目的才华给温克尔曼留下了深刻的印象，因此温克尔曼委派他负责管理货币交易部门的六名职员。不久，贝兰克梵就负责执掌整个部门了。

当时，与史蒂文·弗里德曼一同管理固定收益部门的罗伯特·鲁宾则反对贝兰克梵的这项职位调动。

“让一个销售员负责公司其他领域的交易，我们还从没见过这种事能行得通，”鲁宾对温克尔曼说，“你对自己的分析判断真的有把握吗？”

“鲁宾，非常感激你的经验之谈，不过我想他会做好的，”温克尔曼回答说，“劳尔德非常努力，而且是个既聪明又有求知欲的人，所以我对他有信心。”

这位年轻的律师很快就证明了自己杰出的交易才能，当时在保证一位穆斯林客户遵循《古兰经》禁止利息支付规定的前提下，他达成了一笔价值 1 亿美元的交易，该笔复杂交易还涉及对标准普尔 500 指数合约进行套期保值的操作，同时这也是高盛所做过的最大交易。

同时，贝兰克梵还是一位真正的阅读爱好者，在度假的时候总会随身携带一大摞历史书籍。他身上没有一点浮夸的影子，也从不自我吹嘘，他几乎就是高盛文化的理想化身。在高盛，没有人说“我做了这笔交易”，他们会说“我们做了这笔交易”。

1994年的高盛由科尔津和保尔森统治，温克尔曼因此错失了晋升的机会，对他来说是一次沉重的打击。贝兰克梵于1988年成为公司合伙人，是被指定接管温克尔曼工作的4位管理人之一。后来，温克尔曼离开了公司。

1998年，作为固定收益、货币和商品部门的联合主管，贝兰克梵已经控制了公司获利最为丰厚的业务部门，但他并没有被视作公司最高职位的不二人选。

最终，保尔森赢得了总裁的宝座，并任命才华卓越的贝兰克梵担任副总裁，同时还迫使约翰·塞恩离开了公司。为了符合所担任职务的形象，贝兰克梵刮掉了胡子，减掉了50磅体重，还戒了烟。2006年5月，当保尔森被任命为美国财长的时候，他宣布已经选定了由贝兰克梵接任自己的职位。

在贝兰克梵的记忆中，高盛始终认为自己需要一个合作者。1999年，公司公开上市后不久，执掌高盛的保尔森与摩根大通就合并一事进行了秘密会谈。但后来这些讨论戛然而止，因为有一天回到家走向自己房间时，保尔森灵光乍现，突然明白不能这么做。“从法律程序上看，当时我们准备购买摩根大通。但我突然意识到，摩根大通的规模要比高盛大得多，所以如果合并完成，实际上是它将接管我们并会把高盛的名字抹去。”他后来回忆到，“另外，对于他们可以做到的任何业务，我相信不管怎样我们一定会弄清应该如何运作。”

在克林顿的第一个任期内，国会一直致力于废除1933年《格拉斯－斯蒂格尔法案》的立法工作，努力解除银行、交易商以及其他金融部门之间的界限。与此同时，高盛的说客也在劝说国会制定一份相关议案，即后来的《1999年金融服务现代化法案》，其中包括一处小小的改动以方便他们随时成为银行控股公司。该条款允许任何一家拥有实体电力工厂的银行继续以银行控股公司的形式保有该工厂。当然，高盛是当时唯一一家拥有电力公司的银行。

在贝兰克梵回忆这些历史的时候，奥尼尔用一系列提问将报告引向了尾声：我们是否有必要成为一家商业银行？如果我们真的成为一家商业银行，那么这又将意味着什么？我们该如何利用存款？我们该如何构建一个存款基础？

贝兰克梵迅速地接过问题，他想以此来鼓励大家进行讨论。“存款只为特定活动提供资金。”他提醒大家。

加里·柯恩试图更加详细地解释将面临的情况。他指出，如果成为商业银行，使用全部存款进行风险交易将不被允许。他还提醒说，到时候他们将“不得不购买一些抵押贷款或开展信用卡业务或发起一些传统的抵押贷款”。然而高盛对这些都毫无经验，并且开展这些业务将意味着公司根本上的改变。

会议室的天花板上悬挂着 6 米高的枝形吊灯，这些董事及管理人员在吊灯下面反复讨论许多不同的想法，比如设立一家网络银行、发展公司的私人财富管理业务，等等。在对这些备选方案进行了一个小时的讨论之后，奥尼尔提出了一个新的方案，从而将讨论引入了另一个方向：收购一家保险公司。

乍一看，对高盛来说，相较于成为一家商业银行，保险业看起来像是一种更为彻底的背离。不过贝兰克梵认为，与存在的差异相比，这两个行业存在着更多的相同点。与商业银行使用客户存款进行投资一样，保险公司使用的是向一般客户收取的保险费。沃伦·巴菲特成为该领域的一个大玩家并非偶然，他利用手中保险公司的保险费为其他业务进行融资。另外，保险术语“精算风险”所表示的涵义与高盛自己的风险管理原则并没有什么不同。

但高盛不能随随便便地收购一家保险公司，收购的对象必须有足够的规模，即必须能对高盛已经非常可观的资产负债表产生有力的影响。

奥尼尔的首选就是美国国际集团，从某种程度上说，它是世界上最大的保险公司。美国国际集团的股价最近经历了大幅下跌，所以这笔交易或许将会很实惠。事实上，与美国国际集团进行交易早已不是什么新鲜念头了，在百老汇大街 85 号，好多年前就有关于两家公司可能合并的传言了。高盛的前领导人约翰 · 怀特黑德和约翰 · 温伯格都是汉克 · 格林伯格的朋友，他们曾暗示汉克 · 格林伯格，这两家公司将来很可能会进行交易。

会议室里的每个人对美国国际集团都有着自己的看法。从麦肯锡公司荣誉退休的高级合伙人拉贾特 · 古普塔（Rajat K. Gupta）对这一提议很感兴趣，同样对此事怀有热情的还有保尔森的密友、莎莉集团前首席执行官约翰 · 布莱恩。

医疗技术领域巨头美敦力公司（Medtronic）的前任总裁比尔 · 乔治（Bill George）却表现得有些犹豫，而加里 · 柯恩则坦言这个想法让他感到担忧。他们不约而同地看着董事会的特殊成员爱德华 · 利迪（Edward Liddy），想听听他对这一提议的看法。

好事达公司（Allstate）是主要的汽车和房屋保险供给商。作为该公司的首席执行官，利迪是这间会议室里唯一在保险业务领域有实际从业经验的人。大约五年前，利迪曾尝试将公司卖给美国国际集团，当时格林伯格不屑地拒绝了他的提议："我觉得你还是应该留着它。"

在以往的董事会议上，只要一出现有关保险的话题，利迪就会表现得毫无热情。这次他却明确警告说："这完全是另外一回事。"无论美国国际集团目前看起来有多么便宜，他坚持认为"与美国国际集团纠缠在一起根本不值得"。

早上的会议就这样结束了，他们没有作出任何有关美国国际集团的决定。午餐过后，这家保险公司被再次提及，不过提及的原因完全不同。美国国际集团和华尔街的一些公司都通过高盛进行交易，同其他许多公司一样，美国国际集团也会将其持有的证券进行抵押。问题在于美国国际集团声称它所持有证券的价值要远远高于高盛的判断。虽然为高盛提供服务的审计机构已经着手对此进行调查，但这其中还存在另一个问题：负责审计的普华永道会计师事务所同时为美国国际集团服务。

在来自纽约的一份视频会议报告中，普华永道的一位高级经理向高盛董事会汇报了调查的最新情况。其中包括董事会与美国国际集团之间的分歧，即美国国际集团是如何对资产组合进行估价的，用华尔街术语表达就是如何“盯市”。贝兰克梵向董事会表示，高盛的高管一直认为美国国际集团是“盯着让市场投资者相信”（marking to make-believe）。

然而奇怪的是，在莫斯科那次会议上却没人提及这个至关重要的问题，即当高盛考虑与美国国际集团合并时，没人将有关抵押物的分歧当作一个潜在的致命缺陷给提出来。此时的美国国际集团正深陷麻烦之中，甚至将高估所持有的证券价值当作权宜之计。这些问题同样没人提及，下午的会议反倒转向对普华永道进行谴责，高盛联合总裁乔恩·温克里德（Jon Winkelried）尖锐地质问道：“若一家公司分别代表两家机构，而它们在同一件抵押物的估值方法上存在明显分歧，身处这个角色，普华永道应该如何处理？”

这已经是普华永道第二次在高盛的董事会上遭到批评了。2007 年 11 月，高盛董事会与美国国际集团第一次在抵押物问题上产生了分歧，当时涉及的标的价值总计超过了 15 亿美元。为了防备美国国际集团的倒闭，焦虑不已的高盛开始购买信用违约互换作为保险。因为当时并没有人真的认为美国国际集团会倒闭，所以购买此类保险相对比较便宜：只要 1.5 亿美元，高盛就能为价值约 25 亿美元的债务投保。

高盛董事会以一种更为悠闲从容的方式结束了在圣彼得堡的短暂停留。晚上 10 点之后北方的天空依旧明亮，13 位董事携伴侣乘坐贡多拉小船沿着闻名于世的运河畅游了这座城市。

星期天，高盛董事会成员飞往莫斯科，在红场附近的丽思卡尔顿酒店集合，准备进行这次会议的第二项议程。当天晚宴上的发言人是米哈伊尔·戈尔巴乔夫。虽然德米特里·梅德韦杰夫当时刚刚被选为普京的继任者，但是在很大程度上，权力依然掌握在普京手中。许多外国投资者担心俄罗斯作出的开放市场并使其自由化的承诺很快就会失效，特别是考虑到权力还掌握在能源工业的手中。

高盛几位董事对克里姆林宫仍然怀有一种奇怪的如同对待苏联政府的“恭敬”态度。戈尔巴乔夫当时说：“俄罗斯目前已经意识到了成为民主国家的潜在可能性，并且正敞开怀抱迎接新思想和国际投资。”

一些董事开玩笑说，如果世界上还有一家酒店没被安装窃听器的话，那么肯定就是这家丽思卡尔顿酒店。

非常凑巧的是，当天傍晚，美国金融界的另一位关键人物也抵达了莫斯科。莫斯科是财长汉克·保尔森五天欧洲之行的一站，之后他将去柏林、法兰克福，然后是伦敦。

保尔森这个月的大部分时间都是在旅途中度过的：访问波斯湾国家；到日本大阪出席八国集团财长会议；现在又要穿越欧洲和俄罗斯。他觉得此次出访最重要的一站是伦敦，并准备在位于圣詹姆斯广场的英国皇家国际事务研究所（Chatham House）[①]进行演讲。保尔森认为这将会是一次至关重要的演讲。在助理戴维·内森的精心运作下，这次演讲将预示着一场正在酝酿的全面金融监管改革。仍在为雷曼这类公司担心的同时，保尔森知道自己需要采取新的措施来处理那些问题机构。趁着当前的局势看起来还比较稳定，保尔森希望能赶在问题集中爆发之前采取行动。

利用飞机上的时间，保尔森对演讲稿又进行了一遍检查并做了最后

① 作为一个学术机构，它的主要研究领域是能源与环境问题、国际经济、地区研究和安全问题。该机构每年出版 40 多份研究报告、论文和书籍，其中《国际事务》双月刊在国际上影响较大。皇家国际事务研究所还举办各种研讨会，邀请世界各国政要发表演讲。中国前外交部长钱其琛和现任外交部长杨洁篪曾分别于 1995 年和 2007 年在该所发表演说。——译者注

修订，因为一旦抵达莫斯科就没有时间做这些事了。“为了纠正大型机构‘大而不倒’的预期，我们必须改进现有的管理工具，从而保证巨型复杂金融机构的破产倒闭能够有序进行，”他打算这么说，“正如美联储前主席格林斯潘经常提到的那样，并不是一家机构太大或牵涉范围过广以至于不能倒闭，真正的问题是不能迅速地对其进行破产清算，我们目前拥有的工具还非常有限。”

发表这种言论可是一步险棋，这等于向全世界公开承认政府因权力有限而不能防止严重衰退。该观点会进一步侵蚀市场的信心，但保尔森很清楚必须把这些说出来，因为当务之急是马上控制目前的局势。

星期六晚上，在美国大使馆斯帕索楼（Spaso House）的椭圆餐厅，保尔森与俄罗斯财政大臣阿列克谢·库德林（Alexei Kudrin）一起共进晚餐。保尔森星期天的日程已经全部排满，包括 6 次会议和一个电台采访，此外还有与梅德韦杰夫和普京的私人会面。此前保尔森已经告诉记者他打算与俄罗斯讨论一下对待一些政府持有的巨额投资基金的最佳做法，即那些主要由富有的中东国家所设立的主权财富基金。

晚餐结束后，保尔森还要进行当晚的最后一次会面。就在几天前，保尔森获悉在他停留莫斯科期间，高盛的董事会恰好也在莫斯科，于是他让吉姆·威尔金森安排了一次会面。这不是什么正式的会面，而是单纯的社交活动，只是为了叙叙旧。

“谁会相信这该死的理由！”威尔金森心想。应付经常流传在华盛顿和华尔街的高盛阴谋论已经让他和财政部焦头烂额了，现在保尔森还要与高盛董事会进行私人会面？而且是在莫斯科？

6 月份，拉里·芬克的贝莱德集团在阿布扎比的宫殿酒店（Emirates Palace Hotel）为其董事举办了一次鸡尾酒会，会上保尔森和高盛的人有过短暂接触，除此之外，在就任美国财长的近两年时间里，他没有和高盛董事会的任何人私下见过面。

由于担心这次私人会面可能带来的影响，威尔金森打电话给财政部总顾问请求批准。罗伯特·霍伊特（Robert Hoyt）却对这次会面并不怎么在意，他说只要能保证是“社交活动”，那么这次会面就不会和相应的道德准则产生冲突。

尽管如此，在协调会面细节的时候，威尔金森还是对罗杰斯说：“这件事我们还是别声张的好。”他们决定，戈尔巴乔夫的晚宴一结束，就请高盛董事到保尔森的套房进行会面，而保尔森也不会将这次社交活动记录在官方日志上。

那天晚上，高盛董事会一行人共乘一辆巴士，在穿过十几个街区后，到达了坐落在缇维斯卡雅大街（Tverskaya Street）的莫斯科万豪大酒店。一些人觉得这简直是在参演一部谍战片，既有宏伟的莫斯科市中心，又有各种安保情节。穿过有巨大喷泉的明亮大厅后，他们被护送上楼，来到美国财长的房间。

“快请进，”保尔森愉快地对他们每个人表示欢迎，并热情地和其中几位握手和拥抱。

随后的一个小时里，保尔森向老朋友们讲起了在财政部的新鲜事，以及对经济的预测。他们询问是否还会有银行面临倒闭，比如雷曼。作为回答，保尔森谈到了政府取得处理问题银行的相关权力的必要性。这也算是对即将进行的演讲的一次演练。“尽管如此，”保尔森告诉他们，“以我个人的观点来看，未来我们还有一段艰难的路要走。不过从历史经验来看，或许到年底我们就能熬过去了。”

在第二天用早餐的时候，贝兰克梵和一位董事谈起了前一天晚上保尔森的论断。“我不明白他为什么那样说，”贝兰克梵揶揄道，“情况只会越来越糟糕。”

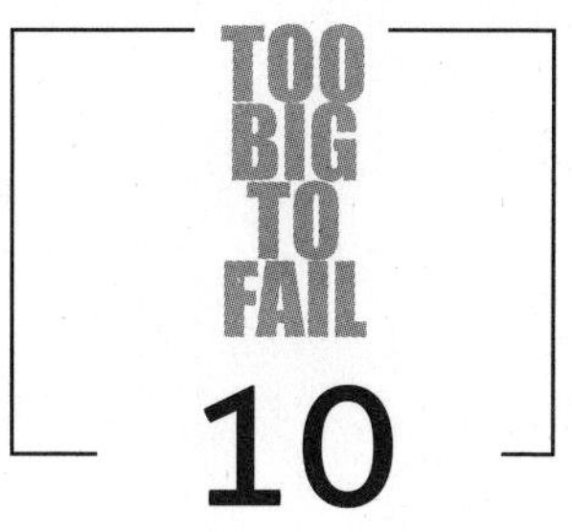

10

6月末的一个下午，迪克·富尔德走进位于五十三街第六大道的希尔顿酒店，酒店大堂熙熙攘攘。对于即将参加的会面，他已经迟到了，这让他更加焦躁。刚刚接任雷曼总裁的巴特·麦克达德向富尔德提出了一个令人吃惊的要求：重聘曾被约瑟夫·格雷戈里解雇的高级交易员迈克尔·格尔本德和亚历克斯·柯克 。这些年来，这两位被格雷戈里称为“捣乱鬼”的员工一直高调地反对雷曼不断扩大风险敞口的做法。

“我们需要这些人，”关于这个决定，麦克达德向富尔德解释道，“他们很了解公司持有的头寸。”他指的是那些雷曼持有的、希望能赶快脱手的有毒资产。麦克达德还表示，这两人在交易员中有着相当高的威信，对提振军心至关重要。

在这件事上，富尔德只能被麦克达德牵着鼻子走。因为他刚将公司的日常事务移交给麦克达德，为公司的利益考虑，他不应该在这件事情上跟他唱反调，因为公开挑战他的判断会使两人的处境十分尴尬。但在正式作出回应之前，他坚持说："重聘之前，还是让我先跟他们谈谈吧。"

随后，富尔德便安排了与格尔本德的会面，两人已经一年多没见了。

两人在一间会议室里坐下，室内光线昏暗而且气氛紧张。"以前的事先撇开不谈，"富尔德先开了口，承认还有些纠葛需要解决，"明说了吧，有人想请你回来，你怎么看？"

格尔本德身形高大，还剃着光头，他并不喜欢富尔德这种咄咄逼人的气势，对他的虚张声势也不买账。在他看来，雷曼现在乱成这样，他愿意回去已经是帮了富尔德的大忙了。而颇具讽刺意味的是，在这之前，他已经被指定为美国国际集团首席执行官约瑟夫·卡萨诺的接班人。

"你这话什么意思，迪克？"他问。

富尔德倒了杯水，继续说道："我们上一次这样面对面聊天的时候，哦，不是上次，是你还在公司的时候，你跟我谈你的奖金问题。我能感觉到你对自己的奖金并不满意，这让我很生气，你 2006 年可是拿了一大笔红利。"

格尔本德原以为这次会面能彼此握手言和，富尔德不留情面的开场完全在他的意料之外。离开雷曼的时候，他曾与富尔德开诚布公地谈过自己的奖金问题，那年他到手的红利有 2 500 多万，他记得自己并没有大声抱怨奖金太少。"你这话就有意思了，我可不记得自己抱怨过奖金太少，"格尔本德说，"事实上，我已经非常满足了。"

"乔可不是这么跟我说的。"富尔德回应道。

当然，除此之外，他们也抛开分歧，谈起公司的情况，怀念过去的美好时光的同时，也探讨了雷曼的前景。很明显，雷曼目前必须尽快抛出手上的头寸，以尽可能地卖个好价钱。关于这一点，格尔本德认为需要尽快盘清持有资产的价值，富尔德则打算进一步筹集资本金。

会面即将结束的时候，格尔本德说："你得清楚，我回来完全是因为巴特。"

富尔德明白，格尔本德和麦克达德私交甚好，他们在密歇根商学院时是同班同学，格尔本德在雷曼的第一份工作就是麦克达德介绍的。"没错，巴特正准备全面负责雷曼的日常事务，"富尔德装作一副无所谓的样子，"但我也希望能参与其中的一些事务。"

格尔本德不屑地看着他并回答道："不，我认为必须由巴特全权负责。"

7月的最后一个周末，在圣西蒙斯岛海边散步的时候，汉克·保尔森和妻子温蒂看到一只赤蠵龟在沙滩上下蛋，这对于热爱自然的保尔森夫妇来说真是个美妙非凡的时刻，于是决定驻足见证这大自然的奇迹。经历了工作的奔波劳累之后，保尔森飞到这个萨凡纳以南60英里、靠近乔治亚海岸的小岛，与妻子一起享受这份难得的轻松惬意。该岛是珍禽异兽的天堂，也是保尔森整理思绪的世外桃源。他很喜欢这个总面积一万公顷的小岛，从2003年开始，他陆续投入3 265万美元，购买了该岛75%的所有权。

这次欧洲之行颇为成功，他在伦敦呼吁为投行建立安全网，以防止整个系统的崩溃，演讲获得了广泛关注。在英首相府邸举行的招待会上，布朗对他的高瞻远瞩大加赞赏。

保尔森虽然人在海滩漫步，心却难以放松。最近的经济形势让他寝食难安，访问欧洲时他就提到："美国经济正面临三重考验：高企的能源价格、混乱的资本市场和不断调整的房价。"除了宏观经济形势，最让保尔森担忧的就是雷曼。今天早上，他刚和富尔德在岛上的小木屋里讨论过雷曼的问题，现在形势已变得更为清晰：雷曼不可能找到买家。中东和亚洲的主权财富基金大多在12月的时候就已被所投资的美国各家银行深深套牢。现在看来，他们根本无法挽救雷曼。保尔森担心富尔德很快就会陷于被动。

但无论这些事情多么让人忧心忡忡，保尔森从不向温蒂透漏半点。不在家里谈论雷曼还有另外一个原因：汉克·保尔森的弟弟理查德·保尔森（Richard Paulson）是雷曼芝加哥分部的债券销售员。他们聊天的时候也会刻意回避有关雷曼的话题，因为他知道，一旦雷曼破产，弟弟可能就会失业。

困扰保尔森的还有另外一件烦心事，罗伯特·斯蒂尔已经成了美联银行首席执行官的候选人，这意味着他很可能即将失去这位得力干将。美联银行是一家总部位于夏洛特市的大型银行，原首席执行官因公司在房地产市场亏损7.08亿美元而被革职。保尔森和斯蒂尔在6月份讨论过这件事，当时形势还远没有现在复杂，保尔森甚至还鼓励斯蒂尔去角逐这个职位。不过从目前的情况看，或许斯蒂尔真的要担任此职了，这将让保尔森痛失左膀右臂。眼下的形势前所未有的严峻：斯蒂尔还一直管辖着房利美和房地美，这两家都是政府发起类公司（government-sponsored enterprises），过去一直扮演着房地产泡沫助推器的角色，现在它们正濒临破产。

星期一下午，当保尔森乘坐私人飞机抵达杜勒斯机场的时候，他最担心的事情终于发生了。金融市场已经全面崩溃，他有心施救却无力回天。房地美的股价一度下挫30%，收盘时虽有所回升，却也下跌了17.9%。房利美的股价则下跌了16.2%，达到1992年以来的最低点。其他金融机构的股价也大多如此，雷曼的股价则下滑了8%有余。就在保尔森尽力接受这些现实的时候，斯蒂尔通知他自己已经接受了美联银行的任命，消息将在星期二正式对外公布。

当晚，保尔森在客厅里逐页翻阅财政部助理发给他的传真，其中一份让他分外不安。雷曼分析师布鲁斯·哈汀（Bruce Harting）在一份报告中透露，在修改后的会计准则下，“两房”需要再募集750亿美元以补充资本金。这份报告重新引起了人们对这两大抵押贷款巨头的恐惧，它让投资者意识到，如果房地产市场崩溃，他们所拥有的救生艇将仅仅是块腐烂的木板。另外，政府发起类公司通常用政府税收收入作隐形担保，一旦市场对它们失去信心，整个美国经济都将岌岌可危。

保尔森意识到市场对“两房”的不安情绪正在滋生。星期二早上，在CNBC的电视节目《扬声器》中，负责监管“两房”的联邦住房企业督察局主席詹姆斯·洛克哈特（James B. Lockhart III）试图稳定市场情绪：“‘两房’有充足的资本金，而且管理团队经验丰富，它们都在尽最大的努力以渡过这次危机。”

保尔森后来和下属聊过这次讲话，他的评价只有两个字：“扯淡。”

几个月来，保尔森和他的团队一直在讨论一个问题：一旦危机真的降临，应该如何救助“两房”？他认为“两房”在保障经济长期健康平稳发展方面的作用远远超过雷曼和其他投行。但他也知道，虽然“两房”促成的繁荣使得居者有其屋成为一项近乎正义的公众权利，但“两房”的存在也引发了不少争议，自己很可能因此陷入政治斗争的泥潭。有评论认为“两房”在次贷这趟浑水中已经性命垂危，用保尔森一年前的话来说，“两房”的争议“近似一次圣战”。

尽管“两房”星期二的股价比恐慌抛售的星期一略有回升，但仍保持在20美元以下，市场也没有表现出已经消除焦虑的迹象。虽然“两房”的信用级别仍是最高的AAA级，但他们针对债务出售的信用违约互换（本质上是一种保险）却要低5个等级。而且实际上，相对于公司的基本面，“两房”的AAA评级在更大程度上是政府隐性担保的反映。

保尔森和助手正在为两天后针对“两房”问题的国会听证会做准备，

这时斯蒂尔把脑袋向会议室里探了探。

“汉克，我要走了。”

保尔森只是抬头看了他一眼：“好的，鲍勃，回头见。”

“不，不，”斯蒂尔说，“我的意思是，我要离开这里了。”

保尔森这才意识到斯蒂尔是来告别的，他立即站起来给自己的老部下送行。

走到大厅的时候，保尔森开玩笑说：“你溜得可真是时候。”

房利美的前身是国会在1938年设立的联邦国民抵押贷款协会，从它诞生的那一刻起，政界就为此争议不断。联邦国民抵押贷款协会是罗斯福在新政期间为解决大萧条中房价暴跌所带来的诸多问题而建立的。它从商业银行、储蓄银行和其他借款人手中购买债务，以降低借款人的风险、激励相应机构发放住房贷款，从而增加住房相关项目的资金供给。共和党人则将房利美视为政治对手作秀的产物。1968年，越战和大社会计划带来的巨大财政压力迫使林登·约翰逊（Lyndon Johnson）将房利美私有化。为了封住批评者的嘴，他于1970年为房利美提供了一个竞争对手——联邦家庭贷款抵押机构，也就是房地美的前身。

比起他们的反对者，“两房”在政治斗争中更为主动而富有进攻性，他们在国会的说客身上砸了数百万美元。对民主党和共和党来说，“两房”就是通向华盛顿权力巅峰的旋转门，共和党的纽特·金格里奇（Newt Gingrich）和拉夫·里德（Ralph Reed）曾是“两房”的顾问，民主党的拉姆·伊曼纽尔（Rahm Emanuel）则是房地美的董事会成员。

到了20世纪90年代，房利美的首席执行官可以毫不夸张地吹嘘：“我们是住房体系里的美联储。”在巅峰时期，这两大抵押贷款巨头持有或者担保了市场总规模高达11万亿美元的美国抵押贷款市场55%的资产，尽管他们谁都没有贷出过一分钱。从80年代开始，“两房”就成了抵押支持证券的重要来源。华尔街热衷于将汽车贷款、信用卡应收款等各类债务证券化并从中收取高额佣金，而“两房”名下的大量抵押贷款正是他们最大的印钞机。

1999年，迫于当时克林顿政府的压力，“两房”开始发放次级贷款。舆论认为此举将使无数美国人的购房梦想触手可及，但给原本无力购房的人发放贷款蕴含着先天性的风险，正如《纽约时报》在该计划公布当天所流露出的担忧：

> 即使仅是试探性地涉足次贷这一新领域，房利美也已经冒了十足的风险。这在经济繁荣时期也许会平安无事，但是一旦经济下滑，这些政府发起类公司将会惹祸上身。届时，80年代政府不得不救助储蓄和放贷机构的悲剧将会重演。

“两房”在金融和政治领域取得的成就不可避免地助长了公司的傲慢之气。2004年，时任房利美总裁的丹尼尔·穆德（Daniel Mudd）在给老板的备忘录中写道：“我们是永远的胜利者，我们不接受任何人的哭泣求饶，也没有碰到任何有组织的政治抵抗。”正是这种自负导致“两房”最终涉足衍生产品交易，并采用了过于激进的会计方法。后来，两家公司都被监管机构发现有操纵利润的行为，被迫重编过去几年的财务报表，首席执行官也因此下台。

直到2008年3月，“两房”仍未彻底摆脱这场会计丑闻。在出手救助贝尔斯登几天后，布什政府下调了“两房”的资本金要求，作为回报，“两房”答应购买抵押贷款以帮助经济复苏。

然而，2008年7月10日，星期三那天，投资者的恐慌性抛盘使得之前的一切努力都付之东流。圣路易斯联邦储备银行前主席威廉·普勒（William Poole）毫不含糊地指出：“国会应该认识到‘两房’已经资不抵债，它却正用纳税人的血汗钱来喂养这两只死而不僵的吸血鬼。”

“真他妈难以置信！”迪克·富尔德朝站在面前的斯科特·福莱德汉姆吼道，坐在办公椅上的身体陷得更深了。

有市场传言称，世界上最大的债券型基金——太平洋投资管理公司已经停止了与雷曼的一切交易，受此消息影响，雷曼股票在星期四一开盘就重挫 12%，股价已达 8 年来的最低点。另一个甚嚣尘上的传言是，史蒂文·科恩麾下的 SAC 资本顾问公司也停止了与雷曼的生意往来。

“我知道这是假消息，你也知道这是假消息，”富尔德告诉福莱德汉姆，“你马上给这些家伙打电话，让他们发表声明，澄清这一切！”

这真是令人受尽折磨的一周。市场对“两房”的持续恐慌来自雷曼分析师的报告，而同时投资者还挖出了雷曼存在的相关问题。这让富尔德难以理解。雷曼在上季度就已饱受严厉批评，但随后便筹集了新的资本。在富尔德看来，现在的资产负债表比以前漂亮多了，这反映出雷曼降低债务在投资资金中所占比例、实现投资去杠杆化的决心。

在富尔德看来，这些关于雷曼的假消息是空头故意捏造的，目的是持续打压雷曼股价。但已经有好几个人告诉富尔德，这些对公司不利的“泼冷水”的事都发自一个地方：高盛。这让富尔德像吃了苍蝇一样恶心，因为他的儿子里奇就是高盛负责电信行业投资的银行家。

富尔德觉得该亲自给劳尔德·贝兰克梵打个电话了。

“我知道这会惹你不高兴。”富尔德开门见山地说。他说他听到许多有关“高盛暗中诋毁雷曼”的小道消息。“我不知道除了你还有谁敢这么干。”他以威胁的口吻说道，似乎想迫使贝兰克梵承认干过这勾当。

贝兰克梵对富尔德的态度很是恼火，一口咬定自己与那些传言无关，说完便挂了电话。

这样的对话几乎成了富尔德的每日必修课。几天后，富尔德又听到传言称瑞士信贷正在散布雷曼的谣言。他暴跳如雷，马上把电话打给了瑞士信贷投行的首席执行官保罗·柯磊洛（Paul Calello），富尔德对他说："你们不要这么无聊，这让我觉得是在玩打地鼠。"

源源不断的坏消息不仅影响了雷曼的股价，也使富尔德筹集资金的努力受到重重阻碍。休·麦克吉的投行团队已经尝试接触过很多潜在买家，其中包括加拿大皇家银行、汇丰银行和通用电气，但所有的努力都是竹篮打水一场空。唯一有意接盘的买家是韩国发展银行的闵裕圣。尽管雷曼的高管们对此人已不抱希望，但富尔德仍示意银行家们应盯紧这根救命稻草。事实上，富尔德甚至想亲自飞到韩国去会见闵裕圣，以达成交易。

但他突然想，摩根士丹利的老朋友约翰·麦克能否拉自己一把？毕竟摩根是国内仅次于高盛的第二大投行。尽管摩根第二季度的财务报表并不好看，盈利比去年下降了57%，但它有充足的现金流，股价也持续上涨，完全有能力实现这笔交易。

富尔德和麦克还颇有渊源，他们是同一批来华尔街闯荡的年轻人，1968年麦克参加了美邦公司的培训项目，随后于1972年加入摩根士丹利，当时摩根还是一个只有350名员工的小公司。与富尔德一样，麦克也是通过债券交易和销售起家，并很快树立起自己名声的。麦克是一个高效的推销员，身材魁梧、英俊潇洒。当他大步流星地穿过交易大厅的时候，只要发现赚大钱的机会，就会豪情万丈地大声嚷道："同志们，我闻到血腥味了，上啊！"碰到交易员在早上8点才读《华尔街日报》，他肯定会说："啊哈，又被我逮到了，你被炒鱿鱼了。"与富尔德非常相像的是，麦克也常常极力维护自己人的利益，在他还是个交易员的时候，就曾经被上级禁止参与交易。

富尔德给摩根士丹利的纽约总部打了电话，随后被转接到巴黎，此时麦克正带着客户参观公司富丽堂皇的巴黎总部。

在两人都对市场、谣言和“两房”的高压发了一通牢骚之后，富尔德坦率地问道：“我们能不能试着进行合作？”

麦克已经意识到富尔德打这个电话的意图了。尽管觉得在如此低迷的市场环境下自己不可能会对该提议有多大兴趣，但他仍决定听听富尔德的想法。他觉得自己可能会有兴趣收购雷曼的部分资产，但不太可能买下整个雷曼。他告诉富尔德自己将于星期五飞回纽约，他们可以在星期六安排面谈。

富尔德急于促成这次会面，所以立马说道：“到时我去你的办公室。”

“不，这可不好，要是被看到不就落人口实了。”麦克说，“别干那种傻事，来我家吧，在我家见。”

汉克·保尔森行色匆匆地走进众议院雷伯恩办公楼的2128室。今天的听证会由众议院金融服务委员会召开，主题是讨论“金融市场监管的重构”，但其真实意图是讨论“两房”问题。保尔森也想先吹吹风，以便将来能从国会取得授权，在必要的时候扳倒政府发起类公司，尽管他以前从没想过会出现这种情况。在这周早些时候，保尔森已经探过听证会主席巴尼·弗兰克的口风，弗兰克鼓励他“想要什么尽管说”，并承诺会支持他。

此刻，保尔森站在委员会委员们面前，身旁是本·伯南克。他开口道：“在紧急情况下，我们需要获得更广泛的权限来改革或者接手那些没有联邦储蓄保险的复杂金融机构，”他解释说，“我们一定要解决这些机构的问题，而为此必须获得相应支持。”

来自堪萨斯东北部的共和党代表丹尼斯·穆尔（Dennis Moore）问道：“你仍然认为政府发起类公司会放大经济的系统性风险吗？”保尔森回答：“议员先生，我想说的是，眼下任何金融机构都可能增加系统性风险，对这点的丝毫怀疑都是有百害而无一利的。当然，我也只是因时论事。”

当天股市收盘的时候，“时”和“事”都进一步恶化了，“两房”的总市值瞬间蒸发了35亿美元。市场对“两房”的债务及其担保的抵押贷款支持证券的担忧与日俱增，这是在考验华盛顿政府的决心和忍耐度——到底市场混乱到何种程度时政府才会出手相救？

尽管保尔森认为近期还不需要当天上午在听证会上所讨论的权力，但经济的整体状况却让人不得不开始提高警惕。保尔森给白宫的办公厅主任乔舒亚·博尔滕打电话试探他的口风，看能否向国会施压以尽快扩大他处理“两房”问题时所能动用的权力，博尔滕对此表示支持。保尔森还想听听艾伦·格林斯潘的建议，一番周折之后他找到了格林斯潘家的电话，保尔森和其他6个财政部工作人员都围着视频电话，听着这位前任美联储主席从扬声器里传过来的微弱声音。

在报出一连串房屋市场数据之后，格林斯潘谈了他对这次危机的看法：这是百年一遇的危机，政府或许有必要采取一些非常措施来稳定市场。长久以来，这位美联储前主席都是“两房”的批评者，但如今他也意识到了援助“两房”是政府救市行动中不可或缺的一环。对于房市的危机，他提出了一个建议，但该建议仅有供求关系方面的理论价值：他认为问题的根源是房屋供过于求，只要政府把空房子全都买下来，然后一把火烧掉，问题就能通通解决。

通话结束之后，保尔森笑着对下属说：“这主意不坏，但我们可不能真这么干。”

保尔森在他办公室旁边的小会议室里和伯南克一起用早餐，他气得面色通红，什么也吃不下。“这下麻烦大了。”他叹气道。

当天早上的《纽约时报》在头版报道，政府高级官员“正在考虑一项计划，如果‘两房’问题继续恶化，政府会考虑接管‘两房’”。

这说明，对于“两房”问题的处理方案，有人走漏了风声。

保尔森的燕麦片已经凉了，他正喝着一罐健怡可乐，他无法理解居然会有混蛋政府官员向媒体透露一个尚无定论的计划。不管那个家伙是谁，该消息肯定会进一步打击市场信心。一想到这儿，保尔森恨得牙根痒痒。

从疲惫的眼神可以看出，对保尔森来说，这是个漫长的早晨：7 点 10 分，在椭圆办公室给总统做简报；7 点 40 分，与盖特纳开电话会议；8 点，与贝莱德集团的拉里·芬克交流“两房”问题的处理办法；5 分钟后，还挤了点时间与迪克·富尔德碰了个头。

股市开盘后不久，财政部的詹姆斯·威尔金森和尼尔·卡斯卡里就闯了进来，打断了保尔森和伯南克的早餐，他们报告说“两房”的股价已经下跌了约 22%，建议保尔森发布声明以稳定市场情绪。正如保尔森所担心的那样，《纽约时报》的报道果然引起了恐慌，人们猜不出政府插手“两房”将意味着什么。回想起保尔森以两美元一股的价格强卖贝尔斯登，投资者不得不开始考虑：“两房”是否会重蹈贝尔斯登的覆辙？

保尔森也觉得有必要出面安抚市场情绪。上午 10 点 30 分，财政部发布了一份保尔森署名的声明：“政府当前的首要目标是在保持‘两房’现有模式不变的基础上，向‘两房’提供必要的支持。”保尔森说“保持现有模式不变”是想传递这样一个信号：他并不想将“两房”国有化，尽管他知道最后可能不得不走这一步。

保尔森走到白宫时，对消息的泄露依然怒气未消，这时正好碰上布什总统准备去独立大街的能源部听取石油和能源市场简报。“能捎上我吗，总统先生？”保尔森问道。随后，在这短短的旅途中，他向布什简要汇报了“两房”的情况。尽管多年来一直反对政府发起类公司，这次布什却相当支持保尔森的计划。当总统车队抵达能源部时，保尔森建议总统在下午的媒体见面会上谨慎发言，以防冲击市场情绪。他建议道：

“要尽量强调我们正在努力稳定这些机构。”

虽然房地美股价盘中一度重挫 51%，下探到 3.89 美元，房利美股价也最高下跌了 49%，但收盘时，房地美股价仅下跌了 3.1%，而房利美却下跌了 22%。其间，保尔森开始与国会通电话，询问通过什么程序才可以授权财政部给“两房”注资或为其债务进行担保。

收市时，保尔森与联邦储蓄保险公司的主席希莉亚 · 贝尔（Shelia C. Bair）通了个电话，没想到她给抵押贷款市场带来一个雪上加霜的消息：联邦储蓄保险公司准备接手抵押贷款公司印地迈银行集团。这已是今年第 5 家破产的联邦储蓄保险公司担保银行，也是储蓄和信贷崩溃以来规模最大的银行破产案。

意识到“两房”问题可能很快就会失控，下午 4 点 15 分保尔森在办公室召集了他的智囊团，通知他们准备周末加班，以尽快想出稳定政府发起类公司的办法。他的计划很简单：得到向“两房”注资的授权，但他还是希望永远不需要使用这项权力。

保尔森说：“我要在周日晚亚洲股市开市之前宣布这项计划。”

星期六早上，富尔德驾车来到约翰 · 麦克位于纽约拉伊的都铎式老房子。他对这次会面分外紧张，根本无暇享受纽约的大好天气。“上帝啊，救救我吧，”他想，“千万别走漏了风声，否则我可就完了。”他完全可以想象报纸会出现什么样的头条标题。

“早上好，迪克。”麦克在门口迎候富尔德。麦克的妻子克里斯蒂也出来向富尔德打招呼。

摩根士丹利的管理团队比他早到了一步，正在麦克的会客厅攀谈。到会的有公司联合总裁瓦利德 · 查马哈（Walid A. Chammah）和詹姆斯 · 戈尔曼（James P. Gorman）、投行业务负责人保罗 · 陶布曼（Paul J. Taubman）以及企业信贷和自营投资部负责人明奇 · 帕特里克（Mitch

Petrick)。“他们肯定已经谋划了好几个小时了。”富尔德心想。

随后来的是穿着高尔夫T恤和卡其裤的麦克达德，而麦克吉则迟到了。

克里斯蒂在茶几上摆了好几盘从附近熟食店订购的点心，并说："大家请慢用。”这群人则围坐在茶几周围的沙发上，尴尬地沉默着，此时谁都不知道该如何开始讨论。

富尔德看着麦克，似乎在说“这是你家，应该你来开场”。麦克则用冷静的眼神回应富尔德“是你要开会，该由你来开场”。

“好吧，我来开个头，”最后，富尔德打破了沉默，“我也没有一个清晰明确的计划，不过，先谈谈看吧。”

“也许我们会一无所获。”麦克注意到了屋内弥漫的不安气氛，略带沮丧地说。

“不不不，”富尔德急忙打断了他，“我们应该谈谈。”

富尔德首先提到雷曼打算出售它引以为豪的资产管理公司纽伯格伯曼。此外，他还建议摩根买下雷曼位于第七大道的总部大楼，它曾属于摩根士丹利，摩根前任首席执行官菲利普·布赛尔（Philip Purcell）于“9·11”之后将它卖给了雷曼。其中的讽刺意味不言自明。

“不管怎样，”麦克还没有完全明白富尔德的打算，“我们总还是能够合作的。”他想把话题转向雷曼的内部问题，这样即使会议一无所获，摩根士丹利也至少能多了解一些雷曼的真实情况。摩根团队开始抛出一连串问题：雷曼资产的计价标准是什么？雷曼能否在内部市场上卖掉其持有的资产？公司已经损失了多少业务？麦克达德忙着替富尔德回答这些问题，自然成了会议的焦点。

由于司机迷路，会议开了一半时麦克吉才姗姗来迟，富尔德恼怒地瞪了他一眼。

后来，富尔德的手机响了，他向众人说了声抱歉后便退到厨房接电话。这不免让摩根的人产生猜疑：雷曼是不是同时在和其他买家进行接触？

他们不知道，电话是保尔森从财政部打来的，他告诉富尔德自己将针对“两房”问题递交一个议案。富尔德很高兴保尔森在努力稳定“两房”，他知道这也能稍微缓解雷曼的燃眉之急。

回到会客厅的时候，富尔德贸然打断了大家的谈话：“你们都知道，现在谣言四起，但我希望你们不要趁机打雷曼员工的主意。”

听完这话，摩根士丹利的执行官们大吃一惊。

出生于黎巴嫩、大部分时间待在伦敦经营摩根的银行家查马哈反驳道：“你好好想想，可别忘了雷曼的欧洲分部是借我们之力建立起来的。”

后来，会议草草收场，没有达成任何协议，也没有人打算继续谈下去了。

“这家伙他妈的到底是什么意思？”当雷曼的执行官离开后，麦克气愤地问道：“他是想跟我们合并吗？”

戈尔曼立即回答说：“他这是白日做梦！”陶布曼则有其他方面的忧虑：也许他们只是被利用来抬高雷曼股价的？“我们得小心，”他警告说，“如果我是雷曼那边的人，我也会想借机扭转局面。”

富尔德尽管很沮丧，却从未轻言放弃。从麦克家出来后，他经亨利哈迪森大道一路驱车回到曼哈顿的雷曼总部。他和盖特纳约好在那天下午安排一次电话讨论。最近，富尔德的外聘律师、沙利文－克伦威尔律师事务所主席罗基·科恩（Rodgin Cohen）向他提出了一个稳定公司的新建议：主动将雷曼变成银行控股公司。科恩解释道：“这样可以给雷曼提供一个无限的贴现窗口，就像花旗集团和摩根大通那样。”此举可以在一定程度上消除投资者对雷曼未来的担忧。但这也意味着雷曼必须放弃现在的计划，接受纽约联储的监管。

温文尔雅的科恩来自西弗吉尼亚，既是政界要员，也是华尔街最有影响力却最为低调的人之一。尽管他身材不高，说话声音轻柔，却在美国银行业首席执行官和监管当局中拥有极广的人脉，最近30年，他几乎涉足了每一宗大型银行交易。因为他的存在，盖特纳才意识到美联储的力量其实没想象中的大。

在过去的几个月里，科恩和富尔德每天都通电话，他们试图制定一个解困计划。科恩经历过太多的银行倒闭，不希望雷曼重蹈覆辙。比如，1984年夏天，为了找出能拯救伊利诺伊斯州大陆国民银行和信托公司的方案，科恩曾在芝加哥一个闷热不透风的房间里连续待了好几天。美国康涅狄格州代表史都华·麦金尼（Stewart McKinney）当年曾宣布，“我们想出了一种新的银行组织形式，叫作‘大而不倒’。大而不倒，这可真是一种奇妙的东西。”当时45亿美元的政府救助计划在很大程度上是由科恩促成的。此外，他还是JP摩根接手贝尔斯登的幕后推手，曾组织过与盖特纳办公室连线的电话会议。

在侄子结婚的前夜，科恩在费城酒店的房间里来回踱步。他加入了雷曼和纽约联储的电话会议。

“我们正在认真考虑转型为银行控股公司的可行性，”富尔德先打开了话题，“我们认为这有利于取得更为主动的地位。”科恩提议雷曼可以利用旗下犹他州的小型工业银行来吸纳存款，以满足监管要求。

电话另一边的盖特纳和总顾问托马斯·巴克斯特（Thomas Baxter）则担心富尔德的做法有些冒进。“你全面考虑过这样做可能带来的影响吗？”他问。

为了参加此次会谈，巴克斯特缩短了在玛莎葡萄园岛的行程。他详细解释了转变成银行控股公司的一些条件，重点是需要降低经营风险，采取与传统银行一样的保守作风，彻底改变雷曼侵略性的企业文化。

先不谈雷曼转型为传统银行的技术性问题以及这样做将传递给市场

的信号效应，盖特纳认为此举风险很大，他说："我担心人们会认为你是在孤注一掷。"

富尔德沮丧地挂断了电话。他想过所有可能的方法，却没有一个能付诸实施。他和麦克达德甚至开始考虑将雷曼精简为一家对冲基金和一家精品投资银行，并尽可能做得低调，以避开大众投资者的视线。但这样的计划也需要先筹集资金才能实行。

当晚，富尔德给科恩打电话，得知科恩的侄子在婚礼上病倒了，他的律师正在医院候诊室里帮忙。富尔德认为已经到了考虑其他方案的时候了，他问科恩："你能联系上美国银行吗？"

对富尔德来说，出售雷曼一直是他的心头大忌。2007 年他曾自负地夸下海口："只要我有一口气在，就绝不会卖掉雷曼。如果谁想在我死后卖掉雷曼，我就是从坟墓里爬出来也要阻止他！"他曾想做一笔大型并购，那时候他差点就买下了拉扎德投行，甚至连公司的名字都想好了，就叫雷曼拉扎德。如果交易成功了，可以将雷曼糟糕的债券销售部变成享誉全球的顶尖专业机构，从而将会是他雷曼职业生涯里最为耀眼的一笔。2001 年 9 月 10 日，富尔德与拉扎德公司的威廉 · 卢米斯（William R. Loomis）和史蒂文 · 格鲁布（Steve Golub）在他当时位于世贸中心的办公室里开了个会。他们原本计划在会后继续进行讨论，结果，"9 · 11"事件发生了。

后来布鲁斯 · 沃瑟斯坦接手了拉扎德投行，他想重开收购会谈，同时开价 60 亿 ~70 亿美元，富尔德被他的漫天要价激怒了，很快谈判就无果而终了。

"显然我们对'价值'的看法差别太大了。"富尔德嘲弄道。在富尔德看来，绰号"抬价王布鲁斯"的沃瑟斯坦真是人如其名，"但我决不会当冤大头的！"

很快，科恩就拨通了美国银行负责交易事务的顶级银行家格雷戈里·柯尔（Greg Curl）在美国银行总部夏洛特的移动电话。对华尔街来说，柯尔这位 60 岁的前海军情报官一直是一位神秘人物。在过去 10 年里，他几乎策划了美国银行的每一笔交易，但他却是个不易接近和了解的人，即使在公司内部他也总是独来独往。

科恩和柯尔有过几次接触，但对此人也是琢磨不透，他小心翼翼地解释道，自己是代表雷曼打这个电话的。

“有兴趣做笔交易吗？在我们所考虑的机构中，您是最佳人选。”科恩说道，并表示如果柯尔有兴趣的话，可以让富尔德也加入会谈。

虽然柯尔对这个电话颇有兴趣，但他仍然不置可否，因为他明白雷曼一定是无路可走了，不能太早答应对方。“我得先跟老板谈谈，”他说，“待会儿再给你回复。”

柯尔口中的老板指的是美国银行的资深首席执行官肯尼斯·刘易斯（Kenneth Lewis），这位来自密西西比州沃尔纳特格罗夫市的知名银行家曾立志要在华尔街最擅长的资本游戏中扳倒华尔街。（他小时候曾经被两个男孩子围殴，他母亲在房子里看到了，于是走出来说：“你们可以揍他，我不会拦着，但是，你们必须得单挑才行。”）

半小时后，柯尔给科恩回电话说愿意听听他们的想法，科恩通过沙利文 - 克伦威尔律师事务所的电话交换机连线富尔德，建立了一个三方通话。

双方以前并没有见过面，在一番简要的自我介绍之后，富尔德抛出了话题。

“雷曼可以使你们的投行业务如虎添翼。”富尔德解释道。若雷曼和美国银行的投行业务进行合并，美国银行可以在雷曼的董事会中占有少数席位。他邀请柯尔与他面谈以进一步探讨相关事宜。

这一下激起了柯尔的兴趣，他答应星期日会从夏洛特飞往纽约。没能直接与刘易斯进行协商让富尔德觉得有些别扭，但对刘易斯来说，有充分的理由选择让柯尔单独前往：一旦会谈消息泄露，刘易斯可以矢口否认与富尔德交涉过，从而把整件事推得干干净净。

在事情敲定之前，柯尔明确提出自己最大的担忧："我们希望这件事能够绝对保密。"

星期日上午，财政部的戴维·内森和凯文·弗罗默（Kevin Fromer）坐在内森办公室的沙发上，翻阅他们准备提交给国会的一份关于请求取得紧急情况下向"两房"注资的授权的草案。办公室地上扔满了从附近咖啡店里买来的三明治外包装袋。大部分职员都从星期六清晨一直工作到现在，期间只回家睡了几个小时。因为提案必须在晚上 7 点之前准备妥当。

突然保尔森面目狰狞地闯了进来，他手里扬着一页草案吼道："这他妈的是什么玩意！'临时紧急授权'？临时？"他几乎是在咆哮，"我们想要的可不是过期作废的权力！"

草案中提议国会给予财政部为期 18 个月的紧急授权，财政部与国会的联络员弗罗默探了探身子，向保尔森解释："你不能要求国会给予你永久性的……"

保尔森很少在众人面前发飙，但这次他一进办公室就没打算克制自己。

"首先，是我在做决策，不是你们，"保尔森继续朝他们吼道，"其次，这只是权宜之计，但我不想让继任者再经历同样的麻烦。我们一定要解决这些问题，我不想留下一个烂摊子！"

内森的手机突然响了起来，"是盖特纳！"他看了来电显示后大声说道，但很快就意识到自己打断了保尔森。这两天，盖特纳几乎每小时都会打电话询问事情的进展。

内森和弗罗默试图让保尔森冷静下来，他们向他解释道，在向国会申请授权时，比起永久性的权力，申请暂时性的权力在政治上更容易被接受。用弗罗默的话说，这只是“同一个意思的不同表达”，在拥有授权期间，他们依旧可以作出影响深远的决策。

保尔森逐渐认识到这种政治谋略的重要性，才平息了怒气，让他们继续工作，自己则匆匆地走了出去，正如刚才突然闯了进来一样。

星期日下午，格雷戈里·柯尔穿着一件运动夹克和一条宽松的裤子出现在施格兰大楼。该楼是沙利文 - 克伦威尔律师事务所位于市中心的办公室所在地。柯尔是早上从夏洛特乘坐私人飞机抵达纽约的，他的公司有五架这样的飞机。

他在空荡荡的接待区挑了个位置坐下，等候富尔德和科恩的到来，不过他并没有指望这次会面能取得什么成果。尽管“老板”希望能够征服商业银行界，却尽力回避这种赚快钱的投资银行业务。“不，对于投资银行，我们这点小钱高攀不起。”要是在一个月前，他肯定会这样干脆地回答。他负责的投行业务就一直是拖后腿的，差不多一年前，该业务第三季度的利润竟然骤降了 93%。当时刘易斯在评论中称自己“对投行业务已经彻底失去了兴趣”。

柯尔很快就被带到一间会议室，仔细听取富尔德详细的交易计划。富尔德打算将雷曼 1/3 的股份出售给美国银行，并把两家的投行业务合并到雷曼旗下。

柯尔一边听着一边心里暗暗吃惊，但在表面上却一直不动声色。这次会谈与他想象的完全不同，他原以为这次是雷曼在寻求援助，但听起来却像是雷曼要收购美国银行：美国银行聘请富尔德特许经营自己的投行业务。

富尔德认为任何投资都将“推动我们的股价飞涨”，并给美国银行创造更多的价值。他还为美国银行购买雷曼的部分股权而不是整家公司找了个合理的解释：有利于留住公司那些精明能干的银行家。“如果他们觉得公司盈利前景黯淡的话，你就留不住他们了。”他说，并为证明自己的观点举了个例子：银行的全面合并往往会造成原有人才兑现股权并离开。

在富尔德侃侃而谈时，柯尔频频点头表示同意，但他最后坦白地表示，他的老板刘易斯只有在制定了清晰明确的规划、确保能在合理期限内取得公司控制权的情况下才会有兴趣考虑这笔交易。

这时科恩替富尔德插了句话，在他们看来，“合理的期限”是2~3年，具体取决于投资的成效。

会谈正顺着柯尔的意愿进行，他表示自己对这笔交易很感兴趣，只是在应该涉足投行业务还是继续并购其他商业银行的问题上，他与刘易斯常常意见相左。“我对零售银行业务不感兴趣，”柯尔吐露了自己的观点，“它容易受到诉讼、监察和监管者的影响。”

“我个人倾向于跟你们合作，”柯尔继续说，“不过，实不相瞒，肯可能比较愿意买下美林或是摩根。”

富尔德被搞糊涂了，柯尔这话什么意思？

“你觉得我们能达成一些共识吗？”富尔德问道。

“我不知道，”柯尔说，“我还是得问问老板，这事他说了算。”

傍晚时分，胡子拉碴的保尔森穿着牛仔裤在大厅里踱来踱去，喋喋不休地问着手下们关于“两房”提案的问题，以至于他的首席顾问詹姆斯·威尔金森不得不把他拉到一边语气生硬地说：“您别给我们添乱了，我们还要工作呢。”

为了缓解压力，保尔森决定骑自行车在空荡荡的华盛顿大街上溜达一圈。但他心中怎么也放不下“两房”的拯救计划，以及该计划对自己传奇生涯的影响：他是一名共和党人，也是一名市场主义者，现在居然要求国会授权用美国纳税人的钱向造成房市繁荣与萧条的两家机构注资。另一方面，在与这两家机构对抗了几十年之后，扳倒它们的机会终于来了。但得到期盼已久的授权之后，他真的会使用这项权力吗？获得授权本身就足以安抚市场情绪了吗？他一边不停地蹬着自行车，一边希望他的假设能够成真。

保尔森回来的时候，公共事务助理部长米歇尔·戴维斯正在考虑应该选择什么场合来正式宣布这个提案。"大楼塞不下这么多记者和摄影师，"她说，"我们可以把您安排在外边的台阶上。"内森走到窗边看了看天，提醒说天气预报报道将会有雷阵雨。

"那我就不知道该怎么办了。"米歇尔一边说，一边想着有没有一个可以搬到室外的讲台。"但无论如何，您得先回家换身衣服，"她指着保尔森皱巴巴的牛仔裤说道，"您可不能就这样出去。"

下午 6 点，把脸刮干净并换了身蓝色西服的保尔森走到财政部门口台阶上的演讲台前，准备公开发言，演讲台是从 4 楼临时搬下来的，台下围满了匆匆赶来的记者。

"'两房'在我们的住房金融系统中扮演着至关重要的角色，它们必须以现有的股份制形式继续发挥作用，"保尔森宣读着一份声明，"在目前房屋价格持续调整的过程中，'两房'对住房市场的支持尤为重要。"

"政府发起类公司的债权人遍布世界各地。只有保证这些债券的坚挺，才能维持人们对金融系统的信心，保持金融系统的稳定。因此，随着机构框架的不断完善，我们必须采取措施摆脱现在的困境。"

"为了保证政府发起类公司有充足的资本继续它们的使命，我们的计划中包括对财政部的临时授权，必要时可以购买'两房'股票。"

保尔森发言后几分钟，天边响起一声惊雷，但很快天又放晴了。

保尔森刚在伯南克和考克斯右侧坐下，就嗅到这次听证会浓浓的火药味。他在财政部门前的公开讲话未能提振市场信心，事实上似乎还起了反作用，因为这给市场制造了新的疑惑，人们不知道他所寻求的新“权力”到底意味着什么。星期一房地美股价下挫 3.7%，降至 7.11 美元；而房利美股价则下挫 5%，降至 9.73 美元。保尔森感到说服行动已经刻不容缓了，既是针对国会，也是针对市场。

他向参议院银行委员会解释道：“我们提出这项议案并不是因为‘两房’情况突然恶化。近期事态的发展使得政策制定者和政府发起类公司认为有必要采取措施对市场作出回应，在必要时可以临时增加流动性和资金支持，为企业提供保险，以增强市场信心。”

随后铺天盖地的问题向他压了过来，保尔森强调自己寻求的权力只是“暂时性的”，希望能以此说服那些国会议员。“这很好理解，”他说，“如果你手里拿着的是支小水枪，你将不得不经常使用它。但如果人们知道你拥有一枚火箭筒，那么也许你永远都不会用到它。”

但一些议员并不买他的账。

“昨天我打开报纸一看，还以为自己一觉醒来到了法国，”肯塔基州的共和党议员吉姆·邦宁说到，“可惜不是，现在是美国在搞社会主义革命。现在的财政部长要求我们开一张空白支票，然后他就能随心所欲地购买‘两房’的债券和股票。与此相比，美联储收购贝尔斯登资产真是小巫见大巫了。想想美联储和财政部是如何处置贝尔斯登的，再看看我们今天所讨论的问题，我很想知道政府下一步会如何干预私有企业？更重要的是，政府何时才会停止？”

面对这样的责难，保尔森显然情绪有些消沉，但他仍尽力反驳：“我们只是想让政府提供未定形式的最后担保，但担保实际兑现的概率非常小，给纳税人带来的成本也会最小化。”

“你觉得我们会相信你的鬼话吗？保尔森部长？”邦宁自以为是地

问道。

“我相信我所说的每一句话，而且我有很丰富的市场经验……”保尔森在邦宁再次打断他之前赶紧补充道。

“如果政府当真要实行该计划,资金应该从哪儿来？”邦宁继续发问。

“当然是由政府来筹集资金了，不过我要说的是……”

“政府的资金从何而来？”邦宁气愤地追问道。

“纳税人。”保尔森不得不承认。

“保尔森部长,我知道你在写提案的时候诚意十足,”邦宁接着说,“但1月一到，你的任期就满了，而其他人仍得坐在这张桌子前为我们的所作所为向纳税人负责，至少我们中的大部分人都得如此。”

尽管被扣上了“社会主义者”“紧急救援先生”的帽子，汉克·保尔森仍坚信自己正在打一场正义的战争，这是拯救美国经济体系的关键一战。但他的一切努力却使自己面临一种尴尬的局面：即使没被扣上意图颠覆美国生活方式的大帽子，至少也被摆到了民众的对立面。他不明白，为什么没有人明白现在的情况有多糟。当天下午，另一派系的人也加入了反对者的阵营。因为证券交易委员会的克里斯托弗·考克斯听从了他的建议，开始着手打击恶意做空“两房”及包括雷曼在内的其他17家公司股票的行为，这马上招致了对冲基金的不满。

斯蒂尔离职以后，保尔森发觉在应对任期内最大挑战时自己处于孤立无援的境地。他很珍视自己的同僚，他们是一个卓越的团队，但问题在于，在这场快速升级的战争中，他们是否拥有足够的火力来应对？当天下午，他给丹·杰斯特（Dan Jester）留言求救，这位43岁就退休在家的高盛银行家曾担任高盛首席副财务官，目前住在得克萨斯州的奥斯汀市，管理着自己持有大部分份额的小基金。保尔森担任高盛首席执行官时就很器重杰斯特，称他为留着长发的“人体计算器”，他希望能说服杰斯特再次出山，以帮助解决政府发起类公司的问题。

前一天晚上，从家里给达特茅斯的旧交肯德里克 · 威尔逊（Kendrick Wilson）打了个电话后，保尔森突然感到几分绝望。10 年前，他劝威尔逊从拉扎德跳槽到高盛。后来，作为高盛金融机构集团负责人，威尔逊被各家银行视为高盛的顶级幕僚，同时也被尊为业界元老。保尔森非常看重威尔逊的判断力，甚至把他的办公室设在布罗德街 85 号第 31 层，就在自己办公室旁边。

“肯，我真的急需帮助，我需要一些成熟理智的建议。”电话一接通，保尔森就连忙说道，“斯蒂尔去了美联银行，我希望你能考虑屈尊加入我的团队。”保尔森认为威尔逊不是那种为钱所动的人，他甚至愿意拿 1 美元的名义薪水，为本届政府担任最后 6 个月的“特别顾问”。保尔森建议威尔逊暂时离开高盛。

已经 61 岁的威尔逊正在考虑退休的问题，他表示自己会考虑考虑。

“我需要你的帮助，”保尔森接着恳切地说，“我有一堆问题，一大堆难缠的问题。”

深为上蹿下跳的股价和“雷曼命不久矣”的谣言苦恼的富尔德在 7 月份召开了一次公司董事会会议上，他向各位董事汇报了针对这两方面进行纾困的最新进展。

雷曼董事会成员背景迥异，既有深谙金融游戏规则的江湖老手，也有一窍不通的初级玩家，但大部分成员都是富尔德的老友，或是公司以前的客户。他们包括：75 岁的戏剧制作人罗格 · 柏林德（Roger Berlind），61 岁的前海军少将、红十字会会长马萨 · 伊凡斯（Marsha J. Evans），以及两年前加入董事会的 83 岁高龄知名女演员蒂娜·梅里（Dina Merrill）。在金融江湖混迹多年的则有：81 岁高龄的所罗门兄弟前首席经济学家亨利 · 考夫曼（Henry Kaufman），IBM 前首席执行官约翰 · 阿克斯（John Akers），60 岁的沃达丰无线通信公司前总裁克里斯托弗·金特（Christopher Gent）。这 10 名外部董事中，有 4 位年龄在 74 岁以上。

富尔德特意邀请拉扎德投资银行的银行家加里·帕尔参加会议并演讲。帕尔最近与富尔德交流了意见，并表示如果董事会想听听外界的意见，他可以尽绵薄之力。

身材瘦削、胡子浓密的帕尔是金融界最杰出的银行家之一，他曾多次参与大型公司的融资活动，比如 2007 年末的摩根士丹利和花旗集团。富尔德可能信不过帕尔的老板布鲁斯·沃瑟斯坦（Bruce Wasserstein），但却十分看重帕尔。

会上一位董事希望帕尔能介绍一下市场到底糟糕到了什么程度。带着一贯的自信和怀疑态度，帕尔开始了在董事会上的发言。

“形势不容乐观，”帕尔一开场就说道，“在经历了贝尔斯登和城市债券保险公司[①]的破产事件之后，我们从中吸取了教训。”为了使雷曼的董事们明白他们所面临的严峻形势，他进一步解释说“流动性状况改变的速度远比你所能想象的快得多”。并建议他们别把贝尔斯登的破产看成是百年一遇的小概率事件。“评级机构也靠不住，”他继续说道，“你以为自己总是与他们保持一致，但公司的实际情况总是比评级结果更糟。坦白说，这样的市场环境下很难筹到钱，因为外部投资者很难评估现在的资产价格。”

“好了，加里，”富尔德不耐烦地打断了帕尔的讲话，“够了。”

会议顿时陷入一阵尴尬的沉默，有的董事认为富尔德发飙是因为帕尔的讲话过于消极，其他一些则认为富尔德很及时地打断了帕尔对自己公司厚颜无耻的宣传。几分钟后，帕尔悄悄地离开了会议室。

一个小时后，帕尔回到他位于洛克菲尔中心的拉扎德公司办公室，秘书告诉他迪克·富尔德已经在电话那边等着了。

帕尔本来还有点期待对方的道歉，但他一拿起电话，富尔德就大声

① 两家都曾是拉扎德的客户。——作者注

嚷道："你真该死，加里！你他妈的为什么要吓唬我的董事？还只顾宣传自己的公司？我真该炒了你！"

帕尔沉默了一会，雷曼没有签订业务约定书让他有些失落，接着他就反唇相讥："这恐怕有点困难，迪克，因为你还没有聘请我们。"他稍稍稳定了一下情绪，接着说："很抱歉，我不是故意跟你唱反调的。"

"以后别干这种蠢事了。"富尔德说完就挂断了电话。

第二天，也许是出于对孤立无援的担忧，富尔德意识到似乎昨天不该那样指责帕尔。在他的意识里，打断帕尔是因为他不合时宜地宣传拉扎德，而不是因为他暗示了公司的危机。但木已成舟，现在后悔也来不及了。他给帕尔打了个电话，希望能修复彼此之间的关系，并邀请他出席另一个会议。

"你还在生我的气吗？"富尔德懊悔地问道。

7月17日，星期四早上6点45分，威尔逊正在韦斯特切斯特郡的机场排队等候安检，他准备到蒙塔纳州度假，顺便可以钓钓鱼。这时他的手机响了。

"肯尼[①]，我们真的很需要你，"电话是布什总统打来的，"现在正是你为国效力的时候。"威尔逊和布什总统是哈佛商学院的故知，但他知道这个电话肯定不是总统自己的意思，这是保尔森惯用的手段，他一定是着急得不行了。对于想要的东西，保尔森一定会追求到底，即便是需要最高权威的支持。

周末，与高盛的同事谈妥后，威尔逊给保尔森打了电话："我愿意加入工作。"

7月21日晚上，保尔森参加了盖特纳在纽约联储特意为他举办的晚宴。此次晚宴的目的就是制造财长与华尔街巨头碰面的机

① 肯尼为"肯德里克"的昵称。——译者注

会，其中包括杰米·戴蒙、劳尔德·贝兰克梵和约翰·麦克。

这是保尔森当天第二次参加华尔街重量级人物的聚会，之前他刚参加了在艾瑞克·明迪奇办公室为自己举办的午宴。艾瑞克以前是高盛的交易员，现在则管理一家名为埃顿公园资本管理公司的对冲基金。午宴上，保尔森表示自己正在等待关于政府发起类公司法案的通过。现在，威尔逊和杰斯特都已经答应加入财政部，法案通过的可能性也正在增加，保尔森稍稍松了口气。在与旧同事应酬之际，他还不忘向美林的约翰·塞恩表示祝贺，塞恩前几天刚刚将45亿美元的彭博股票顺利脱手。

但雷曼却仍让保尔森忧心忡忡，晚宴后的秘密会谈更是加重了他的担忧：他和盖特纳安排迪克·富尔德和美国银行董事长兼首席执行官肯尼斯·刘易斯在纽约联储的会议室里进行会面。过去两周中，富尔德多次给保尔森打电话，想让他替雷曼出面联系美国银行。

"你这是让我强卖，这招没用，唯一可行的办法就是你自己直接跟他说，"保尔森告诉富尔德，"我是不会给肯尼斯·刘易斯打电话让他买下雷曼的。"

晚宴快结束的时候，保尔森走到刘易斯身边，紧紧握住他的手，和颜悦色地说"盈利情况不错啊"，同时向他使了个眼色，示意自己知道稍后的会谈。虽然当天早上的财报显示美国银行第二季度盈利下滑了41%，但仍然好于华尔街分析师的预期。接下来，花旗集团、摩根大通、富国银行的盈利都出乎意料地好于预期，这些消息至少能暂时提振市场信心。

当保尔森转身想要离开、其他高管也开始起身闲逛的时候，盖特纳走到刘易斯跟前，靠近他并低声说："你待会要和迪克会面是吧？"

"没错。"刘易斯答道。

盖特纳给他指了方向，告诉他密谈的房间。显然盖特纳也已经跟富尔德说过了，因为刘易斯注意到屋子另一头的富尔德正看着他们，紧张的样子活像个在等待初次约会的小男孩。看到富尔德起身离开，刘易斯刻意往相反的方向走，在半条华尔街的眼皮底下，他俩都得小心，不能泄露半点会谈的迹象。

最后两人又原路返回。刘易斯回到房间的时候，富尔德正跟美联储的一个官员吵得火热。这仅仅是两人的第二次见面，富尔德盛气凌人的腔调让刘易斯吃了一惊。

富尔德花了大约 20 分钟向刘易斯解释他的计划，其实就是重复一周前他与柯尔谈的那套方案。富尔德表示不会以低于 25 美元每股的价格出售雷曼，而当天雷曼的收盘价是 18.32 美元。刘易斯则觉得要价太高了，他没有理由以这个价格接下雷曼。除非是白送，否则买下雷曼对他来说根本不值得，但他把这话咽了回去。

两天后，刘易斯给富尔德回了电话。

“我想这笔交易不适合我们。”为了给以后的洽谈留点余地，刘易斯说得尽量委婉。

中午 12 点 35 分，打电话通知保尔森这个坏消息的时候，富尔德一度情绪失控。现在他把全部希望都寄托在了韩国人身上，他再次向保尔森施压，想让他出面给韩国人打电话。虽然之前应富尔德的请求接洽了巴菲特和美国银行，但保尔森这次却一口回绝。

“我是不会给韩国人打电话的，”保尔森告诉他，“如果你想吓走买家，就打电话告诉他们，保尔森认为他们应该买下雷曼。”保尔森解释说，他的插足只会让买家对雷曼的前景更加怀疑。最后他说：“迪克你放心，如果他们找上门来问我，我一定会替雷曼说好话。”

在这漫长的一天中，富尔德还听到最后一条坏消息。当天晚上，巴特·麦克达德给富尔德抄送了一封邮件，一名交易员对不利谣言的来源进行了大胆猜测：“事情很清楚，高盛正通过对冲基金给雷曼和其他银行造成巨大的下行压力。我觉得这一点值得与您分享。”

富尔德回复道：“我们该为此感到非常吃惊吗？记住，不管别人怎么想，至少我很震惊。”

11

7月29日，星期二上午9点15分，罗伯特·维纶斯塔匆匆走在曼哈顿金融区的珍珠街上，他觉得自己的汗衫都快湿透了。在这个夏日的早上，黏黏的汗液令人感到窒息，想到稍后就要在纽约联储与盖特纳会面，他感到更加烦躁。

接任美国国际集团首席执行官一个月来，维纶斯塔废寝忘食地工作，整天都忙于处理堆积如山的问题。除7月4日飞到韦尔城与女儿一起过周末外，他每周7天都是在办公室度过的。上任之初他便宣布了自己的计划："从战略上对美国国际集团业务进行一次可操作的彻底考察。这个过程大约耗时两到三个月，在劳动节[①]后会马上召开一次资深投资者大会，将考察结果全盘告知。"

维纶斯塔开始调查后不久，公司的战略规划师布莱恩·施赖贝尔（Brian T. Schreiber）就私下告诉了他一个惊人的发现："实际上不是资

① 美国劳动节为每年9月的第一个星期一。——译者注

金的问题，而是流动性出现了危机。”换句话说，尽管这家保险业巨头手中持有价值数千亿美元的证券和抵押贷款，但在信用危机时期，很难将他们以足够快的速度或者以足够高的价格出售。而且，如果穆迪或标准普尔等任何一家评级机构下调其债务评级，那么公司就不得不为债务提供更多的担保，情况将会变得更加糟糕。

维纶斯塔一整夜都在仔细考虑公司的流动性问题，第二天他告诉施赖贝尔：“昨晚你把我吓得魂都掉了。”他意识到自己面临的问题很快就会变得更为复杂，因为公司即将在第二季度财务报表中披露 53 亿美元的损失。

在这闷热潮湿的七月，维纶斯塔赶着去见自己仅在上任时有过一面之缘的盖特纳，目的是探探他的口风，看看在市场形势更为不利时美国国际集团能否得到政府的支持。虽然美国国际集团之类的保险公司并不在纽约联储的监管范围之内，但维纶斯塔认为，美国国际集团既涉足融券业务，也发行了巨额金融产品，盖特纳可能会对他的问题感兴趣。除此之外，他更希望盖特纳能认识到美国国际集团与华尔街是生死与共的，为了对冲交易风险，各类经纪商从美国国际集团购买了价值数千亿美元的保险。不管是否愿意，必须承认的是，美国国际集团的经营状况关系到这些公司的生死存亡。

盖特纳以一贯坚定有力的握手将维纶斯塔迎进自己的办公室，维纶斯塔说：“我们并没有恐慌，也不认为灾祸会降临到我们头上，但我们的融券业务……”

维纶斯塔向盖特纳解释，美国国际集团以融出国库券之类的高信用等级证券来交换现金。正常情况下，这是一种稳当的业务，但这次美国国际集团将融得的现金全都投资到了次级抵押贷款，而其市值严重缩水，没人能确定其真实价值，也就几乎不可能卖得出去。而此时，如果交易对手同时要求融回现金，美国国际集团的麻烦就大了。

“你已经让联储给券商开了贴现窗口，”维纶斯塔继续说，“如果美国国际集团遇到危机，我们能向联储寻求流动性支持吗？我们有价值数十亿，甚至数千亿美元的证券，都可以用做抵押。”

“我们还没有这个先例，”盖特纳漫不经心地说，表示联储从来没有给保险公司发放过贷款，似乎维纶斯塔的观点未能说动他。

“这我理解，”维纶斯塔答道，“但你们以前也没给经纪商贷过款，可见还是有商量余地的。”贝尔斯登濒于破产后，联储决定向高盛、摩根士丹利、美林和雷曼等经纪商开放贴现窗口。

“确实如此，”盖特纳承认，但他认为这事需要联储理事会全体成员的批准，他还强调：“只有认为这事确实可行，我才会上报理事会。”

随后盖特纳提醒维纶斯塔，与一个月前富尔德寻求将雷曼转型为银行控股公司时的提醒一样。“问题在于，这只会使你们担心的事情加速变成事实，”他说，“一旦走漏风声，就会引起交易对手的关注，这将使我们面临的问题更为严重。”

随后，盖特纳起身告诉维纶斯塔自己要去参加另一个会议，只留下一句“随时告诉我事情的进展”就离开了，维纶斯塔知道自己这一趟是白跑了。

7月29日，雷曼的湾流飞机在阿拉斯加州安克雷奇的机场上空盘旋，等待降落加油。飞机上载着刚从香港回来的迪克·富尔德，他刚率领一个小团队在那里与韩国开发银行的闵裕圣会面。

富尔德那天的精神出奇的好，他相信很快就要达成一笔交易了。他与韩国发展银行的会谈成果颇丰，双方都有进一步商谈的意向。尽管还有很长的路要走，但现在韩国发展银行已经是他最大的希望了。闵裕圣表示有兴趣买下雷曼的大部分股份，富尔德知道闵裕圣对雷曼手上的不动产组合，即有毒资产仍有些担心，但闵裕圣雄心不减，他想通过收购把韩国发展银行打造成世界金融舞台上的一个重要角色。虽然他们在香港君悦酒店的会议上并没有讨论股票转让的具体价格，但富尔德对做成这笔交易很有信心。

富尔德也为这次会谈成功地避开了媒体感到很满意。他对这次会议的态度非常谨慎，曾命令参会的巴特·麦克达德、休·麦克吉、布拉德·怀特曼、杰斯·博泰和赵建镐等人一律不准接电话。麦克吉则更加慎重，他给上次去过韩国的马克·沙菲尔留了语音邮件，称自己是去中国访问客户，把他打发回纽约了。另外，富尔德将会谈地点选在香港而不是首尔，部分原因是担心有人追踪飞机的航线，以香港为目的地可以减少许多猜疑。

在返回途中，他们在飞机的大屏幕上观看了英国警匪片《银行大劫案》(*The Bank Job*)，已经看过这部片子的富尔德想换部动作片，但最终还是麦克达德获胜了，就像他正在逐渐掌握公司大权一样。

当他们驱车到加油站的时候，富尔德的好心情突然被一个意外冲得无影无踪：维修人员发现飞机正在漏油。飞行员安排维修的时候，雷曼团队就在飞机上用了午餐。但一个小时过去了，飞机能否修好仍是个未知数。

麦克达德开始给秘书打电话，看能否预定商业航班回国。

“你上一次坐商用机是什么时候？”麦克达德故意逗富尔德，但富尔德觉得一点都不好笑。

2008年8月6日，摩根士丹利的一队人马来到财政部大楼，随后被带到保尔森办公室对面的一个会议室，他们都知道这次会议非同寻常。为了从外部寻求帮助来解决“两房”问题，保尔森一周之前就给约翰·麦克打了电话，想聘请他的团队作为政府顾问。他本想聘请高盛，但顾忌到自己与高盛的渊源以及高盛正在担任房利美的顾问，只好打消了这个想法。他也曾考虑过美林，但似乎摩根士丹利才是最佳选择。

麦克本不想接受这个安排，因为若担任“两房”的财政部顾问，接下来的 6 个月就不能与这两个抵押贷款巨头有任何生意往来，这意味着他们将面临数千万美元的佣金损失。他对团队的人说：“我们怎么跟投资者交代？为何放着这笔钱不赚？我必须为我的动机作出解释。”

但仔细思量过后，麦克觉得，不管怎么说，为政府工作终究是爱国行为。虽然摩根士丹利将会接受 9.5 万美元的顾问费，虽然这还不够付他们秘书的加班费。

一周前，在参议院通过后，由布什总统签署了暂时授权财政部支援“两房”的法案。现在保尔森面临的问题是：该怎样使用这项权力？

麦克发现自己陷入了一个两难境地：投资者认为政府正在计划干预“两房”。他们担心自己会被排挤出局，这样“两房”就更难依靠自己的力量筹集资金了。任何形式的政府投资都越来越像是一种自我实现的预言。“要么投资者权益因大规模再融资而被大大稀释，要么‘两房’被国有化，”当天早上，威斯特伍德资本公司的常务董事丹·阿尔珀特（Dan Alpert）这样告诉路透社，“如果不能发行股票以筹到更多的资本金，‘两房’很快就会破产。”

在财政部的会议室里，金融市场助理部长安东尼·瑞安（Anthony Ryan）向摩根士丹利的银行家们简要汇报了财政部处理“两房”问题的工作进展。摩根士丹利团队的成员包括：30 年前曾参与制订克莱斯勒救助计划的 58 岁的公司联合总裁罗伯特·斯卡利（Robert Scully）；50 岁的金融机构集团负责人鲁思·波拉特（Ruth Porat）；43 岁的环球资本市场副总裁丹·西姆坷维茨（Dan Simkowitz）。

瑞安讲了 10 分钟的时候，保尔森走了进来，他看起来似乎有些心烦意乱。“每个人都必须认真审查我们的工作，”他告诉摩根的人，激励中又带有一点威吓意味，“不认真做事的话，我一定会要了你们的老命。同时我坚信，这将是你们职业生涯中最为辉煌的一笔。”

斯卡利想让保尔森解释这次任务的目的。“告诉我们你到底想干什么吧，”他说，“你是想把麻烦甩给下一任吗？”

“不，”保尔森摇摇头，“我想彻底解决这个问题，而不是留给下一任。”他强调该计划不会只是个形式，不是那种弄个幻灯片向领导做完报告就可以扔到故纸堆里的任务。“我，不，是我们，有3个目标：维护市场稳定，保证抵押贷款市场有效运转，保护纳税人利益。”

斯卡利依然心存疑虑，他确定其中必然牵扯到一些政治考虑。而且，当天早上房地美已经爆出了8.21亿美元的亏损，政府再袖手旁观有些说不过去。

“有没有什么政策禁忌？或者说，对于你想让我们考虑的这个问题，你是否已经在起点及方法方面设立了一些需要遵循的标准？”斯卡利试探性地问道。

“没有，摆在你们面前的完全是一张白纸，”保尔森说，“没有加任何限制，我可以考虑任何方案。”

突然，不远处传来一声孩子的尖叫，叫声打断了他们的讨论。保尔森的孙女薇拉那天正好来找他，看来她已经在保尔森办公室对面的小会议室里等得不耐烦了。保尔森准备带全家一起到北京看奥运会，但这其实是个被工作排得满满当当的假期，安排了许多与中国官员的会面。另外，摩根士丹利的人都知道，他们可以随时通过手机找到他。

保尔森为自己的提前离开向众人致歉。“我会在10天内回来，”他说，“我希望你们的工作能取得重大进展。”

8月的第一周，闵裕圣从首尔飞抵曼哈顿，准备与雷曼继续谈判。虽然距签订最终协议还相去甚远，但由于双方一直都在努力，至少大致框架已经快要确定了。

星期一，麦克达德和同事一起前往沙利文 - 克伦威尔律师事务所与韩方进行正式协商，但他对能否达成这笔交易仍然心存疑虑。“他们不会真有胆子吃下雷曼的。”在走向公园大道时，马克 · 沙菲尔对同行的麦克达德和麦克吉说。另外，与闵裕圣关系密切的赵建镐和杰斯 · 博泰也专程从亚洲飞来协助盯紧这笔交易。尽管富尔德再三要求参与会谈，麦克达德却极力劝他待在办公室里。“冷静，”麦克达德告诉他，“你可是首席执行官,你得扮演那个‘不在场的人’”。这是华尔街的一句行话，当一笔交易将要敲定，但有一方又想多拿点好处时，可以用这个做挡箭牌：他们可以说还需要首席执行官的同意。

另一方面，麦克达德也越来越担心富尔德近来不切实际的状态会不利于谈判。他担心富尔德怀疑自己正企图夺取公司的控制权，因为每次当他与格尔本德和柯克走得太近时，富尔德似乎就有些担心，好像总认为他们是要联合起来排挤他似的。另外，麦克达德以“风水不好”为由拒绝使用紧挨着富尔德的约瑟夫 · 格雷戈里的旧办公室，反而挑了另一间离大厅很远的办公室，这让监督变得更为困难，富尔德的疑心也就更重了。

事实上,麦克达德的确在逐渐掌控雷曼。他正计划出台一份题为“博弈计划”的文件，意在仔细考察公司的财政状况，为公司指明未来的发展方向。计划包括 6 种可能的情景，其中大部分都考虑到将雷曼一分为二的可能性：留下一家“好银行”，剥离一家“坏银行”，这样至少可以在资产负债表上甩掉不动产这个包袱。该计划可以使雷曼摆脱那些持续贬值的资产，以实现一个新的开始。麦克达德还力劝富尔德出售旗下的纽伯格伯曼资产管理公司和投资管理业务，针对几家私募的拍卖活动也正在筹备中。

尽管不利传言仍势头未减，但从雷曼内部走漏的消息似乎已经减少了。麦克达德被任命为公司总裁几个星期后，麦克吉给了他一件 T 恤衫："这是送给斯科特的！"上面印着"知情人士"——借用财经媒体对线人的通常称呼进行讽刺。这个挖苦可有点露骨，因为斯科特·弗雷德海恩负责公司与媒体的大部分联络。

那天早上，双方在沙利文 - 克伦威尔律师事务所召开了第一次会议。雷曼商业不动产市场的开拓者马克·沃尔什首先给韩方介绍了评估商业不动产资产质量的情况。但闵裕圣很快就发现沃尔什的发言毫无准备，于是马上把赵建镐拉到一旁。"我想更深入地了解这些资产，"他用韩语说，"这些估值让我很不安。"

情况很快就明朗了，闵裕圣不想接手雷曼持有的任何商业不动产。前一个小时的谈判进展缓慢，似乎随时可能谈崩。但到了下午，双方抛开之前的讨论，开始就一个新方案进行磋商：闵裕圣表示韩方有兴趣买下雷曼的大部分股票，前提是必须剥离雷曼持有的商业不动产和住宅不动产，以保证韩国发展银行的投资不受此影响。除了富尔德每 20 分钟打一次电话向麦克达德和麦克吉询问事情的进展外，谈判似乎进行得很顺利。

第二天早上 11 点，闵裕圣表示已经得到韩国监管方的授权，可以进行初步报价了。他准备以"账面价值"1.25 倍的价格购买雷曼股份，即雷曼资产负债表上净资产价值的 1.25 倍。尽管雷曼的账面真实价值仍有待商讨，而且这还是在剥离不动产后的价值，但该价格意味着韩国发展银行对雷曼的估价将在每股 20~25 美元，比起前一天 15.57 美元的收盘价已经有了相当程度的溢价。

尽管雷曼的一些银行家怀疑闵裕圣是在故作姿态，但不管怎样，麦克达德、麦克吉和雷曼团队的其他成员此时均表示愿意接受韩方报价。不过，麦克达德说自己想先回总部向富尔德请示，于是双方同意晚上 7 点再继续谈判，希望至少能达成基本协议。

几小时后，双方重新开始会谈，这时一个不速之客出现了：富尔德。雷曼团队的目标是促使闵裕圣先签署一个意向书，然后花上几周时间来敲定细节问题，最后再签署最终协议。大家都认为这样能给雷曼股价减轻一些压力。

富尔德在麦克达德、麦克吉和赵建镐一侧坐下，脸上带着莫名的怒气。桌子对面坐着的这是闵裕圣和其顾问佩雷拉·温伯格合伙公司的加里·巴兰奇克。

"我们听过你们的计划了，也明白你们要做什么，"麦克达德说，意指雷曼剥离不动产资产后，闵裕圣将掌握雷曼的控股权，"我们可以开始……"

这时，富尔德突然插进一句："你们犯了重大错误！"他告诉闵裕圣："你会失掉一个大好机会，雷曼的不动产很有价值。"他想说服闵裕圣至少买下一部分雷曼持有的不动产。随着会谈的深入，富尔德又指出闵裕圣 1.25 倍账面价值的收购价"太低了"，提议他们应该在 1.5 倍收购价的基础上进行谈判。

麦克达德和麦克吉不敢相信自己的眼睛。他们花了两天时间来精心安排这笔基于剥离不动产的交易，现在富尔德的话却让他们前功尽弃。更糟的是，闵裕圣脸上闪过一丝厌恶之情。他将巴兰奇克拉到一边，悄声道："这让我很反感。"巴兰奇克代表韩方回应雷曼，强调他们只会在 1.25 倍账面价值的估价基础上进行协商，而后，随着情绪变得越来越激动，他开始质疑雷曼的会计结果。"我不相信你们已经做了足够的资产减记。"他说，并且重申了为什么他们对不动产不感兴趣。

"那好吧，"富尔德说道，他的挫败感暴露无遗。"那你们觉得我们的不动产组合应该如何计价呢？"

巴兰奇克还没答话，麦克达德就大声说道："我们准备了条款书。"他想把会谈引回更富有建设性的方向，"为什么不看一看呢？"

“我想我们需要休息一会儿。”巴兰奇克说道，他感觉在紧张气氛下很难进行会谈。

富尔德根本没有发觉闵裕圣的情绪变化，当他们走到门厅时，他又走到闵裕圣身边大谈购买雷曼不动产资产的好处。

站在闵裕圣身后的麦克吉看出这样的谈话只会激起敌意，于是用手指在自己喉咙前比画，想提醒富尔德不要再纠缠这个韩国人了。

闵裕圣终于摆脱了富尔德，他将巴兰奇克带到一间小会议室一起研究起那份条款书，这更像是一张宽泛原则的列表，而不是一份正式的协议。他们逐一检查，闵裕圣对每个条款都点头同意，直到他读到最后一条，规定韩国发展银行向雷曼提供信贷支持。对闵裕圣来说，这是一面鲜艳的警示红旗，难道他们在寻求一个无限的信贷支持，想利用韩国发展银行的资产来救起落水的雷曼？

闵裕圣一脸不悦地找到赵建镐，要与他私下谈谈。他们在雷曼一起工作时就已经是朋友了，闵裕圣还没有开口，赵建镐就料到大事不好。

“你们太没有诚意了，”闵裕圣用韩语说道，“我们一直在诚心诚意地与你们谈判，之前也一直在朝共同的目标前进，但是现在，突然一切都变了。”

闵裕圣显然很沮丧，他继续说：“这不是 1.25 或 1.5 倍收购价的问题，也不是 20 亿或 40 亿美元信用额度的问题。与这些都无关，问题的关键在于你们的谈判态度。雷曼高管做事的方式让我非常反感。我不能在这个基础上与你们继续谈下去了。”

一手促成闵裕圣这趟纽约之行的赵建镐被他这番话震惊了。

回到主会场的时候，闵裕圣满脸歉意地看着富尔德和随后就座的其他银行家。“谢谢在座的各位，但是我想我们已经没有合作的可能了，”他边说边起身离开，“接下来的事情都交给加里·巴兰奇克处理。”

富尔德脸上立刻现出了悲伤的神情，“那么，你是说，就这样完了？”

他高声问道，“你就这样回去了？”

8月的一个清晨，保尔森在财政部的特别顾问史蒂文·沙弗兰（Steve Shafran）正在爱达荷州太阳谷的一个加油站加油，他正在度假。这时保尔森的电话打了过来：“告诉我雷曼的最新情况。”

沙弗兰意识到这次通话可能会持续很长时间，便关掉了他开了15年的路虎汽车的发动机。夏初，保尔森曾委派给他一项特殊任务，即充当证券交易委员会和美联储的协调人，为雷曼破产准备应急计划。最初的使命是为了理清银行体系的系统性风险，确保政府各部门之间的顺畅沟通，但这项任命很快就变成了针对雷曼的特别行动。

该任务的性质决定了他必须秘密行动，不能让任何人，至少是雷曼员工知道政府已经开始考虑雷曼破产的可能性，不管这可能性有多小。现在只要市场听到一点点不利风声，雷曼股价就会暴跌。最近保尔森几乎每天都与富尔德通电话，他已经了解到雷曼的再融资计划进行得颇为艰难，他们需要做好最坏的打算。

事实上，保尔森已经被富尔德时不时冒出的新想法搞得筋疲力尽，只好委派肯·威尔逊[①]充当他们之间的联络员。“我会让迪克先与你沟通，”保尔森告诉威尔逊，“他在浪费我的时间，当他有真正重要的事情时，我再直接跟他谈。”

对沙弗兰来说，与财政部以外的政府部门打交道还是件新鲜事。一年前，他24岁的妻子珍妮特在一次飞机事故中丧生，随后他带着孩子搬到了华盛顿。从高盛退休之后他就一直住在太阳谷。沙弗兰一共为高盛效力了15年，一直是保尔森在香港的联络人，帮助高盛进入中国市场，他在华盛顿的日子才刚刚开始。

---

① 肯·威尔逊即肯德里克·威尔逊。——译者注

比起其他的财政部成员，“雷曼行动”对沙弗兰来说更加棘手，因为他与富尔德是旧交。两人相识于太阳谷，沙弗兰当时是克川市的市议员，富尔德在当地拥有 97 英亩土地（约值 2 700 万美元），主宅位于延伸至比格伍德河的一条僻静小路上。另外，他还在佩蒂特湖岸有座小木屋，正好挨着沙弗兰的房子。他们在峡谷俱乐部一起打高尔夫，并偶尔参加社交活动。沙弗兰喜欢富尔德，并且欣赏他的干劲。

但是现在，沙弗兰正在加油站停车场的路虎汽车里向保尔森汇报雷曼事宜的进展。他协调过联储和证券交易委员会之间的几次电话会议，尽管双方都认为不可能准确估计系统性风险，但至少他们终于开始关注这个问题了。“他们已经在着手进行了，”他说，“这一点让我很欣慰。”他解释道他们已经识别了雷曼所面临的 4 种风险：回购账户，即回购协议资产组合风险；衍生品账户风险；券商业务风险；非流动性资产风险，如不动产和私募股权投资风险。

保尔森知道自己帮不上雷曼多少忙，它不在财政部的监管范围。如果雷曼真的破产，会有其他机构接手处理，但这让保尔森十分不安。

初夏的时候，戴维·内森与证券交易委员会进行过一次会谈，之后告诉保尔森对方并不了解情况。在格兰特酒店的会议室里，内森面前摊开着一张张雷曼衍生品头寸的报表，他问证券交易委员会的助理主管迈克尔·马基亚罗利（Michael Macchiaroli），如果雷曼真的倒闭，他们会采取何种行动。

“他们持有很多头寸，”马基亚罗利说，“我不确定应该如何处理这些头寸，我们可能会尽量把它们出售，然后把剩下的事情交给他们来做。”他补充道。马基亚罗利口中的“他们”是指证券投资人保护公司，职责类似于联邦储蓄保险公司，但业务范围要小得多。

“这就是你们的打算？”内森问道，“这会把事情搅得一团糟。”

“问题是他们有一半账户在英国。”马基亚罗利解释说，雷曼的许多交易都是由英国分部完成的。“并且他们的交易对手也不在美国，我们对他们没有管辖权。”一旦灾难真的降临，证券交易委员会所能做的只是保住雷曼在美国境内的经纪和自营业务，但母公司和海外子公司就只能申请破产。

这可不是什么好消息，内森愈发觉得在紧急关头他们可能会无路可走，除非向国会寻求帮助，请求国会同意为雷曼的所有交易提供担保。但他马上就打消了这个念头。

“要保证母公司的所有利益，我们就必须要求国会用纳税人的钱来维护外国投资者的利益，”他对在场的所有人说，“这种要求怎么可能说得出口？”

杰克逊湖别墅酒店外是一片青青的草地，远处白雪皑皑的大提顿山高耸入云、威严壮丽。美景如斯，伯南克却无暇欣赏。8月22日，他沿着小路缓缓而行，回忆被慢慢勾起。大约在10年前，堪萨斯城联储局在大提顿国家公园举办的夏日专题研讨会上，伯南克初露锋芒。时过境迁，如今他却要面对无尽的指责和质疑。人们将质疑他过去一年的作为，质疑政府在“两房”问题中的角色。1999年夏天，人们对互联网泡沫的狂热达到顶峰，伯南克和纽约大学的经济学家马克·哥特勒（Mark Gertler）在杰克逊霍尔宣讲了一篇论文，认为中央银行无需过度担忧互联网泡沫问题。他们列举了美联储在20年代刺破股市泡沫时所采取的措施，发现它们只会在经济衰退时制造更多的灾难。由此，他们认为央行应专注于自身的首要职责：保持稳定的通胀率。只有在资产价格上涨到引发通胀时联储才应介入。他们在会议的讨论中表示“刺破泡沫很容易引起公众的恐慌”。而这吸引了艾伦·格林斯潘的注意。

另外，一年前的杰克逊霍尔之旅对伯南克来说也是一次痛苦的经历。那年夏天，信用危机逐渐升级，伯南克和他的智囊团核心成员盖特纳、沃尔什、美联储副主席唐纳德·科恩（Donald Kohn）、纽约联储市场部总监比尔·达德利（Bill Dudley）以及货币司司长布莱恩·马迪根（Brain Madigan）挤在杰克逊湖别墅酒店，共同商讨联储应对信用危机的办法。

他们想出了一个双管齐下的方法，这一方法后来被称为“伯南克主义”。首先使用联储最常用的武器：降低利率。为了应对市场信心危机，联储决定在不至于太草率的前提下，对市场给予支持。在 2007 年的一次会议中，伯南克说道：“这不是美联储的责任，美联储也不应承担投资者和借款人的金融决策失误所造成的后果。”紧接着他补充说：“但是，金融市场的发展变化对场外也有着巨大的经济效应，联储在制定政策时必须考虑这些影响。”自 1998 年美联储组织华尔街对长期资本管理公司实施紧急援助后，人们就更把这句话看作是美联储的政策了，即：如果这些后果严重到影响整个金融体系时，美联储有责任对市场进行干预。在考虑是否挽救贝尔斯登时，正是这一点影响了他的决定。

“伯南克主义”在今年的会议上受到了诸多攻击。在酒店全木装修的会议室里，伯南克一脸倦容地瘫坐在长桌旁，听着批评者一个接一个地站起来指责联储处理金融危机的措施是多么仓促、无效，还容易引发道德风险。只有伯南克在普林斯顿的同学、曾任美联储副主席的阿兰·柏林德（Alan Blinder）支持美联储的做法，他给大家讲了一个故事：

> 有一天，一个荷兰小男孩在回家的路上发现保护附近小镇的水坝有个小小的漏水点。刚开始他用手指堵住了这个小洞，但随后他想起了学校老师给他讲的道德风险……“这是建水坝的公司的责任，”这个小男孩说，“我不应该帮他们的忙，这样

做只会鼓励他们建起更多质量低劣的工程。另外，住在这里的人们太蠢了，他们不该把房子建在洪水区。”于是小孩自顾自地回家了。但还没等他到家，堤坝就被冲毁了，方圆几里内的居民全部在洪水中丧生，包括那个荷兰小男孩。

也许你在美联储听过这个故事的另一个版本。在那个更为宽容、富有善意的版本中，出于对洪水的恐惧和绝望，荷兰小男孩坚持用手指堵住漏水点直到救援到来。这个过程很痛苦，也没人保证这样做肯定能奏效，而且这个小男孩本可以去干自己的事，但他最终还是这么做了。水坝周围的居民都因此免于自己的疏忽所带来的灭顶之灾。

就在前一天，伯南克在讨论会上主张联储不能仅仅“用手指堵漏洞”，还应建议国会建立“一套解决非银行金融机构倒闭问题的法定体系”。

伯南克强调：“一项更为强有力的法规能够降低系统性风险。”

通过降低市场对政府介入干预以稳定金融系统的预期，也许可以缓解道德风险和“大而不倒”的问题。

建立一套解决非银行金融机构倒闭问题的法定体系，不仅能够减少不确定性，还可以允许政府像处理商业银行倒闭问题那样，以一种有序的、可以让股东和部分债权人安全退出的方式解决非银行金融机构的倒闭问题，通过这些措施，可以在一定程度上限制道德风险。

伯南克并没有提到“两房”，但杰克逊霍尔会议的许多与会者都紧紧牵挂着它们的命运。星期五，穆迪将“两房”的优先股评级下调到非投资级以下，即垃圾级，市场关于财政部将被迫采取行动、注资“两房”的预期迅速上升。

杰克逊霍尔长久以来都是超级富豪趋之若鹜之地。前施罗德公司和所罗门兄弟的银行家、后来担任世界银行行长的詹姆斯·沃尔芬森

（James Wolfensohn）就是在杰克逊霍尔长住的名人之一。在 2008 年的年会上，他在家举行了晚宴，来宾除了伯南克，还有两位前财政部官员拉里 · 萨默斯（Larry Summers）和罗格 · 阿尔特曼（Roger Altman），以及巴拉克 · 奥巴马的经济顾问奥斯坦 · 古斯比（Austan Goolsbee）。

当天晚上，沃尔芬森向客人们提了两个问题。其一是：这次危机是经济史上重要的一章还是过眼云烟？他向在座的问了一圈，大家都认为这很可能只是历史长河中一朵掀不起波澜的小浪花。

接着，沃尔芬森又问道："与 1929 年大萧条和日本'失去的 10 年'相比，这次危机更像哪一个？"来宾们一致认为美国经济将经历一次时日漫长、类似于日本的萧条。然而伯南克却语惊四座，他认为这次危机与前两者都没有可比性，他坚定地说："我们已经从大萧条和日本身上吸取了足够的教训，我们绝不会重蹈覆辙。"

8月的最后一个星期，在财政部会议室里，保尔森向他的团队和顾问们宣布"两房"的命运："我们已经决定了，'两房'就要挺不下去了，要想解决抵押贷款市场的问题，必须先解决'两房'问题。"

刚结束北京之旅的保尔森，一回到华盛顿便花了一整天时间听取摩根士丹利和其他人的近况汇报。他最后不得不决定采取行动，尤其是在看到"两房"股价持续下滑之后。在保尔森看来，如果不解决"两房"问题，美国经济将岌岌可危。

过去三个星期中，摩根士丹利一直致力于制定公司内部称为"奠基工程"的计划，40 名员工没日没夜没周末地工作着。"这比蹲监狱还难受，"助理吉米 · 佩奇（Jimmy Page）抱怨说，"监狱里还能保证你一日三餐，也允许老婆探监。"

摩根对"两房"持有的资产组合进行逐笔贷款分析，他们将"两房”的抵押贷款数据传至印度，在那里，摩根分析中心大约 1 300 名职员仔细分析了每一笔贷款，这些贷款大约是整个美国抵押贷款规模的一半。

摩根士丹利的银行家们还对投资者进行了一系列的电话访问，以更好地了解市场预期。结果正如丹 · 西姆珂维茨向财政部描述的那样 :“市场很在意约翰 · 保尔森和汉克 · 保尔森的想法。他们想知道约翰 · 保尔森认为市场什么时候见底，以及汉克 · 保尔森将会做什么。”（约翰 · 保尔森是过去两年中最为成功的对冲基金经理之一，他最早卖空次级贷款，为客户赚了 150 亿美元，自己则拿到了 37 亿美元的奖金。①）

摩根士丹利的银行家们估计，要满足商业银行最低 4% 的资本金要求，“两房”需要追加约 500 亿美元的资本金，相当于现有资产价值的 2.5%。随着房屋市场状况的恶化，资本金严重不足的政府发起类公司更显得岌岌可危。更糟糕的是，有迹象表明，中国和俄罗斯可能随时停止购买甚至开始抛售“两房”债券。因此，杰米 · 戴蒙特意给保尔森打了个电话，鼓励他果断采取行动。

保尔森在财政部让大家公开讨论哪个选择较好，是让“两房”根据《破产法》第 11 章进行破产保护，还是接管“两房”，即政府作为受托人控制“两房”，以继续实现其公开交易。

肯 · 威尔逊对保尔森还没有接受更专业的指导就进行所谓的“恶意收购”有些担忧 :“汉克，如果没有一流律师事务所的帮助，你刚才说的这两种选择都是扯淡！”

“好吧，”保尔森也赞同他的观点，“那你觉得该请谁？”

“我给沃切尔 · 利普顿 · 罗森 · 卡茨律师事务所的爱德华 · 赫利希（Edward D. Herlihy）打个电话吧，看他愿不愿接这活，”威尔逊说，“让这些家伙接受破产保护真是天大的笑话。‘两房’怎么说也是需要对股

① 详见《史上最伟大的交易》，中国人民大学出版社出版。——编者注

东和债权人负责的私营机构，真要破产的话，事情就难以收场了。”

威尔逊推荐赫利希有个令人信服的理由，那就是赫利希曾多次参与美国最大的企业收购战。今年年初，他还在摩根大通收购贝尔斯登案中担任顾问。他的公司——沃切尔·利普顿·罗森·卡茨律师事务所就是企业战争的代名词。它的创始人之一马丁·利普顿（Martin Lipton）设计了最著名的反收购策略——“毒丸计划”。如果财政部要破天荒地谋划一次政府主导的恶意收购，赫利希毫无疑问是最合适的法律顾问。

8月23日，周末，他们开始策划作战计划。为避人耳目，赫利希和他的律师团分乘达美航空和美国航空的6次航班来到华盛顿。在加入财政部不到一个月的丹·杰斯特的协助下，保尔森向他们大致介绍了行动计划。他们希望这次行动像巨型合并所通常表现的那样，能在一个为期三天的周末里迅速完成，以防消息走漏而影响股票市场。他们想在劳动节期间，也就是下周末接管“两房”。

律师团和劳动部的官员们花了好几个小时来讨论可行的收购策略、相关法规以及两家公司各自的组织结构。杰斯特和财政部的另一名职员杰里迈亚·诺顿（Jeremiah Norton）拟订了注资“两房”的大致计划，以及通过购买优先股和认股权证控制“两房”的一整套流程。

但保尔森很快就意识到根本不可能在劳动节期间完成该计划。一名律师注意到“两房”的监管者、联邦住房金融局的詹姆斯·洛克哈德曾在夏天给两家公司去信，表示“两房”的资本金已达到了监管要求。“开什么玩笑！”保尔森听到这消息的时候，不由得吃了一惊。财政部有可能面临国会议员中支持政府类发起公司议员们的反对，若强行收购，也可能会遭到公司自身的抵制。他们现在需要做的就是戳穿“两房”资本金充足的谎言以及撤销监管方的认可。

“符合监管要求？除非把它的无形资产和所有的员工都看成狗屁资产！”保尔森抱怨道。

“我们需要重建记录。”杰斯特指的是联邦住房金融局那封信。

“对，对，”赫利希赞同道，“我们需要重新写几封报告坏消息的信，至少得反映‘两房’的真实情况。”

在接下来的两周里，联储派出审查官细细审阅“两房”的账簿，以找出资本金不足的证据。

财政部成员在讨论的时候反复提到一个问题：如果“两房”的董事会拒绝被收购该怎么办？

“听着，要相信我，”保尔森说，“虽然你们可能会怀疑，但我很了解这些董事，他们肯定会默许的。只要跟他们谈判，他们就会同意。”

8 月 26 日，星期二上午，来到白宫的保尔森被护送到西翼的地下室，进入将近 500 平的战况汇报室。9:30，布什总统的影像从得克萨斯的克劳福德农场传来，两人进行了一次秘密视频会议。简单寒暄之后，保尔森亮出了接管“两房”计划，布什则表示准备工作可以继续进行。

随着劳动节假期的临近，财政部小组及其智囊开始构思收购细节。他们知道这些操作必须像军事行动一般快速精确地进行，而且要在“两房”在国会中召集支持者之前就秘密展开。他们详细写下准备与“两房”及其董事会讲的每一句话，确定不给对方留下任何妥协和拖延的余地。财政部官员私下谈到，“两房”只有两条路可走：“一、自愿被收购；二、被强行收购。”

8 月 28 日，星期四上午，罗伯特·维纶斯塔和美国国际集团首席战略官布莱恩·施赖贝尔一同走进 JP 摩根位于公园街 270 号的总部大楼，他们在保安人员的陪同下进入直达公司管理层办公室的专用电梯，他们约好和杰米·戴蒙见面。

穿过玻璃制的正门，维纶斯塔和施赖贝尔到达一个全木装饰的接待区，随后又被带到 48 层一间装饰一新的办公室。等待的时候，维纶斯塔知道他的同伴正在压制着自己的怒火。整个八月，施赖贝尔都在忙着制定各种计划，试图从不同的渠道筹集资金，并提高公司的信贷额度，以避免公司在市场情况进一步恶化时面临资金瓶颈。他所做的努力之一就是找几家银行作为后援，但 JP 摩根的人竟然毫不把他放在眼里。想到美国国际集团在春季筹资时他们的傲慢态度，施赖贝尔现在仍忿忿不平。他自己希望能与花旗银行和德意志银行合作，但维纶斯塔却坚持选择摩根大通。情况很明显，不管自己的同僚施赖贝尔怎么想，即使事情会变得更糟，估计维伦斯塔仍更愿意与戴蒙合作。

后来，两人被领进戴蒙的办公室，里面有一间带写字台的办公室、一间会客室以及一间会议室。会议室里，摩根大通总裁史蒂文·布莱克、安·克伦伯格（Ann Kronenberg）和蒂姆·梅因（Tim Main）都已围坐在一张木桌旁，身后立着一块白色书写板。

一阵寒暄之后，戴蒙对他们的到来表示感谢，金融机构部董事总经理梅因则用他一贯的声调谈起美国国际集团为什么应该选择摩根大通。梅因指出，在最近的一次同类承销业务排名中，摩根大通位列第一，此外还强调他们曾成功地帮助 CIT 集团在两次配股发行中获得 10 亿美元的融资。

“他宣扬的那些成绩并不完全可信，”稍后维纶斯塔告诉施赖贝尔，“CIT 的股票已经跌到 10 美元以下了，而一年前的价格还是现在的 4 倍多。”总而言之，这是华尔街的一贯作风，会议室里的每个人都听过几十次上百次了：我们才是你们的最佳合作伙伴，我们有最杰出的人才，我们有最丰富的资源，我们比谁都更明白你们的需要云云。

但最后，梅因对美国国际集团和他过去与美国国际集团交往经历的挖苦却很露骨。他指出，JP 摩根可以为客户提供很多东西，但又强调客户能清楚地认识到自己的问题和缺点也很重要。会议室里包括戴蒙在内的许多人都对他说的话大吃一惊。

“忘掉这位‘讨人厌先生’吧。”戴蒙赶忙打断了梅因的讲话。但错误已经无法挽回，美国国际集团的高管们显然已经被他惹恼，维纶斯塔觉得梅因的言行让人恼火，施赖贝尔则感觉受到了冒犯。几分钟后，他们逐渐摆脱了梅因的影响，开始直接与戴蒙谈，梅因则窘迫地缩到了椅子里。

“杰米，我所担心的是，我们公司的评级被调低的可能性越来越大了，”维纶斯塔解释说，“评级机构曾向我保证会等到9月底再做决定，但高盛的报告出来以后，他们就坐不住了。”该报告对美国国际集团的状况提出了诸多疑问。这份报告的影响力是如此之大，以至于维纶斯塔在星期二甚至接到了肯·威尔逊和财政部的安东尼·瑞安的电话，询问公司的真实状况。

“也许你应该坦然接受评级调低的结果，这又不是世界末日。”戴蒙建议道。

“不，不仅仅是下调评级那么简单。”维纶斯塔坚持说。正如几个星期前美国国际集团在提交给交易委员会的一份备案中所警告的那样，评级调低的代价是高昂的。如果标准普尔或穆迪中的任何一家把评级调低一个等级，美国国际集团就必须额外追加价值105亿美元的抵押品；如果两家评级公司同时调低评级，这一数字将跃升至133亿美元。美国国际集团出售的信用违约互换协议中规定，公司必须将信用评级维持在一定等级之上，或者追加额外抵押物，以作为不能支付互换权益的保险。美国国际集团现在的评级为AA-，而它面前的账单还在不断增长。美国国际集团的执行官们估计公司很可能会需要追加价值180亿美元的抵押物。

一个不言自明的事实是，如果美国国际集团无法筹到所需的现金，就只能选择破产。

但在戴蒙看来，这只是个短期的流动性问题。“你们有很多的抵押品，你们的资产负债表有上万亿资产，你们还有很多的证券。”他对他们说。事情的确可能会变得更糟，但现在看来，这只是暂时现象。

“确实如此，”维纶斯塔也同意他的说法，“但事情没那么简单，美国国际集团的多数抵押品都在受监管的子公司名下。”

年中的时候，美国国际集团的资产价值比负债价值高出 780 亿美元，但多数资产分属其 71 家子公司，这些子公司由各自所在的州监管，母公司想要出售这些资产可不容易。联邦政府对保险行业并没有进行监管或监督，但各州的保险委员会和监管者却握有监管、限制保险公司出售资产的权力。州一级监管者的责任永远是保护投保者。实际上，美国国际集团不可能通过卖掉其持有的部分资产来迅速筹集资金。

戴蒙和会议室里的其他人现在终于明白了问题的关键所在。

其他人走出会议室的时候，戴蒙把维纶斯塔拉到一边，对他说：“听着，情形已不容耽搁，如果不能与我们合作，你就找别人，无论如何你得马上行动。”

第二天，维纶斯塔继续参加会谈。

“杰米，只有情投意合的双方才可能合作，”维纶斯塔开口道，“我无意冒犯，但我知道你们很相信蒂姆·梅因，现实情况你也都看到了。”

戴蒙知道维纶斯塔想说什么，连忙说：“你放心，史蒂文·布莱克会负责这件事的。”

“那就好。”维纶斯塔答道。

“你得考虑收拾行李上我这来了。”肯·威尔逊对美林前执行官赫伯特·埃里森（Herbert Allison）说。星期四晚上，威尔逊在维京群岛的一个海滩上找到埃里森，并向他透露了一个大秘密：政府计划在下周末，也就是 9 月 6 日接手“两房”。

但这绝不仅仅是一个礼节性的通话，威尔逊是想让埃里森接任房利美的首席执行官。毕竟，接管“两房”之后，他们肯定要换上自己的管理团队。

埃里森回答道 :“我很愿意接受任命。出于对公共服务的热忱，我对这项工作非常感兴趣。我想帮助你们,所以你必须告诉我需要做什么。不用收拾行李，除了沙滩裤和人字拖外，我什么衣服都没有。”威尔逊答应埃里森，等他到了华盛顿，一定会给他置办一些行头。

保尔森接待了房地美首席执行官理查德 · 塞隆（Richard Syron）的来访之后，决定提前于本周执行接管计划。保尔森向来讨厌塞隆，他告诉塞隆自己为寻找可能的投资者已经去过高盛总部，但谈了几天仍是一场空，没人愿意将这么一大笔资金投入房地美。保尔森跟房利美首席执行官丹尼尔 · 穆德也沟通过，虽然对他印象不错，但会谈结果却让人很泄气。

9 月 4 日，星期四晚上，财政部开始执行作战计划。

他们的行动如钟表一般精确，“两房”的首席执行官被告知将于星期五下午在联邦住房金融局与保尔森和伯南克进行会谈。穆德的会议将在 3 点开始，塞隆的则在 4 点。他们建议“两房”带上首席董事，但除此之外并未透漏半点会谈的内容。保尔森估计，等本次会谈的消息泄露出去，股市已经收盘了，他还有 48 小时来执行计划。

那天下午，受热带飓风“汉娜”的影响，首府华盛顿乌云密布。在楼上的会议室里，保尔森和伯南克分坐在罗伯特 · 洛克哈德两边。每次会议都由洛克哈德开场，他告诉房地美和房利美的执行官以及他们的律师，两家公司面临的可能损失如此巨大，以至于已经无法正常运转并履行职责了。洛克哈德照着事前准备好的讲稿讲道，联邦住房金融局选择了行动而不是“放任事情恶化”。

“两房”将被政府接管保护，他解释道，但它们仍会是私营企业，股票也仍将上市流通，只是控制权将被转移到联邦住房金融局手中。现有的管理层将被替换，而且不会给他们提供“金色降落伞”。

“我想开诚布公地处理这件事，”保尔森告诉他们，“我们希望你们能够合作，即自愿被收购。”但他又补充说：“在非自愿的情况下我们也能实现接管，如果有必要，我们会采取这种方式。”塞隆很快就举旗投降并给董事会打电话通知了这个坏消息。

房利美的首席执行官丹尼尔·穆迪则比较难对付。会议结束后，他和律师回到沙利文-克伦威尔律师事务所，律师们全都愤怒了，素来镇定的罗基·科恩直接给财政部的肯·威尔逊打电话并朝他大吼：“这是怎么回事？完全是扯淡！”

当房利美的高管开始四处给国会议员打电话寻求支持时，他们发现保尔森和财政部早已秘密游说过他们，向他们灌输了接管的好处。对共和党人，他们说接管有利于维持抵押贷款系统的正常运行；对民主党人，他们则强调“两房”所带来的系统性风险。

第二天，房利美的律师召集董事会所有成员齐聚华盛顿，在联邦住房金融局召开会议。财政部明确表态，只允许董事会成员出席，房利美不能带它的金融顾问——高盛的人出席这次会议。

星期六中午，在顾问律师团成员贝斯·威尔金森（Beth Wilkinson）、罗基·科恩和克维斯-斯温和莫尔律师事务所的罗伯特·约菲（Robert Joffe）的陪同下，房利美董事会全体13名成员挤进联邦住房金融局狭小的会议室。昨天，就在同一间会议室里，财政部开出条件：两家公司分别向财政部发行价值10亿美元的高级优先股，相当于79.9%股权的普通股。必要时，政府将分别向两家公司注资2 000亿美元。当然，这些条件没有讨价还价的余地。

会议很快就结束了，房利美董事回去做进一步考虑。威尔金森本来为在NBC新闻台工作的丈夫戴维·格雷戈里预定了生日晚餐，现在看来不得不取消了。星期六深夜，房利美董事会终于投票通过该方案。晚上 10 点 30 分，保尔森被民主党总统候选人巴拉克·奥巴马的电话吵醒。那天早些时候，在印第安纳州竞选时，奥巴马如此评价“两房”的现状：“我们既不能听从说客的胡言乱语，也不能让那些只为奖金和小时工资操心的特殊利益集团左右我们的行动，我们要考虑的是，我们的行为是否能够巩固我们的经济，是否能够帮助苦苦挣扎的房屋所有者。”奥巴马和保尔森谈了将近一个小时。

星期日，政府正式对外宣布将接管“两房”之后，财政部那些为此劳累数周的职员们终于松了一口气。他们完成了一件可以长期稳定金融市场的大事。现在不确定性的主要来源消除了，市场应该可以稳定下来了，他们即将大获全胜。

但保尔森心头仍压着一块大石头——雷曼。

自从为保尔森工作以来，肯·威尔逊终于有了一个可以自由支配的下午，他离开财政部，走回公寓，然后到乔治城的一个酒吧边看足球赛边吃晚饭。

那天晚上，保尔森查看语音邮件时发现了富尔德的几条留言。他给富尔德回了电话，富尔德告诉他自己对“两房”的新闻感到振奋不已，希望这可以使市场稳定下来。但对雷曼来说，现在一桩交易都还没达成，都快把他给逼疯了。与韩国人合作似乎已经不可能了，美国银行也是镜中花水中月。富尔德表示雷曼计划采取“好银行和坏银行”策略，希望借此剥离有毒资产，将其注入一家独立公司。黑石集团合伙人、雷曼前银行家史蒂文·施瓦茨曼非常坦诚地与富尔德谈了一次。他对富尔德说：“迪克，这就像癌症一样，你得切除坏掉的部位，你需要回到以前的雷曼。”

威尔逊担心仅仅剥离不良资产不足以安抚人心，他告诉富尔德：“你需要好好考虑一下，到底怎么做才能对公司有利。”他含蓄地建议富尔德出售整家公司，但没有直接说出来。

“你这是什么意思？”富尔德问。

“如果股价继续下滑的话，最终可能会有人突然跳出来，并提出一个令人兴趣索然的价格，但为了保持公司的完整，你可能会不得不接受它。”

“你的意思是，接受低价？”

“嗯，甚至可能会是个位数。”

“绝对没门儿！”富尔德激动地说，“贝尔斯登被以 10 美元一股的价格卖掉了，想要我把雷曼卖得更低，这他妈的根本不可能！”

星期一深夜，消息开始传播开来，到凌晨两点的时候，世界各地的通讯社都已经收到消息——韩国发展银行将不再参与雷曼的竞购。路透社则打出“聚焦雷曼如何失去韩国这根救命稻草”的醒目标题。

就在当天晚上，韩国金融服务委员会主席全光宇（Jun Kwang-woo）在首尔就此事召开了简短的新闻发布会，会上正式声明韩国发展银行与雷曼持续了一个夏天的谈判已宣告失败：“考虑到目前国内外金融市场的情况，韩国发展银行在该时点考虑入股雷曼还应慎重。”

星期二早上，迪克·富尔德一个人坐在办公室里盯着电脑屏幕，心中满是怒气。韩国发展银行曾给出每股6.4美元的报价，他认为这个价格毫无诚意。对富尔德来说，这次谈判早就结束了，但对已经听到交易传闻的外界来说，这消息无异于晴天霹雳。股市一开盘，雷曼股价便一路暴跌。

消息在这时候被抖出来令富尔德尤为尴尬，因为此时备受关注的雷曼银行业年度会议正在曼哈顿中城的希尔顿酒店举行，而会议举办地距离雷曼总部只有两个街区。一辆 CNBC 的采访车已经停在酒店外边，准备对第二天的会议进行报道，美联银行的鲍勃·斯蒂尔和贝莱德集团的拉里·芬克将于第二天早晨出席会议，巴克莱资本的鲍勃·戴蒙德则已在前一天的会议上发表了讲话。

股市刚开盘，巴特·麦克达德便走进了富尔德的办公室。还没等他开口说话，富尔德便指着电视机咆哮起来："又来了！他们总是妄自揣测却不愿相信真相！"麦克达德礼貌地将注意力转向了电视屏幕。

CNBC 给出的标题很是骇人："雷曼时日无多"。资深记者戴维·法布尔（David Faber）详细解释了该标题，他指出："从现在一直到下周五，雷曼将非常难熬，因为届时需要公布公司的财务情况。"但随后他又补充道："下周五，雷曼是否会真的公布预期损失并简单表示将继续寻求战略性替代方案？他们也许会这么做，也许是不得不这样做。但可以肯定的是，雷曼将面临一大堆问题。"

凑巧的是，麦克达德正想和富尔德谈谈法布尔提到的这个问题。麦克达德认为雷曼应该赶在计划的时间表，即下周四之前就公布财务情况，甚至可以提前到明天。"我们必须尽快把这些事情搞定。"他对富尔德说。

富尔德一边点头表示赞同，一边说："我们得快点行动，或许还能在这次金融海啸中逃过一劫。"

虽然麦克达德在采取行动前还是通知了富尔德一声，但这只不过是走走形式，因为在这个节骨眼上，征求他的同意仅仅是为了表示尊重。麦克达德之前已经让首席财务官伊恩·洛维特（Ian T. Lowit）准备好将要公布的数据，同时他也正考虑是否同时宣布资产重组计划，即"好银行坏银行”计划。

麦克达德的团队已经掌握了实权，他公布财务数据其实并不需要富尔德的同意，但在具体实施方面还是非常需要富尔德的合作。不管怎样，在外界看来，富尔德仍是雷曼的标志，他的存在会成为稳定市场的一个关键因素。

但考虑到目前所面临的复杂处境，麦克达德有些担心富尔德的精神状况。“我不知道他能否撑下来，他的压力太大了。”去见富尔德之前，麦克达德这样对格尔本德说。但是，从公共关系角度考虑，他们没有别的人选，而且麦克达德了解富尔德，富尔德自己也想主持这次财务报告发布会，他是不会接受其他安排的。

星期二早上，亨利·保尔森一脸沮丧地走进财政部自己办公室对面的主会议室，紧随其后的是他的顾问团队：安东尼·瑞安、杰里迈亚·诺顿（Jeremiah O. Norton）、詹姆斯·威尔金森、杰伯·马森（Jeb Mason）以及罗伯特·霍伊特。他们与杰米·戴蒙及摩根大通运营委员会之间的会议在几周以前就已经被安排好了，时间定在上午10点。该会议是摩根大通安排的一系列全天候会议的一部分，目的是在公司与政府之间建立更好的关系。这一策略是由纽约前共和党代表里克·拉齐奥（Rick Lazio）提出来的，戴蒙曾聘请他出任全球政府关系和公共政策部门的副总裁。目前，金融体系动荡不安，戴蒙知道肯定会有人呼吁加强对华尔街的监管，因此他想在事情发生之前就确保会见所有相关的政府官员，以建立一切有用的关系、尽可能地做好准备。

“谢谢大家的到来。”保尔森的开场白显得有些羞怯。事实上他现在满脑子想的仍是接管“两房”将引起的种种后果，而这一切就发生在48小时之前。他相信自己在应对这一事件时采取了十分正确的行动，但投资者似乎并不这么认为。虽然他原以为市场会因此稳定下来，但接管行动不但根本没让市场回归稳定，整个市场似乎反而逼近崩溃的边缘。

在所有抗议声中，最刺耳的也许要属国会的了，参议员克里斯托弗·多德的言论尤其令他感到沮丧。星期日，也就是在接管“两房”的消息宣布后不久，他便亲自将这一消息告知了多德。保尔森以为多德已经暗示会站在自己这边，但第二天他却公开嘲讽保尔森所要求的暂时性权力只不过是一个大阴谋。“他的确不想用这权力，他只不过想要火箭炮。”在周一的一次电话会议上，多德在记者面前挖苦道。

“我们的确相信了他那些话，”多德说，“被人骗一次，是对方坏，被人骗两次，是自己蠢。事已至此，没什么好说的。”不过，多德随后还是明确地提出了一个问题，到目前为止该问题还只是在华盛顿私下流传：“接管‘两房’真的能带来他们想要的结果吗？到底有没有考虑过其他做法呢？”

议员吉姆·邦宁整个夏天都在和保尔森争辩，他甚至说保尔森是个社会主义者，他指责说：“保尔森财长在银行委员会前陈词的时候有所保留，并没有将他所知道的一切都告诉我们。其实他知道“两房”已经陷入了不可挽回的境地。他始终清楚，不管当时在国会和美国人民面前说了些什么，自己都不可避免地要动用这一权力。”

尽管知道摩根大通这个会议对戴蒙来说有多么重要，但保尔森只为此抽出了不到一小时时间。“我也曾试图鼓励国会与华尔街保持沟通和对话。”他向在场的银行家解释，在他管理高盛的时候并没有“意识到与华盛顿建立良好的关系是多么重要”。

“在这里，想真正做点事比表面上看起来的要难得多。”很明显保尔森是指“两房”国有化这件事，而他的听众则对这一说法暗笑不已。

当保尔森向戴蒙询问对该行动的看法时，虽然曾鼓励他努力争取将“两房”国有化的戴蒙对此给予了肯定答复，但他却表示得很委婉：“这么做是对的，我们也看到事态在周末过后变得有多么严重。”他还补充说，事情已经很明显，“两房”债券到星期一也不会获得什么流动性。戴蒙很巧妙地回避了一个问题，他没有提及股票市场似乎并没有恢复稳定这一事实。

“如果你们都这么想的话，那就把这些看法跟别人好好谈谈吧，”在他们起身离开前，保尔森说道，“我需要这些帮助，在这儿根本就没人想听我的分析。”

听完财政部长奇怪的求助请求后，摩根大通的高管分成几个小组前往国会，向他们的联邦监管机构进行必要的礼节性拜访。公司零售金融服务部主管查理·沙拉夫（Charlie Scharf）和新任首席财务官迈克尔·卡瓦纳（Michael Cavanaugh）一同拜访了联邦存款保险公司总裁希莉亚·贝尔；史蒂文·布莱克则拜访了詹姆斯·洛克哈特（James Lockhart）；他们中的几位还计划在当天晚些时候与巴尼·弗兰克会面。

不过最为重要的还是戴蒙的拜访：他将与美联储的本·伯南克会面，同行的还有公司首席风险官巴里·朱布罗（Barry L. Zubrow）。虽然资历相对较浅，但朱布罗却迅速成了摩根大通高管中颇具分量的人物。他曾在高盛工作超过 25 年，并与乔恩·科尔津是密友，后者曾任高盛总裁，后来则担任新泽西州州长。如果说在摩根大通有谁对市场风险的理解能比得上戴蒙的话，那就只有朱布罗了。

戴蒙和朱布罗进入联储位于宪法大道的埃克尔斯大楼时，在通过安检机器之前，朱布罗快速瞄了一眼黑莓手机，他所看到的消息让他顿时紧张起来：雷曼股价下挫了 38%，降至约每股 8.5 美元。

在曼哈顿下城的金融区，美国国际集团首席执行官罗伯特·维纶斯塔此时正在纽约联储13楼等待与盖特纳会面。在市场处于一片混乱之时，维纶斯塔来见盖特纳是想继续向他施压，催促其考虑向美国国际集团开放贴现窗口。尽管盖特纳已经在上个月拒绝了这一理想化提议，但这次维纶斯塔是有备而来，他带来一份更为详尽的计划书，计划将美国国际集团变成如高盛、摩根士丹利或者雷曼那样的承销商。“您需要稍等几分钟，他还在打电话。”盖特纳的助理告诉他。

“没关系，我不着急。”维纶斯塔答道。

5分钟过去了，10分钟过去了。维纶斯塔看看表，试图让自己平静下来。会面原本定在11点15分开始。

大约过了15分钟，盖特纳的一个下属走过来，很明显有些尴尬。“不瞒您说，”他说，“他在跟富尔德通话。”接着便露出一个会意的微笑，似乎是在暗示维纶斯塔或许还要再等一会儿，“他把精力完全放在了雷曼身上。”

在等待了半个小时之后，盖特纳终于出现了，他对维纶斯塔的到来表示欢迎。不过，盖特纳显然有些心不在焉，他一边焦虑地转着指间的钢笔，一边在办公室里四下张望。他刚在瑞士巴塞尔参加了一个国际银行会议并从那乘飞机赶回来。

一番寒暄之后，维纶斯塔向盖特纳解释了此行的目的：他想改变，确切地说是必须改变，美国国际集团在金融部门中的一贯角色。他说自己希望美国国际集团能转型为承销商，从而使公司有机会适用政府在贝尔斯登被收购后颁布的经济稳定紧急法案。这样能使公司以较低利率获得贷款，而通常只有政府和其他承销商才能够获得同样的低利率贷款。

盖特纳面无表情地看着维纶斯塔，问他美国国际集团凭什么可以使用联邦贷款窗口。维纶斯塔也知道，联邦贷款窗口向来只供最需要的金融机构使用，而目前此类金融机构的数量比以往多了许多。

维纶斯塔不甘心，再次提出自己的理由，用一连串的数字来支持自己的论述：对金融体系来说，美国国际集团与其他任何一家承销商相比都同样重要。它持有的890亿美元资产甚至大于一些承销商的资产规模，因此它也应该取得与之相同的资格。同时他还提到美国国际集团金融产品公司持有价值1 880亿美元的政府债券。不过他告诉盖特纳，最重要的是美国国际集团已将信用违约互换的保障（对投资者来说这实质上是不受监管的保险）出售给了华尔街的所有大公司。

“自我上任以后，我们就再没签发过任何新的承销商执照，我甚至不清楚颁发此类执照的流程，”盖特纳说，“让我和其他人谈谈，看看应该怎么办。”最后，在维纶斯塔转身离开之前，盖特纳向他提出了一个真正让自己感到担忧的问题，这个问题已经困扰盖特纳整个上午了：“对你们来说，这是生死攸关的关键之举还是暂时的紧急措施？”

幸运的是，维纶斯塔对该问题早有准备。在之前与美国国际集团律师团及顾问团（其中包括沙利文 - 克伦威尔律师事务所的罗基 · 科恩及费城联储银行的前主席安东尼 · 桑托梅罗 [Anthony Santomero]）的会谈中，维纶斯塔就已经在这个问题上得到了指点。 如果他承认美国国际集团确实有流动性问题，盖特纳则非常可能拒绝公司转型成承销商的请求，公司也就无法获得低成本资金，而这正是公司目前所急需的。

“嗯，我只能说，这事对美国国际集团非常有益。”维纶斯塔小心地答道。

维纶斯塔给盖特纳留下了两份文件。其中一份是情况说明书，列出了美国国际集团金融产品公司的所有优势，并论述了为什么美国国际集团应该获得承销商资格。另一份是关于美国国际集团遍布世界的交易对手风险敞口的报告，其中包括“12 000份独立合约所包含的价值约2.7万亿美元的衍生品敞口”。维纶斯塔认为该报告肯定会引起盖特纳的兴趣，报告中用黑体字描述的细节是维纶斯塔希望能让盖特纳大吃一惊的部分："与 12 家主要金融机构集中保有 1 万亿美元的风险敞口。"不需要成为哈佛 MBA，你就能明白这些数字意味着什么：如果美国国际集团倒闭了，那么整个金融体系都会为它殉葬。

此时，盖特纳却仍在为雷曼操心，他草草看了一眼便把报告扔到了一边。

在财政部，保尔森的特别助理丹 · 杰斯特一回到办公室，助手便告诉他高盛首席财务官戴维 · 维尼尔打来电话，正在线上等他。

对杰斯特来说，由于自己曾在高盛工作过，因此接到任何从高盛打来的电话都意味着需要经历一次尴尬的谈话。与保尔森不同，杰斯特在接受华盛顿的工作时并未被要求出售其持有的全部高盛股票。此外，保尔森在加入财政部之前必须接受国会的核查与质询，而作为财长的特别助理，杰斯特并不需要经过那样的官方认证。虽然在高盛工作时维尼尔就一直是他的好朋友兼同事，但杰斯特能肯定，维尼尔这会儿打来电话是为了谈公事而不是叙旧。现在市场已经趋于失控，他们才没有时间用来闲聊。片刻迟疑之后，杰斯特拿起了电话，电话那端的维尼尔匆匆地表示了问候，之后便直奔主题。

"对于雷曼，我们能帮上什么忙吗？"

尽管这个问题的措辞很巧妙，但维尼尔挑这个时间打来电话却着实让人怀疑：杰斯特刚从盖特纳那里得知雷曼将在周三提前宣布一项 39 亿美元的损失。富尔德也已经私下与政府通了气，这还不到一个小时，高盛就马上来打探消息了。

由于担心违规泄露信息，杰斯特小心翼翼地回避着这个问题，但他知道维尼尔是诚心想提供帮助。维尼尔告诉他高盛有意购买一些雷曼手中质量最差的有毒资产，当然，很明显高盛只愿意出很低的价格。维尼尔想知道财政部能否出面协调并安排这笔交易。

电话一挂断，杰斯特便立刻向财政部总顾问罗伯特·霍伊特汇报了这次通话。由于外界一直流传着诸多关于高盛和政府的阴谋论，因此只要走漏一点风声，这通电话就可能引起轩然大波，他得给自己留条后路。

现在，轮到通知保尔森了。

雷曼总部大楼里，亚历克斯·柯克一路狂奔，来到麦克达德的办公室。“事情有些蹊跷，”他上气不接下气地说，“我刚与彼得·布雷哲（Peter Bridger）通完电话。”

布雷哲是堡垒投资集团（Fortress Partners）总裁，这是一家规模巨大的对冲基金和私人股权公司。布雷哲还是高盛合伙人时，就被卷入了有关高盛阴谋论的谣言之中，加盟堡垒之后则把谣言带到了新公司。从他电话里的语气，柯克感觉出一丝不祥之兆。

“我知道你对巴特和雷曼忠心耿耿，如果事情没到今天这步，我也不会打这个电话，”布雷哲对柯克说，“但如果这周末你们碰巧被另一家金融机构收购了，而你又不确定自己是否愿意为雷曼的对手效力，那么我诚心希望你能来找我谈谈。”

柯克愣住了，他努力稳定自己的情绪并回答说：“我深感荣幸。”但同时他的头脑在飞速运转，“我希望这种事不会真的发生，”他继续说道，“我甚至觉得你并不喜欢我。”

“我跟韦斯谈起过你。”布雷哲说。他说的韦斯指的是堡垒集团首席执行官韦斯利·伊登斯（Wesley R. Edens），“我说‘我宁可跟非常非常聪明的混蛋合作，也不愿跟我喜欢的笨蛋合作’，当然你也别误会，并不是说我不喜欢你，只是当时我就是这么跟韦斯说的。”

柯克将此事告诉麦克达德时禁不住笑了起来，他将布雷哲的那句话重复了两次。

但令人感到奇怪的并不是布雷哲的巧妙恭维，而是他电话的时机，这绝不可能只是个巧合，柯克确信一定是有什么消息被泄露了。“他怎么偏偏这会儿给我打电话？”柯克两手一摊，无奈地问道。雷曼并没有与任何一家公司进行合并谈判，至少目前还没有。

麦克达德只是盯着他，一言不发，柯克只好自己回答这个问题：“我保证他们肯定掌握了一些我们不知道的消息。”

杰米·戴蒙和巴里·朱布罗正坐在联储银行的前厅里，等着美联储主席伯南克及其幕僚的出现。会面的时间定在上午11：15~11：45，这意味着摩根大通这两位高管必须长话短说，尽量在这半个小时之内将他们计划要说的全部告诉美联储主席。

这间屋子虽然被叫作前厅，却有着9米高的宽敞空间，从这里能够俯瞰宪法大道。前厅正好位于委员会会议室（这个国家的主要财政政策都是在这里诞生的）旁边，而几步之外就是伯南克的办公室了。

借着等待的空闲，戴蒙环视前厅，细细研究历任美联储主席的画像，其中包括1934年上任的马里纳·埃克尔斯（Marriner S. Eccles），他是第一位获得任命的联储管理委员会主席。戴蒙很快就注意到上面缺了艾伦·格林斯潘的画像，考虑到目前经济系统发生的一切，他开玩笑说：“也许这样才合适。”（事实是当时格林斯潘的画像还未完成。）

伯南克终于出现了，他也是刚刚得知雷曼可能会在第二天宣布一个令人震惊的损失数字的。当然他是私下里得到消息的，并决定在与摩根大通高管会面时还是不透露这个消息。

戴蒙告诉伯南克他们刚结束了与财长保尔森的会面。谈话的主题很快就转向了对接管“两房”的讨论。“接管‘两房’引发的负面效应让他很烦恼。”这一点伯南克也知道，保尔森昨天早上才跟他谈过，铺天盖地的新闻报道全都是怨言与训斥之词。

随后，戴蒙开始了他的陈述，而他并没有完全准备好，他偶尔会扫一眼报告，上面有一些注释，是他在乘车来的路上匆匆写下的。

“市场普遍缺乏信心，”戴蒙说，“这一点从我们的机构和零售客户身上就能发现。此外，我们的主营业务收入也明显反映出这种迹象。”他指出，对摩根大通的业务来说，尽管当前这场混乱暂时意外地表现出有利的一面，“因为顾客认为我们是最为可靠的银行之一”，但是它对其他机构造成了损害，最终也会威胁到摩根大通的利益。

当然，这对伯南克来说早就不是什么新闻了，他只是坐在那里点点头，尽可能表现得庄重而礼貌。

美联储官员凯文·沃尔什（Kevin Warsh）也加入了会谈，不过他略微迟到了一会儿。戴蒙对伯南克说,他很为雷曼担心。他赞同政府将“两房”国有化的决定，但同时指出这一行动未必能起到稳定市场的作用。“政府未来将扮演什么角色，大家都在拭目以待。”戴蒙说。他想知道的是：美联储会不会采取新的救助行动?

然而，伯南克并不准备给出明确答复，在这次会面快要结束的时候，他只是说：“我们正在努力争取一切主动权，尽可能做到防患于未然。”

在雷曼，随着损失公布时间的临近，31层的气氛似乎也越来越压抑。在同事们看来，富尔德似乎连呼吸都有些困难。整个周末他都在考虑是否要给美国银行打电话，而财政部的肯·威尔逊在当天早上至少给他打了三次电话督促此事。“你必须打这个电话。”威尔逊命令道。威尔逊非常了解美国银行，他在高盛工作期间曾给美国银行做过十多年的顾问。“从战略上来说这很合适。”威尔逊还强调说。但他并没有告诉富尔德，自己也曾督促美国银行的格雷戈里·柯尔打这个电话。在更早的一次谈话中，威尔逊告诉富尔德，要想做成交易，他就得放开底价，这也是在间接警告富尔德，他已经没有多少讨价还价的资本和时间了。

罗基·科恩的办公室位于沙利文-克伦威尔律师事务所大楼第30层的一个拐角,从这里能够俯瞰纽约港。由于背部的病痛,他只好站在电脑前办公，此时电话响了起来，是迪克·富尔德打来的，他让科恩给美国银行的柯尔打个电话。在富尔德说话的同时，科恩匆匆记下要说的重点。这个电话极其重要，他要做好充分准备。

“明白了，我和他谈过之后再给你回电话。”

科恩最后斟酌了一下他的措辞,然后拨通了柯尔的电话。“听我说,”他温和地说，“情况发生了很大变化，我们应该重新商量一下。”

“好……的。”柯尔吞吞吐吐地回答道，很明显，虽然他愿意听一听科恩代表他的客户进行游说，但对此仍持谨慎态度。

“我们要强调两点：一是要保住雷曼的品牌和声誉，二是要善待雷曼的员工。”科恩说。

接着，科恩看了看刚才写下的谈话提要，斟酌着下一个句子，在这里，他故意停顿了一下，想使自己的话显得更有力度。

“你应该已经注意到了,价格并不是我们优先考虑的事情。”他说,“但是，当然，价格太低我们也做不成生意。”

“我们可能会有兴趣，”柯尔谨慎地答道，“我先跟老板谈谈，之后再给你答复。”

“柯尔，我们希望能尽快促成这笔交易。”科恩告诉他。

“好的，我明白。”

一辆黑色林肯车停在宾夕法尼亚大道第601号前，戴蒙和朱布罗轻快地跳下了汽车。这栋6层高的现代石灰石建筑便是白宫西北部的摩根大通华盛顿总部，所有负责政府关系的人员都在这里工作，所以一群群身穿古驰套装、进进出出的说客就成了这里独特的一景。

戴蒙和朱布罗抵达时，运营委员会的大部分成员都已经开完了晨会，正在二楼的一间会议室里用午餐。在同事们彼此传递三明治和苏打水的同时，卡瓦纳讲述着他与希莉亚·贝尔的会谈情况，布莱克则给大家讲他碰到詹姆斯·洛克哈特的趣事。

话题最终还是转到了雷曼和它正在下跌的股价上，戴蒙也把他们与伯南克的会谈内容告诉了大家。“我想他懂我的意思了。”戴蒙说。但当一个银行家问他联储是否会出面救助雷曼时，戴蒙毫不含糊地答道：“不可能。”

布莱克看空雷曼已经很久了。在 2007 年 1 月的一次摩根大通内部领导论坛上他就曾预测：“迪克·富尔德最终将被迫出售雷曼，但他会错过最好的出售时机。”他再次向大家提起自己曾做过的预言并声称：“我早就告诉过你们，他们的结局会很惨。”

然而，会议室的气氛却因此变得更为沉重，因为大家都意识到这样一种巨变对他们来说意味着什么。如果雷曼破产，而政府又决定不介入的话，那么摩根大通也将遭受巨大损失。朱布罗告诉大家，一周前，摩根大通投资银行的首席风险官约翰·霍根（John Hogan）曾要求雷曼提供价值高于 50 亿美元的抵押品，并且在周末还就此事督促过他们，但到目前为止他还没有收到任何回应。朱布罗见过雷曼首席财务官伊恩·洛维特，并提醒他摩根大通对雷曼的情况很担忧。

布莱克建议给富尔德打个电话，要求他马上落实抵押品。此外，大家还决定应该尽量扩大抵押协议，这样当雷曼的其他业务也开始出现问题时，他们才有能力要求追加更多资金。

鉴于大家都认为这是最好的对策，布莱克和朱布罗缓缓站起身离开了会议室。他们脸上的表情说明了一切：这不会是一次令人愉快的谈话。

布莱克打开扬声器并按下了富尔德的号码，电话一接通他就立即讲起他们所面临的困境："你也知道，我们持有你们公司的交易敞口，目前的敞口规模在60亿到100亿美元之间，但我们缺少相应规模的抵押品。"布莱克说。他提醒富尔德，摩根大通在一周前就已经要求他们提供50亿美元的抵押。

"我们知道这时候开口提这要求让你们很为难，"他继续说道，"所以我们商量一下，看怎样做才能既解决我们的问题，又不给你们增添更大的麻烦。"布莱克认为自己已经很客气了，他本可以简单地甩下一句："如果你们不提供抵押品，那么我们明早就让你关门歇业——我们完全有权这样做。"

起初看来，似乎富尔德明白了这番话所暗含的威胁之意。"我把我的人找来，我们一起商量商量。"他顺从地说。富尔德让洛维特也加入连线并冷静地向洛维特解释了眼下的状况。这4个人就雷曼应采取何种方式提供抵押品展开了讨论，他们研究了多种方案，或许雷曼可以将它持有的所有现金以存款的方式存入摩根大通，这样就不会影响到雷曼的资本金？

富尔德却试图将这次会谈引入另一个方向，他借机向布莱克询问摩根大通能否给雷曼提供一些现金，比如可以采取可转债的形式。毕竟，戴蒙一直以来都向富尔德表示有困难可以找他帮忙。

"我们准备明天发布损失预告，"富尔德告诉布莱克，"但如果你们认为杰米会考虑接受提议买下雷曼的一部分，我们或许得再等一天。"

对摩根大通的银行家们来说，这是个很可笑的提议，就像是某人对上门要债的债主问："你兜里还有多余的零钱吗？"

布莱克看着朱布罗，仿佛在说：富尔德没明白我们在说什么。他小心翼翼地回答："我没什么好主意，但如果说你正在作这样一个打算的话……要实现这个想法真的会很困难，让我们再商量商量吧，回头再告诉你有没有我们可以帮忙的。”

5 分钟后，在与同事进行了一轮快速而审慎的讨论之后，布莱克又重新拾起富尔德的电话。

“迪克，不会有人愿意……我们爱莫能助，坦白说，大家现在都只考虑自己的利益，其他什么都顾不上了，”布莱克解释道，“很抱歉我这么说，不过我还是建议你给美联储打个电话，看看他们能否试着组织一个类似于长期资本管理公司那样的计划，把所有资金聚到一起。”

电话那边沉默了一会儿，随后便传来富尔德冰冷的声音：“这对我们的股东来说可真是太糟糕了。”

布莱克强忍住没笑出声来，“没人会在乎你的股东的。”他答道。

富尔德强压着自己的挫败感，想再和布莱克谈谈。“我刚和维克拉姆谈过，”他说，“花旗派了一行人来和我们资本市场部的同事及几个管理团队会面，我们想看看能否有些资本市场类的解决方案，好让我们在预告损失的同时也宣布相应的解决方案。”

花旗？富尔德在开玩笑吧？“好的，”布莱克谨慎地说，“我们也可以派些人过去。”

布莱克立即给摩根大通投行部负责人道格拉斯 · 布朗斯坦（Douglas Braunstein）打了个电话：“我希望你和约翰 · 霍根都过去。”他向道格拉斯解释了一下眼下的情况，随后作出了安排。“我不知道他们到底想要什么。事实上，花旗对此事有想法或许正说明那根本行不通，”他轻笑道，“不过还是去看看到底发生了什么，以及他们在计划些什么吧。”

汉克 · 保尔森紧紧盯住屏幕上显示的彭博资讯，仔细地监视着雷曼的股价。现在是下午 2 点 05 分，雷曼的股价下跌了 36%，已经降至 9 美元了，这是自 1998 年以来的最低水平。

保尔森刚和富尔德通了电话，富尔德向他通报了与美国银行谈判的进展。保尔森很高兴富尔德终于开始认真对待这件事了，但他又担心一切都太迟了。

就在这时，保尔森将频道换到 CNBC，在诸多电视新闻评论中，它的新闻评论员所作出的推测颇具启发性。

“股价之所以表现出目前这种狂跌态势，是因为很多人坚信雷曼正一步步走向破产，”莱登伯格证券公司（Ladenburg Thalmann）资深银行业务分析师迪克 · 波夫（Dick Bove）说道，“我认为正是这一想法导致市场做空雷曼股票。”

《华尔街动向》（*Wall Street Signs*）栏目主持人埃琳 · 博内特（Erin Burnett）则反对他的看法：“但如果人们仍对雷曼抱有信心并将其视为交易对手呢？这难道不足以说明一些问题吗？”

“这里有个关键问题你需要明白，雷曼倒闭对任何人都没有好处。”波夫答道。但很奇怪的是，他对雷曼股票给出了买入评级，并设定了 20 美元的目标价格。“对它的竞争对手（高盛、摩根士丹利、花旗集团、摩根大通）来说，雷曼倒闭也不是一件好事，因为如果雷曼倒闭，压力紧接着就会转移到美林身上，接着不知道又会转到谁身上。”

“此外，让雷曼倒闭也不符合美国政府的利益，”波夫又强调说，“虽然我不能百分之百地保证，但你要相信，雷曼一直在与纽约联储沟通、与本·伯南克沟通，或许还有汉克·保尔森，因为他们都不想让雷曼破产。”

这话说得太对了。保尔森拿起电话，他想和盖特纳谈谈，看看他们是否还有其他选择。

此时，纽约证券交易所响起了闭市的钟声，雷曼股票在这一天遭受了沉重打击——下跌 45%，以 7.79 美元的价格收盘。此起彼伏的电话让麦克达德的秘书应接不暇，麦克达德自己则在帮助新任首席财务官伊恩·洛维特准备第二天财务报告发布会上要用到的数据。

他们已经下定决心，无论什么内容，必须尽早公布一些信息，因为投资者迫切需要听到他们的声音。

麦克达德已经安排拉里 · 维森尼克和布拉德 · 怀特曼于当天晚些时候去和摩根大通及花旗的高管会面，地点就在盛信律师事务所位于中城的办公室，而麦克达德必须提前就此事给他们一些指点。他们可能会请求其中一家或两家银行提高雷曼的信贷额度，也可能请求他们考虑帮助雷曼筹资。而最后一项工作，同时也可能是最容易出错的一环，他必须确定如何将雷曼的重组计划即“好银行坏银行”计划介绍给投资者。这个任务之所以如此具有挑战性，是因为目前没人能够或是愿意给雷曼持有的大量有毒资产进行估价。

如果说这些事还不够他忙的话，那还有另一件：富尔德刚才的一番话让麦克达德很困惑，富尔德说保尔森刚给他打了电话，建议雷曼向高盛公开公司账簿。按富尔德的话说，高盛的意见对财政部起着举足轻重的作用。此外，承蒙高盛的一片好意，保尔森还要求对雷曼的保密数据进行一次仔细检查。

虽然麦克达德向来都不是高盛阴谋论者，但现在也觉得富尔德的话让人很困惑。不过片刻之后，他还是拨通了高盛资本市场部总裁哈维·施瓦茨（Harvey M. Schwartz）的电话，并解释说：“我是遵照了保尔森的指示，给您打电话的。”

在一番尴尬的对话之后，麦克达德走过大厅找到亚历克斯 · 柯克，让他立即给高盛的施瓦茨打电话，以安排双方会面并让对方签署一份保密协议。

“这是保尔森亲自下的命令。”麦克达德解释道。

下午 4 点半，保尔森让助手克里斯托 · 维斯特拨通肯尼斯 · 刘易斯的电话。肯 · 威尔逊刚刚把与富尔德的通话内容向保尔

结识多年的老友：雷曼首席执行官迪克·富尔德（左）和雷曼总裁约瑟夫·格雷戈里（右）。二人在经济景气时期的合影。

《华尔街日报》曾刊登了雷曼前首席财务官艾琳·卡伦的这张照片，此事在公司内部引起了嫉妒和不满。

美国财政部长汉克·保尔森在金融系统崩溃前后打了无数个电话，他用过的摩托罗拉手机现藏于史密森尼博物馆。

全球最富有的投资人沃伦·巴菲特（右）和他曾是银行家的朋友汉克·保尔森（左）。两人不仅是朋友，巴菲特同时还是保尔森的重要顾问，他曾打算救助雷曼和美国国际集团，但最后入股了高盛。

纽约联储主席蒂莫西·盖特纳（右）正在和美联储官员凯文·沃尔什（左）谈话。两人都曾秘密地尝试为高盛和摩根士丹利策划相应的并购交易。

美国财政部副部长鲍勃·斯蒂尔。他曾主持“两房”改制工作，之后离开政府部门到美联银行任首席执行官。

摩根大通银行首席执行官杰米·戴蒙（左）和高盛首席执行官劳尔德·贝兰克梵（右）。在金融危机中，贝兰克梵曾打电话给戴蒙，指责摩根大通散布关于高盛的虚假消息。

保尔森和他的下属（左起）：吉姆·威尔金森，米歇尔·戴维斯，尼尔·卡斯卡里，戴维·麦科密克，凯文·弗罗默和安东尼·瑞安。

保尔森和他的部分核心团队成员（左起）：丹·杰斯特，杰里迈亚·诺顿和戴维·内森。

对冲基金经理戴维·爱因霍恩。他曾做空雷曼的股票并公开质疑其公司账目。

韩国发展银行首席执行官闵裕圣。2008 年夏，他主导了收购雷曼的谈判，但最后以失败告终。

巴克莱资本首席执行官鲍勃·戴蒙德设法收购雷曼兄弟，但最终未能成功，雷曼破产，他购入了雷曼破产清算后的部分资产。

沙利文-克伦威尔律师事务所总裁罗基·科恩在危机当中几乎无所不在，他的客户包括雷曼、美国国际集团、高盛、美联银行和三菱金融集团。

雷曼的执行委员会在爱达荷州太阳谷（后排左起，顺时针方向）：汤姆·拉索，杰里米·艾萨克，巴特·麦克达德，泰德·詹尤里斯，戴维·戈德法布，斯蒂芬·莱辛，杰斯·博泰，乔治·沃克，休·麦克吉，约瑟夫·格雷戈里和迪克·富尔德。

美国国际集团首席执行官罗伯特·维纶斯塔（左）和公司前任首席执行官马丁·苏利文（右），苏利文被解职，维纶斯塔继任。

美国国际集团金融产品部前负责人约瑟夫·卡萨诺，一个被称为“毁了全世界”的人。

高盛的最高管理层（左起）：联合总裁加里·柯恩，首席执行官劳尔德·贝兰克梵，联合总裁乔恩·温克里德。

银行家及财务专家克里斯·弗劳尔斯，危机时作为美国银行的顾问和美国国际集团的潜在投资人。曾在高盛工作，与保尔森长期不和。

摩根大通银行总裁史蒂文·布莱克，2008年9月13日那个周末，当他正赶去美联储时被抓拍到的照片。雷曼破产的前一天，他曾打电话给富尔德要求追加保证金。

摩根大通银行投行业务负责人道格拉斯·布朗斯坦，他在美国国际集团被接管之前的一周里，被派去美国国际集团进行调查。

摩根大通银行的风险管理负责人约翰·霍根，在参加了雷曼的一次会后告诉戴蒙："我可不愿跟雷曼沾上边。"

摩根大通银行的副董事长杰米·李。戴蒙让他去发动政府来组织私人部门对美国国际集团进行救援。

YOSHIKAZU TSUNO/AFP/GETTY IMAGES

保尔森（左）与英国财政大臣阿利斯泰尔·达林（右）。2008 年 9 月 14 日（星期日），在雷曼申请破产的 14 个小时之前，他们二人针对巴克莱收购雷曼一事进行了极为关键的对话，达林在对话中表示他对这次交易持保留意见。

MARIO TAMA/GETTY IMAGES NEWS

美林首席执行官约翰·塞恩（左）和美国银行首席执行官肯尼斯·刘易斯（右）。在他们达成合并协议几个月之后，刘易斯解雇了塞恩。

美林总裁格雷戈里·弗莱明。他力主约翰·塞恩将公司在雷曼破产前的那个周末售出。

彼得·克劳斯在美联储大楼外面（摄于2008年9月13日）。加入美林才一周多，他便不得不参与将美林出售给美国银行的谈判。

沃切尔·利普顿律师事务所合伙人爱德华·赫利希，曾参与了美国银行和美林并购案，“两房”的救援行动以及三菱金融集团收购摩根士丹利部分股权的项目。

保尔森及其主要下属在他的办公室研究 TARP 计划（摄于 2008 年 9 月 18 日下午）。

高盛前银行家肯德里克·威尔逊，2008 年夏天加入财政部协助保尔森处理危机，在帮助各银行首席执行官完成自救交易中扮演了关键角色。

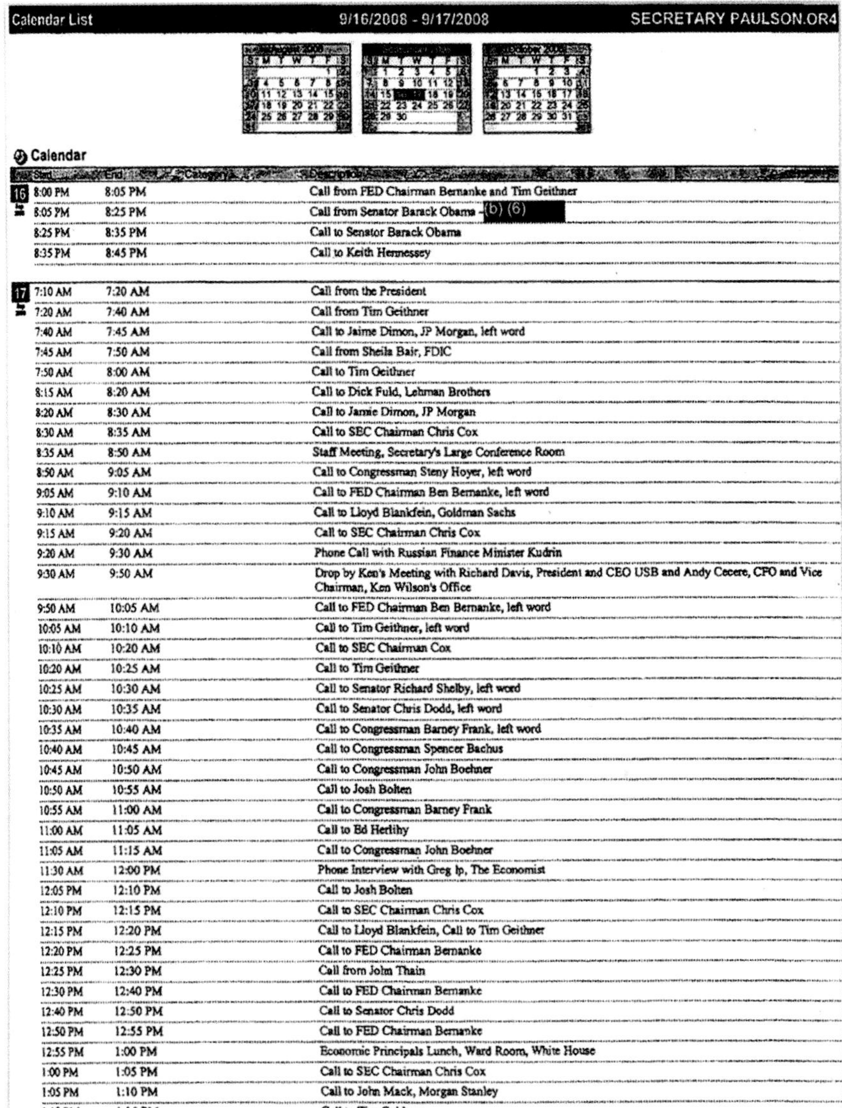

Calendar List 9/16/2008 - 9/17/2008 SECRETARY PAULSON.OR4

Calendar

Start	End	Category	Description
16 8:00 PM	8:05 PM		Call from FED Chairman Bernanke and Tim Geithner
8:05 PM	8:25 PM		Call from Senator Barack Obama - (b) (6)
8:25 PM	8:35 PM		Call to Senator Barack Obama
8:35 PM	8:45 PM		Call to Keith Hennessey
17 7:10 AM	7:20 AM		Call from the President
7:20 AM	7:40 AM		Call from Tim Geithner
7:40 AM	7:45 AM		Call to Jaime Dimon, JP Morgan, left word
7:45 AM	7:50 AM		Call from Sheila Bair, FDIC
7:50 AM	8:00 AM		Call to Tim Geithner
8:15 AM	8:20 AM		Call to Dick Fuld, Lehman Brothers
8:20 AM	8:30 AM		Call to Jamie Dimon, JP Morgan
8:30 AM	8:35 AM		Call to SEC Chairman Chris Cox
8:35 AM	8:50 AM		Staff Meeting, Secretary's Large Conference Room
8:50 AM	9:05 AM		Call to Congressman Steny Hoyer, left word
9:05 AM	9:10 AM		Call to FED Chairman Ben Bernanke, left word
9:10 AM	9:15 AM		Call to Lloyd Blankfein, Goldman Sachs
9:15 AM	9:20 AM		Call to SEC Chairman Chris Cox
9:20 AM	9:30 AM		Phone Call with Russian Finance Minister Kudrin
9:30 AM	9:50 AM		Drop by Ken's Meeting with Richard Davis, President and CEO USB and Andy Cecere, CFO and Vice Chairman, Ken Wilson's Office
9:50 AM	10:05 AM		Call to FED Chairman Ben Bernanke, left word
10:05 AM	10:10 AM		Call to Tim Geithner, left word
10:10 AM	10:20 AM		Call to SEC Chairman Cox
10:20 AM	10:25 AM		Call to Tim Geithner
10:25 AM	10:30 AM		Call to Senator Richard Shelby, left word
10:30 AM	10:35 AM		Call to Senator Chris Dodd, left word
10:35 AM	10:40 AM		Call to Congressman Barney Frank, left word
10:40 AM	10:45 AM		Call to Congressman Spencer Bachus
10:45 AM	10:50 AM		Call to Congressman John Boehner
10:50 AM	10:55 AM		Call to Josh Bolten
10:55 AM	11:00 AM		Call to Congressman Barney Frank
11:00 AM	11:05 AM		Call to Ed Herlihy
11:05 AM	11:15 AM		Call to Congressman John Boehner
11:30 AM	12:00 PM		Phone Interview with Greg Ip, The Economist
12:05 PM	12:10 PM		Call to Josh Bolten
12:10 PM	12:15 PM		Call to SEC Chairman Chris Cox
12:15 PM	12:20 PM		Call to Lloyd Blankfein, Call to Tim Geithner
12:20 PM	12:25 PM		Call to FED Chairman Bernanke
12:25 PM	12:30 PM		Call from John Thain
12:30 PM	12:40 PM		Call to FED Chairman Bernanke
12:40 PM	12:50 PM		Call to Senator Chris Dodd
12:50 PM	12:55 PM		Call to FED Chairman Bernanke
12:55 PM	1:00 PM		Economic Principals Lunch, Ward Room, White House
1:00 PM	1:05 PM		Call to SEC Chairman Chris Cox
1:05 PM	1:10 PM		Call to John Mack, Morgan Stanley
1:10 PM	1:15 PM		Call to Tim Geithner
1:15 PM	1:20 PM		Call to Senator Richard Shelby

保尔森的日程表和电话记录，通过这份记录可见当时形势非常危急。危机爆发后的2008年9月17日，从早晨7点10分到晚上8点55分，记载的电话和会议达69次之多，这还不包括保尔森的手机和家中的电话。

摩根士丹利的罗伯特·斯卡利（上左）和鲁思·波拉特（上右）在政府救助“两房”和美国国际集团过程中充当顾问。右：摩根士丹利首席财务官科尔姆·凯莱赫。

摩根士丹利首席执行官约翰·麦克（左）和花旗集团首席执行官维克拉姆·潘迪特（右），两人在探讨有关合并的问题。

摩根士丹利的两位联合总裁：瓦利德·查马哈（左）和詹姆斯·戈尔曼（右）。

在公布7 000亿美元TARP计划前夜，保尔森和伯南克向国会主要官员做简报，到会的有拉姆·伊曼纽尔、巴尼·弗兰克、南希·佩洛西、克里斯托弗·多德和米奇·麦康奈尔等。

WIN MCNAMEE/GETTY IMAGES NEW

从左至右：美联储主席本·伯南克、时任总统布什、证券交易委员会主席查尔斯·克里斯托弗和汉克·保尔森。照片摄于他们前往玫瑰花园宣布 TARP 途中。

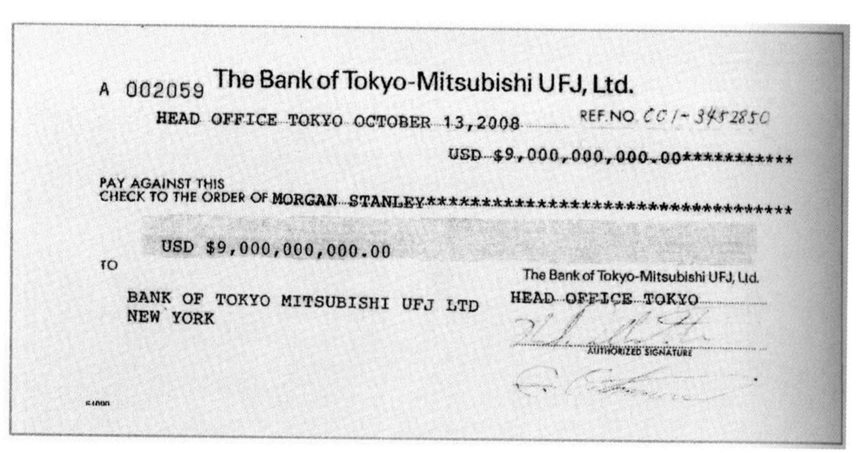

A 002059 The Bank of Tokyo-Mitsubishi UFJ, Ltd.

HEAD OFFICE TOKYO OCTOBER 13,2008 REF.NO. CC1-3452850

USD $9,000,000,000.00************

PAY AGAINST THIS CHECK TO THE ORDER OF MORGAN STANLEY**************************************

USD $9,000,000,000.00

TO

BANK OF TOKYO MITSUBISHI UFJ LTD NEW YORK

The Bank of Tokyo-Mitsubishi UFJ, Ltd.
HEAD OFFICE TOKYO

AUTHORIZED SIGNATURE

当时日本正值假期，三菱金融集团无法通过电子平台汇款，所以开出了一张 90 亿美元的支票，用来支付其对摩根士丹利的投资。

THE WHITE HOUSE

WASHINGTON

September 17, 2008

MEMORANDUM FOR HENRY M. PAULSON, JR.
SECRETARY, U.S. DEPARTMENT OF THE TREASURY

FROM FRED F. FIELDING
COUNSEL TO THE PRESIDENT

SUBJECT WAIVER UNDER 18 U.S.C. § 208(b)(1)

This memorandum provides a waiver, pursuant to 18 U.S.C. § 208(b)(1), that will allow you to participate in your position as Secretary of the United States Department of the Treasury, in particular matters affecting certain disqualifying financial interests in a defined benefit pension plan through your former employer, the Goldman Sachs Group, Inc. This waiver is based on disclosure of your financial interests and consideration of the nature and circumstances of the particular matters in which you may be involved as Secretary. Given the size of your overall investment portfolio, your financial interests in the matters covered by this waiver are not so substantial as to be likely to affect the integrity of your services to the Government.

Executive Branch employees are prohibited by 18 U.S.C. § 208(a) from participating personally and substantially in an official capacity in any particular matter that has a direct and predictable effect on either their financial interests or the interests of certain other persons whose interests are imputed to them. With the exception of your financial interest in the defined benefit pension plan for which this waiver is being issued, you may not participate personally and substantially in any particular matter that will have a direct and predicable effect on your financial interests or those of anyone whose interests are imputed to you, unless you first obtain a written waiver, pursuant to 18 U.S.C. § 208(b)(1), or qualify for a regulatory exemption, pursuant to 18 U.S.C. § 208(b)(2).

The term "particular matter" includes only matters that involve deliberation, decision, or action that is focused on the interests of specific persons, or a discrete and identifiable class of persons. The term may include matters that do not involve formal parties and may extend to legislation or policy making that is narrowly focused on the interests of a discrete and identifiable class of persons.

In your position as Secretary of the United States Department of the Treasury, you are responsible for serving the American people and strengthening national security by managing the U.S. Government's finances effectively, promoting economic growth and stability, and ensuring the safety, soundness, and security of the United States and international financial systems.

在努力争取后，保尔森成功拿到了之前签署的那份道德协议的豁免权，这样他就可以参与讨论救助他以前的雇主——高盛公司。

迪克·富尔德在参加完国会的听证会后遭到情绪激愤的民众围堵。在那次听证会上富尔德曾坦言："这份痛楚将会伴随我的余生。"

危机逐渐平息之后，摩根士丹利副总裁罗伯特·金德勒通过他的车牌号和大家开了个玩笑，当然这同时也是个提醒。正如他所言："没有谁能真的大而不倒。"

森进行了简短的汇报，这已经是今天的第 7 次通话了，内容当然还是关于美国银行的。威尔逊告诉保尔森他现在要做的就是直接向美国银行的首席执行官提出建议。保尔森和刘易斯并不熟，只是几年前在夏洛特（Charlotte）的一次午宴上碰过面，那也是他们仅有的一次正式会面。当时保尔森还在高盛工作，而肯 · 威尔逊将保尔森引见给刘易斯，只是为了表明高盛对他们目标客户的忠诚。

“刘易斯的电话已经接通了。”维斯特说。

保尔森随即拿起了电话。“刘易斯，”他语气严肃且开门见山，“我打电话是想跟你谈谈雷曼的事。”稍做停顿后他接着说：“我希望你能再考虑一下。”

电话那端沉默片刻之后，刘易斯答应会再考虑，但他又补充说：“从战略上来说，我不知道这对我们有多大意义。”同时，他明确表示价格一定要合适：“如果这笔交易还划算的话，我有可能会接受。”

刘易斯告诉保尔森，这笔潜在交易最让他担心的就是富尔德，他担心富尔德依然对价格抱有不切实际的幻想。他向保尔森讲述了他们 7 月份那次令人不快的会谈。

“现在已经由不得他了。”保尔森向刘易斯保证说。这句话就像一粒定心丸，因为它等同于说：“你可以直接跟我谈。”

下午 7 点半，盛信律师事务所大楼第 13 层的会议室里挤满了摩根大通和花旗集团的高管，此时，他们已经有些不耐烦了。“这两个小时只会是浪费时间。”摩根大通的约翰 · 霍根对他的同事道格拉斯 · 布朗斯坦悄声说道，而布朗斯坦只是冷冷地笑了笑。

拉里 · 维森尼克向密友加里 · 谢德林（Gary Shedlin）打了个招呼，谢德林是花旗集团全球金融机构并购部的联合总裁，也是维森尼克在新泽西克里斯特蒙特俱乐部的高尔夫球友。维森尼克接着又打量了一下周围的人，当意识到在场的人有些还不认识时，他拿出一张纸让大家签上自己的名字。如果要与这些人共享保密信息，他希望能确切地知道是在和谁打交道。

摩根大通派来的大多是风险部的人，这让维森尼克很不安，他本希望能多来一些交易部的银行家，一些能帮他们拿主意的人。“这些都是风险部的人。”他告诉同事布拉德·怀特曼，二人在角落里低声交谈，商量着对策。维森尼克认为，这次会议的目的本该是商讨如何拯救雷曼，而不是让摩根大通来进行详细调查，看看一旦雷曼倒闭他们将遭受多少损失。

维森尼克为会议的延迟向大家致歉，他向大家解释道，他们还在等雷曼投行业务的全球负责人休·麦克吉。

为这次会议，布朗斯坦带来了自己的全部人马，他抱怨道：“我们这么多人在这里，总不能等他一个晚上吧。”

会议室里的紧张气氛逐渐升级，最终，怀特曼接到了麦克吉发来的一封电邮，让会议先开始，因为看样子自己一时半会儿是过不来了。

会议开始了，维森尼克请大家安静下来，他为大家详细介绍了雷曼的资产重组计划——将旗下的不动产进行拆分并转移到一家“坏银行”名下。大家一致认为这计划不错，但考虑到这也许要等数月才能见成效，大家都有些担心现在行动是不是为时已晚。此外，雷曼还需要向这家“坏银行”注入一定量的资本以防止其迅速倒闭。

维森尼克随后让大家提问，但很快他就被摩根大通银行家们铺天盖地的问题给激怒了，这些问题大多与帮助雷曼筹资毫无关系。“账簿规模有多大？建模时用的假设条件是什么？”霍根问道，“听起来，要实现这个计划你们还需要先筹集资金。”雷曼的代表们并没有说什么，只是建议他们与雷曼首席财务官联系。

在维森尼克看来，这些问题实际上都是在打探雷曼的流动性状况：对手方是否还与雷曼交易？现金头寸的情况如何？尽管这些问题是任何一个审慎投资者都会有的合理担忧，但维森尼克和怀特曼却怀疑，他们此时提出这样的问题更多是为了保护摩根大通的利益。与其他人不同，谢德林的问题则直接提到可能挽救雷曼的各种潜在交易组合，但毕竟势单力薄，他的声音很快就被其他银行家给淹没了。

尽管如此，有一点大家还是能够达成共识的：在雷曼确定它所需要填补的“资金窟窿”（即到底需要注入多大规模的资金）之前，不应该对外宣布这一资产重组计划。“你们还不知道自己到底需要多少资金，”霍根告诉他们，“贸然宣布这个计划，只会给市场增加更多不确定因素。”他警告说：“这会毁了雷曼。”

谢德林则说得更直接：“我们认为，在人们普遍认为你们仍存在巨大资金缺口的时候，实施这样一个资产重组计划非常危险。主动向大众承认一个巨大的资金缺口，却无法填补，这样只会让你们在市场上更加被动。”

会谈无果而终，但维森尼克和怀特曼至少还是明白了两件事。第一件：别想着对外宣布该计划，但如果非这么做不可，提及筹集新资金问题时要非常小心，千万不能提具体数字。

然而，另一件则让他们清楚地认识到所处的困境：只能靠自己了。没有银行愿意给他们提供新的信贷额度。

会议结束后，布朗斯坦和霍根走出大楼，刚穿过莱克星顿大道，他们就给杰米·戴蒙和史蒂文·布莱克打电话。

“事情是这样的，”霍根几乎是冲着手机大吼，“我觉得雷曼死定了。”他们把关于雷曼打算在第二天宣布消息的所有细节都告诉了戴蒙和布莱克。

“我们得坚持原来的立场，盯住所有事情，把潜在风险一一列出，”霍根坚持说，“我可不想栽在这上面。”

在美国银行位于北卡罗来纳州夏洛特市的总部里，格雷戈里·柯尔拨通了财政部肯·威尔逊的电话，威尔逊此时正待在办公室里，很不客气地拒绝了多个电话。威尔逊一直在等这个电话，一旦柯尔通知自己，他马上会乘飞机到纽约开始对雷曼进行审慎调查。

柯尔终于打来了电话，却是为了其他事情。“我们在里士满联储局遇到了一些麻烦。”他解释道。自美国银行在 7 月完成了对全国金融公司（Countrywide）的收购之后，由于担心其健康状况，监管者、里士满联储局主席杰夫·莱克尔（Jeff Lacker）一直向美国银行施压，要求他们筹集新的资本。作为弗吉尼亚州、马里兰州、北卡罗来纳州、南卡罗来纳州、哥伦比亚地区以及西弗吉尼亚州部分地区的正式监管者，通过对准备金的监管，里士满联储局对辖区内的金融机构享有很大的权力。

“他们一直在瞎搞。”柯尔向威尔逊抱怨说。这是威尔逊第一次听说这回事。柯尔告诉他，美国银行在 1 月份考虑收购全国金融公司（这项收购是政府暗中促成的，目的是避免公司突然倒闭）的时候，联储曾暗中许诺，如果这笔交易成功，就会放松对美国银行的资本要求，至少刘易斯是这么理解的。

对全国金融公司的收购在两个月前就完成了，但此时莱克尔却威胁要强令美国银行大幅削减分红。美国银行之前并没有将这些谈话对外公布，就是希望能在消息走漏之前解决这个问题。整个下午美国银行都在和里士满联储局通电话，试图弄清楚他们与莱克尔之间的问题，但收效甚微。“我们需要你的帮助，”他告诉威尔逊，“否则，我们很难有所进展。”

威尔逊立刻就明白了这个电话的真正意图：美国银行正把雷曼当作与政府谈条件的筹码。美国银行可以拉雷曼一把，但前提是政府得提供帮助。刘易斯是借柯尔之口把事情给挑明了。

威尔逊承诺会调查此事，随即拨通了保尔森的电话："你听了这件事肯定会大吃一惊……"

晚上10点，沮丧的麦克达德仍在雷曼总部第31层的会议室开会。他刚得知美国银行不准备来纽约了（原计划是第二天上午），但他并不知道具体原因。"我们现在是跟时间赛跑。"他抱怨道。

几小时之前，麦克达德把富尔德劝回了家，好让他在明天的财务报告会之前能休息一下，因为他需要以最佳状态出现在众人面前。富尔德离开后，他一直在浏览各类媒体的报道：他们会说些什么？他们能说些什么？他们又会怎样说呢？

麦克达德刚刚就首席财务官洛维特所负责的陈述部分对他进行了指导，维森尼克和怀特曼则结束了与摩根大通及花旗集团的会面，此时也回到了公司。

在进入会议室之前，他们和杰瑞·多尼尼（Jerry Donini）、马特·约翰逊（Matt Johnson）及其他6位银行家凑到了一起，怀特曼向他们描述了整个会谈的情况。"简直令人难以置信，"他摇了摇头总结道，"就像是一场摩根大通的风险评估会！"

随后，他们一起去见麦克达德，在会议室里，维森尼克和多尼尼向大家介绍了雷曼的资产重组计划，维森尼克还把摩根大通和花旗集团之前给他们的建议告诉了大家。"不管我们想不想融资，我们都必须小心措辞。"多尼尼警告说。

大家决定收工的时候，已经是凌晨1点半左右了。一小队黑色林肯轿车排列在大楼前的第七大道上，等着送这些银行家回家。5个小时后，他们就得回到办公室，这点时间或许能让他们洗个澡并小睡一会儿。他们觉得，接下来这一天或许将决定未来的命运。

睡眠不足的巴特·麦克达德和亚历克斯·柯克早上6点半就到了迪克·富尔德的办公室，他们要为即将到来的会议做最后的准备，按计划，会议将在3个半小时后开始。富尔德办公室的地板上撒满了2008年9月10日星期三的报纸，这些报道可让人高兴不起来。

《纽约时报》给出的观点是："就在布什政府确认接管国内最大两家抵押贷款公司的短短几天之后，华尔街再次陷入恐慌。这次恐慌是由于另一家大型金融机构、投资银行雷曼面临倒闭，而这一次，政府可能不会出手相救。"

文章接下来的几段引用了一些评论，言简意赅地阐明了他们目前所面临的险境："或许有些人担心财政部已经让纳税人承受了太多的负担，再也没有余力来接手雷曼这个包袱了。"富士-毕特克尔顿（Fox-Pitt Kelton）的分析师戴维·特罗恩（David Trone）说道。

《华尔街日报》则注意到了雷曼眼下的境况与贝尔斯登当初情况的

差异。其中很明显的一点是，雷曼可以从美联储借得资金。

紧张的不只是雷曼股东，当天早上，富尔德和麦克达德开始接到交易大厅发来的报告，报告显示越来越多的对冲基金正在撤出对雷曼的投资。另一起能充分说明绝望程度的标志性事件是，位于伦敦的另类资产管理公司 GLG（GLG Partners）大规模削减了与雷曼之间的业务——雷曼是该公司的最大股东，持有该公司 13.7% 的股份。

就在他们再次为财务报告发布会进行预演的时候,柯克的手机响了。电话是高盛的哈维·施瓦茨打来的，他想谈谈柯克正在起草的那份机密协议。然而，在施瓦茨进入正题之前，他向柯克表示自己有些重要事情想要告诉他："直说吧，高盛没有找到买家，我们自己进行这笔交易。"

柯克愣了一会儿，才慢慢明白施瓦茨刚刚所说的内容。

"真的？"柯克问道，尽量不让声音透露出震惊意味。高盛是雷曼的买家？

"没错。"施瓦茨不动声色地答道。

"好，我会再给你打回去，"柯克紧张地挂断了电话，他几乎向富尔德和麦克达德吼了起来，"伙计们，他们没找到买家！"

"这话是什么意思？"睡眼惺忪的富尔德从本子上抬起头来。

"他们是要自己买，买家是高盛，他就是这么和我说的。"

在接下来的几分钟里，三个人疯狂地思索着对策。麦克达德比较理性，他担心的是将要与一个直接竞争对手共享信息：他们真正想透露多少信息？但同时他又觉得他们不能反对这一计划，他认为该计划肯定是保尔森提出的。

柯克则想得更远一些。"我们为什么要接受高盛？难道你们没读过《营救华尔街》(*When Genius Failed*)吗？"这是一本关于长期资本管理公司危机的畅销书，作者是罗杰·洛温斯坦（Roger Lowenstein）。这本书提到，高盛曾打着提供帮助的幌子，攫取了长期资本管理公司的账簿并将其头寸资料全部下载到手提电脑里，从而在这场危机中渔利，而高盛则强烈否认这一指控。

“高盛一定是想趁火打劫。”柯克警告说。

麦克达德则表明了自己的态度：“保尔森让我们接纳高盛，我们就接纳高盛。”之后便转身继续为马上就要开始的会议做准备。

楼下第 27 层，交易员聚在一起对雷曼的资产重组计划进行一次预演，重组计划中的“坏银行”资产拆分计划将在一个小时后的财务报告发布会上讨论。麦克达德已经安排汤姆 · 汉弗莱（Tom Humphrey）和埃里克 · 费尔德（Eric Felder）向投资者解释相关内容。

在听了这个计划的细节之后，交易员们都变得出奇的安静，直到新兴市场环球业务主管默罕默德 · 格雷梅赫（Mohammed Grimeh）突然站了起来，寂静才被打破，他的脸色非常吓人。

“就这个？就这鸟计划？”格雷梅赫问道，“在过去两个月里，31 楼的那些混蛋白痴们都干什么了？就这个？开玩笑吧你们？如果只是这样的话，那我们就完了！”

在汉弗莱和费尔德向大家介绍资产重整计划的时候，格雷梅赫早已看出了其中的破绽——正如摩根大通和花旗集团昨晚所看到的一样，而这也正是他担心会被市场发现的问题。

“我们所做的不过就是把钱从一个口袋转移到另一个口袋，沉重的债务负担会在计划还没实施前就把公司带向破产。”格雷梅赫说。而不安的银行家们也都恼怒地私下抱怨，他们也支持格雷梅赫的看法。

达拉斯城下城，丽思卡尔顿酒店的健身房里，美林总裁兼首席运营官格雷戈里 · 弗莱明一边在跑步机上慢跑，一边盯着 CNBC 的新闻。之前一天他一直在休斯敦陪客户，另外，他还计划在乘飞机回纽约之前与这里的美林员工进行一次市政厅会议。

CNBC 播出了新闻，雷曼在财务报告发布会一开始就公布了财务情况，根据记者的详细报道，雷曼还在其公布的报告中宣布了非同寻常的资产重组计划——进行资产拆分。回到房间后，弗莱明让员工给他送来一份雷曼发布的公告，公告底部有一条不起眼但却意义重大的标题："公司仍将尽力寻求一切战略替代性方案从而使股东利益最大化"，这意味着雷曼已经准备接受一切可能的开价。他知道雷曼先前已经在低调地将业务分块出售，但这一声明却无疑是将买卖摆到了台面上，至少对那些关注雷曼的人来说是这样。雷曼，已经准备好要出售整家公司了。

以在金融服务领域的并购经验，弗莱明认为，若雷曼被拍卖，美国银行会是最有可能的买家。但如果雷曼真的卖给美国银行，这将对自己的公司——美林银行产生巨大影响。他一直把美国银行当作美林银行的自然买家，在一个月前美林的一次董事会上，作为潜在并购伙伴之一的美国银行出席了会议。

弗莱明开始寻找最适合负责与美国银行进行交易的人选。在所认识的人中，他首先想到的是他的老朋友，同时也是银行并购业务中首屈一指的法律顾问——沃切尔 · 利普顿 · 罗森 · 卡茨律师事务所的爱德华 · 赫利希。在过去十年中，赫利希几乎参与了美国银行精心计划的每一笔交易。

"形势变得越来越严峻了，"弗莱明在给赫利希的电话中说道，"我在夏洛特的朋友们近来可好？"

赫利希很清楚这通电话的目的，于是主动转移了话题："格雷戈里，我们聊点别的吧！"

弗莱明也就不客气了："告诉我吧，你们是不是正在考虑收购雷曼？你一定得告诉我。美国银行和美林或许还有合作空间。你我都清楚，收购美林是个更好的选择。"

这番话让赫利希很不舒服，他回答道："这事我们以前就谈过，除非美林主动邀请我们参与收购，否则我们不会介入。但如果你真想让美国银行收购美林，现在就是个合适的时机。"

这些信息已足以让弗莱明确认，美国银行的确参与了雷曼的竞拍。

晨会之前，弗莱明还得再打个电话。但现在还不能联系首席执行官约翰·塞恩，他估计塞恩还不愿出售美林，因为之前每当弗莱明想讨论关于出售银行的应急预案时，塞恩总是表现得不以为然。他现在是给美林的交易律师彼得·凯利打电话，把与赫利希的谈话内容告诉凯利。

在讨论了种种复杂而又难以预料的后果之后，凯利提醒道："听着，你必须确保美国银行愿意接手美林，此外，你还得先说服约翰。"

"这可有点困难。"弗莱明说。凯利也知道他和塞恩之间存在着极大的分歧。

"这我明白，"凯利说，"但看在钱的份儿上，你就别拿架子了。"在挂断电话之前，他最后又强调了一点：他们可能得越过塞恩来做这个决策。"如果你不能说服约翰，那就直接跟董事会谈，我也知道这会破坏美林的稳定团结，但这也是为了保护股东的利益。"

因为即将召开的财务报告发布会，雷曼总部31楼的会议室比平时更为拥挤。以前此类会议都只是例行公事，但最近这次却似乎被看作是针对雷曼的弹劾案。雷曼相当重视这次发布会，不仅多请了几位律师，还特意额外开通了几百条线路以满足通信需求，技术人员正忙着确保电话会议和网络广播的通信顺畅。当天早上有媒体预测，雷曼第三季度的亏损将达39亿美元，而这将是公司有史以来的最大亏损。

富尔德步伐稳健地走进了会议室，似乎一切都如往常一样。但在场的人都知道，多年来，由于感到不自在，富尔德一直都是让首席财务官负责主持这些会议的。富尔德在桌子一端坐下，用他令人信服的招牌眼神环视了一下会议室，同时这也是报告的准备工作。他知道这是一场豪赌，就在进入会议室前一刻，他还快速扫了一眼彭博资讯终端，自己即将缓解市场对雷曼的担忧，他想看看美国股指期货是否被该预期刺激走高。昨晚，亚洲股市依然下挫，欧洲市场则跌得更凶。他今天所讲的话事关重大，将导致数百万美元的盈利或亏损，而这全取决于世界对此做何反应。

投资者关系部负责人肖恩·巴尔特（Shaun Balter）看了看他老板的神色并问道："可以开始了吗？"

"开始吧。"富尔德答道，随即清了清嗓子。

发布会正式开始，富尔德缓缓地低下头，看着讲稿，从容地念道："鉴于最近两天发生的情况，我们决定在今天早上提前发布雷曼的季度损失。同时我们还要宣布在财务和运营方面的一些重要变动，包括大幅削减公司持有的商业不动产和居民不动产的风险敞口，这意味着公司将进行一次重要的重新定位。"

"这些措施将会使我们的资产负债表完成一次大规模的风险剔除，并重新将重心转移到以客户为中心的业务上来。此外，这些措施还旨在缓解未来潜在的资产减记，从而使雷曼扭亏为盈，同时针对风险未经调整的股票，增强雷曼获取适当回报的能力。"

他最后总结道："雷曼一定能渡过这个难关。十分感谢各位的关注，但我们能够控制这个局势。雷曼成立至今曾遇到过无数困境，但都闯了过来。在时局困难的时刻，我们屡次同心协力、通力合作并把握住一次次机会将业务拓展至全球……我们正在走出过去两个季度的困局。"

富尔德将后面的会议交给了首席财务官洛维特，后者用清脆的南非口音给大家介绍了公司的"关键战略新方案"——这是雷曼的提法。雷曼将设法出售其包括纽伯格-伯曼资产管理公司在内的资金管理业务

55% 的股份，这将剥离公司持有的大部分商业不动产，也就是所谓的“不良资产”。

剥离价值 300 亿美元的商业不动产可不是个小项目，其中包括雷曼对拥有 360 栋高端公寓大楼的阿克斯顿 - 史密斯不动产信托（Archstone-Smith）以及房地产开发商桑卡的投资。剥离完成后，雷曼对其不动产的估价会立即改观。

洛维特继续说道：“雷曼以交易为目的所持有的不动产组合包括了各种资本结构的资产，它们在资产负债表上以购买成本和公允价值两者中的较低的那个进行簿记及资产减记，但在资产被真正出售之前，这些其实都只是浮动盈亏。环球不动产投资公司（REI Global，这个新实体用这样一个缩写词并不贴切）将以持有到期为目的的方式对资产计值，以免受市场波动压力的影响，并且不会被迫在市场价值低于其认定的内在价值的情况下出售其资产。”

表面看来，这一资产剥离计划是个干净利落且大方得体的解决方案。它将问题资产剥离出雷曼的资产负债表，就像富尔德所说的那样，瘦身后的雷曼会更为强大。但雷曼却对前一天晚上在摩根大通和花旗集团会议上银行家们所担心的问题避而不谈：新公司肯定需要注资。在其自身都需要留存尽可能多的资本的时候，雷曼从哪里筹集资金来实现这一计划？

在不到一公里之外、中央火车站旁的办公室里，戴维·爱因霍恩正与分析师团队挤在一起收听从扩音器里传来的雷曼发布会新闻。他简直不能相信自己的耳朵，雷曼居然还在试图逃避对那些垃圾（有毒资产）的减记。他们到底想怎样？他很清楚，这些问题资产的实际价值要远远低于雷曼对外宣称的价值。

“他们竟在媒体面前公然叫嚣不会对那些资产进行减记！”爱因

霍恩对他的分析师们说。他注意到雷曼声明中的一句话："环球不动产投资公司可以在不受市价波动影响的情况下管理资产"，而且，雷曼还宣称，这部分剥离拆分的不动产资产将以"持有到期的方式进行会计处理"。

换句话说，正如爱因霍恩一直抱怨的那样："他们可以随心所欲地操纵财务数据。"

在曼哈顿下城的纽约联储大楼里，史蒂文·沙弗兰和工作人员也在收听这次发布会，有些人同样对所听到的一切感到难以置信。财政部特别助理沙弗兰应保尔森要求在前一天晚上便飞抵纽约，在雷曼情况急剧恶化的情况下帮助协调财政部、联储银行和证券交易委员会三方之间的沟通。虽然他和大部分联储银行职员在前一晚就看到过这个计划，但现在亲耳听到却是完全不同的感受。作为一位高盛的前投资银行家，沙弗兰恼怒地摇摇头说："这是行不通的。"

随着投资者会议的继续进行，沙弗兰告诉身边的职员："这事妙就妙在，这些人都是投资银行家，平时通过向陷入困境的大公司提供建议以获得报酬。你们都听过那句老话——医生不应该给自己看病吧？雷曼的事情看来就是这种情况。"

雷曼发布会的提问环节进行到将近一半，德意志银行的著名分析师迈克尔·梅奥（Michael Mayo）便直接抛出了关于新公司融资的问题："根据计划，你们大约需要向新公司注入 70 亿美元的资本金，"他的声音通过话筒传了过来，"通过出售部分投资管理业务（盈利能力相对较强的投资管理业务）能够获得大约 30 亿美元资金，余下 40 亿你们准备怎么解决？"

洛维特停顿了一下，想起前一天晚上在与摩根大通和花旗集团的银行家们的会谈中提到的那条明确指示：千万别提具体的数字，那会把一切都搞砸的。梅奥现在提的正是他避之唯恐不及的问题。

"我们认为并不需要额外筹资来满足 70 亿美元的资金需求，"他回答说，同时尽量让声音听起来像对公司资本状况颇有信心，"因为在拆分之后，雷曼主体所保有的杠杆资产会小于本季季末时的规模。"

换句话说，雷曼的资产重整计划实际只是在会计处理上耍了个花招：由于资产被剥离，雷曼的规模会变小，杠杆率降低，因此所需的资本金也会更少。

梅奥仍对雷曼的计划持怀疑态度，但按照华尔街的规矩，他没再深问，这不是个适合摊牌的场合。

有那么一会儿，富尔德看起来似乎可以欢庆胜利了：雷曼的股票在当天上午上涨了 17.4%，这或许能给他一点急需的喘息空间。

大西洋彼岸，在位于伦敦金丝雀码头的总部会议室里，巴克莱资本的高管们正聚精会神地听着雷曼的发布会并详细地做着笔记，他们用假名登记参加雷曼的发布会。自从 4 月接到当时还在财政部的罗伯特·斯蒂尔打来的电话后，巴克莱资本的鲍勃·戴蒙德这几个月一直在考虑购买雷曼的事。6 月份，戴蒙德正式向董事会提议收购雷曼，而董事会之前也在讨论拓展美国境内业务的计划。但董事会最终否决了该提议，除非"雷曼能贱卖"，就像董事长约翰·瓦利（John Varley）所说的那样。戴蒙德随后也将这一信息如实反馈给了斯蒂尔。

不过现在看来，收购雷曼的时机似乎已经成熟了。戴蒙德一天前告诉瓦利："现在的局势已经如此危机，但我却至今没接到财政部的电话，这让我很惊讶，因为财政部知道我们愿意以一个不至于太低的价格收购雷曼。"那天是星期二，当时戴蒙德正在一所优秀的商学院——宾州大学沃顿学院做招聘宣讲。这时，他的电话震动了起来，当看到是瓦利的电话时，他唐突地中断了宣讲并走下讲台。“如果要和董事会见面，那我们明天就得行动。”瓦利告诉他说。从宾夕法尼亚到希思罗机场的直达航班只有三班，而且是隔夜到达，戴蒙德选择了其中一班。

戴蒙德在最后一分钟搭上了这班回伦敦的飞机，他想重新寻求董事会对收购雷曼计划的支持。他必须说服瓦利和董事会，而这一切都必须要快。

瓦利是一名典型的保守英国绅士，他妻子的家族是银行的创立者之一，同时也是个贵格派家庭。他举止温文尔雅，衣着得体考究，业余爱好是桌球和钓鱼。与戴蒙德相比，他更加厌恶风险。然而，无论他个人的职业偏好如何，瓦利总是给戴蒙德很大的空间，即使戴蒙德的交易风格让他隐隐感到有些不自在。

瓦利和戴蒙德两个人之间的关系一直都是复杂而微妙的，他们都参与了 2003 年公司最高职位的竞争。虽然瓦利最后胜出，但戴蒙德的薪水却几乎是上司瓦利的 6 倍。（2007 年，戴蒙德领到 4 200 万美元，而瓦利的薪水则只有 840 万美元。）这些年来，戴蒙德一直拒绝担任巴克莱董事，以避免被要求公布自己的薪资协议而引起尴尬——这样一份薪资协议会使他被英国小报讥讽为“肥猫”。尽管他的头衔并没有这样写明，但在很多人眼里，戴蒙德才是巴克莱集团事实上的首席执行官。2006 年，德累斯顿佳信证券公司（Dresdner Kleinwort）的一位分析师曾写了一份标题极具煽动性的报告：《鲍勃 · 戴蒙德 3比0 胜约翰 · 瓦利》。

雷曼的发布会刚结束，巴克莱的高管们就已经达成了一致意见：准备参与雷曼的竞购，但条件是价钱要够低，瓦利曾反复重申这一点。

戴蒙德回到自己的办公室，拨通了鲍勃 · 斯蒂尔在美联银行的新号码。“还记得我们关于雷曼的那次谈话吗？”他问道。

“当然记得。”斯蒂尔答道。

“我们现在有兴趣了。”

财务报告发布会结束后，雷曼股价暂时性地稳定了一阵，但仅仅几个小时后，富尔德就碰到了新问题：穆迪投资者服务公司宣布，它们准备重新评估雷曼的信用级别，并且还警告说，如果雷曼不能尽快“与一家更强大的金融伙伴达成战略性合作协议”，穆迪将下调雷曼的信用评级。

富尔德决定给摩根士丹利的首席执行官约翰·麦克打电话，他需要寻求更多的选择。另外，与他和肯尼斯·刘易斯及劳尔德·贝兰克梵之间的关系比起来，富尔德实际上更相信麦克。

“听我说，我必须采取行动了，”富尔德告诉麦克，“让我们试着合作吧。”

麦克一直由衷地喜欢富尔德，也听出了富尔德声音中的压力，这让他感到很担心，但他对购买雷曼却没有任何兴趣，他甚至觉得富尔德给自己打电话求助只是在自欺欺人。

“迪克，我也想帮你，只是这样做没有任何意义，这点我们之前就谈过了，”麦克说道，这使富尔德想起了夏天在他家的那次会面，“我们的业务有太多的重叠部分。”

尽管如此，挂掉电话后，麦克还是考虑了与雷曼合作的可能，并发现自己居然对此愈发感兴趣了。虽然他本能地觉得摩根士丹利不可能收购雷曼，但这是在其股价还处于40美元时的判断，考虑到现在的价格，这笔交易从财务角度来说或许还是很有吸引力的。

“我想了想，”他给富尔德回了个电话，“我同意你的提议，我们应该谈谈。”

富尔德对他能重新考虑这一提议表示感谢，但麦克沉默一下之后坚定地说道：“迪克，你知道我是个直肠子。我真的很喜欢你这个人，但我还是得把事情说清楚，这不是一次双方实力相当的合并，最后只能由一个人来管理公司，我们必须把丑话说在前面。”

一阵尴尬的沉默之后，富尔德终于回答道：“我还没想过这一点。”迟疑了片刻之后，他又说：“让我再想想，我会再打给你。”

二十分钟后，富尔德拨通了麦克的电话。

“你说的没错，”富尔德说，这些天来发生的一切让他的声音也显得沉重，“我想做件正确的事，看看我们能做些什么吧。”

富尔德提议让双方高管见个面，自己和麦克则不出席，就让他们来决定这到底是不是个好主意。

会议时间就定在当天晚上，地点则在摩根士丹利联合总裁瓦利德·查马哈的家里。

鲍勃·戴蒙德用手指轻敲着桌子，等着财政部的安东尼·瑞安接电话，这电话是鲍勃·斯蒂尔建议他打的。“瑞安，”戴蒙德一开口就问道，“你还记得我和斯蒂尔的那次对话吗？”

瑞安一下子被搞糊涂了。“哪一次？”他问道，努力表现得好像自己知道戴蒙德在讲什么。

“关于雷曼的。”

“哦，哦，当然记得。”

“我给你打电话是因为我觉得这事值得和汉克谈谈，即使谈完发现并非如此也没关系，只是直觉告诉我，我们应该谈谈。”

瑞安答应会尽快让保尔森和他联系。

一小时后，秘书把盖特纳打来的电话递给了戴蒙德。“需要我帮什么忙吗？”盖特纳问。

戴蒙德告诉他自己对购买雷曼一事非常感兴趣，当然，前提是价格要够低。

“那你为什么不给富尔德打电话？”盖特纳问道。

"你不明白，"戴蒙德说，"我不想把这事搞得太张扬。"他把自己收购荷兰银行的失败经历告诉了盖特纳，当时这件事让巴克莱相当难堪。"我们不想让别人认为是在随意插手，"戴蒙德说，"这不合适。"

在盖特纳看来，这种不必要的谨慎态度是典型的英国人作风，而不应该是戴蒙德这样一个美国人的风格，即便如此，他还是听了下去。

"需要让外界认为，我们是应你的邀请才加入的，并在你的引领下行事，"戴蒙德坚持道，"你们曾问过我，有没有一个能让我对收购雷曼感兴趣的价格，如果有的话，'要帮忙尽管说'。这并不意味着我要给富尔德打电话，这完全是两码事。"

盖特纳被含糊其词的戴蒙德搞得有点不耐烦了，他再次问道："为什么你不能打给富尔德？你怎么就不能给他打个电话呢？"

"你知道的，我打电话是要问他能不能把公司贱卖给我，"戴蒙德说，"除非你们出面牵线搭桥，否则这事行不通。如果你们不愿意，那没关系，我们就当这事没发生过。"

虽然巴克莱银行不想给人留下乘人之危的印象，但他们的确是在趁火打劫。

星期三下午，本·伯南克出席了当地联储银行的一个会议，但他发现自己很难集中精力。尽管华尔街一片混乱，但他并没有中断对联储银行区域性分支机构的常规访问，这次他造访的是圣路易斯联储银行，该分支机构设在下城区北布罗德韦街（North Broadway）一座不起眼的石灰石大楼中。

但即使身在圣路易斯，伯南克也未能置身于雷曼危机之外。之前他就与盖特纳和保尔森就此事打过两次电话，一次是在早上 8 点 30 分，另一次则在下午 1 点，而按计划，下午 6 点还要进行第三次通话。

在下午的通话中，盖特纳和保尔森告诉伯南克他们又遇到一个让人头疼的问题：美国银行要求放宽针对他们的资本充足率要求。“他们被惹恼了，因为他们原以为只要能成功收购全国金融公司，就有资格和我们谈条件了，这简直是痴人说梦。”保尔森解释说。

盖特纳则主张不管用什么手段，一定得先把美国银行的人弄到纽约来，这样他们才能开始进行审慎调查，盖特纳担心他们正在错失良机。

保尔森让伯南克亲自给肯尼斯·刘易斯打个电话，看看他能否出面摆平此事，保尔森再次强调：“我们得给他们行个方便。”

在圣路易斯联储银行的一间临时办公室里，伯南克拨通了刘易斯的电话。

“你真应该过来看看雷曼的情况，”伯南克坚称，同时依然对自己这个交易撮合人的新角色感到有点不自在，“放松资本充足率的问题我们会想办法，如果你们还有什么其他需要，也可以跟我们说。”

刘易斯对伯南克的电话表示感谢，并表示自己已经计划派人去纽约与雷曼进行商谈了。

伯南克认为自己的任务已经完成，便重新将注意力转移到圣路易斯之行的目的上来：拜访圣路易斯联储银行的职员并与该分支机构的新任主席詹姆斯·布拉德（James Bullard）尽可能地多接触。布拉德在4月接替了威廉·波尔（Willian Poole），波尔也曾是诸多坦率直言的联储主席之一。凑巧的是，那天波尔正好在华盛顿就联储银行的救助计划发表了一次演讲。由于市场一直在猜测政府有必要出手救助雷曼，因此他的言论分外引人注意。

“据我所知，除了明确‘两房’能够获得帮助以外，联储银行和财政部一直对谁有资格获得美联储资源一事保持缄默。”波尔在他的讲话中说道。

“美联储1975年拒绝帮助纽约市，1979年拒绝帮助克莱斯勒，”波尔提醒他的听众们，“但是在有了贝尔斯登这个先例之后，下一次再拒绝就没那么容易了。”

“我估计，除非美联储拒绝向一家大型且颇具影响力的公司提供帮助，否则谁也不会知道美联储贷款的界限在哪里。”

肯尼斯·刘易斯对美联储寄望甚高，刚挂断伯南克的电话，他便给盖特纳打了过去。刘易斯告诉盖特纳，自己与伯南克的通话很让人振奋，但在准备金问题被正式解决之前，他是不会派人去纽约的。

“我们正在为此而努力。”盖特纳说得很有礼貌但也非常坚决。

但刘易斯并不满足于这样的口头承诺。“我们在这件事上耽搁得太久了，”他抱怨说，“如果你想让我们插手雷曼的事，那我们就需要一些书面承诺。”

刘易斯给出了最后通牒，这让盖特纳很吃惊，他回答说：“你已经听到美联储主席的承诺了，如果你连美联储主席的话都不相信，那我们的问题可就没那么简单了。”

当意识到盖特纳并不为他的威胁所动时，刘易斯自己退缩了，他最终答应将于周四早上派一队高管去纽约开始审慎调查。

星期三，富尔德一整天都在不知疲倦地打电话，他几乎联系了华尔街的各家大公司和华盛顿的各类主要人物。与此同时，他也在密切关注市场动向，看有没有出现新的恐慌迹象。

现在的形势越来越明朗了，情况不容乐观：雷曼股价在盘中曾一路坚挺，却在收盘前最后一小时开始下跌，最终收于 7.25 美元，较前一交易日下跌了 6.9%。雷曼的信用违约互换也遭遇滑铁卢，上升了 135 个基点，达到 610 个基点的水平，这就意味着为了保护 1 000 万美元的雷曼债券不被雷曼破产所拖累，投资者每年需要支付 61 万美元的保费。

现在的价格清楚地表明投资者正继续看空。雷曼借资产重整计划扭转命运的希望正在迅速破灭。

富尔德的电话轰炸也收效甚微。当天早些时候，他还与劳尔德·贝兰克梵有过一次很不愉快的谈话，贝兰克梵打电话抱怨道，雷曼结束与高盛的商谈让他感到很沮丧。当天早上，亚历克斯·柯克和马克·沃尔什与高盛的哈维·施瓦茨及他的团队在中城的一家律师事务所里进行了一次两个小时的会谈,但柯克和沃尔什都不愿向高盛公开所有公司账簿，并且很快就结束了会谈。

富尔德也和保尔森谈过，他试图让富尔德相信接受巴克莱的收购将非常有利。但富尔德对该前景很不安，他的解释是：雷曼已经在与美国银行接洽，他不想让任何事影响该交易。

“迪克,”保尔森耐心地提醒他说，“刘易斯拒绝你已经不是一次两次了，而其他人又表明了收购意向，我们得尽量争取这些机会。”

但富尔德似乎更想将注意力转向那个困扰他已久的问题：谴责那些做空者，他向保尔森表示这些人“会毁了雷曼”。他还花了 10 分钟恳求保尔森给证券交易委员会的克里斯托弗·考克斯打个电话，督促其颁布一项卖空禁令并对外宣布将发起一项调查，反正只要能给他争取一些时间、让他能有机会恢复过来就行。傍晚，富尔德和办公室就在走廊另一端的雷曼常务董事史蒂文·贝肯菲尔德，聊起市场大肆做空雷曼股票一事，富尔德用自己那句名言评价此事：“完全是短视和歪曲！”

此时，在伦敦紧邻皮卡迪利大道旁的圣詹姆斯大街上，巴克莱资本的鲍勃·戴蒙德正在一家私人俱乐部等人。他邀请雷曼欧洲分部前主管杰里米·艾萨克斯来此处喝一杯。如果说还有谁能以内部人士身份对雷曼情况作出精准评价，并且还熟悉雷曼的各类数据和企业文化,这个人一定是艾萨克斯。就在 4 天前,他正式宣布了从雷曼“退休”的计划。

当麦克达德即将接任雷曼总裁这件事日渐明朗的时候，艾萨克斯便离开了雷曼。事实上，他或许本不该赴这次约会，因为他正在与雷曼协商一份500万美元的离职合约，该合约预计将于第二天敲定。协议中有一部分规定要求他同意不会“有不利于雷曼的行为”或“贬损雷曼”，并且“保守公司机密。”

今晚，他冒着违反合约的风险赴约，只是希望能救雷曼一命。

瓦利德·查马哈的公寓位于曼哈顿上东区的一栋联排别墅内，该区仅有三栋此类配备专人看门的别墅。这幢堪称艺术品的石灰石建筑紧挨着第五大道，只有9间公寓。这里与市中心和派克大街那群乌合之众的银行家都保有一段安全距离，在这里举行讨论摩根士丹利与雷曼合并一事的会议再合适不过了。查马哈的太太和孩子们都在伦敦，事实上他自己大多数时间也住在伦敦，所以这里就完全属于参加会议的人员了。

晚上9点，查马哈和摩根士丹利另一位联合总裁詹姆斯·戈尔曼以及摩根士丹利团队的其他成员都在厨房里来回踱步，他们在等赫伯特·麦克达德和雷曼代表的出现。“我们至少要表表姿态，”查马哈提醒他的同事，“但也得有心理准备，这次会议可能不会有任何结果。”

麦克达德、休·麦克吉、马克·沙菲尔、亚历克斯·柯克及雷曼其他几位高管终于到了，憔悴苍白的脸色清楚地表明了他们这些天有多不容易。

戈尔曼还在证券业和金融市场协会（SIFMA）工作的时候就认识麦克达德了，当时他们都是协会董事。仅仅一周前，他们还就摩根士丹利乘雷曼之危挖走公司人才（其中包括雷曼最好的私人财富顾问）一事有过一次紧张谈话。麦克达德在盛怒之下给戈尔曼打了电话：“你不能这样做，我们现在的麻烦已经够多了，你这样会害死我们的。”最终，戈尔曼放弃从雷曼挖人，而这两人也都是经验丰富的老手了，因此这事很自然就过去了。

为了安抚一下大家的情绪，查马哈开了瓶欧瑞纳亚酒庄（Tenuta dell's Ornellaia）2001 年份的波尔多葡萄酒——每瓶价值 180 美元。大家很快就在客厅里挑位置坐下了。

麦克达德对大家说，今晚的情景有点似曾相识，就在几个月前，几乎就是现在客厅中的同一群人，也曾聚在一起讨论相同的话题。只是现在雷曼已经陷入绝境——当然这话他并未讲出来。接着，他告诉大家，雷曼正努力通过各种渠道筹资：变卖资产，甚至还要卖掉整个公司。麦克达德怕自己说得还不够清楚，因此明确表示若摩根士丹利有兴趣买下公司，他不会在一些条款细节上过多计较。他还补充道，“高层的去留问题”不应成为收购障碍，这算是回答了由谁来管理合并后公司的问题。麦克达德实际上完全放弃了富尔德。

“如果你们想让我们中的某些人留下，那我们就留下；如果你们不需要我们，我们就走人，现在全由你们说了算。”麦克达德说。

沙菲尔告诉麦克达德，做一笔交易“就像是蹲一次监狱”，但他觉得公司合并将带来大幅削减费用的机会，毕竟这也是公司合并最基本的目的。

尽管沙菲尔对这笔交易做了上述乐观陈述，查马哈还是清楚地意识到这样大规模的公司合并无疑将导致一次血洗——数百甚至数千名员工要被裁掉。他还很清楚，任何公司进行合并时，即使有好的一面，该好处也很不确定。

在接下来的一个小时里，这些银行家仔细查阅了雷曼的财务数据及持有的各类资产，他们想看看在这些资产中是否有摩根士丹利需要的。但随着讨论的深入以及一份份报告被来回传递和翻阅，结论逐渐变得清晰：雷曼和摩根士丹利没有合作的基础。查马哈随即表示他认为摩根士丹利董事会无法在短时间内向雷曼提供任何实际帮助。在场的各位都明白，他的意思是雷曼已经病入膏肓、无可救药。

麦克达德一行人走后，戈尔曼严肃地看着他的同事，似乎是在提醒他们：这也可能发生在我们的身上，但他只是说："我们正看着他们，而他们正看着死神。"

天刚蒙蒙亮，格雷戈里·柯尔穿过西格拉姆大厦（Seagram Building）前的广场，进入前厅。西格拉姆大厦是一座 38 层的现代派建筑艺术杰作，同时也是派克大街的标志性建筑。柯尔看了看手表，等着特约顾问的到来。

美国银行派柯尔负责与雷曼之间这笔可能的交易。星期三晚上，他带着规模达一百多人的美国银行高管团队从夏洛特飞抵纽约，在沙利文-克伦威尔律师事务所位于中城的会议中心开始了对雷曼的审慎调查。柯尔还找来福劳尔斯给他们提供帮助，福劳尔斯是一位深谙银行业奥秘的私募股权投资者。柯尔是美国银行的资深银行家，为人低调，在华尔街也没有什么关系；而福劳尔斯却曾经是高盛银行家，快言快语而且口无遮拦，他那些风险颇高的交易经常让他登上报纸头条。考虑到这些，这两人的组合看起来颇有些奇怪。

但在考虑要怎样处理雷曼问题的时候，柯尔首先想到的便是拉上福劳尔斯并肩作战。福劳尔斯可以在不到半分钟的时间内看完一家公司的资产负债表，并作出清晰、合理的判断。他在 20 世纪 90 年代末离开高盛并开始了自己的事业，成立了一家投资于银行业的私人股权公司，而他在该领域也的确做得非常出色。他对日本新生银行的一项投资就使他赚得了大约 5.4 亿美金。他的名字常常出现在美国顶级富豪的名单上，他曾以 5 300 万美元的价格买下曼哈顿上东区的一栋连体别墅，这在曼哈顿不动产领域创下一个纪录。

柯尔对银行家鲜有信任，但福劳尔斯却是个例外，柯尔尤其欣赏福劳尔斯的冷静，他做交易的时候从不拖泥带水，在生活中也是如此。2007 年，就在次贷危机发生之前，他们还联手买下了一家学生贷款公司沙利美（Sallie Mae），但他们很快就意识到这笔交易是个错误，因此，在当年余下的时间里，他们一起努力消除这笔交易所带来的不利影响。柯尔并没有因为沙利美的交易而记恨福劳尔斯，这在很大程度上是因为福劳尔斯引用了并购协议中后来招致法律诉讼的“逃生舱口”，最终让两人得以全身而退。

福劳尔斯的作用不仅是为他们提供建议，因为柯尔认为他或许正渴望与美国银行联手买下雷曼，甚至可能愿意买下雷曼名下风险最高的那部分资产。

24 小时前，柯尔终于联系上了福劳尔斯，他正在东京参加新生银行的董事会会议。“你会想看看雷曼的情况的，而我们想和你合作，”柯尔告诉他，“你能为此回一趟纽约吗？”不用柯尔多劝，福劳尔斯迅速地安排了一辆车送他去机场，他要经历 14 个小时的飞行才能回到曼哈顿。

抵达曼哈顿的时候，受时差影响，福劳尔斯脸上带着明显的疲惫神色。和他在一起的还有高盛前合伙人雅各布 · 哥德菲尔德（Jacob Goldfield）。

罗杰 · 洛温斯坦曾在他的《营救华尔街》中写道，在高盛试图援助困境中的长期资本管理公司时，有位银行家暗中将长期资本管理公司的信息下载到手提电脑上，而哥德菲尔德恰好就是该书所描绘的这个人。一天前，当提到担心将公司数据泄露给高盛时，亚历克斯 · 柯克让富尔德提防的也正是此人。

哥德菲尔德对雷曼也很了解，因为在春天他就曾帮助汉克 · 格林伯格审查过雷曼的情况，当时有一组投资者购买了总值 60 亿美元的普通股和优先股，而格林伯格就是其中之一。

在飞机上，福劳尔斯研究了雷曼前一天公布的第二季度报表，其中有一点引起了他的关注，他知道这将成为讨论的焦点：雷曼持有的不动产资产的价值。这些资产真值 250 亿 ~300 亿美元吗？

桌子上已经摆好了咖啡和点心，柯尔、福劳尔斯和格林伯格在沙利文 - 克伦威尔律师事务所提供的一间会议室里展开了工作。

这将会是漫长的一天。

在对雷曼的资产重组计划进行了 24 小时的仔细考量之后，华尔街的分析师们得出了一致结论，他们否定了这一计划的有效性以及雷曼为此所做的努力。星期四早上，分析师纷纷给客户发出了大量邮件，表明自己对雷曼所持有的疑虑，从而进一步加大了雷曼股价的下行压力。雷曼股价在前一天下挫了 7%，至 7.25 美元，现在则跌得更低了。

“管理层未能成功消除股票的下行压力。”高盛分析师威廉 · 塔诺纳在邮件中写道。

自 2007 年 4 月起，分析师迈克尔 · 梅奥就一直对雷曼股票给予买入评级，但目前在给客户的邮件中，他却对雷曼前景做了更加悲观的预测，他担心信用评级机构进一步看空雷曼将带来副作用：“评级机构态度的变化是一个意外的利空消息，而这一消息将可能引发恐慌性抛售。”换句话说，接下来就只能削价出售了，梅奥随即撤销了买入评级。

美林的盖伊 · 莫什科夫斯基（Guy Moszkowski）也不看好雷曼的出售前景，他在分析报告中写道，雷曼可能会被迫接受“折价收购”——这是华尔街的说法，指以低于公司股票市值的价格收购该公司。

那些认为雷曼根基依然稳固的分析师现在也开始意识到一个事实：

恐惧战胜了理智，人们无视雷曼的基本情况，雷曼快速下跌的股价激发了市场恐慌并制造了一个自我实现的预期，迫使雷曼必须迅速找到买家。

在华尔街分析师纷纷开始给富尔德的公司撰写墓志铭的时候，只有一个人站出来声援雷曼，这个人就是约翰·麦克，富尔德曾寄望于麦克能接手雷曼。当天早上的《时代周刊》引用了麦克的评论："他仍像往常一样斗志昂扬，但毫无疑问，现在的形势正在慢慢消磨他的意志，但不管换了谁都会是一样的。"

然而，麦克却刚刚在私下里通过电话告诉了富尔德一个令他震惊的消息：他认为摩根士丹利会放弃和雷曼的并购会谈。

但是，雷曼仍有一线生机。盖特纳使富尔德确信，尽管巴克莱没有直接联系富尔德，但他们有意竞购雷曼，盖特纳还把戴蒙德在伦敦的电话号码给了富尔德。

"他知道你会给他打电话。"盖特纳向富尔德保证。

"我知道我应该给你打电话。"富尔德稍后就拨通了戴蒙德的电话。

但戴蒙德却很诧异，他觉得自己已经跟盖特纳说得很清楚了，他不想直接与富尔德谈交易的事，而觉得应该由美国政府出面撮合这笔交易。

"我想我们应该谈谈。"富尔德表示想和戴蒙德接洽。

"我觉得我们没什么可谈的。"戴蒙德回答道。

富尔德被弄糊涂了：盖特纳让自己打这个电话，但戴蒙德现在却说他不感兴趣?

富尔德不想勉强谈下去，便结束了谈话，接着就打电话给盖特纳。

"我刚刚和鲍勃·戴蒙德通过电话，"他情绪激动地说，"他说他没兴趣，你不是说他想跟我们谈谈的吗？"

"没错，他的确是想，"盖特纳坚称，"你应该再给他打回去。"

5 分钟后，富尔德又拨通了戴蒙德的电话。

“我刚告诉过你，我们没兴趣。”戴蒙德重复道。

富尔德现在感觉自己就像在玩什么猜谜游戏，他又一次打电话给盖特纳：“我不明白这到底是怎么回事，我给他打了两次电话，每次他都对我说没什么可谈的。你告诉我他有兴趣，他自己却说没有，这到底是怎么回事？”

盖特纳保证说戴蒙德确实有兴趣，并坚持让富尔德再给他打最后一次电话。

富尔德的最后一次努力终于有了回报，戴蒙德突然愿意谈判了。

“我们今晚就飞过来，”戴蒙德说，“还有一组人将在星期五早上出发。”

此话一出，事情便正式敲定：巴克莱银行和美国银行现在是竞争对手了。

富尔德有所不知，那天早上，戴蒙德和他的团队一直在与盖特纳和保尔森沟通，他们还达成了一项协议，巴克莱会尽快审阅雷曼账簿。因此，富尔德为救雷曼所作的努力其实都只是一种形式。

在动身飞往纽约的前一晚，戴蒙德希望能得到一些承诺，从而让自己这趟纽约之行能有所收获。在与保尔森的电话中，戴蒙德曾特意问他巴克莱是否是雷曼的唯一投标者。他已经从新闻上得知美国银行也有意收购雷曼，而经验告诉他，美国银行不单是个可怕的对手，还是个潜在的搅局者。

一年前，美国银行介入针对荷兰银行的收购战，这场对决让巴克莱银行直接与包括苏格兰皇家银行在内的一个银团展开竞争。美国银行同意以 210 亿美元的价格购买荷兰通用银行（ABN）旗下设在芝加哥地区的拉塞尔银行（LaSalle Bank），该举措意味着美国银行能将这笔收购交易中最具价值的资产收入囊中，而苏格兰皇家银行最想得到的也正是这块业务。本来荷兰银行的资产中少了这块肥肉将使巴克莱的收购报价极具优势，但巴克莱最终还是输掉了这场收购战，而美国银行却成功地将拉塞尔银行收入囊中。这次交易失败给戴蒙德造成沉重打击，也打破了他扩张的美梦，他始终认为美国银行在这次收购交易中渔利颇丰。

“如果美国银行介入，那就不要让我们陷入这样的窘境，”戴蒙德告诉保尔森，“我们不想再次输给美国银行。”

“投标不可能没有竞争者，”保尔森答道，“不过我可以告诉你，你们的形势更为有利，我保证你们这次不会难堪。”

在通话结束之前，戴蒙德还想说清楚另一件事：他希望能做一笔摩根大通收购贝尔斯登那样的交易，换句话说，他想寻求某种形式的政府协助。

保尔森坚决表示政府不会提供任何帮助，但他又补充说：“我们会想办法给你找些外援。”

汤姆·拉索匆匆闯入迪克·富尔德的办公室，他阴郁的表情立刻引起了富尔德的注意。现在大楼的31层已是一片阴霾，拉索的表情自然相当引人关注。

“怎么了？”富尔德厉声问道。

“我刚与托马斯·巴克斯特通完电话。”拉索说道。他口中的巴克斯特是指纽约联储总顾问：“他说盖特纳希望你退出纽约联储董事会，”拉索停顿了一下，给富尔德留了些消化这条消息的时间，“考虑到我们目前的状况，如果您继续担任纽约联储的董事，形势会过于复杂，争议也太多。”

盖特纳的要求其实并不算意外，为了给雷曼找到一个买家，政府也许将不得不补贴一部分钱，若最后真走到这一步，那盖特纳最不希望看到的就是外界认为他在假公济私：帮助自己董事会的成员，帮助他们自己人。出现一丝偏袒迹象就可能酿成大错，所以他必须谨慎。

即使如此，富尔德还是将此事视为个人的奇耻大辱，他垂下了头，眼睛盯着桌面，满脸沮丧。有那么一阵子，他看起来好像快要哭了，但他还是使自己镇静下来，低声说道："我无法相信这是真的。"

富尔德和拉索一起口述，并让人记录下来了一份给纽约联储董事会主席史蒂文·弗里德曼的辞职信。

亲爱的史蒂文：

我在此正式提出申请，请求辞去在纽约联储董事会中的职务，对此我深表遗憾。鉴于雷曼目前的状况，我很遗憾没有时间再投入到董事会的事务中，为了保证董事会的利益，我在此提出辞呈，即时生效。为董事会效力的时光很愉快，向董事会和纽约联储致以无上敬意。

谢谢。

真诚的

伴随着一声克制且沉重的叹息，富尔德签上了自己的名字，他在"迪克"两字上画了一个大大的"D"。

上午，在松树街70号的办公室里，罗伯特·维纶斯塔忧心忡忡地踱着步。过一会儿，他要与信用评级机构进行一次重要会面，穆迪之前曾威胁要降低美国国际集团的信用评级。他刚与盖特纳通完电话，询问自己之前提出的将美国国际集团转型为一家承销商的事进展如何，同时他也向盖特纳施加了一些压力。"我们现在忙着处理雷曼的事，"盖特纳向他表示了歉意，"明早再谈吧。"

现在才上午10点半，但市场已经嗅到了一丝恐慌气息，尽管过去一周维纶斯塔一直在尽全力平息这种恐慌。美国国际集团债务的保险费率已经上升了 15%，跃升至 612 个基点，处于历史最高水平。这意味着在未来五年中，为保障 1 000 万美元美国国际集团债务的安全，投资者每年要付出 61.2 万美元的成本。雷曼显然在不遗余力地筹集资金，投机者预计美国国际集团很快就会面临同样的困境。此外，对那些针对雷曼倒闭投保的投资者，美国国际集团或许还要支付天文数字的赔偿金。

更糟糕的是，之前被纽约总检察官指控存在财务违规行为而被迫离开美国国际集团的汉克 · 格林伯格一有机会就向他发难。“你们这些人都他妈的等什么呢？”格林伯格质问道。他想知道为什么他们没有更加迅速地采取行动来拯救公司。

除这些压力外，还有一件事急需处理，即虽然格林伯格已经离开公司，但维纶斯塔还得解决他引起的诉讼，而这个案子已经拖了很久了。格林伯格之前已在亚洲建立了美国国际集团分公司，并在日本和中国尚不规范的市场中占据着绝对优势，他原本还指望能通过亚洲的人脉替公司筹集些资金。他告诉格林伯格，自己已经让盛信律师事务所的律师詹姆斯 · 甘布尔（James Gamble）与格林伯格的律师戴维 · 波伊斯（David Boies）安排了一次会面，看能否找到一个格林伯格可以接受的解决方案。

对维纶斯塔来说，目前最紧迫的问题或许是这周早些时候与杰米·戴蒙所谈的内容。“似乎我们的努力还不够。”维纶斯塔对戴蒙说，催促他帮忙募集新的资本，或是直接让摩根士丹利贷款给美国国际集团。

“你也知道，你碰到的问题比我们预料的更为棘手，”戴蒙回答说，“我们的模型显示，你们的资金在下周就会耗尽。”

直到此时，维纶斯塔才终于接受了这个事实：摩根大通或许并不愿意给自己的公司提供更多资金。美国国际集团财务主管罗伯特 · 根德（Robert Gender）之前已经警告过他有可能发生这种情况，但维纶斯塔当时并不完全相信他的话。“摩根大通向来嘴硬，”他提醒根德，“花旗倒是好说话，你说什么他们都答应，但也只是‘答应’。”而一向谨慎的根德只是不太高兴地回答道：“坦白说吧，其实我们可以接受摩根大通强加给我们的部分条款。”

戴蒙一直在鼓励维纶斯塔制订一个大致计划，即使不完美也不要紧。“你不必非得一步到位，”戴蒙告诉他，“你只要让市场知道你要干些什么，然后转身去做就是了。如果你需要筹集资本，那就直接告诉他们。”

“那不正是雷曼昨天干的蠢事嘛。”维纶斯塔心想。

让他们恐惧已久的与穆迪会面的时刻终于到来了。摩根大通的史蒂文·布莱克也赶来就此事给美国国际集团一些支持，同时他还要帮忙解答有关美国国际集团筹资的问题。维纶斯塔自己声称会尽一切努力筹集资金是一回事，而若摩根大通总裁坚称会支持美国国际集团的筹资行为，那意义就完全不同了。这次会议事关重大：即使穆迪只将美国国际集团的评级下调一个等级，公司也需要追加价值 105 亿美元的抵押品。如果标准普尔也跟风调低评级（就像维纶斯塔形容的那样：盲人给盲人指路），美国国际集团需要追加的抵押品价值则很可能上升至 133 亿美元。假如评级真的被调低，而美国国际集团又无法筹到额外资金，那公司就等于被判了死刑。

会议进行了不到 15 分钟，穆迪的分析师就明确表示，他们会将美国国际集团的评级下调一级甚至两级。据维纶斯塔估算，如果穆迪将在周一调低评级，则他们至少还有 3 天时间来凑齐抵押品。但这也意味着，他必须在周三，最迟周四之前筹到这笔天文数字的款项。

摩根大通的布莱克则担心实际上他们的时间没那么多，照他估计，星期二上午就是最后期限了。会后，他将维纶斯塔拉到一旁并警告说：“你们的评级肯定会被调低，所以最好现在就开始想办法。”

维纶斯塔点点头说：“我完全同意，我们确实需要做好准备。”

离开的时候，布莱克甚至比来之前更不看好美国国际集团，他想：就算他们行动得再快，一切也已经太晚了。

通用汽车大楼占据了第五十九街和第五大道交叉口的整个街区，就在这栋大楼里，威嘉律师事务所富有传奇色彩的破产律师哈维·米勒（Harvey Miller）此刻正从桌旁站起身来。他围着办公室踱了一圈，凝视着书架上摆放的德士古公司的卡车模型和东方航空公司的喷气式飞机模型，这两件模型是他经手的最著名的两件案子所留下的纪念品。

米勒是破产法领域最受人尊敬的权威，他的顾问费约为每小时 1 000 美元。除了德士古公司和东方航空公司，他还参与了尚彬（Sunbeam）、德崇证券以及安然的破产案。此外，在 20 世纪 70 年代的纽约财政危机中，他还是代表纽约市出庭辩护的律师之一。

米勒的冷静沉稳总能给人带来踏实的感觉。而且，他对服装的品位、对歌剧的热爱及对语言的驾驭能力也都声名远播。

米勒在布鲁克林附近的格雷夫森德（Gravesend）长大，父亲是一名木地板推销员。后来他就读于布鲁克林学院，是家里第一个获得大学学位的人。服完兵役后，他进入哥伦比亚法学院继续求学。

当时，公司金融方面的法律事务仍然是由白人占据主导地位的，但破产却是其中为数不多的被小型犹太人事务所垄断的领域之一。1963 年，米勒加入了一家专事破产案的小型律师事务所塞利格松-莫里斯（Seligson&Morris）。6 年后，公司治理专家艾拉·米尔斯坦（Ira Millstein）把米勒招至麾下负责破产业务，并对威嘉律师事务所的业务进行重组。

当天午后，公司总裁斯蒂芬·丹豪泽（Stephen Dannhauser）给米勒打来电话并提出一个惊人的问题：公司能不能抽出人手为雷曼破产做些准备工作，只是以防万一。米勒对此表示理解，他自己也一直在关注财经报道。雷曼是一个非常重要的客户，事实上，它是公司最大的客户，每年雷曼支付的咨询费都不少于 4 000 万美元，他对雷曼也非常了解。

丹豪泽接到雷曼常务董事史蒂文 · 贝肯菲尔德的电话，示意他们应该把事情都安排好，以防在接下来 3 天内出现什么变故。在丹豪泽挂掉电话前，贝肯菲尔德强调要丹豪泽保守机密，不要把谈话内容泄露出去，他联系威嘉律师事务所的行动甚至没有通知富尔德。

作为一名破产律师，米勒已经习惯与客户“共舞”——脆弱的双人舞。他曾说 ：“处理破产案就如同跟一只 800 磅的大猩猩共舞，它想跳多久，你就得跳多久。”

然而，仅仅几个小时之后，米勒就再次接到处境艰难的雷曼打来的电话。

“我是托马斯·拉索，雷曼的首席法律顾问，”电话那头怒吼道，“你们在给雷曼准备后事？”

米勒吃了一惊，他并不认识拉索。“嗯，对，确实如此，”他答道。

拉索并不想跟他讨论细节，只想告诉他一件事 ：“你要明白，这件事你不能告诉任何人。现在形势紧张，我们不能走漏半点风声！”

米勒本想让他放心，表示自己明白此事的利害关系，但拉索却抢先一步，焦虑地问 ：“你们现在有多少人在负责此事？”

“嗯，大概 4 个，”米勒告诉他，“嗯，这件事目前还处于准备阶段。”

“对，只是准备而已，”拉索强调说，“不要再告诉其他人，必须严守消息。”

拉索挂掉了电话，留下米勒独自纳闷到底发生了什么事。

在沙利文 - 克伦威尔律师事务所，雷曼的人员已经与美国银行展开了谈判。此时，迪克 · 富尔德决定给还在夏洛特的肯尼斯·刘易斯打个电话。毕竟，在他看来，如果两家机构要合并，双方的首席执行官该直接谈谈了。

富尔德拨通了刘易斯的电话，他先对与美国银行的合作发表了一通感慨，这些都是他内心的真实感受。他说两家银行合并，将使雷曼一流的投行业务与美国银行规模巨大的商业银行业务联结在一起，这让他感到兴奋和激动。他还说，双方合并后所形成的新实体将足以和摩根大通及花旗集团相媲美，并将把美国银行打造成一个真正的金融产品超市。

刘易斯耐心地听着，不知道自己应该怎么回应。在他看来，他并没有和富尔德交涉，他只是在与美国政府谈判。坦白说，富尔德的话根本就无关紧要。

在结束通话之前，富尔德满怀信心地说："你我都知道，我们的合并肯定能成功，很高兴我们能成为合伙人。"

贝莱德总部位于第五十大街，紧挨着麦迪逊大道。这天收市的时候，贝莱德正在这里举行一场为期两天的董事会会议。作为贝莱德的股东之一，美林在董事会里拥有两个席位，这天出席会议的是约翰·塞恩和格雷戈里·弗莱明。收市的时候，他们两人迅速用黑莓手机查看了一下当天的收盘价。美林股价下跌了 16.6%，降至每股 19.43 美元，是除雷曼之外当日跌幅最大的投行，而雷曼的股价则下跌了 42%，降至每股 4.22 美元。雷曼已经陷入如此多的麻烦中，而市场似乎普遍认为美林将步雷曼后尘。

中间休息的时候，弗莱明出去打了个电话。他整天都在想着自己和赫利希上次关于把美林卖给美国银行的谈话。他现在还没有向塞恩说起这件事，而是想等待一个合适的时机让事情自行浮出水面。

但是，他私下里已经与美林的董事会成员同时也是密友约翰·芬尼根（John Finegan）谈过了。和弗莱明一样，芬尼根也是天生就有些多虑，他也担心塞恩会反对卖掉美林，毕竟他10个月前才刚被任命为美林首席执行官。

弗莱明现在需要联系罗基·科恩，他既是弗莱明的密友，也是雷曼的律师。弗莱明迫切想知道雷曼与美国银行的会谈进展，他还想知道雷曼目前的处境到底有多么绝望，由此他才能推断美林的处境。

弗莱明的电话打来时，科恩正在和雷曼团队一起与美国银行商谈相关事宜，他走出会议室接听了这个电话。弗莱明很随意地向他问好，就像普通的问候一样。一番寒暄之后，他突兀地提起了美林股价下跌一事，并且还告诉科恩："我们正在想对策，我不知道到底有几条路。"

但科恩很快就明白了弗莱明的意图，他知道美林绝无可能收购雷曼。虽然只是并购业的新手，他也知道弗莱明或许想让美林与美国银行合并，而这就必须阻止雷曼的计划。

"我没什么可说的。"科恩告诉弗莱明。

弗莱明不再遮遮掩掩，他向科恩吐露了实情："我们必须找到买家，现在的股价看起来非常危险。如果雷曼倒下，那下一个就是我们了。"

科恩不知道该如何回答，只好找个借口赶紧挂断电话。他不能向其他人透露这个电话，至少现在还不能。

史蒂文·布莱克离开美国国际集团，回到自己摩根大通的办公室，他向戴蒙讲述了这次会议的情况，他将把它形容为"该死的噩梦"。他让蒂姆·梅因（Tim Main）给施赖贝尔打个电话，查看美国国际集团的最新预测，并问问施赖贝尔是否已经签署了业务意向书——实际上就是摩根大通帮助美国国际集团解困的详细条款。

梅因告诉布莱克，那份文件还没签，但他下午会再打个电话询问此事的进展。"我们能把每周一次的争论定在下午2点吗？"他半开玩笑地问道，他与美国国际集团的人向来关系紧张。

梅因最后终于拨通了施赖贝尔的电话，开门见山地问道："关于那份业务意向书你们有什么进展？"

施赖贝尔一直认为这份文件的条款有些苛刻，摩根大通不仅索要一笔 1 000 万美元的酬金，还要求在今后两年内插手美国国际集团的所有大单生意。

"关于那份回购承诺你们有什么进展？"施赖贝尔气愤地反问道。

梅因之前便听到一些流言说施赖贝尔同时在与黑石集团和德意志银行谈判，本来就已经很愤怒的梅因这会儿再也控制不住自己的脾气了。"你他妈的开什么玩笑？你还指望我们借钱给你？"他吼道，不过这才仅仅是开场白。"你们还敢和我们玩儿阴的，告诉你，美国国际集团完蛋了！你们瞒着我们跟其他银行谈判，别以为我们不知道，你们正在瓜分整家公司！"

"你别冲我吼，"施赖贝尔冷冷地说，"我不吃你这一套，我要和鲍勃谈。"

5 分钟后，施赖贝尔气愤地将这段话复述给维纶斯塔，维纶斯塔随后给布莱克打了个电话，要求他对梅因的行为作出解释。

布莱克非但没有道歉，反而对维纶斯塔也大发雷霆，指责维纶斯塔的行为。"你们毫无紧迫感。你们这些人根本就搞不清楚状况，要知道你们必须作出决定了，"布莱克说，"每次我们要求点什么，你们就拖拖拉拉不去做。我们 3 个星期前就把业务意向书送过去了，但施赖贝尔还在推三阻四，就是不签。"

"你想让我们做什么我们都会照做，"布莱克终于厌倦地说道，"但如果一直是这种态度，那你最好……我们也许该退出了。你可以找别人来干。现在的局势已经很危险了，而你的伙计们完全不明白你们的处境。"

"如果事情真的让你们那么苦恼，那你为什么不早点告诉我？"维纶斯塔问道。

星期四傍晚，当肯尼斯·刘易斯的电话打过来时，保尔森其实已经知道他想要说什么了。

“我们已经详细审查了雷曼的情况，除非有政府的援助，否则这笔交易我们不能做。”刘易斯不动声色地说：“我们做不了，因为我们很难达成共识。”和当时诸多批评雷曼的人一样（其中还包括大量因恐慌而涌入市场卖空雷曼股票的股东），刘易斯也认为雷曼对自己的资产估值过高，收购雷曼会使美国银行承担巨大的风险。

鉴于巴克莱资本的鲍勃·戴蒙德早已无奈地找过自己，乞求美国政府能在雷曼的并购交易中给予帮助，因此保尔森早就想到刘易斯也会这么做了。

但保尔森仍然不想动用美联储资金，至少目前还不想。这在政治上令人难以接受，特别是在当前媒体还在抓着政府救助“两房”这件事不放的形势下。如果这件事最终要演变成一次谈判的话，那么保尔森还不想过早地亮出手中的底牌。

但他也知道，他需要美国银行参加此次竞购，所以他只是说：“好吧，如果你们在资产问题上需要帮助，尽管把需要告诉我们，我们会想办法让你们达成共识。”

刘易斯有些吃惊，他说：“我记得你好像说过政府并不会提供资金支持。”

“我会尽力争取，”保尔森承诺道，“我们想让私营机构介入。”

让私营部门介入是保尔森和盖特纳整天都在讨论的一个方案。如果美国银行或巴克莱拒绝独自收购雷曼的话，那就让多家银行组成一个国际财团来提供资金援助，以促成这笔交易。但不管是保尔森还是盖特纳，至今都没能提出一个详细计划，因为即使是在经济环境最好的时期，想让银行家们凑在一起组织一个银团也不是件容易的事。

刘易斯沉默了一会儿，他对保尔森暗示要提供的帮助并不满意。他不想介入这样一个“半政府 - 半私营”的联合拯救计划，他想要“杰米式交易”。他很清楚自己那些竞争对手也不太可能自掏腰包，成全美国银行独占便宜、收购雷曼。

尽管如此，刘易斯还是答应会继续对雷曼进行审查，同时也考虑给出一个投标价。鉴于现在的形势已经如此危急，一切都成败难料，他觉得自己最终会得到一些帮助——无论是什么形式的帮助。

星期四下午，汉克 · 格林伯格的律师戴维 · 波伊斯来到盛信律师事务所的办公室和美国国际集团的律师们会面，参与这次会面的包括盛信律师事务所的董事长理查德 · 比蒂（Richard Beatie）和詹姆斯 · 甘布尔。只有少数几个人知道这个会议或了解会议的目的。在4 年的公开较量之后，美国国际集团现在准备与格林伯格达成和解，而这将使格林伯格重回公司的怀抱。维纶斯塔已经叮嘱过比蒂和甘布尔找个地方和波伊斯坐下来谈一谈，设计出一个能一劳永逸的方案。

在当前动荡的市场中，维纶斯塔迫切想对外宣布格林伯格将重回美国国际集团担任名誉主席。这消息肯定会对市场形成冲击，但维纶斯塔希望这次和解能给他们争取一些时间并赢得投资者的信赖，毕竟大多数投资者都还是格林伯格的追随者。

维纶斯塔也知道格林伯格热切地想帮助美国国际集团筹资，此外，考虑到格林伯格与亚洲和中东那些富有投资者之间的密切关系，他会成为公司一项宝贵的资产。

协议的细节还需进一步商谈，但他们已经达成了一个粗略协议，这将给双方的争端画上一个句号。美国国际集团将归还格林伯格声称属于自己的价值 1 500 万美元的艺术品、文件和不动产，并替格林伯格支付其为自己辩护所需的诉讼费用——格林伯格牵涉进了多起针对他的法律求偿案件。作为回报，格林伯格将把胜达国际（Starr International）以信托形式持有的约 2 500 万 ~3 000 万股美国国际集团股票移交给美国国际集团，而这些股票也正是他们之前争执的核心。总的来看，按美国国际集团当天的股价计算，该协议将花费格林伯格 8.6 亿美元，但美国国际集团会撤销针对他的高达 43 亿美元的诉讼，并让他重新回到如此深爱的公司。

在协议的基本要点敲定之后，穿着蓝色运动外衣和黑色迈乐休闲鞋的波伊斯向在场的各位表示感谢，他还建议他们把维纶斯塔和格林伯格也请到这间会议室来，以便向他们提交这份协议，并在接下来的一周里圆满执行该协议。

“周末给我打电话。”波伊斯在转身离开时说道。

雷曼全球财务主管保罗 · 图纳吉（Paolo Tonucci）惶恐地放下了电话，“我必须马上跟你们谈谈！”他轻声告诉巴特 · 麦克达德和罗基 · 科恩，“我们遇到一个真正的大麻烦。”

在沙利文 - 克伦威尔律师事务所位于中城的办公室里，雷曼在此协助美国银行进行审慎调查，本来一切都进行得很顺利，但现在图纳吉却告诉麦克达德和科恩：“摩根大通要求我们追加 50 亿美元的额外抵押！我刚与摩根大通证券业务部主管简 · 贝叶斯 · 拉索（Jane Byers Russo）通过电话。她说我们最迟明天就要把这笔钱转过去，而且在周末之前她或许还会再要求 100 亿美元的抵押。”

“什么？”科恩问道，显然这一要求大大出乎他的意料，“听起来令人难以置信，我搞不懂，我知道大家现在都处在恐慌之中，但这也太过分了。”

图纳吉把这消息告诉了他的上司、雷曼首席财务官伊恩 · 洛维特及办公室里的所有人。

“简直是胡说八道！”麦克吉大声吼道，打破了一阵尴尬的沉默。

图纳吉和洛维特给富尔德打电话，告诉他这个消息，另外，他们还与杰米·戴蒙开始了电话会议。“听着，我们需要你们把抵押品转过来，”戴蒙这样告诉大家，此时他刚刚加入连线。他还说考虑到雷曼现在越来越糟的状况，这个要求很合理。富尔德冷静地告诉戴蒙，自己会让团队想想办法。然而，图纳吉悄声对雷曼的其他人说：“难道迪克不明白吗？我们根本就办不到。”戴蒙也担心富尔德对这一要求根本就没当回事，于是厉声问道：“你记下了吗？”电话挂断的时候麦克达德已经十分愤怒了：“我们必须得给美联储打个电话，杰米不能这么干。”

在这群人中，科恩与美联储打的交道最多，而他并不认同这种做法：“我确定杰米之前已经跟美联储打过招呼了。杰米态度强硬，如果没有美联储的默许，他是不会这么做的。”

在接下来的 10 分钟里，会议室里的人七嘴八舌地议论开来，但主题只有一个：他们正试图把我们彻底搞垮。最后，大家决定最好的选择还是给盖特纳打电话。

科恩拨通了盖特纳的电话并打开了扬声器，他迅速地向盖特纳解释了眼下的情况，但盖特纳却表现得无动于衷，似乎一直在等着他们打这个电话。麦克吉紧张地看了一眼麦克达德，似乎在说：我们完蛋了。“我总不能建议一家银行不要去防范风险吧。”盖特纳一本正经地说。

科恩想婉转地告诉盖特纳，摩根大通这么做只是为了削弱竞争对手：“他们真有必要这样防范风险吗？”

“我没资格对此妄加评论。”盖特纳回答道。

下午 6 点，保尔森、盖特纳、伯南克和考克斯进行了一次战略电话会议。保尔森认为他们即将进入危机状态，他担心周末会出现另一个贝尔斯登。然而，这一次，他决心要让事情有个不同的结局。用他的话说，他认为应该准备一个“类似于长期资本管理公司的解决方案”，换句话说，他赞成鼓励私营公司联手构建资金池，并以此共同拯救雷曼。盖特纳也认同这个做法，而华尔街的一些巨头显然也支持这个做法。就在当天早些时候，盖特纳接到了美林的约翰·塞恩和花旗集团的维克拉姆·潘迪特的电话，他们提的建议也是如此。

还有一件事让保尔森非常担心：美国银行和巴克莱显然都下不了决心完成收购雷曼的交易。他越来越觉得美国银行只是在走过场，而他也担心巴克莱同样没有达成最后协议的诚意。“这些英国人向来都是说一套做一套。”保尔森告诉他们。此外，他还有一种特别的直觉，巴克莱的主席约翰·瓦利是个靠不住的人，这一点他在高盛的时候就知道。“照我看，”保尔森说道，“瓦利是个优柔寡断的人。”

保尔森强调，或许最重要的是，他们没法像对待贝尔斯登那样拿出一笔政府资金来救雷曼，从政治上来说，他们负不起这个责任。“我不想被冠以‘救市先生’的头衔。”他坚持说。那次救助引发了各界的强烈抵制，这是参加此次电话会议的人都亲历过的，无需多言，他们也不希望同样的事情重演。

盖特纳对采取如此强硬的态度还有些犹豫，但按他的说法，他犹豫只是因为“我们不想把投资者都吓跑，对我们来说，这笔交易的竞价者仍然是越多越好”。

虽然如此，他还是很快就和其他 3 个人站到了同一阵线，他们达成了一项协议：若无意外，他们将在周五晚些时候给华尔街的巨头们打电话，请他们到纽约联储会面，政府将敦促他们提出一个“私营”的解决方案。

同时，保尔森嘱咐他们，必须明确地表明态度：政府绝不救市。

布莱恩·施赖贝尔摘下了他的粗框眼镜，揉了揉眼睛，他对美国国际集团每日现金账簿的检查结果表明，如果不立即将其持有的资产变现的话，公司很快就会出现资金短缺。他开始焦急地思考着现在能给谁打电话，哪家公司有能力立即给美国国际集团提供所需的帮助呢？

他首先想到的是克里斯·弗劳尔斯（Chris Flowers）。他的基金中有几十亿美元可用于购买金融服务业的资产，而且他曾经是一位金融服务业的银行家，对保险业非常了解。只要有兴趣，他能够立即行动并调动资金。他们曾一起工作过，弗劳尔斯还曾寻求与美国国际集团合作，一起收购一些小型的保险公司。

施赖贝尔了解到弗劳尔斯目前在沙利文-克伦威尔律师事务所，还在检查雷曼的账务。

“我们有个大麻烦，”施赖贝尔告诉他，“我们的现金很快就会耗尽。嗯，你也知道，我们只有……你知道的，我们机会不多了。”

“我正忙着处理雷曼的事，”弗劳尔斯回答道，“我正在和美国银行合作。”

“明天你能不能来我这一趟？”施赖贝尔问道。

“我们会过去看看的，”弗劳尔斯随口回应道，他还不确定雷曼这边的事明天能不能了结，接着他又补充了一句，“我知道这真的很重要。”

结束了与盖特纳及伯南克的电话会议后，保尔森把公共事务助理部长米歇尔·戴维斯叫到办公室。

“我跟刘易斯和戴蒙德都谈过了。不出所料，他们都说想要得到政府补贴。”保尔森告诉戴维斯。“但佩洛西和其余人都反对我们这样做。”他又补充说。国会议长已经明确表示她反对任何进一步的救市行为。

戴维斯拿来几篇文章，都是各大报纸已经发布在网上的报道。显然，政府可能实施的救助行动将是明天新闻界关注的焦点。

几分钟前，也就是晚上 7 点 03 分，道琼斯通讯社发表了一篇评论文章，开头便写道："陷入困局的雷曼控股公司很可能会被出售，但一个关键问题是，如果美联储真的出手相助，它将以何种方式提供增援？"

"你不能让这成为明天的新闻头条，不能让明天的报纸出现这样的消息，"戴维斯摇摇头，"大家都会想，噢，汉克带着钱来了。你也不希望这样开始谈判。"戴维斯曾在政府任职，她很清楚布什政府在这种事情上的立场，她还知道政府即使只是考虑一下救助一家华尔街金融巨头的可能性，也会引发诸多政治争议。

此外，还有一个原因会使政府救助雷曼的行动演变成公共关系的噩梦，虽然谁也没提及此事，但她和保尔森都心知肚明：布什总统的弟弟，同时也是佛罗里达州的前州长杰伯在雷曼担任私募股权投资顾问。布什总统的表兄，乔治·沃尔克（George H.Walker IV）是雷曼的执行委员会成员。此外，还有保尔森的弟弟理查德。毋庸置疑，明天各家媒体将会借此大做文章。

"我们该打几个电话。"戴维斯督促道，巧妙地暗示保尔森应该向媒体放出消息，让外界知道政府不会对雷曼采取任何形式的救助。

保尔森仔细地考虑了一下自己面临的两难局面。他与媒体打交道一向都很谨慎，而且尤其痛恨故意透露消息给媒体的行为。但他相信戴维斯的直觉，而且无论如何他都不想蹚这摊浑水。

"做我们该做的吧，"保尔森告诉戴维斯，"只是，你知道的，不要提到我。"

星期五早上，保尔森一起床便开始仔细阅读当天的晨报，他想看看戴维斯的工作是不是已见成效。他希望他们传达的信息已经足够明确：听好了，不再有救助行动。

华盛顿的态度也不难猜到：无论如何他们都不想救助华尔街。那些权威们现在能议论的也只是道德风险，就好像什么新症状刚刚上升为全球性的流行病。如果政府这次出手拯救雷曼，以后再出现系统性风险的时候，大家就会认为政府救助是一个默认的解决方案。

还有什么事情能比让自己的决定登上国家主要出版物的封面更让人有成就感呢？谢天谢地，犯一次错误[①]就够了，下不为例。保尔森满怀期待地翻开了侧重金融领域报道的《华尔街日报》，结果却大失所望。他读了报纸关于金融危机的头版文章，但他认为这篇文章对政府救市的问题只是小心地避而不谈，根本没有对此给出强有力的评论。这篇文章的作者对保尔森目前的处境所给出的最详细描述也不过就是这样一句话："公众希望美联储官员近期不要再像出售贝尔斯登或是上个周末接管住房抵押贷款两巨头（房地美和房利美）那样，组织另一次救助行动。"

《纽约时报》的评论文章则更令他感到失望："鉴于财政部和美联储正在合力促成一次有序交易——出售雷曼，很难判断美联储今后还会不会对其他交易提供支持，特别是仅在布什政府接管国内最大的两家住房抵押贷款融资公司几天之后。"

不，他们还没理解我的意思，保尔森想。

接着，他翻开了《华尔街日报》的社论版。通常来说，社论版的格调更高，符合保守派的一贯的风格，文风睿智。在外界充斥着刺耳的右翼舆论的时候，读社论版会给人一些安慰。其中一篇具有代表性的署名文章标题为"雷曼的命运"，它的观点却恰恰出乎保尔森的意料。

"至少在贝尔斯登的案例中，仍有些对系统性风险的合理担忧。当时联储的贴现窗口尚未向投行开放，因此仍有可能引起更大规模的流动

① 指政府救助贝尔斯登。——译者注

性恐慌。”

“但在雷曼的案例中不太可能出现这一情况。联储已经向美林和摩根士丹利等投行开放了贴现窗口，而且联邦监管者已经对雷曼的资产价值及公司各种各样的交易对手进行了几个月的检查。如果美联储继贝尔斯登和‘两房’之后再次介入救助雷曼，那么以后在危机当中，政府实施救助就会成为一件毫无悬念的事情。我们事实上将拥有一项新的给予华尔街隐形担保的联邦政策，而这会鼓励华尔街承担更多的风险。”

读完了这篇社论，保尔森心想：没错，非常正确。但这样说还不够，他要让所有银行都清楚地了解到，政府不会再出手支援了，不会再有“杰米式交易”。但他必须小心行事，不能留下任何让人误会的空间。

保尔森一上班就穿过大厅来到米歇尔·戴维斯的办公室，闷闷不乐地问：“该怎么办？”

“我宁愿在今天立即就说我们不想动用政府的钱，到周日晚上再解释为什么被逼到这步田地，”戴维斯告诉他，同时问道，“需要我给理耶斯曼打电话吗？”

理耶斯曼是指CNBC的财经记者史蒂文·理耶斯曼（Steven Lisman），但他通常被人们称为“教授”。戴维斯和他关系很好，而且曾成功地向他透露过其他信息。保尔森认为理耶斯曼不但聪明而且同情他们的处境，更关键是理耶斯曼能把消息迅速且准确地传递出去。

对，就是教授，保尔森微微一笑，教授会知道该怎么处理这种情况。

爱德华·赫利希正坐在办公室里准备美国银行的竞购方案，他把电视调到了静音状态，直到早上9点45分，CNBC频道下端出现一条滚动新闻：“最新消息、一手资料：政府不会出资参与拯救雷曼的计划。”他立即调高了音量，想听听理耶斯曼在向CNBC的并购记者戴维·法布尔说些什么。

“我刚从财长保尔森的熟人那里得到消息，”理耶斯曼解释道，“他说在目前这种情况下，政府不会出资参与拯救雷曼的计划。”

赫利希把音量调得更高了一些。

“他们说有两个原因使雷曼的交易不同于贝尔斯登和‘两房’的情况，”理耶斯曼继续解释道，“一是市场已经意识到了有异常情况，而且至今已经有超过 6 个月的时间可以做准备；二是一级交易商信贷便利（PDCF）现在已经启用，投行可以借此使用美联储的应急窗口，因此有条件进入有序程序。”

这个话题很有得谈，“教授”把发言机会转给了同事：“戴维，你对此有何看法？”

“这是一场有趣的赌博，”法布尔回答说，“政府是否愿意说：‘嘿，你自己保重吧？’对债权人和信用违约互换市场（雷曼无疑在该市场的众多交易中充当了交易对手）的每个参与者来说，极限风险将会是什么，关于这个问题现在仍存在争议。”

理耶斯曼补充说：“我肯定美联储正在寻找一个合适时机，让它有机会说‘道德风险依然存在。如果在过去的 6 个月里你没有对此提起重视，那么你就有麻烦了’。”

赫利希不敢相信自己的耳朵，他赶紧跑进对面的会议室，里面大批的银行家及美国银行的高管还在仔细研究着大堆文件。

“你刚才听到他们在 CNBC 上讲的话了吗？”赫利希上气不接下气地问柯尔。柯尔不仅没看到这消息，而且看起来还有些不耐烦——竟然还有人在这种时候问这样的问题。

“听着，伙计们，我们真的有麻烦了。”赫利希大声说，他发现会议室里的人似乎都没拿他的话当回事儿。

赫利希将理耶斯曼的采访详细地复述了一遍，但柯尔只是眨了眨眼睛。赫利希何必对 CNBC 的报道那么认真？对柯尔来说，CNBC 是个专业的谣言制造厂。

“这是财政部放出的消息，”赫利希再次强调，“是保尔森的意思，他们是在提醒我们呢！”

赫利希深知媒体的这套把戏：一周前，他在财政部亲历了政府接管“两房”的过程并目睹了全过程，财政部通过它最钟爱的记者理耶斯曼巧妙地将消息散播给公众。

会议室的气氛顿时就变得阴郁起来，就连柯尔也承认赫利希说的确实有道理。

“你觉得他们在这件事上有多认真？”柯尔问道。

在回曼哈顿上城参加第二天的贝莱德集团董事会之前，约翰·塞恩决定先跟美林的董事会成员开个电话会议。现在市场动荡不安，谣言满天飞，他想让外界明确地知道美林依然稳固。那天早上已有一篇新闻报道援引了斯图尔特投资顾问公司（Stewart Capital）首席投资官马尔科姆·珀利（Malcolm Polley）的话：“我认为市场传达出来的信息是，如果雷曼倒下了，那么下一个受害者很可能就是美林。”

塞恩首先向董事会介绍了近期的市场波动，而且这一波动仍没有停止的迹象。依期货市场的走势看，很明显，股市很可能一开盘就会猛烈下跌。前一天美林的股价已经下跌了16%，今天的情况只会更糟。

话题很快就转到雷曼上来。塞恩将自己知道的情况告诉给各位董事，他带来的消息与先前媒体的报道别无二致，只不过塞恩的消息是直接从盖特纳那里得来的：美国银行和巴克莱都在竞购雷曼。

丘博保险的行政长官约翰·芬尼根（John Finnegan）对此有些担忧。“雷曼就要垮了，接下来空头就会冲着我们来，”他告诉塞恩，“告诉我，我们的下场又会有什么不同？”

塞恩被这番话弄得很沮丧，他从来就不喜欢别人挑战他的观点。

“我们可不是雷曼，”他说，眼睛在镜片后面闪闪发亮，接着他又强调了一遍，“我们可不是雷曼。”

塞恩恢复了以往的镇静，他沉着地将美林的优势向董事们列举了一遍：“我们的资产管理业务无论如何都会有价值，而且我们还拥有贝莱德一半的股权，这项资产无论如何也会有点价值，所以说，我们的股票是不会跌到一文不值的。”

富尔德更加坐不住了。现在是上午 9 点 30 分，雷曼股价一开盘便下跌了 9%，降至每股 3.84 美元，而在过去的 12 个小时里，戴蒙德没有收到任何消息。

“事情进行得怎么样了？”富尔德问道，他终于打通了戴蒙德的电话。

“我刚刚得到董事会的正式批准，我们可以参与对雷曼的竞购。”戴蒙德说。今天凌晨，他才从伦敦飞抵纽约，刚开始对雷曼的公开资料进行审慎检查。

但在继续这一话题之前，戴蒙德觉得应该向富尔德挑明一些事情。“老实说，”他态度颇为强硬，“局势对你们来说很不妙，因为只有价格足够低，我们才有兴趣做这笔交易。”

富尔德靠在椅背上，看着对面听着电话的拉索，他一切都明白了。

“我们应该谈谈，你应该对我的想法和计划有个确切的了解。”戴蒙德说。他建议中午在私人网球会所见面，这家位于派克大街和第五十二大街上的会所只向会员开放，他们可以在里面找到一间私人会议室。

“不，不，不，你不明白，我不能出去，”富尔德坚称，“这附近全都是记者。你过来吧，我们从后面把你悄悄接进来，我派我的车去接你。”

早上 10 点 14 分，路透社打出这样的标题：受抵押贷款危机影响，美国国际集团股价下跌 20%。

标准普尔的分析师凯瑟琳 · 赛弗特（Catherine Seifert）刚刚发布了一份研究报告，称美国国际集团股价下跌是因为“市场对美国国际集团能否将其持有的抵押贷款关联资产脱手感到担忧。由于投资者仍在等待公司给出进一步消息，我们预计股价将会继续波动。”

这些消息引起了罗伯特 · 维纶斯塔的警觉，他越读越觉得有必要给杰米 · 戴蒙打个电话。摩根大通的人愈发让他感到失望了，他需要一些能让自己安心的消息。

“杰米，我们的评级要被调低了，”维纶斯塔告诉戴蒙，并补充说，“你得帮我想想怎样才能筹到 180 亿美元，9 月末的计划已经泡汤了。”他原打算在 9 月末发布涉及整个公司的审查结果及一项新战略。他停顿了一下，让戴蒙把这个消息好好消化一下，“如果你们帮不了我们，那现在就告诉我，但这周末无论如何我们都得有所行动。我们聘请你们就是为了这个，”他继续说道，声音微微提高了一些，“听着，如果你们做不到，那就告诉我，现在就告诉我。”

“我们也想有所行动，”戴蒙说，声音里带了一丝歉意，“给我 5 分钟，我再打给你。”

戴蒙回电话的时候先代表公司向维纶斯塔道歉，并说不会再让布莱克负责这件事了，他改派自己的另一个副手——公司投行业务部负责人道格拉斯 · 布朗斯坦接手这项工作。布朗斯坦一向以严肃且务实著称，在摩根大通一路高升之后，公司把一些最大的交易交给了他。20 世纪 80 年代，他曾效力于第一波士顿，这也是他入行后的第一家公司。后来，他转投大通银行，曾协助大通银行进行收购 JP 摩根公司的谈判，并帮助摩根大通买下了美国第一银行（此举同时也将戴蒙招入摩根大通麾下），然后就是贝尔斯登的交易。“我们派布朗斯坦带团队过去，看看周末能帮你们在筹集资金方面上做些什么。"戴蒙向他保证，自己一定会"控制住局势"。

在结束与戴蒙的通话之前，另一个电话打了进来，是盖特纳，他终于又回来找维纶斯塔了。

"进展如何？"盖特纳问道。

"我们正在努力筹资，"维纶斯塔解释说，"我们正在联系一些买家，估计这个周末会过来。今天晚些时候会有进一步的消息。"

"今天上午我们会派市场部的人过去帮忙。"盖特纳告诉他，他的语气则表明这不是个提议，而是命令。"随时告诉我最新进展。"盖特纳说完就挂断了电话。

通话时间还不到 30 秒钟。

雷曼的问题让汉克·保尔森如此担心，以至于他都没注意到助手克里斯托·怀斯特（Christal West）一直在试图告诉他：英国财政大臣阿利斯泰尔·达林打电话过来了。

保尔森是最近两年才认识达林的，尽管他们也进行过双边互访，但关系并没有因此而更为密切。保尔森觉得达林更像是一个政客而不是商人，此外，达林也没有保尔森那样丰富的金融市场实战经验。但保尔森重视达林的判断，同时也很钦佩他的行动力。一年前，英国最大的抵押贷款银行之一北岩银行濒临破产之时，达林采取了迅速而果断的行动。通过授权英格兰银行给北岩银行提供数十亿美元的贷款为其存款提供担保，达林阻止了一次针对北岩银行的挤兑风潮。这一事件给保尔森敲响了警钟。

达林刚刚结束了在尼斯举行的欧洲各国财长会议，会议持续了一整天。他先是随便聊了几句，一阵尴尬的沉默之后，他挑明自己打电话是想谈谈巴克莱的事情。"你应该知道，我们很担心这笔交易。"他严肃地对保尔森说。

保尔森试图让他放松，向他解释另一个买家——美国银行也参加了竞购。他还提到雷曼在全球经济系统中的重要性，强调巴克莱与雷曼联姻将使前者成为一家立足华尔街的国际性金融巨头。保尔森还补充说他正在尝试组织一个银团，不管最后接手的是巴克莱还是美国银行，该银团将为交易提供支持。

尽管如此，达林仍然用英国人一贯的含蓄方式对任何潜在的收购表示担忧，他固执地说："巴克莱不应该再承担任何超出自己承受能力的风险。"

保尔森却满怀信心地向他保证无需担心，并承诺自己整个周末都会随时向他通报事情进展。

鲍勃·戴蒙德乘坐富尔德的奔驰车抵达雷曼总部，从后门进入了公司，目的是避开在前门驻扎的大批摄影记者。为了不让雷曼职员看到来访者，保安人员用货用电梯把戴蒙德护送到楼上，径直把他带到富尔德的办公室。

富尔德给他倒了杯咖啡。富尔德一脸焦虑，戴蒙德则睡眠不足，两人的气色看起来都非常不好。

戴蒙德显然急着要去盛信律师事务所，他的银行家团队刚在那里开始了对雷曼的审慎调查，而他想亲自去研究、解读那些数字。他把当天的计划告诉了富尔德，接着又开始讨论雷曼和美国银行之间各种各样的协同优势和业务重叠。

戴蒙德话还没说完，富尔德就打断了他，并且表示自己有些话不吐不快。富尔德一开口，戴蒙德就感到一种接近于恐怖的紧张。

"看着我的眼睛，仔细听我说，"富尔德说，"我们两人不可能都留在公司最高层，这点你我都知道。"他停顿了一下，目不转睛地盯着戴蒙德："我愿意退出，只要对公司有利就行。"

对富尔德来说，这已经是他所能作出的最大让步：放弃他深爱的公司。

对戴蒙德来说，这一刻让他颇为难堪。他从未想过富尔德会留下，也不想让富尔德留下。

"如果有什么办法能让我帮助公司完成过渡，帮助公司的客户，我一定会尽全力的。"富尔德说。

"我一直听说你是个好人，"戴蒙德安慰他道，"现在你用行动证明了这点。"

在罗斯福快车道拥挤的车流中爬行了20分钟之后，克里斯·弗劳尔斯终于在中午之前赶到了美国国际集团总部。他被带进一间会议室，维纶斯塔、施赖贝尔、史蒂文·本辛格等人都已经在里面等候了。施赖贝尔立即给大家发了一份概要，这份资料只有一页纸，按日历的形式总结了公司的每日现金流状况：从周五一直到下周三期间的每一天，根据穆迪可能给出的信用评级测算了公司在几种不同情景下的现金流状况。如果这些高管之前对自己一直研究的这个难题还没有一个全面认识的话，那么施赖贝尔的总结则把这个问题彻彻底底地说清楚了。这份"日历"显示，随着资金缺口的日益恶化，到下周三，母公司（美国国际集团）的现金流将为负50亿美元。

弗劳尔斯看着这些数字，惊讶得瞪大了眼睛："你们碰到大麻烦了。"

"没错，但如果我们能顺利筹到资金的话，这就不成问题了。"维纶斯塔说。

"你们考虑过申请破产保护吗？"弗劳尔斯突然问道。这下他触到雷区了。

“为什么这么说？”本辛格问道，显然他很不高兴。

“呃，我可以向你保证，”弗劳尔斯告诉他，“如果你们在下周三不能支付 50 亿美元，他们真的、真的会被惹翻。所以，随你们怎么说，只是如果周三收不到钱的话，他们肯定不会高兴的。”

就在这时，杰米 · 戴蒙回电话了，他也加入了会议。

施赖贝尔给戴蒙描述了潜在的现金流问题以及他们的解决方案。“我已经开始筹备这周末的事情了。”他解释了当天下午该怎样与可能的买家接触，还调查了公司各部门持有的现金数量和分配情况。

施赖贝尔还没有盘点完，戴蒙就打断了他的话。“你是个聪明的家伙，但你是在白费功夫。”戴蒙坚持认为，施赖贝尔刚刚所描述的最坏情况远远不够，他嘲笑说：“你们根本就不知道自己在做什么，这根本是外行人的所作所为，太可悲了！”

更糟糕的是，戴蒙认为他们压根没读懂自己的财务数据。在他看来，施赖贝尔只是在陈述一些独立的信息，它们既没有被加总也没有被作为一个整体进行分析。

“你们要对这些数据进行处理，”戴蒙说，“想要得到真实的数据，你们就要坐下来细细研究，弄清楚真实的资金缺口规模，而不是随意编造一些数字。公司融券的规模有多大？你们必须逐份翻看合同，彻底地研究，做些真正的工作。然后你们还要列出一个名单，看看谁能帮忙填上这个缺口。你们不会不知道，这可不像拖欠信用卡账单那么简单。”

维纶斯塔只是默默地盯着扬声器，从他们与桑迪 · 威尔共事起他就非常熟悉这一套：杰米是个急性子。最好别理这一套，维纶斯塔心想。但他同时又很清楚，最糟糕的是，戴蒙的长篇大论可能是对的。

美国国际集团的人尴尬地想把谈话拉回到轻松缓和的气氛中来，而此时弗劳尔斯建议他们给沃伦 · 巴菲特打个电话。他与巴菲特并不熟，他们上次进行交谈时，弗劳尔斯还曾力劝巴菲特在 3 月份那个起决定性作用的周末买下贝尔斯登。在这个需要立即开出大额支票的危急时刻，巴菲特显然是那种能够提供帮助的人。

“沃伦！”弗劳尔斯拨通了巴菲特的电话后热情地问候道，就好像他们是最好的朋友一样。他向巴菲特提起了他们过去合作过的交易，接着便谈到这个电话的目的。他说手上有一份报告，显示美国国际集团很快就会面临资金短缺。他还告诉巴菲特这张数据表过于简单粗糙，“或许我本该用它来跟踪我的杂货账单。”

巴菲特被他这话逗乐了，弗劳尔斯继续说：“他们就是一群白痴！”在这里，他故意停顿了一下：“但公司的价值还是很高的。”他解释说想让巴菲特给美国国际集团投资 100 亿美元，事实上，他希望他们能一起投资。

然而，巴菲特并不怎么想蹚这趟浑水。“你要知道，我现在的身家可不比从前，”他笑着说，“我手头也有点紧张。”他也不确定自己是否想介入汉克 · 格林伯格和伊莱 · 布罗德间的争斗，他们两人现在都在发起对美国国际集团的收购攻势。他告诉弗劳尔斯，自己唯一有兴趣看看的就是美国国际集团的不动产和意外伤害险业务。

“或许其中真存在好机会，”弗劳尔斯表示认同，“请至少允许我让维纶斯塔给你打个电话。”

弗劳尔斯回到会议室告诉大家，巴菲特不太可能参与进来，但他还是敦促维纶斯塔与巴菲特联系一下。

维纶斯塔从未见过巴菲特，他随即打了电话并开始他的推销，但还没等他说到重要部分，巴菲特就打断了他。

“我看过你们的年报，”巴菲特说，“你们的公司过于复杂，我没有足够的自信。听着，我们是不可能合作的，不要浪费你的时间了。你还有许多事情要做。”

但巴菲特仍给维纶斯塔留了最后一丝希望：“如果你们想出售其中

的一些资产，我或许会有兴趣购买……不过也说不准。”

维纶斯塔对巴菲特能抽时间听听自己的想法表示感谢，随后便沮丧地挂断了电话。

到了中午，谣言已经在雷曼内部传开了——董事会可能要解聘富尔德。随着雷曼股价继续下跌 9.7%，至每股 3.71 美元，甚至连媒体也开始公开谈论此事了。

此时，交易大厅里的雷曼员工显然也已经是怨声载道。与华尔街上的其他机构不同，雷曼雇员拥有公司 25% 的股份。华尔街的短期逐利倾向常常招来外界的指责，但持有本公司股票的雷曼员工有着 5 年的锁定期，由于股票不能出售，员工所拥有的巨额财富便与公司命运密切相关。到了周五，这些股票的市值与 1 月 31 日相比已经缩水了 93%，100 亿美元就这样蒸发了。（富尔德拥有公司 1.4% 的股份，即约 1 090 万份股票，损失了 6.492 亿美元。）同时，具有残酷讽刺意味的是，当天早上雷曼员工还收到一份备忘录，禁止大家抛售手中的未受限股票。这是每季度财务报告发布期的惯例，每次都要求员工在几周内不要出售手中的股票。

有传闻称，当天早上，雷曼的董事会成员之一，同时也是化工业巨头塞拉尼斯集团（Celanese Corporation）前首席执行官约翰·麦康伯（John D. Macomber）来到雷曼总部并径直上了 31 楼，消息一出，媒体对富尔德有可能被逐出雷曼的关注便达到一个新的高度。之前已经有十几个人聚集在富尔德的转角办公室门口了，此时，他们看到 80 岁高龄的麦康伯正步履蹒跚地沿着走廊向他们走来。他走到办公室门口的时候，有几个围在门口的人很自觉地要离开，他们估计即使自己不走，麦康伯也很快就会请他们离开的。

“不要走。”麦康伯命令道。

一脸憔悴的富尔德跟麦康伯握了握手，对他的到来表示欢迎。他根本没想到自己会被解雇，但他能感觉到屋子里的紧张气氛。

“我想跟你谈谈。”麦康伯说。有那么一会儿，有人以为他打算告诉富尔德，公司已经不再需要他，请他走人了。但出乎大家意料的是，他却讲了一段振奋人心的话来鼓舞士气。

“我想告诉在场的每个人，我知道你们都干得很出色，”他说，“这只是时运不济，我们会百分之百地支持你们！”

看起来，董事会依然忠于富尔德。

罗基·科恩仍在沙利文-克伦威尔律师事务所位于中城的办公室里力劝美国银行买下雷曼。但他突然觉得事情有些不对劲，格雷戈里·柯尔的态度有了新变化，美国银行的团队似乎也放缓了进度，好像他们已经决意放弃竞购。

科恩是纽约市里为数不多的几个能与盖特纳直接联系的律师之一，他拨通了盖特纳办公室的电话，他怀疑是政府不提供任何资金支持的强硬立场吓退了美国银行。

“我觉得这笔交易没有政府帮忙肯定做不成，”科恩向盖特纳强调，“他们也许是在糊弄我们，也许是在糊弄你们，但我们经不起这样的糊弄。”

就在前一天，盖特纳也向保尔森表达过类似的担忧，但保尔森告诉他不必考虑这些。于是盖特纳只是简单地回答道：“你们就不要指望政府的援助了。”

大约下午2点20分，雷曼股价又下挫了6%，降至每股3.59美元。此时，疲惫不堪的汉克·保尔森匆匆跑下财政部的楼梯，直奔机场。丹·杰斯特、詹姆斯·威尔金森和保尔森的助手克里斯托·维斯特也一同上了他的雪佛兰汽车。克里斯托弗·考克斯计划和他们在机场会面。

几小时之前，汉克·保尔森和盖特纳通了电话，他们正式决定必须对雷曼采取行动。

如果他们当真要召集华尔街所有首席执行官并敦促他们提出一个私募市场的解决方案，那么现在时不我待。否则，到了星期一，雷曼就在劫难逃了。“我们只有这个周末了。”保尔森提醒他们。

他们决定于下午 6 点在纽约联储举行一次会议。盖特纳办公室的工作人员必须在下午 4 点，也就是股市收市以后再给华尔街的首席执行官们打电话。他们决不能让这次会议的消息走漏出去。

保尔森通常会搭乘美国航空公司的班机去纽约，该公司提供政府公务人员折扣，而且温蒂不赞同乘坐私人飞机，她常常为此批评保尔森。但这次保尔森却用他的私人飞机账户租了一架飞机飞往纽约，因为他现在一刻也不能耽搁，手头的事情太重要了，而且天气又很恶劣。如果不租私人飞机的话，他担心班机根本就不能起飞。

在他们赶往达拉斯机场的路途中，保尔森在心里默念道：“愿上帝保佑我们！”

TOO BIG TO FAIL

14

在位于纽约第六大道53号街的希尔顿酒店的休息室里，身着惯穿的蓝色西装和压花白衬衫、系着一条蓝色领带的劳尔德·贝兰克梵正踱来踱去，等待在服务国家峰会上的发言，该年度会议是由非营利机构组织的，旨在促进美国的志愿者服务。前不久，高盛推出了一项“巾帼圆梦”的非营利计划，准备为全球一万名女性提供商业及管理教育机会，计划所针对的女性绝大部分生活在新兴市场和发展中国家，受教育的机会有限。劳尔德·贝兰克梵将在此次峰会上针对该计划做主题演讲。他的演讲排在阿诺德·施瓦辛格之后、希拉里·克林顿之前。

休息室的另一边，希拉里一直在回电话。后来她走到贝兰克梵面前，礼貌地询问能否调换演讲顺序，因为她有个晚宴需要参加。由于并无急事，贝兰克梵是希拉里的忠实支持者，曾为其总统竞选捐了4 600美元，并鼎力支持她在民主党内的初选中战胜巴拉克·奥巴马。他很乐意地答应了她的请求。

然而两分钟之后，贝兰克梵的电话也响了。“美联储来电话了，召集所有银行的首席执行官于下午 6 点参加紧急会议。”助理在电话里的声音既兴奋又紧张，“保尔森、盖特纳和考克斯很可能都会到场。”

贝兰克梵知道出大事了，保尔森打算召集金融界的所有首席执行官商讨雷曼的救援计划。

他看了看表，已经快 5 点了，施瓦辛格却还在东拉西扯、喋喋不休，而自己又刚刚调换了演讲顺序。

他试图联系高盛联合总裁加里 · 柯恩，以了解目前的情况，但电话一直打不通。柯恩刚从能源与自然资源委员会的听证会上回来，很可能正在返回华盛顿的飞机上。

贝兰克梵向克林顿走过去，很不好意思地说：“很抱歉，刚才我答应让您在我前面演讲，但突然出了些急事，他们通知我赶去美联储开会。”

希拉里盯着贝兰克梵，好像不知道他在说什么似的。

贝兰克梵觉得非常尴尬，试着解释道：“美联储从来不会在有好事的时候给我打电话，而且他们从未如此紧急地通知我开会。”

希拉里同情地笑了笑，答应把顺序换回来。

杰米 · 戴蒙觉得自己倒霉透了。他本来打算晚上 7 点到家，和大女儿朱莉娅男朋友的父母共进晚餐，这是他和妻子第一次见对方家长，朱莉娅整周都在恳求父亲见面时要举止得体，给对方留下良好印象。可现在美联储却电话通知召开全体华尔街高管的紧急会议。

戴蒙给妻子朱迪打电话说，“盖特纳刚刚给我打电话，让我马上去美联储开会。还不知道要开多久。”朱迪对丈夫的这种电话早就习以为常了。

一放下电话，戴蒙就急忙冲到走廊，告诉史蒂文·布莱克这个消息。

布莱克刚刚决定参加第二天早上 7 点在温彻斯特举行的采购乡村俱乐部的高尔夫锦标赛。

“我们得马上去美联储。”戴蒙说道。

“你他妈的是在逗我玩吧。”布莱克惊呼道。

随后，布莱克立即给俱乐部打电话，“抱歉，”他懊恼地叹了口气，“就当我刚才是在开玩笑吧，请把我从比赛名单里划掉。”

在沙利文 - 克伦威尔律师事务所位于市中心的办公楼里，美国银行全球公司与投资银行业务总裁布赖恩 · 莫伊尼汉（Brian Moynihan）正在审阅雷曼的资产评估报告。这时他接到肯尼斯 · 刘易斯从夏洛特打来的电话。

刘易斯告诉莫伊尼汉：“我们刚接到盖特纳从办公室打来的电话，您得马上赶去美联储，他们打算召集大家一起商讨如何应对目前的局势。”

接完电话，莫伊尼汉立刻冲下楼并穿过旋转门，没撑伞便一头冲进瓢泼大雨里，他借了沙利文 - 克伦威尔律师事务所的一辆城镇牌汽车，朝美联储方向疾驰而去。

当汽车开到派克大街时，莫伊尼汉的电话又响了，此时他正擦拭着身上的雨水。

“莫伊尼汉先生，我想你们可能误会了，”蒂姆 · 盖特纳[①]的一个助手在电话里说道，“我知道我们之前曾邀请贵公司参加 6 点的联储会议……”

“对，我正在赶过来的路上。”他肯定地回答道。

出现短暂沉默之后，电话那端说：“考虑到贵公司在这次兼并讨论

① 蒂姆是蒂莫西的昵称。——译者注

会议中的角色，我们觉得您出席这个会议可能不太合适。”

此时汽车还没走完第八条街区，莫伊尼汉不得不掉头返回，并打电话通知刘易斯这件事。

约翰·麦克和摩根士丹利首席财务官科尔姆·凯莱赫（Colm Kelleher）正坐在麦克奥迪轿车的后排座位上，匆忙地往美联储赶，此时离麦克秘书通知他们尽快赶去美联储参加紧急会议不过10分钟。“一定是有关雷曼的事。”凯莱赫一边往外跑，一边肯定地说。

此时天空正大雨倾盆，密集的雨滴砸在车顶上砰砰作响，令人心烦不已。更让人心烦的是西侧高速公路上的车已经排成了长龙，而他们离美联储还有好几英里远。

“这车压根就他妈的没法动。”麦克一遍又一遍地看手表，很不耐烦地说。

“这样下去我们根本到不了。”凯莱赫附和道。

麦克的司机约翰曾是警官出身，此时他注意到沿高速公路修建的自行车道。为减少环境污染，布隆伯格市长修建了这些自行车道，以提倡市民尽量采用步行或骑自行车的方式出行。

“头儿，右边的自行车道能通到哪儿？”约翰扭头问道。

麦克眼前一亮：“一直通到巴特利公园！”

约翰找到一个高速路分隔栏的缺口，低声骂了一句，随即将车小心地从缺口处挪到自行车道上，加速飞奔而去。

下午4点40分，保尔森乘坐的赛斯纳“奖状X”型私人飞机在暴雨和时速50英里大风的恶劣环境中艰难飞行，最终安全降落在新泽西州的泰特波罗机场。飞行员收起飞机襟翼，慢慢滑向机场正门。正门内停了两辆黑色雪佛兰萨博班SUV车，联邦经济情报局的工作人员正在车内等候。

此时正值交通高峰期，前往曼哈顿的这两辆汽车正在荷兰隧道中艰难地挪动。此时，美国银行的格雷戈里·柯尔和有“华尔街巫师”之称的克里斯·弗劳尔斯给保尔森打来了电话，弗劳尔斯通知他自己已经完成了雷曼的资产评估。

“实现这次并购需要政府的帮助。”柯尔很直白地告诉保尔森，同时，他还提出了一系列拟订的交易条款和促使交易达成的必要条件。

尽管保尔森无法理解柯尔为何认为自己能处于制定交易规则的优势地位，但他还是很耐心地听柯尔把话说完。保尔森想说的是，“有两个及以上的竞标者才能叫作拍卖”。他需要美国银行成为其中之一。如果在雷曼交易结束前，能够让美国银行和巴克莱银行这两个对手一直保持竞争，他的目的也就达到了。保尔森把电话递给了正在做电话记录的丹·杰斯特。（具有讽刺意味的是，20 世纪 90 年代，在高盛金融服务部，杰斯特曾在弗劳尔斯手下任职。）

柯尔告诉杰斯特，由于雷曼的不良资产数额巨大，只有政府愿意承担其中的 400 亿美元损失，美国银行才会同意收购雷曼。柯尔解释说：“我们已经详细检查过他们的资产负债表了，简直是一团糟。”另外，他还表示美国银行愿意分担最初 10 亿美元的损失，但政府应当对除此之外的 400 亿美元提供相应担保。作为交换，美国银行将会向政府支付执行价为 45 美元每股的美国银行认股权证，而美国银行当天的收盘价为 33.74 美元每股。柯尔在电话那头报出这些数字，杰斯特则悄悄用口型向保尔森转述。双方都摇了摇头，他们很清楚，交易在这种情况下永远不可能达成。

汽车驶过曼哈顿中心区时，保尔森打电话给盖特纳，请他帮助出谋划策。此时已经超过下午 6 点的会议开始时间了，会场内的美联储官员请银行家们少安毋躁，会议要等到保尔森到场才能开始。这是为了让大家知道，这次会议至关重要。

纽约联储大厦坐落在纽约自由街 33 号，大厦宏伟壮观，是一座老式、传统风格的金融宫殿。1927 年，专业建筑评论杂志《玛格丽特 · 劳》曾这样评价这座当时已建成 3 年的建筑：“除了用‘建筑史上的史诗’来形容它外，找不出一个更合适的词汇了。”大厦以佛罗伦萨的斯特罗兹宫为蓝本，以石灰石和沙石为主要建筑材料，地下部分有三层深入曼哈顿地区的岩床，而地下金库的深度则在海平面 15 米以下。那里储藏着价值超过 600 亿美元的黄金 ，这些才是有真正价值的硬通货。

雷曼的命运能否改变，华尔街能否获救，都将在纽约联储大厦中见分晓。现代金融使得投资者能够在遥远地域之间以毫秒的速度转移资产，而美联储就像是保护有形资产的最后堡垒。

约翰 · 塞恩乘坐自己的黑色通用 SUV 车前往美联储。当纽约联储大厦越来越近的时候，他不禁想起以前作为高盛股东来这里的情景。那次也是为了应对一起灾难性事件——1998 年救助长期资本管理公司。为了制订出一个解决方案，他连续工作了三天三夜。

显而易见的是，如果当时他们没有挽救长期资本管理公司，1998 年倒下的第二张多米诺骨牌就会是同样遭遇信任危机的雷曼。

人生总是充满了讽刺。10 年前的一个周六，刚过早上 7 点 30 分，塞恩在纽约联储大厦大厅里遇见了富尔德。“情况怎么样？”塞恩问。

“不太好，”富尔德说道，“现在流言满天飞。”

“这简直不可想象。”塞恩说，尽管他很清楚实际状况，但仍努力显得友好。

“别让我找到那些散播谣言的家伙，”富尔德怒吼道，“否则我要将他们碎尸万段。”

世事又回到了原点。

直到下午6点45分，会议还没有开始。保尔森、盖特纳和考克斯如同士兵一般列队前进，快速穿过一楼的长廊，赶往位于纽约联储大厦南边角落的会议室，在那里可以俯瞰自由大街和威廉姆斯大街。

会议室内，无所事事的首席执行官们摆弄着黑莓手机，一杯接一杯地灌冰水，以抵挡房间里湿热的空气。如果最初还有人对这次会议主题抱有疑问，那么在保尔森到场之后，一切已显而易见。银行家里的元老级人物、雷曼首席执行官富尔德没有到场。

“感谢各位在这么短的时间内赶到。”保尔森道出了他的开场白。他解释说如今雷曼岌岌可危，并告知在场的人们：“本周末前我们必须得找出解决办法。”

接下去，为了让在场人员充分明白方案的重点，保尔森非常直白地说：“别指望政府拨款，解决问题的主角是你们。”

“现在有两个买家，根据我的判断，他们都需要帮助。”保尔森继续说。他没有提及美国银行和巴克莱银行的名字，但每个人都知道买家是谁。早在24小时之前，新闻就已经报道了这一消息。保尔森告诉在场的人，每个竞标者都已经向他明确表示，除非政府或其他机构能为交易提供融资，至少是部分融资，否则他们是不会收购雷曼的。

“政府是否插手目前还没有统一意见，但议会不愿意这样做。”想起南希·佩洛西（Nancy Pelosi）关于紧急救援的强硬表态，保尔森变得有些结巴，“你们应当拿出一个私人市场的解决方案，你们需要对市场负责。”

“我知道帮助竞争对手做交易令人感到不快，但是如果雷曼不存在了，我们的日子会更加难过，”保尔森强调，“你们应该出手。”

对于这个房间里的许多人而言，帮助竞争对手这个想法不仅仅是令人不快，而简直是一种诅咒。更糟糕的是，他们被要求提供帮助的对象是美国银行和巴克莱银行，这两者与他们根本不在一个圈子里。美国银行总裁肯尼斯·刘易斯是个刻薄的人，只要让他逮着机会，他就会贬低在座的所有人。而巴克莱银行在美国银行界一直都被认为是二流选手，一心向往闯入崇拜已久的大联盟。帮助他们除了会给在座的人带来损害，还能带来什么呢？

雷曼也并未赢得太多同情。“迪克没有资格做任何决定。”保尔森在解释富尔德为什么没有出席此次会议时带有嘲讽意味。“他拒绝接受现实。”保尔森继续说，富尔德已经“被隔离”并“无权过问此事”。

现在轮到盖特纳发言了，一位助手在会场内分发雷曼资产负债表的复印件。盖特纳厉声说：“如果你们不找出一个合适的解决方案，每个人面临的情况都会越来越糟糕。”问题很明显：雷曼实际上已经没有周转资金了。如果星期一之前还是拿不出解决方案，那么一旦周一开市，情绪恐慌的投资者就会将剩下的一点点资金全部拿走，到那时雷曼将面临破产。这样一来，雷曼交易对手方的投资者将无法结清他们的交易，一个局部问题将转变为一场大灾难，整个金融体系都将面临危险。尽管世界市场日益复杂化，维系整个市场运作的却依旧是最基本的信任。信任基础一旦消失，市场将迅速瓦解。

贝兰克梵和戴蒙都认为，雷曼破产的内在风险被高估了，至少从他俩各自公司的角度来看是这样。他们私底下告诉保尔森，高盛和摩根大通已经减持了部分雷曼资产以降低风险。贝兰克梵并不介意将这件事摆到台面上来。“很早以前我们就预见了这种情况。”贝兰克梵说。

盖特纳没有回应他们的看法，而是指示银行家们分为几个工作组。第一组估计雷曼不良资产的价值，即已经宣布分拆、由史宾柯公司运作的资产。有人马上把史宾柯公司改名为狗屎公司（ShitCo），让在座诸位感受到一点他们迫切需要的幽默与轻松。

盖特纳继续分配任务，要求第二小组制作一张各银行投资雷曼的结构图。最后，他提到早些时候在秘密会议上所描述的“熄火的情景”：如果雷曼迫于无奈申请破产保护，所有与雷曼有交易的银行将以雷曼为中央交易对手来轧平头寸，他想知道他们能否承受最后净头寸的损失。

为防止出现混乱，盖特纳重申了保尔森的立场：“联邦政府没有进行财政救助的意愿。”当他说出这句话时，一班地铁刚好从下面通过，隆隆的响声仿佛在强调这一点。

克里斯托弗·考克斯如往常一样打扮得无可挑剔，他以“伟大的美国人”为主题做了简短发言，希望强化与会者“所承担的爱国责任”。

在场的大多数银行家都对他不屑一顾，认为考克斯是个没有影响力的人，甚至把他看作是“被打入冷宫的人”。

银行家们开始交头接耳，有些话题务虚点，有些则很务实。

“我想我们是不是该谈谈美国国际集团？”当房间渐渐安静下来时，花旗集团的维克拉姆·潘迪特问道。

盖特纳瞪了他一眼，“现在要讨论的是雷曼。”盖特纳语气强硬，他正尽力避免会议失控。

“你不能仅单独考虑雷曼的问题，”潘迪特坚称，“可能下礼拜我们再讨论这事就已经没用了。”

戴蒙插了一句：“我们摩根大通的团队在那里。”据戴蒙解释，摩根大通正在劝说美国国际集团找出解决方法。

“你知道的，杰米，”潘迪特粗鲁地回答道，“花旗也有一个团队在那里，但我并不认为事情如你所想，实际上美国国际集团的局面已经难以控制。”

潘迪特和戴蒙的唇枪舌剑仍在继续，越来越紧张的局面让房间里的许多人回忆起摩根大通收购贝尔斯登的那个晚上，电话会议上的盖特纳是如何在众多银行首席执行官之间斡旋游走的。那时戴蒙已经买下了贝尔斯登，当他质问潘迪特知不知道花旗在贝尔斯登有多少风险敞口时，

甚至朝他嚷道 :“别像个蠢货一样! ”

盖特纳坚称美国国际集团还在美联储控制之下，努力使讨论回归正题。摩根大通和花旗集团是美国国际集团的顾问，会议室内只有他们对美国国际集团问题的严重性有深度了解，而这一点一直没有得到足够的关注。

美林首席执行官塞恩在讨论中一直保持沉默，在场的人都清楚，美林很可能将是下一家宣布破产的银行。

保尔森提高了音调 :“这次事件关系到我们的资本市场和整个国家，我们会记住没有尽力的人。”这些话对屋内的银行家来说更像是一个威胁。保尔森还提醒他们，要记得带着各自的团队在第二天早上 9 点前赶到美联储。

银行家们默默离开了会议室，摆在眼前的大量工作已把他们压得喘不过气了。

约翰 · 麦克一离开纽约联储大厦就立刻打电话回办公室。“伙计们，这将是一个漫长的夜晚，”麦克通知助手詹姆斯·戈尔曼、瓦利德 · 查马哈和保罗 · 陶布曼，让他们做好准备，雷曼很可能会破产，“这周末我们需要很多人手。”摩根士丹利的银行家们有两个相关任务 :自我保护和帮助美联储。他们不得不再次计算自己在雷曼的敞口并审核表上的衍生品，此外还得检查客户在雷曼的敞口。同时，投资银行部门开始浏览雷曼的客户名单，查看哪些客户他们可以接手。董事会也在准备召开，以便让所有董事都了解这一状况。另一组则要计算雷曼的资产价值。他们终于有机会查看雷曼的财务状况了，就算没什么事，这也是一次有趣的教益。

麦克让司机驶向自己最喜欢的圣彼得罗意大利餐馆，好为他的团队成员带点吃的，今天每个人都不得不像刚进公司的分析员那样忙活，应该用美食好好补偿他们今晚的通宵加班。

约翰·塞恩和同事彼得·克劳斯都参加了会议。离开会议室后，塞恩立即打电话给公司的律师彼得·凯利，让他这周六来美联储。接着，塞恩又打给格雷戈里·弗莱明，此时他正乘着他的育空 SUV 车行驶在梅里特公路上。塞恩原计划与妻子一起陪两个朋友吃饭，但现已经晚一个小时了。“这就像是一场热闹的大胃王比赛，”塞恩对弗莱明说，“但雷曼似乎没有得到任何救助。”

保尔森关于政府将拒绝提供任何援助的态度令塞恩十分惊诧，他能猜到弗莱明将会做何反应。

“必须好好考虑我们自己了，看看我们能有什么选择，”弗莱明说，“真的，约翰，我们快没时间了。”

塞恩不置可否：“先这样吧，我们各自休息，明天早上再说。”

当塞恩到达和朋友约定的丽贝卡餐厅时，他遇到了摩根大通的史蒂文·布莱克。半小时前，布莱克就开始给他的团队打电话，现在到餐馆外了还在继续。此时，布莱克正与他的团队谈论美林的前景。

看到塞恩，布莱克不免吃了一惊：下一个面临破产的就是美林，他怎么还有闲心来这里？但他很快就回过神来，若无其事地向塞恩打招呼：“哈哈，真是英雄所见略同啊，我们居然在这儿碰到了。”

“是啊，真巧，不过我得去见我的妻子和两位朋友了，他们已经等了我两小时多了。”塞恩回答道。

“反正我今天的任务是结束了。”布莱克笑着说。

看着塞恩转身走进餐厅，布莱克继续打他的电话：“你绝对想不到我刚才在这里碰到了谁……”

此时在雷曼总部，迪克·富尔德刚刚结束了与麦克达德的通话，他十分震惊，甚至是怒不可遏。麦克达德之前负责一项艰巨任务：通知所有银行高层去美联储召开关于雷曼的紧急会议。但身为雷曼首席执行官的迪克·富尔德却没有被邀请。

美联储曾联系罗基·科恩，让他通知麦克达德带着助手于周六早上到美联储开会，并特别警告不能有富尔德。科恩解释说："美联储不想他在那儿出现。"

麦克达德支支吾吾，试图缓和气氛：富尔德在市中心的办公室还有很多事情要做，他觉得富尔德最好把时间花在办公室的人员调配上，以便与监管者及其他银行首席执行官保持联系。当然，他不会告诉富尔德，上述这些人都将亲自到美联储参加会议。

富尔德挂断了电话，突然又想起一件足以让他暴跳如雷的事情：现在是晚上9点，肯尼斯·刘易斯已经整整一天没和他联系了。美国银行的尽职调查组在几小时前离开了沙利文-克伦威尔律师事务所，据他所知，从调查组成员的表现来看，明天他们很可能不会再回来了。

"真难以置信，这狗娘养的居然不回我电话！"富尔德向拉索抱怨。他至少给刘易斯打了6次电话，有几次还特意没有留下语音留言，目的是不想显得自己很绝望。前一天的电话让富尔德以为刘易斯实际已经与他达成一致了，可现在这人死哪儿去了？

富尔德实在是受够了，他放下一切骄傲，试着往刘易斯在夏洛特的家里打电话。

刘易斯的妻子唐娜在厨房里接听了电话。

"肯尼斯在家吗？"富尔德问道。

"您是哪位？"

"迪克·富尔德。"

听筒里沉寂了许久。琳达望着坐在起居室的丈夫，用唇语告诉他电话是富尔德打来的，刘易斯挥了挥手指，示意她推掉这个电话。

虽然有些不安，但唐娜在帮丈夫处理不想接听的电话方面非常有经验。

“您可以不用打过来了，”她抱歉地说，“肯尼斯现在不想接电话。”

富尔德非常沮丧地答道：“很抱歉，打扰了。”

放下电话，富尔德双手抱头。

“我真是个蠢货！”富尔德对着空无一人的办公室大声吼道。

负责雷曼破产事务的律师哈维·米勒从他的办公室出来，走进威嘉律师事务所的会议室，催促同事们赶紧下班回家吃饭。天色已晚，他没有听到任何关于雷曼的消息。这不过是个消防演习罢了，他想，雷曼是不会破产的。

米勒钻进一辆出租车，回到他位于第五大道的公寓。刚打开门，他的手机就响了，是佳利律师事务所的詹姆斯·布罗姆利（James Bromley）打来的电话。佳利律师事务所如今是纽约联储的法律顾问。布罗姆利单刀直入地问：“哈维，是不是有什么破产计划？”

米勒吓了一跳。“没看出这个迹象，也没有预见破产，”他果断地回答，“目前根本没有这方面的工作，我正待在家里，我敢说，雷曼现在非常有理由相信能达成交易。”

“你确定？”布罗姆利问道。

为了让布罗姆利相信自己，米勒提到，此前他的一个同事在做相关报告时，美联储看起来对这件事一点也不着急。

布罗姆利不知该如何评价这一消息，只是咕哝：“呃，或许明天早上我们得见见。”说完就挂断了电话。

米勒走进客厅，一头雾水地对妻子露丝说，“我刚刚接到一个非常奇怪的电话……”

回到美国国际集团，维纶斯塔还在试图寻找一种快速解决方法。他和布朗斯坦决定抓住最后一个机会，再次试着问问沃伦·巴菲特。或许他们能将美国国际集团的部分资产卖给他，不管是什么。或许巴菲特的投资组合中也需要一些美国国际集团的资产。他俩打电话到巴菲特的办公室，他不在，助手将电话转到巴菲特1958年斥资31 500美元购买的住处。

寒暄过后，维纶斯塔挑明了此番电话的意图："听说您对相关资产感兴趣，哪些是您特别感兴趣的？"维纶斯塔问道。

沉默了片刻后，巴菲特说："我们对汽车行业比较感兴趣。"

"那您是否对全美财产保险市场有兴趣？"维纶斯塔建议道。财产险是美国国际集团的主要业务，年收入约400亿美元。

"值多少？"巴菲特问道。

"我们出价250亿美元，但是可能您认为只值200亿美元，"维纶斯塔回答道，"您需要哪些信息来作出这个决策？"

巴菲特让维纶斯塔把所有信息都交给他。维纶斯塔答道："好的，给我们一个小时，我们会把所有材料都打包，这些资料应该发到哪个邮箱呢？"

巴菲特大笑起来，他告诉维纶斯塔，自己是不用电邮的。

"那我能把它们传真给您吗？"维纶斯塔又问道。

"我这也没有传真机，"巴菲特轻声笑道，"为什么不传真到我的办公室呢？我可以开车去办公室把它们取回来。"

一小时后，巴菲特再次拿起电话，很有礼貌地拒绝了这个投资建议："这笔交易太大了，250亿美元可不是个小数目。"维纶斯塔做梦也没有想到，自己有朝一日会听巴菲特亲口说一笔交易的数额太大。

"这笔交易将动用我所有的现金，而我不能做任何有损伯克希尔-哈撒韦AAA评级的事。"巴菲特解释道。他提到了融资的可能性，同时也承认不想让这样的债务出现在他的资产负债表上。

"好的，非常感谢，"维纶斯塔说道，"顺便提一句，如果您以后对我们资产的哪个部分有兴趣，请告诉我们。”

美林的格雷戈里·弗莱明整晚都翻来覆去睡不着。妻子梅莉莎终于忍不住问他究竟有什么烦心事。“现在是周五的晚上，你却睡不着。”梅莉莎嘟哝道。弗莱明毫无睡意，他转向梅莉莎：“这是个不同寻常的周五夜晚，对于金融业来说，下星期将是一段非常艰难的时期。”

清晨4点30分，稍微眯了一会儿的弗莱明还是选择了起床，他脑子里一刻也没消停过。他在回忆昨晚与密友、美林董事会成员约翰·芬尼根的谈话。和弗莱明一样，芬尼根也对公司层出不穷的问题备感焦虑，他们已经达成一致，准备劝说塞恩尽量与肯尼斯·刘易斯达成交易。

“你应当促成这件事，弗莱明，”芬尼根催促道，“这是一个解决公司问题的办法。”

此前，弗莱明和彼得·凯利曾有过类似的谈话。“你只需要得到约翰的支持，让他支持美国银行收购美林，”凯利告诉弗莱明，“我们得开始着手做些准备工作，如果明天早上的会议没有朝我们期望的方向发展，我们就只剩36小时去促成这笔交易了。”

一直等到周六早上6点30分，弗莱明才觉得可以给塞恩家里打电话了。塞恩已经出门了，5分钟后，他在SUV后座上给弗莱明回了电话。

“我一直在考虑这件事情，”弗莱明坚定地说，“我们得给刘易斯打个电话。”

塞恩吃了一惊，他几乎整晚都在考虑这笔交易是否有意义。至少到目前为止，他得出的结论和弗莱明恰恰相反。他告诉弗莱明，这周末美林可能需要通过卖出一些股份来筹集资金，以提高市场信心，但没必要立刻出售整家公司。与以往在进入正题前对团队成员的训话一样，塞恩再次警告弗莱明，“你一旦开始，就没法停下来了，谈判可能很快就会超出你的控制。”

“美国银行是我们最好的合作者，”弗莱明沮丧地说道，“如果失去了美国银行，我不知道我们该怎么办？”

塞恩的SUV车已经驶入罗斯福快车道，他答应弗莱明会好好考虑这个问题，但现在他需要把所有精力都集中在接下来的会议上。

没到早上8点，杰米·戴蒙的黑色雷克萨斯就已驶出家门，从位于公园大道的公寓前往美联储。他刚刚结束与管理团队的电话会议，正坐在后座用黑莓回复邮件。他在邮件里投下一枚重磅炸弹，告知其他人做好雷曼、美林、美国国际集团、摩根士丹利乃至高盛都破产的心理准备。他知道或许自己夸大了现实，但他们必须得做好准备。戴蒙有些焦虑甚至是害怕这将成真，他知道的太多了，摩根大通是雷曼和美林的清算银行，它们所有的交易都得通过摩根。他能够看到它们的资产以怎样飞快的速度坍塌、缩水。同时，身为美国国际集团的顾问，这几个礼拜简直就是噩梦。他知道的或许比保尔森还要多。

现在，戴蒙只希望自己的判断是错的。

弗莱明在自家厨房里踱来踱去，决定为劝说塞恩最后一次进行努力。虽然将资产卖给美国银行可能不是个很好的建议，但这或许是拯救美林的唯一办法，如果美国银行购买了雷曼，这将是一个无法想象的冲击。非常明显，如果雷曼倒了，下一个倒下的大投行就将是他的公司。美林，美国最具标志性的投资银行，正站在破产的深渊边缘。

当塞恩接到弗莱明的电话时，SUV车正疾驰在梅登大街上，即将驶入纽约联储大厦的地下停车场。一大堆记者已经在那里占领了阵地，随时准备拍照。

“到我们行动的时候了，”弗莱明坚称，“我们甚至不需要真正做成这笔交易，但至少得试一下，看看我们是否有可能合作。”

“我们得利用这个周末做些准备，”弗莱明继续说，不给塞恩打断他的机会，“我们不能等到下周可能面临威胁的时候再做这些事。”

作为一名老练的交易人，弗莱明非常清楚一个周末有多么珍贵。华尔街最大的交易往往是在收市后的周末达成的，这样能有整整两天时间来改进交易细节。若在平时，一旦消息不小心走漏出去，将立刻对股价产生巨大影响，迫使交易匆匆完成，而周末就不必担心这一点。

塞恩仍然建议弗莱明多点耐心。“若雷曼没做成这笔交易而申请破产，美国银行还是可以与我们合作的。”塞恩说道。不过他向弗莱明保证：“我很清楚你的想法，我对与美国银行的并购交易并无异议。如果需要，我们就立刻与美国银行联系。”

这就是弗莱明想听到的话，事情终于有了进展。

上午 8 点整，纽约联储大厦的大厅里已经挤满了银行家和律师。他们聚集在年轻的索福克里斯的巨型青铜像周围，索福克里斯高举手臂，手里握着龟壳和兽角做的里拉琴，它象征着萨拉米斯之战的胜利，这场胜利保卫了希腊，乃至整个西方文明免遭东方的侵害。今天，聚集在联储的银行家们也将发动一场具有历史意义的战争，一旦失败，付出的代价可以与输掉萨拉米斯之战相提并论：他们为拯救自己于水深火热之中而战，同时，也为拯救整个西方资本主义于金融灾难而战。

一小时后，焦虑的人们如前晚一样走进了走廊末端的会议室。

他们已经预先分好了工作组：花旗、美林和摩根士丹利负责分析雷曼的资产负债表和流动性问题；高盛、瑞士信贷和德意志银行则负责研究雷曼的房地产资产，确定缺口的大小。高盛在这周早些时候就已经做完了一部分工作，因此进展很快。而花旗集团的维克拉姆·潘迪特和加里·夏德林则非常紧张，他们担心高盛会借机廉价收购雷曼的资产，因此对自己这组的进展步步紧盯。

“正如你们所知，政府不会插手这件事。你们必须全靠自己，找出方案、解决问题，”盖特纳说，“我两小时后回来，到时候你们最好能拿出一份能解决问题的方案。”

盖特纳的语气十分傲慢甚至可笑，让在座诸位很不舒服。“他妈的，他简直是疯了。”潘迪特对约翰·麦克说，盖特纳的话给了他们“巧妇难为无米之炊”的感觉。

劳尔德·贝兰克梵问了个问题：“蒂姆，我知道你想做什么，你能否告诉我怎样才能换个角色？”换句话说，他想知道怎样才能成为买家，然后由竞争者提供补贴。贝兰克梵显然是在开玩笑，他对收购雷曼没有兴趣，但他说的笑话清楚地指出了重点：为什么要帮助竞争对手？

盖特纳避开这个问题，直接走出了房间，留下一群灰心丧气的银行家。

塞恩与同在美林工作的彼得·克劳斯和彼得·凯利找了个角落窃窃私语。

“你怎么看？”凯利问道。

“雷曼是不可能成功的。”塞恩回答说。

“那么我们也不可能成功。”凯利冷静地说。

“或许我们该考虑其他选择了。”克劳斯插了一句。

塞恩点了点头，也许最终弗莱明才是对的。

塞恩随即给弗莱明打电话，告诉他自己刚刚与克劳斯及凯利的讨论结果，并对他说：“马上安排与刘易斯的会面。”

纽约联储大厦7楼，雷曼的麦克达德和亚历克斯·柯克正满怀希望地等待与这些能拯救雷曼的银行家们见面，他们觉得自己简直就像等待见到自己买家的邮购新娘①。他们知道，在为雷曼争取生机的努力中，这是最后一场公开表演。

他们带来了成堆的材料，其中甚至包括两份可能是最重要的文件。一份介绍了分拆全球房地产投资公司（REI Global）的计划，另一份则是《商业地产业务概览》。换句话说，雷曼拥有的资产质量极差，没人知道究竟该如何对这些不良资产进行估价。共识只有一点：雷曼资产的价值被高估了。

即使到现在，雷曼仍否认这一点。文件显示他们已经将商业地产的价值平均下调了15%。但绝大多数华尔街银行家认为下调的比例应该更多。

“好吧，现在就让我们搞清楚这些资产项目和融资方式，并达成共识。”麦克达德对柯克说。他们开始巨细靡遗地查阅这些文件，努力弄清楚资产负债表上负债、衍生品、应收账款、应付账款、回购及长期负债的情况。

每当遇到材料里的细节问题时，麦克达德就给被称为“金融界真正的百科全书”的伊恩·洛维特（Ian Lowitt）打电话。每当洛维特解释完一个特别难懂的地方时，麦克达德便不由得感慨：“真该把洛维特请到这里。”

他们完成这些准备工作之后，保尔森的特级助理史蒂文·沙弗兰打来电话，让他俩去见见有可能成为救世主的人。保安引导他们来到楼下的主餐厅，许多银行家都在那里等着。这些华尔街最杰出公司的银行家们像是走进了一个由政府发起的土耳其大卖场，时刻准备血拼。

① 菲律宾女性以“邮购新娘”形式嫁到发达国家。——译者注

雷曼的执行官被安排在大厅最远角落的一张桌子，他们望着那些座位目瞪口呆。坐下之后，柯克对麦克达德说："你知道我们像什么吗？就像是一群在角落里头顶蠢材高帽的小孩！"

麦克达德听完大笑起来，这时，瑞银集团的几位银行家刚好经过，也不明就里地跟着笑了起来。"怎么了？"其中一人问道。柯克翻了翻白眼，明确地表示：不要招惹我们。"他妈的，你说怎么了？"柯克如此答道。在情况变得更糟糕之前，华尔街的核心成员忽然出现了：维克拉姆·潘迪特、约翰·麦克、约翰·塞恩和彼得·克劳斯。他们在桌前坐下，开始商讨正事。夏天的时候，麦克还在家中招待过麦克达德并商讨合并的事，现在却用同情的口吻说道："天呐，对你们的事我感到很难过，这真是太残酷了。"塞恩则静静坐着，小口呷着咖啡，有太多理由让他不得不这样想：我也可能会像他们一样。麦克达德把文件分发给在座的人，并准备解释相关数据，克劳斯却开始质疑其中一些假设条件，幸好潘迪特及时制止。"好了好了，"潘迪特不耐烦地挥了挥手，"你们该回去做分内的事。"潘迪特对雷曼的银行家说："给我提供一份你们完备的融资方案，然后我们再决定是否提供资金。给你们两个小时的时间来完成这件事。"

5分钟后，一名保安走到麦克达德和柯克面前："我奉命带两位去另一层楼，以方便你们进行工作。"美联储本想另外提供一个会议室，但由于房间不够，他们就被安排到了美联储的医疗中心，一个临时办公室已经布置停当。如果没有别的含义，所有这一切简直是个完美的隐喻，雷曼的高管立刻意识到了这一点。柯克看着挂在墙上的电击设备，面无表情地说："唉，这真是再恰当不过了，很明显我们就是心脏病患者。"

与此同时，美国银行的格雷戈里·柯尔、乔·普赖斯（Joe L. Price）及律师爱德华·赫利希正赶往市中心，参加早上10

点与保尔森和盖特纳的会议。他们已不打算收购雷曼，柯尔甚至将一部分职员送回了夏洛特。

还没等他们到达目的地，赫利希的电话就响了。从显示的区号看，他猜这电话来自弗莱明。赫利希犹豫了片刻，不知是否应该接这个电话。

在他们动身之前，团队已经讨论过该怎么处理弗莱明的电话。克里斯·弗劳尔斯建议柯尔不要再在这件事情上浪费时间，除非约翰·塞恩打电话给肯尼斯·刘易斯并亲口说“我想做这笔交易”，否则一切都是废话。

尽管有些恼怒，最终赫利希还是接了电话。

“我想和你们谈谈，”弗莱明兴奋地说，“约翰说了，他希望我们能够促成这次合作。”

赫利希已经听够了这样的陈词滥调，对这种话很是厌烦。“弗莱明，现在我想重申之前说过的话：除非约翰·塞恩邀请我们，告诉我们美林希望达成这笔交易，否则我们是不会做的。实际上我现在就和柯尔在同一辆车上，我把电话给他，让他来告诉你我们是认真的。”

柯尔接过电话并说：“听着，我们对此感兴趣，但是我们希望塞恩能亲自开口。”

“好的，好的，”弗莱明回答道，“我会再打给你。”

美国银行对收购美林一直很感兴趣，对于弗莱明的示好，柯尔、普赖斯和赫利希都有理由给予关注。他们三人都知道一些别人不知道的怪事。感谢上帝，这些怪事从来没有泄露出去，否则，他们就会成为华尔街的笑柄。

事实上，刘易斯一年前就希望与美林合并，美林当时的首席执行官还是斯坦·奥尼尔。除了奥尼尔和美国银行的部分高管，没人知道这个消息，甚至连美林和美国银行的董事会都不知道。

去年 9 月的最后一个星期天，奥尼尔从威彻斯特的家开车前往曼哈顿的新时代华纳中心，在刘易斯的豪华商务公寓里与其会面。这次会议由赫利希牵线搭桥，奥尼尔是一个人，刘易斯却带着柯尔。

作为此次会议的先决条件，奥尼尔早就提出了每股 90 美元的并购价，对于美林当时每股 70 多美元的价格来说，已经溢价颇多。刘易斯和柯尔直接进入商讨阶段，他递给奥尼尔一系列报告，从某些可操作层面向奥尼尔展示美林与美国银行合并后将呈现的状况。正当刘易斯准备深入讨论该计划时，奥尼尔站了起来，抱歉地说想去卫生间。快过去 20 分钟了，奥尼尔却还没回来。刘易斯和柯尔十分焦虑，一方面担心他是不是身体不适、在卫生间出了什么事；另一方面又有点灰心，因为他好像是开溜了。

最终奥尼尔回来了，仿佛一切正常，什么都没发生。刘易斯耸了耸肩，继续浏览报告。然而当他准备继续探讨时，奥尼尔却阻止了他。

“如果我们打算交易，那起码得有一个合理的溢价，”奥尼尔说，他想把收购价提到 100 美元每股，“我做了一些事后分析，并更加深入地考虑了这些问题。”奥尼尔随后解释说，通过对美林的资产管理、零售业务及投资银行业务进行从局部到整体的分析，他的结论是应该调高合并价格。

奥尼尔报出的数字让刘易斯大吃一惊。他几乎不想再和奥尼尔讨论下去，但随后还是决定勉强继续。但他暗示奥尼尔，如果要提高价格，“美林就得更多地削减成本。”

“根据我前面提供的报价，你觉得应当削减多少成本？”奥尼尔问。

根据手中的报告，刘易斯认为必须在两年内削减 60 亿的成本。

这是个大数字，即便对以削减成本闻名的奥尼尔也是如此。若报价为 100 美元每股，数字只会变得更大。

“你为什么认为我是适合的人选呢？”奥尼尔问道。

“你将是管理团队中的一员，但坦白地说，到现在为止，我还真没好好考虑过有关整个架构的问题。”刘易斯诚恳地说道。

答案明显不能让人满意。奥尼尔表示，若合并后他们不得不按刘易斯所说的大规模地削减成本，他就得当公司总裁，这样至少有人可以更好地照顾美林的员工。刘易斯马上被激怒了："你的意思是不是，我卖掉我的管理团队以达成交易，最后却提高你的利益？"

听完这话，奥尼尔低下头发了一会儿呆。最后，他终于开口说道："感谢你在这件事上花费的时间，感谢你的报告和想法。从理论上说，如果美林要进行战略合并，我认为美国银行是我们最感兴趣的合作者。"随后他转身向门口走去，留下最后一句话："我会考虑你所说的每一点的。"

然而从那以后，刘易斯再也没有得到奥尼尔的回音。

刘易斯并不知道，奥尼尔第二天就把与他会面的事告诉了美林董事会成员阿尔贝托·克里比奥雷（Alberto Cribiore），还有具体的谈话内容。作为美林董事会最具权威的代表，克里比奥雷明确表示不接受合并计划，该计划就这样被搁置了。

克里比奥雷操着浓重的意大利口音说："斯坦，刘易斯就是个傻瓜！"

美国国际集团的第 16 层楼如同蜂房一般热闹无比，数百名银行家与律师在各个房间进进出出，对美国国际集团各项待售资产进行尽职调查。

在最厉害的挑剔者到达之前，摩根大通的道格拉斯·布朗斯坦与戴蒙进行了一次简短的电话会议，他把维纶斯塔拉到一边并嘱咐道："我们之前讨论说需要 200 亿或 300 亿美元的资金，但现在可能需要准备更多了，因为雷曼可能在本周末宣布破产。"

"市场将变得更为严峻，"布朗斯坦警告说，"或许要准备 400 亿美元。”

维纶斯塔大吃一惊，他面临的挑战几乎立即增长了一倍。

一分钟后，所罗门兄弟的前负责人，曾为科尔伯格·克莱维斯·罗伯特公司工作，美国国际集团减价出售的投标人之一德里克·莫恩先生走出了电梯。维纶斯塔以前跟他挺熟，但已有许多年没有联系了。他们最后一次见面还是在 2004 年，当时莫恩当着维纶斯塔的面被查尔斯王子解雇了。10 多年前，也正是莫恩，因为在舞会上怠慢了史蒂文·布莱克的妻子，从而与戴蒙发生冲突，最后被桑迪·威尔扫地出门。

这周末，整个金融界都安危难料，维纶斯塔、戴蒙和布莱克都期待来自莫恩的帮助。当维纶斯塔不得不满脸笑意地迎接莫恩时，他不得不承认生活真是充满了讽刺。

几分钟前，全国最大的私募股权巨头之一，得克萨斯太平洋集团的戴维·邦德曼（David Bonderman）与其团队一同抵达了美国国际集团。邦德曼曾成功挽救了大陆航空公司，并因其不轻言放弃而声名大噪，但他对金融公司却心存疑虑。2008 年 4 月，他买入华盛顿互惠银行价值 13.5 亿美元的股份，在此之后不到半年的时间里，他眼睁睁地看着这笔投资几乎损失殆尽。

维纶斯塔越来越紧张了，他感觉所有的投标人都企图榨干美国国际集团。

也许是察觉到了维纶斯塔的忧虑，保险业巨鳄安联集团的董事会成员保罗·阿赫莱特纳（Paul Achleitner）博士提前结束了在西班牙马略卡岛（Majorca）的度假，飞来会见维纶斯塔并参加这次调查会议。

“我能和你单独谈谈吗？”他问道。

“当然可以。”维纶斯塔回答。

阿赫莱特纳是克里斯·弗劳尔斯邀请来的，后者还特意派了一趟专机，横跨大西洋把阿赫莱特纳接过来。

维纶斯塔和阿赫莱特纳找了个安静的角落以便谈话。

“我想让你知道，我和这些秃鹫不同，”阿赫莱特纳指着杂乱人群里的私募股权投资者们说，“我代表安联。如果要投资，我们可能会与他们同时出资，但我们将作出自己的决定。”

“谢谢您，非常感谢。”维纶斯塔感激地说，随后又回到那群秃鹫当中。

时间一点点地过去，人群变得越来越拥挤。维纶斯塔和美国国际集团团队很快就开始分不清每个人代表的是谁。

当高盛的克里斯托弗·科尔（Christopher A. Cole）带领一小群银行家出现时，美国国际集团请来的黑石集团银行家约翰·斯图津斯基（John Studzinski）立刻警觉了起来：高盛？谁邀请的？

“你究竟为谁工作？”斯图津斯基问科尔。起初科尔奇怪地沉默了，最后他开口说：“嗯，我们在这里有好几个客户。”斯图津斯基盯着他，希望能听到更多内容。这时负责高盛私募投资事务的理查德·弗里德曼恰好从这经过，屋里所有人都注意到他的到来。高盛实际上是不是为自己而来？“我们待在这儿，”科尔继续说道，“和安联、安盛以及高盛的资本伙伴一起工作。这看起来实在是太混乱、太矛盾了。”

斯图津斯基怀疑这些回答，甚至有些偏执地去18楼找高级秘书顾问内森·哈里森（Nathan T. Harrison）。“听着，”他对哈里森说，“我要你像老鹰一样紧盯着这些家伙，不管发生了什么，第一时间告知我。”

美国银行的团队也正一刻不停地忙碌。这支队伍包括格雷戈里·柯尔、乔·普赖斯以及爱德华·赫利希，他们一起走进纽约联储大楼，准备参加上午10点半与保尔森和盖特纳的会议。而两个街区外，弗劳尔斯正从美国国际集团徒步赶来。

在盖特纳办公室外等待的时候，柯尔告诉整个团队富尔德如何给刘易斯家打了一整夜电话。

“迪克……真是个混蛋！”弗劳尔斯说。

保尔森、盖特纳及丹·杰斯特刚进房间，气氛立刻就冷了下来。保尔森讨厌弗劳尔斯，他们多年来一直在明争暗斗，这一历史甚至可以追溯到高盛准备上市的时候。保尔森击败了弗劳尔斯，成为高盛的投资银行部负责人，弗劳尔斯则称保尔森是个“白痴”，不久之后他便离开了高盛。保尔森对弗劳尔斯说，在公司准备首次公开募股的关键时刻，他的辞职简直可耻。弗劳尔斯在新股发行前就已买断了合伙关系，辞职走人，然而在首次公开募股被取消之后，他又打算重新回到公司。他们之间的那次谈话针锋相对，差点吵起来。

为了打破紧张气氛，盖特纳问道：“有什么最新消息？”

柯尔说，美国银行明显对收购雷曼不感兴趣。要达成交易只有一种可能，那就是让政府帮忙，拿出比前一天美国银行所要求的更多的资金。他表示，他们已经确定至少有700亿美元的问题资产需要由美国银行提供担保，这个数字只可能变得更大，而他们之前预计的却只有400亿美元。鉴于该情况，除非保尔森愿意给予支持，否则美国银行将不再打算考虑这事。

同时柯尔又表示，他担心富尔德仍在寻求溢价。“在这一点上，迪克·富尔德根本没有发言权。”弗劳尔斯回答道。

“不要担心，没人在意他们的想法，”保尔森告诉他们，“到了这一步，迪克·富尔德想什么已经不重要了。”

会议中，赫利希的手机响了起来，是弗莱明打来的。之前他已经摁掉了两个电话，赫利希低声向柯尔说明电话是弗莱明打来的，请他允许自己接这个电话。

“怎么了？”赫利希不耐烦地问。

“好了，他会在下午两点半举行会议。”电话那边的弗莱明大声嚷嚷。

“你就不能让塞恩给刘易斯打个电话吗？”赫利希问道。

“现在不行，”弗莱明说，“塞恩说他现在不能打电话，他正和保尔森一起开会。”

赫利希翻了个白眼：“不，他没有。格雷戈里，我正在美联储与保尔森一起开会。我刚刚走出房间，我可以看到塞恩，他就在下面的大厅里。”

赫利希越来越怀疑弗莱明并没有得到塞恩允诺，他重复道：“听着，他必须打这个电话。我都能出来接你的电话，他就不能出来给刘易斯打电话吗？”

“他会的，我保证。我以我的名誉担保，刘易斯飞抵这里后，我绝不会让他面对一个空荡荡的会议室。”弗莱明坚定地说。

“他必须亲自打电话。”赫利希再次坚持。

赫利希重新回到会议室，此时会议已经接近尾声。政府依旧不愿卷入乱局，但保尔森试图阻止美国银行退出针对雷曼的并购。

会后，人们纷纷离开，克里斯·弗劳尔斯却悄悄把保尔森拉到一旁：“我想跟你谈谈美国国际集团。”弗劳尔斯略做停顿，确定没人听到后，他继续说：“我在那工作过一段时间，发现了一些不寻常的事情。”他拿出一张纸，与前天分发的文件一样，上面记载着美国国际集团的现金流情况。从上面看，最迟到周三，美国国际集团将面临资金短缺。

“看看这个窟窿有多大，”弗劳尔斯指着那笔下周到期、必须支付的50亿现金说，“美国国际集团已经完全失控，他们已无能为力。”弗劳尔斯提出要与维纶斯塔一起回美联储，以便仔细核查那些数字。保尔森则努力掩饰看到数字时的惊愕，不想让弗劳尔斯如愿以偿地发觉自己的焦躁。

弗劳尔斯走出会议室，在走廊里赶上了美国银行的队伍，得意地说，“有些重要的情况他们也不知道。”

保尔森、盖特纳和杰斯特都来到盖特纳的办公室。杰斯特强调他们必须保证美国银行从始至终参与并购，直到拍卖结束。就算美国银行打算退出，它也必须保持沉默，尤其是在巴克莱面前。

然而保尔森的精力则转移到美国国际集团的文件上了，他脑子里一直在盘算这些数字。“情况比我想象的要糟糕得多，美国国际集团现在深陷泥潭。”过了许久，保尔森无奈地说道。

盖特纳在电话里告诉维纶斯塔，他们刚刚见了调查过美国国际集团的克里斯·弗劳尔斯。“他正在考虑挑选一些资产并打包购买。”维纶斯塔答道。听到维纶斯塔的话，政府官员们面面相觑，他们都被弄糊涂了：“弗劳尔斯不正在给美国国际集团做咨询吗？”然而很快杰斯特就会意地向保尔森笑了笑。这就是弗劳尔斯，一个耍两面派的高手。所有人都明白过来了，弗劳尔斯是想依靠政府资助来买下整个美国国际集团。“他根本就是个麻烦的源头”，保尔森感叹道，“他才不想挽救这个国家！”

讨论继续回到刚才的数字上。维纶斯塔解释道，他办公室里正坐着一大堆竞标者的代表，美国国际集团希望在周末之前卖出足够多的资产，以偿付即将发生的支出。

盖特纳建议维纶斯塔今天晚些时候过来一起审阅美国国际集团的报表，以便让他们更好地掌握这个计划。

“好的，”维纶斯塔回答道，并笑着加了一句，“我不会带弗劳尔斯过来。”

楼下，首席执行官们从宴会厅到会议室提交进度报告，保尔森和盖特纳则负责进行收集。

每组都交来了已经完成的内容，不过总量都很少。一部分问题在于众人对雷曼资产的真实价值有不同看法，尤其是臭名昭著的商业地产相关资产。雷曼的评估价格是410亿美元，其中贷款326亿美元，投资84亿美元。大家都知道，它远远够不上这个价格，问题是究竟差多少？

有一种估计方法被称为“蓝色减记”（Blue Writedowns），通过电子表格把雷曼的商业地产贷款按评估值减掉1/4，结果小于240亿美元。其他人则认为情况只会更糟糕。大家所传阅的一张手写表上涵盖了更多估计项目，最后得出的结果只有雷曼自己估计的一半。

同样的情况发生在住房抵押贷款上。雷曼自己估价172亿美元，“蓝色”表格则评估为140亿美元，其他人则认为实际仅有约92亿元，若再严格一些，可能就只剩一半了。

潘迪特还想提另一个问题：他想再次讨论美国国际集团。于是加了一句：“美林的情况会怎样？”

约翰·塞恩就坐在旁边的不远处，气氛一下子变得非常尴尬。

“你们替我做好这些，我确信我能够处理美国国际集团和美林的事，”保尔森答道，“约翰就在这里，谈论美林让我觉得有点不舒服。”

雷曼的破产律师哈维·米勒刚和纽约联储的代表结束了一场糟糕的会谈。坦白地说，他无法回答他们提出的任何问题。这让他十分困窘，只能不断地用同样的话来搪塞：“到目前为止我们没有得到任何消息，现在雷曼的员工不是在美国银行，就是在巴克莱。”纽约联邦官员离开之后，米勒向同事抱怨道：“这简直就是胡扯。”

以前米勒对付过更加难缠的客户。破产是件棘手的事，但在他担任破产律师的职业生涯里，从来没有像现在这样被排斥在外。他打电话给雷曼总理事会的史蒂文·贝肯菲尔德，向他抱怨这一情况。贝肯菲尔德努力向米勒解释为什么不能如他所需地及时传达信息："现在的问题是，银行里的金融团队几乎全去市区向联邦官员汇报最新情况了。"

"我明白了，"米勒冷冷地回答道，"巴克莱银行那边有什么最新进展？"

"我们依然满怀希望，然而到目前为止还没有更多消息。"

"那美国银行呢？"

贝肯菲尔德顿了顿，答道："他们一直保持沉默。"

米勒并没有获得令人鼓舞的消息，他甚至觉得自己已经可以闻到破产的气息了。为了应对可能发生的破产，他的律师小组已经开始做一些准备工作了。没人希望雷曼立刻申请破产，但它头上笼罩的阴云却越来越浓厚。米勒决定立即开始行动，他通知法伊夫雷曼打算申请破产，他们至少需要花费两周时间来完成文书工作，现在就要开始着手准备了。

正午过后，他给下属发了一封邮件，邮件名称是这么一行："紧急！代号：生死之战。十万火急，火速驰援。"

在塞恩和彼得·克劳斯讨论如何制定战略时，弗莱明打来一个电话。

"我已经约好了，"弗莱明激动地说，"下午你将与刘易斯会面。"

塞恩知道面谈是个好主意，但还有一个问题。"保尔森不会希望我们这样做。"他提醒弗莱明。美国银行已经成了唯一一个可能拯救雷曼的救星，它并购美林就等于宣判了雷曼的死刑。他并不知道美国银行已经放弃竞购雷曼。

"保尔森的支持者是纳税人，"弗莱明回答，"我们的支持者是美林股东。保尔森的确有权介入这事，或许我们最终得听他的，但这并不意味着非得按他的想法来。或许他不愿意，但除非他直接下令不能这样做，否则，只要我们认为这是在维护美林股东的最大利益，我们就必须这么做。”

塞恩仍在犹豫，他想确定自己没有把公司推到不利境地。

“我已经安排好下午 2 点 30 分见面了，”弗莱明强调，然后认真加了一句，“但是你得先给肯打电话。”

“为什么？”塞恩问道，他感到迷惑不解。

“因为他想听到你的声音。”弗莱明答道。

“什么意思？”

“别问那么多，你就告诉他纽约天气很好，你很想与他见面。”

“我不明白为什么要打这个电话。”塞恩坚持道。

“约翰，你得打给他。”

“你真烦人。”塞恩生气地拉高了嗓门。

“你知道吗？这周末可能会发生同样的事，”弗莱明头一次冲他老板大声说话，“必须给他打电话，不打给他，他是不会飞过来的。”

塞恩最终同意了。他们决定 30 分钟后在美林位于市中心的办公室碰头，讨论这次会面的细节。

就在塞恩挂断电话后不久，约翰 · 麦克走了过来。

“我们得谈谈。”麦克平静地说。无需多言，大家都明白这句话的真正含义：我们需要一起做笔买卖。

“你说的对。”塞恩说，他同意当天晚些时候会面。这将会是忙碌的一天。

在美联储大楼 4 楼，巴克莱银行的戴蒙德正焦急地踱来踱去。从上午的情况看，雷曼和美国政府貌似把重心放在了美国银行身上。他开始怀疑自己被利用了，美国政府只是把他当作诱饵以钓出美国银行，以便让后者在并购雷曼时付出更高的价钱。

然而刚过下午两点，美联储工作人员便在巴克莱会议室门口贴了一张写有“投标者”的标识，戴蒙德又隐约觉得自己的投标或许已经被认真考虑了。而美联储食堂的工作人员这时也终于送来了午饭，尽管这都是些小事，在他眼里却是鼓励的信号。

尽管如此，戴蒙德心里明白，在并购雷曼之前，还有一个大问题需要与保尔森及其他政府官员讨论。上午在伦敦的法律总顾问马克·哈丁（Mark Harding）通过内部电话会议告知他，如果巴克莱发出收购雷曼的公告，让股东投票批准需要 30~60 天。这意味着从签署收购交易到股东投票通过这段时间里，巴克莱必须找出一个担保雷曼交易的方法，这是整个并购计划的关键，否则一切将竹篮打水一场空。倘若没有确定的交易担保，雷曼的交易伙伴将立即停止和雷曼的业务往来，如此一来雷曼的资源将变得对巴克莱来说一文不值。这是一场信心的考验，交易对手需要看到雷曼身后强有力的支持，正如摩根大通对贝尔斯登所做的那样——摩根承诺在并购完成之前担保贝尔斯登的所有交易。但问题在于，如果没有股东批准，巴克莱在并购雷曼方面最多只能投放 35 亿美元资金，并且投放过程可能和交易完成的时间一样漫长。

保尔森和盖特纳曾多次明确告诉戴蒙德，美国政府不会插手资助，但是戴蒙德无法把握这是否仅是一种谈判姿态。在他眼里，英国政府的态度则非常清楚——它绝对不会对交易伸出援手。

巴克莱需要一个强大且有钱的伙伴，戴蒙德则需要与智囊团一起找出这个伙伴。该智囊团由巴克莱资本主席阿奇博尔德·考克斯（Archibald Cox，水门事件检察官之子）、首席运营官里奇·瑞西（Rich Ricci）以及总裁杰里·德尔·密斯耶（Jerry del Missier）领导。此外，戴蒙德还要听取外部咨询顾问迈克尔·克莱恩（Michael Klein）的意见。克莱恩原是花旗集团一位睿智的资深银行家，由于不想被潘迪特的新团队边缘化，数月前刚从花旗集团辞职，如今仍是市场上抢手的人才。为了阻止他为竞争对手工作，花旗与克莱恩签了一份让他赋闲一年的协议，并为此支付了 2 800 万美元补偿金。戴蒙德坚信克莱恩是个不可或缺的人才，说服潘迪特在紧急时期暂时中止了克莱恩的赋闲状态，以便让这颗星星在巴克莱闪耀。

智囊团开始讨论交易担保的问题，克莱恩大声问道 ：“谁有可能提供担保？”

“一年前碰到这种事，你可以去找美国国际集团，他们会很好地为你处理这件事，不是吗？”德尔 · 密斯耶问道。

显然，现在不再有这种好事了。于是克莱恩提议 ：“巴菲特如何？”

“可以，但他只做对自己有利的事。”德尔 · 密斯耶补充道。

在花旗时克莱恩与被誉为“奥马哈先知”的巴菲特做过交易，有这位先知的全部电话号码，打了一圈电话后，克莱恩终于找到了他。当时巴菲特正在加拿大艾伯塔省埃德蒙顿市的费尔蒙特麦克唐纳酒店，准备以神秘嘉宾的身份与他第二任妻子艾丝翠 · 孟克斯（Astrid Menks）一起参加一场庆典。

克莱恩打开扬声器，使巴菲特可以与戴蒙德及其团队进行对话。德尔 · 密斯耶开始向巴菲特解释这份担保的重要性 ：“雷曼与别人做交易，卖出美元并买进日元，对方银行在提供日元之前必须确认雷曼将会提供美元。如果有人担心这笔交易没法完成，那整个买卖就砸了。”

巴菲特明白其中的利害关系，但他不理解为何要保留雷曼的往来账户达两个月之久。出于礼貌，他建议道 ：“如果您能够传真一些书面说明给我，我很乐意回去之后看看这些资料。”

巴菲特挂掉电话，若有所思地走向汽车，准备参加庆典，他想起以前接过一个类似的电话，结果是一团糟。1998 年，在拯救长期资本管理公司前一周，高盛的乔恩 · 科尔津打来电话，问他是否愿意加入一个收购庞然大物的团队。当时巴菲特正准备与盖茨夫妇一起去阿拉斯加旅行，他让科尔津发一些资料给他。接下来的一整天，他一边观赏派克河畔的灰熊，一边徒劳地期待着卫星电话能连上，非常狼狈。巴菲特曾试图为自己与高盛和美国国际集团之间的交易牵线搭桥，结果不但徒劳无功，还浪费了大量时间和精力。或许他不该再对华尔街的家伙们如此礼貌了。

美联储楼下，首席执行官及他们的下属围着自助餐桌开始用餐。尽管任务艰巨，但他们现在什么都做不了。没带电脑是一方面，另一方面是因为懂财务分析的人要么正在楼上与雷曼小组讨论，要么已经回办公室了，留在他们面前的只有堆积成山的财务报表。

为了打发时间，一群高管开始在一个角落里恶意模仿保尔森、盖特纳和考克斯的言行举止。“啊，嗯，啊，嗯。”一个银行家学保尔森的结巴嘟嘟囔囔；另一个则大叫“加油干，聪明点”，这是在嘲弄盖特纳尖声尖气的敦促；第三个人则惟妙惟肖地模仿着克里斯托弗·考克斯，大家都认为那家伙根本不懂复杂的金融。“2 加 2？我能用计算器吗？”在另一个角落里，摩根的首席财务官科尔姆·凯莱赫正玩着他黑莓手机上的碎砖机游戏。很快，一场非官方的比赛就要开始了，每个玩家都在为自己争取得分。

午餐后，大家被召回主会议室。人们注意到约翰·塞恩突然不见了。如果说除了雷曼的未来，还有什么话题能够引起这些首席执行官的注意，那就是他们自己公司的命运。对他们来说，雷曼的破产意味着什么？下一个牺牲品真的会是美林吗？抑或是摩根士丹利、高盛？甚至是摩根大通、花旗集团？尽管摩根大通这类商业银行有着大量且稳定的存款基础，但在一些业务的资金筹集上仍采用着与投行相同的方式，即通过定期提供短期商业票据合约进行融资。这项业务对市场信心的侵蚀已经拖垮了贝尔斯登，现在又轮到雷曼，这两家投行不断下降的信誉只能助长卖空者翻云覆雨的手腕。

突然，约翰·麦克开始质疑整个拯救计划，并质问为何不让美林也倒闭。当时暂时代替约翰·塞恩的彼得·克劳斯就坐在离他不远的地方。该问题迅速令全场陷入沉默，有人猜测他只是在戏耍大家，也许他想趁机低价收购美林？众人并不知道几小时前他已经和塞恩接上了头，并安排了晚上的会面。

戴蒙惊讶地看着麦克，刻薄地说："如果我们这样做了，你觉得富达集团通知你不再向你出售短期票据的电话还要等多久？"

塞恩最终给肯尼斯·刘易斯打了电话，对话简明扼要，仅仅讨论了见面的一些细枝末节。塞恩很在意细节的准确性，他第二次给刘易斯电话，仅仅是为了确认该从时代华纳中心的哪个入口进去。

开车去刘易斯的公寓之前，塞恩在市中心的办公室约见了弗莱明并讨论了详细策略。他明确地对弗莱明表示，会谈只是试探性的，他只想卖一小部分股权，最多20%。

"他不会接受的，"弗莱明警告说，"刘易斯会说想买下整个美林。"

塞恩自己打开车门，径直驶出大门。他升起车顶上钢化玻璃材质的遮阳篷，掠过南塔，加速向位于中央公园附近的刘易斯住处驶去。

刘易斯热情地接待了塞恩，会客室内虽然能欣赏到令人震撼的景观，但缺乏艺术品和家具，很明显，这间公寓是公司的财产。

"就目前的情况而言，"塞恩一坐下就说道，"我很关心雷曼倒闭将对市场和美林造成怎样的影响。"停了几秒后，他缓缓说道："我想知道，你是否有兴趣买下美林9.9%的股权并为其提供大量的流动性资金？"

"没兴趣，"刘易斯直截了当地回答，"但是我对买下整家公司很有兴趣。"

"我来这里不是为了卖掉整家公司的。"塞恩说这话的时候脸上带着淡淡的笑意。他没有料到刘易斯居然如此激进。

“这才是我所感兴趣的。”刘易斯坚定地回答道。

塞恩顿时紧张起来，试图寻找折中立场：“这是否意味着我们有两个选项——卖 9.9% 或 100%？”

“当然，”刘易斯表示同意，“但请记住我的话，我对 9.9% 没有兴趣，我真正感兴趣的是 100% 的兼并。”

刘易斯和塞恩用另外半小时谈论了交易的各个方面，内容涉及兼并的战略理由和尽职调查团队的构成情况。刘易斯建议他们下午 5 点再次碰头，和“两个格雷戈里”（即格雷戈里·柯尔和格雷戈里·弗莱明）一起开个会。

“我做不到。”塞恩告诉刘易斯。

刘易斯觉得很奇怪，既然塞恩过来是想做成这笔生意，为什么又不能在两小时后碰头？难道他有更好的去处？还是说他同时在与另外一些人谈？

即将离开的时候，塞恩停下并提出最后一个要点：“我必须把我们的对话告诉汉克，”他解释说，“万一日后他发现了我们的会谈，我担心他会认为是我搞砸了雷曼的交易。

“你知道的，”刘易斯回答道，“我更喜欢和美林做生意。你尽管告诉他我们的讨论内容，因为若没有政府支持，我们是绝不会购买雷曼的。”

最后，两人分别通知了保尔森。保尔森听到这消息后非常惊讶。据他目前所知，巴克莱打算购买雷曼，而美国银行又在讨论收购美林，事情全搅在一起了。

“又是语音信箱，”沮丧的富尔德向汤姆·拉索抱怨，“没人接电话！”

富尔德找不到任何想找的人：保尔森、盖特纳、考克斯、刘易斯，甚至连他的雇员麦克达德也联系不上。他们都待在纽约的美联储，但就是没人接他的电话或打回给他。

富尔德想知道最新的情况。整个周六他都穿着蓝西装和白衬衫，待在办公室里，就像上班一样，但却没收到来自美国银行或巴克莱的任何消息。

电话终于响了，是罗基·科恩从纽约联储打来的："我想我们遇到麻烦了，美林正和美国银行进行接洽。"

"什么？"富尔德咆哮道。

科恩解释说，他刚和盖特纳开完会，他在会上再次试图说服盖特纳，为了避免整个银行系统的崩溃，政府极有必要出手相助。科恩一再重申："如果没有政府的帮助，到周一，美林就不复存在了。"

盖特纳刻意选择了一个模糊的回答："我们正在为美林寻找解决办法。"但科恩和富尔德都知道这实际上意味着什么。这也解释了美国银行到现在还对他们保持沉默的原因。他们都没有忘记柯尔在夏天对他们说的话，"买下美林是刘易斯的夙愿"。这更解释了为什么这礼拜早些时候科恩会接到美林弗莱明打来的那个刺探消息的奇怪电话。

"简直难以置信。"富尔德说完就极其颓废地陷入沙发中了。

高盛的加里·柯恩和戴维·维尼尔及以前的同事彼得·克劳斯抓住待在纽约联储的空闲时间小聚了片刻，克劳斯一周前才从高盛跳槽到美林。

"彼得，咱们出去走走。"柯恩提议道。随后三人走出联储大厦前门，来到自由大街上。

"情况怎样？"走出一段路后柯恩问道，暗示他知道美林正处在压力之下，其压力之大或许超过了会议室中的任何其他成员。

“就是在流动性上遇到了问题。”克劳斯回答道。“摩根大通刚刚将我们的即日担保金限额提高了100亿美元，”他停顿了一下，“我们还好，总的来说我们还好。”

“彼得，我们能指望你们做成交易吗？”柯恩问道。

克劳斯一直看着地面，过了好一会才回答：“可以。”与高盛的任何交易都不仅能支撑美林摇摇欲坠的财务状况，还可以增加会议室里那帮聪明家伙的信心。

“你为什么一直都不说呢？”柯恩问，“我们永远是朋友，但我们一起坐了一天半，你却什么都没说。”

他们继续在大街上走着，克劳斯提出应该开个会。他认为美林需要出售大约10%的股份来换取一定的信用额度，以便度过此次流动性危机。这与塞恩一开始想从刘易斯那里得到的方案一模一样。

他们约定第二天去高盛的办公大楼开会。

纽约联储大厦的结构很特别：不能通过位于自由大街的正门进出，而要选择麦登（Maiden）道上的员工进出口并向保安出示驾驶证，登记名字后，里面会有专人负责护送。

突破摄像师和记者的重重包围，美国国际集团的维纶斯塔与其顾问终于走出了美国国际集团的总部，所幸这些摄像师和记者都没有认出他们维纶斯塔的顾问团包括：摩根大通的道格拉斯·布朗斯坦、盛信律师事务所的詹姆斯·甘布尔以及沙利文-克伦威尔律师事务所的迈克尔·怀斯曼（Michael Wiseman）。他们准备与保尔森和盖特纳进行会面。

“你打算从哪儿募集资本？”盖特纳突然问道。

维纶斯塔表示他相信现在一切正在顺利进行中。现在已经有了不少竞标者，其中甚至包括弗劳尔斯、科尔伯格·克莱维斯·罗伯特公司和安联集团。

维纶斯塔继续补充说，更大的好消息是他已经说服了纽约州立保险部门的总监，后者批准美国国际集团抵押保险监管资产以获得大约 200 亿美元资金，这笔资金可以满足美国国际集团的资本需求。除此之外，迪纳罗还批准美国国际集团额外融资 200 亿美元以填补这个窟窿。维纶斯塔还暗示，他也许还能从伯克希尔 - 哈撒韦再保险公司的阿吉特 · 贾恩（Ajit Jain）处得到 50 亿美元的贷款许可。这样一来，就只剩下 150 亿美元的资金缺口了，但他向监管者表示，美国国际集团至少还有 250 亿美元资产准备出售。

听完这些，保尔森和盖特纳起身离开了会议厅。他们听到了想要听到的事情：局面正在改善。

门卫打开镶着铁边的玻璃门，让塞恩、克劳斯以及他们的同事托马斯 · 蒙塔格进入瓦利德 · 查马哈公寓的客厅。为了讨论公司合并事宜，这是一周之内在这里召开的第二次秘密会议了。塞恩有点担心被认出来：众人之中，贝莱德集团的拉里 · 芬克与他着装最为相似。

麦克、查马哈和戈尔曼都在客厅门口等候。

加入摩根士丹利之前，戈尔曼曾负责美林的私人业务整整五年，他很快就发现代表美林的团队成员中没有一个是为公司服务了 10 个月以上的，这个事实令他目瞪口呆。戈尔曼参与了美林帝国的建立，他的哥哥尼克至今仍在美林工作，而美林却即将被这些对公司传统一无所知的银行家卖掉，这让他难以接受。

塞恩打开了话匣子，他想寻求一笔交易。“鉴于雷曼的现状，”他说，“我们认识到，现在是作出抉择的时候了。”

克劳斯飞快地浏览随身携带的账簿，开始审查数据。对于刚加入美林几天的克劳斯，查马哈和戈尔曼都认为他恐怕连同事都还没认全，就更别指望他能对美林有多了解了。（事实上在这周早些时候，为了钻研公司的资产负债表，克劳斯一直加班到凌晨 3 点。）

麦克的知识缺陷很快就暴露了。当戈尔曼问到摩根士丹利最感兴趣的美林零售业务时，塞恩、克劳斯和蒙塔格都不知道准确数据。

尽管如此，麦克仍表示十分感兴趣，并不停地询问下一步计划将会是什么。

“周一晚上我们有一次董事会会议，”他解释道，“我们可能于周二开始做尽职调查。很明显，这项工作十分有趣，但也非常复杂。”

塞恩焦虑地看了克劳斯一眼，然后转向麦克：“不不不，你不明白，我们得赶在亚洲股市开市之前作出决定。”

戈尔曼变得疑惑了：“你说的决定指的是什么？”

“我们希望在那之前签一份协议。”塞恩冷静地说。

麦克对这个回答感到颇为吃惊，他说：“我们可以继续交流，但我不知道这在根本上是否可能。”

走出公寓之后，塞恩看着克劳斯说：“很明显，他们不像我们这么焦头烂额。”

美林的格雷戈里·弗莱明赶到沃切尔·利普顿·罗森·卡茨律师事务所时，美国银行的柯尔已经在那里了。柯尔在 4 个小时前决定把 100 余名银行职员派回夏洛特。根据他当时了解的情况，与雷曼的交易已经希望渺茫，他认为这里已经不再需要这些工作人员了。没想到现在与美林的交易却成为可能。柯尔利用等待时间给办公室打电话，他需要这些职员立即乘下一航班飞回纽约。不过现在的状况有点滑稽，当晚仅美国航空公司有三趟直达纽约的航班，而且已经全部满员了，他不得不让人去联系飞机租赁公司。

柯尔领着弗莱明走进事务所一间事先预定的会议室，并从餐饮台上拿了些曲奇饼干。落座后，他立刻询问弗莱明的看法，即他们正处于达成交易的哪一阶段？

“我想我们应该在周一早晨就对外宣布。”弗莱明说。

“那太快了。”柯尔对这个安排感到有些意外。

“你应该十分了解美林。”弗莱明继续说。尽管并不知道所有细节，但他是少数几个知道美林前首席执行官斯坦利·奥尼尔曾与刘易斯谈过并购事项的人。“我了解你已经完成的所有工作，所以我也开诚布公，你要做的只是告诉我你需要什么。”

在接下来的半个小时里，他们草拟了一套能让美国银行在 24 小时内认真核查美林账本的行动方案。柯尔重温了一年前与奥尼尔讨论时就已经做过的工作，并提出要带克里斯·弗劳尔斯一起过去，因为后者能给他提供一些建议。夏天的时候，弗劳尔斯曾打算购买美林的一些不良资产（这些资产最终被卖给了孤星国民银行），这样他们就可以在谈判中占据有利地位。美国银行甚至已经为这笔交易起了个代号：阿尔法计划。

会间休息前，他们讨论了价格问题。弗莱明开门见山地说，他希望并购价格是每股 30 美元甚至更多。相比周五美林 17.05 美元的收盘价，该报价意味着超过 76% 的收购溢价。这是个令人战栗的数字，尤其是在现在美林正处于公司有史以来所遭遇的最为严重的一次金融危机的背景之下。但弗莱明感到别无选择：美林在一个月前就以每股 22.05 美元的价格向一些大投资者卖出了 85.5 亿美元的可转换股票，比如新加坡国有的淡马锡公司，他必须替他们争取一个合理的溢价。

对大多数银行家来说，如此高的价格必然导致谈判中断，但柯尔理解弗莱明在高价背后的用心。弗莱明辩称美林股票萎靡不振仅仅是暂时现象，他需要一个合理价格以反映出一个“正常化基础”。弗莱明还提醒柯尔，仅在一年半之前，美林股价还高于 80 美元每股。

柯尔对于并购有着明确的看法：没人想超额支付，但如果想要成交，你就应该出高价以保证它不会被竞争对手买走。

“好吧，”柯尔说，尽管他尚未同意弗莱明的报价，但他也明确表示不会将它全盘否定，“我们得大干一场了。”

这是个天气宜人的周六，很适合在圣彼得餐厅的露台上享受晚餐，这家意大利餐厅位于麦迪逊大东五十四街南侧，风景优美。就在本周，圣彼得主办了一次华尔街大亨午餐会，众多名人云集于此：派瑞拉·温伯格合伙公司的企业并购业务负责人约瑟夫·佩雷拉、贝莱德集团的拉里·芬克、纽交所前任主席理查德·格拉索、露华浓总裁罗纳德·佩雷尔曼（Ronald O. Perelman）以及美林前任首席执行官戴维·科曼斯基等。甚至美国前总统比尔·克林顿和他的顾问弗农·乔丹（Vernon Jordan）也出席这次午餐会了。

当晚，麦克和摩根士丹利的管理团队选择了餐厅一个靠外的安静位置。对查马哈来说，这是个让他放松并好好抽根雪茄的机会，他已经劳累一整天了。

为银行家们引导座位的赫拉尔·多布鲁诺（Gerardo Bruno）是一位来自意大利南部的风云人物，他和他的三个兄弟共同拥有这家餐厅。麦克脱下上衣并把它搭在了椅子上。很快，保罗·陶布曼、凯莱赫和加里·林奇（Gary G. Lynch）纷纷来到餐厅与他们碰头。今天有许多事情等着他们讨论。

点完一瓶巴巴莱斯科红酒后，他们开始议论这灰色的一天，特别是最后与美林打交道的疯狂一小时。麦克向当时不在场的人详细叙述了与塞恩的谈话内容。

“然后他说‘你能在 24 小时内完成它吗？’”当麦克学塞恩说这句话时，整张桌子都笑翻了。

“他妈的没门。”科尔姆·凯莱赫接了一句。

笑声渐渐平息后，麦克抛出了目前面临的最大问题：假如危机蔓延到整个行业，他们是否还需要做这笔交易？

查马哈最先发表他的看法：“听着，现在并没有太多我们感兴趣的合作伙伴，如果需要找个时间讨论一下，现在正合适。”

戈尔曼也加入了讨论，他解释说，根据1小时前与塞恩的谈话，美林极有可能与美国银行合并。这一猜测或许在24小时之内就会成为事实，而这意味着美国银行将不再是可供考虑的合并伙伴。戈尔曼对塞恩、克劳斯和蒙塔格试图出售美林的鲁莽行为摇头不止，毕竟这些人刚加入美林不久，对美林还不太了解。

“我们可以给刘易斯打个电话。”戈尔曼建议道。

麦克一直认为美国银行和摩根士丹利的合并是再自然不过的事。事实上，早在危机爆发之前，麦克就经常和朋友们半开玩笑地说，这是他的“退出战略”。当股价高涨时，他常常认为与美国银行合并能够证明自己成功地重铸了摩根士丹利，这家他深爱的公司将重现昔日辉煌。从战略上说，两家公司彼此是最适合的合并对象：美国银行是杰出的商业与零售银行，但投资业务较弱；而摩根士丹利的情况则正好相反：它是优秀的投资银行，但缺乏稳定的存款。或许合并所带来的最好结果就是，在夏洛特（美国银行总部所在地）长大的麦克能够荣升新银行的总裁，同时回到夏洛特安家并退休。

但今晚，麦克明白事情并非如此。“如果美林与美国银行合并了，美联银行将会怎样？”麦克问道。

在接下来的两个小时中，他们又分别对接洽摩根大通、汇丰及同样坐落在夏洛特的美联银行的好处争论不休。凯莱赫建议联系全球最大的主权财富基金中国投资公司，而保罗·陶布曼则提到了日本三菱公司。

无论他们选择谁，麦克始终坚持一点：“我们不该匆匆忙忙地做任何事情。”尽管外人未必赞同，但他还是提醒大家这是显而易见的：他们是摩根士丹利，是全球金融的主宰。这周五，尽管比一个月前缩水不少，但公司市值仍超过 500 亿美元，其规模也绝对不可小觑。另外，他们在银行里还有 1 800 亿美元存款。

一直以来，摩根士丹利首席财务官凯莱赫都在努力保持良好的流动性，以应对如今所面临的困境。摩根士丹利在市场上享有很高的信誉，因此不可能受到任何实质性的冲击。但凯莱赫同时也承认，若雷曼被巴克莱收购、美林被美国银行并购，他的公司将面临一种难堪的局面。

查马哈抿了一口酒，冷静地说：“接下来我们的状况将会好转。”

已经晚上 8 点多了，饥肠辘辘的杰米·戴蒙走进位于 JP 摩根总部 49 层的行政餐厅。

运营委员会已开足马力工作了整整一天，他们一直在计算雷曼、美林、摩根士丹利、高盛，当然也包括美国国际集团的风险敞口。餐厅工作人员被要求加班，以保证食物供应。今晚提供的主食是烤玉米薄饼，虽然可能比不上市中心的美联储所提供的食物，但比戴蒙印象中的要好吃。这也是他第一次在合作伙伴新装修的餐厅里吃晚饭。

晚餐吃到一半，戴蒙起身在落地窗前来回踱来踱去。从这个角度能看到曼哈顿全景。半小时前太阳就已经降到帝国大厦以下，整座城市都笼罩在雾气中。

戴蒙仔细思考着当天发生的事，并意识到情况有多么糟糕：“他们想让华尔街来承担后果。”他把这个想法告诉屋里那些因加班才刚吃完晚饭、现在正在休息的银行家，希望他们能明白保尔森所面对的政治压力。“人们认为我们是一群领着过高工资的混蛋，现在没有哪个政治家或总统会签署援助计划。”因为这将引起民粹主义者的愤怒，他们会问：“为什么要设法救助那些唯一的工作就是赚钱的人？”

“我们撞到冰山上了，”戴蒙向他的员工大声喊道，仿佛他正站在泰坦尼克号的甲板上，“轮船正在进水而音乐仍在鸣奏，我们却没有足够的救生艇！”他苦笑着说：“有人将必死无疑。”

“所以，不如接着享受香槟和鱼子酱！”

说完，他返回餐桌，吃下最后一口烤玉米饼。

在美联储，困难重重的巴克莱似乎正取得一些进展。当天早些时候，戴蒙的顾问迈克尔·克莱恩提出了一份让所有人都为之振奋纲要。戴蒙感兴趣的并不是雷曼的房地产资产，他想要的是“优质银行”：剥离那些问题资产后的雷曼。

克莱恩的计划很简单：巴克莱将购买“优质”雷曼，而美联储大厅中的全部对手银行则负责为雷曼的不良资产负债融资。该计划让戴蒙暗暗吃惊，目前伦敦的董事会和英国的监管者对这项交易仍不够重视，但如果这是一笔“干净的”交易，他可以很轻易地说服他们。而支持“不良资产银行”的计划将一共耗费35亿美元。

午夜过后，巴克莱团队准备从会议室离开。但刚走到楼下，他们又被拉进旁边的一间会议室，被要求解释对于竞争对手，也就是现在仍待在美联储的银行家，他们有何打算。这是个狡猾的策略：他们实际上被要求出卖业内最为痛恨的竞争对手，以此补贴自己的出价。

尽管时间已经很晚了，但高盛、花旗、瑞士信贷及其他公司的一群银行家仍在美联储逗留。克莱恩用尽可能温和的方式来解释巴克莱的计划。房间里的人马上就意识到，该计划意味着华尔街这帮银行家将不得不拿出约330亿美元资助ShitCo。对其他银行来说，如果希望借此避免雷曼破产将造成的冲击与其投资巴克莱或雷曼还不如投资他们自己。

按克莱恩的说法，银行家们可以拥有一家如堡垒投资公司或黑石集团一样的特殊投资公司，而雷曼的房地产资产和私人股权资产则将被划入它名下。

该想法并未得到热情回应。克莱恩以前在花旗的同事加里·夏德林第一个站出来反对。或许因为在花旗共事时冲突不断，他们私底下的关系至今还很紧张。

夏德林问："想要做成这笔买卖，一共需要募集多少股本？"

"那很重要吗？"克莱恩回应道，他看起来并不觉得这两者之间有什么关系，"你问这干什么？"

"你正在报价，"夏德林反驳道，"所以我们得知道你准备怎样为它融资。"

巴克莱的阿奇·考克斯（Archie Cox）被这个问题搞得很沮丧，他消极地回答道："我们不会再为交易增加一分钱。"

克莱恩意识到这些银行家还没弄清楚交易的构成，于是又解释了一遍。雷曼的不良资产属于这些银行家，巴克莱不会插手，它只想收购雷曼的优良资产。

听完他的解释，会议桌上的这些人面面相觑：他们的确是被要求向一个竞争者提供补贴。巴克莱不愿接受雷曼最糟糕的那部分资产，而这却是他们被要求买下的部分。

夏德林沉默了。尽管在座的银行家并不满意，但不得不承认，该提议已经是众多坏方案中最好的一个了，接下来他们打算拟定一份条款说明书。房间里这些睡眼惺忪的银行家自己都觉得难以置信：这笔交易居然逐渐成了可能！

"我们发现了一个大问题，他妈的简直太严重了！"摩根大通的道格拉斯·布朗斯坦向他在美国国际集团的团队成员大声嚷道，此时时针刚刚跨过午夜十二点。

室内灯火通明，一队银行家正埋头于笔记本和电子表格，他们刚刚发现了美国国际集团新的财务漏洞：它融券业务的实际损失比记载的数据多出了 200 亿美元。

“我们要解决的问题可不止 400 亿美元，”布朗斯坦吼道，“而是 600 亿！”

如今，美国国际集团一片混乱。它的计算机系统过于陈旧，以至于此前做尽职调查的人一直没有发现，在过去的两周之内，它的证券借贷业务迅速地损失了大量资金。随着摩根大通的挖掘越来越深入，美国国际集团的一些可疑操作也被发现了：摩根大通一方面发行长期抵押贷款，另一方面又用短期票据为自己融资。这样做的结果是，每当标的资产按揭贷款发生贬值时，它就不得不发行更多的票据，这种状况在这之前几周的每一天里都在发生。

摩根大通高管菲尔德曼惊叹道：“简直令人难以置信。”随后便怒气冲冲地离开房间去找美国国际集团的布莱恩·施赖贝尔。

他终于找到了施赖贝尔并对他说：“我们需要你立即签署审计委托说明书。这真是越来越荒谬了，我们居然在这待了整个周末！”

戴蒙和史蒂文·布莱克命令菲尔德曼要求美国国际集团立刻签署审计说明书，否则马上就带所有人离开。毕竟，就如布莱克所提醒的那样，如果美国国际集团没有签署审计说明书，摩根大通不但不能获得赔偿，反而将面临诉讼费用的损失。或许更重要的是，他们想要确保自己所花的时间和付出的努力都能获得相应的回报。布莱克告诉菲尔德曼，不管有什么抱怨，都可以直接找他的老板。

施赖贝尔由维纶斯塔授予了签字权，但他心里感到非常恼火。在美国国际集团的团队里，资历较浅的摩根大通团队一直被称为“希特勒青年团”，即便如此，菲尔德曼怎么能在当前这种时刻向自己施压、要求签署这样的文件呢？现在整个美国国际集团都摇摇欲坠，而摩根大通的职员却在向他讨要薪水。

一开始，施赖贝尔还试图建议让公司的法律顾问负责所有文件的签署，但菲尔德曼不同意。

施赖贝尔终于忍无可忍了，他咆哮道：“我签不了这个！董事会不会同意签署这份说明书的。这太恶心了，这是一种侮辱，这简直太下流了。签了这份说明书，我连自己都没法交代！”

菲尔德曼曾当面称施赖贝尔为“该死的傻瓜”，现在他的忍耐也冲破了极限：“如果你还不签，我立刻让摩根大通的所有员工收拾东西走人！”

听到这句话，施赖贝尔一下子就蔫了，他愤怒地掏出钢笔并签下了名字。

周日凌晨3点，200多位来自美国银行和美林的银行家及律师们继续在沃切尔·利普顿·罗森·卡茨律师事务所为完成尽职调查而冲刺。

格雷戈里·弗莱明已经快24小时没合眼了，他在文华东方酒店订了房间，好让自己不用开车回拉伊市。

美林的交易律师彼得·凯利（Peter Kelly）走进会议室，对正在收拾东西准备收工的弗莱明说：“我刚刚得到一条消息。”

弗莱明情绪高涨地说，他已经开始与柯尔讨论价格问题了，而且他有理由相信，美国银行很可能愿意接受高达每股30美元的价格。

那一刻，凯利认为弗莱明一定是在开玩笑。

“我不敢相信，他们居然准备向我们支付每股30美元的价格？格雷戈里，这笔交易是不可能的。这个价格说不过去。别忘了是我们在求人家。”

“反正我告诉你，”弗莱明坚持道，“我认为他们会考虑这个价格。”

“他们不过是在耍你，只是你自己不知道罢了，”凯利厉声说道，“醒醒吧。那群人只会把我们领上祭坛，然后和我们商量每股 3 美元的收购价。如果我们不同意，他们马上就会让我们滚蛋。”

“不要对此产生怀疑，彼得，”弗莱明坚称，“这笔交易肯定会成功的。”

15

第二天是9月14日，星期天，大约早上8点左右，这群累得东倒西歪的华尔街首席执行官终于回到了纽约联储大厦。

劳尔德·贝兰克梵和参谋拉塞尔·霍维茨（Russell Horwitz）一起走进了大厅，两人都只抽空睡了4个小时。

“这样的日子再多一天我都过不下去了。”霍维茨厌倦地说道。

贝兰克梵笑了起来。“现在你是下奔驰车去美联储，又不是下希金斯船登陆奥马哈海滩，放轻松点儿。”贝兰克梵这是在暗指乔恩·温克里德。乔恩·温克里德是高盛前首席执行官，也是公司元老，他曾经写过一本名为《领导生涯：从诺曼底登陆到世贸遗址》的书，这本书被贝兰克梵列为公司员工的必读书目之一。

一位联储职员告诉在场的首席执行官们，保尔森、盖特纳和考克斯很快就会下来。杰米·戴蒙上身穿着尽显肌肉的衬衫，下面是蓝色紧身牛仔裤和平底便鞋。看到他走进房间，科尔姆·凯莱赫悄悄对约翰·麦克说，“在这个年纪，他的身材真的算很好了。”

保尔森和盖特纳来到会议厅中间，宣布他们带来了一个好消息，不过会议厅里的人似乎都已经知道了。经过一个晚上，巴克莱银行拟订了一套完整的收购雷曼计划，并已经准备执行。如今唯一的障碍是该计划需要其他银行提供足够的资金为雷曼的不良资产融资，总共需要约 330 亿美元。盖特纳要求在场的银行家制定出计划的所有细节。下完指示之后，他便离开了房间。

银行家之间传阅着一份题为《相关交易事项》的文件。文件指出了一些悬而未决、需要好好斟酌的难题：雷曼拆分成两部分，每部分在交易结束后是否有足够资金？包含不良资产的那部分能否进行破产隔离？换句话说就是，从法律上将优良资产和不良资产分割成两个子公司后，能否真正阻止债主追究拥有优良资产的那家公司？

此时，戴蒙决定扮演 1907 年金融恐慌中拯救全国的约翰 · 皮尔庞特 · 摩根的角色。

“好了，让我们把事情简单化吧，”戴蒙大声说道，“不管用什么样的方式，你们当中有多少人可以拿出 10 亿美元来阻止雷曼倒闭？”

这是每个人心中都在考虑，但又没人敢问出来的问题。拯救长期资本管理公司时，美林的赫伯特 · 埃里森也问了同样的问题，当时还在花旗任职的戴蒙也在场。不同的是，当时埃里森问的是有多少银行可以提供 2.5 亿美元，即使考虑到通货膨胀因素，现在让每家银行出 10 亿也比那时困难得多。

当时贝尔斯登主席吉米 · 凯恩（Jimmy Cayne）表示拒绝参与，美林首席执行官戴维 · 科曼斯基对他吼道：“你他妈的在干什么？”

凯恩回敬道：“我们什么时候成了这家公司的合伙人了？”

在座的每个人都听说过那场发生在华尔街这两条巨鳄间的著名交锋。

贝兰克梵告诉会议厅里的银行家，尽管他不确定雷曼是否真的会引发系统性风险，但银行业的声誉和公众形象却是必须考虑的问题："贝尔斯登在过去的 10 年里做过很多好事，但人们唯一记住的却是，当业界需要他们帮助的时候，他们没有挺身而出。"

虽然没人说出来，但会议厅里的银行家们都联想到了迪克 · 富尔德在拯救长期资本管理公司时的表现。当轮到富尔德支付 2.5 亿美元时，他辩称自己不能这么做。最后，考虑到公司承受的压力以及当时出现的有关雷曼破产传闻，富尔德还是拿出了钱，尽管只有 1 亿美元。

如今，12 家银行围成一圈，戴蒙开始努力募集资金。

"先算我一个。"戴蒙说道。其他银行家也开始陆续表示愿意出资。把所有出资额加起来，应该就可以拯救雷曼了——至少他们是这么认为的。

刚过早晨 8 点，美林的彼得 · 克劳斯和彼得 · 凯利已经抵达了高盛总部。乘电梯直达 30 层后，他们穿过玻璃门，走进空荡荡的行政套间。之前在高盛工作过 22 年的克劳斯很清楚这地方该怎么走。

高盛的加里 · 柯恩和戴维 · 维尼尔把他们领进一间会议室。会谈之前，柯恩私下告诉维尼尔，如果高盛购买美林，一定会把价格压得很低。"我认为可能只是个位数。"柯恩断言，这与弗莱明指望从美国银行那得到的 30 美元每股价格相去甚远。（柯恩这时候并没有明说，他认为整家美林公司实际只值几十亿，尽管星期五收盘时美林的市场价值是 261 亿美元。）

克劳斯把他带去摩根士丹利的文件夹也带了过来。他告诉高盛的银行家们，美林打算卖出 9.9% 的股份，同时寻求 200 亿美元的信贷融资。

正式开始讨论之前，柯恩直言不讳："我将会以我认为合适的价位对你们的按揭组合进行估价。”这句话的意思是，柯恩对美林不良资产的估值很可能是零。

“我知道你想做什么，”克劳斯回答道，“你最起码应该给出一个正数。”克劳斯希望柯恩和维尼尔多少赋予这些资产一些价值。

克劳斯正准备深度研究美林的资产负债表，却被凯利阻止了。凯利是这个房间里唯一与高盛完全没有关系的人。凯利明显对提供过多信息给高盛感到焦虑，或许克劳斯信赖以前的同事，但凯利更为慎重。他认为与高盛的交易胜算很小。同时也顾虑柯恩刚才所说的：就算交易达成，高盛的报价也会很低。

“伙计们，对事不对人，我们必须对美林予以资料保密，”凯利说，“如果你们想进行尽职调查，我们得先和约翰谈谈，然后再确定下一步的计划。”

柯恩和维尼尔能够接受这一点，无论如何他们都得回美联储，于是答应等克劳斯和凯利整理好美林信息之后再继续讨论。

会议结束后，凯利打电话让弗莱明提供一份进度报告。凯利向弗莱明表示，他和克劳斯已经在尽力推销美林了，但他也承认，仅以 9.9% 股权换来的信用额度恐怕还不足以拯救公司。

“如果雷曼破产，这笔钱就不够弥补亏空了。”凯利告诉弗莱明。

“似乎我们已经勾勒出这笔融资交易的轮廓了。”财政部高级顾问史蒂文·沙弗兰向等候在纽约联储的麦克达德及雷曼团队宣布。沙弗兰满心欢喜地告诉雷曼的银行家们，楼下的首席执行官基本上已经答应为雷曼拆分出的房地产公司融资了。

沙弗兰离开房间后，雷曼银行家肩上重如泰山的压力仿佛瞬间就消失了。麦克达德立即兴奋地用黑莓手机发信息给待在盛信律师事务所办公室的迈克尔·格尔本德，告诉他这件事。

盛信律师事务所的一间会议室里，读完麦克达德信息的格尔本德大声喊道："我们成功了！"同时他长吁了一口气，脸上绽放出久违的笑容。

星期天下午，英国金融服务局的二把手赫克托·桑特（Hector Sants）一边开车沿A30公路从英国西南角的康沃尔赶回伦敦，一边打着电话，手机就夹在耳朵和肩膀之间。

桑特几乎整个周末都在和老板——英国金融服务局的一把手卡勒姆·麦卡锡（Callum McCarthy）通电话。麦卡锡已经64岁了，任期只剩下6天，这周五将是他退休的日子。

桑特和麦卡锡花了大量时间来试图勾勒出巴克莱和雷曼事件的现状。那天桑特与巴克莱首席执行官瓦利进行了多次沟通，但麦卡锡在联系美国与他同等职务的盖特纳时却极不顺利：周六他们简短地通过一次电话，此后麦卡锡就再也没有得到任何消息。

"盖特纳再也没给我回电话，"麦卡锡抱怨道，"你完全找不到他们中的任何人。"

他们不知道巴克莱资本的戴蒙德是否已经与美国政府交流过。必须满足某些条件，英国监管机构才会批准巴克莱收购雷曼。事实上，麦卡锡关心的是戴蒙德。戴蒙德是美国人，而且从未融入英国政府的群体，他担心戴蒙德在协商中过于鲁莽，就像华尔街那些激进人士一样。麦卡锡和桑特最为忧虑的是，依照戴蒙德所表现出的收购热忱，在交易签署之前，戴蒙德很可能不会详细解释英国监管者的要求。英国监管机构担心购买雷曼会将巴克莱和整个英国金融系统置于风险之中，因此对该笔交易的条件要求格外严格。瓦利虽然支持收购雷曼，但明显不像戴蒙德那样热情高涨。在周五的一次电话中，他向桑特保证，只有在得到美国政府或其他机构充分援助的情况下，巴克莱董事会才会决定收购雷曼。

“只有在目标资产的质量和拨款都令人满意的情况下，我才会建议巴克莱董事会促成这笔交易。”瓦利说道。

与此同时，麦卡锡和桑特还面临另外一个问题，在繁杂的事务中，这个问题看似微小，此时却极为重要：负责清算欧洲范围内衍生品对手方交易情况的伦敦清算所打算在本周末进行软件升级，把所有交易转入一个新系统。星期六他们已经通知伦敦清算所推迟软件升级，直到他们得到雷曼和巴克莱的更多信息为止。但现在对方催促给出一个最终时限，因为有一大群技术工程师正在等待这次转接。

“我们不能再让他们这样拖下去了，”桑特对麦卡锡说，他希望能给清算所一个明确答复，“我们应该试着联系盖特纳，表明我们的立场。”

他们草拟了麦卡锡准备对盖特纳说的话：“我们认为，监管者必须考虑全球金融系统的最高利益，这点至关重要。我们希望巴克莱银行已经清楚地向您阐述了我方观点。假如它并未做到这一点，请允许我们进行澄清：只有在交易方及资产问题都得到美国政府或其他机构的融资保证的情况下，我们才会批准巴克莱收购雷曼。”

纽约联储大厦第 13 层，助手希尔达·威廉姆斯（Hilda Williams）告知盖特纳，麦卡锡正打电话找他。盖特纳接起电话，生硬地向麦卡锡解释道，因为雷曼的交易，会议一直没有断过，所以自己没能及时回电话，对此他感到非常抱歉。

麦卡锡打断了盖特纳，表达了对这笔交易的焦虑，因为自己这边一点消息都没收到。他随即列出一些需要盖特纳回答的问题。

“资本需求和交易风险，尤其是在承担风险及交易完成之间存在的交易风险，将带来极大的风险敞口。”麦卡锡提出他眼中这笔交易所存在的最大问题。他解释说，英国金融服务管理局仍需要评估巴克莱是否具有合适的资本结构来承担收购雷曼的风险。他接着又说，在成交之前，他认为巴克莱很可能需要寻找其他途径来保证与雷曼的交易顺利达成。“我怀疑巴克莱能否完整地履行要求，而目前我们还无法了解他们是否具备这种能力。”

盖特纳没想到英国金融服务管理局会采取如此富有攻击性的态度，于是直接问麦卡锡，英国监管当局是否将正式声明不准备批准这笔交易？

“我们根本不可能去考察这些风险是否在我们可接受的范围内，”麦卡锡回答道，“除非你们先给我一个提案。”但他又补充说，由于现在是伦敦时间下午 3:30 左右，在接下来几个小时内取得共识的机会已经很渺茫了。

麦卡锡接着指出了另外一个问题：未经股东表决，巴克莱不能履行与雷曼的交易，这是英国对所有上市公司的明文规定。如今巴克莱并没有时间举行股东投票，而且也没有权力取消投票步骤——只有政府才有权这么做。

盖特纳表示这种说法让自己感到很意外，因为之前与巴克莱的谈话让他觉得英国政府似乎已经表明将支持这笔交易了。

“我绝对没有给出过这样的信号。”麦卡锡肯定地说。就像星期五达林向保尔森所表示的那样，麦卡锡也表达了对雷曼本身及其他市场状况的焦虑。

“够了，”盖特纳不耐烦地说，“在接下来的半个小时内我们必须作出决定，没时间了，恕不奉陪。”

“祝你好运。”麦卡锡简短地回答道。

挂断电话后，盖特纳径直冲到保尔森的办公室。保尔森正在与考克斯谈话。盖特纳顾不得这么多了，直接向他复述了刚才与麦卡锡的谈话。

“我问他是不是准备否定巴克莱的收购计划，”盖特纳抱怨道，“他一直不肯承认，但很明显，这就是他想说的。”

保尔森有点失控了："我不相信！"

他们很快讨论了一下对策，保尔森让在场唯一拥有针对雷曼的法定监管权限的考克斯给麦卡锡打电话。考虑到自己还在气头上，所以保尔森把解决监管问题的任务交给了他，"我不想留在这里收拾雷曼这个烂摊子了。"

考克斯给麦卡锡打电话的时候，他正待在位于布莱克希斯区、靠着泰晤士河的家里。在麦卡锡重申巴克莱这笔交易所面临的问题之后，考克斯暗示，他们可以试着努力解决，同时还加了一句："你看起来似乎对这个局面无动于衷。"

"不，"麦卡锡冷冷地反驳道，"我不过是在努力陈述事实，好让你们了解情况并做好相应准备。"

"你太消极了。"考克斯坚称。

"听着，你该明白，我们眼中最重要的问题其实并没有被纳入你们的考虑范围。"麦卡锡的抱怨迅速转变成愤怒。"你们应当清楚，我们今天才得到消息！"他一边说，一边列出了一长串巴克莱应当满足的条件，"本来我们早就要指明哪里会出差错的。"

5分钟后，脸色惨白的考克斯手捧记事本返回保尔森和盖特纳身边。

"他们不打算批准这笔交易了，"考克斯说，"这彻底推翻了我们之前所做的事。在此之前，他们根本没向我们提过一个字。"

刚走进来的纽约联储法律总顾问托马斯·巴克斯特简直不敢相信自己的耳朵。"我们都走到这一步了，钱都已经放在桌子上了，"他难以置信地说，"他们乘飞机到这里来的时候绝对想象不到！"

"我给达林打个电话。"保尔森说。

苏格兰爱丁堡，首相戈登 · 布朗的财政大臣阿利斯泰尔 · 达林和往常一样准备前往伦敦开始下周的工作。

现在是当地时间下午 4 点左右，达林已经与巴克莱的约翰 · 瓦利、英国金融服务管理局的官员及布朗首相开了一天的电话会议，他们一直在讨论英国政府是否要批准巴克莱的这笔交易。

达林对这笔交易深感疑虑和不安，尤其是从一名下属那得知美国银行已经退出竞购之后。巴克莱会留下来购买这些残羹冷炙？当天早晨达林阅读了报纸上关于这笔交易的所有报道，包括《星期日电讯报》的一段社论：

> 免费的东西仍然可能让你花大价钱。如果戴蒙德能够证明两件事情，投资者就可以放心地跟着他往前冲：第一，戴蒙德需要证明他还保有一定的行为准则，然而令人悲哀的是，这些准则正是当今世界的顶级银行所严重缺乏的；第二，他需要明确无疑地证明雷曼是真正的便宜货。

达林认为，巴克莱不可能已经深入地检查了雷曼的账簿以确保将来不会受其资产跌破底线的拖累。更糟糕的是，达林脑海中盘旋着另一个问题：大不列颠最大的按揭银行哈利法克斯银行（HBOS）如今正处在危险边缘；同时他知道劳埃德银行（Lloyds）对购买哈利法克斯银行有兴趣。但在他眼里，巴克莱、劳埃德银行、哈利法克斯银行乃至整个银行系统都处在危险当中。

正当所有这些问题都在脑子里翻腾时，达林接到了保尔森打来的电话。

“阿利斯泰尔，”保尔森的口气有些严肃，“刚刚与英国金融服务管理局的谈话让我们非常苦恼。”

达林解释说他知道英国金融服务管理局和他们联系过了，目前看来还存在大量没有解决的问题。“原则上我不反对这笔交易，”达林说，“但你们的所作所为会让政府承担巨大风险。我们需要确定将承担什么以及美国政府愿意做什么，我们认为这些要求是合理的。”

“那我们就束手无策了。”保尔森回答道，他一方面惊讶于达林的态度，另一方面继续就英国政府是否准备取消股东投票步骤的问题向达林施压。

“如果这种情况继续下去，就你所知，美国政府能够做些什么？你又能够提供什么？”达林反问道。

保尔森重申自己希望促成这次并购，但达林转换了话题，接二连三地向保尔森询问关于雷曼破产的应急计划。即将挂断电话时，达林说：“好吧，如果雷曼被政府托管了，请通知我们，因为这也会对英国产生影响。”

“他不打算促成这笔交易，”保尔森以惊愕的口气告诉盖特纳，“他说他不想‘进口你们的癌症’。”

接下来两分钟，盖特纳的办公室里炸开了锅。直到盖特纳让他们都安静下来，并且高声问道：“为什么我们之前没想到？这太他妈的疯狂了。”这是盖特纳本周六以来第一次大喊大叫。

保尔森开始考虑能否让布什总统私下给戈登·布朗打个电话，但这个问题还没说出口，他就已经知道了答案：“不可能。”他解释说，达林暗示已经向戈登·布朗首相报告了目前的状况。盖特纳谈到达林的意思时说：“他根本就不想让巴克莱做任何事情。”

“好吧，让我们执行 B 计划。”盖特纳沉思片刻后说。他们约好在楼下碰头，一起把这消息告诉那些银行家，好让他们开始为雷曼破产做准备。B 计划很简单：监管者将强制命令各家银行不得减持雷曼及其他银行的证券，以便减少对市场的冲击。

接下来，还有一个重要的难题需要解决。盖特纳说："我们得处理美林。"

众人准备动身离开时，保尔森显得非常沮丧，他幽幽地说："常在河边走，难免不湿鞋啊。"

美联储的一位保安正四处寻找麦克达德和罗基·科恩，最终在一楼找到了他们。"财长保尔森想见你们。"保安说，随后便把他们领到了盖特纳的等候室。

麦克达德刚才正满心欢喜地发送着有关这笔交易的邮件，科恩则非常焦虑。他已经知道不少政府官员对雷曼前景持谨慎态度。现在麦克达德也意识到有些不对劲了，在等待的时候他给格尔本德发了条消息："我们的交易好像遇到麻烦了。"

盖特纳办公室的门打开了，盖特纳、保尔森和考克斯走了出来，此刻的他们沉默异常。

"所有银行都同意融资了，但英国政府不同意。"保尔森向他们宣布。

"为什么？谁说的？"科恩感到难以置信。

"这是来自英国政府的消息。他们不想让美国的问题影响到英国的金融系统。"保尔森解释说。

这消息无异于晴天霹雳，麦克达德此时已呆若木鸡，而素以沉着著称的科恩也几乎是在咆哮："我不相信！你们必须立即采取措施。"

"听着，"保尔森严厉地说，"我不打算哄骗他们，也不打算威胁他们。"

科恩仍然不肯放弃。

"我知道我们一定有能与英国政府谈判的砝码，"科恩说，"我得打电话给一个能帮得上忙的朋友。"

保尔森向科恩摇摇头："你是在浪费时间，这是英国政府最高层的决定。”

科恩走到角落，直接给卡勒姆·麦卡锡打电话。科恩和麦卡锡熟识多年，20 世纪 90 年代麦卡锡在巴克莱工作，那时科恩是巴克莱的律师。但是当科恩一字一句地解释整件事情的时候，他脸上分明写着：“麦卡锡帮不上他朋友的忙了。”

“如果你认为这件事不会影响到英国经济，那你就大错特错了，”科恩对麦卡锡说，并用近乎祈求的语气劝他改变主意，“如果这笔交易不能达成，雷曼的破产一定会影响英国经济的。”

楼下，保尔森、盖特纳和考克斯正一起走进主会议室。里面各家银行的首席执行官还在协调关于雷曼房地产资产的融资问题。房间里的气氛已经明显变得乐观，因为他们正不断取得新的进展。“不希望帮助巴克莱的人可以松口气了。”保尔森有点狼狈地宣布。房间里的银行家听了这话都一头雾水，直到保尔森正式宣布交易失败，众人才明白过来。“英国政府不允许这种保证方式，巴克莱今晚无法通过收购计划，他们还需要一个股东投票步骤。”

“但我们现在有资金了啊。”杰米·戴蒙吼道。

“他们难道不是我们在这个世界上最亲密的盟友吗？”一名银行家问道。

“伙计们，相信我，”保尔森说，“我知道该怎样坚定不移地争取，但我已经尽力了，交易已经不可能了。”

在座的人们普遍认为这简直是趁火打劫，保尔森只是摇了摇头：“我们被英国人耍了。”

随后，盖特纳将大家的讨论重点引向了设立应急计划的必要性。他表示，星期一雷曼控股公司就会申请破产保护，今天下午政府将会为所有大银行设立紧急交易时段，使大家得以平仓与雷曼有关的资产。

最后盖特纳提出设立一个信贷周转机构，使之能有效帮助今后遇到困难的银行。该计划需要 1 000 亿美元紧急资金，会议室里的每家银行需提供 100 亿美元，其中 70 亿美元算资助，30 亿美元算借款。任何一家银行在紧急情况下都可以从该机构获得高达 350 亿美元的资助资金。

会议结束后，保尔森和盖特纳悄悄将塞恩拉到一边："我们有话对你说。"

"约翰，你看到雷曼现在的状况了，"保尔森刚坐下就对塞恩说，"你自己应该做点什么了。如果你们指望政府会出手拯救，我可以明确地告诉你，我们没有这个权利。"

"我一直都在努力拯救公司，"塞恩严肃地说，"我正在拯救我们自己。"

接着他解释了正大力争取的两条平行道路：一是将美林一小部分股份卖给高盛；二是将整家公司卖给美国银行。他告诉保尔森和盖特纳，自己已经和肯尼斯·刘易斯谈过，与美国银行则谈得更为深入，但他希望高盛那边能更早有回音。

已经了解了基本情况后，盖特纳起身去向伯南克做简短汇报。

保尔森明白塞恩比较倾向于高盛，也明白他仍然想保留美林首席执行官的职位，但保尔森还是指示他推进与美国银行的交易。

"约翰，你必须让这笔交易成功，"保尔森催促道，"如果这周末你还没找到买主的话，美林乃至我们整个国家的金融系统就只能听天由命了。"

"我就知道这个计划是通不过的。"在巴克莱总部戴蒙德的办公室里，麦克达德对戴蒙德说。

“你这是什么意思？”戴蒙德吃惊地问道，“我怎么从来没听说过？”

“木已成舟了，政府说这笔交易不可能达成。”麦克达德告诉戴蒙德，并详细叙述了保尔森与英国监管者的谈话。

听完，戴蒙德立即给盖特纳打了个电话。

“我刚刚才得到一些消息，”戴蒙德恼怒地说，“究竟发生了什么？”

“你应该去问问汉克。”盖特纳回答道。

戴蒙德终于联系到保尔森并粗鲁地说：“我想告诉你，在你作出这个决定之后，谁也没给我打过电话。”他停了停，努力使自己的语调保持平静：“我必须向你说明，这个决定和我之前的预期相去甚远。我想，我需要一个解释。”

听完保尔森的解释，戴蒙德挂断了电话，他既泄气，又愤怒，还感到几分尴尬。对于保尔森，他非常愤怒；对于英国政府，他则非常失望——居然让自己在最后关头不得不放弃该并购计划！

晚上 12：23，戴蒙德用黑莓手机给 6 个月来一直努力推动这笔交易的鲍勃·斯蒂尔发了条信息：

> 情况糟透了，真让人沮丧。卑鄙的英国人！

麦克达德、亚历克斯·柯克 和马克·沙菲尔默默地走进纽约联储大楼的地下停车场并乘上了麦克达德的黑色奥迪 A8 轿车，向雷曼总部开去。车上一直很沉默，至少有 5 分钟没人说话。他们正努力理解刚刚发生的一切，并尝试接受这个事实：他们已经别无选择。

当汽车驶上西侧高速公路时，麦克达德给富尔德打了个电话。

“迪克，你可得坐稳了。”他说。

“我有个不折不扣的坏消息。十分令人震惊，据说英国金融服务管理局不肯批准，这笔交易做不成了。”

“什么叫做不成了？”富尔德在电话里咆哮道。

“保尔森说，一切都结束了，英国政府不允许巴克莱做这笔交易，没有人来救我们了。”

听完这个消息，富尔德一句话也说不出来了。

另一边，美林的格雷戈里·弗莱明与美国银行的格雷戈里·柯尔距达成协议仅一步之遥，律师们开始起草交易文件概要。合并后的银行将坐落在夏洛特，但同时在纽约设有主要办事机构。经济业务将继续使用美林证券的标志性名称以及它那家喻户晓的公牛标志。

正在完善一些细节的弗莱明接到彼得·克劳斯在返回高盛途中打来的电话。克劳斯表示，他需要弗莱明派一部分美林的尽职调查队员去高盛与他会面。

“我不会派任何人去任何地方，”弗莱明回答道，“现在我们手头上有一笔很好的交易等着我们去做。”

弗莱明担心克劳斯会暗中破坏美林和美国银行之间的协议，因为克劳斯对与高盛老朋友之间的交易更加感兴趣。从克劳斯一周前来到美林的那天起，弗莱明就认定他对整件事情毫无裨益。他还担心，若发现美林与高盛正在接洽，美国银行的高管将会一走了之。

“我们应当寻找尽可能多的选择，”克劳斯对弗莱明说，“你是公司总裁，这应该由你说了算。但你却犯了一个严重的错误。”

“是的，这该由我说了算，”弗莱明表示同意，“但我刚才已经说过了！”

“约翰，我们得聊聊。”迪克·富尔德在美联储打通了约翰·麦克的电话，几乎是恳求道，“现在还有办法让我们成功达成交易，让我们一起努力试试吧。”麦克为他的朋友感到难过，但他没有办法答应对方的要求。“我很抱歉，迪克，”麦克同情地说道，“我感到非常抱歉。”

麦克挂断了电话，走向包括杰米·戴蒙在内的一群银行家，并向他们复述了刚才的对话。他对雷曼破产命运的悲痛之情溢于言表。

戴蒙则皱起了眉毛。

“现在回想起来，我刚才与雷曼一个伙计的谈话就像是在做梦，”戴蒙说，“他似乎还是不能接受这个事实。”

麦克摇了摇头：“这真是一场灾难。”

美国国际集团，克里斯·弗劳尔斯正坐在一张秘书办公桌旁边，等待会见维纶斯塔。他之前一直与美国银行的职员并肩工作，现在趁着等人的空隙得以小憩。和他在一起的还有安联集团的保罗·阿赫莱特纳博士，他们准备一起向美国国际集团提供报价。

被请进会议室的时候，他们发现，维纶斯塔正与施赖贝尔以及他的一组顾问在一起。其顾问包括摩根大通的道格拉斯·布朗斯坦、沙利文-克伦威尔律师事务所的迈克尔·怀斯曼等人。

“我们准备了一个报价，”弗劳尔斯一边说，一边把一份投资条款说明书递给维纶斯塔，并开始说明他对美国国际集团的估价是 400 亿美元（星期五，美国国际集团的市值为 310 亿美元），这表明他完全不知道在此之前，摩根大通的银行家们发现美国国际集团还存在另外 200 亿美元的漏洞。考虑到美国国际集团目前存在的问题，弗劳尔斯认为这是短期内他所能给出的最高估值。

然后，弗劳尔斯解释了自己的粗略估算：他的公司及安联集团将分别购买 50 亿美元股权，共计 100 亿美元，同时他还打算从其他各家银行筹集 200 亿美元的资金，并准备卖出价值 100 亿的资产。他们将直接投资给美国国际集团管理的子公司，但必须得到母公司的控制权。这个条件是为了保护弗劳尔斯和安联：如果母公司破产，他们还能拥有子公司。最后弗劳尔斯表示，他们有把握说服美联储把美国国际集团转变为经纪自营商，以便其能够像高盛及摩根士丹利那样的投资银行一样，直接从贴现窗口贴现。

在结束陈述之前，弗劳尔斯补充说，其中有一个条件在交易说明上没有挑明："鲍勃，我们将取代你的首席执行官职位。"

随之而来的沉默表明维纶斯塔及其顾问都认为这个报价是个笑话。这并不是因为弗劳尔斯厚着脸皮告诉维纶斯塔他将被解雇，而是由于这笔交易充满了潜在陷阱。弗劳尔斯基本不动用自己的钱，并且也没有列明达成这笔交易所需的80%资金。同时，维纶斯塔等人认为，弗劳尔斯的出价低得离谱，在他们的心目中，美国国际集团至少值报价的两倍。

"很好，"维纶斯塔冷静地说，"我们有责任把这个报价向董事会反映，但我必须告诉你，你的报价有问题，这里没一个人会同意的。"维纶斯塔指的是弗劳尔斯的方案仍然需要银行融资。"谢谢你们，"维纶斯塔站起来说，暗示弗劳尔斯他们尽快离开。弗劳尔斯一离开，阿赫莱特纳便立刻关上门，坐回自己的位子。

"我不赞成他刚才说的。"阿赫莱特纳如耳语般低声说到。

"来这之前，你就已经知道弗劳尔斯的打算了。"维纶斯塔强压心中的怒火。

"不不不，那不是我们做生意的方式。"阿赫莱特纳抱歉地说。

"好吧，无论如何，谢谢你。"维纶斯塔简单地回答道。

对方整个团队都离开后，维纶斯塔对施赖贝尔耳语道："在这栋楼里我永远不想再看到这群人了。"

有那么一刻，迪克·富尔德还是能感受到一丝希望的。雷曼财务总监伊恩·洛维特得到消息，美联储打算进一步放开贴现窗口。这意味着雷曼这类券商能将包括不良资产在内的更多资产进行抵押，以获取现金。

“好，我们这就行动。”富尔德说，他相信雷曼能够坚持到他们自己找出解决问题的方法。

“这是个非常非常好的消息，”洛维特说，他已经在脑子里计算雷曼大量房地产资产的价值了，在他看来，这些资产应该足以向美联储抵押，“我们有足够的抵押品！”

“雷曼马上就要破产了。”保尔森靠在椅背上，告诉盖特纳和考克斯。他明确表示不希望雷曼再拖延时间，进而增加市场的不确定性。

保尔森坚持雷曼破产的另一个原因是，就算美联储进一步放开贴现窗口以维持券商的生意，他也不打算批准雷曼通过审查。因为一旦批准，必将引发一场道德危机。

考克斯说，他希望举行新闻发布会来宣布雷曼破产。作为政府唯一正式授权的监管者，他必须赶在雷曼破产的消息传开并带来恐慌之前，把这个消息告知公众。

考克斯找来美联储新闻发言人卡尔文·米歇尔和保尔森的首席顾问吉姆·威尔金森，询问新闻发布会何时才能举行。

“能在证监会的办公室开新闻发布会吗？那里会不会更合适点？”米歇尔问道。很明显，他并不情愿在如此混乱的情况下安排一次新闻发布会。

“在这里开新闻发布会更容易些，记者们都在这里。”考克斯指着窗外沿着自由大街挤做一团的记者们说道。

“好吧，我们就在这层楼举行记者发布会，”米歇尔说，“我们可以搬一个讲台下来。”

正当他们要开始讨论考克斯在新闻发布会上发言的主要内容时，证监会市场与交易部主管埃里克·西里指出，这个计划存在一个小问题。

“我们不能宣布这个消息，我们不能在一个公司自己决定破产前宣告它申请破产，这应该是雷曼董事会的决定。”西里说道。

下午刚过一点，雷曼的史蒂文·贝肯菲尔德就给破产律师、威嘉律师事务所的斯蒂芬·丹豪泽打了个电话。贝肯菲尔绝望地说，自己刚接到通知，让麦克达德带一大批雷曼主管人员去美联储开会。“你最好去那儿看看。”贝肯菲尔德催促道，但除此之外，他没再提及其他消息。

几秒钟之后，叫上哈维·米勒、托马斯·罗伯茨（Thomas Roberts）和洛丽·法伊夫（Lori Fife）三名高级律师后，丹豪泽一行急匆匆地来到大街上拦出租车。正当他们四个为拥挤的交通状况心急火燎时，罗伯茨接到事务所一个搭档的电话，对方告诉他，花旗刚刚打电话来询问，作为雷曼破产的债权人，威嘉是否有资格代表雷曼申请破产。

“现在谈论这些毫无意义，”罗伯茨告诉他的搭档，“我们正在赶赴与巴克莱讨论交易的路上。”

一小时后，他们终于赶到了纽约联储大厦。新闻摄像人员仍然在纽约联储大厦外安营扎寨，身着制服的联储保安正监视着他们。律师们好不容易挤进了纽约联储大厦，正巧碰到花旗银行的维克拉姆·潘迪特匆匆往外走，仿佛有个约会要迟到了似的。

麦克达德和雷曼的其他代表们已经在楼上了，他们对面坐的是几排政府官员和律师。会议理所当然是由纽约联储总顾问巴克斯特主持，而来自佳利律师事务所的律师们代表的则是美国证券交易委员会。

几分钟之前，麦克达德刚告诉巴克斯特：“你不会明白这个结果的。你不知道将会发生些什么！”

这时，巴克斯特注意到威嘉的律师们到了，于是就礼貌地停止了谈话。“哈维，很明显现在巴克莱不可能并购雷曼了，经过一番深思熟虑，我们的结论是雷曼即将破产。”

米勒感到不可思议，他走近巴克斯特质问道：“为什么？为什么一定要破产？你能解释下这件事情吗？你能详细说明一下吗？”

“我不确定这是否必要，但是考虑到当前的情况，已经不可能有其他的紧急救援了，所以我们认为雷曼破产是目前最恰当的方法。”巴克斯特怯懦地回答道。

米勒回头看着他的同事。“很抱歉，汤姆，我们真的不明白。”

佳利的律师艾伦·贝勒不由分说地表态道：“你们必须得这么做，并且这些工作应该在今晚午夜之前完成，我们准备了一个安抚市场的计划。”

米勒提高了声音：“你有一个计划来安抚市场，是这样吗？你能告诉我这个计划是什么吗？”

“你没必要知道这些。”巴克斯特回敬道。

“汤姆，”米勒坚持道，“昨天从美联储回来的人当中没有一个告诉我雷曼要倒闭。但现在我们却不得不在午夜之前就准备好雷曼的破产申请材料。一夜之间，究竟是什么神奇的力量改变了这一切？就算我们的唯一出路就是申请破产，截止时间也不会是在今晚午夜，而应该是根据破产法第 11 章有关破产保护的诉状要求来确定的时间。根据那条法律，我们的截止日期应该是什么时候？”

“我们有自己的计划。”巴克斯特重复道。

米勒站了起来，1.88 米的身高让他在律师中间鹤立鸡群。

“你们的计划是什么？”米勒低吼道。

巴克斯特恼怒地盯着米勒，不做任何回答。

“如果雷曼完全没有为申请破产做准备，这将是金融界的一场劫难。”米勒警告巴克斯特道，“我一直是一家证券自营商的托管人，即便是小公司的破产倒闭，也会给市场带来显著影响。现在你却想让全国大型金融公司、商业票据最大发行商之一的雷曼破产，这种情况是史无前例的，这么做只会降低市场的流动性，而且将导致市场崩溃！”米勒挥着他的手对巴克斯特重复道：“这将是金融界的一场劫难！”

巴克斯特看着这群证监会的律师，考虑了片刻，最终说：“好吧，我告诉你我们要做什么，我们要召开一次核心会议。”

当会议室只剩下雷曼的团队时，米勒对罗伯茨说：“这个决定非常不明智。他妈的居然让我们申请破产，美国政府居然让我们申请破产！”

“我都不知道我该说些什么，这么做是违法的。”罗伯茨答道。

大约半小时之后，巴克斯特与其他政府律师回到了会议室，会议继续进行。巴克斯特宣布：“我们考虑了你所说的，但依然坚持我们的立场。我们确定雷曼将要破产，但我们也准备继续对雷曼放开美联储贴现窗口以便让它的证券自营部门能继续这些业务。”

巴克斯特试图采取一个折中方案，使雷曼的破产工作能有序地进行。联储打算贷款给雷曼的证券自营部门，但这些贷款也不是无限期的，而只是作为破产计划的一部分。

纽约联储的执行副总裁桑德拉·克里格（Sandra C. Krieger）问：“你们星期一晚上就得筹资，我们明天需要提供多少现金？”

“我们不可能知道答案。”柯克告诉她。

“你这么说非常不负责任。”克里格尖锐地回应道。

“是吗？你是想告诉我，明天我们申请破产时，有多少交易对手会为雷曼要出售的500亿资产付钱吗？”柯克愈加愤怒地说道。

察觉到该对话偏离了会议主题，米勒立马插了进来，询问该措施的必要性。

“我们已经考虑了你的意见，但我们依然认为自己的决定是对的。我们不想在这个问题上继续讨论了。”巴克斯特说道。

米勒继续坚持他的看法：“你是在要求雷曼作出重大决定，雷曼有权得到它能够获得的所有信息。”

“你不会得到这些信息的。”巴克斯特坚称。

艾伦·贝勒打断了他们的对话：“好了，我们将发布一系列信息，我们有信心，明天可以稳定市场。”

“对不起，你是在说新闻稿吗？”米勒讽刺道。

会议就在这样的对话中结束了。

在沃切尔·利普顿·罗森·卡茨律师事务所的门厅，格雷戈里·弗莱明遇到彼得·凯利，并给了他一个大大的拥抱。他乐不可支地在凯利耳边低声说道：“我们成了，成交价 29 美元每股，你得请我喝酒。”

弗莱明刚和塞恩通了电话，塞恩给他开了一路绿灯，批准他以 29 美元每股的价格签署协议。

与格雷戈里·柯尔进行了整整一下午的讨价还价后，弗莱明不仅仅说服他接受成交协议，还说服美国银行为美林的红利基金出资，并持续到 2007 年。美林所有职员都将不再续签雇用合同，包括弗莱明和塞恩，柯尔对这点很是赞赏。为保证这笔交易能够完成，弗莱明还说服柯尔签署了一项几乎无懈可击的协议——这意味着此后就算美林的业务继续恶化，美国银行也不能通过宣称“发生重大不利变动”而推卸交易责任。

就像柯尔之前向肯尼斯·刘易斯解释的那样，在他看来，“我们的确可以拖一拖再压压价，但如果今天不达成交易的话，我们就将永远失去这个机会。”作为一名老练的交易人，这将是柯尔的最大成就。

美国银行将在下午 5 点召开董事会会议，而美林则会在下午 6 点于圣瑞吉斯酒店召开董事会会议以通过这笔交易。几个小时后，华尔街传奇之一、有着近 100 年历史的美林就要被出售给美国银行了，这将是银行史上以最大溢价成交的并购案。就如后来一家报纸所描述的，美国银行购买美林就如同沃尔玛收购蒂芙尼一般。

纽约联储大楼里，各家银行刚刚完成了手上雷曼资产的平仓，该过程进展得并不顺利。美联储的工作人员向各家银行的首席执行官们分发了解释流程的说明便笺，纽约证券交易所和伦敦证券交易所为此临时提供了两小时交易时间。这段时间里，在经纪人缺席的情况下，曾经与雷曼进行过对手方交易的众多公司互相配对平仓。

整个过程的设计都是基于雷曼破产的假设：“所有交易达成的前提都是雷曼母公司申请破产，”美联储的便笺里写道，“如果雷曼控股公司在美国东部时间星期一上午 9 点前申请破产，那么，所有交易都将‘计入开盘的交易量中’。”便笺特意没有发给任何雷曼的工作人员。

不管美联储的计划安排得多么有序，各家银行还是难以找到合适的公司进行对手方交易，从而实现对雷曼资产的平仓。下午 4 点，交易员们沮丧地离开了各自的席位，许多公司的雷曼资产头寸还是和上周五一样多。

“虽然为便于各大公司平仓，今天设立了额外交易时间，但成交量却非常小，总量大概只有 10 亿美元，不过仍远高于公司债券的成交水平，”太平洋投资管理公司总裁比尔·克劳斯告诉记者，“雷曼似乎准备申请破产保护，对于遍及全球、仍持有还未平仓的相关衍生品和互换头寸的交易商、对冲基金及投资者来说，这是一场突如其来的海啸。”

美林将被出售给美国银行的消息开始到处流传。作为美国最受崇敬的投资者之一，克劳斯对此很是不以为然："美林将被出售给美国银行这个谣传在某种程度上的确增强了市场信心。但我很怀疑美国银行会在这么短的时间内就以如此高的溢价购买美林。"

仍待在美联储的摩根士丹利银行家鲁思·波拉特也对该传言，尤其是传闻中的价格表示怀疑。她打电话给摩根士丹利的银行业专家约翰·普鲁赞（John Pruzan），告诉他这个最新消息。

"有传言说美林和美国银行的成交价是 29 美元每股，而且这个消息将在明天早上发布。我不相信，因为美国银行根本没时间做尽职调查，而且这个价格太荒谬了。"波拉特说。

普鲁赞毫不犹豫地回答道："这一定是肯干的，这绝对是真的，这就是肯的作风。"

"你们都知道了吗？"摩根士丹利首席法律顾问加里·林奇一边在电话里对瑞士信贷投资银行部负责人保罗·卡莱略大喊大叫，一边不停地来回走动。由于无法使用纽约联储的电脑，林奇正在向摩根士丹利新闻发言人金莫里·麦克法登口述一份重要的新闻稿件，后者疯狂地敲着键盘，以跟上林奇的速度。

美联储打算让市场知道，尽管雷曼可能破产，但华尔街的银行正在通力合作，以防止整个金融系统的崩溃。

新闻稿将以这样的文字开头："今天，为提高市场的流动性、减轻前所未有的波动以及应对全球债券和股票市场所面临的其他挑战，全球商业银行和投资银行发起了一系列行动。"

新闻稿将接着陈述，许多全球最大的金融机构正为他们自己建立一个总金额为 1 000 亿美元的信贷周转机构，这一数额远远超过了美联储一级交易商信贷工具所能提供的数额，任何银行都能从中获得上限为

350 亿美元的贷款。

至此，10 家银行各自提供了 70 亿美元资金，总额已达 700 亿美元。这些银行都是全球知名的金融机构：高盛、美林、摩根士丹利、美国银行、花旗集团、摩根大通、纽约银行、瑞士银行、瑞士信贷、德意志银行和巴克莱银行。正常情况下，他们中的大多数都是彼此间竞争激烈的对手。

新闻稿在结尾处满怀信心地写道："金融界正在尽一切努力，为我们的资本市场和银行体系提供额外的担保与流动性。"

恐慌已经在雷曼内部的各个阶层蔓延。在位于公园大道 399 号的雷曼办公室里，投资管理部负责人乔治·沃克正尽力拯救整个部门。上周五他收到来自贝恩资本和德州太平洋集团的两份标书，当他正试着邀请这两家私募股权公司共同商讨交易细节的时候，他接到麦克达德手下的交易员埃里克·费尔德打来的电话。

费尔德语速很快，以至于听起来气喘吁吁。

"你得给你的表兄打个电话，现在是时候给总统打电话了。"费尔德坚定地说。

沃克是布什总统的表弟，他在犹豫是否要动用他的家庭关系。

"我不知道该不该这么做。"沃克回答说。

"你必须这么做，乔治，公司就要破产倒闭了，必须有人来阻止这一切。"费尔德说。

沃克往白宫打了电话，结果却只能通过接线员留下口信，电话并没有得到回复。

雷曼破产的脚步越来越近了，常务董事史蒂文·贝肯菲尔德又突然遇上一个新问题：雷曼还欠请来负责申请破产事务的威嘉律师事务 1 850 万美元的服务费用。比起拖欠整个华尔街的数十亿美元，这笔针对法律服务的欠款实在是微不足道，然而它却会导致威嘉和米勒无法代表雷曼申请破产保护。因为威嘉属于雷曼的债权人，与其存在利益冲突，这将使法官拒绝批准威嘉代表雷曼申请破产保护。

对贝肯菲尔德来说，威嘉参与这个过程至关重要。毕竟，它的律师最了解雷曼，雷曼每次的法律文件几乎都是以创纪录的时间完成的。对威嘉总裁斯蒂芬·丹豪泽来说，能够代表雷曼申请破产保护也非常重要：从雷曼申请破产保护的规模和复杂程度上看，这笔业务一定比安然破产案还要大，费用很可能超过一亿美元。

丹豪泽希望贝肯菲尔德能立即支付，即赶在公司破产之前将现金直接电汇至威嘉的账户。这种方式也存在风险，作为这样一笔资金的接收方，威嘉律师事务所很有可能会丧失替雷曼申请破产的资格。

尽管雷曼正处于种种重压之下，贝肯菲尔德仍在尽一切努力。因为现在还是周日，雷曼只有通过摩根大通才能进行电汇，于是贝肯菲尔德给摩根大通打电话求助。

但丹霍伊泽打电话说，他们在摩根大通的电汇没有通过，因为摩根大通已经冻结了雷曼账户，他被告知，这是“上层的决定”。

贝肯菲尔德立刻打电话给摩根大通总顾问斯蒂芬·卡特勒（Stephen Cutler），愤怒地质问道，他们所谓的“上层决定”究竟是什么意思。

“听着，我不知道这究竟是什么意思，”贝肯菲尔德提高音调，“我不知道这是杰米·戴蒙还是这公司之外的什么人的意思。但总有一天，我们会搞清楚究竟发生了什么。”

听到这些，卡特勒答应尽量为雷曼完成这笔电汇。

鲍勃·戴蒙德疲倦而又泄气地回到卡莱尔酒店的房间，却出乎意料地得到了一个惊喜。妻子珍妮弗与在普林斯顿读大二的女儿内莉正在那等着他回来。内莉在笔记本上看到了新闻，当得知父亲的交易已经失败时，她大吃一惊，随即赶来纽约。

他们决定去史密斯 & 沃伦斯基牛排餐厅共进晚餐。正当他们走进餐厅时，戴蒙德的手机响了，他低头看了下屏幕上的名字，是麦克达德。

“我不能接这个电话，我不能接。”戴蒙德告诉女儿。而内莉却对父亲的胆怯感到不解，因为这不像是父亲的作风。

“爸爸，接电话！”内莉坚持道。

戴蒙德很不情愿地按下了接听键。

“我有个疑问，”电话一接通，麦克达德就问道，“如果我们破产的话，你觉得把我们在美国的经纪自营业务划到破产范围之外怎么样？”

戴蒙德低声对珍妮弗和内莉说：“这个电话得好一会儿。”

于是珍妮弗和内莉先走进了餐厅，戴蒙德随即问道：“发生了什么？雷曼即将申请破产保护吗？”

“我不确定，”麦克达德回答道，“但如果我们申请破产，或者我们不得不面对这个结果，你愿意接管雷曼在美国的经纪自营业务吗？”

“巴特，这正是巴克莱想要的，绝对没错。我们会慎重考虑的。但我必须告诉你，我对破产法一无所知，也不知道该从哪里下手。我得先和约翰还有同事们谈谈，但可以确定的一点是，我们的回答是愿意。

“我们有什么理由不那么做呢？”戴蒙德继续说，“明天早上 5 点我带上我的人去见你。但如果你们不打算宣告破产了，请给我发封邮件。那样的话，我们就各顾各的。”

星期天晚上，维纶斯塔和顾问团队从摩根大通回到美联储，向美联储报告了最新进展。

保尔森、盖特纳和杰斯特进入会议室落座之后，维纶斯塔脸色阴郁地告诉他们："我们没有取得任何进展，或者说情况比以前更糟了。"他解释说，资金缺口已经增加到600亿美元。他还详细叙述了弗劳尔斯的鬼把戏，把大家给逗乐了。

一直做着笔记的杰斯特开始询问维纶斯塔和布朗斯坦具体的数字。杰斯特不理解他们为什么只做范围上的探讨，他想知道美国国际集团所需资金的精确数字。

布朗斯坦叹了口气说："我不能给你一个精确的数字，因为这很难得出。"布朗斯坦还向他描述了美国国际集团陈旧的系统。

尽管房间里所有人都知道美国国际集团处在困境当中，就像维纶斯塔所描述的那样，但没人提到破产。

维纶斯塔建议，为避免美国国际集团被信用评级机构降级，美联储应该贷给它足够的资金。

盖特纳再次强调这是不可能的。鉴于美联储已经打算让雷曼自生自灭，维纶斯塔知道盖特纳的拒绝是认真的，但他还是坚持他的建议。

"我只是建议进行一笔交易而已，又不是建议让美联储救市。如果我们能向美联储抵押资产，从而得到美联储的支持，我向你保证，如果有必要，我会卖掉所有的资产来偿还美联储的贷款。"维纶斯塔坚决地说。

保尔森恼怒地重复道，这是不可能的。

美国国际集团的团队刚刚离开，盖特纳就告诉保尔森，他们需要开始考虑如何拯救这家公司，或许可以通过其他的私人财团？

"我不知道，我不知道。"保尔森虚弱地回答道。他已经把所有精力都放在雷曼和美林的命运上了，难道现在他还得为美国国际集团寻找一条生路？

保尔森的首席顾问吉姆·威尔金森努力想让上司振作起来，于是故意惊叹道："从前景分析上看，如果这家公司不破产，事情就有意思了。"

财政部和美联储都不曾监督过美国国际集团，但如果要为此找个负责人，那一定非盖特纳莫属。他看起来是最了解情况的人。在保尔森打算甩手不管之前，盖特纳问他自己能否把杰斯特借调过来帮忙。这周末杰斯特在解决雷曼和美林的许多实际问题上帮了大忙。作为高盛的前任副财务总监，杰斯特几乎比他们任何人都了解金融服务公司，这是保尔森的原话。同时，杰斯特也是少数能乐观看待摆在他们面前的复杂问题的人：早在20世纪90年代还在高盛任职的时候，美国国际集团就是他名下的客户。

夜幕降临了，已经回到摩根大通总部的杰米·戴蒙打电话给布朗斯坦询问关于美国国际集团的消息。

“情况不大好。”布朗斯坦告诉他，暗指美国国际集团的问题正如滚雪球一样越滚越大。

由于存在“流动性危机”，戴蒙知道美国国际集团可能会有突发状况，但仍相信它目前的业务还拥有潜在的巨大利益。一时间，他开始浮想联翩：“也许我们应该瞧瞧，那儿可能会有甜头，会有的。”

“什么意思？你是说我们？”布朗斯坦疑惑不解。

“是的。”戴蒙回答说。

“不不不，”布朗斯坦想让戴蒙放弃这个想法，“他们连自己那个烂摊子都收拾不了。”

“我不知道，”戴蒙陷入了沉思，他仍不相信美国国际集团会变得毫无价值，“也许值得一试。”

保尔森看了看手表，已经晚上七点多了，这意味着亚洲市场已经开市了，雷曼仍然没有申请破产。

“考克斯已经和他们谈过了吗？”他问首席顾问吉姆·威尔金森。

威尔金森说自己一直在不停地催促考克斯，让他亲自打电话通知雷曼，但考克斯却拒绝这么做。

“他什么都没做！”威尔金森鄙夷地说，“我向他转达了你的意思，但他就好像是个木头人一样。”

保尔森本来就对考克斯没有什么好感，现在看来他比自己预想的还要差劲。一直以来，保尔森都叮嘱他协调处理好雷曼申请破产的事情，没想到现在却是这种状况。“这家伙真没用。”他摆了摆手说道，然后径直走向考克斯的临时办公室。

不请自入的保尔森狠狠地关上了门并吼道：“你在搞什么名堂？为什么还不给他们打电话？”

很明显，利用自己在政府里的地位去指导一家公司申请破产，考克斯对此感到很担心。他怯懦地表示，自己不确定这件事由他来做是否合适。

“你们简直就像是一群不会打架的地痞！”保尔森吼道，“这是你们的工作！你必须打这个电话！”

当威嘉的破产律师拖着装满文件的行李箱最终抵达的时候，雷曼的董事会会议已经开始了。麦克达德用并不洪亮的声音向董事们详细陈述了发生在美联储的一切，然后开始回答大家的提问，这时富尔德的助手走进来递给他一张便条。读完便条上的内容后，富尔德一下瘫倒在椅子上。

“对不起，请稍等一下，巴特，”富尔德说，“考克斯打电话说，他想和我们谈谈。”

董事会成员们相互看了看，惊讶之情溢于言表。在此之前，从来没有哪个证监会主席会给一家公司的董事会打电话。一位董事觉得他们甚至不该接这个电话，但他的想法立马被否定了。他们将会付出什么代价呢？律师们警告说，即便在这期间有疑问，也只能由董事提出。

富尔德走到电话前，声音疲惫地说道："你好，克里斯，我是迪克·富尔德。我们收到你的留言了，董事会正在开会，大家都在，包括所有董事以及公司顾问。"

考克斯的语气如同念剧本一般缓慢而僵硬：雷曼的破产将有助于稳定市场。他补充道，对于整个国家而言，这是最有益的。然后他把纽约联储总顾问托马斯·巴克斯特介绍给各位主管。巴克斯特告诉他们，美联储和证监会意见一致，雷曼应该申请破产保护。

雷曼的一位外部董事托马斯·克鲁克申克（Thomas Cruikshank）第一个开口说话了。他在指定迪克·切尼（Dick Cheney）作他的继任者之前曾带领石油服务公司哈利伯顿（Halliburton）渡过了 1980 年的石油危机。

"为什么让雷曼破产就那么重要？"他带着些许不满地问道。

考克斯重复解释说，市场正处于混乱之中，政府必须把一切都考虑在内。其他董事也开始以各种各样的问题表示质疑，但考克斯和巴克斯特却不能提供任何其他解释。董事们因这两人的含糊回答而变得越来越沮丧。

最终，克鲁克申克直截了当地说："是不是可以这样理解：你们在指示我们让雷曼破产？"

电话那边沉寂了很长一段时间。最后，考克斯说："给我们一点时间，我们等下再给你们打过去。"

一名律师走到桌边按下挂机键后，雷曼董事的各种问题就爆发了出来。是证监会让我们申请破产的吗？还是美联储？这究竟是什么世道？就他们每个人的个人经验而言，政府还从未要求过一家私人公司申请破产保护，从本质上看，这就是给这家公司贴上了扫地出门的标签。

十分钟后，考克斯清了清嗓子，接着又拿起了电话。"是否申请破产保护必须由董事会决定，这并不是政府所能决定的，”考克斯用平静而有条理的口吻说道，“但相信在之前的会议上，美联储已经很明确地表明了政府的立场……”

IBM 前任首席执行官约翰·艾克打断了他：“所以说事实上你们并不是来命令我们的？”

“我要说的已经说完了。”考克斯以此结束了通话。

董事们面面相觑，哑然无声。富尔德呆若木鸡，深深地把头埋进了双手之间。

雷曼首席法律顾问汤姆·拉索站了起来，陈述了证券法所规定的董事会责任与义务。他讲话时，一些董事窃窃私语：破产看起来已经不可避免了，我们现在就申请吗？还是下周？

他们都清楚，政府有着足够的影响力。如果不按考克斯说的去做，天晓得会怎么样。美联储曾答应贷款给雷曼的自营部门，好让他们为交易融资，但美联储也能轻易地收回承诺并让雷曼进行彻底清算。董事会在考虑要不要投票决定是否申请破产保护。

81 岁的所罗门兄弟前任经济学家亨利·考夫曼是雷曼的风险管理委员会主席，他颤巍巍地站起来发言。在 20 世纪 70 年代，考夫曼以持有悲观态度而著称，被称为“厄运先生”，今年早些时候，他曾严厉批评美联储，指责央行“对商业银行监管不力”。现在，他因政府打算拿雷曼垫背而又把矛头对准了他们。

“这是耻辱的一天！政府怎么会允许这种事情发生？”考夫曼怒喝道，“监管者都哪去了？”他这样吼了足足有 5 分钟，当他最终回到座位的时候，其他董事只是悲悯地看着他。

随着午夜的临近，董事会投票并通过了破产决议。一些董事的眼中已满含泪水，富尔德看了看天说：“我想我该说再见了。”

破产保护律师罗瑞·法伊夫则苦笑道：“哦不，你哪儿也别想去，董事会在接下来的过程中还要扮演关键角色呢。”

米勒详细地解释了法伊夫的话：“你得决定该如何处理这些资产。所以这并不是再见，在一段时间内我们还会见到彼此。”

富尔德呆呆地看着这几位律师，茫然无力地道：“哦，是么？”然后他便独自缓缓走出了房间。

刚从埃特蒙德回到奥马哈，沃伦·巴菲特就获悉了雷曼将要申请破产的消息，此时，他正准备前往快乐山谷乡村俱乐部，与谷歌共同创始人谢尔盖·布林及其夫人安共进晚餐。

“你可帮我省下了一大笔钱，”在气派的餐厅里他笑着对布林说，“如果不是为了准时到这里来，我可能已经买下什么东西了。”

纽约市长迈克尔·布隆伯格刚和保尔森通了电话，接着马上从官邸打电话给主管政府事务的副市长凯文·希基（Kenvin Sheekey）：“我想我们得取消去加州的计划了。”而希基已经收拾好行李正准备出席与州长阿诺德·施瓦辛格一起参加的高规格会议，他为此准备好几个月了。

“明天就是世界末日了。”布隆伯格解释道，语气中并不带任何戏谑成分。

“你确定要为此留在纽约吗？”希基问道。

彼得·彼得森是私人股权投资公司黑石集团的创始人之一，曾在20世纪70年代担任雷曼首席执行官直到被格鲁克斯曼解雇，当妻子琼把电话递给他的时候，他们正在一起看电视。电话那端，《纽约时报》的一名记者提醒他关注当天的新闻。

花了一些时间了解当天的要闻后，他感叹道：“我的上帝，我在商业圈打拼35年了，这可是我看到过的最了不得的大事。”

周日晚，雷曼设在伦敦的欧洲按揭业务公司里，高级副总裁克里斯琴·劳利斯（Christian Lawless）仍在办公室给客户们发邮件，以作最后的告别：

> 对于过去几周我们公司所经受的打击，我无法用言语来表达它给我带来的悲伤，但我向诸位保证，我们会再回来的，并且会变得更加强大。

在沃切尔·利普顿·罗森·卡茨律师事务所，美国银行的肯尼斯·刘易斯正一脸坏笑地大叫道："哇噢！"

经双方董事会的批准，美国银行和美林的交易终于结束了，刘易斯正等着开香槟进行庆祝。

但现在，与美林达成的交易并不是他觉得最有趣的事。美林前任首席执行官奥尼尔出人意料地给赫里希发了封电子邮件，赫里希大声地读了出来："我为一年前不能说服美林董事会而深感抱歉。"奥尼尔写道，提及他们去年 9 月份那次秘密谈话。之后他又写道："虽然我猜会遭到拒绝，但我还是希望能担任刘易斯的顾问，重回美林。"

在越发沉重的气氛里，这封邮件或许带来了唯一略显轻松的时刻。刘易斯等着律师们做好交易文件，以便能尽早签字。但这个过程实在过于漫长了，以至于他都有点泄气了。

刘易斯自己并没有涉及什么特别细节，但合并协议中包含了许多"单边保证函"和包括补偿问题在内的独立条款，这些条款需要律师花额外的时间去推敲。弗莱明已经说服柯尔，让他拿出 58 亿美元作为"激励报酬"。一年前，即在市场变得不景气之前，美林曾给出过同样的数额，但这次这一数字却变成了一种非常规安排。柯尔和弗莱明都认为，为了留住公司雇员，这个数目是必要的。

天色渐晚，美联储的人还在尽力阅读文件，寻找美国银行和美林之间交易的切入点。在本周早些时候，因为美国银行的资本比率问题，里士满联邦储备银行曾遭到伯南克和盖特纳的否决，现在该问题又被提上了议事日程。

晚上 9 点 49 分，里奇蒙德联邦储备银行副总裁助理莉萨·怀特（Lisa A. White）结束了与美国银行首席风险官艾米·布林克利（Amy Brinkley）的谈话，随即向她的同事发出了一封以“美国银行的新消息”为标题的邮件：

> 我刚刚结束和艾米·布林克利的通话。她说对于美国银行和美林的交易，除了需要继续解决一些法律细节问题外，其他方面都差不多了。双方董事会都批准了这次交易，一旦法律问题得以解决，他们就会发表声明……
>
> 艾米表示，相比起雷曼，与美林的合作更让美国银行管理层感到舒服，尤其是在经营权价值和资产计价方面。同时艾米也承认，在外界看来，美国银行似乎是溢价购买了美林，但美国银行对美林资产的估值显示，他们的购买价只是美林实际价值的 30%~50%。在过去的几个月里，著名私募基金专家弗劳尔斯已经为潜在股权投资者对美林做了大量尽职调查，并且我得到的印象是，美国银行至少部分参考了这项调查。
>
> 如果得到更多消息，我会及时通知你们。

走出美国国际集团的办公楼后，弗劳尔斯想在百老汇和华尔街交叉口的三一教堂附近散散步。他打算给杰米·戴蒙打个电话，因为他想得到一些关于美国国际集团的竞标信息。下午他曾向维纶斯塔提出自己的收购计划。

“你有什么消息吗？”弗劳尔斯问，“维纶斯塔什么都没告诉我们。”

“知道吗，我想你把他们给惹恼了。”戴蒙说。

“好吧，我不知道为什么，但我想确实是这样。”弗劳尔斯就这样结束了谈话。

在走回松树街70号的路上，他一直对美国银行并购美林感到惊讶不已，尽管他也为此付出了不少努力。对于所有花在美国国际集团身上的时间，这看起来就像是事后诸葛亮。最终他也没从美林的交易中得到什么，但这无关紧要。经过这周末的疯狂，他的公司与富士-毕特克尔顿投资顾问公司（Fox-Pitt Keltoon）都得到了一些好处，这家精品投资银行受雇为美国银行写一份“公允意见书”。

“公允意见书”是由独立、无利益冲突的第三方提出的，表示对一项交易的赞同。但在华尔街，这好像仅仅是为了一个刻着批准二字的橡皮图章而付款。现在情况则更为复杂，不仅因为弗劳尔斯已经考虑涉足美林的交易，还因为他的公司同时拥有富士-毕特克尔顿投资顾问公司的股权。

因为美林的麻烦，弗劳尔斯和富士-毕特克尔顿投资顾问公司一起赚取了2 000万美元，其中1 500万与交易结果相关联。对于不足一周的工作来说，这已经很不错了。

摩根士丹利的鲁思·波拉特来到一位朋友的公寓，安慰这位曾经的雷曼高管。就在她们倒酒叙旧时，波拉特接到财政部的朋友丹·杰斯特的电话，在此之前，她只与丹·杰斯特一起在房利美和房地美共同工作了一个多月。

“我需要你的帮助，”杰斯特对她说，“你肯定不会相信，但我觉得美国国际集团这周将破产。我在想是否能够针对美国国际集团重新集结我们的团队。”在这种情况下，这项任务就是代表美联储进行工作。杰斯特表示，明天一早他将与摩根士丹利派出的团队一起去美联储。

“等等，等等，”波拉特对此感到难以置信，“在周日晚上给我打电话，你就是想告诉我，在我们刚刚花了整个周末的时间来处理雷曼的事情之后，又要让我继续处理美国国际集团的事情？在过去 48 小时里，为这破事我们是怎么过来的？”

回家的路上，汽车后座上的富尔德感觉自己几乎就要瘫掉了。他已经没有力气说话了，没有了热情，也没有了斗志。他仍然感到十分气愤，但事实上，这种气愤只是一种悲伤。有那么一刻，四周死一般沉寂，只剩下引擎高速运转及车轮在高速公路上飞转的声音，他已经不再看他的黑莓手机了。

当他的梅赛德斯奔驰开进自家车道时，已经是凌晨 2 点了。他的妻子凯西正躺在床上等他回来。他慢慢地走进卧室，仍然没有从震惊中缓过神来。富尔德已经好几天没有睡过了，领带凌乱，衬衫也皱巴巴的，他颓然地坐在床上。

“都结束了，”他凄惨地低声重复着，“真的都结束了。”

凯西安静地望着他，什么都没说。只见他的眼里涌出了泪水。

“是美联储背叛了我们。”

“你已经尽全力了。”她一边安慰他，一边抚摸着他的头发。

“结束了，”他再次重复道，“真的都结束了。”

16

9月15日，星期一早上7点10分，在华尔道夫酒店的一个套间里，汉克·保尔森坐在床沿上，面前摊开着当天的报纸。昨晚他因为担心市场的反应而彻夜难眠，同时，他也担心美国国际集团将会成为下一张倒下的多米诺骨牌。

《华尔街日报》的头版头条用了整整两行横跨版面的大字标题，字体是正常字号的两倍：《雷曼摇摇欲坠，美林正被收购，美国国际集团四处筹资——华尔街危机》。当天凌晨1点45分，在雷曼向纽约南区法院正式提出破产保护申请之前，报纸已经开始印刷。

保尔森刚穿好衣服就接到了布什总统的电话。

昨晚，保尔森已经向总统简短地汇报了情况，这是他首次有机会向总统详尽解释当前的经济形势，并商讨政府将以何种措辞对美国公众作出声明。

保尔森首先解释的是雷曼正式申请破产保护这件事。他的声音比平时更加沙哑："我敢肯定，一些国会议员听到这个消息会很高兴，"他补充说，"但我不确定他们是否能感觉到另一项紧急救市措施的政治压力。"

保尔森表示他谨慎地认为投资者能够接受这个消息，同时也提醒总统，金融体系存在进一步动荡的可能。今早的《华尔街日报》引用了莱弗资产管理公司（Zephyr Management）常务董事吉姆·阿瓦德（Jim Award）的一段话："这次每个人都做好了准备，它不会是另外一次贝尔斯登事件。不久之后将会有一个短暂的缓解反弹，不会产生 1 000 点的动荡下跌，因为我们已经为此做好了准备。但一个漫长并令人备受折磨的熊市将会到来。"

美国市场还要再过三个半小时才开市，保尔森告诉布什总统，目前亚洲和欧洲市场仅小幅下挫。道琼斯指数期货也仅下跌了 3% 左右。

之后，保尔森详细叙述了这周末所发生的事情，特别谴责了英国政府对他们的误导。他说："我们当时别无选择。"而总统对此表示认同。

然而布什总统并不关心已经发生的事。他向保尔森表示，自己并不希望雷曼破产，但希望借此向市场发出一个明确信号：政府不再有义务拯救华尔街公司。

就在他们交谈的同时，第一个预示市场难以承受这个消息的征兆已经出现了。当天清晨，苏格兰皇家银行格林尼治资本公司（RBS Greenwich Capital）的银行分析员艾伦·拉斯金（Alan Ruskin）向客户发出通知，试图揣度雷曼破产的意义：

> 当我写这封信的时候，美国财政部似乎决定给我们所有人上一堂课，表明在这次金融部门的整合浪潮中，他们不再支持任何一方。他们如此行事的原因，一部分出于财政上的考虑，一部分出于防范道德风险的目的，我猜他们更倾向于后者。可以推测，他们给华尔街上这堂课，是希望华尔街能改变行为方

式，让决策不再依赖于公共救援。对许多人而言（当然，并不是所有人），这是自大萧条以来，哪怕在最严重的金融风暴中也无法学到的教训。

保尔森告诉时任总统布什，美联储打算维持雷曼的经纪自营商功能，以便它能完成与其他银行的交易："我们希望在未来几天内，他们可以有序地平仓所持有的雷曼有关资产。"

尽管对于雷曼倒闭一事，保尔森比总统更加焦虑，但他很高兴地把美国银行收购美林的消息告诉了总统。他认为，这是市场强有力的象征，或许能够减轻市场恐慌。

保尔森首次提醒总统"美国国际集团可能会是个麻烦"，但同时也向总统保证，盖特纳和美联储正打算重整旗鼓，争取在当天晚些时候帮助美国国际集团筹集资本。

"谢谢你的辛勤工作，"总统对保尔森说，"希望事态能够尽早稳定下来。"

早上 7 点左右，摩根大通的道格·布朗斯坦即将离开他在曼哈顿上东区的公寓并前往美国国际集团。这时杰米·戴蒙打了个电话给他。

"现在有个新计划，"戴蒙告诉布朗斯坦，"盖特纳想让我们参与一项大规模为美国国际集团融资的计划。美联储将在中午 11 点召开专门会议讨论这项计划。"布朗斯坦的声音几乎被淹没在曼哈顿的交通噪音里，他努力大声抗议："我们不能同意筹集这种资金。"

戴蒙表示他会想办法推脱："政府也正在邀请我们和高盛加入这个计划。"

布朗斯坦的嗓门一下提高了八度，惊恐地问："高盛是从哪儿冒出来的？高盛和美国国际集团难道没有利益冲突吗？我的意思是，看看他们在美国国际集团上的损失，他们是死对头。”

戴蒙改变了他的看法，重复道：“是美国政府让我们这么做的。”

布朗斯坦坚持自己的看法：“但是……”

“别说了。”戴蒙强硬起来，对上司一次次挑战自己的极限感到非常恼火。“这不是我们和他们对抗的问题，”他说，“政府要求我们协助处理好这种局面。”

一回到办公室，布朗斯坦就与戴蒙、布莱克碰头，商量如何应对美联储这个不寻常的请求。他们决定请公司副总裁詹姆斯·李（James B. Lee Jr.）帮忙。

戴蒙匆忙下楼向詹姆斯·李传达紧急指令。詹姆斯·李是那种典型的银行家，经常穿着背带裤，带着金黄色的名片夹。他今天也早早地到了，与大客户鲁伯特·默多克（Rupert Murdoch）通完电话，他便前来帮忙处理雷曼破产的后续事宜。詹姆斯·李坐在桌旁的椅子上转来转去，桌子上有4块电脑屏幕和一台巨大的纯平电视。电视上正在转播全国广播公司财经频道的《财经论坛》节目。

“我为你找了份差事，”戴蒙站在门廊上对他大声说，“我想让你到美联储走一趟。”

“去干什么？”詹姆斯·李有些疑惑，他今天面临繁重的工作，按照他的预料，市场已经大祸临头了。

“处理美国国际集团的相关事宜，”戴蒙告诉他，“盖特纳打过电话了，他想让我们为美国国际集团找出一个市场化解决方案。方案需要大量资金，这可能会成为美国国际集团所有的贷款来源。”

这座城市里，如果只有一个深刻理解借贷市场并知道如何在关键时刻筹资的人，这个人必定是詹姆斯·李。他兴许是摩根大通最高级的交易员了，这位业界巨头一向以我行我素著称，他拥有四季饭店的午餐专座。在某种程度上，他的巨大势力来自这样一个事实：他实际上是美国公司的一台自动取款机。在个人的辉煌历史上，他曾经为最大的几宗交易融资签下了数额惊人的支票。戴蒙表示，他非常希望詹姆斯·李能安排一笔交易，贷给美国国际集团足够的资金以保证它继续运行，并带动其他一大批金融机构效仿该做法。

提出这些苛刻要求之后，戴蒙离开了。紧随其后，史蒂文·布莱克来到詹姆斯·李的办公室，花 5 分钟作了一下简要介绍，并带给他一本比电话黄页册还要厚的美国国际集团有关材料。布莱克把美国国际集团称为“该死的噩梦般的客户”，他向詹姆斯·李描述了目前的情况已经糟糕到了何种惊人地步。

“接下来的工作就交给你了。”布莱克苦笑道，能够把美国国际集团推给其他人，他显然十分高兴。

詹姆斯·李被告知需要马上出席美国国际集团的一个会议，此外他还得在上午 11 点之前赶到美联储办公大楼。

詹姆斯·李的司机丹尼斯·沙利文（Dennis Sullivan）是一名退休警察，20 多年来，他每天都往返于曼哈顿和詹姆斯·李的家所在的康涅狄格州达连湾，完成接送任务。就在沙利文坐在黑色路虎揽胜里等候的时候，詹姆斯·李在摩根大通总部前的派克大街遇到了布朗斯坦和马克·费尔德曼（Mark Feldman）。詹姆斯·李和布朗斯坦一起跳上了轿车后座，继续讨论美国国际集团的情况。

“快点儿，我们得赶紧去市区，”詹姆斯·李对沙利文说，“毫无疑问，我们得像昨天一样准时抵达那里。”

约翰·麦克略带疲倦地走上讲台，向他的副手发话。这真是个漫长的周末，他告诉经理们要尽可能地挤进摩根士丹利的主会议室。麦克说，在美联储长达两天半的会议里，他坚持只吃三明治和水果，这种吃饭方式已经很久没试过了。

“我精力旺盛，你们也得充满活力。”麦克鼓励他们，并承认在“雷曼崩塌”的周末之后，市场承受着巨大的压力。美国股指期货和欧洲市场的银行股已经栽了跟头。但仍然有个好消息：摩根士丹利存活下来了。

麦克继续总结周末在美联储所讨论的有关雷曼和美林的内容，他认为雷曼的倒闭“非常不幸”。

“我是说，如果可以的话，我想告诉你们，正如你们所知，这是一个巨大的机遇，形势逆转了，我们必须采取大动作，所有的竞争对手基本都已倒下。但我想说的不是这个，”他继续说，“我真正想说的是，大家应该争点气，打起精神来。想想今年都发生了些什么吧，有谁能想到，一夜之间，我们 4 个竞争对手中的 3 个竟然就这么倒下了。”

麦克补充道：“我能够理解你们所有人。不仅是你们，我认为整个业界都被震惊了。你们应该是被惊呆了，但这并不代表我们退缩、害怕了……”

“我们在这里是为了继续经营，为了给我们的客户提供服务，为了扩大市场占有率。想象一下吧：在资本市场里我们每提高 1% 的市场份额，就意味着收入会增加约 10 亿美元……”

“我认为，这种混乱的局面一旦有所缓和，市场就会安定下来，到时候我们的机会将变得越来越渺茫。我是个积极乐观的人，但并不盲目。我从内心深处认为，目前我们这家公司以及竞争对手高盛都拥有绝佳的机会。哪怕我们得到这种机遇的方式或许并不公正。我并不想把竞争对手驱逐出局，我只想击败他们。”

麦克的首席财务官科尔姆·凯莱赫插话道：“这就是达尔文进化论……弱肉强食，胜者为王。”

雷曼32层的会议中心变成了一个巨大的蜂窝，成百上千迷茫的人挤进挤出——破产律师、重组专家、外部顾问，等等。由于害怕遭受来自员工的人身攻击，富尔德在雷曼保安的护送下上了楼，他一脸惊恐地在会议室门边踱进踱出。今天早上他已经跟盖特纳通过电话，恳请盖特纳撤销破产申请，只当之前发生的是一场噩梦。

楼下，雷曼巨大的交易大厅中弥漫着一种可怕的情绪。员工们不仅震惊，而且异常愤怒。起先，这些愤怒指向政府，很快它就被引向了管理层。他们在雷曼大楼的南面树立起一座“耻辱墙”，上面贴满了富尔德和格雷戈里的照片，并标着“阿呆与阿瓜”。

如今，雷曼已正式宣告破产，巴克莱资本的鲍勃·戴蒙德带着他的团队到雷曼挑选感兴趣的资产，并丢下一堆不良资产。在所有资产中，巴克莱最感兴趣的是雷曼在美国的经纪业务及它们的办公大楼。对戴蒙德而言，这是廉价购买雷曼优良资产的绝好时机，并且公正合法。这次他们拥有英国金融管理局和政府的双重支持，还不需要经过股东投票。

麦克达德已经组建了一个团队与巴克莱进行谈判。即便有些股东已经被破产打击得直接退出，但他还是认为有机会挽救这一万个可能消失的工作岗位。会议开始之前，亚历克斯·柯克把麦克达德拉到一边。一周以来柯克身心俱疲，如今他越来越怀疑，巴克莱早在24小时之前就放弃了竞标，这样一来他们便能够在今天以更加低廉的价格购买雷曼资产，他现在像三楼那些交易商一样愤怒。

“要么巴克莱被英国政府欺骗了，要么这些只不过是鬼把戏的一部分，”柯克对麦克达德说，“我可没兴趣为一个要么被骗，要么是在耍鬼把戏的公司效力，我也同样没兴趣为一家有着高杠杆率的金融机构工作，其监管者的行为我刚才已经领教了，所以，恕不奉陪！”

麦克达德十分失望，但他还是同情地说：“我理解，你有你的选择。”他问柯克能否坚持到这个星期结束，因为在安排交易时自己想请他协助管理交易大厅，柯克勉强答应了。

接着，麦克达德指派休·麦克吉和马克·沙弗尔想办法与巴克莱履行协议。

此时在角落的会议室里，哈维·米勒正在桌边与巴克莱的管理层进行激烈交锋。沙利文-克伦威尔律师事务所的杰伊·克莱顿及其同事罗基·科恩之前都是雷曼的律师，然而今天早上他们却受雇于巴克莱。"我想现在我焕然一新了。"在巴克莱团队旁边坐下时，米勒尴尬地笑着说。

米勒正试图弄清楚能在多长时间之内把这家公司卖掉。他了解这个行业的基础是交易对手对你的信心和信任，公司每多独立存在一秒，公司价值就多缩减一分。

巴克莱的顾问迈克尔·克莱恩说："只有在不背负任何债务的前提下，我们才愿意达成这笔交易。"

"你这是什么意思？"米勒问道。

"除非确定这笔交易是'干净'的，否则我们不会购买其中的任何资产。"克莱恩解释说。

巴克莱的阿奇·考克斯站起来补充说："我们的截止日期是明天。"

米勒狠狠地瞪了他一眼："既然如此，我们就不要再继续耗下去了。按照常理，就算变卖那些易腐资产，也需要 21 天到 30 天。"

"我们等不了那么久，"考克斯坚称，"到那时这笔生意早就黄了。"

"现在我唯一能想到的加快交易的办法，就是你去敦促法庭动作快点儿，"米勒提醒道，"我们和证券投资者保护公司在原则上达成了协议，为适应这次交易，它们将会提起一个单独诉讼，但在此之前从未有人做过这样的事。"

"这样能成吗？"考克斯问。

"只有做了之后才知道。"米勒回答。

在美联储办公室，蒂莫西·盖特纳坐在桌边与杰米·戴蒙通电话。同时他也等着劳尔德·贝兰克梵加入他们的电话会议，贝兰克梵刚从公司周一的内部晨会上回来。

昨晚盖特纳短暂咨询了保尔森，然后决定亲自让摩根大通和高盛一同协助美国国际集团走出困境。在盖特纳看来，过去6个多月，摩根大通一直为美国国际集团工作，这使它能充分掌握美国国际集团的情况，并能让每个人都及时深入地了解问题。盖特纳认为，高盛可以帮美国国际集团进行资产评估并提供银团贷款。他喜欢这样向同事描述高盛："他们出奇地聪明。"他知道高盛曾警告过美国国际集团，并已经用了数周时间打算为自己添置资产，对于发生的一切他们应该了如指掌。

"劳尔德，我正和杰米通电话呢。"盖特纳对他说，电话那端终于响起贝兰克梵的声音。盖特纳解释说他想为美国国际集团寻求一个市场化解决方案，并希望高盛可以帮助他们。

"摩根大通正往这儿赶来，"盖特纳告诉他，"你也能召集一队人马过来吗？"

"好的，"贝兰克梵回答说，"什么时候？"

"中午11点你能过来吗？"

尽管现在已经10点15分了，贝兰克梵仍回答："到时见。"

贝兰克梵立即着手组织一个由银行高管组成的小团队。这支团队包括：联合总裁乔恩·温克里德、投资银行联合负责人戴维·所罗门（David Solomon）、负责资本金投资部门的理查德·弗里德曼（Richard Friedman），以及整个周末都待在美国国际集团的投资银行总裁克里斯托弗·科尔。他们在楼下集合后一起前往美联储。

克里斯·弗劳尔斯与安联集团的保罗·阿赫莱特纳结束了今早相对轻松的美国银行和美林的新闻发布会，一起前往高盛。

他们已经约了克里斯托弗·科尔一起做事后检查，并准备讨论他们能否在美国国际集团的部分资产方面有所作为。在会议室等了科尔大约半小时后，弗劳尔斯和阿赫莱特纳都有些泄气了。两人一起下楼，准备吃点东西。

然而，当他们来到百老汇大街 85 号后面的时候，他们看见在前面至少 30 码远的地方，贝兰克梵、科尔及整个高盛高管团队正沿着威廉大街急速朝美联储方向走去。

“他妈的，他们居然放我们鸽子！”弗劳尔斯吼道。

摩根大通的银行家詹姆斯·李、布朗斯坦以及弗里德曼到达美国国际集团后，却发现办公大楼里几乎空无一人。这让他们感到非常奇怪，毕竟，现在美国国际集团正处在生死攸关的紧要关头。

对迎接他们的维纶斯塔而言，摩根大通的到来意味着其与美国国际集团已经僵化的关系将进一步恶化。他们仍然是美国国际集团的顾问吗？或许他们现在为政府工作？又或许他们此行是为他们自己？

会议开始前，布朗斯坦私下对维纶斯塔说：“是政府让我们这么做的。你会不会介意？”

“还好。”维纶斯塔回答说。

回到会议室，匆匆赶到美联储的詹姆斯·李连珠炮般地问了好几个问题：“你们对现金流的控制有多严格？在这个问题上评级机构干什么去了？你们的信用额度是哪种类型的？”

维纶斯塔对自己的答案很没把握。“数据显示，情况已越来越糟，”他说，“整个市场都被雷曼倒闭震晕了，美国国际集团的资产价值可能会继续下跌，能够提供担保的资产越来越少了。”

在詹姆斯·李看来，事情已经非常清楚：正如布莱克告诉他的，美国国际集团以及维纶斯塔对财务的控制并不严格。

当这些银行家准备前往美联储时，为了让大家保持冷静，维纶斯塔鼓励道："我认为我们还有时间。"

摩根大通的代表团飞速向联储赶去，途中詹姆斯·李一边摇头一边说："不管什么时候总有人说他们有时间，但时间总是永远都不够用。而当他们说需要钱的时候，你给他们的总是太少了。"他顿了顿，然后表明了自己的看法："他们撑不过这个星期。"

在美联储大厅度过一个艰难的周末之后，许多银行家和律师都惊慌失措地发现，他们又被召集到了这里。

这次列席的新关键人物之一是纽约州保险局局长埃里克·迪纳罗（Eric R. Dinallo）。当天早晨他已经正式批准美国国际集团使用部分监管资产作为抵押，以确保美国国际集团的稳定，但上限是200亿美元。如果不是盖特纳打电话让他务必参加这次会议，迪纳罗早已开车前往州长帕特森的办公室。事实上，他已经被选为新闻发布会期间站在州长后面的人。

为等待会议开始，他们在附近踱着步子。贝兰克梵为迪纳罗倒了杯咖啡。"我希望你成为这场金融危机的靠山，"他说，"上次我见到你的时候还在债保公司，我希望我们能以美国国际集团结束职业生涯。"1月份时迪纳罗主持召开了华尔街首脑会议，讨论美国债券保险业两大巨头——安巴克和美国城市债券保险的命运，它们在信贷危机中摇摇欲坠。

当詹姆斯·李、布朗斯坦和弗里德曼最终抵达时，他们被眼前的阵仗惊呆了。看起来高盛第30层的高管已经倾巢出动、准备在美联储开张了。来自摩根士丹利的罗伯特·斯卡利和鲁思·波拉特现在实际上是受雇于美联储并代表其利益，他俩也对高盛的出席规模感到吃惊。"劳尔德怎么也在这儿？"斯卡利小声问波拉特。

现在的事实是，这三家银行，甚至整条华尔街都是美国国际集团的大交易对手方。如果美国国际集团破产，他们都将面临严重后果。因此桌上的每个人都有巨大的动力来确保美国国际集团能继续存活。

从表面上看，高盛是美国国际集团的最大交易对手方之一，但今天早晨，高盛的加里·柯恩在公司内部吹嘘道，高盛已经对自己在美国国际集团的损失进行了大量对冲，如果美国国际集团破产，高盛就可以从中赚取 5 000 万美元的利润。2007 年年末，为防美国国际集团出现问题，高盛决定以信贷违约掉期的形式买入保险，现在看来这无疑是一笔明智的投资。高盛实施了一个内部称为“WOW 分析”的方案，即针对最坏情况的策略。然而，即使高盛已将在美国国际集团的直接损失对冲，贝兰克梵却意识到一个更大的问题：美国国际集团破产对其他交易对手方和市场其他行业所产生的间接损害，将会给高盛带来数以亿计、根本难以承受的损失。

众人跟随蒂莫西·盖特纳进入一间会议室，丹·杰斯特坐在盖特纳旁边。当天早晨从华盛顿飞抵美联储的财政部官员杰里迈亚·诺顿（Jeremiah Norton）则坐在另一边。

众人入座之后，贝兰克梵发现杰米·戴蒙没来。他原以为盖特纳邀请了他们两人，戴蒙应该在这里。“杰米哪儿去了？”布兰科费恩小声问温克里德，温克里德耸了耸肩，表示他也不知道。

“事情是这样的，我们找大家来是想看看能否找到市场化的解决方案，”盖特纳对大家说，“为了应对已经发生的事实，我们又该做些什么呢？”

接下来的 10 分钟里，银行家们逐个抛出自己的见解，会议室里充斥着相互竞争的不和谐声音：我们能让信用评级机构不降低美国国际集团的信用评级吗？我们能让其他州的监管者允许美国国际集团把各地保险子公司的资产当作抵押品吗？

没多久盖特纳便起身离开了，临走时他说："我让丹·杰斯特留下来跟你们商量。"然后他指着汉克·保尔森的心腹杰斯特说："一旦研究出计划，立刻给我一份工作进度报告。"最后他再次重申了一件事："我想明确的一点是，你们别指望打美联储资产负债表的主意。"

会议再度转入几个派别的相互争论，直到布朗斯坦详细地分析了美国国际集团的财务状况并指出在这个周末它是以怎样惊人的速度恶化的，会场才重新恢复秩序。目前，美国国际集团面对的巨大压力不仅来自即将发生的评级下降，也来自交易对手方一直坚持要求更多的抵押品。这些并不是危言耸听，高盛已经为此鏖战了整个周末，他们要求美国国际集团拿出更多抵押品，正如过去一年中所做的那样。贝兰克梵比屋内其他人更快地领会到了布朗斯坦的意思。

"那么，钱什么时候支付呢？"贝兰克梵问道，表面上他指的是所有的交易对手方，但实际上他指的是自己。一名出席人员在一张纸上写道："高盛——6亿美元。"这是他对于高盛目标数额的估计值。尽管高盛对美国国际集团进行了套期保值，但它仍旧期望美国国际集团能提供这个数额的抵押品以保证交易继续进行。摩根士丹利的斯卡利打断道："你能想办法让穆迪延迟几天再降低对美国国际集团的信用评级吗？这样一来我们就有了缓冲的时间，提前为未来几天将发生的事做准备。"

詹姆斯·李试图打破会议的僵局并控制会议局势。他深信，必须开始关注宏观大局，不然他们永远不可能解决任何问题。除非在座的银行家能够采取一些富有成效的措施拯救美国国际集团，否则美国国际集团就只剩下48小时的寿命了。

詹姆斯·李在笔记本上列出了一些已经提出的问题和一些他想要了解的问题：

流动性预测；

价值——交易，证券；
条款清单；
合作方；
相关法律条文。

关于美国国际集团财务漏洞的大小，詹姆斯·李在笔记本的边缘草草地列了些问题：“500亿？ 600亿？ 700亿？”接着，他又草拟了一份大额贷款的条款清单。“期限：1 ~ 2年；抵押品：每种资产；要点：费用、循环利差、许可证。”

考虑到美国国际集团现在需要的贷款规模，这些费用非常惊人。要承担这种风险，所需的利差可以高达500个基点，或者是总量的5%。也就是说，假设贷款总额是500亿美元，那么在支付日将会产生高达25亿美元的费用支出。

詹姆斯·李甚至已经开始汇总一张银行清单，打算请列入名单的银行提升信用额度。事实上，所有因美国国际集团而遭受损失的银行都同样十分脆弱：摩根大通、高盛、花旗、美国银行、巴克莱、德意志银行、巴黎国民银行、瑞银、荷兰商业银行、汇丰以及西班牙国家银行等。本来可以列举出更多名字，但在名单增长到11个之后他停了下来。

“好吧好吧。”詹姆斯·李向大家说，接着简明扼要地向大家重述了一遍清单上的选项。

“我喜欢这个，这看起来对我的胃口。”温克里德插嘴道。

大家准备从一轮基本的尽职调查开始工作，他们把这些事分成了几类，然后分工合作。

在开始讨论细节之前，贝兰克梵趁着讨论间歇径直朝大门走去。缺少了戴蒙，这种场合的谈判效果就大打折扣了。

当他们纷纷离开美联储，返回美国国际集团准备开始演算数据时，詹姆斯·李已经开始算这笔账了。

“谁会买下这堆垃圾？”他冲着天空大声喊道。

下午1点半，保尔森走上白宫新闻发布室的讲台。“大家下午好！我希望你们都度过了一个愉快的周末。”保尔森的开场白引来一阵令他难堪的哄笑，“正如你们所知，如今我们正与一场金融危机作战，我们需要处理之前的无节制冒进所带来的不良后果。”

返回华盛顿后，保尔森先到财政部，然后马上赶到白宫进行答记者问。飞机着陆后，吉姆·威尔金森就如何面对记者提问给了保尔森一些建议，并开始针对敏感问题筹划对策。他提醒保尔森需要做好心理准备，以面对类似“为何眼睁睁地看着雷曼破产倒闭却对贝尔斯登出手相助”的问题。威尔金森认为这是一个讨论道德风险的机会，并可以借此表明美国政府“不涉足对公司的紧急救援”。

保尔森自己有些怀疑，现在是否是宣扬教条的恰当时机，因此他对威尔金森的观点不敢苟同。他已经非常疲倦，却无法控制自己停止想美国国际集团的问题。

保尔森说完后，记者团提出了第一个问题：“请问你能否谈谈美联储未来的角色定位？美联储会越来越多地参与类似对房利美、房地美和贝尔斯登的援助吗？”

保尔森顿了顿：“嗯，美联储的角色肯定会十分重要，因为，如我刚才所说，现在没有什么事情比保持我们的资本市场稳定更为重要了，所以监管者时刻保持警惕非常重要。”

“我们可以把这理解为‘不再有援助了’吗？”一名记者高声问道。

“不必这样解读，”保尔森清了清嗓子回答道，“你应该这样理解：保持金融市场的稳定和秩序井然非常重要，但我们从不轻视道德风险。”

接下来是个意料之中的问题："你为何同意向贝尔斯登提供紧急援助，却对雷曼置之不理？"

保尔森停了一下以便理清他的思路："贝尔斯登在3月所面临的情况，与我们目前在9月面临的状况大相径庭，并且我从来不认为用纳税人的钱来拯救雷曼是合适的。"

这必然是一个不断纠缠保尔森的问题，他谨慎地斟酌着自己的措辞。从某方面说，他的回答是事实，但他明白如果美国银行或巴克莱决定收购雷曼，他也许会答应用纳税人的钱来支持这笔交易，显然他现在不会提及此事。

随着记者们的问题越来越尖锐，保尔森变得愈发焦躁。"美联储为何同意给美国国际集团提供过渡性融资？"一名记者问道。

"这么说吧，现在纽约发生的一切都与政府的过渡性融资无关。那里发生的一切都是自由市场竞争的结果。市场正在集中研究该怎么处理这个我认为很重要的问题，整个金融系统都在对付这个问题。在这个问题上，我没什么好说的了。"

准备走下演讲台时，保尔森指着另一名记者说："我还有回答一个问题的时间……有请那位坐在中间的女士。"

那名记者问保尔森，如今该如何保证金融系统的稳健运行。

"这条道路的确会有些磕磕碰碰，但我认为我们已经取得了一些成效。我认为，如今市场运转的方式正是金融业同舟共济的最佳证明。他们正处在无比严峻的形势下，并且正以一种我们都该为之骄傲的方式与危机搏斗。"保尔森如此回答。

"非常感谢。"那名女记者回应道。

下午3点左右，美国国际集团第16楼的会议室里一片嘈杂，在高盛和摩根大通的带领下，一百多名银行家和律师聚在一起准备对美国国际集团进行尽职调查。然而问题是，没人有美国国际集团的真实数据。

“这间房里，有谁为美国国际集团工作过？”一个声音喊道，但没有一个人举手，紧张的笑声充满了整个房间。

最后，美国国际集团的布莱恩·施赖贝尔被召过来参与他们的工作。施赖贝尔只睡了 3 个小时，他看起来好像随时都可能在这间办公室里倒下去。施赖贝尔努力让自己的精神集中起来以便呈递数据。当他展示完美国国际集团那并不振奋人心的数据后，早上在联储汇集的核心团队便挤进了美国国际集团的会议室。

有那么一会儿，他们似乎有所进展。詹姆斯 · 李和温克里德很自信地认为，美国国际集团的资产足够强劲，至少强劲到足以让他们能够对其放贷。他们相信,美国国际集团正在经历的只不过是一场流动性危机，如果他们能向它提供过渡性贷款，一切就大功告成了。

核心团队开始起草一份初步条款清单，他们打算以美国国际集团 79.9% 的权证作为交换来筹集 500 亿美元资金，这几乎是惩罚性的价格。但考虑到美国国际集团目前的状况，为了避免破产，这或许是它唯一的选择。温克里德和詹姆斯 · 李还讨论了他们需要收取的费用，如果能募集到 500 亿美元资金，那么作为组织贷款的报酬，每家公司将收到 12.5 亿美元的提成。

当团队打算回美联储向盖特纳提交他们的进度报告时，此时代表美联储的摩根士丹利的鲁思 · 波拉特把代表美国国际集团的黑石集团的约翰 · 斯图津斯基拉到一旁。他们是老朋友，斯图津斯基曾管理过摩根士丹利在伦敦的企业并购部门。

“你是怎么想的？”波拉特问道。

“什么意思？”斯图津斯基回应道，“从这次会议来看，我不知道能否得出一份条款清单。”

“我不是这个意思，我担心这帮家伙是想在这笔业务中牟取暴利。”

“他一点忙都帮不上。”罗伯特·维纶斯塔通常比较冷静。但今天当他向詹姆斯·甘布尔和迈克尔·怀斯曼描述他与财政部的丹·杰斯特给穆迪打电话，想说服他们尽量延缓降低美国国际集团信用评级的过程时，他一反常态，情绪激动地抱怨杰斯特无能。

维纶斯塔认为原本凭借政府威望和之前的银行家经历，杰斯特应该能够轻松巧妙地说服穆迪。

维纶斯塔解释道，初始计划是“美联储打算威逼这些家伙们买我们的账”，然而，当杰斯特最终接起电话时，“他并不想这么说”，很不幸，那人没法完成这样的艰巨任务。维纶斯塔告诉他们，杰斯特只会说，“你们知道，我们所有人都在这儿，我们组建了一个大团队来处理这件事情，我们只需要一两天的时间。”

之前待在美国国际集团的核心团队回到了美联储。由于他们是一个30人左右的团队，而盖特纳只有一个人，为方便起见，杰斯特曾试图说服盖特纳去美国国际集团会见他们，但没成功。无论如何，作为纽约联储的行长，盖特纳享有特权：只能是这些银行家去见他。

温克里德向盖特纳汇报了他们的结论：需要填补的资金空洞是600亿美元，或者更多。如果没有美联储的财政救援，没人知道该怎么解决这个问题。

“政府不会在这种问题上花钱。”盖特纳告诉他们，重复了保尔森之前在华盛顿所说的，并强调了本周末在雷曼问题的处理上他所一直坚持的观点。他的话是认真的，雷曼的破产就是最好的例证。

盖特纳让詹姆斯·李今天晚上给亚太地区的相关人士打电话，看能否从亚太地区募集到一些资金。摩根大通和高盛清楚地意识到，它们面前仍有大量工作要做。

夜色渐浓，会议室里，美国国际集团的律师詹姆斯·甘布尔和约翰·斯图津斯基及布莱恩·施赖贝尔正凑在一起吃中餐外卖。目前的状况似乎毫无希望。迪纳罗和帕特森州长宣布他们打算放开200亿美元的抵押品，为他们争取一天的时间。但这个数字太小，也太迟了。几小时之前，他们已经打电话给破产专家，当星期二市场开盘时，他们打算用完他们的信用额度。对市场来说，这是个明显的信号：美国国际集团遇到困难了。当破产专家建议采取这个措施时，维纶斯塔告诉他们，这措施类似于“马上要弃船，最后要做的就是将救生船放入水中；在泰坦尼克号沉没之前，最后要做的就是把所有的灯都关上”。

施赖贝尔一直不愿相信他们所处的这种状态，直到现在他还坚信，最终美联储会来拯救他们。“在这一点上，这是一次‘懦夫博弈’。”他自负地说道。

“你认为美联储会出资救市？”甘布尔问道。

“你疯了吗？”施赖贝尔进一步重申，“当然不会。他们只会让雷曼破产，就像伍迪·艾伦的破电影结局。”

凌晨1点，美联储的代表、摩根士丹利的斯卡利和波拉特认为他们需要私下沟通。他们躲进了美国国际集团的一个小厨房里，关上门，不让高盛和摩根大通那帮人听到他们的谈话。

“这么做行不通，他们不可能完成这次任务。”波拉特说。

“我同意，我们得有个备用方案。”

斯卡利和波拉特给他们的任务取了个代号，决定返回美联储就目前的情况向丹·杰斯特提出警告。

打开厨房门，他们发现所有的人都离开了。他们立刻明白，一定是出现了最让人担心的状况：所有交易机会都消失了。

抵达美联储时，他们发现，除了杰里迈亚·诺顿昏睡在沙发上，其他地方一个人也没有。诺顿本来想借用盖特纳的沙发，但却被拒绝了。

斯卡利和波拉特叫醒了他，三个人一起去找杰斯特，告诉了他这个坏消息。

凌晨 3 点，联储团队和财政部的电话会议召开了。盖特纳的助手希尔达·威廉姆斯不得不在这个荒唐的时刻完成这个并不轻松的任务——给每个人打电话，以组织这次电话会议。

“我们遇到麻烦了……”盖特纳在电话中说。

几周来，主要报纸的社论版首次赞赏保尔森不用纳税人的钱紧急救援雷曼。“财政部和美联储让雷曼申请破产，对美林亏本出售给美国银行也不进行任何补贴，并且努力为遇到困难的美国国际集团组织银团贷款而不是自己放贷，这一系列动作让人出奇地安心。”《纽约时报》的头版社论如是说。“政府干预或是全球金融系统极端危险的表现，或是联邦监管机构极端虚弱的迹象。”

然而，当天早上 6 点，保尔森和丹·杰斯特商谈的结论却是，种种迹象表明美国国际集团和全球金融系统正处在危机之中，政府很可能别无选择，只能对其进行干预。

保尔森发现，在过去 24 小时中，恐慌已经在市场上蔓延。报纸每天的头条新闻充分说明了这一点。当天早上的《华盛顿邮报》以典型的高度概况性笔触写道：“危机加剧导致股票下跌，美国国际集团处于危险当中，7 000 亿美元的股民财富烟消云散。”

周一，道琼斯工业平均指数下跌了 504.48 点，这是自 2001 年 9 月 17 日以来的单日最大跌幅（2001 年 9 月 17 日的巨幅下跌主要由“9·11”

恐怖袭击事件引起)。美国国际集团的股价跌了 65%,并最终以 4.76 美元每股的价格收盘。

早上 7 点 45 分,本 · 伯南克在他的办公室里准备着 45 分钟后将要召开的美联储公开市场委员会会议,会议将在他办公室大厅下面的会议室召开。联邦公开市场委员会这时开会纯属巧合。该委员会是美联储的董事会,负责决定货币政策和利率的调整。它每年召开 8 次会议,按照时间表,今天恰好是其中一次会议的日期。

会议开始前,伯南克把凯文 · 沃尔什和唐 · 科恩(Don Kohn)叫到办公室,让他们加入自己与盖特纳的电话会议。盖特纳在纽约处理美国国际集团的问题,不能参加联邦公开市场委员会会议,他安排了副行长克莉丝汀 · 卡明(Christine Cumming)替他出席。但盖特纳的决定有个小问题:联邦公开市场委员会会议是相对公开的事情,伯南克担心媒体会知晓盖特纳的缺席,从而进一步加深市场的恐慌。

"这个时候,对这点我无能为力。"盖特纳说。他更希望大家能关注手头上更为重要的问题。他告诉伯南克,自己希望能在早上 9 点收到高盛和摩根大通最新的完整报告。然而,从杰斯特和摩根士丹利得到的信息以及其他所有迹象都表明:前景似乎并不明朗。

詹姆斯 · 李很担心美联储的会议自己会迟到。之前他匆匆赶回位于达连湾的家,洗了个澡并换了身干净衣服,然而在往回赶的途中却遇到交通堵塞。他一边等待交通情况好转,一边给戴蒙打电话。"这就是我想要在会上告诉他们的,"他向戴蒙讲述了自己想要向联储汇报的内容,"在会议上我不得不说,这个财务空洞太大了,我们解决不了,没有人可以解决这个问题,美国国际集团要破产了。"

"如果这是你的答案,那它就是美国国际集团面临的最终答案。"戴蒙回答道。

“这是最好的结论。”詹姆斯·李向他保证。

好消息（如果能算得上的话）是詹姆斯·李只需将这个结论告诉杰斯特一个人，因为盖特纳此时应该在华盛顿参加联邦公开市场委员会会议。

最终抵达美联储时，詹姆斯·李发现每个人都已经在会议室了，这个会议室实际上已经变成了开会期间的休息室。他在同事道格拉斯·布朗斯坦旁边坐下，和其他人一起耐心地等待杰斯特的到来。

门开了，杰斯特和诺顿走了进来，盖特纳紧随其后。关于自己的不期而至，盖特纳没给在座的银行家任何解释。

“好吧，现在我们的进展如何？”盖特纳简明扼要地问道。

詹姆斯·李翻看着他的黄色笔记本，笔记本边缘上写了两行笔记：“交易希望渺茫”和“美国国际集团现金匮乏”。

“我们查阅了美国国际集团的所有资料。他们有 500 亿美元的抵押资产，但现在他们需要 800 亿到 900 亿美元的资金，我们缺少 300 亿到 400 亿美元，我不知道应该如何填补这个财务空洞。”詹姆斯·李说道。

高盛的温克里德立刻跳了起来：“这么说吧，目前美国国际集团存在巨大的、足以让它破产的系统风险，更不用说会有多少交易对手方受到它的牵连。”

一份根据交易金额大致列明美国国际集团最大交易对手方的文件在会议室里传递。在这张花花绿绿的清单上，损失最大的是已经被苏格兰皇家银行收购了的荷兰银行；排在第二位的是东方汇理银行；高盛排在第七位；巴克莱排在第八位；摩根士丹利则排在第九位。

盖特纳研究着这些数字，每看几行就皱一皱眉。他放下那些数据并说道：“好吧，这就是我们接下来要做的。”说完，盖特纳顿了顿，想让在座的所有人都听清楚他在说些什么。

“我希望每个人都把手机及其他通信工具都收起来放好，我不希望任何人与外界有联系。不要和你的公司联系，不要和任何人联系，你们懂我的意思了吗？这是一次机密会谈。”盖特纳说。所有人都遵从了他的话，盖特纳感到满意。他抛出一个在场所有人都没有心理准备的问题：“如果说由美联储来处理这个问题，情况会怎样？”

在过去 72 小时里，政府一直坚持不会对任何金融机构提供援助。但是现在，盖特纳的一句话完全颠覆了之前的一切。即便这只是假设，这场抗战的规则也已明显改变。

盖特纳继续抛出一系列问题：“这将如何实施？你们怎么构建条款？资本市场将如何反应？债市将如何反应？”

高盛的温克里德忍不住偷笑起来。摩根士丹利的斯卡利意识到，原本他还需要一个 B 计划，但现在已经没有这个必要了。斯卡利基于摩根大通和高盛整合的数据已经草拟出一份条款清单。如果这份清单对他们来说足够好，那么对于美联储来说它也足够好。

“加油干吧！”说完之后，盖特纳离开了房间。

“布朗斯坦怎么一直不接电话！”在给布朗斯坦打了好几次电话后，维纶斯塔抱怨道，他担心布朗斯坦不了解事情的最新进展。

维纶斯塔的顾问——黑石集团的约翰·斯图津斯基听他一个在美联储工作的同事说，高盛和摩根大通的高管们一个个击掌庆贺，尽管这两家银行的队伍还驻扎在美国国际集团继续审阅它的账簿。

斯图津斯基终于通过短信联系到了波拉特。然而波拉特故意含糊其词，只是说：“交易发生了变化，不要再和摩根大通及高盛分享信息了。”

几分钟后，维纶斯塔的助手通知他盖特纳打来了电话。当天早上维纶斯塔几近疯狂地给盖特纳打了很多次电话，但都没联系上。

“你好，蒂莫西。”维纶斯塔有点不耐烦地说。

盖特纳没有给维纶斯塔一份让他一直等到几近绝望的进度报告，反而给了他一项命令：“给我一份进度报告。”

“我只是想让你知道，我们正在为破产做准备。我已经制订好备用方案了，我想应该让你了解这些。”维纶斯塔冷静地说。

盖特纳似乎非常着急，他打断了维纶斯塔的话：“不要做那些了。”

“你得给我一个理由让我不去做这些，我有我的责任和义务，我能得到 150 亿美元。这能成为让我继续努力几天的动力，我必须保护股东的利益。”维纶斯塔说，他对盖特纳的这个奇怪回答迷惑不已。

“好吧，我来告诉你一件机密的事。我们正在努力给你们提供一些帮助，但现在我还不能保证。这件事必须得到华盛顿高层的批准。”盖特纳最后说。

维纶斯塔仍然半信半疑：“好吧，除非你能向我保证会向美国国际集团提供一些帮助，否则我们将继续我们的准备工作。”

“你应当试试，并撤销你们之前所做的。”盖特纳命令道，然后便挂断了电话。

放下电话后，维纶斯塔立即通知了律师詹姆斯·甘布尔和迈克尔·怀斯曼。他们俩谁也不知道接下来该做些什么。他们试着再次给布朗斯坦打电话，但还是没有成功。

“别管那么多了，我知道我们没有被邀请。但我们可以自己去美联储一趟。”怀斯曼说道。

早上 9 点 40 分，保尔森在财政部办公室里，接到了劳尔德·贝兰克梵打来的惊慌失措的电话。贝兰克梵原本就是急性子，现在则显得更加焦急了，保尔森能感觉到这一点。

贝兰克梵告诉保尔森，他刚刚在市场上发现了一个新问题：通过雷曼伦敦分部进行交易的对冲基金突然被取消了资格，进而从市场上抽掉了数十亿美元的资金。虽然美联储尽量把雷曼的经纪业务限制在美国本土境内以便逐步缩减，但雷曼在欧洲和亚洲的业务活动将依据当地法律，即刻强制进行破产申请。

贝兰克梵解释说，经过一个被称为再抵押的秘密过程，雷曼利用其伦敦分部再次将它的对冲基金抵押品贷给了其他机构，并且从中挑出了那些会带来麻烦的贷款。如今为了保持流动性，许多对冲基金都被要求变卖资产，这将使市场走向低迷。由于担心雷曼已处于危险边缘，一些对冲基金在雷曼破产之前就已经放弃把它当作主要经纪人。但对那些忠于雷曼的人而言，这个结果令人痛苦。这类似于当初雷缪斯资本（Ramius Capital）的情况，该公司创始人彼得·科恩（Peter A. Cohen）曾是雷曼的前身希尔森雷曼的主席。破产前的那一周，他曾在 CNBC 上声明他的公司不会从雷曼撤出有关业务。现在他不得不告诉投资方，他们的钱已经在伦敦受困于一个离奇的破产程序。

贝兰克梵乞求他的前任老板，想让他做些什么以稳定市场，据他所说，现在最令人担忧的是，雷曼内部拥塞着如此巨额的资金，这可能会导致投资者恐慌，从而从高盛和摩根士丹利抽走资金。

伯南克正在华盛顿美联储总部主持公开市场委员会会议，但他明显已经心不在焉了。他和凯文·沃尔什来回传着纸条，努力想为美国国际集团提出对策。他们已经和盖特纳商定于上午 10：45 开个电话会议，以便他俩能及时了解美国国际集团的最新状况。

盖特纳反复强调“市场化解决方案已经流产”，告诉他们“我们得考虑利用我们的资产负债表，我们得果断而有力地采取行动”，同时他暗示，如果美联储能大胆地向美国国际集团提供大力支持，市场就能重拾信心。他建议使用联邦储备法案第 13 章第三条，允许美联储对“不同寻常以及紧急情况”下的非银行机构进行贷款。

保尔森和伯南克都清楚，美国国际集团实际上已成了全球金融系统的枢纽。在欧洲银行管理制度下，金融机构可以通过与美国国际集团的金融产品部签订信贷违约掉期协议来满足资本需求。

通过使用掉期，银行实质上可以将更高风险的资产（包括公司债和住房抵押贷款）打包到美国国际集团的“3A”信用等级资产上，而这样做放大了银行的财务杠杆。

如果美国国际集团破产，这些保护壳必将消失，这将迫使银行减记资产并筹集数十亿美元来应付需求。对于目前的市场状况来说，这将是个可怕的结果，相关数字也将大得惊人。2008 年年中，在这个包装过程中，美国国际集团已经报告了 3 000 多亿美元的信贷违约掉期，并委婉地称之为“监管资本缓释措施”。

美国国际集团在全球共拥有 8 100 万份人寿保险保单，其票面价值约为 1.9 万亿美元。虽然这部分业务处在严格管制下，保险单也被妥善保存，但是如此庞大的保险帝国也将面临一个问题：恐慌的客户会蜂拥而至要求兑现他们的保单，而这将造成其他主要保险公司难以维持稳定。

对于盖特纳的陈述，伯南克听得十分仔细，但沃尔什的不情愿却溢于言表，因为他一直倡导一个“购买时间”的计划。他认为，美联储应该对美国国际集团投资，但仅限 30 天——就严格调查美国国际集团而言，时间已经足够了。

“我知道这可能会给我们造成敞口损失，”沃尔什补充说，“但请你们想想现在发生的究竟是什么？”

伯南克坦白地承认：“我不懂保险业。”然而盖特纳还是催促他表态，并再次强调：“系统风险实在是太大了。”

听完盖特纳的理由后，伯南克让他制订一份计划。等他带回更详细的资料，他们将正式投票决定是否着手办理此事。

“我想确认你和董事会都支持我……”接着，盖特纳又重复了一遍刚才说过的话。

迈克尔·怀斯曼和詹姆斯·甘布尔通过联储的安检程序并四处寻找贝兰克梵。他们需要知道美国国际集团究竟发生了些什么，如果什么都没发生，他们也需要贝兰克梵的团队来协助完成破产计划。

最终怀斯曼在一个关于美联储该如何援助美国国际集团的秘密会议上找到了他。“听着，时间不多了，我们想在你的帮助下处理一些数据，”把贝兰克梵从会议室拉出来后，怀斯曼生气地说，“我们想知道你到底代表的是哪一方的利益？你为我们工作，为美联储工作，还是为摩根大通工作？”

“我认为在与我的律师谈过之前，我不能回答你的这个问题。”贝兰克梵停顿了一下后说道，并示意他需要一点时间，然后便返回了会议室。

过了一会儿，贝兰克梵再次走出来，生硬地对怀斯曼说：“我现在不方便讲话，你应该直接联系财政部。”

“好吧，谢谢你。”怀斯曼说，并伸手想与他告别，但贝兰克梵却立即转身进了会议室。

几秒钟之后，联储的一个助手走过来告诉怀斯曼和甘布尔，他们必须离开这栋大厦。

“你刚才看见了吧？”在被送出大门的时候怀斯曼问甘布尔，“道格甚至不愿意和我握手。这究竟是怎么回事啊？”

晚上10点半，不管保尔森之前是如何抵制紧急救援方案的，盖特纳还是在电话中向他一一陈述了最新计划。通完电话，保尔森已经能看到市场的走向了,这让他感到非常害怕。在高盛工作时，他曾自学过保险业的知识，根据这些知识，他知道美国国际集团的破产将触发一场全球性恐慌。由于经常到亚洲访问，他也清楚美国国际集团在那儿有多少业务，以及有多少外国政府持有美国国际集团债权。这些外国政府一直给财政部打电话，表达他们对美国国际集团可能破产的焦虑。

吉姆·威尔金森怀疑地问道："我们已经打算出手拯救美国国际集团了吗？"

保尔森盯着他，仿佛在说只有疯子才会眼睁睁地看着这些而无动于衷。

保尔森的特别顾问肯·威尔逊提出了一个他们仍需考虑的问题："汉克，我们怎么能在还没有新管理方案的情况下就把850亿美元砸进来？"实际上，威尔逊是在委婉地问政府，怎能在不解雇现任首席执行官并且没有重组美国国际集团的情况下为它提供资助？如果不任用新首席执行官，政府看起来就像是表态支持这些制造了混乱、不称职的管理层。

"你是对的，你得帮我找个首席执行官，放下手头正在做的其他事，立即给我找个首席执行官。"保尔森说道。

回到办公室后，威尔逊开始查看电脑里的通信录。在高盛担任了这么多年金融部门高管，他了解谁才是该行业的顶级人才。他按人名字母顺序查找，甚至还没轮到字母B，一个名字已经在他的脑海里浮现出来：爱德·里迪（Ed Liddy），好事达保险公司前任首席执行官，高盛董事会成员。他是个极佳的候选人，目前正处于"待业"状态，并且很乐于接受挑战。里迪也了解美国国际集团，他曾经是高盛的董事会成员，不管什么时候，只要讨论到高盛是否应该收购美国国际集团，别人都会向他寻求建议。

威尔逊并没有里迪的电话号码，他打电话给高盛的克里斯·科尔，后者欣然帮他找到了想要的电话号码。

已经没有闲聊的时间了，威尔逊一联系上里迪，就开门见山地解释了打电话的原因。

“你有没有时间接一下汉克的电话？”当威尔逊问他时，里迪爽快地答应了。

威尔逊出现在他老板办公室门前时，保尔森正在打电话。“你得挂下你的电话，”威尔逊对保尔森说，“我给你找了个首席执行官。”

维纶斯塔的助手走进他的办公室，向他呈递了一份来自汉克·格林伯格的传真。美国国际集团的股价已经跌到2美元以下了。维纶斯塔早就有所耳闻，格林伯格已经公开向媒体宣布，他将发动一次代理权争夺战或接管美国国际集团。

“我必须把它念出来吗？”他小心地问道。看完传真之后，他并不觉得吃惊：

亲爱的鲍勃：

就是否采取你与董事会所要求的援助美国国际集团的措施的问题，我们已经展开了数周的讨论。在这些讨论中，你告诉我和戴维·波伊斯，你认为我的援助对美国国际集团而言是相当重要的。你唯一担心的是，如果我成了公司顾问，我将掩盖你的光辉。现在我郑重地向你以及董事会建议，通过彼此合作来拯救这家伟大的企业，远比任何个人地位和感受来得重要。

我不知道现在拯救美国国际集团是否已经太晚了。但无论如何，我们要为美国国际集团的股东、债权人以及我们的国家全力以赴。

美国国际集团积累了35年的股东价值已经大量缩水，作为美国国际集团总裁，你和董事会需要对此负责。我并不打算对你们指手画脚或是吹毛求疵。我只是觉得困惑，在当前这种情况下，你和董事会为何还不肯接受我的帮助。

盖特纳在他的办公室里为与伯南克的电话会议做准备。“他们想这么做，”盖特纳思索着，“他们真的想这么做了。”

杰斯特和诺顿一起认真钻研了所有条款。他们刚知道爱德·里迪已经暂时接任了美国国际集团的首席执行官，并准备今晚从芝加哥飞抵纽约。

为了在这么短的时间内起草一份救援计划，政府需要帮助，尤其是那些已经了解美国国际集团及其特殊情况的人的帮助。杰斯特知道谁是这个关键人物：马歇尔·希布纳（Marshall Huebner），达维律师事务所破产重组部的联合负责人，他已经在为摩根大通处理美国国际集团的相关事宜，而此时他就在楼下。

同时，已经被保尔森雇为美联储顾问的摩根士丹利的罗伯特·斯卡利想确认一下，保尔森在打电话之前是否已经了解了所有相关风险。对于急剧恶化的市场情况，随着研究的深入，他越来越担心美国国际集团是否有能力继续支付政府贷款了。这种强硬的变卖与盗窃有何区别？

“我想澄清一点，现在真实存在的风险可能会使你们不能完全赎回这笔贷款。”盖特纳拨号进入会议电话时这样警告道。

伯南克说他已经决定支持这项交易了，但他还是想在电话会议的参与者中进行民意投票。伯南克明显感到紧张，他问道：“你们确定这么做是对的吗？”

盖特纳也坚持认为这是避免金融界世界末日到来的唯一方法，最终的投票表决结果是5∶0。关于道德风险不会再有任何讨论，关于雷曼也不会再有任何讨论了。

被保安护送出纽约联储大楼的怀斯曼和甘布尔还未走太远，又惊讶地发现自己被请了回去。有人解释说，把他们送出来是因为弄错了，之后他们便被带到了餐厅的用餐桌前。

“这不是受欢迎的人应该坐的位子。”甘布尔注意到，在这间无比宽敞房间的另一端，坐满了摩根大通和高盛的银行家。

“有一件事是肯定的，”怀斯曼说，“他们不是在做一笔私人交易，他们从未像现在这样轻松。”

等待中的甘布尔通过电话获悉了两个新消息：美国国际集团人寿保险业务主要所在地得克萨斯州的保险监管机构已经手忙脚乱了。更糟糕的是，摩根大通刚把一连串的抵押品放到了日本市场，而日本正是美国国际集团在美国本土之外的最大市场。甘布尔简直不敢相信，摩根大通 24 小时之前还是美国国际集团的顾问，不管之前的工作有多么谨慎，现在他们的所作所为却使问题进一步恶化了。

20 分钟之后，纽约州保险局局长埃里克·迪纳罗来到怀斯曼和甘布尔的桌前：“我不能告诉你太多，”迪纳罗说，“但是不要急着做任何事情。”

“埃里克，”泄气的甘布尔回应道，“我们很高兴能坚持到现在，但我们的融券业务陷入了困境。”他指着摩根大通和高盛的代表团说：“就是那些家伙们制造了麻烦。你去跟他们谈。”

“我们要面临资金短缺了！”在摇摇欲坠的保险巨头总部，约翰·斯图津斯基说。时钟即将走到下午 1 点，如果斯图津斯基计算正确的话，美国国际集团离破产只有几分钟了。

就在这时，维纶斯塔从他的办公室走出来，脸上带着一种很久都没有在这栋办公楼中出现过的表情：笑容。

“他们宽恕我们了！”他说。

他刚刚与盖特纳通完电话，盖特纳告诉了他救援方案：美联储为美国国际集团提供了一笔 140 亿美元的贷款以保证公司业务能够在剩余的交易日正常运转。但盖特纳附加了要求，美国国际集团在得到贷款之前必须立即提供担保。这种做法被官方称为“缴费通知”。

压力明显有所缓解，维纶斯塔理所当然地考虑，接下来几分钟内他们能从哪里凑出 140 亿美元的担保。然后他找到了答案：非官方金库。银行家们跑到楼下，找到了一个锁着的房间以及一排橱柜，里面装满美国国际集团保险部门价值数百亿美元的认股书，其中最早可以追溯到格林伯格时代。他们开始迅速清点这些文件，仔细挑选着一沓看起来很久没动过的证券。在当今这个电子时代，手头留存实体有价证券的做法虽然显得有些尴尬，但现在看来却是一种备受欢迎的复古行为。

美国国际集团高级副总裁及其秘书凯思琳·香农（Kathleen Shannon）把这些债券堆积在桌子上，然后整理进一个公文包。

“你带着 140 亿美元的债券，如果被抢了可就麻烦了。”来自沙利文-克伦威尔律师事务所的迈克尔·怀斯曼在电话里建议道，“我们让美联储的保安护送你们。”

10 分钟之后，在两位全副武装保安的护送下，香农带着一个价值连城的公文包穿过了松树街。

汉克·保尔森飞奔出财政部大楼，精神抖擞地前往白宫。他和本·伯南克一道向布什总统预约了会面，准备简要汇报他们马上准备采取的特殊行动。

通过安检并在等候室等待片刻之后，他们被护送进了总统办公室，保尔森开始娴熟地向总统阐述条款内容。

尽管保尔森努力地解释这笔交易，但由于它的要点涉及众多华尔街术语，很明显布什总统听得云里雾里。

伯南克插话道："总统先生，请允许我重复一下。"伯南克抛开了他的专家架子,向总统解释了美国国际集团在银行系统中被纠缠得有多深。他尝试让布什总统进行裁决，并请他关注一下有多少民众和小型公司依赖着这家企业。人们通过美国国际集团的人寿保险保护他们的家人，通过美国国际集团的养老金保证退休生活。美国国际集团同时也提供债券以保证服务，这是一种针对施工项目和公共工作所提供的担保。

总统用自己的方式一针见血地提出了一个问题："一家保险公司就能做所有这些业务？"

这家公司确实能做到。

大约下午 4 点，美联储的提案通过美国国际集团的一部传真机滴滴答答地发了过来（这部传真机早在十年前就该被淘汰进史密森尼博物馆了）。在美国国际集团第 18 楼,律师团正焦急地等待着。长达 3 页的文件终于传送完毕，一名律师取出文件并迅速进行复印。

"呵呵，你终于得到为联邦政府工作的机会了。"维纶斯塔正忙着浏览各项条款，美国国际集团董事会外部董事首席律师理查德·贝蒂（Richard Beattie）这样对他说。

"你这是什么意思？"维纶斯塔问道。

"你是他们的了。"贝蒂咧嘴笑道。

维纶斯塔的确是他们的了。联储提供给美国国际集团 850 亿美元的信贷额度，公司期望该额度足以避免灾难并帮助他们保持活力。但作为贷款的代价，政府要求得到相当多的所有权股份："参股说明"表明这个比例是 79.9%。这与摩根大通和高盛一直研究的方案十分相似。

如果华盛顿政府想帮华尔街摆脱困境，那么它至少必须确信，那些原来的股东不会以任何令人不愉快的方式逐利。“保尔森正在以他对付房利美、房地美和贝尔斯登的方法来应对这件事：如果政府介入，股东就必须为之埋单。”科恩评论道。

联储的贷款也同样附带显著的债务负担。美国国际集团所需支付的利率是按照一个复杂计算标准产生的：在银行间短期借贷的基准利率伦敦银行同业拆放利率的基础上再加额外的 8.5%。在当天利率的基础上，公司所需支付的利息款项骤然飙升至 11%，在当时这明显就是高利贷。贷款的安全性以美国国际集团的所有资本做担保，并且政府还拥有对普通股东及优先股东分配股息的否决权。

为了能偿还政府债务，美国国际集团不得不变卖资产：在这种情况下，这相当于减价出售。但对效忠于美国国际集团的人而言，这笔贷款与其说是帮助公司清偿债务的桥梁，倒不如说是预谋分解公司的援助。

“简直难以置信。”维纶斯塔放下文件后说道。

美国国际集团董事会已经准备立即召开紧急会议。维纶斯塔站在那儿几乎颤抖着把条款又看了一遍。他的助手打进电话告诉他，蒂莫西·盖特纳打来了电话，此时是下午 4：40。

维纶斯塔跟着贝蒂和科恩走进他的办公室，按下了电话接听键。

“请你稍等一下好吗？”跟他打过招呼之后盖特纳说，“保尔森财长准备加入我们的通话。”

“好的，”维纶斯塔补充道，“理查德 · 贝蒂和罗基 · 科恩正和我坐在一起。”

“你们都已经看过新协议了，对吗？”盖特纳在保尔森加入之后问道，“我希望你们准备接受这些条款，并尽快给我们回复，因为亚洲市场的交易已经快开始了。”

在盖特纳心里，他还有个额外的担忧：这些条款是不是太残酷了？从另一方面来看，财政部将会因为提供了让美国国际集团如此称心的交易而备受指责。

政府与私人部门提供的条款如此类似，这并非巧合。他们拥有很多同样的顾问。可以肯定地说，在现有的政策环境下，美国国际集团只是得到了市场希望提供的东西。

“显然，我们将在 15 分钟内召开董事会会议，我准备在会议上宣布这些条款。”维纶斯塔说。

“蒂莫西，这太离谱了，”贝蒂跳起来说，“我想你应该知道，不能仅因为你介入了，董事也会同意，你就这么臆断。我们对股东负有受托人的义务，这将会非常复杂。”

贝蒂的态度非常强硬，他实际上暗示相对于接受政府援助，美国国际集团根据破产法第 11 章申请破产保护会好很多。

盖特纳毫不退缩：“这将是你们所得到的唯一建议。”他简洁地说，然后又补充道：“还有另一个条件……”

保尔森打断道：“这个条件是：我们打算找人替换掉你，鲍勃。”

贝蒂和科恩尴尬地看着维纶斯塔。

“哦……好吧，”维纶斯塔说，“如果你们真这么想的话。”

“我们打算任命一名新首席执行官，”保尔森就事论事，“他明天就会到。”

政府援助意味着自己将离开，现在维纶斯塔对此已不存幻想了，但他对这件事发生得如此之快感到无比愤慨。政府刚刚才拟定救援措施，现在就已经找到了他的继任者。

“我需要继续待在这里吗？”维纶斯塔问道，有点不知所措。

“是的，我们将会对你可能提供的合作方案和帮助感激不尽。”保尔森说。

“我能不能问一下，我的继任者是谁？”

“爱德·里迪。”保尔森回答道。

有那么一会儿，维纶斯塔觉得自己仿佛失忆了。“爱德·里迪是谁？”贝蒂小声问道，但科恩仅仅耸了耸肩表示不知道。

“爱德刚刚辞去好事达保险公司首席执行官的职位。”意识到他们根本不清楚他指的是谁，保尔森插话道。

电话会议结束后，维纶斯塔瘫坐在椅子上，叹了口气，然后看着贝蒂苦笑。“看来你错了，”他说，“我最终还是不能为联邦政府工作。”

维纶斯塔和顾问团走进会议室时，美国国际集团的高管们已经全部就座了。维纶斯塔已经没有时间作开场白了。

“我们得面对两个糟糕的选择，”他开始说，“明早申请破产，或者今晚接受美联储的援助。”他解释了援助条款的内容，并告诉大家，黑石集团会和破产顾问一道参与进来，讨论另一个选择的价值所在。

之后他公布了关于他个人的新消息。

“我的位置将被其他人顶替，”他轻声说，“爱德·里迪将会接管我的工作。”

“爱德·里迪？”弗吉尼亚·罗曼提（Virginia Rometty）问道。

“是的，他来自好事达保险公司。”维纶斯塔解释说。

“我认识他快 15 年了，”一个 IBM 的高管说道，罗曼提第一次遇到电脑公司销售部门的人来为保险和金融业提供服务，“但我从未料到爱德会来挑起这副担子。”

“我也认识爱德·里迪！”詹姆斯·奥尔（James Orr）附和道。奥尔曾是优努姆公司（Unum）的首席执行官。优努姆是缅因州的一家保险公司，好事达保险公司曾企图抢占受控于它的残疾人长期保险市场的份额，最终被奋力击退。“如果让我们为这家公司寻找首席执行官，里迪不会在名单上出现，哪怕条件放得再宽，他也不会出现！”

“好吧，这是一个你需要好好考虑的决定。”维纶斯塔平静地说，然后把会议议程交给科恩。

作为美国国际集团高管以及罗纳德·里根政府的前经济顾问，马丁·费尔德斯坦（Martin Feldstein）不敢相信政府，尤其是共和党政府，正准备在私人企业上下注。

罗基·科恩提醒董事会不仅要向股东履行受托人义务，还要向债权持有者切实负责，因此，他迫切要求公司宣布破产。

“你们得考虑周全，”贝蒂说，“虽然对方是美联储，但并不代表你们就一定要同意。你们得听听其他的声音。”

维纶斯塔的助手悄悄走进来，递给他一张字条：汉克·格林伯格在等你的电话。他转了转眼睛，侧身向约翰·斯图津斯基指示道：“你能不能等下给汉克·格林伯格回个电话？”

斯图津斯基轻轻地走出会议室，他知道由他来回这个电话会有多尴尬。为避免尴尬，斯图津斯基邀请黑石集团共同创始人，也是格林伯格的老朋友彼得·彼得森一起打这个电话。早在 1998 年俄罗斯债务危机期间，黑石集团深陷其中不可自拔时，美国国际集团曾按格林伯格的建议向黑石集团投资了 13.5 亿美元。

正当斯图津斯基等电话时，彼得森给格林伯格位于派克大道的办公室打了电话。

“他现在接不了电话，”格林伯格的助手说，“他正准备在查理罗斯的节目上讨论美国国际集团。”

“你不是开玩笑吧？”彼得森说道。

斯图津斯基回到董事会会议上，递给维纶斯塔一张字条，转述了刚刚那条消息。一下子，维纶斯塔笑了。

董事会立刻回到当前这个糟糕的议题上。科恩提出关于政府救助正反两方的理由，并解释了破产法第 11 章的有关争论，他说，公司应该在法庭上做到有序平仓，而不是接受政府不容讨价还价的援助方案。

顾问们发表着各种不同的观点。斯图津斯基说，一个像美国国际集团这样巨大且复杂的公司进行破产时，需要花费数月才能彻底控制局面，并且依然可能存在更多财产遭受损失的可能性。“刚才我利用 10 分钟向大家解释了从银行业的角度采取这种做法的理由，”斯图津斯基总结道，“但是还有一个原因，”他环视着房间说道，“能够保留 20% 不比损失 100% 更好吗？”

整个房间陷入了沉寂。

会议仍在进行，维纶斯塔看了看手表，意识到得尽快给保尔森和盖特纳一个答复了。

“咱们按座次一个个来吧，大家都期望我们该如何行事，”维纶斯塔说道，“老实说，我迫切期待你们投票批准美联储的提议。我们中有三种人：股东、顾客以及雇主。对于股东而言，这种决策似乎并不友好，但它却能维持住客户，并能保证公司的前途，同时你们也将有一个更好的机会让这些人保住自己的工作。”

他们依次投票，除希尔顿酒店前任首席执行官斯蒂芬·博伦巴克（Stephen Bollenbach）之外，所有董事会成员都投票赞成政府的援助计划。伊莱·布罗德和美国国际集团股东中的主要反对派也支持博伦巴克。1 月份刚加入董事会的博伦巴克认为，一个称职的法官会带给股东一个更公平的交易。

在投票表决正式开始之前，博伦巴克问，对于交易条款，还有没有重新协商的余地？

维纶斯塔和律师们离开会议室，回到他的办公室给盖特纳打电话。

“蒂莫西，迪克和罗杰都在这儿，”维纶斯塔说，“也许由迪克来向你解释高管们的感受会更加合适。”

贝蒂走上前去接过听筒，说：“蒂姆，董事会想知道这些条款能否进行重新磋商？他们认为 80% 的比例是无法容忍的。”

“条款不能再议，”盖特纳坚定地说，“这是你们需要接受的唯一条款。”

他们三人无可奈何地面面相觑，贝蒂继续说：“我们还有一个问题。董事会想知道，如果公司能利用自己的融资来代替美联储的协助，进而渡过难关，这样的做法会被接受吗？”

盖特纳犹豫片刻后回答：“如果公司能够偿还美联储贷款，没有人会比我更高兴了。”

贝蒂回到会议室并转达了刚才的对话。于是，交易达成了。

保尔森和伯南克结束了与总统的会面，接着又去国会参加了一个与重要议员的简短会面，这些议员中没有一个赞成对美国国际集团的紧急救援行为。参议院多数党领袖哈里·里德（Harry Reid）在二楼的会议室主持了这次会议。这次会面比较匆忙，有些议员甚至在会议开始前 20 分钟才接到邀请。来自新罕布什尔州的参议院银行委员会资深共和党人吉德·格雷格（Judd Greg）本准备出席一个正式晚宴，因此他穿着双排扣晚礼服出现在会场。巴尼·弗兰克来得有些晚，衬衫都还没来得及扣好。

保尔森和伯南克解释了为什么他们的决定是必要的：“如果我们不这么做的话，美国国际集团倒闭产生的影响将横扫美国并波及全球。”

弗兰克很关心费用支出，他看着伯南克说：“你们有 800 亿美元吗？”

伯南克带着掩饰不住的笑容回答：“是的，我们有 800 亿美元。”

当美国国际集团新闻发布会在电视上播出时，杰米·戴蒙和詹姆斯·李已经回到了摩根大通并坐在戴蒙的办公室里了。“他们绝对拿不回自己的钱，”詹姆斯·李对戴蒙说，“绝对不可能。”

"我向你保证，他们从中至少能拿回 500 亿美元，"戴蒙回应道，并认为华盛顿方面刚刚谈了一桩好生意，尽管从公众关系前景的角度看，该计划十分糟糕，"美国国际集团名下许多优秀的保险业务可以卖个好价钱，等着瞧吧。"

戴蒙和詹姆斯 · 李赌了 10 美元，看看究竟谁说得对。

当晚 11 点左右，罗伯特 · 维纶斯塔的司机在位于派克大道的一幢大楼边停了下来。维纶斯塔顶着绿色雨篷冲了出去，随后，疲惫不已、心灰意冷的他乘电梯回到位于第 17 层的公寓。维纶斯塔一边在厨房里踱着步，一边向他的妻子卡罗尔倾诉今天所发生的一切。

睡觉之前，维纶斯塔最后检查了一下他的黑莓手机，公司总管戴维 · 赫佐格（David Herzog）给他发了一封电子邮件。在刚过去的这个周末，戴维马不停蹄地做了许多幕后工作以保证公司能继续运转。邮件发送时间显示为"11：54 pm"，题目是"最后的步伐"：

感谢你承担了这么艰巨的挑战。今晚出现的事件在很早以前就初露端倪了。

在你离开办公室之前，我只请求一件事。请为里迪先生清理道路，我迫切希望下面这些人能立即离职：

施赖贝尔

刘易斯和斯科特

本辛格

凯利

卡斯洛

杜利

这看起来或许很残酷，然而这些高管中的每一个人都曾以他们自己的方式表现出不称职，这些不称职最终导致了美国国际集团这家最伟大的公司摇摇欲坠。请不要让里迪先生自己动手做这件事。

我对这些人没有任何不敬，但全球 12 万名员工理应得到更多更好的东西，他们需要看到有人对刚刚发生的事件负责。

我们需要领导者，但这些人明显不适合。

恭敬的，

戴维

维纶斯塔穿着短裤站在走廊上，难以置信地摇了摇头。

周三清晨 6 点多，天色朦胧。

蒂姆·盖特纳在纽约联储总部一间狭小脏乱的卧室里醒来，他仅睡了几小时，挣扎起身时只觉得身心俱疲，他决定沿着曼哈顿岛南端、顺着东河而上开始晨跑。

伴随着斯塔顿岛驶来的第一班通勤渡轮，当晨光自港口悄然滑过时，盖特纳正遥望着自由女神像，尽力借此时刻放松一下、理清自己纷乱的思绪。过去 5 天里，盖特纳纠结于大堆错综复杂的数据，而这些数据不仅数量巨大，更令人无法捉摸。仅仅 24 小时之内，这些数据便经历了从雷曼的 0 美元到美国国际集团的 850 亿美元的转变。或许人们对这样庞大的数字很难有具体概念，简单来说，新加坡和中国台湾两地的年度预算总和也不到 850 亿美元。正因为这是个如此庞大的数字，盖特纳才更希望能运作足够的资金，令这次经济危机尽早结束。

远方，载着上班族的渡轮打断了他的思绪，盖特纳心想，也许拯救金融机构的意义正在于此。这些上班族早起晚归、日复一日地投入到工作中，在某种程度上看，几乎所有人的收入都依赖于金融业，因为金融驱动着整个社会经济。盖特纳暗暗提醒自己，别再去管那些惊人的数字了，别再去想结构性融资和衍生工具那近乎残酷无情的复杂性了，也别去想那些作为错位赌注的数百万奖金了，拯救整个金融系统的真正意义，就是保护普通民众的正常生活和工作机会。

然而当盖特纳走过南街海港、来到布鲁克林大桥桥下时，他不由自主地开始考虑今天可能会发生的新混乱。货币市场基金巨头第一储备基金在一天前跌破了净值（这意味着基金资产净值已跌到每份 1 美元以下，其净值是 97 美分），盖特纳对这一令人惊恐的事实极为忧虑。在此之前，甚至没人会费心去设想货币市场基金竟然会发生这种状况。货币市场基金是人们所能购买的、风险最小的投资产品之一，其特色是回报不算高，可风险相对而言也非常小。但为了追求行业内的最高回报——4.04% 的年回报率，第一储备基金参与了存在风险的投资，其中包括 7.85 亿美元的雷曼票据。现在投资者开始集中清理他们的账户，迫使投资经理给投资者强加了 7 天的延期赎回限制。盖特纳担心，现阶段内，没人能知道他们最终的损失会有多大。

考虑到货币市场基金处在重压之下，而投资者的数十亿资金被锁死在了已经破产的雷曼身上，盖特纳意识到：现存的两大经纪商——摩根士丹利和高盛，很可能就是下一个雷曼。

位于纽约时代广场的摩根士丹利总部内，约翰·麦克的办公室已被恐慌笼罩，麦克与副手查马哈和戈尔曼坐在沙发上，一边喝着纸杯里的咖啡，一边不停地抱怨。他认为周三早晨的主要新闻应该能增强人们对摩根士丹利盈利报告的期望值，这是他在前一天下午发布的新闻消息，目的是让市场相信摩根士丹利不会步雷曼的后尘，从而平息大众的恐慌。仅在周二的数小时内，摩根士丹利的股票就跌了28%，麦克知道他必须得做些什么以便扭转这种局面。幸运的是，摩根士丹利的季度盈利报告显示，他们的盈利状况不错，至少比高盛的季度盈利要好。但与高盛在周二早上发布的季度盈利报告所遭到市场的冲击相比，摩根士丹利所遭受的冲击却更为沉重。摩根士丹利报告其利润为14.3亿美元，仅比去年同期下降3%。然而《华尔街日报》的头条新闻却紧咬他们不放："高盛、摩根士丹利如今是各自为战、继续挣扎还是互相拆台"。仿佛为了充当佐证，目前的期货市场数据表明，麦克展现摩根士丹利实力和活力的打算并没能给人们留下深刻印象。

且不说在诸多忧虑外，麦克对货币市场基金和投资银行这两大项也开始犯愁，他还面临着一个圈外人绝对无从认知的严重问题：本周初，摩根士丹利仍有1 780亿美元可用于保障运营以及应付主要对冲基金客户的借贷要求。但仅在过去的24小时里，其中就有200多亿美元应对冲基金客户要求被赎回，有些客户甚至完全关闭了他们的经纪账户。

"资金一直在流失。"查马哈告诉麦克。

"没人在意忠诚。"麦克抱怨道。他曾有过采取行动切断资金外流的想法，但查马哈说服了他，告诉他必须保证资金账户的畅通，查马哈警告说："对市场而言，设置锁定期正是我们公司有问题的表现。"

但问题在于摩根士丹利还能承受多少资金的外流?

"我们永远不能这么做。"查马哈说。

麦克已经开始相信这是对冲基金针对公司的阴谋，"这就是他们对迪克所做的！"他咆哮道。最新证据显示，这些要求赎回的基金客户中的确有一部分需要资金，他们无法在雷曼伦敦办事处的基金账户中提款，于是就只好转求摩根士丹利和高盛了。

对麦克而言，他们需要继续为此付钱。他花了数年时间把大宗经纪业务打造成摩根士丹利的主要利润中心：世界排名前100的对冲基金中，有 89 家通过摩根士丹利进行交易。危机中至关重要的是，公司不能显示出丝毫的恐慌，否则他们将失去整个专营权。

“我们有信心，我们不能变得孱弱，更不能自乱阵脚。”麦克说道。

一般来说，约翰·麦克总能保持镇定与沉稳，头天早上他还像往常一样走出办公室和交易员们侃侃而谈。但事发当天，有太多事务需要处理、有太多问题需要解决、有太多东西需要担心，麦克被困在办公室里忙得分身乏术，也无法照常与员工轻松交流。

前一天晚上，他接到老朋友史蒂文·沃尔克（Steven R.Volk）的电话。沃尔克是一名律师，同时也是花旗集团副总裁，他曾在几年前协助麦克策划了摩根士丹利与添惠公司的合并。而现在，沃尔克表面上就摩根士丹利在收益报告中的良好表现向其道贺，暗地里却为另一桩合并埋下了种子：摩根士丹利与花旗的合并。

“瞧，约翰，我们就在等你说这话呢。我们并不激进，如果摩根士丹利想策略性地与花旗银行整合在一起，我们将很乐意就此展开详谈。”沃尔克说。

哦，这可真是条极具爆炸性的潜在新闻！摩根士丹利和花旗银行的合并无异于微软和英特尔的联合。

麦克、查马哈和戈尔曼就合并提议进行了详细讨论，考虑到经纪自营模式的压力，合并能够在存款方面向其提供稳定基础，摩根大通和花旗是如今仅剩的两家实力强大的银行了。

他们也都听说了美国银行就其与美林的交易在本周一召开了电话会议。肯尼斯·刘易斯的评论几乎正式宣布了经纪自营模式的灭亡。

“7 年前，我曾说过商业银行将最终因为融资问题而拥有投资银行。如今我仍然坚持这个观点。投资银行的黄金时代已经结束了。”刘易斯如是说。

至少在目前，戈尔曼认为刘易斯是非常正确的。“你们认为给花旗集团回个电话是否明智？”戈尔曼问道。

麦克点了点头，让助手给维克拉姆·潘迪特的办公室打电话。麦克和潘迪特很熟，虽然两人并无私交也非特别亲近，但2000年麦克给了当时还在摩根士丹利工作的潘迪特一个重要的晋升机会。

“史蒂文告诉我，你们想做笔交易，”麦克对电话那端的潘迪特说，“摩根士丹利正经历着一个非常艰难的时期，我们正在分析和研究所有可能的选项。”

“你希望我们做些什么？”潘迪特说，“现在也正是我们要有所行动的时候，当然能帮上忙就最好了。”

但在进一步表达自己的想法之前，他却截住了话头，转而告诉麦克：“我待会儿再给你回电话好吗？这事我得先和董事会商量。”

黑黄交织的屏幕不停地闪烁，汉克·保尔森正在浏览彭博咨询终端上关于第一储备基金的更新信息。看着屏幕上不断变换的数据，保尔森心生疑虑，拥有626亿美元资产的第一储备基金是一名主要交易方，考虑到其所处的困境，它已悄然在其他领域展开活动？

“情况不妙。”肯·威尔逊走进保尔森的办公室，对他报出一连串首席执行官的名字：贝莱德集团的拉里·芬克、纽约梅隆银行的鲍勃·凯利（Bob Kelly）、北方信托的里克·沃德尔（Rick Waddell）以及阿默普赖斯金融公司的吉姆·克拉基奥洛（Jim Cracchiolo）。这些被恐慌主宰了的精英公司领导者，从清晨6点半就开始对威尔逊展开无间断的“追魂夺命式电话骚扰”。

“事情很简单，这些公司的投资者们都吵着要赎回款项，加起来超过数千亿美元。投资者对在雷曼票据上有任何敞口的金融机构都极度关注。”威尔逊解释说。

听罢此事，保尔森烦恼得坐立不安。雷曼引起的恐慌如黑死病瘟疫般在华尔街蔓延，在这种情势下，若再无相应策略和支持来扶助货币市场行业，其后果实在难以想象。威尔逊还在火上浇油，告诉了保尔森另一重磅消息：摩根士丹利也处在对冲基金要求赎回的重压之下。如果摩根士丹利破产，那么下一个关门大吉的肯定是他俩曾度过了整个职业生涯的高盛。

“每天都得面对层出不穷的新危机。”保尔森神经质似的抽动着嘴角，这种毫无笑意的笑容表明他正陷于巨大的不安和恐慌中。

保尔森对此次事件的本能反应是把私营部门的解决方案应用到解决系统性问题上来，推动企业合并以令其优势互补。

但从另一角度来看，异常的现状表明每个问题背后都隐藏着另一个问题。之前，保尔森也许会因拒绝紧急救援雷曼而备受称赞，但随之而来并影响至今的毁灭性后果却是他始料未及的。支持整个金融系统的信心已倒塌，没人能弄清现状下的游戏规则。

“他们假装与雷曼划清界限，但两天后的现在，却又着手进行另一场紧急援助。”当天早晨，纽约大学斯特恩商学院的教授努里埃尔·鲁比尼如此抱怨道。

现在，保尔森能够理解了，他赖以谋生的商业票据和货币市场，也正是高盛的专长。这场危机已经到了白热化的程度。

另一座城市中，在他离伯南克办公室仅隔几道门远的办公室里，38 岁的美联储官员凯文·沃尔什正在静静思考，他对整个现状有自己的看法与忧虑。

沃尔什刚结束了与伯南克及欧洲和亚洲中央银行高管的电话会议。电话会议中，他们解释了先前对美国国际集团所采取的措施。对于他们“让雷曼破产”的决定，欧洲央行行长特里谢感到极为愤怒，同时，他大力游说伯南克去国会申请政府巨额援助，以重建民众对整个金融行业的信心。

相对来说，沃尔什却对另一个问题深感不安：7 年前，即在担任总统经济政策特别顾问之前，他曾是摩根士丹利的一名企业并购高管。基于对原单位的了解，他几乎可以断定市场对摩根士丹利的信任正在迅速消失。然而就其个人观点，解决此问题的方法既简单又清晰：摩根士丹利需要购买一家资底雄厚的大银行，其中的上上之选正是有着大量存款，但也正在局势中苦苦挣扎的美联银行。美联银行于 2006 年购并了坐落在加利福尼亚州、专门负责发放按揭贷款的金西金融公司（Golden West），如今金西公司卷进了这场骤然而来的大灾难，这给美联银行带来了大量坏账，而且这些坏账正在不断浮出水面。

考虑到鲍勃·斯蒂尔是美联银行首席执行官，财政部的人被禁止与其交谈，因此担心美联银行就成了沃尔什的责任。而令沃尔什忧心的事越来越多：作为之前交易的亲历者，他清楚自己很可能成为美联银行在迫切寻找合作伙伴行动中的撮合人。同时沃尔什也意识到，仅依靠自身实力，美联银行是无法完成这笔合并交易的。

正如保尔森与高盛一样，沃尔什与摩根士丹利之间也存在着利益冲突问题。

首先，沃尔什为此求助于美联储的总顾问斯科特·阿尔瓦雷斯（Scott Alvarez），请他出具一封基于整体公众利益的澄清信，帮沃尔什摆脱与老东家有不法联系的嫌疑。

接着，沃尔什联系了斯蒂尔，让他在 20 分钟之内给麦克打个电话，以便于提前与麦克通个气。

接着，沃尔什打电话问盖特纳：“你是想自己打电话给麦克还是希望由我来打？”

最终，他们决定一起给麦克打电话。

尽管已经宣布破产，雷曼那些严重失眠又心灰意懒的交易员、律师及其他雇员仍在电话前忙碌，做一些倒闭前必须完成的工作。他们对迪克·富尔德于前晚发出的声明还记忆犹新："过去的几个月相当具有挑战性，而这种挑战以我们公司申请破产保护为终结，无论从个人角度还是经济角度，这件事对你们来说都是场痛苦而严重的打击。我对此惶恐万分。"这样轻描淡写的声明对于愤怒的雇员而言，简直无异于 1945 年 8 月 15 日日本裕仁天皇著名的投降广播声明，裕仁天皇也曾在广播中用同样的腔调对惊恐的国民说："战争形势已经发展到对日本不利的状态了。"

而当天晚些时候，3 天里只睡了 4 小时的巴特·麦克达德、休·麦克吉和马克·沙菲尔终于带来了好消息：雷曼破产一事虽已无可挽回，但他们得到了一份以 17.5 亿美元出售雷曼美国业务的协议。购买者是雷曼曾经的潜在救星——巴克莱，它仅愿意从整个雷曼产业中购买它中意的部分资产，而并非以救世主之姿挽救整家公司。无论如何，这笔交易至少能让雷曼 10 000 名美国本土员工中的一部分保住饭碗。

因为这个"好消息"，一些感激的员工甚至在麦克达德、麦克吉和沙菲尔宣布完消息并走下楼梯时鼓掌欢庆。

麦克猜到了斯蒂尔致电的用意，并与其进行了一次愉快的交谈。麦克和斯蒂尔均毕业于杜克大学，还同为大学董事会成员。斯蒂尔接管美联银行后不久，麦克还去夏洛特看望了他，并将摩根士丹利作为其顾问公司。那次会面他们并没能达成任何协议（美联储安排高盛来帮助美联银行理清金西金融公司的遗留问题），即便如此，他俩都觉得与对方意气相投、言谈甚欢，答应时常保持联系。

"这真是个有趣的时刻，"斯蒂尔说，"我猜凯文已知会过你，你对此事也有了大概了解，所以他建议我们何不好好沟通一下。"

斯蒂尔接着往下说，他在摸清麦克的真正想法之前一直用词含糊、模棱两可，“或许对于美联银行来说这是个转机，但我们需要从各方面进行考量与审视，而现在可能正是把问题拿出来讨论的好时机……如有可能就尽快进行，时间不等人。”

“我对你们的事略有了解，”麦克回答道，“你们在时间方面是如何安排的？”他的回答也颇具技巧，既显得有些兴趣，又未给予任何承诺。

“我们已开始行动了。”斯蒂尔说。

考虑到市场正摇摇欲坠,麦克觉得这至少值得一谈。对斯蒂尔而言，不管从商业角度还是从个人喜好角度，与摩根士丹利的交易均极具诱惑力。混乱的公司内部状况让麦克无法清晰地确定一位继任者，虽然在目前状态下这并非首要问题。麦克和斯蒂尔共同的朋友、摩根士丹利董事会成员之一罗伊·博斯托克（Roy Bostock）曾私下暗示后者，若这次与美联银行交易成功，在不久的将来，摩根士丹利的继任者问题也能得到完美解决，而这将会是斯蒂尔得以经营一家华尔街顶级公司的绝佳机会。

与斯蒂尔谈过之后，麦克随即致电给高级交易家罗伯特·斯卡利，向他征求意见。斯卡利对此事心存疑虑，他并不了解美联银行的账目，而仅能掌握的部分资讯也正时刻让他警醒。尽管如此，斯卡利还是给出了肯定答案，他认为在这种情况下，即使给出其他选项也会被自动排除。除此之外，美联银行是国内拥有最大、最稳固存款基础的银行之一，当摩根士丹利眼睁睁地看着资金流失却无可奈何之时，美联银行的雄厚资金储备便显得极具诱惑力。

斯卡利接着致电摩根士丹利副总裁罗伯特·金德勒（Robert Kindler），告诉他美联银行的业务发展部主管戴维·卡罗尔（David Carroll）将在周二与他们会面并启动合作。

在摩根士丹利相对刻板的银行文化中，金德勒是个特例：声音洪亮，直言不讳，对乏味的旧式西装有特别的偏好。20 世纪 90 年代，他曾经是美国克维斯 - 斯温和莫尔律师事务所的明星律师，但他却一直钟爱银行业。后来他离开法律界加入了摩根大通。他是一个总爱开玩笑的人，很快他就有了顶镶着标语的帽子，“同一家企业，同一支团队，贿赂一个领导”，这是在模仿摩根大通“同一家企业，同一支团队，做一个领导者”的口号。虽然他的风格略显奔放，但在涉及交易时他的意见总是很有价值。金德勒最初对与美联银行的合并提议嗤之以鼻，并把该观点告诉了斯卡利。他条件反射般地冷嘲热讽道：“咱们把这件事放进特定背景下来看看：鲍勃 · 斯蒂尔来自高盛，美联银行的投资银行家们来自高盛，保尔森也来自高盛。我们在这儿跟美联银行会面的唯一原因是，高盛不屑于做这笔买卖。”

斯卡利也有着类似的腹诽，“它看起来确实不是个好主意。”

没过一会儿，金德勒就开始情不自禁地继续发表他对这笔交易可能性的看法：“对我们来说这也有可能成为一件好事嘛，”他对斯卡利幽默地说，“至少它能给我们带来存款基础，加上一个地区银行的特许权。咱们可得好好看看这场戏将怎么演到底。”

接下来的日子里，斯卡利和金德勒联系到摩根士丹利金融机构业务负责人约翰 · 普鲁赞，开始启动对美联银行的数据核算，而他们最明显的关注点就在于美联银行高达 1 200 亿美元的巨额次级抵押贷款。在对美联银行的尽职调查进行得如火如荼时，维克拉姆 · 潘迪特致电麦克，说了些应景体面话，相当于婉拒合并谈判，“由于时机尚未成熟，我们对贵公司深表歉意，愿在某种程度上做些什么以示补偿。”

麦克愤怒地挂掉了潘迪特的电话。摩根士丹利内部没人对美联银行抱有憧憬或兴趣，但它现在却像是舞会上唯一一位尚可邀请的单身姑娘。

“这简直是金融界的‘9 · 11’事件。”汉克 · 保尔森说这话时，他的办公室里死一样沉寂。周三早晨，将近 24 名财政部职员被召集起来，他们有的靠坐在窗栏边，有的坐在沙发扶手上，有的则站在保尔森的办公桌旁用记事本匆忙记录。办公室后墙挂着一幅亚历山大 · 汉密尔顿的肖像画，这是 1792 年那件真迹的复制品，经历了这个年轻国家的第一次金融危机考验。当时的财政部助理威廉 · 杜勒（William Duer）碰巧也是汉密尔顿的好友，他利用内部信息在政府债券上建立了一个庞大头寸。当债券价格下跌时，由于杜勒没能为这些债券套期保值而同样引起了财经界与社会层面的巨大恐慌。在这样的情势下，汉密尔顿明智地决定不向他的朋友杜勒提供救助，转而指示财政部去认购政府债券以稳定动荡不安的市场——这是个典型的老式却有效、操作简单又极具启发意义的政府干预模式。

保尔森无精打采地坐在角落的一把椅子上，紧张地轻拍着他的肚子。他表情痛苦地向财政部里的亲信们解释着过去 4 个小时内发生的巨变：这场危机指数在本周内所抵达的新高度，足以与 7 年前 9 月 11 日那场灾难相提并论。往好处看是不会有人因此受到生命威胁，但比恐怖袭击更广泛更长远的负面影响是，一些有着百年历史的大公司摇摇欲坠，其麾下遍及国内外、数以万计的工作岗位也危如倾巢之卵。

保尔森认为整个经济系统正处在崩溃边缘，那天早上杰米 · 戴蒙也致电表示了对现状的无限忧虑。更令保尔森头疼的是，他现在不仅要为投资银行业犯愁，连美国创新之源、世界上规模最大的通用电气公司也雪上加霜地加入了崩溃名单。通用电气首席执行官杰弗里 · 伊梅尔特直接告诉保尔森：维持集团公司每天日常运营的商业票据资金几乎已停止滚动。而外界甚至传言摩根大通停止向花旗集团发放贷款、美国银行也停止对麦当劳特许经营商们发放一切款项；财政部的票据都在以低于 1% 的利率进行交易，好像只有政府支持债券是投资者唯一可以信赖的投资产品。

保尔森知道这是他所见过最可怕的“金融恐慌”，同时也可能是他在财政部任期内、将影响他整个职业生涯的最关键的时期。前一天晚上，伯南克和保尔森一致同意，已经到了系统地把问题解决掉的时候了。之前那种一次决定一家金融公司命运的方式已不足以对付现在的纷乱局势了。在贝尔斯登事件和雷曼事件之间，有着 6 个月的间隔，而摩根士丹利一旦倒闭，高盛极可能在 6 小时之内就步其后尘。若美国各大银行前仆后继地宣告阵亡，那就只有上帝知道还会发生些什么了。

于是保尔森召集下属，集思广益，寻求一套整体解决方案。最后他们得出的结论是，无论具体操作方式如何，全面解决问题的方法都必须包含政府干预行为。虽然保尔森个人对申请政府救援这一行为充满反感，但基于现今的危机情势，他又不得不屈服并妥协。

“从财政方面着手救援可能是限定损失并停止这场危机的唯一方法。”保尔森表示，为此他们首先考虑的是将一些计划组合起来进行综合治理，但其中最大的不确定因素及需要考量之处，就是这些计划组合在政治层面是否具有可行性。

保尔森告诉下属，之前他已因美国国际集团的援助事宜被坊间非难，而这次他预料该提案必将招致大量政治批判，也为此做足了心理准备。

巴尼 · 弗兰克讽刺地宣布，他要提出一项建议，将雷曼破产的 9 月 15 日称为“自由市场日”。“国家对自由市场作出的承诺也只维持了一天，即 9 月 15 日星期一。”弗兰克说。

肯塔基州的共和党参议员吉姆 · 邦宁也同样谴责这项政府参与的救市计划：“美联储再次抛出数十亿美元税金去紧急救援华尔街那些贪婪高于责任的机构。”

亚拉巴马州的共和党人理查德 · 谢尔比补充道：“我完全不同意用纳税人的钱去紧急援助私有公司的决定。”

但保尔森认为，当前第一要务是止损并化解货币市场危机。高盛前银行高管史蒂文·沙弗兰建议道，财政部在这场救市行动里只需最简单的介入并保证提供资金即可。“我们有政府威信力。”他引用了 1934 年的黄金储备法案来支持自己的说法。黄金储备法案专设了一项迄今总计高达 500 亿美元的基金，主要目的用于稳定重要市场。沙弗兰继续表示，关键在于华尔街巨头们想要开启这项资金就必须绕过国会，直接得到总统的批准。

“就这样干吧！”保尔森这样回答，沙弗兰随即溜出了房间，着手执行这项方案。

然而，要令银行业从动荡中逐渐稳定可不是一项简单的工作。立场并不坚定的经济政策助理部长菲尔·斯瓦格强调大家应勇于解决问题，而不能因担心政治援助带来的影响而回避问题。“谁也不希望美国经济重蹈日本的覆辙。”他说。

斯瓦格和尼尔·卡斯卡里重新拿出他们写于今年春天，长达 10 页并命名为“击碎玻璃”（*Break the Glass*）的文章：简而言之政治救援就是，在发生流动性危机时，由政府介入并直接从债权人那购买有毒资产，从而使他们的资产负债表恢复正常并能维持信贷展期。而政治救援计划的起草人必须知道，执行这个计划的困难和复杂程度难以想象（各银行将会为其资产定价疯狂争吵），但却能使政府以尽可能小的限度介入日常运营，这也正是一些保守派所强烈渴望的。

“这就是我们应该做的。”卡斯卡里告诉保尔森。他已经参与到政府早期致力于帮助陷入困境的房主而设立的“希望联盟”组织当中。对于让那些资产负债表存在坏账的银行发放新贷款的难度，卡斯卡里有着第一手经验。保尔森的顾问丹·杰斯特仍在纽约处理美国国际集团的问题，他通过电话扬声器争论道，他觉得相对于过于麻烦的政府购买资产行为，直接注资给机构更为简单明了。“这种方式会更便捷一些。”杰斯特说，同时解释说即便市场状况继续恶化，这些资本的注入也能帮助银行控制下降的趋势。

金融机构助理部长戴维·内森则对杰斯特的提案持有异议，他认为这种“直接又便捷”方法的困难在于它是“对国有化的诟病”。若政府直接向公司注资，自身也将合法地成为事实上的所有者，而此类国有化行为正是这间屋子里的人最想避免的。“另外，普通民众是否会认为政府又准备‘美国国际集团’他们？”内森问道，他把政府这笔还不到24小时的投资直接当动词使用。当“击碎玻璃”这个方案第一次被呈递给保尔森时，内森就充满认同感，如今，他也倾向于往该方向迈进。美国国际集团是一场他们没有资本再次承担的灾难，购买资产时必须保持政府与私营部门之间的明确界限。这项工作必须立刻开始着手准备并争取尽快在国会通过立法大纲。他们需要成吨的钱来实践“击碎玻璃”的救市计划，而且时间紧迫。

保尔森安排了卡斯卡里和一组财政部官员去实施这项计划：“击碎玻璃”是份理论上看起来很有意思但缺乏实践细节的计划书，离付诸实施还隔着从地球到太阳的距离。而保尔森只给了这些官员24小时来补充细节，以完成从理论到实践的飞跃。

会议结束前，保尔森问道，“实施这个计划要花多少钱？”

根据春季的情况，卡斯卡里估计差不多需要5 000亿美元，但考虑到目前的形势，他严肃地说：“我们需要超过5 000亿美元的资本来实行计划，可没人能准确把握现在这个乱糟糟的市场，也许我们会需要更多甚至是翻倍的资金。”

散会时，保尔森警告每个与会者要对此严格保密，接着他就给盖特纳打电话交换意见。

“你不能只是对外谈论关于银行资本需求的巨大数字，却没有涉及具体措施，”盖特纳告诉他，“如果外界知道了我们需要多少钱才能挽救市场而该计划最终又没能得到批准，我敢肯定，你将引发一场更为可怕的恐慌。因此在一切尘埃落定前你得万分小心，绝不能让这个计划泄露出去。”

周三下午 3 点左右，摩根士丹利不仅股价下跌了 42%，还惹上满身谣言：最新小道消息称摩根士丹利是美国国际集团的交易伙伴，有 2 000 多亿美元资产陷入危机。在更为巨大的冲击面前，这则小道消息的真实性几乎可以忽略不计：对冲基金继续要求赎回近 500 亿美元的资金；而德意志银行更落井下石地四处散发印有“德意志银行，可靠的交易对手”字样的广告，目的是趁乱挖走摩根士丹利的对冲基金客户。

约翰·麦克正在与他的智囊团开会，他已预料到严峻的盘后形势将会如何了。下午 2 点 45 分，对冲基金开始将资金从他们最主要的经纪商账户中抽出，并要求贷方余额和借方结余能够平衡。3 点整，为迫使这些公司到第二天早上才能获得额外资本，联储将贴现窗口关闭；紧接着在 3 点 02 分，摩根士丹利的信用违约互换利差（一种规避公司违约的保险工具的成本）将激增。最后，摩根士丹利的清算银行摩根大通将会打来电话，通知他们增加抵押品以保护自己。

“一切都疯了！”与智囊团就摩根士丹利股票所遭受的突袭进行争论时，麦克几乎是大声吼道。他认为这“即便不是非法的，也是违背道德标准的”。理智层面上，他理解空头为市场提供了利益（毕竟许多人都是他的顾客），但对于已处于危险旋涡中心的摩根士丹利，这一切几乎要将其置于死地。

相较于麦克，摩根士丹利首席财务官科尔姆·凯莱赫更倾向于听天由命：他觉得即使卖空者不可能停下他们的动作，也无须对此予以道德层面的谴责。华尔街人都是市场唯先的动物，这一事实人尽皆知，况且为了维持自身在危机中的生存条件，他们也必须这么做。

“他们是冷血的爬行动物，啃噬着所有摆在他们面前的东西。”凯莱赫对麦克说。

麦克刚与他最亲密的朋友之一亚瑟·山姆伯格（Arthur J.Samberg）通完电话。山姆伯格是毕卡瓦资本管理（Pequot Capital Management）公司的创始人，致电麦克的目是想赎回一些资金。

“如果你真想这么做，那就把钱取出来吧。”麦克失落地告诉山姆伯格。

“约翰，这也是迫不得已，我的组合基金账户显示我在摩根士丹利有太多风险敞口。”山姆伯格说，并援引了关于摩根士丹利公司财务健康的负面谣言。

“拿着你的钱，然后告诉所有和你一样相信谣言的人，他们尽可以把名下的贷方余额全取出来。”麦克不客气地说。

麦克清楚这是摩根士丹利的敌人在故意传播负面假消息，而 CNBC 也不加鉴别地重复播放。他对那些无处不在的虚假报道愤怒异常，CNBC 是通用电气美国全国广播公司全球部门的一部分，于是他干脆致电通用电气首席执行官杰夫·伊梅尔特，向他抱怨这一切。

“关于这件事，我们也帮不了摩根士丹利什么忙。”伊梅尔特只能向麦克表示抱歉。

麦克的首席行政总监汤姆·奈德斯（Tom Nides）认为，他们需要坚持主动出击，以此来应对这场全新的危机。作为博雅公关前任首席执行官的奈德斯在公共关系方面成就累累、声望显赫。多年来，他一直是麦克最为亲近的顾问之一，他的影响力如此之大，甚至曾说服终身共和党成员去支持希拉里·克林顿。如今，他鼓励麦克开始电话联络华盛顿官员，以便让他们了解，颁布一项卖空禁令对挽救市场至关重要。

“我们必须想办法堵上这些漏洞。”他告诉麦克。

摩根士丹利首席法律官加里 · 林奇曾任美国证监会执法部主任一职。他自愿提出致电纽约证券交易所监管部首席执行官理查德 · 凯彻姆（Richard Ketchum）并向他指出一些可能存在的可疑交易。“我支持自由市场，同时我也支持街道自由。但当恶心的蝙蝠挤满人类通行的道路时，或许是时候让这条道路禁止通行了。”林奇说道。

奈德斯为麦克打了一系列电话，同时麦克也在联系查克 · 斯彻纳（Chuck Schuner）和希拉里 · 克林顿，请求他们站在自己的立场给证监会打电话，并提出这项建议。“这关乎无数平民百姓以及他们的工作机会。”麦克这样告诉他们。

然而，在与证监会主席克里斯托弗 · 考克斯谈过之后，麦克的希望火苗便可悲地宛如风中之烛。考克斯是个自由市场的狂热分子，他的态度甚至让麦克觉得他是在故意刁难。仿佛那才是一个政府监管者应有的工作内容，仿佛那才是他应该扮演的恰当角色，考克斯既不打算对空头进行处理，也表示不会为这件事出半分心力。

致电名单的下一位正是保尔森，他非常同情麦克所提出的关于禁止卖空的原因，但他并不确定能否切实地帮助麦克渡过难关。

“我明白，约翰，我都理解，”保尔森说道，并试图安慰麦克，“可这件事情必须由考克斯来做决定，我尽力帮你，看看能为摩根士丹利做些什么。”

挂掉保尔森的电话后，麦克近乎绝望地联系了他最大的竞争对手高盛的劳尔德 · 贝兰克梵，想要与他结成同盟。“这帮人正在疯狂地抛售摩根士丹利的股票，并企图将我们的信用违约互换驱逐出场。劳尔德，高盛和摩根士丹利搭乘着同一艘四处渗水的破船！”麦克激动地说道，更是向贝兰克梵提出一起上 CNBC 节目的请求，以此作为一种信心和力量的宣示。

然而，在办公室里看了电视上的新闻后，贝兰克梵对麦克把查理·盖斯帕里诺（Charlie Gasparino）的报道称为“造谣”一事深觉反感，因而拒绝了麦克的抗议联盟请求。

“这与我无关，我也不想在这时候出现在电视上。”贝兰克梵直截了当地回绝了麦克。

“高盛暂时还没面临全面的危机。”贝兰克梵如此解释道，不到走投无路，他是不会与麦克联合起来对抗空头的。

因为整个计划几乎没有任何进展，奈德斯不得不再次扮演一个精明的角色。他致电纽约州的司法部长安德鲁·库默（Andrew Cuomo），认为或许库默会因急需一个奋斗目标来重振政治前程而愿意给空头们来记重锤。这是一个很容易被识破的民粹主义信息。在金融危机中，富有的对冲基金经理喜欢对赌摇摇欲坠的银行。每个人都记得艾略特·斯皮策在同一平台为华尔街的监管所做的贡献。

奈德斯决定，找到库默后，争取让他宣布一项针对空头的调查。虽然库默之前曾对卖空者有所关注，但那只能算是种表态而非实质性的警示。“如果你照我的话去推行调查，”奈德斯说，“摩根士丹利将站出来公开赞扬你的功绩。”奈德斯知道麦克会很不情愿（他可能会因此责难自己的客户），但这关乎摩根士丹利的生存问题。

在闭市前，麦克给所有的员工发了以下这封邮件：

收信人：所有员工

寄信人：约翰·麦克

我知道今天你们所有人都无比关注摩根士丹利的股票，我也如此。我们昨天宣布了高盈利收益以及1 790亿美元的流动性资产储备（事实上，今天早上，每个股票分析员都在报告中凸显了这个亮点），因此今天早上我们的股票大跌和违约利差的上升让人难以置信。

> 我非常清楚这其中发生了些什么：我们正处在被恐惧与谣言控制的市场之中，而卖空者也趁机打压我们的股票。但我想让你们知道，管理委员会和我正在采取任何可能的方法来阻止市场上这种不负责任的举动。公司高层与保尔森财长及财政部都进行了良好的沟通，与证监会及证监会主席考克斯也就此进行过详细商谈。我们还积极地与长期股东、交易对手及顾客深入交流。在这里，我想以此鼓励你们所有人，主动与你们的顾客联系，以确保他们清楚摩根士丹利表现强劲，并拥有强大的资本头寸。

“真是荒谬，现在这种时候，我居然不能处理高盛的事情！”保尔森向他的总顾问罗伯特·霍伊特抱怨道。保尔森原定于下午 15 点和伯南克、盖特纳及考克斯通过电话会议来讨论高盛和摩根士丹利的危机事件。但显然，碍于其职业敏感性，除非他能弄到一份豁免声明书，否则他将不能参加会议。

如今，不只摩根士丹利的处境岌岌可危，高盛也越来越让保尔森担心了。他认为，若高盛这一金融巨头也随之坍塌，那将代表着整个金融系统的彻底毁灭。保尔森受够了自己对问题的逃避心态，并有些后悔曾签署一份道德协议，答应在其任期内不干涉任何与高盛相关的事务。那时，为表现某种诚意，对于与以前雇主的一般联系暂停一年的规定时间，保尔森答应将其延长到自己任期结束，但现在看来，他意识到自己是被这个决定反咬了一口。

盖特纳早在三月份的贝尔斯登事件之后就将这个问题提了出来。他对保尔森说：“汉克，你知道的，如果这些银行中的任何一家面临困境，除了高盛，我不知道还有谁有这个能力去接管他们。我们得做点什么来让你回避高盛的弃权声明书，如果没有你的话，我不知道该如何去处理其中的任何一件事情。”

鉴于市场的极端情况，霍伊特告诉保尔森，现在唯一的可行之道是给他弄一份豁免声明书。事实上，霍伊特早已准备好了请求豁免的材料并拟好了草稿。材料里证明，保尔森在就职前就已卖掉了名下的所有高盛股票，除了在高盛养老金计划中的剩余股权外，他不拥有任何与高盛相关联的财产。而这些养老金股权在保尔森的总资产中只是极小的一部分：65岁以后，保尔森将能得到由高盛支付的10 533美元每年的养老金。所以保尔森可据此明确地告诉政府道德办公室，自己在这件事上完全回避了利益冲突。

保尔森明白只有获得豁免才能使自己参与处理老雇主的相关事宜，但这也同样会使关于他假公济私、帮助高盛渡过难关的阴谋论甚嚣尘上，可碍于情势，除此之外别无他法。保尔森希望这件事至少能秘密地进行，他与霍伊特也就豁免声明书存在的保密性展开了讨论。

霍伊特联系了白宫顾问弗雷德·菲尔丁（Fred F. Fielding），菲尔丁是个深谙华盛顿的老手，对于金融系统的事，他知道该如何处理。霍伊特同时也联系了财政部道德办公室任命的官员伯纳德·纳特（Bernard J. Knight Jr.），纳特正好与白宫道德办公室的另一位同仁一起去佛罗里达州参加会议。考虑到目前市场危机的严重性，他们没做任何拖延便同意与会，并很快就接受了霍伊特的建议。

“我同意向你发放豁免权。虽然你的参与可能会影响或干涉高盛，你的行动也可能导致个别人有理由质疑政府计划和行动的一致性，但你在这个过程中所代表的政府利益，远比那些关注和置疑重要得多。”纳特在给保尔森的电子邮件中如此写道。

菲尔丁办公室的工作人员通过副本方式，将官方正式豁免文件送到财政部大楼，白宫信件的抬头上赫然写着“本备忘录提供豁免……”。

作为美国财政部部长，你有责任加强美国政府的财政管理，促进经济稳定增长，保证美国及国际金融体系的安全与稳定，以服务美国民众，加强国家安全。

目前，你在前雇主高盛公司的年金计划中拥有股份利益，但这仅占你个人投资组合中的极小一部分。出于这个原因，我们认为，你在这个计划中的经济利益不会影响你对政府服务的忠诚度。有了这份豁免保证书，你就能以个人身份充分参与到那些会影响到高盛养老金计划的事务中去，包括高盛让你在这项计划之下所履行的义务。

于是，在公众一无所知的情况下，整个豁免权事件就此完满结束，保尔森从此便能正式并自由地帮助高盛了。

“停止疯狂——我们需要时间来处理”，这是格伦·绍尔（Glenn Schorr）电子邮件的标题。他是瑞银集团研究银行业的分析员，周三下午，他给客户群发了这封邮件，并附上了他的最新研究报告。收盘时，摩根士丹利股价大幅下挫 24%，跌至 21.75 美元每股，而在此之前，它还跌到过 16.08 美元每股。高盛股价跌了 14%，在跌至 97.78 美元每股的低点后，又反弹到了 114.50 美元每股。这使得绍尔的这封邮件在整个市场内流传风行。

我们认为投资者应当关注风险管理和业绩，而不是仅仅关注自己是否有零售存款。根据我们上次的调查，破产银行也一样，以现在这个速度，继货币基金赎回之后，存款也可能岌岌可危。我们认为，这种信任的缺乏和为了避免社会影响而强制大公司合并的方式，并不是最终的解决方法。全世界都应当认真关注这个问题，因为如果继续压榨金融系统的资产负债表，这个行业的参与者将越来越少，公司和对冲基金能得到的信贷也会相应地逐渐萎缩，而资本成本将持续飞涨。

这封电子邮件几经周转终于传到了财政部大楼，此时的保尔森正在给一长串的名单打电话，对华尔街正在发生的一切，他希望能得到最客观且现实的看法。电话名单恰好包括了私募股权基金巨人、黑石集团主席史蒂文·施瓦茨曼。

“汉克，这些天你过得如何？”电话接通后，施瓦茨曼嘲讽道。

“不是很好，你看出些什么了吗？”保尔森问道。

谈话立马变得严肃起来。“我不得不告诉你，在我看来，接下来的几天，金融系统即将走向崩溃。我对下周一你还能否让这些银行开门营业深表怀疑。”施瓦茨曼说。他还承认自己被看到的现状和预想的未来深深地吓到了。

“人们正在卖空金融机构，他们争相从经纪公司撤回资金，因为他们不想成为最后待在雷曼的那个人，而这将导致高盛和摩根士丹利的倒闭。我们无法谴责人们追求自己的利益，但你该做些什么了。”施瓦茨曼表示。

“我们正在努力，”保尔森说，“你认为我们应该怎么做？”

“或许你该学学那种西部火爆警长的处理方式。我是说，当遇上混乱事态时，他们只需走到大街上对空中开几枪，以此来证明他才是镇上的老大！而你也正在处理这些混乱失控的破事，特别在没有其他人来负责和面对的时候。”施瓦茨曼回答道。

保尔森静静地听着，一边在脑中勾画自己处在火爆西部片里的场景：“那你有什么好的建议？”

“你能做的第一件事就是阻止对金融机构的卖空，别再考虑它对于消除压力是否有效，它可能有效，也可能无效。但这一击就能先震住那些市场参与者，让他们认识到事态有所转变，也不能再继续用同一种投资方式赚钱，这样将迫使卖空者暂停他们目前的行动。”施瓦茨曼说。

“这主意听起来真不错，”保尔森表示赞同，“它早已被列入讨论清单，我想我能办到这个，还有其他什么好建议吗？”

“如果换作是我，我会想办法限制人们赎回资金和转移账户的能力，”施瓦茨曼继续说，“没人真正想把经纪账户从高盛和摩根士丹利转出去。他们这么做只不过是想保证他们不是沉船上的最后一个人。”

“我没权力干涉客户的资金流通自由。”保尔森回答道。

“你可以免去人们签订以金融机构为标的的信贷违约互换的权利，这些信贷违约互换给金融机构带来了巨大压力。”施瓦茨曼提出了一个备选建议。

“我也没有权力这么做。”保尔森反驳道。

担心保尔森没能理解自己的提议，施瓦茨曼解释道：“瞧，你得准备宣布一些大行动来拯救金融系统，得准备一大笔资金来处理金融系统的问题。”

“我们还没打算那么做，但确实有这方面的想法。”保尔森回答他。

“在你准备好那一大笔资金之前，我认为先进行其他补救举措也不失为一个好主意，”施瓦茨曼说，“你得在明天发布一则公告来阻止市场崩溃，而且你得拿出一些话题性的东西来抓住人们的注意力。”

周三晚些时候，当首席财务官科尔姆·凯莱赫脸色铁青地走进约翰·麦克的办公室时，约翰警觉地问道：“发生什么事了？”

“约翰，”凯莱赫用他特有的断断续续的英式英语说，“到周五我们就彻底没钱了。”凯莱赫一直在紧张地关注着公司流动资产的减少，就像一名在空中盘旋等待机场清理完跑道才能降落的飞行员盯着他的油量表一样。

“不，绝不能让这种状况发生，”麦克焦急地说，“拜托，再回到财务桌上仔细看看我们的报表。”

现在，几乎每个小时都会出现新问题。

麦克之前发出的谴责卖空者的内部备忘录已经泄露出去了。一些采用卖空策略的著名对冲基金客户（他们简单地将其头寸在其他证券上对冲）正准备注销在摩根士丹利的账户，以示抗议。

“抱怨是一码事，发布一篇指责客户备忘录又是另一码事。”因为发现安然问题而出名的卖空者吉姆·查诺斯（Jim Chanos）抱怨道。他曾是摩根士丹利 20 年的老客户，如今却通过撤出 10 亿资金的方式来表达他的不满。朱利安·罗伯逊（Julian H. Robertson Jr.），第一批最成功的对冲基金之一老虎基金的创始人，在知悉备忘录内容后曾愤怒地给摩根士丹利打电话，尽管他已经停止从摩根士丹利撤回资金。

正如麦克对空头的文字攻击使他们感到恼怒一样，客户们几乎要对任何交易都愤怒不已了。麦克正在检查明天要发表的公告用语，他曾答应公开对库默的卖空审查表示支持，虽然他知道这一举动将会激怒更多的客户并促使更多人清理账户，麦克还是认为支持库默是他唯一的选择：

> 司法部长库默采用强硬措施以根除对金融股的非法卖空，摩根士丹利对此举鼓掌欢迎并表示坚定支持。通过启动对操纵市场和欺诈行为的广泛调查，司法部长库默展示了他努力稳定金融市场的卓越领导才能。同时，基于股票价格的异常波动（这种波动没有基本面的支持），我们支持他向证券交易委员会呼吁临时禁止金融股票的卖空行为。

凯莱赫再次去审查公司财务报表，半个小时后回到了麦克的办公室，他稍稍平静了一些。在发现一些额外的、由于未达成交易而被困的资金后，凯莱赫更改了他的预测："也许下周早些时候我们就可以渡过难关。"

保尔森弯下腰并伸长了脖子，通过电话扬声器与伯南克和盖特纳进行三方会谈。现在已经是周三的深夜，财政部的职员们做好了又一次通宵工作的准备。

伯南克的挫败感溢于言表，他不相信这场危机可以通过个别措施或一劳永逸的解决方案来化解。"我们不可能一直这样做，"他向保尔森强调，"因为我们在美联储没有足够的资源，何况还有民主立法挡在前面。由国会来承担任务并控制局面是非常重要且势在必行的。"

保尔森在理论上同意这个思路，但又担心伯南克低估了一些政治因素。"我理解你们不想孤军奋战，可如果我去国会请求他们来承担任务，最糟糕的结果是他们会直接叫我滚蛋。"保尔森说，"那将使我们既脆弱，又缺乏必要手段的现状暴露无遗。"

"好比散兵坑里没有无神论者一样，金融危机里没有空想家。"伯南克对保尔森说，同时提出了一个他一天前在美联储同事身上试用过的主张，他试图说服保尔森，国会的参与干预在整场救市行动里是绝对必要的。

保尔森最终同意了该提议，他又觉得如果他们想要继续的话，或许可以推行一个让政府买下有毒资产的方案。在保尔森的理念里，该方案是政治上最易于通行的，因为它与 20 世纪 80 年代末的重组信托公司（RTC）事件最具可比性。国会在 1989 年成立了重组信托公司，负责处理信贷危机中超过 4 000 亿美元的贷款，以及由 747 家倒闭存贷机构所持有的其他资产。当时，重组信托公司是倒闭后储蓄机构的各种贷款、资产和债券的接收者。如同保尔森现在面对的困境一样，虽然其中有部分资产质地还算不错，但大部分都属于不良资产。还有一些包括建筑和发展贷款在内的资产，甚至根本没有独立市场。这项工作令人畏惧：就重组信托公司总裁威廉姆·赛德曼（L. William Seidman）一开始的估计，即使他们公司每天卖出 100 万资产，处理完所有账目也需要 300 年时间。最终，重组信托公司在 1995 年就完成了此项工作，比规定日期提前了一年，对于纳税人来说，其成本是 2 000 亿美元（折算到 2008 年的价值），这份账单已经比许多人在该机构创立时所担心的要小多了。

保尔森认为这个设想是有价值的，美联储前主席保罗·沃克尔、前财政部长尼古拉斯·布雷迪（Nicholas F. Brady）和前通货检查局局长尤金·路德维格（Eugene A. Ludwig）在当天早上提出类似计划时，《华尔街日报》对其不吝篇幅地大力推崇，也给保尔森打了剂强心针。

“新政府的主体应该有能力以公平市价大量买进处境艰难的票据，同时尽可能地使人们待在家中，企业则保持运转。如重组信托公司一般，该机制应该具有有限的生命，并由无党派专业管理者管理。”他们写道，“这场危机如同病毒一般，除非你赶在它前面将它强力消灭，否则它将吞噬最弱的一环，然后依次噬尽整个经济链条。”

家住华盛顿的汤姆·奈德斯几乎每周都会去一次纽约。周四早晨，身处在丽晶酒店的他很早就醒了，随后便去了健身房。当他在椭圆健身机上看到《纽约时报》的头版大字标题“恐惧蔓延，华尔街股票持续下跌”时，他被吓得差点从椭圆健身机上直接摔下来。

这篇新闻里有一段直接引用，摘录了有关摩根士丹利和花旗银行合并谈判的一份摘要。该摘要说约翰·麦克已经告诉维克拉姆·潘迪特：“我们需要合并，不然摩根士丹利就撑不下去了。”

奈德斯不相信这话出自麦克之口。他已和潘迪特通过电话，根据潘迪特说的情况来看，事实并不像报纸所渲染的那样。但奈德斯很清楚，不论这条消息是真是假，摩根士丹利现在都承受不住这篇报道所带来的打击。三人成虎，越多的人读到这篇报道，虚假消息在众人眼中就变得越真实。

“你看到《纽约时报》上那篇不负责任的垃圾报道了吗？”奈德斯致电麦克并询问道。不幸的是，麦克平日只读《华尔街日报》《金融时报》《纽约邮报》。这是因为他的一位资产管理经理曾经发起过一场针对《纽约时报》所有权的代理权争夺战，而这使得苏兹贝格家族从摩根士丹利完全撤资，从那之后麦克就取消了《纽约时报》的订阅以示抗议。

现在，麦克有理由再次对《纽约时报》表示不满了。他和同事们对潘迪特感到非常生气，他们确信是潘迪特把消息泄露出去的。

“你没有把这些说出去，是吗？”奈德斯问道。

“不，我从来就没有说过。我也肯定不会这样措辞。”麦克坚称。

奈德斯知道他得立刻采取行动去验证一下《纽约时报》上这些原话引用的真实性了。但就在这时，已有其他新闻媒体给他打来了电话。

“该死的，你们到底是哪类记者？”当这篇文章的作者之一埃里克·达什（Eric Dash）给他打电话时，奈德斯斥责道，“你们必须撤销这篇报道。”

麦克正准备再次向员工发表演说。他渴望自己能够使他们重拾信心，尤其是在《纽约时报》的新闻报道之后。他已邀请了普莱蒙特金融集团主席尤金·路德维格（Eugene A. Ludwig）及《华尔街日报》的一位专栏作家来担任他的顾问，而这位作家刚在前些天发表了一篇社论，倡导采用类似重组信托公司的危机处理方法。

虽然身患感冒，麦克仍坚持站在摩根士丹利的主交易大厅中央向所有员工发表演讲，通过视频和声讯网络，摩根士丹利全球各地的雇员都能直接参与这场演说。麦克用一种朴实而又即兴的方式发表演讲，此时他的北卡罗来纳口音或许表现得比平时更为明显。

“相信你们已看过摩根士丹利的现金头寸，你们也已看到了我们的收益，不像人们提到的其他公司，我们拥有充足的资金和完全真实的数据。”他告诉员工们，“我们不仅在合法运作，更在努力赚钱。即使在过去 8 天这种糟糕的情势里，我们也赚了很多钱，但这并没让我们与众不同。如今，我们是在一个金融欺诈、谣言和含沙射影要比实际结果强大许多的市场中进行交易。”

麦克转述了他与一个“好朋友”的电话交谈，这位朋友是一名对冲基金经理，他吐露了对摩根士丹利的担心。麦克再三向他保证摩根士丹利的情况良好，然而，仅仅 4 小时后，他又接到这位对冲基金经理的电话，内容仍是向他求证另一个市场谣言。

“我的观点是，无论我们说什么，总会有另一个谣言传出来。”

麦克承认公司正在研究各种方案，但同时也表达了对金融业为何陷入混乱状况的困惑。

“我发现，值得注意的征兆其实就出现在不久之前。几个月前，人们说，花旗银行的模式被打破了，这种模式过于复杂、庞大、全球化且难以管理。如今，我们的模式也被打破了。我们的模式，当然也包括高盛的模式，都被打破了，这难道是因为我们不属于银行？我们的模式被打破了难道是由于我们在后 3 个季度持续盈利？我们的模式被打破了难道是因为我们为不让监管者介入而采取的强硬立场？问题或许是出在这里，或许不是。”

“我认为问题的症结所在是：你们如何理解这个混乱的局面？没错，这完全是一团糟。到交易大厅来了解你们如何看待这件事让我很痛心。”

麦克接着向他的雇员就最敏感的问题——股票的出售进行了演说。根据证监会的监管条例，雇员们只能在特定时期出售公司股票，比如说紧接收益报告发布的时候，也就是现在。

“我知道现在是一个你们可以出售公司股票的时期，我也知道有一部分人对公司非常担心，或许你们所有人都在担心。你们可以自由地出售手上握有的股权，公司或我个人既不会去检查这件事，也不关心。就我个人而言，我绝不会卖出摩根士丹利的股票，或许有人会说：约翰，你拥有大把股票，根本无需担心。没错，正如你们所知道的，我确实是公司股票的大份额占有者，我也确实很担心，可我更期望能够让你们安心。因此，如果你们真想要卖掉摩根士丹利的股票，那尽管放手去做吧。”麦克坚决地说。

当轮到雇员提问时，摩根士丹利一直持悲观态度的经济学家斯蒂芬·罗奇（Stephen Roach）就空头问了个尖锐的问题：“约翰，在卖空者里，就算不是绝大多数，也有许多都是我们的客户。如果让你和他们中的某一位待在同一间屋子里，你打算对他说些什么？”

麦克深深地吸了口气：“嗯，我仔细考虑这件事已经很久了，我的直觉反应是，我很生气，并且我想告诉他我的想法。我会说，首先，我不想和你以及所有这样的人再进行交易了；其次，我想说，我理解他们也有自己的工作，赚取利益是他们分内的事。但如果可能，我并不打算把自己卷入那样的讨论之中。”

“这就是我曾经想说的，我想有必要在这里说明一下之前我们通过备忘录对此事所表达的愤怒。对于卖空事件，摩根士丹利有权愤怒，我们也的确很生气，并感到无比不安，但与此同时，我们又不得不去正视和解决它。发表备忘录并非为了鞭笞我们的客户，并告诉他们是如何放弃摩根士丹利和所有员工的。我们经营这家公司的目的就是尽可能地为客户提供优质的服务。有些人想要中止合作，我们会稍后再处理这些问题，随他们去吧。我们不是更应该集中精力完成那些有建设性、于事态有帮助的事情吗？现在这个时候，在这样的情势下，发泄并四处宣扬自己的想法，或者翻遍通信录给你能找到的所有人打电话抱怨，都不能解决问题。”最后，麦克补充了发言的重点：“当有人扰乱我们时，我心里无比期望能给他们一记迎头痛击。但我现在不会这么做，也不希望你们这么做。”

高盛内部的恐慌情绪再也掩盖不住了。这种焦虑情绪最明显的表现是，高盛联合总裁加里·科恩已经从他惯用的位于30层的办公室搬了出去，占用了全球证券销售部主管哈维·施瓦茨的办公室。在新办公室里，科恩可以透过玻璃和保持敞开的大门，看见并听清楚交易厅里究竟发生了什么。

美联储联合了其他中央银行，已宣布准备投入1 800亿美元刺激金融系统的恢复，但该方案看起来并没能明显起效。高盛股价开盘后下跌了7.4%。悬挂在高盛交易大厅墙上的纯平电视正在播报CNBC财经节目，屏幕左下方有一行煽动性文字：“你的钱安全吗？”

这正是高盛的客户们将要开始自省的问题。高盛本身的信用违约互换利差正以公司历史上前所未有的形式膨胀，这表明投资者正迅速接受一件令人难以置信的事实：高盛也如风雨危楼、摇摇欲坠了。这直接导致仅在两天内，高盛股价便从133美元每股狂跌至108美元每股。

每5分钟就有一名业务员带着关于某对冲基金声明要从高盛撤资的最新消息冲进科恩的新办公室，他们同时附上了这些对冲基金联系人的电话号码，以便科恩能及时向这些负责人说明情况。由于摩根士丹利延缓了它的付款，现在部分投资者将要开始考验高盛了，比如他们会提出支取1亿美元的要求来看看高盛能否支付。在任何情况下，科恩都能够立刻通过电话解决这些需求，因为如果他不能及时并成功地处理好这些状况，那么这些客户将会立即抛弃高盛，绝不留情。

对于高盛来说，好消息是撤资的速度仅比资金流入的速度快一点点。在某种程度上，高盛能够在其他公司仍处于危难之中时，保持自身的资本积累，毕竟对冲基金需要立足于某些投资银行，才能将其交易付诸实施。当SAC资本公司的史蒂文·科恩向高盛转移了数十亿美元时，交易员们在大厅里欢呼庆祝。

另一方面，乔治·索罗斯的助理、身价超过35亿美元的斯坦利·德鲁肯米勒因怀疑高盛的偿付能力而在这周早些时候就将他的大量财产转移了出去。如果像德鲁肯米勒这样知名的对冲基金经理已对高盛失去信心的消息传播开来，哪怕只有这么一件事，也足以引发客户群的大量撤资。科恩给德鲁肯米勒打电话并试图说服他把这笔钱存回高盛。

"我们也是老朋友了。"科恩试图从私人角度劝服德鲁肯米勒。科恩还曾以德鲁肯米勒的名义在自己的住处为其举办过一场慈善鸡尾酒会，"瞧，我正在做的一件事就是分清谁是我的朋友谁是我的敌人，我正在为此而'详列清单'。"

但德鲁肯米勒对科恩的软性威胁无动于衷，他回击道："随你怎么说，我在乎的只是我的钱。"与其他对冲基金不同的是，德鲁肯米勒的基金的确主要由他自己的财产构成。"这是我的家底了，"他说，"我首先得顾住我自己，至于你爱把我列在哪张清单里，我一点儿也不在乎。"

"这么做也是你的自由，"科恩的措辞十分小心，但他又补充道，"但你的这种举动会在很长一段时间里改变我们的关系。"

在戴维·卡罗尔以及美联银行团队到达摩根士丹利的半个小时前，金德勒给斯卡利打了个电话。当时金德勒正在他的办公室里，盯着窗外在楼下安营扎寨的摄制组。

"华尔街那么大，我们为何要选择在这里与美联银行的人会谈？"金德勒问道，"外面挤满了记者！"

"别担心，我会把一切都安排好的。"斯卡利向金德勒保证，他已做足事前准备，决定让卡罗尔及美联银行团队从四十八大街的员工通道悄悄进来以避免记者的围堵。

关于此次会面，金德勒的唯一目标就是他能把双手放在美联银行的抵押贷款上，以便他能亲自检验这笔抵押贷款，这也是他能真正了解美联银行真实价值的唯一途径。这里没有任何承诺。整笔交易包含了1 250亿美元的贷款，包括各种预定的可调整利率类型，比如“自主选择还款类型”，这意味着贷款者能灵活地选择每个月怎样还款，甚至还可以选择还款金额。其中还有一个选项，仅需每月支付贷款总额所产生的利息即可。

摩根士丹利同时还坚持要求查看美联银行的商业计划书，但卡罗尔推掉了这个请求，他回应道：“我们的总顾问认为，这要求可能需要容后再议。”

由此，金德勒确信美联银行在试图掩盖些什么，他恼怒地给摩根士丹利的总顾问加里·林奇打了个电话，并让他把这些问题交给他在美联银行的相应业务负责人简·舍伯恩（Jane Sherburne）去解决。

“这是个很大的法律问题，”舍伯恩解释道，“如果大家都有诚意做成这笔交易，那么在并购协议公开之前，我们不能交出这些数据。”

林奇也开始产生怀疑，他自言自语道：“难道美联银行的数据比大家了解到的还要糟吗？”

“好吧，如果是这样话，我只能说得不到实际数据，摩根士丹利是不会同意交易的。”他对舍伯恩说。

舍伯恩的态度开始变得温和起来。

劳尔德·贝兰克梵衬衫大敞，领带歪斜，一脸沮丧地坐在电脑面前紧盯着显示器，他的股票价格已经跌了22%，现在仅为89.28美元。如今他开始渐渐意识到，他的股票所承受的巨大压力并非一场意外或遭池鱼之殃。他刚结束与克里斯托弗·考克斯的电话交谈，贝兰克梵告诉这位证监会主席：“事态的发展越来越显出它有着明确的预谋性，你应该清楚，已经到了你该为这件事做些什么的时候了。”

在贝兰克梵的邮箱里有另一封来自他的交易员的邮件，上面说摩根大通正试图通过散布有关高盛正江河日下的消息，来挖走他的对冲基金客户。

这轮较量正变得越来越激烈、越来越险恶。

贝兰克梵在过去 24 小时内不断听到类似传闻，他觉得这种谣言简直多得离谱，并为此感到愤怒。在他看来，这些谣言已彻底失控了，另一方面，他也根本不相信摩根大通会向自己的客户诋毁高盛，因为这种举动非常愚蠢。

贝兰克梵感到自己正变得焦躁，就像昨天与他谈话时的麦克一样。

他致电戴蒙试图平静地解释所面临的问题，“我们得谈一谈，我不想不负责任地说你就是那个散布谣言的人，但有太多迹象和证据都指向了你。”

“也许有人瞒着我做了些什么，”戴蒙回答说，“但我曾明确指示过，我们不会在这件事里算计我们的竞争对手。”

贝兰克梵并不买他的账：“可是，杰米，如果他们继续背着你这么干，你也根本无法阻止他们啊！”为了更清楚地表达自己的观点，贝兰克梵甚至试图通过电影《好人寥寥》（*A Few Good Men*）来理清现状：“是你下令红色警戒的吗？你有没有说过你的人不会干涉任何事？”

戴蒙在电话那端耐心地听着，尽量避免刺激贝兰克梵的情绪。

“杰米，关键在于，我并不认为是你让他们这么做的，但只要你愿意叫你的手下闭嘴，这一切都将因你的威慑力迎刃而解。”贝兰克梵说道。

即使被恐慌情绪所笼罩，高盛也仍然是高盛，戴蒙并不希望与他们爆发正面冲突。因此半小时内他就吩咐史蒂文 · 布莱克与摩根大通投资银行的前任首席执行官比尔 · 温特斯（Bill Winters）一起，向公司全员群发了一封电子邮件：

我们不希望任何摩根大通的员工针对某些美国证券经纪商进行不理性的资本化操作。我们正在按照通常的商业模式、以合作伙伴的身份与摩根士丹利以及高盛并肩而行。虽然他们都是强大的竞争对手，但在目前这种情况下，我不希望任何人通过趁火打劫的方式掠夺他们的客户或员工。我们愿意尽自己的可能来对他们的业务提供帮助，而不是做一些会对他们产生负面影响的事。

我们并不相信有人参与了任何形式的不正当活动，但我们想强调现阶段富有建设性的举动会有多么重要。现在正在这些经纪机构身上发生的事并不是理性的，并且对摩根大通、全球金融系统以及整个国家都是有害的。

将近中午，汉克·保尔森重新审视了他的员工通宵起草的、关于处理不良资产的最新条款。保尔森希望这份草案能被国会接受，而此刻，他的核心团队都聚集在他的办公室里，围在角落的沙发椅子上坐着。

“看起来好多了，”他一边翻着草案一边说，“简单明了。”说到这里他顿了顿，环视了一下房间里那些睡眼惺忪的面孔。“我想重申一遍，我们得尽快把这份草案递交给国会，”他说，“我们得简化一切操作，极度简化。我们得按照试图鼓励银行和金融机构积极参与的方式去做。我绝不愿看见任何相对应的惩罚性措施出台。这件事关乎我们银行和金融机构的再融资及资产定价。”

现在只剩下一件事需要做了，这也是核算整个计划里至关重要的部分：成本。

虽然，不良资产收购计划在理论上是有意义的，但为了让它能真正起作用和有效率，保尔森清楚地知道他们得从国家最大的几间银行买入大量不良债券。其成本之巨大，极易被整个华盛顿定义为是另一笔紧急援助。

保尔森坐在沙发上看着坐在左边的顾问卡斯卡里。

这时候最关键的是，花费这么多钱是否意味着他们要向国会要求提升国家债务限额——这是用来要求国会投票通过提高国家所能担负得起的国家债务限额的政治导火索。国家债务限额刚于 7 月份被提升至 10.615 万亿美元。

就在大家讨论提议的立法框架时，卡斯卡里却认为他们应该完全绕开这个问题："如果不涉及国家债务限额的话，我不知道方案能否起效。或者我们为什么不干脆认为，这不受国家债务限额的限制呢？"

"我们不能这么做，"保尔森指出并补充道，"我既不希望这个提案触及国家债务限额，也不愿国会否决它。这就是问题所在，大家都开始高度关注这个问题。"

"我做了些相关分析。"菲利普·斯瓦格看着他的笔记本说。他已计算出若形势不进一步恶化的话，他们只需要 5 000 亿美元。

保尔森一向认为自己是个在财政事务上十分保守的人，对他而言，答案显而易见："好吧，我认为在这两个选择中，更负责任的做法是调整国家债务限额。"他说完就吩咐负责联络国会事务的立法事务助理部长凯文·弗罗默重新起草议案。

"或许我们可以以后再提出债务限额的相关议案，没必要现在就把它加在里面。"弗罗默回答道，他的说法和保尔森的要求相左，"我们从未向国会提出通过立法建议来修改国家债务限额。我们所面临的困难是，必须先解决眼前的问题，再清楚地告诉国会他们得解决我们眼前的问题。他们处理这些问题是因为他们害怕不这么做的后果。这只是一个抬价的问题。"

由于时间紧迫，他们最终决定不在文件里提及国家债务限额问题，但在事后，等国会已经接受整个计划并彻底无回旋余地时，再将这问题甩到他们面前。

在会议即将结束时，保尔森提出了最后一个问题："美联银行也许会倒闭。"他通过私人关系从凯文·沃尔什那里得到消息，美联银行的财务情况比他们想象的严峻很多。每个人都理解他所说这件事的重要性。毕竟，他们曾经的同事鲍勃·斯蒂尔现在是这家公司的首席执行官。

"如果美联银行倒闭了，我将会再次跑向国会。所以我实在希望它最好能在一月份之后再倒闭。"他的话引起一片哄堂大笑。

"杰米刚才打电话来想试探着打听什么？"星期四中午，科尔姆·凯莱赫走进约翰·麦克的办公室时问道。"他说他打电话过来是想看看有什么需要帮忙的，"凯莱赫补充道，"我觉得有点奇怪。"

麦克说公司联合总裁詹姆斯·戈尔曼刚报告过，说他也接到过类似的电话，更早的时候盖特纳也打来电话，他建议麦克与潜在的并购合作伙伴——戴蒙谈谈。

"很明显，他联系我们是因为想做这笔交易，"凯莱赫说，"杰米总喜欢兜圈子说话。你应该听说过杰米的名言'在我吞掉他们之前，让我们交个朋友'吧？"

麦克被这些建议弄得非常恼火，他甚至不想跟戴蒙做这笔交易，因为他知道这笔交易将会涉及太多复杂细节。但碍于眼下摩根士丹利的状况，他知道自己最好停止揣测戴蒙的想法，干脆打电话给他直截了当地问清楚。

"杰米，盖特纳让我给你打个电话，"当几分钟后打给戴蒙的电话被接通时，麦克出其不意地说道，"咱们打开天窗说亮话吧，你愿意做成这笔交易吗？"

“不，我不想。”戴蒙也直截了当地回答道。这是今天他接到的第二个来自愤怒的竞争对手的电话了。

“哦，这倒真挺有意思，”麦克反驳道，“你打电话给我的首席财务官，又联系了我的总裁，你到底想干什么？”

“我只是试着要给你们一些帮助。”戴蒙回答道。

“如果你真想帮忙，那就直接跟我说。别再给我的部下打电话了。”说完，麦克挂断了电话。

高盛位于15楼的固定收益产品交易部门在周四的午餐时间里几近瘫痪。交易员们死盯着交易终端，却没有任何交易在进行，不过，即使市场持续疲软，他们仍会继续紧盯高盛的交易系统。高盛股价已跌至每股85.88美元，这几乎是近6年来的最低水平。同时，道琼斯指数下挫了150点。当天早晨，中心地带咨询公司的资产组合经理迈克尔·佩洛夫（Michael Petroff）这样告诉法新社：“现在，每家金融机构都是在困境预期下进行股市交易的。我们都知道，现在的股票市场非常情绪化。”

高盛联合总裁温克里德来到15楼的固定收益部，尽量安抚大家的紧张情绪：“如果我们需要的话，我们能在一个小时之内募集到50亿美元。”他这样跟那些交易员们讲，是想让他们知道一切都在正常运作。

就在下午1点钟，市场以及高盛的股票行情都有所好转，高盛股价上升至每股87美元，紧接着又升至每股89美元。交易商匆忙地扫视着他们的屏幕，试图找出股价上升的缘由，他们发现英国金融服务局发布了一条关于禁止卖空29只金融股票的30天禁令，这其中也包括高盛。这与贝兰克梵和麦克努力想说服美国证监会的克里斯托弗·考克斯去做的完全一样。

高盛交易大厅里的扬声器立刻生气勃勃地活跃起来。一名年轻交易员在广播中播放着从网上找到的《星条旗之歌》以示庆贺。近 40 名交易员站在桌子上，将手贴于胸前，高唱起国歌，并不停地相互击掌致庆。市场正在反转，我们的旗帜岿然不动。

9 分钟之后，有关保尔森正努力完成一件大事的消息开始在市场中四处传播。彭博资讯的头条“舒默声称，财政部、美联储正在重新权衡，决定采取更广泛的方案来缓解危机”进一步鼓舞了市场。

下午 3 点 01 分，股市收盘。当查理 · 盖斯帕里诺在 CNBC 上报道他从华尔街得到的消息时，华尔街所有的交易员都调大了音量：联邦政府正准备组建“某种类似重组信托公司的计划”，以便“从银行和经纪商的资产负债表上部分或全部地清除不良资产”。交易商把“重组信托公司”解读为“一切都会好起来的”，于是股价立刻被抬高了。在盖斯帕里诺开始发表讲话到市场停止交易的这段时间里，市场飙升了 108 点，从恶性循环中得到了短暂的喘息。

在财政部，保尔森和卡斯卡里与盖特纳和伯南克开了一个小时的电话会议，他们正努力寻找一条政治障碍最小的路径来对银行实施援助。伯南克被这个计划烦透了，他倾向于支持直接性资本注入，这种方法在其他国家曾被使用并显现出了较好的效果。

盖特纳最初对这个“决定性行动”的必要性有所抱怨，而现在却突然开始谈论向所有金融机构的任何形式资产打开联储贴现窗口的可能性。这将会是一个投资者拍手称快的勇敢举动。

“我不明白你的意思，”卡斯卡里说道，“如果美联储想富有创造性地展示一下他的权威性，它难道就真的可以绕过立法程序来完成这一切吗？”

保尔森恼怒地瞪了卡斯卡里一眼，因为这恰好是他一直期望盖特纳能够说服伯南克去做的——这样的话保尔森就不必再到国会走一趟了。

“我们不能那么做。”伯南克告诫盖特纳。

电话会议必须快点结束，因为保尔森和伯南克在下午 3：30 还有个安排，他们将在白宫西楼与布什总统进行简短会晤，而伯南克还得从美联储开车去白宫。

在保尔森和卡斯卡里步行穿过停车场并走向白宫的 3 分钟路程里，保尔森接到了来自南希·佩洛西的电话。

“部长先生，”她严厉地说，“由于市场上出现了一些混乱状况，我们希望明早能与您见一面。”

考虑到自己需要尽快赢得国会对那项计划的支持，保尔森回答道：“议长女士，这件事等不到明天早晨了，我们今天就应该会面。”

一到总统办公室，财政部官员就占据了位于房间正中央的沙发。副总统切尼，总统办公室主任，同时也是来自高盛的保尔森的老朋友乔舒亚·博尔滕，以及其他一些来自白宫的工作人员不久也抵达了，当然还有伯南克和沃尔什。

保尔森毫不含糊地告诉布什总统，金融系统正在崩溃。“总统先生，如果我们不能大胆行事的话，”他说，“我们将会面临比大萧条更惨烈的衰退。”伯南克对此也表示赞同。

布什总统正努力理清思路，以理解造成这一系列重大事件的准确原因，他问道：“我们怎么会变成这样？”

保尔森无暇顾及这个问题，因为他知道回答它将花费太多时间，还可能陷入令人晕头转向的、关于近 10 年管制过度松懈的解释，这其中他和那些过度热心的银行家以及寅吃卯粮、进行贷款的房主都难辞其咎。他继续着自己的发言，向总统描述他想让国会至少批准 5 000 亿美元用以执行购买不良资产的计划，并解释他希望这个计划能够稳定市场。

同时，他也赶忙指出施行这项政策的后果，并暗示总统，购买不良资产是一种比单纯购买银行股份更合适的方案。

布什点头表示同意，但仍旧对 5 000 亿美元的数字惊惶不已。他问道："5 000 亿美元够吗？"

"足够了，它会起到作用的。"保尔森向他保证。虽然保尔森也想再提高一下数额，但他还是对总统说："我想我们也只能拿出这么多了。"

他们都明白这将会是一个非常政治化的议题，但保尔森坚持说："我们肯定需要通过国会的批准，财政部没有这么大的审批权力。"

保尔森停了停，之后补充说："理论上讲，伯南克总是能办好这种事的。"

保尔森出人意料地开始玩弄起政治来，想试试他究竟能把伯南克推多远。据保尔森了解，伯南克有着几乎不受限制的能力，这只是取决于他想不想使用而已 。

"伯南克，你能做好这件事吗？"布什总统问伯南克，他感觉这是个好机会。

但伯南克一点儿也不想被置于这样一种境地，他努力地回避道："这明显属于财政政策，而不是货币政策。"他采用了专业术语进行回答。

布什明白了："我们得按照事态的需要来解决这个问题。"他对此表示同意，但考虑到他那很低的民意支持率，他知道自己很难在国会上帮这项计划说什么好话。

"你们大家都应该行动起来。"他对保尔森和伯南克说。暗含的意味十分明确：你们得靠自己。但同时他也强调，他们应该尽早把这项计划提交给国会进行审批。

在他们离开白宫的时候，卡斯卡里转向保尔森，"我简直不敢相信，你竟然把这么大的压力加在伯南克身上。"

保尔森只是笑了笑："我想他应该能扛得住。"

目前高盛股价收在 108 美元每股，这比此前 86.31 美元每股的低谷要好多了。即使市场形势正反转走高，劳尔德 · 贝兰克梵也一直未能平静。现在，他的办公室里坐着加里 · 科恩、首席财务官戴维 · 维尼尔、联合总裁乔恩 · 温克里德、约翰 · 罗杰斯以及戴维 · 所罗门。他知道既然摩根士丹利还未倒闭，那高盛应该也还能待在安全区域里，尽管这种认知一点也不能令他感到安慰。

当天早些时候，加里 · 科恩和联储的凯文 · 沃尔什通了电话，以便针对目前所面临的金融海啸集思广益。沃尔什抛出一个观点，他认为也许高盛应该谋求与花旗集团的合并，这种合并或许有利于同时解决双方的问题：高盛能够因此而得到大量的存款基础，而花旗集团能够获得受到投资者追捧的管理团队。

科恩对这个建议表达了自己的疑虑："这或许不会奏效，因为我无法获得他们的资产负债表。"他解释道，"而且这其中还掺杂着许多社会问题。"这里所谓的"社会问题"是另一个华尔街暗语，它指的是此后由谁来掌控公司。高盛的管理层不见得会高度认可潘迪特以及他的团队。

"别担心那些社会问题，"沃尔什对他说，"我们会解决它们的。"

这又是一个微妙的暗示，它表明一旦交易达成，潘迪特将会被扫地出门。

但贝兰克梵对这种方案并不是特别感兴趣。一直以来，罗基 · 科恩都在鼓励高盛考虑把自己转变成一家银行控股公司，就像摩根大通和花旗集团那样，这可以让高盛拥有对联储贴现窗口的无限制使用权。当年夏天，科恩把同样的提议提交给盖特纳，让他考虑能否这样改变雷曼，但盖特纳没有同意。虽然盖特纳当时否决了这项提议，可科恩确信，考虑到现在危险的市场形势，盖特纳应该会给这份提议一个不同的答案。

近些年来，将高盛改变成银行控股公司的提议不时地被提起，最近的一次是在俄罗斯召开的董事会夏季会议上，他们讨论了持有更多存款的必要性。贝兰克梵承认，在这样一个高资金成本的环境下，高盛对少量短期融资的依赖使投资者感到不安，而存款基础则会提供一种更为稳妥的资金来源。尽管如此，贝兰克梵一直反对这个提议，因为它的实施是以增加监管作为昂贵代价的。但在这种特殊环境下，贝兰克梵意识到，事情正不可阻挡地朝这个方向迈进。由于银行已经暂时拥有了美联储的贴现窗口使用权，并且美联储已经在高盛内部安排了几名工作人员来监督公司，贝兰克梵开始相信，政府那点额外管制的前景并不会显得十分繁重。

“除非你能把他们吓跑，这招才会管用。”这是当晚在保尔森和伯南克准备到南希·佩洛西的办公室去会见国会领导层之前，吉姆·威尔金森向保尔森提的建议。

按照威尔金森的估计，除非他们能够说服国会相信世界正逐渐走向灭亡，否则他们绝不会通过向华尔街提供5 000亿美元的一揽子援助方案。共和党会抱怨说这是社会主义作风；民主党则会对救助白领中的知名人士吹毛求疵。

在佩洛西办公室外一张有节疤的木桌子边，20多名国会议员聚集起来即将会见保尔森、伯南克以及出于礼貌才受到邀请的克里斯托弗·考克斯。

佩洛西宣布会议开始，她首先欢迎大家的到来，并感谢大家“能在这么仓促的通知下”出席此次会议。

说话从不夸张的伯南克开始严肃地说：“在我的职业生涯中，我一直对大萧条做着专业研究。我可以根据历史负责任地告诉大家，如果我们不采取大规模行动，美国必将重新陷入另一轮大萧条，此番遭遇将史无前例。”

坐在桌子那端的参议员查尔斯·舒默深深地倒吸了一口凉气。

保尔森满怀感情地继续向大家解释着自己提议的机制：政府将会购入不良资产从而帮助银行净化他们的资产负债表，此举也将通过重塑资产价格及促使银行业更加健康来抬高资产价格，这也就有助于经济的恢复。这便是保尔森不断重复强调的“救助缅因街”。

坐在伯南克身边的巴尼·弗兰克认为，保尔森对于“缅因街”的借喻是一个不真诚的计谋，为的是让华尔街中饱私囊。这一举措只不过是通过对大银行的救助来混淆视听，对于大多数被贷款套牢的美国百姓没有任何直接帮助。

“那些房主怎么办？”他嘲讽地问道，“你怎么不向华尔街那些董事会兜售你的计划？”

“弗兰克说的对。”克里斯托弗·多德附和道，理查德·谢尔比则非难地把这个计划描述为“空头支票”。

保尔森解释说，他明白大家的忧虑，并继续抛出他“将市场上的捣乱分子震慑出场”的手牌，坚持认为这绝对必要，“我不想考虑我们不这么做的后果。”他说他希望国会能够在几天之内就通过这项立法，并承诺在数小时之内就向他们呈递准确、完整的计划书。

“如果它未获通过，那么我们就只能听天由命了。”保尔森说。

坐在伯南克对面的哈里·里德（Harry Reid）带着一种困惑的神情看着保尔森，他对国会能否在这么短的时间内通过如此巨额的议案深表疑虑：“你明白你在让我做什么吗？”他问道，“光是让这些共和党们答应参加这次会议就花了我48个小时。”

“哈里，”被保尔森和伯南克的陈述吓坏了的肯塔基州议员米奇·麦康奈尔（Mitch McConnell）打断了哈里·里德，“我认为这势在必行，我们应该努力去做这件事，并坚信我们能够做到。”

当首席行政总监汤姆·奈德斯告诉麦克这个好消息时，麦克还待在他位于时代广场的办公室里。汤姆告诉麦克，他认识的证监会内部人士已经确认，证监会正准备出台禁止做空金融股票的禁令，这项将影响到 799 家不同公司的措施会在次日早晨发布。

关于该法案悬而未决的谣言已经闻风而起了。由于麦克支持卖空禁令，最著名的卖空者吉姆·查诺斯已经把钱从摩根士丹利中全部撤出。如今，查诺斯正处于备战状态，他说："这显然是对监管权的政治逢迎，事实上没有任何证据显示卖空方正在传播任何关于破坏市场的谣言来拉低股价。"

这一天，摩根士丹利的股价下跌了 46%，却又在即将收盘时发生了巨大逆转，最终收盘时仅下跌了 3.7%，即 80 美分。被夹在政府介入和禁止做空禁令的流言之中，麦克希望他能拥有一些喘息的空间。

虽然他知道公司实际上正在经历苦难：对冲基金仍在试图兑现；其他银行则纷纷购买保险以应对摩根士丹利的摇摇欲坠，为此他们大概动用了 10 亿美元进行套期保值。在过去的两天之内，美林已针对摩根士丹利 1.5 亿美元的债务购买了保险进行套期保值。花旗集团、德意志银行、瑞士联合银行、联博控股以及加拿大皇家银行为避免市场暴跌时损失惨重，也都有类似的自我保护行动。

麦克知道现在公司最需要的就是投资者大量入股摩根士丹利，给予摩根士丹利资金上的支持。"我不知道这种事如何才会发生。"他向奈德斯倾吐了自己的心声。摩根士丹利曾被认为过于保守，麦克却使公司在最糟糕的时机下背负了更多的风险。现在他们已经走到了这一步，在这场前所未有的风暴中，摩根士丹利处在破产边缘。

麦克想到了一位对摩根士丹利非常感兴趣并能进行高额注资的投资者：中国投资公司——中国第一个由政府出资的主权财富基金。摩根士丹利中国区首席执行官，51 岁的孙玮是一个精力旺盛的人。在 24 小时之前，她已经开始了与中投公司总经理高西庆的会谈。她恰好与他一起在阿斯彭参加一场由特迪 · 福斯特曼（Teddy Forstmann）主持的会议。特迪是杠杆收购之王，20 世纪 80 年代后期，他在抢夺雷诺 · 纳比斯科公司的竞标战中得到了“门口的野蛮人”的称号。鉴于中投公司已经拥有摩根士丹利 9.9% 的股份，高西庆向孙玮表明，他对于买下公司 49% 的股份十分感兴趣。对于维持摩根士丹利的存活，高西庆有一个主要动机：2007 年 12 月，他曾向摩根士丹利投资了 50 亿美元，而这笔投资现在仅剩 25 亿美元。另外一个原因是：他在黑石集团首次公开发行中的投资也已贬值了 70%。如果摩根士丹利倒闭了，他的愿望也就落空了。

麦克和奈德斯就这笔交易进行了讨论，尽管他俩对此都没有特别的兴趣，但在现有的选择中，这或许是唯一可行的选项了。麦克知道高西庆是杜克大学校董事会的成员，也知道高西庆正计划于周五晚飞抵纽约与他们进行会晤。

2008年9月19日，星期五上午，略显憔悴的保尔森走上财政部大楼新闻发布室的演讲台，以沙哑的声音正式宣布和阐释当天上午早些时候他提出的“问题资产救援计划”，也即众所周知的TARP，该计划的内容包括提供大量担保和直接购买缺乏流动性的资产，正是这些资产给美国的金融系统造成了巨大的压力并威胁着整个国家的经济。

他还宣布了一项全面的计划，就是对下一年度全国所有的货币市场基金提供担保，希望以此阻止投资者继续抛售手上的货币基金。不过，当天上午，在同美国联邦存款保险公司主席希利亚·贝尔（Sheila Bair）的通话中，希利亚·贝尔喋喋不休地发起了牢骚，她对制订计划时没咨询她的意见感到非常愤怒，并担心该项担保计划将适得其反，投资者反而会把资金从健康的银行转移到有担保的货币市场基金里。对此，保尔森只是无奈地摇了摇头。

站在记者团面前，保尔森极力推崇他计划的中心部分——TARP。“当前我们的金融体系很脆弱，因为房地产市场的调整已经使流动性差的抵押资产失去了价值。对经济至关重要的信贷流动正在被这些低流动性的抵押资产所阻断。”他解释道。他的领带稍微有点歪，看起来脸色苍白并且显出从未有过的疲惫，“金融系统正常运转时，货币和资本将从家庭和企业部门向房屋贷款、学生贷款和投资流动并创造就业。由于缺乏流动性的抵押资产阻碍了金融系统的这种运转，这种金融市场的阻塞有可能对整个金融体系和经济造成重大影响……”

“我确信，这一大胆的计划将远远减少美国家庭为此次危机付出的代价。否则，大量金融机构将接连倒闭，低迷的信贷市场也无法为经济复苏提供资金。”他一板一眼地讲着，一听就是在照本宣科，一点也不知道变换一下讲话的方式。

值得庆幸的是，在保尔森的问题资产救援计划和考克斯的短期做空禁令推出后，美国政府最终控制了金融危机的蔓延，股市在重新开放后已上升了 300 点，并且在保尔森进行上述发言时继续保持着恢复的态势。

保尔森故意避免提及该项计划的成本，因为当天上午早些时候，在听取了卡斯卡里的简报后，他开始担心实际资金需求将远远高过前一天向总统提出的 5 000 亿美元。演讲结束后，保尔森回到自己的办公室会见了弗罗默和卡斯卡里，三人进一步商定资金需求的确切数字。

“10 000 亿美元怎么样？”卡斯卡里说。

“去死吧，根本不可能的事！”保尔森冷冷地说。

“不行，”弗罗默对此也觉得不可思议，“这根本不可能。”

“好吧，”卡斯卡里说，“7 000 亿美元呢？”

“我不确定，”弗罗默说，“但这比 10 000 亿美元要实际些。”

这三个人都知道，这些数字充其量只是猜测，真正有意义的是他们提出后不需要经过太多质疑就能获得国会批准的数字。不管这一数额最后确定是多少，他们都知道最终还是得依靠卡斯卡里通过一些数学巫术来佐证："一共有约 11 万亿美元的住房抵押贷款和 3 万亿美元的商业抵押贷款，加起来就是 14 万亿美元，这个数字的 5% 就刚好是 7 000 亿美元。"当卡斯卡里说自己是从稀薄的空气中抓到 5% 这个数字的时，连他自己也觉得这个荒谬的数字很可笑。

星期五上午，约翰 · 麦克在收看 CNBC 节目时，接到了劳尔德 · 贝兰克梵的电话。在电视里，查理 · 盖斯帕里诺（Charlie Gasparino）还在他的独家新闻里陶醉于政府的有毒资产处理计划，并认为这意味着摩根士丹利将不用再被迫作出选择，或者至少不用如此迅速地作出这种选择。

看到报道后，约翰 · 麦克微微笑了一下，他很清楚，必须在本周末之前做完相关的工作，否则，摩根士丹利很可能会步雷曼的后尘。

约翰 · 麦克刚拿起电话，贝兰克梵就问他："你觉得变成一家银行控股公司怎么样？"

约翰 · 麦克并没有认真研究过这个问题，他反问道："这样做有什么好处？"

贝兰克梵说，高盛一直在评估成立银行控股公司的可能性并向他解释了这样做的好处。比如，只要他们愿意接受美国联邦储备委员会的监管，就可以无限制地使用贴现窗口，从而可以更加从容地筹集到资金，等等。

"嗯，的确，从长远来看我们将受益匪浅，"约翰 · 麦克说道，"但是，在短期内，我不知道你们能否尽快实施计划，好让我们看到好处。"

由于看到市场形势日益严峻，贝兰克梵敦促约翰 · 麦克："你必须坚持住，不然我也会倒下的。"

摩根士丹利的银行家乔纳森·普鲁赞负责评估美联银行1 200亿美元抵押资产组合的状况，他通过破解数据，终于找到了一些答案。摩根士丹利银行家组成的团队已在纽约、伦敦和香港通宵达旦地工作，仔细审查尽可能多的抵押贷款。

在前往沃切尔·利普顿律师事务所开展美联银行相关工作前的一次会议上，普鲁赞严厉地指出："现在我知道为什么当初他们不愿意给我们数据了！他们其实已经估计到将有19%的累计损失。"

就在一周之前，在一次关于雷曼讨论会议的公开发言中，鲍勃·斯蒂尔曾预计这一数字为12%。普鲁赞指出，事实上，从那时起市场状况已经明显恶化，并且由于银行可以操控数字的涨跌，所以关于累计损失的数字本身并不可靠，估计和实际的数字有所出入也不足为奇，不过，12%和19%之间如此大的差异却让人实在难以接受。因此，普鲁赞认为，比较说得通的解释就是，美联银行一直抱有一种愚蠢的乐观态度。

"你简直就是在耍我！"斯卡利高声喊道，"我们显然不能接受这笔交易。"

要使救援计划行之有效，摩根士丹利必须筹集大约200亿~240亿美元的资金来注入合并后的公司，而这在目前的市场状况下几乎是不可能的。即便如此，摩根史丹利的银行家们还是决定继续举行这次全天会议，因为他们觉得自己也不会因此损失什么，摩根士丹利很可能利用保尔森的新计划来购买美联银行的有毒资产。事实上，当天上午，投资者已经在此预期下抬高了美联银行的股价。

很快，摩根士丹利和美联银行派出的一行30人就出现在了沃切尔·利普顿律师事务所位于第五十二大街的办公楼里。考虑到高盛与摩根士丹利的竞争关系，美联银行没有聘请高盛作为这次项目的顾问，而是聘请了来自佩雷拉-温伯格合伙公司的顾问：他们是传奇金融家约瑟夫·佩雷拉和高盛前银行家彼得·温伯格（Peter Weinberg），后者是高盛创始人西德尼·温伯格的孙子。当温伯格与金德勒握手时，他们自己都不相信会在这样的场合相遇。

工作才开始两个小时，摩根士丹利的银行家们就开始感到不对劲了。因为保尔森的TARP声明已经缓解了美联银行对此次交易的忧虑，美联银行可以把问题最大的资产出售给政府，同时把优质资产留给自己，所以很有可能成为救援计划的极大受益者，因此它一定想尽快达成交易。金德勒则开始担心美联银行只是在为达成其他交易争取时间，而且这笔交易的对象很可能就是高盛。环顾办公室四周，金德勒向他的同事们宣布："看看我们的处境，我们只是它的第二选择，这笔交易是不会达成的。"

与此同时，美联银行的小组也对摩根士丹利的承诺产生了怀疑。如果摩根士丹利很重视此次交易的话，为什么它的高层至今仍未出现？美联小组的领队戴维·卡罗尔对摩根士丹利的首席财务官科尔姆·凯莱赫的缺席感到迷惑不解。

下午两点，摩根士丹利的小组离开沃切尔律师事务所，前往时代广场与约翰·麦克进行磋商。

"这些家伙显然靠不住。"金德勒告诉约翰·麦克。斯卡利则将美联银行的抵押报告形容为"一个高达400亿~500亿美元的巨大黑洞，而美联银行的小组也没有对我们的分析提出异议。"

凯莱赫一直密切观察着公司现金流，发现数字正不断变小，对此，他表示"这是一颗谁都难以下咽的苦果"。

大家都逐渐意识到，达成交易唯一的方法就是政府的介入。

约翰·麦克没有听到任何值得宽慰的消息，他让秘书联系到斯蒂尔。"你当初打电话可是说希望以100英里的时速完成交易的，"约翰·麦克提醒斯蒂尔，并且听起来已经有些不耐烦，"但你的小组却根本没什么动静！"

斯蒂尔向约翰·麦克表达了歉意："你说得对，我们这些天的确没什么进展。"

他们商定再次进行接洽，但在挂断电话前，斯蒂尔提醒约翰·麦克帮忙保守秘密："我们没有进行正式谈判的消息如果泄露了出去，恐怕会对交易产生不利影响。"

周五下午，盖特纳在和劳尔德·贝兰克梵通话后，在他办公桌的一张便签上写下了贝兰克梵多次强调的口号——"保卫高盛"。这是贝兰克梵以自己的方式表达对高盛保持独立机构地位的渴望。

盖特纳曾担心贝兰克梵不清楚自己公司处境的危急程度，因此故意向他询问公司的财务状况以引起他的注意。贝兰克梵则表示，无论如何，他希望高盛能够平安度过这次危机，同时也承认："这将取决于世界上其他地方发生了什么。"

盖特纳也向贝兰克梵传达了关于银行控股公司的想法。贝兰克梵原来一直排斥这个方案，但现在却突然开始热衷此方案了。他越来越确信的一点是，如果市场知道有美联储在后面为他撑腰，投资者将会更有信心。并且经过计算，他估计，如果高盛95%的资产可以抵押给美联储的贴现窗口，那么剩下5%的资产也构不成大的障碍。当天早些时候，高盛的律师罗基·科恩已经同盖特纳讨论过这个问题，当然，他还必须说服伯南克。

贝兰克梵的声音暴露出了他的慌乱，他向盖特纳表示，自己正在计划提高公司的资本金并且确信公司能从私人投资者手中募得资金，甚至沃伦·巴菲特也可能对此有兴趣。

科尔姆·凯莱赫和摩根士丹利的同事在蓝鳍餐厅共进午餐，其中包括詹姆斯·戈尔曼、汤姆·纳德斯（Tom Nides）在内，他们正谈论关于当晚会见中国投资有限责任公司总经理高西庆的计划，而高西庆和他的团队此时正在前往纽约的路上。美联银行实际上已经和摩根士丹利不相干了，中国是他们现在唯一的希望。当侍者刚刚端上来几大盘子的寿司时，科尔姆·凯莱赫的手机响了。

凯莱赫低头看来电显示，发现是一个日本的号码，于是走到餐厅的角落接听电话。电话是摩根士丹利东京证券业务总裁乔纳森·金德里德（Jonathan Kindred）打来的，他简短地问候了一下凯莱赫后就激动地说："真有意思，我刚刚接到三菱公司的电话，他们希望做笔交易。"三菱 UFJ 银行是日本最大的银行，而现在它们对收购摩根士丹利的股份感兴趣。

这个电话非常令人意外，而且完全是不请自来。三菱公司总裁玉越良介曾在雷曼破产后的一次会议上公开表示，三菱公司将不会在美国进行任何新的投资，因此，在本周早些时候，摩根士丹利的管理层实际上已经排除了联系三菱公司的必要。

金德里德说，他认为三菱公司准备迅速采取行动，但凯莱赫却对此深表怀疑。他曾经和其他一些日本银行打过交道，以他的经验，日本银行往往以行动缓慢、谨慎以及高度官僚化而著称，怎么可能迅速行动呢？

当凯莱赫带着金德里德的消息回到餐桌时，詹姆斯·戈尔曼瞪大了眼睛。他想这可能正是他们所急需的。

凯莱赫只是冷笑着说："这是在浪费时间，他们永远不会做任何事情。"

"科尔姆，我倒觉得他们真的想做些事情。"戈尔曼坚持自己的看法。戈尔曼在美林工作时，曾经和三菱一起策划过一项联合经营计划，以整合他们在日本的私人银行和财富管理业务。他认为三菱主动致电表达兴趣是一个令人鼓舞的信号。“这件事情是不会出什么岔子的。”他说。

美联储理事凯文·沃尔什于上周五晚乘坐美国航空公司的航班前往纽约，和盖特纳一起考虑应该如何对付即将到来的周末。同时，他也一直被认为是伯南克公开的耳目。当沃尔什的汽车行驶在从拉瓜迪亚机场前往纽约美联储大楼的公路上时，他接到了罗基·科恩的电话。现在罗基·科恩同时负责美联银行与摩根士丹利的谈判以及高盛关于银行控股公司地位一事的咨询工作。他告诉沃尔什自己有个想法—— 一个潜在的大计划。他还特别说明这只是自己作为一个商界老手提出的友好建议，还没有得到客户的正式认可。

他向沃尔什建议，政府可以尝试强制合并高盛和美联银行。他知道成功的希望很渺茫，并且承认在细节上还存在许多问题，因为保尔森在高盛工作过 30 年并且从 1999 年到 2006 年一直担任首席执行官，而美联银行的首席执行官鲍勃·斯蒂尔以前也是高盛的雇员，还是保尔森在财政部的前执行代表，但双方合并后完全可以达到双赢。高盛可以获得梦寐以求的开展存款业务的授权，而美联银行也可以免于破产的命运。

沃尔什耐心地听取了这个建议，让他自己都觉得不可思议的是，自己居然觉得这个建议不错。

和摩根士丹利的孙玮一起乘私人飞机从阿斯彭飞往纽约后，晚上 9 点刚过，穿着高领毛衣和夹克的高西庆及其团队就抵达了摩根士丹利的纽约总部。当天下午，高西庆和墨西哥亿万富翁卡洛斯·斯利姆（Carlos Slim）一起参加了特迪·福斯特曼的聚会。他要求主持人查理·罗斯（Charlie Rose）保证活动时间不会过长，以确保他能及时赶上航班。由于报纸的传闻，参加聚会的人都知道高西庆将要去哪里。

高西庆感到背部疼痛，于是在打电话期间竟然倒在了第 40 楼会议室的地板上。好在前来见面的詹姆斯 · 戈尔曼及时发现了他。作为主人的约翰 · 麦克听闻此事后马上从高级经理餐厅取来一张沙发，让高西庆躺下。

晚餐是在约翰 · 麦克最喜欢的圣皮特罗餐馆预定的，其间他们再次讨论了彼此之间可能进行的交易。在与对方的唇枪舌剑中，高西庆再次重申了对收购摩根士丹利 49% 股份的兴趣。

正如高西庆在飞机上对孙玮说的，中投公司正考虑向摩根士丹利提供高达 500 亿美元的信用额度和不超过 50 亿美元甚至更低的名义股权投资。

约翰 · 麦克惊呆了，虽然他事先预料到对方的报价有可能很低，但听高西庆亲口讲完后，他仍然觉得这十分荒谬，因为对方所提供的实际上只是一笔贷款。尽管这笔贷款可能有助于摩根士丹利继续经营，但高西庆显然是抓住了摩根士丹利的弱点而提出这个建议的。高西庆于 2007 年收购的摩根士丹利约 10% 的股份现在已经严重缩水，对他来说，这次提议是重新调整 2007 年所购摩根士丹利股票价值的一个机会。如果公司在融资后低价出售股份，其他主权财富基金一般会要求享有重置交易价值的权利，而中投公司当时却好像并没有意识到这一条款。出于一些无法解释的原因，高西庆本以为协议中会列入自己提出的条款，但当摩根士丹利向他提供协议副本时，此条款并未出现。

虽然在谈判中占了上风，但约翰 · 麦克仍未丝毫改变自己绝望的处境：尽管市场在恢复，但公司的现金仍在不断流失，凯莱赫提供的现金流量数据表明情况不容乐观——又有约 400 亿美元蒸发了。如果只是偶尔几天经营不佳，公司还能挺过去，但最近却是天天如此，真是倒霉透顶了。

约翰·麦克向高西庆表示，如果没有其他买家的话，公司将向他公开账簿。高西庆已经聘请了沙利文－克伦威尔律师事务所的罗基·科恩以及德意志银行作为自己的顾问，而这两家公司都已派出工作队协助中投公司。一张写着“中投公司”四个字的纸被贴在会议室的门上，这便成了高西庆的临时办公室，约翰·麦克还热情地请来理疗师给高西庆治疗背部。

后来，约翰·麦克回到了自己的办公室，孙玮和他的团队正好也在。当孙玮就刚才的情况做汇报时，全场大吃一惊，查马哈最初还以为自己听错了。

“这是一个荒唐的要求，”凯莱赫说，“他们简直不可理喻。”

戈尔曼试着让大家冷静下来，说道：“他们其实只是想把这个要求作为进一步讨价还价的借口，漫天要价，坐地还钱。”

虽然已经过了午夜，但曼哈顿1号鲍林格林区法院的601审判室依然挤满了人。

在这里，破产法官正在对是否批准巴克莱银行购买雷曼的交易进行宣判。当世界各地都在关心摩根士丹利和高盛的命运时，1万名雷曼雇员的命运也同时吸引了人们的目光。包括一部分全国最出色的破产专业人士在内，超过150名律师作为各债权人的代表出席了此次宣判，纽约对冲基金艾威基金（Avenue Capital）的代表切尔西·克林顿（Chelsea Clinton）也在其中。

诉讼程序下午4点36分就开始了，法官詹姆斯·佩克（James Peck）认为必须在当晚离开前达成最终裁决，因为雷曼资产的市值正随着时间的流逝不断缩水，所以这笔出售交易必须尽快获得通过。前面曾经提到，雷曼的资产规模高达6 390亿美元，是迄今为止美国历史上规模最大的申请破产公司，不仅如此，也从未有人处理过一家如此复杂的金融机构的破产案。

在这个夏末的傍晚，由于窗户紧闭的法庭位于阳面，再加上没有足够的椅子，人们都挤在空调的通风口处。雷曼聘请的威嘉国际律师事务所的律师们甚至还随身带着冰水。

佩克法官向威嘉律师事务所的哈维·米勒示意：“如果你准备好了，就可以开始了。我也不知道这是否合适，坦率地讲，每当我看到这么多人挤在法庭上时，就不由得有点紧张，米勒先生，你呢？”

此时，米勒依然穿得整整齐齐，一身灰色西服、红色领带和蓝色衬衣，他开始向大家阐述这笔交易：巴克莱将支付 17.5 亿美元购买雷曼的北美业务。“这是一幕悲剧，法官大人，”米勒解释雷曼发生了什么后说道，“也许我们再拖一周就能等到金融重建基金（RTC）的救援了，”他补充说，同时还介绍了新的问题资产救援计划的进展情况，“这真是幕悲剧，法官大人。”

“我也是这么认为的。”佩克法官同情地回应道。

许多雷曼债权人的律师却没那么宽容，他们对雷曼和巴克莱的交易感到愤怒，认为巴克莱支付得太少了，并且抱怨购买协议中有许多模糊不清的条款。艾金·岗波律师事务所（Akin Gump Strauss Hauer & Feld）的丹尼尔·戈登（Daniel H. Golden）是一个由投资者组成的特别小组聘请的代表律师，这个小组的投资者一共持有超过 90 亿美元的雷曼债券，戈登向法官请求做一个简短说明。

他说：“本次听证会中，根本没有可靠的证据证明巴克莱为这些资产支付的价格是公允的，而且，巴克莱似乎并没有最大程度地保障债权人的利益。”

戈登实际上是在指责这笔交易不公平，米勒对此感到不快，他反驳道，这笔交易必须立即得到法庭的批准。

“就好比正在融化的冰块一样，”米勒表情极为焦虑地比喻道，“它已经融化一半了，法官大人……从周三开始，这事情就已经发生了。尽快通过这笔交易意义重大，包括戈登先生的客户在内的所有利益相关者都将因此受益，法官大人，因为如果继续拖延，所有债权人得到的补偿将会越来越少，甚至一点都剩不下。”

包括 3 次休庭在内，听证会耗费了将近 8 个小时，期间几十名律师进行了辩论，并发生了几次发言人情绪激动所致的中断，甚至还插播了一段韦普纳法官（Judge Wapner）的电视节目——《人民法院》的旁白。法官佩克被大家拯救这家百年公司所剩遗产的艰苦努力所感动，最终签署通过了巴克莱的交易。

“作出批准该交易的决定并不轻松，是米勒先生的努力促使我这样做的，”佩克法官解释说，“实际上，我不得不批准这笔交易，因为我知道它不仅是当前的交易方案中最好的，而且是唯一可选的方案。”

佩克法官怀着沉重的心情继续说道：“雷曼是一个受害者，实际上，这次金融海啸真正唯一的象征是信贷市场的沉沦，这使我感到非常痛心，我觉得我对不起所有的债权人、雷曼员工、雷曼客户以及在场的各位。”

凌晨零点 41 分，佩克法官宣布听证会结束，当他走下法官席时，整个审判室爆发了潮水般的掌声，有些人甚至激动得热泪盈眶。

周五晚上，盖特纳久久难以入睡，于是决定留在联邦储备委员会大楼第 12 层一间简陋的房间里通宵工作。早上 6 点，他才上楼回到自己的办公室，换上一件牛津衬衫和一条长运动裤，然后穿着长袜开始在走廊里闲逛。

盖特纳已经在脑海里制订好了作战计划，他想好了应该怎么安全地度过这个周末，不过如果本周内没能找到挽救摩根士丹利和高盛的办法，下周一的情况仍然令人担忧。

前一晚，保尔森在电话里向盖特纳介绍了约翰·麦克岌岌可危的处境："约翰已经命悬一线了。"据他们了解，目前摩根士丹利只剩下约300亿~400亿美元的资金，同时，保尔森也对他的前雇主——高盛感到忧心。保尔森说："我们必须赶紧想办法拯救这些家伙。"说完，他们便一起设法探讨可能的办法。

那天早上，盖特纳开始在一张便签上写出各种合并组合：摩根士丹利和花旗集团、摩根士丹利和摩根大通银行、摩根士丹利和三菱公司、摩根士丹利和中投公司、摩根士丹利和外部投资者；高盛和花旗集团、高盛和美联银行、高盛和外部投资者。并在旁边写上：保卫高盛、保卫摩根士丹利！

这是华尔街的终极棋局。

星期六早上7点刚过，劳尔德·贝兰克梵就来到自己的办公室。尽管他仍然在推动"保卫高盛"的银行控股计划，但与此同时，他还和加里·柯恩一起安排了五六个小组开始研究不同的交易方案：汇丰银行、美国合众银行、美联银行、花旗集团、住友集团和中国工商银行。

星期五，柯恩和联邦储备委员会的凯文·沃尔什进行了交谈，沃尔什鼓励他考虑合并计划，尤其是和花旗集团。虽然从未对外公开，但在过去的18个月中，高盛多次曾探讨过和花旗集团合并的方案，只是一直没有进行正式接洽。之前，沃尔什和柯恩至少两次讨论过该方案的可能性，而且，尽管柯恩一向对这一想法表示反对，但其实对此他也很感兴趣。

最初，柯恩的观点是，花旗应该收购高盛，他甚至制订了一个要价。但沃尔什建议，柯恩的方案应该反过来：应该让高盛收购花旗。对柯恩来说，因为花旗规模很庞大，这样的方案对高盛没有意义。沃尔什心里清楚，花旗集团的资产负债表存在诸多问题，它的价值远远低于目前的股价，但他并未告知柯恩这些情况。

因此，美联储已经在考虑花旗的 3 个可能结局了，它们依次被命名为“新合作”“高盛幸存”“花旗幸存”。

当高盛的董事会秘书约翰 · 罗杰斯到达时，贝兰克梵正在阅读一封电子邮件。贝兰克梵按了下办公桌底下的秘密按钮，打开远程玻璃门让罗杰斯进入办公室。这种类似电影《G 型神探》中的设备是保尔森在担任高盛首席执行官时安装的。

正当贝兰克梵正和罗杰斯一起研究交易方案时，盖特纳来电话，以他一贯不耐烦的口气让贝兰克梵立即致电花旗集团的首席执行官维克拉姆 · 潘迪特，并马上开始并购谈判。贝兰克梵对如此直接的要求感到非常惊讶，但还是答应了盖特纳的要求。

“嗯，我猜你知道我为什么会打电话过来。”几分钟后，贝兰克梵拨通了维克拉姆 · 潘迪特的电话。

“不，我不知道啊。”维克拉姆 · 潘迪特的确感到迷惑不解。

一阵尴尬的沉默后，贝兰克梵说：“是这样的，给你打电话是因为现在有些人认为如果我们两家公司合并将是个不错的主意。”其实，他原以为美联储已经事先安排好了这次通话。

在另一阵令人不安的沉默过后，维克拉姆 · 潘迪特最终表示：“我想让你知道的是，你的电话让我受宠若惊。”

贝兰克梵却开始怀疑维克拉姆 · 潘迪特是在演戏，所以他马上澄清道：“我给你打电话并没有讨好你的意思。”

听完这句，维克拉姆 · 潘迪特匆忙地结束了通话：“我必须和我的董事会谈谈，我会给你回电话的，再见。”

贝兰克梵挂断了电话，抬头看了看罗杰斯：“你瞧这多尴尬，他根本不知道我在说什么！”在贝兰克梵看来，自己已经按盖特纳的要求做了，结果怎样只能拭目以待了。

很快，贝兰克梵就给盖特纳回了电话，他愠怒地说：“我刚刚给维克拉姆·潘迪特打了电话，他的反应让我可以确信他对这个电话并不知情，更看不出有丝毫的期待。”

盖特纳打错了算盘——难道维克拉姆·潘迪特不知道这是我送给他的礼物？应该不会的。但是盖特纳没有时间去安抚别人受伤的感情，只是在挂断电话前说了句：“好吧，我晚些时候再跟你谈。”贝兰克梵僵在那里，很久都没反应过来刚刚到底发生了什么。

星期六上午，也就是特德·佛斯特曼周末会议的第二天，艾伦·格林斯潘与在全国广播公司做新闻记者的妻子安德烈亚·米切尔（Andrea Mitchell）正和其他人一道聚集在阿斯彭酒店豪华的宴会厅前，等待下一个议题的开始——“华尔街危机：下一步将会是什么？”。如果以华尔街的标准衡量，这是一次众星云集、阵容豪华的活动：讨论小组的成员包括前财政部长拉里·萨默斯；太平洋投资管理公司首席执行官穆罕默德·埃尔-埃利安（Mohamed El-Erian），他的新书《碰撞：世界金融新版图》（*When Market Collide*）刚刚出版；CNBC保守派脱口秀主持人拉里·库德洛（Larry Kudlow）；还有美联银行的鲍勃·斯蒂尔，最有趣的是斯蒂尔本来考虑取消此次行程，后来却为了能准时飞抵阿斯彭的会场，当天早上4点就从家里出发了。

主持人查理·罗斯刚宣布进入会议的提问环节，斯蒂尔就开始紧张地看自己的手表，而当格林斯潘开始加入关于公允价值会计准则的争论时，他认为自己必须立即赶回东海岸了。于是，会议一结束，斯蒂尔便夺门而出，在路上他遇到了自己认为是潜在并购伙伴的富国银行首席执行官理查德·科瓦切维奇（Richard Kovacevich）。

“我下周会给你打电话。”斯蒂尔对他说。

“好的，我很期待。”科瓦切维奇回答道。

“我正赶着去机场，先不谈了，我一定会给你打电话的。”斯蒂尔再次承诺。

跳上红色牧马人越野车赶赴机场，斯蒂尔终于有时间来查看自己的黑莓手机了，他发现凯文·沃尔什给发了好几封邮件，催促他赶紧回电。

当斯蒂尔打回去的时候，沃尔什说：“听着，我们认为你应该给劳尔德打个电话。”

斯蒂尔被眼前的文字震惊了：政府正在精心策划高盛和美联银行的合并！乍一看，考虑到这两家公司和财政部的关系，这是一笔在政治上具有爆炸性影响的交易。他猜测保尔森一定会以某种方法参与进来，当然，他现在不可能直接去问保尔森。但是，斯蒂尔很快就对此方案表示了怀疑，他认为，如果高盛想买美联银行，他们应该早就买了。毕竟，这周他和约翰·麦克通话时了解到，作为美联银行的顾问，高盛非常了解美联银行方方面面的内部数据。因此，之所以迟迟没有采取行动，很可能是因为高盛认为还有值得讨价还价的地方。尽管斯蒂尔看透了这个交易方案的本质，但他还是认为，如果背后有美联储的推动，这笔合并交易还是有可能发生的。

“我和凯文说过了，他说他会打电话给你。”斯蒂尔在给贝兰克梵的电话里说道。

不像上次打给花旗银行的电话，这次通话是事先安排好的。“好的，我知道了，”贝兰克梵说，“我们非常乐意推进这笔交易。”

斯蒂尔告诉贝兰克梵，他正准备登上美联银行的公务飞机，当天下午晚些时候就可以抵达纽约。

当飞机飞往东海岸的时候，斯蒂尔陷入了沉思，虽然合并一事是奉政府的直接命令，但应该想办法把同高盛的这笔交易控制在自己手里，或许自己将来还能混个董事长的头衔。

杰米·戴蒙一直希望未来两周能休一天假，可是周六早上接到盖特纳的电话后，他的愿望只能化作泡影了。作为纽约联储主席的盖特纳一般很少提出建议，但这次他却直接指示戴蒙开始考虑收购摩根士丹利。

“你是在和我开玩笑吧？”戴蒙回答说。

“不。”盖特纳非常严肃地说。

“收购贝尔斯登已经是仁至义尽了，”戴蒙拒绝道，“怎么能再让我收购摩根士丹利！”

盖特纳根本不管他的反应，只是自顾自地接着说：“详细情况，待会儿约翰·麦克会给你打电话。”说完就挂断了电话。

5 分钟后，约翰·麦克给戴蒙打来电话，他也接到了盖特纳类似的带有强制性要求的电话。这周早些时候戴蒙就已经告诉过约翰·麦克对收购摩根士丹利不感兴趣，在这次通话中戴蒙重申了自己的观点。但戴蒙毕竟是奉命帮助约翰·麦克的，所以这两个竞争对手还是谈了谈摩根大通银行是否可以向摩根士丹利提供一定的信贷额度，好给它一些喘息的空间。最终戴蒙表示先考虑考虑，之后会给他一个明确的答复。

与约翰·麦克的谈话结束后，戴蒙马上给盖特纳回了电话：“我已经跟约翰谈过了，我们讨论了向摩根士丹利提供信用额度的可行性。”

“我不知道这么做够不够。”电话这头的盖特纳听后很沮丧。他的命令并没有得到明确的执行，但是他仍然强烈暗示，美联储非常希望这两家公司能合并，并且对任何临时性的措施都没有丝毫兴趣。

戴蒙立即给他的管理委员会发出了一封电子邮件，要求委员们在一小时内准备开会，一会儿工夫，他们就都来到了 48 楼的一间会议室里。

戴蒙愁眉苦脸地给委员们讲述了盖特纳打来的电话。1973 年 6 月 20 日，摩根士丹利、摩根大通银行、摩根担保公司和英国摩根建富（British Morgan Grenfell）在百慕大石窟湾酒店（Grotto Bay Hotel）曾举行过一个代号为“三角”的高级秘密会议，当时就有合并成立“摩根世家”的想法，但是后来该想法从未被正式提出过。

戴蒙用一支黑色记号笔在一张白色写字板上简要地勾勒出自己的想法：“我们也可以考虑收购他们，不过只是其中一部分，或者仅向他们提供某种形式的融资。”

会议接下来的两个小时中，他们反复讨论所面临的选择：摩根士丹利哪部分资产可以被剥离？哪部分可以考虑持有（即购买一份资产，在形式上保持资产的相对健康状况，当市场恢复时再对外出售）？也许摩根大通可以收购摩根士丹利，然后为它发行一种新的定向股份？

但是，所有这些情况都绕回到同一个问题：他们收购摩根士丹利到底有何用处？两家公司存在着大量的业务重叠，而且摩根士丹利的问题资产到底价值几许？这些问题在当时都是无法回答的。

摩根大通银行的首席风险官约翰·霍根在上周参加了关于雷曼的讨论会议，他走出管理委员会的会议室，给摩根士丹利的科尔姆·凯莱赫和肯尼斯·德雷哥特（Kenneth M. deRegt）打了个电话。

“我不知道你们的确切想法，但不管什么情况，如果需要我们的帮助，贵公司就应该提供大量所需的信息，”他说，“你们最好还是回去和约翰·麦克一起考虑一下，到底想从我们这得到什么样的帮助？”霍根的声音透着一丝傲慢，凯莱赫和德雷哥特透过听筒都能感受到。

半小时后，凯莱赫向霍根作出答复，并提出了大约 500 亿美元信贷额度的要求。凯莱赫希望，如果摩根大通银行确实愿意接受这个出价，戴蒙不会像中投公司那样在交易中还夹杂着惩罚意图。

霍根给摩根大通银行的高级团队发了一封标题为“紧急和机密”的

电子邮件，在邮件里，他详细地说明了计划：

> 暂定于明天上午 9 点 30 分在第七大街 750 号摩根士丹利的办公室开会，我们还不知道确切的楼层和房间，到时可以联系摩根士丹利的联络人王戴维（David Wong）。这次会议的目的是讨论对摩根士丹利的各类型无担保资产提供担保融资。

现在盖特纳显得非常恼火，因为他刚刚接到已经联系过维克拉姆·潘迪特的贝兰克梵的电话，而他从当天早上 8 点开始就一直没联系上维克拉姆·潘迪特。关键是，他还没有跟维克拉姆·潘迪特谈过，潘迪特就已经拒绝了高盛。

终于，他联系上了维克拉姆·潘迪特。

“我花了 4 个小时都没联系上你，”盖特纳朝电话那头大声嚷道，“你今天实在太不像话了！”

维克拉姆·潘迪特连忙道歉，解释说自己一直在和他的团队讨论高盛的提议，最终他们决定拒绝。“我们也很关心高盛的状况，”维克拉姆·潘迪特试图解释拒绝高盛的理由，“但似乎没有必要使公司的资产负债表扩大一万亿美元。”

盖特纳只能自己苦笑。“这是一家银行，”维克拉姆·潘迪特接着说。“而且是一家有着传统保守文化的存款银行，我不能想象一家银行把存款全部投入到对冲基金里去会是什么样。我知道高盛并不是对冲基金，但他们的确把存款投向产权类交易，这是很不明智的！”

排除高盛和花旗集团联姻的可能性后，盖特纳又有了新的想法：让摩根士丹利和花旗集团合并。

其实，维克拉姆·潘迪特也一直在考虑这个选择，尽管仍不大情愿，但比较而言，他的确倾向于和摩根士丹利合并。他对盖特纳说：“我们自身并不想做这笔交易，不过可以再考虑考虑。”

到下午两点，约翰·麦克与中投公司的谈判陷入了僵局，他因此变得更加忧虑。对于约翰·麦克认为“无礼”的提议，高西庆并没有丝毫让步。这时候，约翰·麦克还不知道吉米·戴蒙会提出什么方案，另外他也一直没有得到三菱公司方面的消息。

与此同时，楼下的摩根士丹利投资银行负责人保罗·陶布曼也有着同样的担忧。陶布曼看上去远比48岁的实际年龄小，他的整个职业生涯都是在摩根士丹利度过的，并且正在成为全国最值得信赖的并购顾问之一，他现在担心的是所有这一切能不能在这周画上句号。

东京时间已经过了午夜了，陶布曼仍在和东京的同事李姬允（Ji-Yeun Lee）通话，李姬允的助手康平幸辉（Kohei Yuki）正在试图安排摩根士丹利和三菱公司的洽谈。

“我想他们应该已经睡着了，我会在明天早上联系他们。”康平幸辉说。

“这怎么行，”陶布曼回答说，“你应该打家里的电话把他们叫醒。”

双方陷入了短暂的沉默，陶布曼的提议显然有违日本的礼仪规则。

“那……好吧。”康平幸辉答应道。

“听着，如果你是一位高级经理，你就不应该说‘你知道的，我不能叫醒我的老板，我自己知道这件事就行了，但是万一我错过了千载难逢的机遇，我该如何向正在熟睡的老板解释呢？’”

20分钟后，康平幸辉给陶布曼回了电话，“我得到答复了。”三菱公司正在叫醒所有负责交易的团队成员，让他们开始工作。在下两层的一个会议室，摩根士丹利的董事们都已经到了，事情突然变得非常紧迫，有些董事从国内其他地方赶来，霍华德·戴维斯（Howard J. Davies）甚至从伦敦赶来。唯一缺席的是软件巨头甲骨文公司的总裁查尔斯·菲利普斯（Charles E.Phillips），他也曾担任过摩根士丹利的技术分析师。

凯莱赫刚刚完成对公司目前财务状况的汇报，情况不容乐观。公司董事、美国电话电报公司（AT&T）前任首席财务官查尔斯·诺斯基（Charles Noski）直截了当地问凯莱赫："我们的资金什么时候耗尽？"

凯莱赫停顿了一下，然后脸色阴沉地回答："这取决于周一、周二的情况，最快的话到本周中期就全没了。"

这是一个警告，如果这周不能安然度过，他们将成为股东诉讼的目标。由董事罗伯特·基德（C. Robert Kidder）领导的董事会独立成员认为他们需要聘请一位独立顾问，经过短暂的议论，他们选择了前财政部副部长、精品投资银行艾维克合伙公司（Evercore Partners）的创始人罗杰·阿尔曼，他也是迪克·富尔德的合作伙伴。不管他们参与什么交易，阿尔曼都会作为董事会的顾问，向董事们提供一定程度的法律服务，即不论这周末发生的事件将引起什么法律纠纷，至少他们看起来是在努力负起责任的。

约翰·麦克下楼后，他的外部顾问吉恩·路德维格（Gene Ludwig）再次试图向大家解释他们正在追求的银行控股的概念。路德维格表示，他相信保尔森一定会想方设法挽救摩根士丹利的。

"如果我们完蛋了，高盛也一样。"他说，至少在内部圈子里，大家都明白这一点。接着，他又提出了一个董事会从没想到过的看法：

"另外，假如我们完蛋了，通用电气公司也会完蛋的。"

高盛最高级别的两位银行家戴维·所罗门和约翰·温伯格（John Weinberg）刚刚结束上午在康涅狄格州的费尔菲尔德举行的会议，他们在那里会见了通用电气的首席执行官杰弗里·伊梅尔特和首席财务官凯斯·沙龙（Keith Sharon）。

所罗门坐在柯恩办公室的沙发上，讲述着刚才举行的会议。这是一个非常复杂而又近乎滑稽的场景：所罗门和温伯格前往费尔菲尔德给客户通用提供咨询，认为积极应对这次金融危机的首要任务是提高资本金，而伊梅尔特最关心的则是，如果他的顾问高盛倒闭了，将会发生什么？

通用电气本质上更像一家制造业公司而不是金融公司，但是近几年来，它大约一半的利润来自下属的金融公司——通用电气金融服务公司。像大多数华尔街公司一样，通用电气金融服务公司的生存也依赖于短期票据市场和国际投资者的信心，伊梅尔特担心的正是高盛和摩根士丹利的命运将会对金融服务公司造成巨大影响。除了一些筹集资本的初步计划，这次会议并没有得出什么明确的结论，当然，伊梅尔特还是相信高盛可以躲过此劫的。

但是，柯恩已经开始考虑高盛和美联银行的谈判了。当时柯恩向美联储的凯文·沃尔什许诺，如果美联储提供协助，高盛愿意考虑这笔交易，沃尔什则表示他们已经在研究了，柯恩也就相信了他。后来，保尔森又打电话给贝兰克梵，让他好好分析这笔交易。“如果你们了解所有存在的问题，并且清楚你们需要怎样的帮助，你应该明白这根本不可能，”接着他又补充总结道，“你们身陷囹圄，但我却帮不了你们。”与此同时，沃尔什也向柯恩暗示他们需要自己找出自救方案。

“如果你们从来没想过怎么解决现在的社会问题，我们就不要在经济问题上浪费时间了，”柯恩说，“如果你们不愿意从中斡旋，而鲍勃又不想付诸行动，那么让我们自救是不可能的。”

几个小时后，斯蒂尔按计划抵达了纽约郊区怀特普莱恩斯的韦斯特郡机场。与此同时，柯恩则走进贝兰克梵的办公室。

“劳尔德，你应该去机场接斯蒂尔。”柯恩说，他觉得应该以礼貌热情的姿态开始并购谈判。

贝兰克梵则看起来非常恼怒，自从几年前保尔森让他们的股票部门合并以来，他就觉得和斯蒂尔待在一起非常不舒服。他反问道："我有必要亲自去吗？"

"是的，"柯恩坚定地说，"我愿意和你一起去，但这会很尴尬，所以你应该自己去接他。"

贝兰克梵继续反驳："你就不能自己去吗？"

把斯蒂尔看作朋友的柯恩说："我和他的关系已经非常好了，因此没有必要。"

贝兰克梵终于让步了，随后便赶往机场。

曾有那么一段时间让保尔森觉得可以松一口气了，那时他的研究小组已经完成了 TARP 法律文本的草案并且迅速通过了管理和预算办公室的签署同意，接着就开始分发给国会议员。

周二晚上保尔森就向国会领导层承诺，他可以在"几小时"内交出法案让国会进行听证，并表示会把报告做得非常简洁。随后，保尔森和他的法律事务助理凯文·弗罗默、综合事务顾问罗伯特·霍伊特就开始赶制草案，最终，拟定的草案不到 3 页。

经过反复讨论，对于申请的救援金额，保尔森的研究小组最终敲定了一天前卡斯卡里提到过的数字——7 000 亿美元。如果获得通过，这将是联邦政府有史以来规模最大的一次性开支。为了防止受到潜在的政治干扰，即为了能让保尔森顺利获得任何他所需要的授权，霍伊特在草案下面加了几行：

> 财政部长根据该法案的权威所作出的任何决定都是自由裁量且不容置疑的，不需要经过任何法庭和行政部门的审查。该法案授权财政部长可以视需要采取行动……而不必考虑其他任何有关公共契约的法律规定……而且根据该法案授权所采取

行动的所有资金支出，包括行政管理费用在内，都应包括在该法案的支出总额中。

尽管该草案甚至还没得到任何反馈意见，财政部的工作人员却兴奋地在彼此间转发草案副本。

但是反对意见很快就出现了：甚至部门内部也有人觉得保尔森野心太大了。这份3页的草案中没有涉及任何监督计划，而且对权利几乎没有任何限定，它简洁得让人感到不安。

“你看过那份法案了吗？”丹·杰斯特问耶利米·诺顿（Jeremiah Norton），他们俩都没有参与法案的起草工作。

“我只是看了它的要点。”诺顿回答。

“不，”杰斯特说，“那就是整份法案！”

上周六下午，科尔姆·凯莱赫和摩根士丹利的副财务主管戴夫·拉索（Dave Russo）一起前往纽约联储提交关于银行控股公司地位的申请，随行的是他们的顾问沃切尔律师事务所的爱德华·赫利希和普洛门特利顾问公司的吉恩·路德维格。

在13层的接待处，两名工作人员向他们走来并问道：“哪一位是首席财务官？”

“我。”凯莱赫回答。

“请跟我们来。”

凯莱赫朝他的同事做了个鬼脸以示告别，随后被护送到一间会议室，里面坐着的都是纽约联储的高层——威廉·拉特里奇（William Rutledge）、比尔·达德利、特伦斯·切基（Terrerce Checki）以及克莉丝汀·卡明。

“那么，”拉特里奇说，“如果这周末的所有尝试都失败了，你同意成为一家银行控股公司吗？”

“那将意味着什么？”凯莱赫问道，他对其中一些技术细节并不了解。

随后，他们向凯莱赫解释了银行控股公司的好处：短期融资可以通过美联储的贴现窗口进行，美联储将给摩根士丹利建立足够的存款基础，当然，同时公司也必须遵守各项监管规定。

“你能让董事会通过吗？”他们问凯莱赫。

凯莱赫终于明白了这次会议的意思：美联储可能会出手挽救他的公司，毕竟他的公司还是有存在价值的。“当然。”他回答道。

劳尔德·贝兰克梵穿着一条休闲裤和一件领尖带有纽扣的衬衫，正在韦斯特郡机场的停车场等候斯蒂尔的到来。当鲍勃·斯蒂尔走出航站楼时，尽管头发经过精心梳理，但看起来还是显得没精打采，因为他已经整整连续工作了15个小时。

“多好的一个生日礼物！”贝兰克梵看到斯蒂尔时轻快地说。那天是贝兰克梵的54岁生日，尽管很忙，但他仍希望晚上能有时间和妻子劳拉在纽约波特豪斯的一家牛排餐厅共进生日晚宴。

在驱车前往市区的途中，两人很自然地聊起交易的大概情况以及公司共同的历史。他们还不清楚彼此的想法，也不知道应该如何实施这项并购计划。

他们抵达百老汇大街85号后，斯蒂尔直接上了第30层，他曾在这层楼工作过很长时间。当他走进会议室时，遇见了过去5个月一直担任他公司顾问的克里斯托弗·科尔，如今，科尔可是听命于美联银行的收购方了。另外，斯蒂尔自己的律师罗基·科恩同时又是高盛的律师。这一切都变得如此混乱并充满了利益冲突。但是他们都清楚，如果想让交易顺利进行，就必须在星期一早晨之前达成一致协议。

和摩根士丹利一样，高盛现在最大的问题也是存在着巨大的资金缺口。美联银行拥有账面高达 1 220 亿美元的选择权指数型房屋贷款，而高盛则认为该资产已经不值那么多了。双方同意安排彼此的研究小组共同测算其合理价值，斯蒂尔表示，当天早上他就已经安排他的小组出发了。

当天晚上离开之前，贝兰克梵请斯蒂尔到他的办公室，希望一起就交易条款进行讨论，这或许是最为敏感的交谈话题，对他们这种经常通过商业名片和钱包来衡量彼此的人物来说更是如此。

贝兰克梵表示，他正考虑让斯蒂尔和加里 · 柯恩、乔恩 · 温克里德一起担任联合总裁，同时，斯蒂尔将作为高盛的销售部门负责人继续管理美联银行。

斯蒂尔大吃一惊，并略感不快。他自己已经是一家大银行的首席执行官，并且曾经是高盛副总裁和财政部副部长，现在却只让他成为三位联合总裁之一？

“我还不确定能否和加里、乔恩一起共事。”他委婉地说，“让我们再想想吧。”

“杰米是想收购我们吗？”摩根士丹利的首席律师加里 · 林奇在约翰 · 麦克办公室外的走廊问他。

“我不这么认为，”约翰 · 麦克答道，并解释说他们只是和摩根大通银行就提高公司信用额度的问题进行磋商，“你为什么问这个？”

“哦，只是发生了一些我觉得奇怪的事情。”林奇回答。

林奇说，克维斯 - 斯温和莫尔律师事务所的合伙人、同时担任摩根士丹利独立董事的外部律师法伊扎 · 赛伊德（Faiza J.Saeed）告诉他，摩根大通银行通过其同事联系她，希望聘请她为一桩与摩根士丹利进行的交易提供法律咨询。她对此事有点摸不着头脑，因此希望我能解答她的困惑。

“噢！我的天！”约翰·麦克惊叹道。

“是啊，这的确是一个传递消息的好方法。”

日暮黄昏，汉克·保尔森仍待在办公室里，他刚刚结束和盖特纳的通话，情况不容乐观。盖特纳说，除了被他形容成“赤裸裸”的银行控股公司方案，摩根士丹利并没有其他计划。另外，除了对高盛-美联银行的合并持怀疑态度，盖特纳还指出摩根大通银行、花旗集团、中国以及日本等投资者接受投资方案的前景还极不确定。

“因此，我们好像没有其他选择了。”他对保尔森说。

一周以来，保尔森每天只能睡 3 个小时，这实在是一种煎熬。他全部职业生涯都是在金融行业度过的，如今，整个行业走向崩溃的情景就在他的眼前，并正一步步向他逼近。想到这些，保尔森一时间不禁感到头昏眼花。

后来，他的工作人员在办公室外面听见他呕吐的声音。

星期六晚上，约翰·麦克回到曼哈顿上东区的寓所时身体因着凉而微微发抖，他的妻子克里斯蒂正在大楼外面等他，她是专程开车从拉伊市赶来看他的。

见到妻子时，他表现得比平时消沉，仍在绞尽脑汁地想怎样才能在 24 小时内筹集数十亿美元的资金。“你知道吗，我的公司已经在悬崖边上了。”他绝望地说道。

他没有直接上克里斯蒂的车，而是选择继续步行，以便呼吸一些新鲜空气。走到麦迪逊大街时，约翰·麦克突然意识到他的整个成年阶段都在为事业而奋斗，自己身经百战，有成功也有失败，但却从未面对目前这般艰难的处境。而且，这不仅仅是他个人的生存问题，更关系到全球各地为他工作的5万名员工的切身利益。想到他们，约翰·麦克情不自禁地产生了一种强烈的责任感。上周日晚，雷曼的员工抱着私人物品箱子鱼贯走出办公大楼的情景仍然冲击着他。他必须振作起来，不管怎样，他必须去拯救摩根士丹利。

回到公寓的起居室，约翰·麦克微笑地向克里斯蒂承认："尽管现在面临很多麻烦，但比起在北卡罗来纳州读书的日子，我还是比较愿意做现在的事情。"

星期天的早晨，保尔森回到萨博班酒店时，财政部新闻发言人米歇尔·戴维斯已经在那里等候了。"我想您会不高兴的。"她一边说着一边递给他一份最新一期新闻周刊的副本，这份周刊周一就将出现在全国各地的报摊上。在周刊上，保尔森的照片被冠以"国王亨利"的标题。

稍后，他们将前往NBC新闻发布会的先期录制现场，和自己的钓鱼老友汤姆·布罗考（Tom Brokaw）一起推介他的TARP计划。在蒂姆·鲁塞特（Tim Russert）逝世后，布罗考就临时负责主持政治访谈节目。之后，他们还需要参加美国广播公司的《本周》节目和哥伦比亚广播公司的《国家真相》节目。

保尔森迅速浏览了一下文章，除了引自新泽西州州长乔恩·科赞（Jon Corzine）的一段话外，其他都是一堆谄媚的文字，乔恩·科赞是他原来在高盛的死对头，时过境迁，科赞却还是没变，他在文章里对保尔森目前的一贯性做法提出质疑。更要命的是，该封面明显是在讽刺保尔森凭借着财政部长的巨大能量，不仅在国内，还在世界舞台上指手画脚。在金融危机爆发的这段时间里，布什总统坐在了后排，保尔森才是这个国家事实上的领导人。

这种权力让他得到巨大的满足感，但同时他也清楚这是一把双刃剑。他掌握着许多信息，却又不能透露太多的政策细节。在布罗考的采访摄像中，和一天前财政部的员工私下对法案缺失细节的担忧一样，当主持人针对 TARP 计划缺乏实施细节向他发难时，他深深地体会到了自己所掌握的权利所带来的负面效应。

“如果你仍担任高盛的总裁，当你向合作伙伴提出这笔交易的提议时，”布罗考问道，“他们会不会把你送出会议室并对你说‘等你拿出更多方案时再回来吧’？难道不是这样吗？”

摩根士丹利首席风险官肯尼斯·德雷哥特为当天上午与摩根大通银行的会议做准备时，试图把公司财务状况最好的一面展现出来，并希望抵押物清单能足以应付债务的担保需求。不过，随着他和公司财务机构小组负责人鲁思·波拉特工作的推进，他们逐渐意识到，在会议上向摩根大通银行的银行家进行自由展示和讲述可能会适得其反。如果一切进行得顺利，摩根士丹利当晚就将成为一家银行控股公司，从而使自己获得更多的流动性，这将大大出乎摩根大通银行的意料。所以，当他们有选择地把一些内容放到演示文稿里时，极可能会把自家账面上所持有的最差资产，也就是无法抵押给美联储的那部分展示出来。这将是一次冒险行为，这样做他们可能会在不知情的情况下吓跑潜在的合作伙伴，而无法将公司包装好后再销售出去。

上午 8 点 45 分，摩根大通银行的布朗斯坦、霍根和布莱克带着公司的首席法律顾问斯蒂芬·卡特勒准时抵达了位于第七大道 750 号的办公楼,数十名下属在他们之前就已经到达并在楼前等候。这栋办公楼位于摩根士丹利总部大楼以西很远的位置，非常不起眼，楼体本身也没有任何标志，专门用于公司举行保密会议。

当整个小组进入摩根士丹利事先布置好的会议室时，霍根再次重申道："这可是个高度机密的会议。"布劳斯对会议室里连基本的咖啡和食品都没有感到非常惊讶——难道这是某种谈判策略？他立即派一名助手去买来了唐恩都乐[①]套餐。

他们都知道当前的会议很可能是人生中最具历史意义的一次。当霍根告诉大家这次会议是关于提高摩根士丹利的信用额度时，他们都知道，一个完全成熟的合并交易即将开始，而且会使收购贝尔斯登的交易看起来只是一场小小的练习。档案室已经架设起来，用于审查摩根士丹利的每部分主要业务——经纪、不动产、委托投资和商品期货。

摩根大通银行的律师们对该小组在如此短的时间内达成交易深表怀疑，他们不断提到"在 24 小时内实现担保权益"所存在的各种问题。

实际上，会议根本不需要那么长的时间：不到两个小时，摩根大通银行就决定撤离会场。因为他们对摩根士丹利所提供担保资产的质量之差感到震惊。很显然，这些担保资产远没达到摩根大通银行同意提供融资的要求。

"这简直就是胡扯。"霍根对摩根大通银行的总裁史蒂文·布莱克说。

到中午，在鲍勃·斯蒂尔和随行数十名高级主管的努力下，美联银行与高盛的并购交易谈判已经取得了重大进展。鲍勃·斯蒂尔的顾问、高盛前银行家彼得·温伯格已经草拟了一份协议，协议中规定，高盛将以 18.75 美元每股的价格将美联银行股票与高盛股票进行置换，该价格是根据上周五美联银行股票的收盘价计算得出的。

然而，现在仍然存在一个严重障碍：高盛希望能效仿摩根大通银

① 一种由甜甜圈和咖啡组成的套餐。——译者注

行收购贝尔斯登的方案来完成这笔交易。接下来就得咨询美联储的沃尔什，看美联储是否愿意为美联银行问题最大的资产提供担保，以促成这笔交易了。

在谈判间隙，温伯格稍事休息，慢步走下公司的行政大厅。他在一排公司历任首席执行官的肖像前走过，在看到爷爷西德尼 · 温伯格的肖像时，他停了下来。西德尼·温伯格在 1927 年就成了高盛的高级合伙人，他是老一代华尔街人的缩影，那时华尔街公司的经营并不依靠杠杆工具和更为复杂的金融工程，而是建立在人际关系和绝对信任的基础上。最近 10 年，随着公司纷纷寻求上市，并开始把股东的钱押在高风险赌注上，爷爷那个时代已经逐渐成了过去。

高盛的联合总裁乔恩 · 温克里德走下大厅时，刚好看见温伯格正对着画像凝视沉思。

“这个世界已经彻底颠倒了。”温克里德若有所思地说。

周日，在位于奥马哈市的家中，沃伦 · 巴菲特接到了高盛副董事长拜伦 · 特洛特（Byron Trott）的电话。巴菲特讨厌绝大多数的华尔街银行家，却唯独喜欢特洛特这位住在芝加哥、温和的美国中西部人。保尔森在几年前介绍他们认识，目前特洛特是唯一赢得巴菲特真正信任的投资银行家。巴菲特在伯克希尔 - 哈撒韦公司 2003 年的年度报告中这样写道 ：“说实话，在跟我接触过的投资银行家中，他最了解伯克希尔，获得丰厚报酬也理所当然。”对巴菲特来说，这算是他所能给出的最高评价了。

特洛特打电话给巴菲特是有要事相商。在过去几周中，他一直试图说服巴菲特投资高盛，但现在他又有了新想法。他向巴菲特透露，在政府的推动下，高盛正在洽购美联银行，他想知道巴菲特是否有兴趣投资合并后的高盛 - 美联公司。

一开始，巴菲特还以为自己听错了，政府推动？在高盛的交易里？

“拜伦，这是在浪费时间，”分析过这个新组合后，巴菲特很和蔼地说，“今晚政府就会认识到他们不能为这两家公司的交易提供资金，一家是前任财政部长的公司，另一家则是一名从高盛退休的副董事长、同时也是前任财政部副部长的公司。他们将会清醒地认识到，虽然这看起来是世界上最完美的交易，但他们却不能这么做。”

周日下午，约翰·麦克听到了一个好消息：三菱公司好像已经通过了交易方案，并准备给摩根士丹利一笔规模巨大的投资。当晚，约翰·麦克就和三菱公司首席执行官畔柳信雄（Nobuo Kuroyanagi）进行了一次电话会议。

正当他们在讨论交易细节时，保尔森打来了电话。

“约翰，你必须马上去做一件事。”保尔森以不容置疑的口吻说。

“你是指哪件事？”约翰·麦克很不耐烦地问道，并解释说已经得到消息，日本人想要做这笔交易，“你应该支持我，你曾说过我们能够自己搞定的。”

“我知道，”保尔森说，“但你必须去找别的合作伙伴。”

“我已经有日本了！三菱已经在介入了。”他重复道，就好像保尔森刚才没有听清似的。

“不要这样，咱们都了解日本，他们不会做这笔交易的，他们不可能行动得这么快。”保尔森说，并建议还是把精力放在中国或摩根大通银行身上。

“不，我可不同意你的看法，我非常了解他们。”约翰·麦克生气地回答道。接着，他补充说，三菱公司和摩根士丹利有着长期的合作关系，今年早些时候，三菱对加利福尼亚联合银行（Union Bank in California）发起敌意收购时就是聘请摩根士丹利做的顾问。“日本人很少进行敌意收购的，”约翰·麦克强调说，“他们聘请了我们，并且通过不懈努力获得了成功，所以他们会帮助我们渡过难关的。”

保尔森对此仍然表示怀疑。“他们不会的。”他叹了口气说。

“道不同不相为谋，我们没什么好谈的。”约翰·麦克气急败坏地说，在匆匆许诺会及时通报进展后，他迅速挂断了电话。

凯文·沃尔什到会场外面接听了加里·柯恩的电话，柯恩向他简要描述了高盛-美联合并计划的初步条款，他们同意按市场价格进行交易上周五美联银行的收盘价是18.75美元，考虑到那天美联银行的股价刚刚受TARP新闻的刺激而上涨了29%，柯恩觉得这个出价已经很令人满意了。

随后，他提高了声调说：“要完成最终交易，高盛需要政府提供担保或者全部购买美联银行1 200亿美元的选择权指数型房屋抵押贷款。”

沃尔什打断了柯恩，他说：“我们已经不打算这么做了，我们不能被外界看成是开了一张空白支票。”沃尔什虽然也支持合并的想法，但他提醒要考虑这笔交易的“可选择性”。沃尔什建议说，只有在高盛愿意承担交易最初的损失的情况下，就像当时在美联储担保290亿美元的资产之前，摩根大通银行同意承担收购贝尔斯登初期10亿美元的损失一样，政府才有可能认真考虑为此次交易提供担保。

几位美联银行的董事在高盛的一间会议室里漫无目的地乱转，等着斯蒂尔和艾瑞玛克控股公司总裁兼首席执行官约瑟夫·纽鲍尔（Joseph Neubauer）对交易方案作出答复。这时候，纽鲍尔的手机响了，他低头一看，是保尔森。

纽鲍尔非常了解保尔森，后者还在高盛任职时，纽鲍尔就曾和他公开或私下接触过几次，并且纽鲍尔及其公司还从中赚了好几百万美元。但纽鲍尔觉得这个电话有点不妙，因为他认为保尔森本人不应该卷入有关美联银行和高盛的任何交易，但恰恰在这场关系重大的交易中，保尔森给他打来了电话。早在前一天，保尔森就给他打来电话询问这次交易是否可行，不过当时听起来有比较浓的试探意味。现在，纽鲍尔和斯蒂尔正谈得起劲，这时候保尔森给纽鲍尔打来电话其实是为了避免直接和斯蒂尔谈，但在纽鲍尔看来，这实际上并没有什么区别。

"这不仅仅是高盛的问题，"保尔森跟他说，"我还想同时解决美联银行的问题，难道你不明白吗？"

保尔森没有跟纽鲍尔挑明，他已经获得了干预任何有关高盛事务的行动豁免权。相反，他只是继续给他压力，让他尊重高盛的报价，并表示他担心美联银行的董事会没有认清当前世界经济的严峻形势。"我觉得大家必须有一种紧迫感。"保尔森暗示道。

放下电话后，纽鲍尔抬头看了看那些董事。

"你们想不到吧，是汉克·保尔森打来的电话。"

他不必向董事们解释这个电话如何离奇，对于会议室内的许多人来说，财政部长刚刚下令他们必须选择和高盛进行合并。

财政部办公厅主任吉姆·威尔金森睡眼惺忪地走下大厅，保尔森刚刚向他介绍了高盛-美联合并谈判的最新情况并希望听取他的意见，即政府是否应该提供担保？威尔金森懵懵懂懂地回答道："我觉得这主意听起来还不错。"

但是过了半个小时，在喝完一杯咖啡并进行了深思熟虑后，威尔金森改变了自己的看法。他认识到正如当时他们试图通过 TARP 法案所面临的情况那样，发生在最近这段糟糕时间里的交易可能会是一场公共关系的噩梦。保尔森有可能失去所有的信任，他将被指责为自己在高盛的老友牟利，“政府证券”的阴谋论也将四处蔓延。

威尔金森和米歇尔·戴维斯一同跑回保尔森的办公室。

“汉克，如果你这么做，你就完蛋了，”威尔金森激动地说，“这简直太疯狂了！”

本·伯南克正在盖特纳的会议室通过宝利通扬声器向与会人员表示欢迎，参加会议的有财政部的杰斯特、诺顿，纽约联储的特伦斯·切基、米奇·麦康奈尔和威廉·达德利（William Dudley）。

沃尔什正在审查高盛-美联并购协议的新条款，斯蒂尔和柯恩给他带回了稍加修改后的协议版本，根据沃尔什的建议，在协议中高盛同意承担交易初期10亿美元的损失。柯恩和斯蒂尔表示，两家公司的董事会已经处于待命状态，如果政府同意提供担保，他们在当天下午就可以完成交易。

会议室里，大家都觉得这是一笔很好的交易：它将使高盛拥有一个稳定的存款基础，同时也为美联银行提供了一个强大的投资银行部门以及顶尖的管理。

但盖特纳很快就指出了这笔交易的缺陷，“这笔交易会不会削弱高盛的实力？”他问道。当天早些时候贝兰克梵也提出过同样的问题。同时，盖特纳还在考虑美联储是否应该参与提供融资，或许美联银行的监管者美国联邦存款保险公司也应该承担一些。

切基无法理解高盛所提要求的苦衷，他说：“他们好像还在讨价还价。”但是他反对合并计划另有原因：他觉得在目前的情况下，因为“强制婚姻综合征”的原因，交易双方都没有足够的时间，好在深思熟虑后再做决定。

伯南克只是静静地听着这些争论。

高盛的前雇员比尔·达德利也认为这笔交易对政府来说并没有吸引力，和巴菲特几小时前所表示的一样，他提出同样的异议：这笔交易将导致政府面临一场公共关系的灾难。

“我们在干什么？看看我们彼此间的关系：财政部、斯蒂尔和我，高盛无处不在，我们必须小心谨慎。”

盖特纳与伯南克和保尔森通过电话后，他们三位一致认为不能支持这笔交易。

当沃尔什把这个消息通知给斯蒂尔和柯恩时，他们俩都大吃一惊。在过去的24小时里，他们在政府的要求下努力制订一份交易协议，现在却突然被告知该协议不会付诸实施。

“对不起，我理解，我也和你们一样感到失望，我们没有资金，也没有得到授权。”沃尔什解释道。

斯蒂尔感到自己被耍了，他对沃尔什说，自己感觉就像在两个新娘间来回奔波，为的只是找到合适的婚姻来挽救他的公司，一开始是摩根士丹利，现在是高盛。

柯恩意识到这个谈话的气氛即将恶化，于是说：“我想我还是先出去一下。”

“不行，你应该听着，”斯蒂尔突然提高声调坚持道，“你应该坐在这儿听清楚每一个字！”

当斯蒂尔急着用桌子中间的扬声器说话时，他的情绪变得更加激动：“你想让我做什么？赶紧告诉我，你自己又搞不定，却还不喜欢这，不喜欢那的。你还想不想让我做这笔交易？”他指的是摩根士丹利，“还是你想让我打电话给花旗？我必须保护我的股东，这是我的工作，告诉我你到底想要我做什么，因为我厌倦了继续这样兜圈子。”

“我不知道此消息是否属实，我刚刚了解到高盛将在 24 小时内宣布和美联银行的交易。”约翰·麦克向他召集到办公室的管理团队宣布道。他是从一位刚开完董事会会议的董事那儿得到这个传闻的，当然他自己对此事的真实性还感到怀疑，毕竟他们只是在周五和美联银行进行了一次没什么成效的合并谈判。

摩根士丹利的投资银行部负责人陶布曼对此感到震惊，他心想，高盛作为摩根士丹利最激烈的竞争对手，怎么会愿意接受美联银行全部的问题资产呢？难道高盛没有看到美联银行资产负债表的巨大黑洞吗？后来他想明白了：“这些家伙很可能私下和政府订了协议！”他对在场的人惊呼道：“如果政府不购买这堆不良资产来挽救美联银行的话，这笔交易根本没有意义！”

保尔森接到了高盛－美联合并交易取消的消息，这给他寻找摩根士丹利的解救方案的努力带来了更大的压力。在他看来，摩根大通银行一直是不二选择。在刚过去的一天里，他已经几次向杰米·戴蒙推销他的方案，但戴蒙好像并不感兴趣，现在保尔森需要向摩根大通银行施加更大的压力了。

保尔森在和盖特纳、伯南克一起开会时联系上了杰米·戴蒙，“杰米，”保尔森说，“我需要你认真考虑一下收购摩根士丹利，这是一家资产不错的大公司。”

戴蒙刚刚结束和中投公司高西庆的一次临时会议，高西庆来试探摩根大通银行是否愿意和中投公司一起对摩根士丹利提出联合收购要约，即中投公司购买公司的附加权益，摩根大通银行则提供信贷额度，但会议并没有取得任何实质性进展。

戴蒙清楚政府可能一直试图把交易强加给自己，但他对此坚决抵制。

“你别再说了，这根本行不通，”他说得非常认真，“这绝不可能。我愿意为你、为这个国家做任何事情，但前提是不能危及摩根大通银行的利益。”

“即使我是摩根士丹利，我也不愿意做这笔交易。”戴蒙接着说，他认为这笔交易将导致这家银行损失 500 亿美元以及裁员无数。

“我不想这么做，约翰 · 麦克也不会愿意这么做。”戴蒙对保尔森说。

“我明白，但我需要你这么做。”保尔森仍坚持说。

片刻沉默后，戴蒙心软了，但只作出了微小的让步 ：“我们会考虑，但这绝对会非常困难。”

摩根士丹利董事会会议的气氛已经变得非常紧张了。艾弗考尔合伙人公司的银行家罗杰 · 阿尔曼 24 小时前才被摩根士丹利请来做顾问，他正在劝说董事们好好考虑出售整个公司的事情，并描述了最坏的情况，但会议室里的几位董事却坐不住了，他们确信阿尔曼建议他们做这笔交易只是为了赚取可观的顾问费。

会议休息期间，罗伊 · 博斯托克对公司的首席董事罗伯特 · 基德说 ：“我们应该炒了这个家伙，把他从这儿赶出去，他一点用也没有。”其他人也认为，阿尔曼曾是财政部副部长并且被认为仍和财政部有密切关系，因此，他很可能已经把有关公司健康状况的信息透露给了政府，这正好解释了为什么盖特纳对约翰 · 麦克的交易施加了如此大的压力。然而他们并不知道，昨晚在告知盖特纳自己接手摩根士丹利的顾问工作之前，阿尔曼就给他发过一封电子邮件，但没有透露这次会议的任何细节。

不知是因为偏执还是睡眠不足，会议的讨论变得越来越激烈。聘请阿尔曼的事情并没有咨询过约翰 · 麦克，因此他比那些表示反对意见的董事更讨厌阿尔曼的存在。“我不信任他。”约翰·麦克把阿尔曼暂时请出董事会会议后表示。他觉得即使是真的要出售公司，也应该请摩根士丹利自己的银行家做顾问。他还非常担心在阿尔曼面前披露摩根士丹利和三菱公司谈判的细节，他提醒董事们，艾弗考尔合伙人公司和三菱公司的竞争对手日本瑞穗金融集团存在合作关系。

“我不知道那个家伙想干什么。”他说。

盖特纳一直在市中心的办公室工作，他越来越相信如果不能在周一股市开盘前完成交易，摩根士丹利就会崩溃。当天早些时候他已经警告过约翰·麦克，除非他能找到一笔相当大的投资或并购，否则他将否决摩根士丹利成为银行控股公司的提议。“单纯地成为一家银行控股公司并不能起什么作用。”他警告说。和保尔森一样，盖特纳也认为约翰·麦克是被三菱公司将会及时提供救援的信念给误导了。“你的 B 计划呢？你需要一个 B 计划！”他几乎朝着电话尖叫道。

当然，并不是美联储内部所有人都认同盖特纳的强制并购政策，盖特纳一心一意推动银行合并的行为也并不受欢迎，那天下午，一些高管曾把他比做是“eHarmony 婚恋公司”，专门撮合公司的合并交易。“如果我们能以 1 美元的价格卖掉些这些讨厌的家伙，”凯文·沃尔什抱怨说，“所有事情就都解决了。”

大约下午 3 点半，约翰·麦克让助手丝坦茜·克鲁克（Stacie Kruk）把财政部长保尔森打来的电话转接到他沙发旁边的电话机上，此时他身后的电视正在播放纽约巨人队和辛辛那提孟加拉虎队的比赛。

“你好，约翰，我正和本·伯南克以及盖特纳在一起，我们想和你谈谈。”保尔森说。

“好的，”约翰·麦克回答，“既然你们都在，我可不可以让我的首席法律顾问也加入谈话？”

保尔森表示同意，约翰·麦克把电视声音关掉后，摁下了免提按钮。

“周一股市开盘前摩根士丹利必须达成一个交易方案，”保尔森用严厉的口吻说道，“你需要找到一个解决方案，我们希望你进行一笔交易。”

约翰·麦克只是目瞪口呆地听着。

通常在这种情况下伯南克都会远离谈话并保持沉默，这次他却清了清嗓子补充道：“你不了解我们的处境，出于保障金融体系安全的考虑，我们真的需要你进行一笔交易。”

“我们已经为这方面的工作花了很多时间，我们认为你需要马上联系杰米。”盖特纳强调说。

“蒂姆，我已经联系过杰米了，”约翰·麦克恼怒地回答，“他不想要摩根士丹利。”

“不，他会买下它的。”盖特纳说。

“我知道，以1美元的价格！”约翰·麦克大喊道，“那根本没有意义！”

“我们要求你这么做。”盖特纳坚持说。

“你真的认为这是一个很好的策略吗？”约翰·麦克非常愤慨地问道，“美国国际集团、雷曼、贝尔斯登的问题已经造成这座城市3.5万人的失业，而且裁员正在继续。你们想让我做的所谓正确的事情就是拿4.5万～5万人的工作开玩笑，并接着造成2万人失业？我真看不出你们的策略究竟好在哪里！”

电话那端沉默了一段时间。

“一切为了稳定。”盖特纳冷冷地说。

“听着，我非常尊重三位先生以及你们所做的事情，”约翰·麦克说，“你们是爱国者，我们国家的所有人都会对你们感激不尽。但我不会进行交易，我不会拿在这儿工作的4.5万人开玩笑。”

说完这些，他挂断了电话。

在高盛，气氛稍微不那么紧张。刚和盖特纳谈过，贝兰克梵就向走进办公室的柯恩宣布，“我们即将成为银行控股公司。”当美联储把新闻公告的草稿传真过来的时候，贝兰克梵发现在机构名称栏里还留着一块空白，他认为这家即将面临同样命运的机构肯定是摩根士丹利，周五早上他给约翰·麦克打的电话肯定起了作用。

柯恩正坐在贝兰克梵办公室的沙发上小口吃着一个煎蛋卷，他已经一整天没吃饭了。现在他终于可以微笑了，因为他们走出了困境，现在所需要做的只剩下让董事们执行在文件上签字的程序了。他们将在5分钟内召开整个董事会的电话会议。

所有人都接入电话会议后，贝兰克梵开始发言，“我终于有了个好消息……”

当天下午晚些时候，回到摩根士丹利总部时，高西庆得知摩根士丹利即将与三菱公司进行并购谈判。之前他就觉得事情有些不对劲，因为约翰·麦克已经放慢了他们之间谈判的节奏，但他仍然不相信约翰·麦克居然准备和日本人做交易！从之前的情况来看，他本以为美国政府会支持摩根士丹利和中投公司的交易。高西庆感到非常愤怒，马上率领自己的全体工作人员走出会议室，头也不回地离开了大厦。

摩根士丹利的银行家们仍在等待与三菱公司的交易能否进行的消息。他们了解到美联储将批准他们的银行控股公司地位，但盖特纳仍坚持周一之前摩根士丹利必须引入一笔大投资，以显示对公司前景的信心。三菱公司已经发过来一份“合作意向书”，准备以 90 亿美元的价格购买摩根士丹利 20% 的股份。但是陶布曼和金德勒很清楚他们收到的只是一份意向书，而不是牢固的合同，因此他们并不能马上完成整笔交易。但他们仍希望市场上的投资者相信日本人的话，比保尔森和盖特纳多一些对摩根士丹利的信任。

金德勒和陶布曼一边审查意向书的内容，一边嘲笑着有关他们周末旋风般地进行并购谈判的新闻报道。各种媒体都在报道过时的消息或者传言。盖斯帕里诺在电视里宣布，摩根士丹利正准备和美联银行或者中投公司进行交易。“这才是整个华尔街最危险的人。”金德勒叹息道。

楼上，约翰 · 麦克正带着一名翻译，和三菱公司的首席执行官畔柳信雄通话，他希望进一步明确意向书的内容。

约翰 · 麦克的助手打断了他，并在约翰 · 麦克耳边轻声说：“盖特纳打来了电话，他要求和你谈谈。”

约翰 · 麦克捂住听筒并说：“告诉他我现在不方便说话，我会给他回电话的。”

5 分钟后，保尔森的电话又打来了。“现在不行，我正在和日本人谈话，结束后我会给他打过去。”约翰 · 麦克对他的助手说。

两分钟后，盖特纳再次打来电话。“他说他有重要的事，必须立刻和您通话。”约翰 · 麦克的助手无奈地向他报告。

此时，约翰 · 麦克就快要和三菱达成共识了。

他看着站在办公室给他帮忙的雇员李姬允说：“捂上你的耳朵。”

“让他滚蛋，”约翰 · 麦克指的是盖特纳，“别让他烦我，我正在努力挽救我的公司。”

“感谢上帝，我们终于解脱了！”杰米·戴蒙大喊着穿过摩根大通银行的行政楼层，跑向詹姆斯·李的办公室。摩根大通银行的管理团队已经在杰詹姆斯·李的办公室驻扎了一段时间并一直在等待下一步的命令。此时他们正一边大口吃着从棕榈树餐厅订的牛排，一边等着看莱德杯纽约巨人队的比赛。

“约翰·麦克刚刚给我打电话了，”杰米说，并长长地舒了一口气，“他们从日本人那里获得了 90 亿美元的投资！”

上午 9 点半，新闻发布了，高盛和摩根士丹利即将成为银行控股公司。这是一起极具转折性意义的事件：这两家全国最大的投资银行最终是通过宣告自己商业模式的失败来拯救自己的。《纽约时报》将此形容为“一项从根本上重塑高级金融时代‘新镀金时代’的重大举措”以及“一次迟来的针对金融和投资模式风险过大的承认”。

TOO
BIG
TO
FAIL

19

9月 22 日，星期一，高盛成为银行控股公司的第二天，贝兰克梵满脸疲惫地坐在加里·拉尔森（Gary Larson）的办公室里，正在盯着办公桌末端相框里的一幅卡通画发呆。在那幅画上，一对父子站在一座郊区房子的前院，盯着他们邻居房子的栅栏发呆，此时一群狼正走入邻居房子的前廊。这幅画的标题写着："警察先生，我知道你很怀念温赖特，但是正因为他们的软弱和无知，我们才有了狼类和其他大型食肉动物。"

对于贝兰克梵来说，此画的内容与华尔街刚刚发生的事件极为相似：如果事情稍微有点不同的话，摩根士丹利甚至高盛就可能面临和温赖特一样的结局。

在五大投资银行中，高盛和摩根士丹利是撑到最后的两家，但高盛却越来越显得步履蹒跚。随着时间的推进，不像摩根士丹利，高盛的股价不仅不稳定，而且还持续下跌了 6.9%。尽管银行控股公司具有特定授权，可以几乎不受限制地从美联储获得流动性，然而投资者却突然开始担心高盛是否需要更多的资本。

尽管受 TARP 计划能挽救经济的预期影响，在该计划颁布前一周，市场普遍上涨了两天，但现在整个市场却再次朝着错误的方向走去。随着消费者逐渐理解该计划的内容，他们开始意识到，如果保尔森打算重振公众对经济的信心，他现在为通过法案所做的工作还远远不够。对于许多在 401k 养老金计划中遭受重大损失的美国人来说，华尔街根本不值得挽救。“这将是一个严重错误，我们买下坏资产为这些人的错误决定埋单，而他们却带着几百万美金潇洒地离开，”巴尼 · 弗兰克在前一天大声抗议道，“这样的事情是美国人民不希望看到，也不该发生的。”

救市计划的政治影响并不是贝兰克梵所关心的，他更加关心的是筹资问题，并且已经把这个任务指派给了副董事长乔恩 · 温克里德，后者已于上周末组织并派遣了专门小组前往中国、日本和波斯湾寻找潜在投资者，但这样做简直是漫无目的，最终等待他们的也只能是被潜在投资者礼貌回绝的命运。

周一晚上，拜伦 · 特洛特在芝加哥的办公室给温克里德打电话，想知道为什么一直没有纽约方面的消息。

“上周末以来一点儿消息也没有，这是怎么回事？”他担心地问道。

温克里德说，他们正计划周二再次给投资者打电话，向他们提供一份出售公司股份的新计划。他说，由于市场仍在波动，他已经对从单一投资者处筹得足够资金不抱任何希望了，现在看来，只能尝试分别从几十家机构投资者手中获得少量资金，以积少成多。

“等一下，”特洛特打断了他，“你们得先放慢脚步。”

特洛特是这家公司里和巴菲特最熟，可能也是唯一能联系到巴菲特的人，他建议应该考虑再与巴菲特接触一次。自上周四起，特洛特已经向巴菲特提供了好几份投资高盛的不同方案，但都被这位小心谨慎的金融家拒绝了。贝兰克梵曾经建议特洛特向巴菲特提出一项标准可转换优先股的交易，在这笔交易中，巴菲特将以最优惠的利率获得优先股，这些优先股还可以以高盛目前股价 10% 的溢价水平转换成普通股。但是，不出特洛特的所料，这并不足以提起巴菲特的兴趣。“在目前的市场条件下，我没有任何理由去承担这份风险。”巴菲特对特洛特说。

星期二早上，在咨询过贝兰克梵以及高盛的其他高级成员后，特洛特再次给巴菲特打电话，向他提出一个新的建议。此时巴菲特正准备带着前来探望的孙子去附近的甜品店，因此电话中两人只谈了不到 20 分钟。特洛特知道要想让巴菲特出资，就必须让他得到实惠，比如巴菲特目前所提出的交易建议：高盛以股利 10% 的条件出售 50 亿美元的优先股给巴菲特，这意味着高盛每年将为这笔交易支付 5 亿美元，并且还允许巴菲特将优先股以 115 美元每股（大约比现价低 8%）的价格转换成高盛的普通股。根据这些条款，高盛为此付出的代价将比春天时巴菲特向迪克 · 富尔德索要的多得多，而当时富尔德显然拒绝了巴菲特的要求。

凭他的直觉，特洛特认为巴菲特会马上同意进行交易。于是特洛特立即给温克里德打电话告诉他这个好消息，此时温克里德刚要从中央酒店（Grand Central）出发前往联合国总部，当时布什总统正准备在联合国第 63 次常规会议上做演讲。

“我认为巴菲特会做这笔交易！”特洛特兴奋地说。

“好的，你先在那儿稍等。”温克里德对他说。随后，温克里德顺着中央酒店外拥挤、嘈杂的人行道找了个安静的地方，打电话给办公室，让其立即召集高盛的智囊团举行一次会议，成员有戴维 · 维尼尔、加里 · 柯恩、戴维 · 所罗门以及当天已经抵达华盛顿，准备和国会议员进行会面的贝兰克梵。

很快，智囊团成员就被召集在一起，并马上对巴菲特提出的交易展开讨论。他们一致认为巴菲特的投资将鼓舞市场信心，这和现金注入同样重要。温克里德认为，假如巴菲特真的进行这笔投资，公司就可以从其他投资者手中筹得更多的资金。

“那么，为什么不做这笔交易呢？”维尼尔质疑道。

“其实，我们已经在做了。”所罗门回答说。

特洛特立即给贝兰克梵打电话，让他直接与巴菲特联系。在电话里，贝兰克梵与巴菲特先简要回顾了这笔交易，随即巴菲特就要求高盛把整理好的交易文件寄送给他，这样在当天下午股市收盘后就可以宣布这笔交易了。

但贝兰克梵是一个做事细致的人，喜欢认真检查交易的每一个细节，于是他问道，“我先把自己觉得对您来说比较重要的文件做个备份，然后再发给您，您看行吗？”

“好的，没关系，”巴菲特平静地回答道，“如果我担心这个，就根本不会涉足这笔交易了。”说完，巴菲特就带着孙子奔甜品店去了。

回到百老汇大街后，仍有一条交易条款困扰着高盛的智囊团，即巴菲特已经指明的交易中止条款：2011 年之前，高盛的 4 名高级管理人员最高不能抛售他们所持有高盛股份的 10%，即使离开高盛也不行，除非巴菲特抛售了自己的股份。他向贝兰克梵解释了提出此条款的理由：“如果我买了一匹马，我也会同时买下它的骑手。”

柯恩、维尼尔和贝兰克梵都明白这条规定对他们来说不成问题，但温克里德是个例外。现年只有 49 岁的温克里德最近表示将离开高盛，他正面临着个人的流动性危机已经是公司内部公开的秘密。虽然他没有负债，但他的钱很快就将花完。尽管温克里德在 2006 年、2007 年分别赚了 5 310 万美元和 7 150 万美元，但其中大部分是以股票形式发放的。同时，他还花费了许多特别款项，比如，他在楠塔基特岛（Nantucket）购买了价值 5 500 万美元、面积达 5.9 英亩的海滨别墅，而现金流失最厉害的则是他拥有的位于科罗拉多州米克市的马尔维娜牧场，从这里可以看出温克里德是一名非常“草率”的骑手，因为在过去 3 年时间里，他投入了数千万美元用于牧场的经营，却仅挣得了可怜的 100 万美元。

贝兰克梵亲自给他打电话，在保证公司将会帮他走出财务困境后，温克里德才同意了巴菲特的条件。虽然他对这些限制并不满意，但他很清楚巴菲特的这笔交易对高盛来说是最好的。

第二天上午，受与巴菲特交易消息的刺激，高盛多售出了 50 亿美元的股票给投资者，并且股价也上涨超过 6%。

贝兰克梵终于可以松口气了，因为一直守在门口的狼群已经散去了。

“乔舒亚，我不敢相信这是真的！”保尔森在手机里冲乔舒亚·博尔滕嚷道。博尔滕是白宫办公厅主任，并且在保尔森进入政府工作时帮过忙。保尔森继续说：“没有一个人跟我核实过这件事，而且，如果咱们还是继续这样乱来的话，你们还是另请高明吧！”

为了说服持怀疑态度的国会议员通过 TARP 法案，保尔森出席了长达一整个下午的国会听证会。听证会刚刚结束，他就听说共和党总统候选人约翰·麦凯恩（John McCain）宣布暂停竞选活动，返回华盛顿协助金融救援计划的工作。看来，随着危机的深化，金融危机现在也已经成了总统竞选策略的一部分。

身心俱疲的保尔森变得更加沮丧，因为这个消息意味着在推动 TARP 法案获得通过的进程中他又将面临一场艰苦的战斗，他担心麦凯恩的参与只会刺激众议院共和党议员更加反对救援计划。如果布什政府不能干预这位共和党总统的候选人，遑论共和党本身，连保尔森自己也将麻烦缠身。

保尔森走到众议院雷伯恩办公楼的前厅时，刚才陪同他参加听证会的伯南克径直地离开了办公楼，他对保尔森和博尔滕两人的谈话态度感到很不舒服。伯南克很不习惯官员相互之间的尖叫指责，更不能忍受幕后的赤膊争斗成为政治活动的主题，特别是在选举年。

事实上，格雷厄姆 - 费雪公司（Graham, Fisher & Company）总经理约书亚 · 罗斯纳（Joshua Rosner）曾对纽约时报说要支持“针对公共责任的集体逃避”，然而这个支持 TARP 的声音迅速在两党内部被弱化了，民主党指责救援计划是保尔森在为他华尔街的朋友牟利，而共和党人则谴责这是又一次政府对市场的野蛮干预。走廊两边的国会议员们都在抱怨该计划的高额成本，一些议员在探讨该计划的资金能否分期到位，另外一些则希望不管通过哪个法案，都应该增加对高管薪酬的限制。

“他们提出的条款让人无法接受，”克里斯托弗 · 多德公开表示，“这是行不通的。”来自乔治亚州的共和党众议院议员杰克 · 金士顿（Jack Kingston）甚至公开批评保尔森是一个“可怕的发号施令者”，并抱怨说：“我们被要求对一生中最为重要的法案作出表决，可我们还没见过该法案。”

除了这些公开的言论，议员和投资者们还针对购买问题资产的具体操作过程提出了许多实际性问题。比如，政府如何进行支付？资产价格如何确定？是否会有个别集团从中发国难财？

史蒂文 · 施瓦茨曼曾鼓励保尔森宣布救援计划，不管是什么样的计划。但当他看到目前计划的细节时，立即给吉姆 · 威尔金森打了个电话，并要求他转达保尔森。

“保尔森宣布了一个错误的计划！”施瓦茨曼说。

“什么意思？”威尔金森问道。

“如果不从纳税人或者银行那儿筹到钱，你根本不可能在短时间内有足够资金来购买这些问题资产并向金融系统提供流动性，”施瓦茨曼警告说，“并且，你也没权力强迫别人出售资产！”他解释说，大部分银行的首席执行官们都宁愿以压低的价格把他们的问题资产留在账簿上，也不愿接受数额庞大的真实损失。“另外，”他补充说，“每种打包问题资产都是高度复杂的，而不像债券竞价那么简单，必须做许多深入的分析研究，而这将需要几个星期到几个月的时间，这同时意味着，如果这段时间什么都没做，我们将重陷金融危机。”

9月25日，星期四，下午4点左右，在庄严的白宫内阁会议室，民主党和共和党的高层领导及相关委员围坐在巨大的椭圆形红木会议桌周围，两位总统候选人、参议员麦凯恩和奥巴马也在其中，在人群中间就座的是布什总统、切尼副总统和汉克·保尔森。召开此次会议的目的是试图说服支持麦凯恩的共和党众议员们再次进行磋商，并同意通过问题资产救援计划。

“大家都非常关心这个问题，并且我们都明白必须尽快达成一致的方案，”布什对在场的人员说，同时还发出警告，“如果再不给这些公司注入资金的话，整个国家的经济将面临崩溃。”

在来自俄亥俄州的众议院共和党领袖约翰·贝纳（John Boehner）公然号召共和党众议员反对救援计划后，会议很快就从达成共识的一致努力蜕变成党派间的争吵，但贝纳也提出了一个替代方案，即由华尔街设立一只基金，向抵押贷款提供保险。当民主党人抗议该计划无助于解决目前的危机时，会议室里的争论一下子炸开了锅，其中还夹杂着刺耳的相互指责和大声叫喊，而此时，切尼则静静地坐在一旁，面带微笑地看着眼前的场景。

奥巴马希望双方能够达成妥协，他问大家："那么，我们现在需要从头开始还是寻找其他办法来消除目前这些疑虑？"但事情闹到这个地步，寻求双方妥协的努力为时已晚，会议结束时，持不同意见的派系谁也不理谁，愤愤地离开了会议室。

财政部小组灰心丧气地来到总统办公室，其中一位成员告诉保尔森，民主党议员已经聚集在走廊另一边的罗斯福厅了。

"我需要知道他们在做什么。"保尔森喃喃自语，并且在副手们反应过来时就早已消失得无影无踪了。

保尔森直接冲进了七嘴八舌的民主党议员中间，他对众议院共和党议员破坏救援计划的行径感到非常气愤，他意识到当前这种状况已经离崩溃不远了。

令人大跌眼镜的是，为了打破这种紧张局面，保尔森居然突然在众议院议长南希·佩洛西面前单膝跪下。

"我求求你，"他以非常真诚的口吻恳求道，背后传来一阵议员们的轻声窃笑，"不要驳回这个法案，请再给我一次说服他们的机会。"

看到高大的财政部长在自己面前下跪，佩洛西强忍着笑，低头望着他并打趣道："我还不知道你也是天主教徒呢。"

星期五早上才刚刚4点，住在曼哈顿上东区公寓里的花旗集团首席执行官潘迪特就忙着起床查看电子邮件了。前一天，他花了一整天时间在费城沃顿商学院做了一场演讲，因此只睡了几个小时。在那场演讲中，他对听众说："你们非常明智地选择了在这个时间待在学校里。"

电子邮箱的收件箱几乎满了，潘迪特交往的圈内人士彼此都在用电子邮件分享着最新的消息：几个小时以前，美国联邦存款保险公司突然介入处理拥有资产超过 3 000 亿美元的华盛顿互惠银行，这是一起美国历史上最大的银行倒闭案。联邦存款保险公司已经为华盛顿互惠银行举行了一场小型拍卖会，为防万一，这次最大规模的储蓄和贷款资产拍卖要求在公告前一天就确定最优报价。通常，联邦存款保险公司会在周五晚上对问题银行进行处理，以便让后者留有周末时间来调整机构设置，并于周一在政府的监督下开始运营。但华盛顿互惠银行的情况恶化得如此之快，以至于 10 天之内有将近 170 亿美元的现金被挤兑，导致监管机构只能尽早采取行动。

潘迪特曾向华盛顿互惠银行递交了初期收购报价，现在他得知自己的竞争对手杰米 · 戴蒙以 190 亿美元的价格赢得了拍卖。

潘迪特继续浏览着邮件，其中美联银行的鲍勃 · 斯蒂尔发来的一封电子邮件引起了他的主意。潘迪特知道斯蒂尔在本周早些时候曾往自己办公室打过电话，并且猜测到了他打这个电话的目的：斯蒂尔很可能有兴趣出售他的公司。对于潘迪特来说，美联银行是一个极具吸引力的收购对象，因为它有着强大的存款基础，这正是规模庞大的花旗所欠缺的，但是他也深知，只有收购价格足够便宜的交易才值得考虑。

“对不起，我之前一直不在，”潘迪特在 4 点 27 分给斯蒂尔发了电子邮件，“现在我回来了，欢迎随时给我打电话。”

出乎意料的是，几分钟后斯蒂尔就给潘迪特打来了电话。

上周末斯蒂尔被高盛和摩根士丹利所抛弃，并且还一直承受着来自凯文 · 沃尔什的压力，他非常渴望寻求更多潜在的合作伙伴，并且预感到接下来的周末很可能又是一场并购竞赛。此前，斯蒂尔还接触了富国银行的理查德 · 科瓦切维奇，上周末，他前往阿斯彭约理查德 · 科瓦切维奇于周日早上在卡莱尔酒店共进早餐。

如果所有事情都能如他所设想的那样顺利进行，他很有可能也要举行一次拍卖会。

周四的会议惨败之后，保尔森和白宫一致认为必须尽一切可能重启关于救援计划的谈判。保尔森提醒博尔滕，“时间已经不多了。”

9 月 27 日，星期六下午 3 点 15 分，保尔森和财政部的小组驱车前往国会办公大楼，在 H-230 会议室，他们将再次会见国会高层，希望彼此能够达成一致意见。

在会议开始前，卡斯卡里首先与财政部小组碰面，提醒大家目前所面临的最大障碍是国会并没有真正意识到当前经济问题的严重性。借鉴上周威尔金森对保尔森的建议，卡斯卡里说：“我们要把他们吓得屁滚尿流。”“我们先不谈 TARP 法案。”威尔金森建议道，应该主要阐述如果法案未获通过，国家将面临怎样的灾难。

当保尔森到达佩洛西办公室对面的会议室时，他注意到与会的哈利·里德、巴尼·弗兰克、拉姆·伊曼纽尔、克里斯托弗·多德、查尔斯·舒默以及他们的随从工作人员都在场，唯独议长佩洛西缺席。

这次会议性质敏感且意义重大，会议要求暂时没收所有的移动电话和黑莓手机，以防止消息泄露。与会人员的几十个手机被国会的工作人员收集在一个垃圾桶里，每部手机后面都贴有写着姓名的黄色便利贴。

会议开始了，在卡斯卡里发言过后，保尔森阴沉地宣布，“这周早些时候大家都看到了华盛顿互惠银行身上发生的事情。相信其他公司，包括大公司在内都面临着同样的压力，我想通过该项救援计划的重要性就不用再多说了吧。”

议员们表情严肃，认真地倾听了保尔森的发言，但随即他们提出该救援计划面临着四大主要障碍：首先民主党认为该计划严重缺乏监督；其次是对参与计划银行高管薪酬的限制不足，保尔森自己也承认制定这条极具争议的规定是为了调动高管们参与计划的积极性；再次，政府是直接对这些银行进行投资，还是仅购买他们的有毒资产还没有定论；最后，对于计划所需的资金应该一次性发放还是分期到位同样没有明确意见。

“该死的，都是一些废话！”舒默大声喊道，他为自己的问题没有得到直接回答而感到非常恼火，“如果你觉得马上需要 7 000 亿美元，请最好直接告诉我们。”

“我做这些不只为自己，也是为了在座的各位。”保尔森试图平息舒默咄咄逼人的气势，“如果不这么做，我们都将承担严重的后果。”

很快，谈话的重点就转向了高管的薪酬问题，参议院财政委员会主席马克斯·鲍卡斯（Max Baucus）首先提出了这个问题，同时大家也意识到如果这些靠纳税人的钱救济的公司仍向高管支付巨额薪酬，可能会在政治上造成不利影响。鲍卡斯把这个问题谈得非常清楚并表示极度不满，因为保尔森为减少救援计划的阻力，根本没有针对银行高管制定严格的薪酬限制。在鲍卡斯看来，这些高管没有资格获得任何东西——最起码应该强制他们放弃金色降落伞条款和其他额外津贴。

鲍卡斯一边说着，一边提高了嗓门，最后他几乎是冲着财政部工作人员声嘶力竭地喊叫。保尔森终于忍不住打断了他，“我们最好不要这么激动。”说完保尔森就开始试着阐明自己的想法。保尔森说，自己不愿意设置高管薪酬限制的原因并不是为华尔街的朋友牟利，而是觉得这种限制根本不切实际，因为银行一定会因此与政府多次协商薪酬支付计划，而这个过程可能会持续好几个月，这势必会妨碍政府推进救援计划的进度。

为了能让与会人员的情绪平息下来，保尔森动之以情，晓之以理，但这似乎并不起作用，其他国会议员仍争着表达他们的愤慨。他们攻击的主要目标是该救援计划缺乏监督和审计。相比一周前保尔森提交的仅仅 3 页的法案初稿，目前的版本虽然在篇幅上有所增加，但就有关如何设置监管条款以保障救援计划正确执行的内容却仍然很少涉及。民主党要求任命一个特别小组，除了授权负责监督救援计划的执行过程，还赋予其确定运作方案并作出相应决定的权利，保尔森则坚决抵制民主党的这一要求，因为他担心这将不可避免地演变成一场政治斗争。“所有我们正在谈论的都是关于如何让喜剧演员格鲁乔（Groucho）、哈波（Harpo）和奇科（Chico）一起观看同事泽波（Zeppo）表演的问题。”弗兰克笑着说。

会谈一直拖延到了晚上，财政部和国会一直希望对方能够有所退让，但双方总是死盯着某些问题不放。

“我们不可能与遍布全国的数百家银行挨个谈判，让他们修改雇用合同，”卡斯卡里说，并再次重申了他们没有列入更多薪酬限制条款的原因，“这要花很长的时间，所以是不可能的。因此，如果他们的合同里有金色降落伞条款，实际上我们一点办法都没有。”

这时候，舒默的一个随行人员提出了另一解决办法，“那么，何不考虑只去阻止新的金色降落伞条款的订立呢？”

“我们还没有想过这个。”卡斯卡里不好意思地承认道。

此时，会议一直存在的僵局终于被打破了。这些天来首次出现这样的情形，双方只要稍微就其他方面达成一些妥协，几乎就可以对整套交易条款达成一致意见了。尽管民主党人放弃了监管条款的要求，但他们仍可视为在高管薪酬问题上赢得了胜利。

当保尔森的随行人员在不同派系之间斡旋、试图达成一致意见时，他自己却退回到佩洛西的办公室，脸色死一般的苍白。

“需要医生吗？”哈利·里德问保尔森。

“不，不，不，”保尔森无力地回答道，“我很快就没事了。”

话音刚落，保尔森就赶紧找来一个垃圾桶，开始不停地呕吐。

星期天早上 8 点，鲍勃·斯蒂尔和助理戴维·卡罗尔穿过卡莱尔酒店优雅的艺术大堂，进入电梯，前往富国银行首席执行官理查德·科瓦切维奇的套房。

由于 TARP 法案仍然悬而未决，斯蒂尔和卡罗尔决定拜访科瓦切维奇，看看能否说服他收购美联银行。对于斯蒂尔来说，这是一杯特别难以下咽的苦水，两个月前他才刚刚离开财政部来美联银行担任首席执行官，现在却忙着把银行卖掉，这真是太具讽刺意味了。而且同美国国际集团的罗伯特·维纶斯塔一样无奈的是，斯蒂尔目前没有其他任何选择。在当前的环境下，美联银行次级贷款资产的市值每天都在缩水，任何想扭转美联银行颓势的努力都变得越来越困难。斯蒂尔深知，自己有责任尽快找到合适的买家，这样才能在局势彻底变坏之前尽可能减少一些公司的损失。

另外，斯蒂尔还承受着特别的时间压力。上周五美联银行的股票下跌了 27%，紧接着，标准普尔和穆迪就都威胁要调低美联银行债务的信用评级，这给银行造成了更大的压力，客户对银行的信心更是受到了严重打击，在消息公布的当天美联银行就被挤兑了 50 亿美元资金。

为了努力促成美联银行的公开拍卖，斯蒂尔还在周五、周六会见了潘迪特，但昨晚他已经再次绝望：就跟上周末与高盛谈判的情况一样，只有在政府提供担保的前提下，花旗集团才愿意收购美联银行。即便如此，潘迪特竟然还表示，他只准备出价 1 美元每股进行收购。

当斯蒂尔和卡罗尔在科瓦切维奇的套房坐下用早餐的时候，他所希望得到的只不过是能够得到热情一些的回应，除此之外别无他求。

科瓦切维奇是一个满头银发、精神矍铄的 64 岁老头，此时他正缓缓地揉着太阳穴。科瓦切维奇已经把富国银行打造成了全国管理最好的银行之一，同时奠定了它在美国西海岸银行业的统治地位，甚至还吸引到了巴菲特的伯克希尔 - 哈撒韦公司成为银行最大的单一股东。

服务员给他们倒上咖啡后，专程从旧金山的家中飞来纽约参加这次会晤的科瓦切维奇开始发话了，他表示对收购美联银行非常感兴趣，并且不需要任何政府担保，另外，他还希望在当天就可以敲定对美联银行的报价。同时，他直言不讳地警告说："我不希望在这笔交易上还有其他竞争者。"

斯蒂尔不由自主地笑了，并轻松地说："听着，迪克，我们先不用担心价格谈不拢的问题。"他如此乐观是因为即使科瓦切维奇拒绝了20美元的报价，凭着对方目前的兴趣，他也应该能获得十几美元的最终报价。接着，斯蒂尔补充说："让我们先谈谈这笔交易如何进行吧，一旦我们把交易的具体情况谈好后，自然就能确定出一个有意义的价格了。"

科瓦切维奇表示他的团队将继续进行尽职调查，并且当天晚些时候就应该能得到相关反馈信息。

直到离开酒店，斯蒂尔始终面带微笑，还兴冲冲地给法律顾问彼得·温伯格打了电话："我觉得这是一次卓有成效的会晤。"

星期日早上，盖特纳坐在办公室里，习惯性地一边用手指捋着他浓密的头发，一边仔细地考虑着目前的方案。

前一天，他已经和花旗集团谈过，并初步拟订了一个协同美国政府收购美联银行的计划，花旗银行愿意承担美联银行产生于530亿美元次级债券和3 120亿美元投资组合的420亿美元亏损，任何超出的部分将由政府承担。对政府提供该项保障的回报是，花旗将向政府支付价值120亿美元的优先股和认股权证。一直以来，盖特纳都热衷于花旗集团与美联银行的合并计划，因为他认为这笔交易将同时解决双方的问题：花旗集团需要一个规模更大的存款基础，而美联银行则需要一个更大、更强机构的支持。即便如此，盖特纳仍然非常希望富国银行现在能参与进来，并促成一笔不需要政府参与的交易。

但是在结束了与凯文·沃尔什及美联银行监管机构里士满美联储主席杰弗里·拉克（Jeffrey Lacker）的电话会议后，盖特纳发现了一个新的问题：尽管当天早上科瓦切维奇给斯蒂尔传递的信息是他希望能达成一份独立协议，但科瓦切维奇刚刚又在电话里表示，如果要求他在周一前达成交易，他需要政府提供担保。他对美联银行目前的情况也不太了解，因此不愿意承担这个风险。

考虑到里士满美联储的介入，同时沃尔什和盖特纳又扮演着交易商的角色，实际上事情已经演变成了政府内部各势力对美联银行控制权的争夺战。而且，联邦存款保险公司的希莉亚·贝尔也想插手此事：如果美联银行真的倒下了，那么就该归她管了。

尽管他们很讨厌这位 44 岁的女主席，但盖特纳和沃尔什还是马上举行了一个电话会议，与希莉亚·贝尔进行协商。他们一直觉得希莉亚·贝尔热衷于卖弄自己并喜欢在媒体面前哗众取宠，是一个虽处于监管者位置但只关心美国联邦存款保险公司的安危而从不顾全大局的政客。在他们眼里，与希莉亚·贝尔进行合作是很困难的事情。保尔森也对希莉亚·贝尔持有相同的看法，他们经常私下里数落希莉亚·贝尔的不是。不过有时候，保尔森还是由衷地尊重希莉亚·贝尔的，因此他的态度比较复杂。保尔森常常对他的工作人员说：“看，她就要开始表演了，”随后又补充说，“当她被支持者所拥护时，当她开始向别人如孔雀般炫耀自己或者为新闻报道担忧时，最后她往往是可悲的。”

希莉亚·贝尔刚刚结束和沃伦·巴菲特的会谈，她希望巴菲特能帮助她对富国银行的总裁约翰·斯坦普（John Stumpf）进行调查。随后，她马上加入了与盖特纳、沃尔什和财政部的戴维·内森一起进行的电话会议。由于保尔森被禁止和斯蒂尔直接谈话，因此他转而试着把全部精力放在 TARP 上，同时只是从内森那里不定期地获得一些有关谈判进展的最新信息。

当盖特纳建议希莉亚·贝尔应该为美联银行的交易帮忙融资时，她极其坚决地表示反对，随即开始了很长时间的自言自语，意思是只有同意让她全盘接管美联银行并把它卖掉，她才会参与其中。

她说完后，又是一阵尴尬的沉默。“好的，好的，好的。”盖特纳以一种几近嘲弄的口吻回应道。

紧接着，盖特纳就开始反驳她的观点，如果让联邦存款保险公司接管美联银行，将对股东和债券持有人造成毁灭性的打击，而且他确信这也将对市场造成严重的冲击。另外，他还对希莉亚·贝尔唐突地接管华盛顿互惠银行的做法感到愤怒，因为这种做法本身已经对投资者信心造成了负面影响。考虑到保尔森正尽一切公关努力来支持银行体系，因此，盖特纳告诉希莉亚·贝尔，她提出的做法是行不通的。之后，盖特纳开始寻求其他的资金来源，并询问内森财政部能否提供支持，因为所需的金额最终可能超过 1 000 亿美元。

“我们仍然在努力让 TARP 获得通过，”内森简略地回答道，“但我们没法提供资金。”

晚上 7 点，在沙利文和克伦威尔律师事务所市中心办公室的一间会议室里，鲍勃·斯蒂尔突然接到了科瓦切维奇的电话，在过去两个小时里，斯蒂尔突然莫名其妙地联系不上他，更让他感到困惑的是，在他们之前的通话中，科瓦切维奇所说的听起来突然变得非常古怪。

电话里，科瓦切维奇突然通知斯蒂尔，如果没有政府担保，他将不再准备把交易向前推进了。“我们没有做过这种类型的贷款，所以并不了解它们，因此我们需要慎重考虑其中的风险。”科瓦切维奇解释道。听到这些，斯蒂尔惊得目瞪口呆，他一边礼貌性地道谢，一边结束了通话，甚至从椅子上跌了下来，他不明白为什么自己再次被拒绝。虽然花旗集团仍然在观望，但是斯蒂尔对此并不抱什么希望，因为他觉得花旗不可能提高报价，尤其是在没有竞争者的情况下。当他和自己的圈内人士谈起与科瓦切维奇的这次通话时，他将其形容为“到头来还是瞎费工夫”。

晚上 8 点左右，罗基 · 科恩听到了花旗集团已经在和联邦存款保险公司接触的传闻，这让他怀疑花旗是否在努力协调联邦存款保险公司接管美联银行，就像摩根大通银行在收购华盛顿互惠银行那笔交易里所做的一样。科恩勃然大怒，马上给潘迪特的战略顾问奈德 · 凯利打电话。几天以前，在银行内部改组中，凯利刚刚被任命为花旗的全球银行业务主管，负责管理银行机构客户的业务，他见证了萨莉 · 克劳切克（Sallie Krawcheck）的离开，尽管她曾经是华尔街最神通广大的女性之一。

“我们需要谈谈。”科恩一开始就显得很恼火。

“罗基，你知道，我是不会和他们接触的，只是他们给我打了电话，”凯利防守性地坚称，“我桌子上放着的还是原来那份协议。”

当斯蒂尔了解到他们之间的谈话内容后，他知道事实上已经没有什么选择了，沃尔什已经说得非常清楚，周一之前美联银行必须达成一笔交易，否则后果不堪设想。为了能保持银行的独立地位，他准备做最后的请求，中午 12 点半，他给希莉亚 · 贝尔打电话，向她提出一个建议：联邦存款保险公司是否愿意考虑，以担保美联银行的部分有毒资产为条件交换银行的认股权证？

凌晨 4 点，斯蒂尔最担心的事还是发生了。希莉亚 · 贝尔在电话中通知他，美联银行已经被政府以 1 美元每股的价格出售给花旗集团了。但她表态，联邦存款保险公司不会彻底抛弃原来的股东，并且迫于盖特纳的压力，她同意在花旗集团承担第一笔420亿美元的损失后对美联银行的有毒资产提供担保，并向公众宣布该公司是“具有系统重要性的”。

保尔森独自站在办公室里，C-SPAN频道正在播放国会讨论他提出的救援计划法案的新闻报道。周日，在接受了额外的妥协之后，TARP法案已经被正式起草并获得两党的通过，现在即将被提交表决。

佩洛西站在众议院的演讲台上，她刚刚结束了一番慷慨激昂的讲话。在演讲中，佩洛西强调了法案通过的重要性，但同时她也利用这个机会来攻击布什政府、保尔森和华尔街。“他们声称是自由市场的倡导者，但实际上是什么样的心态？”她指的是布什政府。“没有规则，没有监管，没有约束，并且如果你失败了，你将拥有一顶金色降落伞，纳税人将为你埋单……共和党在这方面完全失败了。民主党人信任自由市场经济，我们深知它能够创造就业机会，它可以创造财富，它可以为我们的经济创造许多美好的事物。但在这种情况下，在其中一部分共和党人的支持、放任下，自由市场经济已经无法创造就业，无法创造资本，而只剩下创造混乱了。”

保尔森的一些工作人员紧张地在办公室外面走来走去，不敢进去，米歇尔·戴维斯却没有这种不安，他和保尔森一起在屏幕下端专心地计算着赞成票和反对票。保尔森希望法案能够顺利通过，因为市场已经预期它将获得通过并提前作出反应了，如果法案无法通过将对市场造成巨大冲击。指定的投票时间是15分钟，在5分钟后，反对票的数量开始持续增多。他知道该措施仍然非常不受共和党众议员以及一部分坚持自由主义的民主党众议员的欢迎，而且这些议员将在五周后的选举日面临紧张的连任竞选，他们不希望给对手留下任何可以攻击的把柄。当然，此时离佩洛西和民主党领袖进行投票还有一段时间。

“如果他们认为该法案不能被通过或者选票数量不够，那么他们一开始就不会启动法案的表决程序。”戴维斯安慰保尔森。保尔森什么都没说，只是继续盯着屏幕，看着反对票的数量越来越多。

凯文·弗罗默是财政部的立法联络官，他在众议院大楼外焦急地给保尔森打电话，“我们很可能要失败了。”

“我知道，”保尔森沉闷而又含糊不清地回答道，“我正在看着。”

最后，下午2点10分，经过40分钟非同寻常的计票时间，终于尘埃落定：该法案以228票对205票被否决了。超过2/3的共和党代表以及大量的民主党代表投了反对票。交易商和投资者也一直关注着这次新闻报道并随之掀起了疯狂的抛售浪潮，股票价格应声暴跌，道琼斯工业平均指数大跌7%，即777.68点，创该指数历史上单日跌幅的新高。

一时间，保尔森哑口无言，他认为这次救援计划或许是他职业生涯中最为重要的一项立法建议了，同时也是为避免第二次经济大萧条所做的努力，但现在计划失败了，一切努力也都付诸东流。身旁的工作人员希望能安慰保尔森，于是陆陆续续、默默地聚集在他的办公室，但很快保尔森就简单地说了句，“我们必须回去工作。”

保尔森和团队成员在一小时之内就都赶到了白宫，他们在罗斯福厅与总统进行会谈并讨论拯救该法案的计划。

在财政部大楼的楼下，丹·杰斯特对保尔森所面临的问题有着自己的看法，他认为收购有毒资产的做法并没有效果，政府想真正发挥作用的唯一办法是直接向银行进行投资。“这太疯狂了，”当杰斯特走进戴维·内森的办公室谈起他的TARP计划时，内森说道，“难道这才是正确的做法？”杰斯特曾经向保尔森提交过这份计划，尽管他十分清楚把政府的钱用于购买私人企业股份所面临的政治问题是该计划所遭遇的最大障碍。而且，一旦保尔森向公众宣布他目前的计划，他将无路可退。

“如果你觉得这样做是正确的话，那么你应该告诉汉克，”内森对杰斯特说，“你可以告诉他，我支持你。”

第二天，杰斯特和杰里迈亚·诺顿一起去拜访保尔森。他们阐述了自己的观点：直接购买有毒资产非常困难，即使他们想出了如何落实该购买计划，最终能否起作用也很不明朗。同时，杰斯特向保尔森提出，直接向金融系统投资能够立即稳定那些危在旦夕的机构，并且他们也就无需再对某项特定资产的价值猜来猜去。更重要的是，杰斯特认为，最后这些银行中的大部分都能恢复其原有价值，因此纳税人很可能还能获得收益。杰斯特接着说，虽然没有明说，但目前的 TARP 方案实际上是允许财政部直接进行资本注入的。

随着设计和实施 TARP 计划的推进，保尔森变得务实起来，他开始以杰斯特的思维方式来考虑问题了。他不知道应该如何向美国公众推销这个计划，同时也很清楚布什政府将讨厌他的做法，但他非常明白，在众多糟糕的选择中，这或许是最为可行的解决办法。

“好吧，”保尔森叹了口气，“你先把这个计划完善一下，让我们看看具体应该怎么实施。”

夜幕降临，斯蒂尔在新泽西州泰特波罗机场登上了美联银行的公务机，准备飞回夏洛特。他花了几乎整整一周的时间来和花旗集团进行一次又一次的会谈，以协调并购交易的细节，他们还曾计划在周五的报纸上用一整版的广告宣布：“花旗银行非常荣幸能够与美联银行建立一种合作伙伴关系。”尽管斯蒂尔为最后达成的低价交易感到沮丧，但他也对最终挽救了公司的命运而感到些许安慰，因为自己为了这一天的到来已经想尽了一切可能的办法。

星期一早上，这笔政府策划的交易公布了，但还需要进一步出台正式文件，同时，花旗集团先向美联银行提供了 49 亿美元的贷款来维持它的经营。虽然一些交易的细节仍有待敲定，但交易双方都希望能够在第二天签署一份正式协议。斯蒂尔花了一下午的时间和花旗集团讨论合并后大部分美联银行高管的命运，在他准备离开时，斯蒂尔与潘迪特握了握手。“看来我们就要成功了。”潘迪特兴奋地说。

当斯蒂尔乘坐的飞机在机场跑道上滑行时，他的黑莓手机响了，是希莉亚·贝尔打来的电话：“你好，你有没有听说迪克·科瓦切维奇的消息？”

“没有，从周一早上开始就没再听到他的消息了，怎么啦？”斯蒂尔略带疑惑地回答，这位富国银行的首席执行官随后打来了电话对斯蒂尔与花旗达成的交易表示祝贺。

“我了解到科瓦切维奇准备在没有政府担保的情况下，提供 7 美元每股的报价收购整家公司。”

“喔。”斯蒂尔应声道，并迅速在脑子里权衡了这个消息的分量。富国银行的报价是否还能有效地胜过花旗集团？最初赞同与花旗这笔交易的政府现在有没有反悔？“对不起，我的飞机就要起飞了，”斯蒂尔向她表示歉意，并补充说，“你可以先联系简·舍本（Jane Sherburne）。”他指的是美联银行的首席法律顾问。

晚上 9 点过后，就在斯蒂尔的飞机降落在夏洛特几分钟后，科瓦切维奇就打来电话，重复了希莉亚·贝尔此前提到的内容。在和美联银行的首席法律顾问舍本及外部律师罗基·科恩谈过后，斯蒂尔得到的建议是，暂时不要对该要约作出任何接受或拒绝的表示。

“我很希望能看看具体的建议书。”斯蒂尔对科瓦切维奇说，几分钟以后，他便收到了电子邮件，里面有一份已经获得富国银行董事会批准的合并协议。

这看起来就像是圣诞节提前来临了，斯蒂尔不敢相信自己能有这么好的运气：一笔 7 美元每股的交易，远远高于 1 美元每股，并且不需要任何政府担保。

他马上给办公室打电话，安排于晚上 11 点召开一次紧急董事会电话会议。在会议开始之前，斯蒂尔和科恩进行了一次战略性讨论，他知道，出于对美联银行股东负责的义务，应该接受最高的报价，但同时也认识到，自己已经在和花旗集团进行交易——这笔交易使公司免于破产倒闭。美联银行和花旗集团签署的投资协议书里包括了排他性规定，禁止美联银行再接受其他要约。

“我们将被花旗起诉。”斯蒂尔对科恩说。

“你自己决定该怎么办吧。”科恩平淡地回答道。

对于这两种交易方案，斯蒂尔很清楚目前其实只有一种结局：即使将面临花旗集团的起诉，董事会也一定会接受富国银行的出价。斯蒂尔和科恩了解到，富国银行之所以提出这个报价是因为他们注意到一条从周二，即花旗集团提出交易的第二天，开始生效的鲜为人知的税收法律。这条新规定将允许富国银行把美联银行资产账面价值的缩水部分从自己的收入中扣除，这将在为合并后的银行节省数十亿美元的税赋。

刚过午夜，美联银行的董事会就投票通过了这笔交易。富国银行的要约是针对整家公司的，它能给予公司股东更多的利益，而且这笔交易也显然是监管者乐意看到的。（需要说明的是，虽然花旗集团提出的交易报价只有 1 美元每股，但美联银行的几家子公司会获得更高的报价，可能价值几美元一股，但确切的数字难以确定。）凌晨 2 点刚过，美联银行的董事会便从顾问高盛公司和温伯格合伙公司获得了公平的法律意见书，就在一周以前，这两家公司还坐在谈判桌的对面。

斯蒂尔打电话给科瓦切维奇通知他这个消息，然后又拨通了希莉亚·贝尔的黑莓手机，因为之前她已经示意过不要拨她家里的电话，以免吵醒她的孩子。

“我们都已经通过了。”斯蒂尔告诉她。

“很好，”希莉亚·贝尔欣慰地回答道，“我们明早要做的第一件事就是通知潘迪特。”

“希莉亚，我们已经等不及了，”斯蒂尔坚决地说，“我们已经这样做了，董事会也已经批准了。我觉得必须马上告诉他，我不希望明天早上他醒来后从其他人那里听到这个消息。”

“好吧，你应该这么做。”她回答得同样坚定。

“我觉得你也应该听着这个电话，因为是你促成这笔交易的。”他回答说。

于是，斯蒂尔开始了和希莉亚·贝尔、简·舍本的电话会议，并随后拨通了潘迪特的电话，把潘迪特从睡梦中吵醒了。

“鲍勃，什么事？”潘迪特昏昏沉沉地问道。

“噢，是这样，事情有了重要的进展，”斯蒂尔小心翼翼地说，“我和希莉亚、简都在电话连线上，你现在有时间吗？”

“有，你说吧，”潘迪特一边回答，一边让自己清醒过来，“什么事？”

“我们收到一份富国银行主动提供的收购要约，它们想以 7 美元每股的价格收购整个美联银行，不需要政府担保，并且我们已经收到经富国银行董事会签署通过的正式文本。我觉得这份要约值得接受。”

“嗯，这就很有意思了，”潘迪特稍稍吃了一惊，“一份更好的报价？让我给奈德打个电话，我们一起商量一下，看看应该怎么解决这件事情。”

“不，不需要了，你还不知道，”斯蒂尔打断了他，停顿了一下后继续说，“我已经签署了这份协议。”

电话的另一端突然沉默了，如果之前潘迪特一直有些昏沉，现在应该彻底清醒了。当他再次开口说话时，已经变得非常愤怒了，这完全是被斯蒂尔的消息刺激所致。

“我们已经达成协议了！你很清楚不能这么做的，因为实际上我们早就约定了排他性条款，你违背了我们的协议！”气急败坏的潘迪特转而征求希莉亚·贝尔的意见：“议长夫人，您说呢？”

“嗯，好像我不应该以这种方式被卷进来。”希莉亚·贝尔用她十足的官腔回答道。

“这不仅仅是关于花旗的问题，”潘迪特向她解释，“我们还需要考虑其他的问题，我希望和你私下谈谈。”

斯蒂尔同意先退出对话，他一放下电话，潘迪特就开始向希莉亚·贝尔恳求道：“这可不对，这违背了这个国家的信用精神，这么做是不对的！”

但是，希莉亚·贝尔却明确回应道，这就是最终决定。

10月3日，星期五下午，在众议院开始对救市法案进行第二次投票表决之前，股票价格又一次开始飙升。参议院提供的法案版本增加了一些即将到期的税收减免政策，因此获得通过的可能性应该大一些。另外，一个很受欢迎的新增条款是，存款保险公司对单个银行账户提供的保险额度由10万美元增加至25万美元。原来只有3页的TARP方案现在已经是一份超过450页的正式法律文本了，并且已于周三傍晚获得了参议院的通过。

许多曾在周一反对该项措施的众议院民主党议员和共和党议员现在都已经被说服了，他们中有些是为了响应两位总统候选人以及布什总统的呼吁，有些是对法案的新增条款感到满意，其他的则是出于对现实状况的考虑，种种迹象表明，此次金融危机正在把整个经济拉入严重衰退的深渊。最近的一份报告显示，9月份全国缩减了15.9万个就业机会，这是过去五年来裁员速度最快的一个月。过去一周内，股票市场也经历了大幅下跌，而且，无论是华盛顿互惠银行被接管，还是政府不顾一切地拯救美联银行，一切迹象都表明现在陷入麻烦的不仅仅是华尔街了。

众议院最终的投票结果显示，周一投反对票的 33 名民主党议员和 24 名共和党议员在这次投票中转而支持通过该法案。当天下午，布什总统签署了《2008 经济稳定紧急法案》，该法案将推进 7 000 亿美元的问题资产救援计划，即 TARP。“我们已经向全世界表态，美国将稳定金融市场并继续保持在全球经济中的主导地位。”布什总统大声宣布。

当然，美国公众甚至国会议员都不知道，财政部已经对 TARP 计划作了重新考虑，杰斯特、诺顿和内森已经开始拟订计划，将这笔 7 000 亿美元的庞大资金用于对银行进行直接投资。

杰斯特飞回奥斯汀的家中稍做休息，但同时一直用黑莓手机和诺顿保持联系，讨论他们目前所面临的各种选择。财政部的首席法律顾问罗伯特·霍伊特已经叮嘱过诺顿和内森，由于事情内在的复杂性，他们不能聘请外部财务顾问，而只是拟订了一份非正式的华尔街银行家联络名单，以便就如何推进注资计划向他们征求意见。这份联络名单包括了因参与最近的周末交易而广为人知的一群人：摩根大通银行的蒂姆·梅因和斯蒂芬·卡特勒、摩根士丹利的鲁思·波拉特、美林的彼得·克劳斯和花旗集团的奈德·凯利，等等。他们故意没有邀请高盛的人，因为有关政府阴谋的谣言已经被传得纷纷扬扬，邀请高盛无疑是火上浇油。

诺顿和内森问了他们同样的问题：如何设计整个操作流程？政府投资是否应该获得普通股或优先股的对价？银行愿意为政府的投资支付多少股息？应该制定哪些条款以便让该计划更具吸引力，反过来说，什么样的规定会使计划失去吸引力？

不过，杰斯特、诺顿和内森都非常清楚，用于拟订计划的时间已所剩不多。尽管 TARP 获得了国会通过，但市场并没有立即作出企稳的反应。在投票表决开始之前，道琼斯工业平均指数上升了 300 点，但之后却已下跌 157.47 点，即 1.5% 收盘。富国银行和美联银行的交易公布后，花旗集团的股票下跌了 18%，这是自 1988 年以来的单日最大跌幅。当周，标准普尔 500 指数再次下跌了 9.4%。

10月 6 日，星期一，迪克 · 富尔德前往华盛顿参加被称为雷曼破产检讨会的国会听证会，在这之前，他一直被悲伤和愤怒所包围，他曾私下向自己的顾问团队表示 :“我是全美国最丑陋的人。”虽然 TARP 获得通过，但由于投资者仍对该计划的前景心存疑问，市场依旧动荡不安，继续下跌了 3.5%。

当富尔德进入听证会会场时，一些观众挥舞着手写板，上面用粉红色的笔迹潦草地写着“不允许保释的罪犯”和“坏蛋”，其实富尔德并不能完全理解大家给他的这些评价，但共和党国会议员约翰·米卡（John Mica）却提醒他 :“如果现在还不知道自己的角色，那你今天就做一个恶棍吧，而且你还要演好这个恶棍的角色。”

在过去的几周里，富尔德经历了一生中从未有过的消沉，他整天待在格林尼治的家中接听雷曼的前雇员打来的电话，有些冲着他大喊大叫，有些则对着他哭泣。另外，他还经常去自己的办公室，虽然自己也不知道去那里干什么。尽管如此，他十分清楚到底发生了什么，并且也充分感受到了外界针对自己的口诛笔伐。他曾想还击，却发现根本做不到。所有这些让他常常陷入悲伤和愤怒，他生自己的气，同时也越来越对政府感到不满，尤其是对保尔森，富尔德不理解为什么他挽救了这么多的公司，却唯独不肯挽救雷曼。因此他认为自己心爱的雷曼就是因保尔森的坐视不管而倒下的。

富尔德对国会议员说了很多 :“我想说清楚，我为自己所做的决策和执行的后果承担全部责任。”然后接着补充说，“谁也不能让时光倒流，但是如果能看到后面发生的事情所带来的好处，我会不会有所转变呢？是的，我会的。”

但是下面的听众对他的忏悔并不领情，反而非常尖锐地质问他的薪酬问题。“你的公司已经破产倒闭了，我们的国家也处在危机之中，”与会代表亨利·维克斯曼（Henry Waxman）质问道，“而你却仍拥有4.8亿美元的薪酬补偿，我想问你一个非常简单的问题：这公平吗？”

“先生，我的大部分股票都……对不起，是我的大部分薪酬都是以股票形式发放的，”富尔德回答说，“我的绝大部分股票都一直持有到公司破产倒闭。”实际上，任职以来，富尔德只套现了2.6亿美元，直到最后，他的大部分财富都紧紧和雷曼的命运捆绑在一起。他所拥有股份的市值曾高达10亿美元，现在却仅值65 486.72美元，以至于他开始盘算出售自己的公寓以及妻子所珍爱的艺术收藏品。高管的薪酬争论看起来是一个似是而非的悖论：作为首席执行官，富尔德的大部分财富都和公司的长期表现直接挂钩，同时他也承担着特别的风险。

富尔德一边说着，一边试图博取听众的同情心，他表示，“尽管雷曼给予其有关联或受其影响的公司及个人都造成了难以置信的伤害，但这确实是一次任何一家公司或行业都未曾遇到过的前所未有的金融海啸。”同时他还表达了强烈的悲愤之情，为对冲基金散布的毫无根据的谣言，还为整个夏天美联储都不同意让雷曼成为一家银行控股公司，最终也为自己没能力挽狂澜。

过了一会儿，富尔德的声音渐渐停止，富尔德看上去就快要崩溃了，但他还是稳住了自己。整个房间陷入了沉默，坐在椅子上的国会议员们往前探了探身，等着他继续往下说。

“并不是在座的每一位委员都关心此事，”富尔德一边说着，一边把他的笔记本挪开了，他的即兴发言令他自己的律师都感到惊讶，“但是每天晚上我都会醒来，并想，我还能做什么？”他热泪盈眶地补充说，“在某些特定场合的谈话中，我能说些什么？我又应该做些什么？每天晚上我都这样扪心自问。”

“这是一种将伴随我余生的痛苦。”他沉重地说，“每当我看到政府采取非常规措施挽救系统内的其他公司时，就对政府没有同样对待雷曼感到无法理解。”

“也许只有到我死去的那天，”他说，在场的每一个人都听清了他的话，“我才能明白为什么。”

也是在周一下午，汉克·保尔森收到朋友沃伦·巴菲特写来的一封长达 4 页的打印信件。周末，他们已经谈论过保尔森现在所面临的困境。虽然 TARP 计划获得了国会的通过，但它还没有得到华尔街的认可，于是投资者开始担心计划会不起作用。保尔森向他透露，自己正在考虑运用 TARP 直接对银行进行投资。巴菲特当即表示，在保尔森实施之前，自己会把有关如何让购买有毒资产计划行之有效的几点想法写在信里并寄给他，并认为这些想法将阐明目前所面临的问题并提供一个解决方案。

在金融领域里以头脑聪明、善于表达著称的巴菲特，在这封信中一开始就指出了保尔森当前计划的不足之处：

“一些批评人士担心财政部不会以接近市场的价格购买这些抵押贷款，却乐意以更高的‘理论上的’价格出售这些金融机构。批评人士还质疑财政部将如何管理已经购买的抵押贷款：财政部将是个真正的投资者，又或者其投资决策会受到来自国会和媒体压力的影响？比如说，财政部会不会迟迟不愿取消抵押品赎回权，或者在判断是否申请贷款展期时表现得过于官僚化？”

为了解决这些问题，巴菲特建议设立他所说的“公共－私人合作基金”，即 PPPF，此基金将作为一个由美国政府提供支持的准私人投资基金，以收购全部贷款和住房抵押贷款支持证券为唯一目标，但避免购买毒性最大的担保债务凭证。巴菲特建议，该基金并非由政府全额投资设立，它要求每 400 亿美元的资金中要有 100 亿来自私人部门，这样政府就可以运用资金进行杠杆操作。该基金所获得的收益“将首先支付给财政部，直到它收回全部的本金和利息。当然在基金得到收益之前，要先让私人股东收回 100 亿美元的投资本金以及按与财政部相同利息率计算的利息”。巴菲特补充说，最后剩余利润的 3/4 归属投资者，1/4 归属财政部。他的想法是以一种独特的方式来避免纳税人的损失：受损时，首先保护投资者的钱。

巴菲特表示自己为这种结构设计感到兴奋，当他和太平洋投资管理公司的比尔·格罗斯（Bill Gross）与穆罕默德·埃尔-埃利安谈过这种方案后，后者将它用于了公益基金的运作。他也和劳尔德·贝兰克梵联系过，后者也提议在公益基金的基础上应该先保护投资者的资金。最后，巴菲特补充说，“我自己愿意投入 1 亿美元来购买该基金公开发售的份额，”他解释道，“这笔钱大概占我在伯克希尔-哈撒韦公司持股以外净资产的 20%。”

读罢这封信，保尔森被巴菲特的建议所吸引了。虽然他仍倾向于直接给银行注资，但同时也觉得这种基于巴菲特建议设计的计划模式是可行的。紧接着，保尔森就打电话让卡斯卡里来他的办公室，当天早上，他刚刚任命卡斯卡里为专门负责金融稳定事务的临时助理部长，全面负责实施 TARP 计划。这次任命引起了激烈的指责，人们认为保尔森再次偏袒了他的前高盛雇员。实际上，在高盛内部，没有一位高级管理人员知道卡斯卡里是谁，那天早上一些高管还让他们的秘书在电脑系统里查找卡斯卡里的资料。

保尔森把巴菲特的信递给了卡斯卡里，并说：“马上给他打电话。”

“这显然是一场恐慌，而且是全球性的恐慌。”10月8日，星期三早上，刚刚飞抵伦敦的约翰·麦克向他在伦敦金融区总部的员工表示，“当你想清楚了监管者是怎么做的以及他们都做了些什么的时候，你还会认为他们能够战胜危机吗？你会明白这其实极为艰难，因为在事情没有变糟之前，你真的不知道它到底会有多糟糕……”

由于担心银行系统以及整个经济将遭遇进一步的挫折，股票市场再次下挫。约翰·麦克前往伦敦的目的是与来自三菱公司的最新投资者共进晚餐。在过去的几周中，约翰·麦克大部分时间都是在飞机上度过的，这使他感到疲惫不堪。之前，高西庆发现摩根士丹利将和日本人做交易后，中国投资公司的团队匆匆离开了摩根士丹利总部大楼，为两者之间的关系蒙上了一层阴影，约翰·麦克飞往北京就是为了修复因此受损的关系。这是一个外交使命，旨在安抚双方紧张的神经并避免这成为一起小小的国际事件。同样重要的是，中投公司仍然是摩根士丹利的大投资者，约翰·麦克希望能安抚他这位外国合作伙伴。

但是现在，约翰·麦克已顾不上其他人的感情了，他只是紧紧地盯着股票的价格，由于投资者担心三菱公司可能撤回这笔交易，一天前摩根士丹利的股票价格下跌了17%。经过一周半的努力，监管机构终于批准了这笔交易，但这笔投资交易中仍存在一定变数。由于摩根士丹利的股票继续下跌，有人对交易提出质疑，认为对于三菱公司来说，违背这份协议将会是更好的选择，因为三菱公司和摩根士丹利签署的投资意向书与花旗集团和美联银行所签署的没什么两样。另外，美联储要求两家公司必须推迟至周一完成交易，因此摩根士丹利就被完全暴露在股票市场的波动中了，股价的变动可能导致三菱公司到时候突然撤出交易。

当天早些时候，三菱公司在东京发布了一份声明：“我们听到谣言，说三菱日联金融集团（MUFG）正在考虑撤出所计划的投资，也就是和摩根士丹利的战略联盟。我们一贯的政策是拒绝对谣言加以评论，然而，我们希望指出的是，这些谣言是没有任何根据的。”

这正是约翰·麦克想听到的，他相信日本并且希望能确认三菱公司不会撤销交易。但在内心深处，他仍不禁对此感到忧虑。

汉克·保尔森即将正式改变自己原来的计划。

10月8日，星期三上午10点15分，本·伯南克和希莉亚·贝尔前往保尔森的办公室，准备与他进行会谈。

在财政部内外一致的劝说下，保尔森最终决定财政部应该对银行进行直接投资。

“我们可以购买这些优先股，如果这家公司盈利改善，你一样可以得到股份。”巴尼·弗兰克在拥护纳税人成为股东的一次演讲中说道。查尔斯·舒默也支持这个想法，他说：“当市场复苏的时候，联邦政府将从中盈利。”

也许该计划可行的最大迹象源自国外：英国已经宣布计划向巴克莱银行、苏格兰皇家集团和其他六家银行注资870亿美元，他们的遭遇类似于雷曼，但政府却及时地向市场灌输了信心。作为交换，英国的纳税人将获得这些银行的优先股（包括每年的股息支付），如果银行经营前景改善，他们可以把这些优先股转换为普通股，一旦这些股票升值，纳税人将从中获利。当然，这项计划也是一场豪赌，因为反过来也一样：如果投资注入后，银行继续衰落，那么纳税人将损失一大笔钱。

星期二早上7点40分，保尔森和布什在白宫总统办公室通过电话听取了戈登·布朗对这些计划的介绍。现在，正式的公告已经作出，布朗因其果断的判断和介入而大受赞赏，也因此比保尔森更受欢迎。“布朗政府已经表明它愿意清醒地评估这次金融危机，并且迅速根据结论采取行动。这种清晰和果断的风格是其他西方政府望尘莫及的，尤其是我们国家的政府。”经济学家、《纽约时报》专栏作家保罗 · 克鲁格曼在几天后这样写道。

G7部长级会议预定于哥伦布日[①]的长周末在华盛顿召开，保尔森开始考虑利用这个机会大胆地采取一项一劳永逸的行动，以稳定金融体系。不过，他也知道这在政治上可能是不受欢迎的。一周之前，当他向米歇尔 · 戴维斯表达这个想法时，米歇尔 · 戴维斯只是迷惑地看着他说：“你最好不要公开提出这个想法。”

保尔森一直和伯南克谈论着自己想法的转变，因为伯南克从一开始就坚定地支持直接注资，所以现在他们的意见终于达成了一致。与此同时，他们又在考虑另一项计划，即作出公告：向所有金融机构的存款提供一项广泛、全面的保障。这将从根本上消除银行顾客或客户的紧张情绪以及由此导致的挤兑危机。伯南克认为，推出这项包括注资及全面保障存款计划在内的混合经济政策将足以扭转当前的局面。

但是，推行保障计划首先需要的就是资金，因此他们把希莉亚 · 贝尔邀请过来进行商议。保尔森和伯南克都觉得联邦存款保险公司是唯一具备此种实力的机构，而且这种保障措施也属于它的使命范围。

他们坐在保尔森的办公室里，向希莉亚 · 贝尔表达了这个想法，他们解释道，联邦存款保险公司本来就应该向银行提供某种形式的保障，而银行也会向其支付评估费用。保尔森认为，如果评估的价值高于支出的金额，联邦存款保险公司甚至可以不收费。

希莉亚 · 贝尔立即就退缩了，同时在脑袋里迅速计算着这种保障计划将给联邦存款保险公司带来的额外资金压力。

---

① 哥伦布日为10月12日或10月的第二个星期一，用来纪念哥伦布在北美登陆，是美国的联邦假日。——译者注

“我们不能提供这种保障。”她坚定地回答道。

星期六早上，摩根士丹利的瓦利德·查马哈被他公司将要破产倒闭的噩梦惊醒。公司的股票仍在继续下跌，周五收盘时已经跌至 9.68 美元，创造了 1996 年以来的最低水平。对冲基金和其他客户继续撤出他们的资金。莱登伯格证券公司（Ladenburg Thalmann）极具影响力的分析师迪克·博韦（Dick Bove）甚至已经把摩根士丹利与雷曼及贝尔斯登进行比较。“现在摩根士丹利努力的焦点在于扭转结局，”巴夫在提供给客户的一份报告中写道，“总之，在这个时候我们必须屏住呼吸，希望摩根士丹利的命运有所不同。”

查马哈取消了原计划在杜克大学商学院举行的一场演讲，留在纽约以鼓舞公司员工的士气。周五，他走遍了摩根士丹利总部大楼的每一个楼层，耐心地停下来安抚焦躁的员工，并在交易大厅发表了讲话。“这家公司已经运营了 75 年，它将继续运转另一个 75 年。”他骄傲地对在场的交易员说。就这样，从第 40 层依次转到第二层，查马哈花了三个半小时。回到自己办公室时，他已经因感情崩溃而热泪盈眶了。

这一天如此难熬还有另外一个原因：目前关于三菱公司将撤销交易的谣言已经四处蔓延了，而摩根士丹利却并没有发现三菱公司将会这样做的丝毫迹象，而且三菱公司已经表示过它们将恪守承诺。但令人不快的事实却是，如果站在三菱公司的角度，以目前的情况看，撤回资金的确是正确的商业决策。

“他们一定会重新评估这项投资计划的，”当天下午，罗伯特·金德勒对保罗·陶布曼说，“现在的问题只不过在于什么时候打电话通知我们，这是再明显不过的了。”

摩根士丹利内部的每个人都很清楚，三菱公司的退出将意味着：银行将再次遭受巨大冲击，而且很有可能就此倒闭。

约翰·麦克从伦敦飞回之前，一直就只有查马哈带领着公司面对着令人焦虑的局面。当查马哈的妻子从电视上的财经新闻里看到他时，立即给他的办公室打电话，“你没事吧？”她紧张地问道。

“我很好。”他平静地说，尽量不表露出自己的忧虑。

“你平静得有些不正常了，”她还是敏感地注意到了，“你是不是服了镇静剂之类的东西？”

查马哈曾计划在星期六早上赶往华盛顿去与约翰·麦克以及G7领导人进行会面，但最后由于担心日本那边会有消息，他还是决定整个上午都留在纽约。到了中午，查马哈对目前的情况感到非常满意，因为如果三菱公司准备放弃这笔交易，它应该早就联系他了，于是他放心地前往拉瓜迪亚机场搭乘达美航空的短程飞机。但当他正要走下飞机时，他的手机响了。天啊，三菱的电话终于来了。

这个电话的确是三菱公司的银行家打来的，但令查马哈感到惊讶的是，对方再次重申了继续进行这笔交易的意愿，但同时也希望能够重新谈判，以获得更为有利的条件，简单地说，他们希望得到优先股而不是原来的普通股。

“你们还在为周一的交易做准备吗？”查马哈问道。

对方给予的答案是肯定的，于是一丝笑容浮现在查马哈脸上。过了一会儿，交易商提醒他，“90亿美元是如何确定的？金额还能否再大一些？”换句话说，他们在问查马哈，既然三菱和摩根士丹利无论如何都将进行重新谈判，那么三菱公司可能愿意收购更多的股份。但90亿美元的金额已经让查马哈很知足了。

罗伯特·金德勒飞抵科德角后，马上就给刚刚回到办公室的李姬允发了邮件。“有什么消息吗？”他问道。

两分钟后，他收到了回复：“还差一个小时，到时候再给我打电话。”

当金德勒飞回纽约时，他和查马哈、陶布曼组成的三人部队终于会合了，接下来他们需要做的就是在周一完成这笔交易。

周日，双方重新修改了条款——对于摩根士丹利来说，这笔交易的代价变得更为昂贵了，不过能够拥有投资者还是让摩根士丹利感到很高兴。三菱公司将购买78亿美元股息率为10%的可转换优先股以及同样股息率的12亿美元不可转换优先股。

但现在还有一个令人头疼的问题：周一是哥伦布日，美国和日本的银行都不营业，这样就不能进行正常的电汇了。

“该死的，怎么这种事情还让我们给碰上了呢？”金德勒刚刚回到总部就大声喊道。

陶布曼想了一个办法，“他们可以给我们一张支票。”

陶布曼从来没有听说过有谁会写一张90亿美元的支票，不过他想，鉴于当前世界的状况，一切皆有可能。

10月12日，周日上午10点，在办公室对面巨大的会议室里，汉克·保尔森穿着随意地在会议桌旁坐了下来，此时，会议室里已经坐满了政府的高级金融及监管官员。本·伯南克和希莉亚·贝尔都已经到了，盖特纳也于前一天就飞回来参加这次会议，与会的还有通货监理官约翰·杜根（John Dugan）和主管政策的白宫办公厅副主任乔尔·卡普兰（Joel Kaplan）。保尔森的核心团队成员，包括内森、杰斯特、卡斯卡里、戴维斯、威尔金森、瑞恩、弗罗默、诺顿、威尔逊和霍伊特，都已经就座，会议室被挤得满满的，桌子周围已经没有多余的空地了，一些与会者的椅子靠背不得不紧紧贴着墙壁。

保尔森召集这次会议是为了协调、确定他所制定的一系列金融系统稳定步骤的最终细节，并且希望把这些都公之于众。这次会议是该特别小组关于这个主题的第二次集中讨论，他们中的许多成员在前一天下午

3 点就进行过会谈，并敲定了该计划的大概轮廓。

包括财政部、美联储和联邦存款保险公司在内，这项计划涉及范围极广，保尔森形容它即使在当时也算是“不可思议的”。在杰斯特、诺顿和内森工作的基础上，保尔森还想更进一步，他希望能把 TARP 基金中的 2 500 亿美元投入到银行系统中。参加会议的小组在一般性条款上已经达成了一致：接受上述资金的银行需要支付 5% 的年息。因为保尔森认为，如果年息高于 5%，比如像巴菲特向高盛要求的 10%，银行将不愿意加入这个计划。不过，在五年之后，这一利息最终将升至 9%。

当天上午，关于这些数字的争论盖过了对计划本身的争论。“在美国金融危机的历史上，通常你需要做三件事：缩减债务；引入公平；剥离不良资产。这是一揽子计划。”盖特纳说，目的是为了让与会小组认可注资的必要性。

他建议要想使计划成功实施，就要让问题最严重的银行和经营良好的银行一样，都能获得救援资金，以借此表明该计划是针对所有银行的，如果对参与银行设立过高的门槛，可能会导致濒临破产银行的问题被掩盖。并不是每个人都认同他的这种观点。伯南克反驳道：“我们不能拿资产良好的银行作掩护，来骗取民众对金融界的乐观印象。”其实，这还关系到 TARP 资金使用效率的问题，如果资金被直接投给健康的公司，这将意味着那些急需资金的机构反倒只能获得少量资金。这次会议之前，盖特纳已经和凯文·沃尔什谈论过同样的问题，沃尔什认为关于参与计划的银行将蒙受耻辱的争论只不过是为了转移人们的注意力，“在这个市场里你谁也骗不了，你别想试图误导大家认为每家公司状况都是同样好、同样坏或没有差别的。”

不过，盖特纳和保尔森很快就说服了小组成员，大家一致同意高效推进计划的唯一途径是说服最大的银行，比如高盛和花旗，接受 TARP 的资金。然后，他们开始制定第一批公司的名单，并计划于周一邀请他们来华盛顿劝其接受投资。这时候，有人提出了疑问，是否应该允许保险公司参加救援计划？对于该问题，戴维·内森建议邀请大都会人寿保险公司作为 TARP 计划的特许参与者。

“我们应该怎么做呢？”盖特纳问道。

“嗯，他们是由你负责监管的，当然是你来想办法了。”内森回应道，这引起了会议室里一阵会意的笑声。

保尔森一边参与注资计划的讨论，一边对摩根士丹利的命运表示担忧。他已经给约翰·麦克打了好几个电话，但一直没能联系上，他知道麦克对与三菱公司重新谈判后的交易抱很大希望，所以想给他一些提醒。因为，保尔森已经了解到，三菱公司曾联系过美联储，希望美国政府能保证在交易完成后不再对摩根士丹利进行投资，因为它担心一旦美国政府介入，很可能会吓跑所有股东。当沃尔什第一次打电话告诉盖特纳这个消息时，盖特纳马上简单地骂了一句：“该死的！”不过，当天下午，他们还是在写给日本政府的信中保证，无论未来政府如何干预公司，相比其他股东，三菱公司都绝不会受到任何歧视性的不利待遇。当然，摩根士丹利自身并不了解政府的计划，或者说它并不清楚两国政府为了协调交易、通过秘密外交渠道交谈到了什么程度。

也许那个周末最为激烈的争论属于该计划还未解决的那部分内容，即保尔森一直希望可以向公众宣布：美国联邦存款保险公司将向所有存款提供保障。他和伯南克已经就此问题和希莉亚·贝尔讨论了很久。起初，希莉亚·贝尔作出了让步：联邦存款保险公司将向银行存款提供保障，但这一保障只针对普通银行，而不包括高盛和摩根士丹利这类公司。但现在看起来希莉亚·贝尔似乎想反悔，于是保尔森不得不对她全面施压，他甚至一度在办公室里把她拉到一边对她说：“你放心，我一定会想办法让你遵守诺言的。”对于希莉亚·贝尔来说：她知道保尔森正为实施救市计划承受着巨大的政治压力，部分原因是因为一些欧洲国家的政府已经采取了类似的措施。这种存款保障计划最后很可能是救援计划最重要的组成部分，却经常被忽视。当然，这也是有代价的，为了向银行系统提供最后的安全网，保障计划将把政府置身于可能面临数千亿美元损失，甚至可能承担更多负债的境地。

内森和保尔森已经就保障计划的问题争论了整整一个星期。在内森看来，这代表了“国家历史上最大的政策转变”。他对保尔森说，“这是一个极其重大的决定，针对它的讨论必须公开进行，并且需要获得所有人的同意。”

在那个周末的一次会议上，支持保障计划的盖特纳曾和内森争论过这个问题，内森就像一个故意唱反调的人，但是对于政府为整个行业提供无限担保所带来的深层次影响，他的确有着自己的担忧。

不过，最终还是盖特纳获得了胜利，希莉亚·贝尔同意了该保障计划。

这次会谈的最后一部分内容是讨论如何把这些银行邀请到华盛顿，以及有哪些好的方法能鼓励它们接受 TARP 的资金。最后大家都认为，如果能把所有首席执行官召集到一个房间里，那么受同行的影响，他们将一致赞同这份建议。

确定了准备邀请的银行名单后，剩下要做的就是让保尔森挨个给他们打电话了。他曾经在雷曼陷入困境时逃避过这项任务，所以现在理应由他来做这件事。

下午 6 点 25 分，保尔森回到办公室并开始打电话。他在通话中简明扼要地邀请了这些银行的首席执行官们到华盛顿开会，同时尽一切可能避免说出有关邀请原因的任何具体细节。

周日晚上，劳尔德·贝兰克梵正在华盛顿的丽思卡尔顿酒店参加国际货币基金组织举行的周末客户晚宴，他接到保尔森的电话后，马上和盖里·柯恩交换了一下眼神，两人一起走向房间的角落。

“汉克刚刚给我打电话了，”贝兰克梵低声说道，“他要我明天下午

3 点去一趟财政部。”

“什么事情？”柯恩问道。

“我也不知道。”

“他对你说了什么？”柯恩疑惑地进一步打听。

“我一遍又一遍地追问是什么事情，”贝兰克梵回答道，“但他只是说让我放心，并表示到了华盛顿，我会很‘高兴’的。”

“这让我感到恐惧。”柯恩说。

“我就知道你一定会因此心惊肉跳的。”贝兰克梵笑着说。

星期天晚上，当保尔森打来电话时，肯尼斯·刘易斯正在他夏洛特家中的厨房里准备晚餐。

“肯，”保尔森没有自我介绍就直接说，“我希望你明天下午 3 点能来华盛顿开个会。”

“好的，”刘易斯回答说，“我会按时到那儿，这会是关于什么的？”

“放心，我想你会喜欢的。”保尔森故意说得很含糊，以至于刘易斯都不知道应该再问什么了。

2008 年 10 月 13 日，星期一早上 7：30，罗伯特·金德勒坐在沃切尔律师事务所的会议室里，他看上去气色很差，胡子拉碴，并且还穿着一条休闲卡其裤和人字拖鞋，他已经至少有一整天没有睡觉了。金德勒亲自来沃切尔律师事务所是为了取三菱公司即将送过来的支票。因为约翰·麦克在华盛顿，因此只能让他来完成这项重要任务。尽管三菱公司同意了交易的所有条款，但他还是有几分不安，因为他从来没有看过一张带着 9 个零的支票。他不知道这是否可行，或许三菱公司会带来好几张支票？

金德勒一直以为三菱公司只会派一名低级别的雇员把最后的付款送过来，但他却从沃切尔律师事务所的前台接待员那里得知，一队身着笔挺深色西装的三菱公司高级经理刚刚抵达大厦的大堂，并正在向楼上走来。

金德勒立马感到局促不安，因为他穿着非常不正式，看上去就像个在海边闲逛的人。他急忙冲到楼下向一位律师借了一件西装外套，让这位律师苦笑的是，当金德勒扣前面的纽扣时，只听一声脆响，外套的后面已经被撑得开线了。

很快，三菱日联金融集团的总经理隆明中岛（Takaaki Nakajima）和他的五六位日本同事就出现在金德勒面前，他们原以为要举行一场正式的交易完成典礼。

“我不知道您来了，”金德勒带着歉意地向困惑的隆明中岛解释道，“要是知道您会来，我就把约翰·麦克也叫到这儿了。”

中岛打开一个信封并交给金德勒一张支票，支票背面写着，“支付给摩根士丹利公司，$9 000 000 000.00”。金德勒紧紧地把支票攥在手里，感到有些不可思议，这可是他有史以来第一次接触这么大一笔钱。这下他彻底踏实了，摩根士丹利终于得救了。

一些日本人开始猛按照相机快门，尤其想尽力捕捉到支票上那令人瞠目结舌的数字。

“这是一份荣耀，并且是您对美国和摩根士丹利的信任和信心的伟大标志，”金德勒说道，他正努力以他目前凌乱的状态扮演一位政治家的角色，“这将是一笔伟大的投资！”

三菱公司小组一转身离开，金德勒就开始笑得合不拢嘴，并于早上7点53分用黑莓手机给摩根士丹利的整个管理团队发了封邮件。

邮件的标题是：“我们拿到支票了！！！！！！”

邮件的内容只有几个字：

“交易结束了！！！！！！”

TOO BIG TO FAIL

20

“这里是保尔森部长的办公室，请稍等。”在汉克·保尔森的办公室外面，克里斯托·维斯特正在接电话。

才刚刚早上 8 点，维斯特已经几乎被电话给淹没了。保尔森决定邀请九大华尔街公司的首席执行官来华盛顿开会，却没有告诉他们任何关于会议议题的信息。这样的决定，从目前的进展来看，并不是太好。

维斯特在发送给保尔森核心顾问团队的一封邮件中提到：“尼克·卡里奥刚刚给我打了电话，我像之前回应塞恩办公室一样告诉他：他的首席执行官应该来参加会议，而我们不会提前透露任何相关信息…… 另外，昨晚每个人都已确认将带着主体监督协议（HMP）来参加会议。”尼克·卡里奥是美林证券的顶尖说客。

而此时，花旗集团的说客海瑟·温盖特（Heather Wingate）又打来了电话，想要打听清楚这次会议的目的。她刚刚收到她的老板花旗集团副总裁刘易斯·卡登（Lewis B. Kaden）发给她的一封电子邮件，里面写道："保尔森邀请维克拉姆·潘迪特于今天下午参加在财政部举行的会议，尽快查出这个会议是关于什么内容的。如果这只是场金融行业的情况通报例会，我觉得潘迪特就不必回华盛顿参加了。如果会议是关于其他主题的，请告诉我们具体内容。"

啊，又是潘迪特！保尔森的助手十分清楚老板对他的感觉：他会是个难缠的家伙！

财政部高级顾问杰弗里·斯托茨弗斯（Jeffrey Stoltzfoos）接到了温盖特打来的电话。随后就给顾问团队发了另一封电子邮件，并解释说，"看起来潘迪特还在犹豫是要亲自来华盛顿参加会议，还是派其他人替他参加。我告诉海瑟，我们会联系她或花旗集团的其他人来继续讨论这个问题，除此之外，我并没有向她透露任何其他信息。"

不仅仅被邀请的华尔街高管们感到非常迷惑，就连白宫也不清楚保尔森召集这次会议的具体细节。白宫办公厅主任乔尔·卡普兰发电子邮件问吉姆·威尔金森："这到底是一场会议还是九场会议？"

几分钟后，威尔金森通过黑莓手机回复："这次会议'将是一场大型会议，不过到时会视情况而定，也可能会有一些小型的分组会议'。"

这可能是有史以来在财政部大楼举行的最为重要的会议，而维斯特正是这次会议的协调人，因此确保一切都能顺利进行的任务就落到了她的肩上。她给财政部高级顾问斯塔福德·维亚（Stafford Via）发了一封邮件："我们确实要解决好后勤问题。我认为必须在大门外和入口处都安排一些人来负责指引参会人员到三楼的会议室。另外，如果需要的话，我们可以准备一些小的会议室及外交接待室作为备用。"

维斯特还考虑到汉密尔顿广场可能会聚集大量的摄影师，到时那儿会像一个动物园一样，所以她联系了特勤局，问他们是否可以封锁汉密尔顿广场。不过，特勤局给出的答复是"不可以"。

上午 9 点 19 分，她给九位受邀的华尔街首席执行官的助手发了一封邮件，向他们提供了一份抵达第十五大街和汉密尔顿广场后的行动指南："与会者从汉密尔顿广场步行至大门，然后进入大楼，并出示带照片的身份证（驾照亦可）。"匆忙安排职责内事务的同时，维斯特发现自己差点忘了最后一件事。她到现在还差肯尼斯·刘易斯的社会保险号码和出生日期没有拿到，有了这些，他才能顺利通过特勤局这一关。她给他办公室打了三次电话都没人接，后来决定直接给他家里打。"我刚刚和刘易斯先生的妻子通过话，并从她那获得了刘易斯的出生日期和社会保险号码。"她随即通知了刘易斯的助手。

让所有人感到失望的是，关于这次秘密会议的消息已经开始泄露了，但这也几乎是意料之中的。美国独立社区银行协会行政总裁卡姆·凡恩（Cam Fine）在给财政部工商界联络官，英俊的得克萨斯人杰布·梅森（Jeb Mason）的信中写道："我想我的邀请函是不是在邮寄过程中丢失了，我们可是代表着资产总额超过 1 万亿美元的 5 000 家银行的啊！不可能没有邀请我们吧？"并在信的末尾增添了一个笑脸表情符，"有着金融幽默的杰布，请笑一个吧！"

虽然维斯特尽了最大的努力来安排这次会议，但仍然还有一些问题不大清楚。"你们现在有没有一份参加下午 3 点会议人员的完整名单？到底哪些人接受邀请了？"盖特纳的通信负责人卡尔文·米歇尔（Calvin Mitchell）写信问威尔金森。

甚至在会议开始前一个小时，这些首席执行官们仍在打听这次会议是关于什么的。"塞恩想要知道，你们能否提供一些关于下午 3 点首席执行官会议主题的信息？另外，会议室的号码是多少？大约在 15 分钟后，我将和塞恩碰面。"美林证券的政府关系经理史蒂文·贝利（Steven Berry）发邮件询问威尔金森。

下午两点刚过，本·伯南克、盖特纳和希莉亚·贝尔就聚集在保尔森的办公室里，他们想在大会开始前，达成统一的意见。保尔森卷起袖子，在角落处常坐的椅子上用力地坐下，他看起来很需要一个软垫。盖特纳坐在他的旁边；贝尔则坐在蓝丝绒沙发上；伯南克则坐在保尔森对面。他们即将做的事情是被保尔森形容为“难以想象”的，这从他们脸上紧张的表情也很容易看得出来。而保尔森看起来则尤为痛苦。

“好了，”他说，“大家都看过这些谈话要点吧？”保尔森在大家面前挥了挥半打的打印文件，继续说，“让我们搞定这些吧。”

首先，他逐个介绍了与会人员。然后，他就马上强调了这份计划的三个部分：商业票据，联邦存款保险公司和问题资产救援计划（TARP），其中最后一部分 TARP 的含义和单词“救助”（bailout）的意思相似，而讲清楚这部分将花费他不少时间。

“接着，我将把它交给你们。”保尔森一边说，一边向伯南克和盖特纳点头示意，他们紧接着就开始排练针对商业票据计划的发言。“从这里开始，贝尔将继续推进。”保尔森指示道，其实他仍然为昨晚贝尔一直抱怨信贷担保计划而感到恼怒。

最后，他们开始探讨关键条款：为全国最大的几家银行提供专用的同等条件的福利支票。

保尔森大声地念出要点：“为了鼓励广泛的参与，问题资产救援计划准备提供一项极具吸引力的资本来源，以同等的条件适用于所有具备资格的金融机构。我们打算在明天公布这项计划，而你们九家公司将成为首批参与者。我们会明确指出，你们这些机构的都是情况良好的，参与这项计划只是为了支持美国经济。”

他们都清楚这只是一厢情愿而已，当天早些时候，伯南克和盖特纳就讨论过，这项计划的总金额可能还不够支援其中一家陷入困境的银行——全国最大的银行花旗集团，更不用说解决一场全面性的金融危机了。盖特纳十分担心花旗集团，这几周以来他都认为花旗将会是“下一个雷曼”。

然后，他们又开始讨论盖特纳和保尔森已经争论了一整天的问题：怎样才能让这项计划听起来更有说服力？之前盖特纳已经说服保尔森，应该让 TARP 的资金尽量满足与会者的要求。而这时，盖特纳却提醒他说：“语气必须更加坚决，我们需要让大家清楚，这是毫无选择余地的！”保尔森对他的看法表示赞同。

盖特纳提议这样说：“这是一项包括银行债务担保和资本补充在内的联合计划。你们这些公司需要同时接受这两者，我们认为选择不参与这项计划是站不住脚的，因为这将导致公司暴露在风险之下，变得不堪一击。”新的语气反映了盖特纳态度的变化。

他认为为了使与会者能理解这一点，还有一个要点要提醒大家。“如果认为注资计划不够有吸引力，那么各位就需要注意了，监管者很可能对资本提出新的要求。”

他们甚至开始猜测哪些首席执行官会抵制这一计划。保尔森认为，潘迪特开始可能会比较强硬，但最终会接受它；戴蒙已经是十有八九没问题了；贝兰克梵可能会表现得比较暴躁，但也不会成为障碍；约翰·麦克非常需要资金，所以也应该容易被说服；刘易斯可能会反对这一计划；但最大的不确定因素是富国银行的迪克·科瓦切维奇：他会不会成为破坏整个计划的人？

保尔森详细叙述了单单是让他出席会议就会遇到的各种麻烦。“我差点没能把他送上飞机。”他说道。这时，在场的其他人都觉得既有趣又吃惊。“我只好说，‘听着，是财政部长、美联储主席以及联邦存款保险公司主席要求你来的！你最好乖乖地过来！’”听罢，每个人都放声大笑，不过很快大家就言归正传了。

保尔森说，“戴维将负责调查这些数字；而鲍勃将负责细查那些电脑文本。”其中，戴维指的是戴维·内森，而电脑文本就是这次众所周知的关于该行业薪酬过高的绝妙谈话的文字记录，其中还包括主要媒体的报道。

说完这些，保尔森解释说：“这次会议计划把首席执行官们分别隔离在不同的会议室里。我们允许他们仔细考虑并和董事会一起商量。如果他们有问题，我们也可以随时解答。然后，在下午 6 点半再召开全体会议。”

当这几个人准备穿过走廊，参加职业生涯上即使不是规模最大，也是最具历史意义的一次会议时，保尔森以鼓舞人心的语气说：“但愿这些准备能奏效！”

财政部大楼外面，为严格保证会议的隐秘性所做的所有努力都变得失去了实际意义。杰米·戴蒙下午 2 点 15 分就已经到了，提前了 45 分钟。当他从容地走过汉密尔顿广场时，一队早已在那里安营扎寨的摄影师连忙对着他拍照。“他让我们措手不及！”一位新闻工作者布鲁克利·麦克拉琳（Brookly McLaughlin）给她的同事发短信说。而当时，她正试图通过黑莓手机来协调相关的各项工作。约 10 分钟后，罗恩·贝勒也来了；凯利和贝兰克梵于 2 点 43 分到达；几分钟后，约翰·麦克和潘迪特也出现了。但直到 2 点 53 分，刘易斯还是没有出现。随着时间一点点过去，克里斯托·维斯特变得越来越紧张。幸好，离会议开始还有 5 分钟的时候，刘易斯偷偷地从另一侧保尔森的私人入口进入了大楼。

下午 2 点 59 分，克里斯托·维斯特给财政部的团队发了封邮件：“他们都来了。”

在富丽堂皇的部长会议室正中间，放着一张 7 米长的富有光泽的红木会议桌，会议室墙壁的一侧挂着画家吉尔伯特·斯图亚特（Gilbert Stuart）所作的乔治·华盛顿画像，另一侧挂的则是萨蒙·蔡斯（Salmon P. Chase）的画像。蔡斯是林肯政府时期的财政部长，并且正是他决定把“我们信仰上帝”印刷在美国货币上的。会议室那玫瑰绿色的拱形天花板上挂着5盏枝形的煤气吊灯，会议桌周围的12张皮革红木椅背后是类似美元纸币上的徽章。

当保尔森、盖特纳、伯南克和贝尔进入会议室时，9位首席执行官已经按他们名字的首字母顺序在自己的姓名卡片后落座。这是第一次，也许还是唯一的一次，美国金融界9位最具实力的首席执行官和他们的监管者同时坐在同一间会议室里。

“非常感谢大家在临时通知的情况下，都能准时来到华盛顿参加会议，”保尔森开场说道，“今天下午把你们召集到这里，是因为我们都知道，目前的美国急需采取强有力的果断行动，以便缓解我们的金融系统所承受的巨大压力。”他采用的可能是发生了许多重大事件的这几周以来最为严肃的口吻，

这时，坐在保尔森正对面的贝兰克梵很快也变得严肃起来，而刘易斯则往前探了探身，想听得清楚一些。

“最近这些日子，我们一直在努力工作，制订这份包括三大部分的救援计划，以应对这场经济危机。”保尔森解释说。

就像刚才排练的一样，先是盖特纳和伯南克向与会者宣布新的商业票据融资安排，接着贝尔向大家阐释了联邦存款保险公司担保银行债务的计划，保尔森则负责最为关键的宣告部分。

“根据新TARP法案的规定，财政部将在年底前投入2 500亿美元以购买银行和储蓄机构的优先股。”他强调这是史无前例的重大措施，并说，“现在金融系统需要很多资金，如果有更多的资本注入系统，你们的日子都会更好过一些。这就是为什么我们准备宣布你们9位的公司都将加入该救援计划。”

保尔森继续解释，TARP的资金将会以完全相同的条件投入到各家银行，这样国内实力最强的银行将利用这些资金为那些紧随其后的较弱的银行提供保障。“这是为了让金融系统重拾信心，而在座的各位正是

这种信心的关键！”

“非常遗憾，我们不得不采取这些措施。”同时，为了把事情说得更清楚些，保尔森强调，事实上他希望无论这些银行是否愿意，他们都得接受注资。“我必须明确指出：如果你们不接受，而你们又无法筹集到市场认为你们所需要的资本金的话，我将会再次对你们提供帮助，不过你们是不会喜欢那些条款的。”

在座的银行家们都惊呆了，如果保尔森的目的是为了震慑他们，那么他的战术非常奏效。

最后，保尔森说：“这正是我们该为国家做的事情！”

盖特纳按银行名称字母顺序说出每家银行的注资金额——美国银行：250亿美元；花旗集团：250亿美元；高盛公司：100亿美元；摩根大通银行：250亿美元；摩根士丹利：100亿美元；道富银行：100亿美元；富国银行：250亿美元。

“那么，我该在哪里签字呢？”戴蒙笑着问道，试着缓解紧张的气氛。这些银行家们都已清楚被召集在一起的原因了，但紧张的气氛至今还没有完全消散。

下午3点19分，坐在会议室后排的威尔金森从黑莓手机里收到乔尔·卡普兰的电子邮件：“赶紧给我一些最新的消息，他们的反应如何？”他正急着给布什总统汇报情况。

威尔金森不知该怎么回复，因为情况还不明朗。

很显然，迪克·科瓦切维奇对这份最后通牒很不满意。他一直对华盛顿不屑一顾，但又不得不搭乘一趟商业航班来到这里，难道仅仅是为了被告知必须从政府那里接受他并不需要的资金，去为挽救那些冒险的“牛仔”们做一些无谓的努力？

“我又不像你们这些纽约家伙一样，设计一些花哨产品，为什么要我出现在这里，参与讨论怎么救助你们？”科瓦切维奇以嘲弄的口吻问道。

短暂的沉默之后，会议室突然变得吵闹起来，银行家们开始交头接耳，最后保尔森打断了大家。

保尔森盯着科瓦切维奇，严厉地对他说，“你的监管者就在这里。”货币监理署署长约翰·杜根和联邦存款保险公司主席希莉亚·贝尔就坐在他的正对面。“如果你不同意，明天早上他们就将电话通知你，你公司的资本金不足，这样你也休想从私人市场中筹集资金。”

塞恩跳起来问道：“那你们将在薪酬政策的改变方面为我们提供哪些保护措施？”

尽管塞恩的新老板刘易斯很难相信他竟然敢提出这样的问题，但这的确是在场的各位都想问的。政府会不会追溯改变薪酬政策？政府有没有这项权力？如果遭到大众的抗议，又将会发生什么呢？毕竟，政府即将拥有他们公司的股份。

财政部的首席顾问罗伯特·霍伊特解答了这个问题。“我们正准备制定一些规则，让政府不能单方面改变薪酬政策，”他说，“但是如果国会改变相关法律，那么你们仍会受到影响。”

刘易斯变得越来越失望，他估计这样的对话将要持续很长时间，于是赶紧挑明：“我有三点需要说明，首先，这项计划显然有许多优点和缺点。我认为，鉴于正在发生的这些事情，如果我们对于以后会发生什么，都没有一些起码的畏惧，那我们就太疯狂了。”

“第二，如果我们继续不厌其烦地讨论薪酬问题，只能说明我们根本没有头脑！”

他说得非常坚决：“最后，我觉得我们不必继续纠缠于这个问题了！我们都很清楚我们需要马上准备签字。”

不过，科瓦切维奇仍然有些激动地坐在座位上，抱怨不断。

伯南克清了清嗓子，会议室里再次安静了下来。

“我不理解为什么大家对此感到这么紧张。”他以专业的口吻说道。

他向大家解释，目前国家正面临着自大萧条以来最为严峻的经济形势，他希望大家能考虑一下“整体的利益”，“你们看，我们并不是要故意恐吓或者咄咄逼人……”

保尔森给他递了一个眼色，好像在暗示：没错，事实上，我就是要咄咄逼人！

会议的大部分时间里，约翰·麦克都只是静静地坐着，这时他却突然转向盖特纳说：“把文件给我。”然后从上衣口袋掏出一支笔在那份文件上签字，接着便用手指轻轻一推，把文件从桌子上滑过去还给他。“搞定了！”他大声说道。他就这样极为随意地签署了这份保尔森不愿称之为“紧急救援”的计划。

“你忘了写公司的名字了，”盖特纳指出。“你替我写上吧！”约翰·麦克示意说。于是盖特纳在文件顶端写上大写的“MORGAN STANLEY”。“而且，你还忘了填上金额。”盖特纳再次指出。

“就是刚才说的100亿美元啊！”约翰·麦克满不在乎地回答。

塞恩诧异地看着约翰·麦克说：“你怎么能没通过董事会的同意就签署了文件！”

约翰·麦克回答说：“我的董事会24小时对此保持着关注，他们一定会赞同我的做法，否则，他们会把我解雇的！”

贝兰克梵也表示他需要和董事会进行沟通，他说：“我还没有权力独自做这样的决定。”其他人都对此表示赞同，认为需要通过适当的途径作出决定。

戴蒙从座位上站了起来，走向会议室靠近窗户的角落，并决定立即召开董事会电话会议。他联系助手凯茜，让她把所有董事接入电话网络。紧接着，其他首席执行官也纷纷分散到了单独的会议室去和他们的办公室进行联络。

下午 4 点 01 分，威尔金森终于可以回复卡普兰的邮件了。“除了一家银行，其他银行的首席执行官都已经开始与董事会商议了。”他指的是富国银行，“这份计划应该能落实。”

走廊外面，潘迪特的脸上浮现出巨大的笑容。“我们就要摆脱困境了，他们将给我们 250 亿美元，并且提供担保。”他兴奋地冲着手机里说，听起来就像是刚刚中了彩票。

约翰·麦克已经签署了协议，他给摩根士丹利董事会成员罗伊·博斯托克打电话，想让他帮忙安抚其他董事会成员的情绪，因为他担心他们会因他的鲁莽决定而感到不满。

“我本想给你透个信儿，”博斯托克对他说，“我们将在大约 20 分钟内召开董事会会议，很可能会同意接受 TARP 的 100 亿美元资金。”他说完停顿了一下，“我这就算通知过你了。”

博斯托克知道约翰·麦克想从他这求证什么，“我明白，董事会这边应该不会有什么问题的。”

摩根士丹利的董事会电话会议刚开始，博斯托克就说：“约翰·麦克，其实对于你签署这份协议，我们别无选择，这是你应该做的。”还没有怎么讨论，博斯托克就提议董事会进行表决，“我赞同。”他首先表示。

与摩根士丹利截然不同的是，戴蒙与他的董事会说话时的语气透着一丝悲凉意味。“这明显对摩根大通银行不利。”他对着手机轻声说。换句话说，援助资金将帮助较弱的银行赶上他们。“但是我们不能太自私，我们不应该成为拦路虎。”

下午 5 点 38 分，罗伯特·霍伊特一边收集已签署的文件，一边给财政部的团队发邮件：“我这边的情况是，5 家签署了，还差 4 家。”

保尔森、盖特纳、伯南克和贝尔坐在保尔森的办公室里等待最终的结果。除了科瓦切维奇的抱怨，这次会议进行得比他们想象的还要顺利。他们实际上正在把国家的金融系统国有化，而大家对此的抗争也不算太激烈。就像往常沉思时所做的一样，保尔森的手指在腹部上划着，他简直不敢相信自己居然把这件事圆满完成了。

保尔森刚刚结束和巴拉克·奥巴马的通话，告诉他最新消息。目前，奥巴马在总统竞选中暂时领先，他刚刚结束了一场在俄亥俄州托莱多市举行的关于经济的演说。这时，保尔森又试图电话联系约翰·麦凯恩，但一直没能接通。

下午6点23分，威尔金森在给财政部团队的邮件中写道：“九家中八家已经通过了……就差道富银行还在等董事会的消息……我们基本上已经把工作完成了。”

两分钟后，下午6点25分，威尔金森迫不及待地用它的黑莓手机通报最终结果：“九家全部通过了！”

卡普兰在白宫回复说：“棒极了！”

戴维·内森穿过走廊，要把所有已经签署的文件交给保尔森。

而此时，在保尔森的办公室里，他和6名高级职员正沉浸在成功的喜悦当中，享受着这意义非凡的时刻。

“我们刚才真是背水一战啊！”保尔森感叹道。

后记

短短几个月间，华尔街和全球金融体系已经变得几乎面目全非了。前五大投资银行相继倒闭、出售或转为银行控股公司。两家抵押贷款巨头和世界最大的保险公司也都已由政府接管。10 月初，随着总统大笔一挥，美国财政部，乃至全体的美国纳税人，都成了美国曾经最引以为豪的那些金融机构的大股东，这样的救援措施在几个月前都是无法想象的。

虽然华盛顿向华尔街注入了数百亿美元，但市场的混乱并没有就此平息下来。救援计划倒是起了相反的效果：投资者的信心还没有重建起来，情绪和想象力倒因此失控了。约翰 · 梅纳德 · 凯恩斯曾把这种情绪和想象力的力量称为“动物精神”。甚至在布什总统所签署的 TARP 生效后，道琼斯工业平均指数仍继续下跌了 37%。

华尔街发生的这些戏剧性事件，除了对华尔街本身造成直接影响外，对美国精神也产生了更为深远的影响。依据救援法案支付的第一笔款项立即就导致了全国性的争论：金融行业的这次风波对资本主义的未来到底意味着什么？政府在国家经济中的角色会因此受到什么样的影响？这种角色是否已经彻底改变了？

一年过去了，这些问题仍然是全国舆论最为关注的焦点。在本书即将出版之际，民众正在极力抗议政府的救援措施，以防政府干涉太多。华盛顿的救助从华尔街扩展到底特律（为两大汽车巨头通用汽车公司和克莱斯勒公司的破产重组提供了数十亿美元的资金）以及医疗保障体系，而政府在其中扮演的角色备受质疑。此外，华盛顿还任命了一位被大家称为“薪酬沙皇”的监督官，审查那些接受国家紧急救助的银行的高管薪酬支付情况。

联邦政府这样的新行动带来了一个意想不到的后果：传统的政治信仰被颠覆了，共和党的布什总统居然亲自为政府干预措施进行辩护！2008 年 10 月 17 日，为了应对批评者，布什总统辩解道：“政府的干预措施并不是要接管这些公司，其目的并不是要削弱自由市场经济，恰恰相反，这些政策是为了维护自由市场经济。”

布什的声明恰好总结了救援计划的矛盾所在，即他领导的共和党政府及相关部门居然决定需要对自由市场进行一些限制——至少暂时是需要的。

从某些方面来说，汉克 · 保尔森的 TARP 计划起初只不过是他自己积极推销策略的牺牲品。该计划主要是为了防止情况恶化并稳定金融体系，但为了获得国会和选民的通过，它以“振兴计划”的形式来提出。从消费者和小企业主的角度来看，TARP 实施后，信贷市场还是没能正常运转。虽然政府为了拯救银行投入了数千亿美元，但许多美国人仍然无法获得抵押贷款或者相应的信用额度。对他们来说，政府在计划中所承诺的情况好转，来得并不够快。

即使有了注资的帮助，美国一些主要银行仍然摇摇欲坠。危机发生前，花旗银行是美国最大的金融机构，如今却被财政部官员戏称为“死亡之星”。2008 年 11 月，除了原来 TARP 投入的 250 亿美元，财政部还需要继续向花旗注资 200 亿美元，并同意为其数千亿美元的资产提供担保。2009 年 2 月，政府持有花旗银行的股份已经从 8% 上升到了 36%。就在十年前，花旗还率先推动放松金融管制，如今却将超过 1/3 的股份收归国有。

即使在那些一直认同救援计划的人心里，对于华盛顿如何洗脱自身罪名，仍然存在着挥之不去的疑问，其中，华盛顿在一笔交易中的角色引发了极大的争议。

2009 年初，美国银行和美林证券公司的合并交易成了全国舆论的焦点，当时美国银行宣布它还需要一笔新的 200 亿美元的政府救助，而保尔森则表示这是“一颗老鼠屎坏了一锅粥”。后来，美林公司又抢在被收购前向其雇员发放了数十亿美元的奖金。事情被曝光后，公众的愤怒引发了一系列的调查和听证，而这使得政府与这些金融机构之间的幕后谈判被尴尬地公之于众。

9 月份，把美林出售给美国银行的目的是挽救美林，但在推进交易的几个月里，美林的交易业务损失急剧扩大，资产管理业务也严重削弱，导致其不得不减记其持续恶化的资产价值。但这些日益严重的问题并没有被公开，12 月 5 日，两家公司的股东都分别投票通过了这笔交易。

在交易的背后，肯尼斯 · 刘易斯曾威胁说要退出这笔交易，但保尔森和伯南克马上向他施压，敦促他必须完成交易，否则将失去工作。

随着事态的发展，约翰 · 塞恩很快就成了牺牲品。在自己的办公室里，他被刘易斯解雇了，并迅速从拯救美林的英雄变成了美林麻烦的制造者。尽管有迹象表明，美国银行首先发现并选择隐藏美林公司的问题，但当媒体报道塞恩向即将解散的美林董事会要求高达 4 000 万美元奖金时，更多的批评纷至沓来。当人力资源部代表提出这个要求时，在薪酬委员会任职的美林董事约翰 · 芬尼根大声喊道：“这简直太荒唐了！”塞恩则表示，他自己对这些一无所知，而且当全体董事开始讨论他的薪酬问题时，他早已撤回了所有奖金要求。

相比之下，公众对美国国际集团的抗议最为严重。没有人想到，美国国际集团会成为这么大的一个负担，政府一开始向它提供了 850 亿美元的“救命钱”，但到最后政府提供给它的救援资金总额竟超过了 1 800 亿美元。盖特纳说，最初向美国国际集团提供的贷款是有完全担保的，但很快，这笔投入看起来比银行发放给那些信用不良、没有偿还能力家庭的抵押贷款好不了多少。

现在，纳税人成了美国国际集团的所有者，而美国国际集团的高管居然花了 44 万美元到加州丹纳岬莫纳克海滩的瑞吉度假村去度假，此外，他们又花了 8.6 万美元到英国乡村进行鹧鸪狩猎之旅，国会议员们对此大声抱怨。而当新闻报道说美国国际集团向高管们支付数百万美元奖金时，民众怒不可遏，纷纷涌向美国国际集团的总部和高管的住宅表示抗议。奥巴马总统也质问道：“这是对那些让这家公司免于灭顶之灾的纳税人的侮辱，他们对此怎么能觉得那么理所当然呢？”吉姆 · 克拉默（Jim Cramer）甚至在他的电视节目里慷慨激昂地说：“在超市里，我们要围追他们；在棒球场上，我们要围追他们。不管他们到哪里，我们都要围追他们！”

广泛的批评甚至影响到了美国国际集团针对应该如何继续开展其业务的考虑：美国国际集团到底应该根据公众的意见来决定如何使用资金？还是应该根据自己的盈利目标来决定如何使用资金？美国国际集团的新首席执行官爱德 · 里迪（Edward Liddy）为此感到左右为难，最终离开了仅仅加入了 11 个月的美国国际集团。

同时，美国国际集团如何使用救援资金也是一个备受关注的问题，超过 1/4 的救援资金立即被美国国际集团支付到了一些全球性金融机构的账户上，比如高盛公司、美林证券公司和德意志银行，他们通过美国国际集团出售的信用违约互换合约以及参与证券借贷计划获得这些资金。从某种程度上看，这种支付更是支持了批评者的观点，他们谴责保尔森的救援计划只是局限在华尔街内部。（尽管外国政府对救援计划没有任何贡献，但外国银行还是免不了会因此获得一些间接的资金救助。）

高盛因收到美国国际集团支付的129亿美元，成了最大的单个支付款项接收者，同时也因此迅速招致了大部分怒火，许多人认为高盛获益是因为它背后与保尔森以及财政部的一群高盛前雇员有着紧密的联系。特别是，一些人还认为，正因为美国国际集团的存亡紧紧关系到高盛的利益，所以财政部才选择拯救这家保险业巨头，而不是拯救雷曼兄弟。人们甚至已经开始讽刺财政部为“政府的高盛”。而高盛则争辩道，它拥有的债权从美国国际集团救援中获益，是因为在它所有对保险公司的风险暴露中，这部分早就被“完全担保和对冲了风险”。公平地讲，尽管还存在不绝于耳的相反看法，但高盛的确一直就是这么做的。而且，129亿美元的标题数字也存在一定程度的误导，因为其中48亿美元是高盛向美国国际集团转让其持有的证券所获得的对价。这并不是说高盛没有从美国国际集团的救援中获得特别利益，但事实的真相要比媒体所报道的略微复杂一些。

新闻报道总是相互附和，以致错过了基本事实：保尔森自己几乎没有参与美国国际集团的救援行动，救援行动主要是由盖特纳全盘策划的（部分由财政部的丹·杰斯特执行）。更为重要的是，盖特纳本身就是一位甚至比保尔森还积极主动的交易撮合人。这一事实往往为人们所忽视，但从本书以及他随后作为财政部长所推出的政策都可以明显看出来。

然而，阴谋论还是不断涌现，而且叙述也变得更为详尽。“高盛是否邪恶？”《纽约》杂志的封面如此问道。作家马特·泰比（Matt Taibi）在《滚石》杂志的文章里创造了一个新的比喻，把高盛描述为“一只披着仁慈面孔的吸血鬼乌贼，无情地将其吸血触角伸向任何带有金钱气息的角落”。TARP 资金注入几个月后，高盛报告其 2009 年上半年盈利为 52 亿美元。6 月，高盛就还清了 100 亿美元的 TARP 资金，并于 7 月支付了 11 亿美元来赎回发行给政府的认股权证，该认股权证曾被作为 TARP 注资的一部分。对于高盛来说，尽管已经是一家银行控股公司，但它的商业经营已经恢复如常。

与其他公司一样，有关高盛成功的真正问题是：当政府和纳税人向公司的商业行为提供一种隐含的或直接的担保时，监管者应该如何应对这些公司持续冒险经营的行为？公司这种持续冒险的行为往往能产生巨大的利润。事实上，2009 年第二季度，高盛的 VaR，也就是在险价值，一直高达 2.45 亿美元，而一年以前，这个数字还是 1.84 亿美元。迄今为止，高盛的交易做法还是很见成效的，但如果它赌错了方向呢？不管怎样，就像全国其他最大的金融机构一样，高盛仍然处于大而不倒的境地。

这次金融危机是否可以避免？这个问题值 1.1 万亿美元——迄今为止的救市标价。

问题的答案是“也许”。但要想阻止危机，早在 2006 年春天，汉克·保尔森宣誓就职财政部长之前，就应该采取强有力的措施。危机的种子在几年前就已经种下了，这些种子包括：20 世纪 90 年代后期，放松银行管制；推动居者有其屋计划，鼓励宽松的贷款标准；历史性的低利率，从而创造了流动性泡沫；华尔街的薪酬制度鼓励短期冒险行为，等等。所有这些共同掀起了这次惊涛骇浪。

当信贷危机的第一个信号出现时，采取措施可能就已经太晚了，因为届时大规模的调整是不可避免的。不过，即使在危机临近时，寻求使危机破坏力降至最低的对策也是合情合理的。既然，从加入布什政府的第一个夏天起，汉克·保尔森就一直预测市场将要出问题。而且，多年以来，纽约联邦储备银行的主席盖特纳也一直警告说，全球金融市场的相互交织，很可能使之在金融恐慌中变得更为脆弱。那么，他们这些人是不是应该在实际危机发生之前多做一些准备呢？

值得称赞的是，几个月来保尔森的确公开谈到，要让政府接管濒临倒闭投行的这项权力正式化。不过，他从未直接向国会提出这个要求，另外，即使他提出了，也未必能获得通过。可悲的现实是，华盛顿通常是在实际危机发生后才开始对其有所关注的。

当然，这又引出了一个更为尖锐的问题：一旦危机不可避免，政府的干预将使它缓和还是更为糟糕？

毫无疑问，如果政府袖手旁观，任由这些金融巨头走向破产倒闭，最后对市场所造成的冲击必将远远超过现在实际所发生的。但同时，不可否认的是，包括保尔森、伯南克和盖特纳在内的联邦政府官员，所做的一系列前后矛盾的决策也加剧了市场的动荡。比如，他们为贝尔斯登提供了安全网，接管了房利美和房地美，却任由雷曼依法破产倒闭，随即又出手拯救美国国际集团。这一切到底遵循怎样一种模式呢？采用的规则又是什么？这些问题似乎并没有明确的答案。当投资者变得困惑，不清楚一家公司到底是会得到挽救，还是走向破产，甚至是被国有化时，他们自然而然就开始变得恐慌。

2009 年 2 月，蒂姆·盖特纳承认，“旨在提供信心和保证的紧急行动过于频繁，因而增加了公众的忧虑和投资者的不确定性。”

当然，现在仍有许多华尔街内外人士认为，政府任由雷曼破产的决定是一个根本性错误。经济学家、美联储前副主席艾伦·柏林德（Alan Blinder）说，“到了雷曼破产那一天，一切都于事无补了！”

无论如何，雷曼没有被拯救都已成为一场悲剧——并不是因为这家公司应该被救助，而是因为它的破产最终给市场和全球经济造成了严重的冲击。也许，经济不管怎样都会崩溃，但雷曼的破产无疑加速了这一进程。

雷曼的首席执行官理查德·富尔德的确犯了些错误，这些错误有些是出于忠诚，有些是出于狂妄，有些甚至可能是出于天真。但是，与在这次事件中总是先考虑个人利益的那些人不同，富尔德的所作所为看起来并不是出于贪婪的驱动，更多时候，他只是想要好好地保护自己深爱的公司。富尔德以前是一名交易员，他的职业生涯里充满了死里逃生的经验，直到最后，他仍然相信自己可以战胜这次危机。

尽管保尔森反对这种看法，但不可否认，对救助又一家华尔街公司将引发的舆论哗然的恐惧，至少是他处理雷曼困境时考虑的因素之一。一位参与过那个周末政府会议的人士曾十分坦率地告诉我：英国政府表示，批准雷曼和巴克莱的交易将使它面临巨大的压力。巧得出奇的是，美国政府也表示，“如果我们救了雷曼，我们将会备受指责。”

之后的事实表明，当初联邦政府就应该采取一些行动来救助雷曼，因为那时候政府甚至都准备好了去救助行业内随后出现危急情况的其他公司。这只能说明一个事实，那就是针对挽救濒临倒闭的投行，联邦政府还缺乏一套成熟的制度。最后，保尔森、盖特纳和伯南克都被迫采取了麻省理工学院教授西蒙·约翰逊（Simon Johnson）称之为“交易性政策”的措施。

与规章制度不同，交易通常是临时准备的，速成的东西就其本性而言往往是不完善的。无论是纽约联邦储备银行还是财政部，通过通宵会议所确定的交易都只是他们一时的产品，没有什么本质区别。

另一个鲜为人知的事实是，单是雷曼兄弟在美国的业务，其实是不足以引起这场席卷全球的高度恐慌的。值得赞扬的是，美联储明智地决定允许雷曼兄弟的经纪自营商在母公司申请破产保护后继续开展业务，这使得在美国境内的平仓交易进行得非常顺利。但其他国家却是一片混乱。英国和日本的商业条例要求雷曼的经纪业务部门立即关闭，并冻结了投资者所持有的数十亿美元资产，这些资产遍及海内外，可能更为重要的是，有些资产还是在美国。许多对冲基金突然面临现金短缺，迫使它们为了满足追加保证金的要求而立即抛售资产，这进一步推低了资产价格，从而又导致了更多的抛售行为，如此循环反复。

华盛顿对这些副作用完全没有准备，因为政策制定者似乎并没有考虑到其行为的国际影响。而这次疏忽也为加强全球金融监管者的有效协调的必要性提供了有力的论据。

后来，保尔森为了捍卫当初的决定，好几次对为何没有拯救雷曼进行辩解，但这些解释大多自相矛盾。2009 年 1 月 4 日，迈克尔·刘易斯（Michael Lewis）和戴维·爱因霍恩在《纽约时报》的一个专栏里写道："一开始，财政部和美联储声称，他们任由雷曼破产倒闭是为了向鲁莽经营的华尔街公司传递一个信号，即政府是不会总是为它们提供担保的。但后来混乱接踵而至，人们开始指责让雷曼破产是一件极为愚蠢的事情，这时候财政部和美联储又改变了说法，声称他们没有挽救这家公司是因为缺乏法律授权。"

巴克莱交易的失败，证明了美国政府确实缺乏挽救雷曼的调控工具。当初，摩根大通银行刚好充当向贝尔斯登输送紧急贷款的媒介，与贝尔斯登的情况不同，雷曼却没有可用的金融机构来担任这种角色，因而也就没能获得政府贷款。同时，由于美联储已经认定雷曼没有足够的抵押品，因此雷曼也无法以一家独立公司的身份来获得借款，所以实际上除了申请破产保护外此时雷曼已别无选择。

不过，这些并不足以解释在雷曼与巴克莱磋商的过程中，为什么保尔森和美国政府没有采取更多的措施以促成谈判。2008 年 9 月 14 日，星期日上午，在与英国监管者的一系列繁忙通话中，保尔森和盖特纳都没有主动表示要向巴克莱的收购提供政府方面的支持，以减少巴克莱的风险、缓解英国监管者的忧虑。

保尔森认为，英国的监管机构不可能在他们认为交易必须完成的12小时内批准巴克莱与雷曼的交易。从这个角度考虑，进一步的谈判只会浪费宝贵的时间。由此看来，保尔森的决定可能是正确的，不过，他是不是放弃得过早了一点呢？人们对此提出质疑也是情有可原的。

也许针对保尔森在整个危机过程中的决断是利是弊的争论将永无休止。但无论是谁，只要他坐在保尔森的位置上，即在一个民众支持率持续低下的无能政府里任职，就一定会面对这种争议。换作别人，甚至可能只会无所事事、一事无成，然而，保尔森却为此异常努力地工作。一年过去了，危机中保尔森所采取的许多措施都为市场的稳定奠定了基础，他和奥巴马政府、盖特纳以及伯南克都因为成功扭转了形势而获得好评。迄今为止，许多接受了TARP资金援助的大银行都返还了资金，纳税人也获得了40亿美元的收益，不过，这并没有扣除直接投给美国国际集团、花旗集团以及其他类似公司的数亿美元，这些公司可能永远也无法归还这些资金。

巴尼·弗兰克用历史学家的眼光去审视保尔森的所作所为，并阐明了保尔森所面临的困境。他指出政治上的问题是这样的：你无法从已被避免了的灾难中获得好评，你也不能跑去对选民说：“嘿，事情的确很糟糕，但你知道吗？如果不是因为我，情况将变得更糟糕！”没有任何一个人是因此而留名于世界历史的。

对于2008年9月所发生的事情，了解其中的真相固然重要，但只有把从中吸取的教训真正地用于提高金融体系的稳健性并避免将来的危机，事情才能变得有意义。如今，华盛顿有了一次难得的机会来研究和推进对基本监管结构的改革，但从现在情况看来，这次千载难逢的机会也可能被白白浪费掉。

除非这些监管机构能进行彻底的改变，采取如下一些措施：对大型金融机构的杠杆经营采取更为严格的限制，对鼓励冒险行为的薪酬支付方式进行约束，以及严厉打击在股票及衍生品市场上散布谣言和操纵价格的行为，否则，仍然会有许多公司大而不倒。并且紧接着发生的就是不可避免的泡沫破裂，如此循环往复。

金融行业一直在幕后支持着更为广泛的经济增长，比如支持新的商业模式的起始运作、帮助成熟公司进行调整和扩张。但是，在引发危机的这些年中，金融部门不甘于幕后，来到了前台。华尔街的目标变成了为自身赚取尽可能多的手续费，而不是为客户谋求利益。在本书即将出版之际，那些旨在让金融系统重归正轨以及控制风险的建议，充其量也只不过不温不火。值得欣慰的是，最糟糕的时刻应该已经过去了，奥巴马政府似乎也已经把注意力转移到了其他更为重要的事情上。

与此同时，华尔街虽然元气大伤，却并没有因此一蹶不振，它已经开始轰轰烈烈地寻找新的利润点了。风险也随之重新进入这个系统，贪婪的投资行为再次流行了起来。大家都为预期的商业地产崩盘进行筹资准备，随时打算加入这一生难得一次的廉价交易中。也许最令人不安的是，自负依然是华尔街这部机器中最为核心的部分。虽然这次金融危机破坏了许多事业和信誉，并留下令人焦头烂额的烂摊子，但同时也让那些从危机边缘被拉回来的幸存者有了一种刀枪不入的真实感觉。因此，在目前的环境下，最为缺乏的仍是真正的谦卑感。

最后，这个幕后故事表明，无论是机构还是整个系统，它们的大而不倒与这些公司的经营者和监管者都有着莫大的关系。未来很多年，人们都应该好好研究这个时期所发生的事情，因为甚至下一代的银行家和监管者也很可能会面临同样的挑战。

救市之后，有关争论仍然甚嚣尘上，杰米·戴蒙在给汉克·保尔森发去的一封短笺中引用了罗斯福总统于 1910 年 4 月在索邦大学发表的题为“共和政体中的公民权”的演说里的一段话：

> 当一个强者跌倒或者一个实干家做得不够完美时，只会在一旁指手画脚的批评家，算不了什么。荣耀属于那个真正站到竞技场上的人，他的脸上满是灰尘和血汗，尽管一次次地失败，却仍然顽强地奋斗，因为世界上根本不存在没有失败和缺陷的成就。他明白热情和奉献的意义，并完全投身于有价值的事业中。最后，若是成功了，他能享受胜利的喜悦；就算失败了，至少他也会因曾经全力以赴而无怨无悔。所以他永远不会与那些冷漠胆小、不知何谓成功和失败的灵魂为伍。

戴蒙挑选的这段话恰到好处。罗斯福描写了一个英雄，但对于其成功与否的表述却模棱两可。这也正好描述了保尔森、盖特纳、伯南克以及在这幕戏里出现的几十家公共和私人机构的状态，他们的功过将留给历史来评判。

未来，属于终身学习者

我这辈子遇到的聪明人（来自各行各业的聪明人）没有不每天阅读的——没有，一个都没有。巴菲特读书之多，我读书之多，可能会让你感到吃惊。孩子们都笑话我。他们觉得我是一本长了两条腿的书。

——查理·芒格

互联网改变了信息连接的方式；指数型技术在迅速颠覆着现有的商业世界；人工智能已经开始抢占人类的工作岗位……

未来，到底需要什么样的人才？

改变命运唯一的策略是你要变成终身学习者。未来世界将不再需要单一的技能型人才，而是需要具备完善的知识结构、极强逻辑思考力和高感知力的复合型人才。优秀的人往往通过阅读建立足够强大的抽象思维能力，获得异于众人的思考和整合能力。未来，将属于终身学习者！而阅读必定和终身学习形影不离。

很多人读书，追求的是干货，寻求的是立刻行之有效的解决方案。其实这是一种留在舒适区的阅读方法。在这个充满不确定性的年代，答案不会简单地出现在书里，因为生活根本就没有标准确切的答案，你也不能期望过去的经验能解决未来的问题。

而真正的阅读，应该在书中与智者同行思考，借他们的视角看到世界的多元性，提出比答案更重要的好问题，在不确定的时代中领先起跑。

湛庐阅读 App：与最聪明的人共同进化

有人常常把成本支出的焦点放在书价上，把读完一本书当作阅读的终结。其实不然。

时间是读者付出的最大阅读成本

怎么读是读者面临的最大阅读障碍

“读书破万卷”不仅仅在“万”，更重要的是在“破”！

现在，我们构建了全新的“湛庐阅读”App。它将成为你“破万卷”的新居所。在这里：

- 不用考虑读什么，你可以便捷找到纸书、电子书、有声书和各种声音产品；
- 你可以学会怎么读，你将发现集泛读、通读、精读于一体的阅读解决方案；
- 你会与作者、译者、专家、推荐人和阅读教练相遇，他们是优质思想的发源地；
- 你会与优秀的读者和终身学习者为伍，他们对阅读和学习有着持久的热情和源源不绝的内驱力。

图书在版编目（CIP）数据

大而不倒 /（美）安德鲁 · 罗斯 · 索尔金著；巴曙松等译 . —成都：四川人民出版社，2018.1（2023.10重印）

ISBN 978-7-220-10634-7

Ⅰ . ①大… Ⅱ . ①安… ②巴… Ⅲ . ①金融危机–研究–美国 Ⅳ . ①F837.125.9

中国版本图书馆 CIP 数据核字（2017）第 306394 号

著作权合同登记号

图字：21-2017-690

上架指导：金融史 / 畅销书

DA ER BU DAO

大而不倒

［美］安德鲁 · 罗斯 · 索尔金　著　巴曙松　陈 剑　等译

责任编辑：吴焕姣　张东升　张 洁
杨雨霏　蒋伦智

版式设计：湛庐文化

封面设计：湛庐文化

责任印制：王 俊

四川人民出版社

（成都市三色路238号）

石家庄继文印刷有限公司印刷　新华书店经销

字数 531 千字　710 毫米 ×965 毫米　1/16　39.5 印张　10 插页

2018 年 1 月第 1 版　2023年10月第 8 次印刷

ISBN 978-7-220-10634-7

定价：109.90 元

CHEERS

以一本书为核心

遇见书里书外，更大的世界

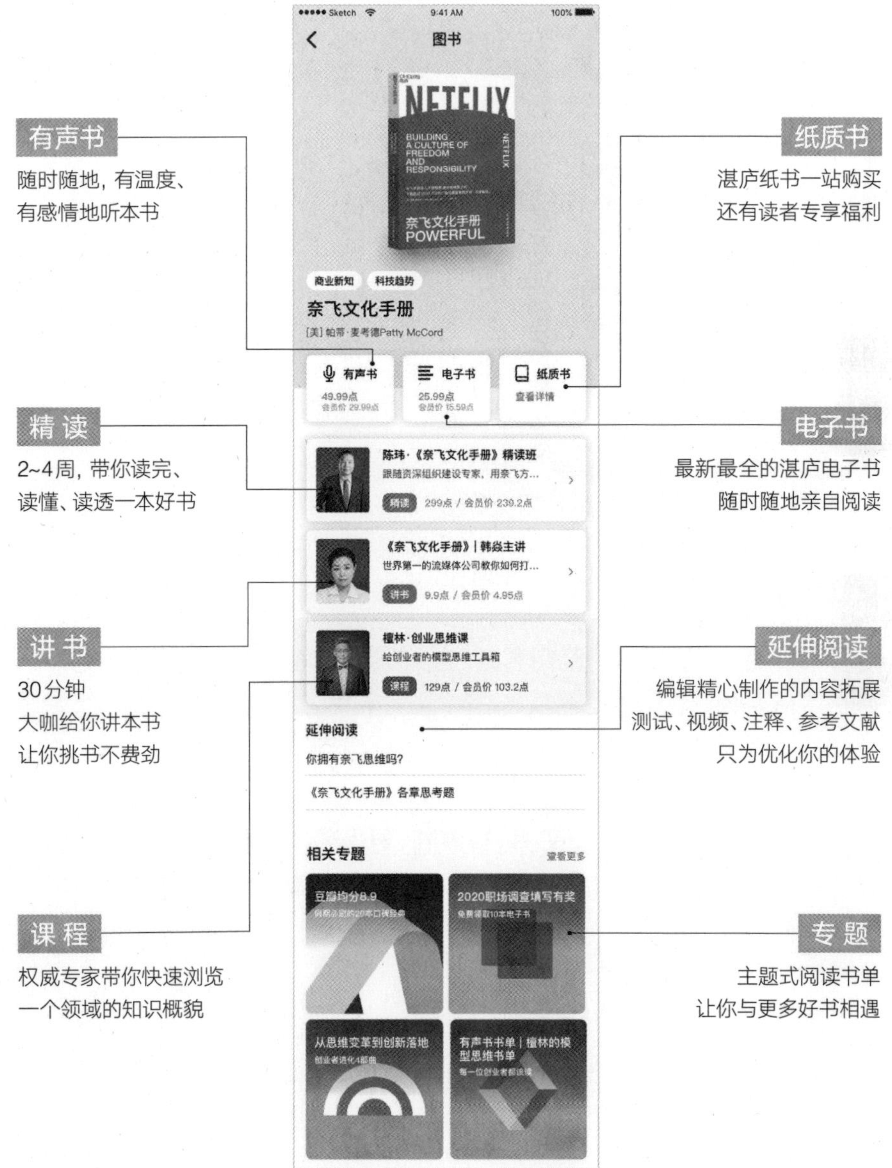

倡导亲自阅读

不逐高效，提倡大家亲自阅读，通过独立思考领悟一本书的妙趣，把思想变为己有。

阅读体验一站满足

不只是提供纸质书、电子书、有声书，更为读者打造了满足泛读、通读、精读需求的全方位阅读服务产品 —— 讲书、课程、精读班等。

以阅读之名汇聪明人之力

第一类是作者，他们是思想的发源地；第二类是译者、专家、推荐人和教练，他们是思想的代言人和诠释者；第三类是读者和学习者，他们对阅读和学习有着持久的热情和源源不绝的内驱力。